新人文

游心集

陈众议

自选集

河南大学出版社

图书在版编目(CIP)数据

游心集:陈众议自选集/陈众议著. —开封:河南大学出版社,2011.9
(新人文)

ISBN 978-7-5649-0070-0

Ⅰ. ①游… Ⅱ. ①陈… Ⅲ. ①文学研究—拉丁美洲②文学研究—西班牙③短篇小说—作品集—中国—当代
Ⅳ. ①I700.46②I551.06③I247.7

中国版本图书馆 CIP 数据核字(2010)第 180273 号

责任编辑 谢景和
责任校对 谢 廓
封面设计 马 龙

出 版 河南大学出版社
地址:郑州市郑东新区商务外环中华大厦 2401 号 邮编:450046
电话:0371-86059701(营销部) 网址:www.hupress.com
排 版 郑州市今日文教印制有限公司
印 刷 河南省诚和印制有限公司
版 次 2011 年 11 月第 1 版 **印 次** 2011 年 11 月第 1 次印刷
开 本 787mm×1092mm 1/16 **印 张** 31.75
字 数 532 千字 **定 价** 58.00 元

作者像

目　录

评　论

伊比利亚文化及文学的形成 …………………… (3)
西班牙神秘主义 …………………… (12)
流浪汉小说一瞥 …………………… (29)
巴罗克文艺探源 …………………… (44)
洛佩及其文学王国 …………………… (56)
塞万提斯的矛盾 …………………… (67)
卡尔德隆的秘诀 …………………… (117)
文学“爆炸”刍议 …………………… (126)
魔幻现实主义 …………………… (137)
结构现实主义 …………………… (187)
心理现实主义 …………………… (210)
论博尔赫斯 …………………… (231)
论加西亚·马尔克斯 …………………… (273)
阿连德的本色与杂色 …………………… (301)
新世纪西语小说管窥 …………………… (306)

随　笔

论爱情 …………………… (315)
论友情 …………………… (325)
论童心 …………………… (334)
论想象 …………………… (342)
民族性与世界性 …………………… (353)
跨国资本主义时代的文学与文化 …………………… (364)

小　说

张姨 ……………………………………………………………… (379)
雪儿 ……………………………………………………………… (398)
凯西 ……………………………………………………………… (416)
春天的故事 ……………………………………………………… (439)
夏天的故事 ……………………………………………………… (443)
秋天的故事 ……………………………………………………… (447)
冬天的故事 ……………………………………………………… (476)

后　记 …………………………………………………………… (496)

评论

伊比利亚文化及文学的形成

尽管考古学家在以卡斯蒂利亚为“中心”的伊比利亚半岛（Iberia，史学界普遍认为伊比利亚是当地初民对整个半岛的统称）发现了大量证明旧石器时代、新石器时代和青铜器时代初民足迹的岩画、石器、骨器和青铜器，但人类对伊比利亚半岛的最早记载始见于铁器时代。其中古希腊人是这样描写伊比利亚先民的：“他们身材矮小，肤色黝黑，恰似北非居民……”（《墨西哥西班牙语百科》、《西班牙大百科》等在“西班牙”或“伊比利亚”条上均有类似记录，但遗憾的是都没有加注明确的出处）公元前千年左右，腓尼基人入侵并占领了南部沿海地区。随后是希腊人从地中海由东北至西南的扩张。但大规模的种族行动是在公元前后发生的。迦太基人以增援腓尼基兄弟为由捷足先登，率先抢占了伊比利亚南部；后来的罗马人只能以埃布罗河为界，屈尊与之签订互不侵犯条约。然而，迦太基人不久先发制人，向罗马人发动进攻（因而落得个“背信弃义者”的骂名）。经过浴血奋战，罗马军队最终赢得了胜利，并一鼓作气荡平了迦太基人的领地，在“伊斯巴尼亚”（Hispania，罗马人对伊比利亚半岛的统称）建立了卢济塔尼亚（今葡萄牙）和贝梯卡、加利西亚、塔拉戈纳、迦太基等（今西班牙）行省。到了公元二三百年，为了安抚蛮悍的日耳曼部族，罗马人作出了很多让步。然而也正是在这个时候，日耳曼人得寸进尺，开始向西南欧迁侵，其中到达伊比利亚半岛的多为支族汪达尔（霍达）人、斯维汇人和阿拉诺人（他们在西方语言中又成了“野蛮人”和“文化毁灭者”的代名词）。其时，罗马帝国已经左支右绌、摇摇欲坠，再也抵挡不住日耳曼人和新兴民族的反叛了。如今的西班牙（“西霍达王国”，与之对应的“东霍达王国”即后来的东法兰克王国，位于今意大利境内）以及其他许多欧洲国家几乎都是在这个时期形成的。葡萄牙当时隶属于西班牙，她一直要到 1143 年才完全独立，16 世纪又复归西班牙，后重新独立。至此，伊比利亚无论人种还是文化均已相当混杂，但其主要文字的第一源头仍是西罗马时期的拉丁文。随着西罗马帝国的建立，拉丁语成为所有行省的官方语言，但它和罗马帝国一样，似乎没有来得及在这一地区获得新生。倒是由拉丁语衍生的一些方言(各地的口头拉丁语)创造了这一地区的最初的文化繁荣。这一文化后经与相对落后的日耳曼文化融合,再经与犹太希伯来文化、吉卜赛文化、阿拉伯文化,尤其是与阿拉伯文化的兼容和化合,催生出绚丽多彩、与众不同的伊比利亚文化。且说未开化的日耳曼人和精明强干的犹太人、浪迹天涯的吉卜赛人对早期伊比利亚文化形成所作的贡献,虽然较之阿拉伯人当大为逊色,却以不同的方式留下了不可或缺的基因。前者除了军事、人口方面的优势,还为伊比利亚文学孕育了最初的史诗(Gestas);后者的相当一部分人口从格拉纳达和平进入西班牙后,在弗拉明戈舞蹈等艺术形式上留下鲜明印记,同时则悲惨地成了诗人和艺术家挖苦的对象。再说摩尔人(阿拉伯人和北非柏柏尔人)在西罗马全线崩溃后乘虚而入,侵占了伊比利亚半岛的大片领土。当然,摩尔人没有破坏也未能马上致力于建设殖民地文化,但原因可能并不完全像多数学者认为的那样是内讧或者更为残酷的战争。可以说,除了卡斯蒂利亚等少数王国自始至终比较坚决地捍卫各自的领土完整之外(正因为如此,卡斯蒂利亚后来成了"光复"的主力并最终使卡斯蒂利亚语擢升为西班牙地区的通用语言),摩尔人几乎没有遭遇大的抵抗而在伊比利亚南部地区长驱直入如临无人之境,因为刚刚摆脱罗马统治的伊比利亚当时正处在一种文化"真空"状态,而阿拉伯人带来的恰恰是发达而且不同于拉丁文化的东方伊斯兰文明。因此,与伊斯兰文明在东方的境遇相反,多数伊比利亚新兴的哥特式基督教徒对新的闯入者表现出了异乎寻常的宽容,并且如饥似渴地接受和吸纳了阿拉伯文化。与此同时,伍麦叶时代的王子们在殖民地的早期建设中也表现出了异乎寻常的开明。这可能是一种投桃报李式的礼尚往来和良性循环。总之,以科尔多瓦为中心的伊斯兰文化体系迅速形成,并向四周辐射。当时,科尔多瓦吸引了大批志向高远的东方学者。但这一文化的传播却相当得缓慢,语言很可能是其中的主要障碍。因此,即便是在安达卢西亚的伍麦叶王朝开始拥有了大量第三代、第四代土生穆斯林的时候,阿拉伯文也未能在广大的哥特式基督徒中流行起来。奇怪的是,许多伊斯兰民歌民谣和传奇故事倒生下根来。尤其是民歌民谣,由于朗朗上口而得以在阿拉伯裔和非阿拉伯裔居民中流传。从现有资料看,最早的伊比利亚(或西班牙)—阿拉伯文学作品可能生成于公元 8 世纪前后。此后,著名学者伊本·阿卜迪·拉比西行,他带去了著名的《罕世璎珞》并衍生出影响深远的西班牙—摩尔文学作品。《罕世璎珞》凡 25 卷,广泛萃取阿拉伯诗文精华,被认为是东方诗学巨著,不仅对西班牙文学产生了深远的影响,而且"出口转内销",在阿拉伯世界广为流传。后来兴盛于阿拉伯世界和伊比利亚半岛的“俚谣”即“择吉尔”(“Zajal”或“Zejel”)很可能就是从拉比时代生发的。它接近于古二重韵诗,主要用拉丁方言,诗句包含几个韵节,主韵在韵节之末,比较适合于行吟诗人吟唱。这种诗体在12世纪初叶达到高峰,产生了以伊本·古斯曼为代表的“择吉尔”非行吟诗人。之后广泛流行于伊比利亚南部的西班牙犹太人多韵诗——“彩诗”即“穆娲啥哈”(“Muwashaha”)和缀于“穆娲啥哈”之后的早期西班牙语诗歌“缀诗”即“哈尔恰”(“Jarcha”)都是由它催生的。应当说,摩尔人自入侵到7—8个世纪后败北撤退,始终未能推广阿拉伯语,但其文学却润物细无声地融入了伊比利亚文化,并为卡斯蒂利亚语及其文学埋下了一块重要的基石。从目前拥有的史料看,卡斯蒂利亚语的初始形态基本上是由拉丁文加本土语汇和希伯来语汇、阿拉伯语汇构成的。

可见伊比利亚文化是多元与混杂的产物。欧洲最早的抒情诗“哈尔恰”便是东西方文化结合的产物。而这个“混血儿”的发现不仅使卡斯蒂利亚语(即西班牙语)文学的历史从12世纪上移到了11世纪甚至更早,而且改写了以法国南部普罗旺斯民歌为最早抒情诗的欧洲文学的历史。〔1〕

且说文艺复兴运动与人文主义相辅相成。但是,它们在欧洲诸新生国家的历时与向度却不尽相同,有关著述如汗牛充栋。一般文史学家倾向于把文艺复兴运动视作对中世纪的反动,而对古希腊罗马文艺思想和价值观的崇尚则被认为是该运动的标志。〔2〕 在意大利,文艺复兴的重要先导是方

---

〔1〕 比如庞德在《罗曼司精神》(*The Spirit of Romance*,1910)中高度赞扬罗曼司文学并将欧洲“抒情诗源头”普罗旺斯民歌与“叙事诗源头”荷马史诗相提并论。然而,古希腊并非没有抒情诗,西班牙的抒情诗“哈尔恰”又比普罗旺斯早一个世纪。“哈尔恰”发轫于10世纪末、11世纪初,是阿拉伯诗歌“择吉尔”(即“Zajal”或“Zejel”)在西班牙南部的一种变体,用早期卡斯蒂利亚语写成,且多以女性口吻传诵,1948年由西班牙语学者斯特恩首度发现,现存五十余首。这些作品的发现,不仅提前了罗曼司“俗语”及其文学的发生时间,而且标志着早在11世纪摩尔人或犹太人就已经把造纸术和印刷术传到了西班牙。到了阿尔丰索十世时期,雕版印刷术在卡斯蒂利亚风行一时。之后(约15世纪初)又出现了木活字印刷,从而加速了西班牙及欧洲的文艺复兴运动。

〔2〕 参见J.L.阿贝杨:《西班牙思想批评史·黄金世纪》第二卷,马德里:埃斯帕萨-卡尔佩出版社,1979年版,第19页。T.赫尔顿:《文艺复兴》,麦迪逊:威斯康星大学出版社,1965年版。然而,这仅仅是文艺复兴运动的重要表现。人不能拽着自己的小辫离开地面,任何文艺思潮的生存都有其物质的经济的基础。因此,无论是“托古”,还是“图新”,都只是时代在文艺领域的反映,而真正缔造这个时代的却始终是它赖以存在的物质的经济的事实。当然,文艺反映赖以产生的物质的经济的事实并不总是消极的和滞后的。这一点在西班牙早期市民文学宫廷艺术中表现得十分明显。除却犹太文化、阿拉伯文化和吉卜赛文化以及西班牙本身的物质、经济基础,同意大利的特殊关系显然也是推动西班牙文艺复兴运动的重要因素(15～16世纪,西班牙不仅与罗马教廷过从甚密,而且拥有西西里、撒丁岛和意大利本土的不少领土并先后与威尼斯等一些城邦结盟)。

济各教派的“激进主义”[1];而在西班牙和葡萄牙,文艺复兴的最初动因却主要来自卡斯蒂利亚宫廷[2]。其中,意大利语和意大利语文学、西班牙语和西班牙语文学(扩而言之即罗曼司语言文学和欧洲诸新生国家的语言文学)的发生和发展,无疑是文艺复兴运动精神动力——人文主义的原始土壤与重要表现。

自卡斯蒂利亚国王阿尔丰索十世(史称智者阿尔丰索,1221～1284)到15世纪末,西班牙人在反抗摩尔人统治的同时,开始了文艺复兴运动前夕的一系列精神准备:填补阿拉伯人留下的文化空白。而古希腊罗马文化恰恰又是西班牙人填补这一空白的最佳源泉。这也是人类通常所谓的否定父辈、回到祖辈的做法。从这个意义上说,和意大利一样,西班牙也是欧洲文艺复兴运动的先驱。

一般认为文艺复兴运动肇始于14世纪的意大利,16世纪达到鼎盛并逐渐席卷整个西欧。然而,13～14世纪之交的早期人文主义思潮其实只不过是意大利文艺复兴运动的前奏。当时,意大利的方济各教派主张放弃形式主义的天主教经院神学,倡导走向民众、赞颂自然。而诗人但丁(1265～1321)和画家乔托(1276～1337)则是向着文艺复兴前瞻的早期人文主义者的代表。之后,随着商业的兴盛,造纸、印刷、指南针和火药的应用,新大陆的发现,以及封建制度的衰落,精神领域才真正开始了回归古希腊罗马文艺的律动。由于西罗马帝国早已瓦解,神圣罗马帝国只是徒有虚名,而罗马天主教会也越来越无力提供一个稳定、统一的精神支柱;各行省纷纷独立,一些开明教士和世俗学人在构筑本王国或本民族文化基石的过程中将目光投向了古典文艺和传统价值。1453年,君士坦丁堡的陷落,宣告了东罗马帝国(拜占廷)的终结。于是,许多东方学者逃至意大利并随之带来了古典研究(尤其是古希腊文化研究)的学术传统(盖因希腊语一直是东罗马帝国的官方语言),从而推动了意大利的人文主义思想文化运动。人文主义视人性及

[1] 一般文史学家认为13～14世纪之交方济各教派主张放弃天主教经院神学和倡导走向民众、赞颂自然的做法是意大利文艺复兴运动的前奏,而诗人但丁和画家乔托则是向着文艺复兴前瞻的早期人文主义者。

[2] 19世纪,囿于对文艺复兴运动的狭隘理解,不少学者曾对西班牙早期人文主义表现持怀疑态度。但20世纪80年代以来,学界又开始普遍承认西班牙文艺复兴运动的独特历程。有关信息见诸何塞·安东尼奥·马拉瓦尔(《15世纪的早期文艺复兴》,《内布里哈与西班牙文艺复兴运动》,加西亚·德·拉·孔恰主编,萨拉曼卡:萨拉曼卡大学出版社,1983年版)、弗朗西斯科·里科(《西班牙文学历史与批评》,同上)、J. L. 阿贝杨(《西班牙思想批评史·黄金世纪》,马德里:埃斯帕萨-卡尔佩出版社,1997年)等人的著述。

其成就为研究对象，强调人的尊严以及哲学和神学体系的统一性和兼容性（也称混合性），从而否定了中世纪关于神权和赎罪的一系列压迫人性（尤其是创造性和征服自然的积极性）的消极传统。与此同时，人文主义积极借鉴古希腊罗马时期的精神资源，尤其重视古希腊罗马时期的文艺作品并以此提升人们的思想境界。因此，文艺复兴时期的最大成就是那些具有古典底蕴、突出人性美、自然美和创造性精神价值的文艺作品。15 世纪末至 16 世纪，文艺复兴运动达到了第一个高峰，催生了达·芬奇、米开朗琪罗、拉斐尔等一代巨匠。

诸如此类几乎是学术界的共识。然而，文艺复兴的另一个源头却少有学人提及。这个源头便是西班牙——因为西班牙曾是东方人聚居的地方。西罗马帝国时期，西班牙是犹太人的主要聚居地之一；公元 8 世纪之后西班牙又因为阿拉伯人的入侵而成为东西方文化的中转站。如果说意大利人文主义的最初表现是 13 世纪末、14 世纪初方济各教派的"激进主义"（它放弃形式主义的经院神学，要求教士到百姓中去、到自然中去。这激发了一些诗人和艺术家在现实世界中寻找表现对象的乐趣。诗人但丁和画家乔托都是这方面的先行者，尽管他们的作品还没有完全摆脱宗教神学的影响）；那么西班牙的早期人文主义应该说是由卡斯蒂利亚宫廷的东方人推动的，而且也是在 13 世纪。从这个意义上说，文艺复兴运动几乎同时发轫于意大利和西班牙，而且后者对古典文艺的重视程度比同时期的意大利更高，回归力度更强，尽管其高峰期足足晚到了半个世纪。个中原因既涉及历史，也涉及政治经济。历史方面的原因首先是西班牙与古希腊罗马较之意大利有天然的距离，其次是西班牙长期处于抗击摩尔人统治的战争状态（当然，摩尔人的影响已经发挥了积极的作用：为西班牙文化的多元与繁复奠定了基础。一如君士坦丁堡的陷落使许多东方学者逃至意大利，从而带来了古典研究的学术传统；西班牙南部的摩尔王国也培养了大批东方学者，他们在引进东方文明的同时翻译介绍了大量古希腊经典并直接催生了早期西班牙文学）。政治经济方面的原因还是"光复战争"。战争曾经使西班牙长期处于落后状态；但之后也恰恰是因为战争的胜利，西班牙建立了强盛、统一的帝国，从而在一定意义上延长了西班牙封建制度和"神圣罗马帝国"的寿命。

无论如何，西班牙最早回归古希腊罗马文化却是事实。前面说过，没有拜占廷东方学者的西迁，意大利的文艺复兴运动就难以兴盛；无独有偶，少了东方人的参与，西班牙回归古希腊罗马的律动也无从谈起。当然，这其中有一位国王发挥了举足轻重的作用，他便是史称"智者"的阿尔丰索十世。

阿尔丰索十世于1252年即位，统治西班牙重要王国卡斯蒂利亚达三十二年。在这漫长的三十二年中，他一直致力于卡斯蒂利亚的文化建设。不少文史学者认为阿尔丰索是中世纪后期欧洲最伟大的人文学者。〔1〕 他毕生致力于发展和规范卡斯蒂利亚语并使它擢升为整个西班牙地区的通用语言(即西班牙语)；同时"博览兼听，谋及疏贱"，将一大批犹太人和摩尔人召集到宫中，指挥他们从希伯来文和阿拉伯文翻译了大量古希腊罗马经典〔2〕，并对当时的几乎所有知识进行了百科全书式的整理。当时完成的主要作品有西班牙第一部国别史和古代世界史《西班牙编年通史》和《世界大通史》，第一部法学文献《法典七章》，第一部天文学专著《天文知识》，第一部珠宝鉴赏著作《宝石鉴》，第一本棋谱《博弈集》，第一本语文学著作《第八范畴》以及第一本"诗经"《蛮歌集》，等等。〔3〕 其中《歌集》收录了四百二十首用加利西亚语(又称加利西亚-葡萄牙语)和卡斯蒂利亚语创作的抒情诗。在这些抒情诗中，虽然仍有不少宗教赞美诗，但多数诗篇却充溢着世俗情怀。许多情歌更是哀惋动听，朗朗上口，质朴之状，几近乎《诗》，如下面这首署名门第尼奥的

---

〔1〕 卡尔:《西班牙历史》，巴塞罗那:半岛出版社，2001年版，第100～105页。

〔2〕 阿尔博格:《西班牙文学史》，第155～158页。《智者阿尔丰索十世文集》，墨西哥:波鲁阿出版社，2000年版。

〔3〕 根据贝尔纳特记载(《犹太人在西班牙》，马德里:马弗雷出版社，1993年版，第92～101页)，不少犹太人在阿尔丰索十世宫中担任学者、翻译家、顾问、秘书、御医等重要角色。尤其是成立于11世纪的托莱多翻译学校，在阿尔丰索十世时期发挥了重要作用。托莱多是犹太人集居的地方，而犹太人又是这所翻译学校的主力军。他们不仅把大量的希伯来文献、阿拉伯文献和古希腊文献翻译成拉丁文，而且还直接将一些文献翻译成了拉丁方言卡斯蒂利亚语。其中重要的翻译家有R.伊萨克·伊本·熙德、R.犹大·莫斯卡、R.约瑟夫、R.阿卜拉罕等等。至于阿拉伯人，除了建立以科尔多瓦为中心的伊斯兰文化体系，还向卡斯蒂利亚等西班牙王国输送了大批东方学者和翻译人才，其中不少人通晓古希腊文、拉丁文和卡斯蒂利亚语等伊比利亚半岛的拉丁方言。然而，受政治经济等多重因素的制约，犹太～阿拉伯译者的劳作大都被岁月的烟尘埋没了。许多作品必须到15世纪末乃至16～17世纪才真正进入人们的视阈，从而获得真正意义上的复兴(也许正因为如此，阿尔丰索十世时期尚未被多数文史学家视作文艺复兴运动的开端)。即便如此，古希腊文化对阿尔丰索十世时期所产生的深刻影响是毋庸置疑的。这在时人(如费尔南·佩雷斯·德·古斯曼)的歌谣中可见一斑：

一如埃及智者拉比·摩西
记忆中的那个西班牙王国，
我的心中也早已有个胜地，
她便是那名不虚传的雅典。

与此同时，犹太人还带来了印度文学。根据伊里索(《西班牙中世纪小说二十篇》，巴塞罗那:穆奇尼克出版社，1999年)等西班牙学人的研究，《五卷书》中的一些经典故事通过阿拉伯人演绎的《卡里来与笛木乃》及胡安·德·卡普阿等人的译笔于13世纪中叶传入伊比利亚。因此，古代印度文学同样对西班牙文学产生了影响。

作品：

来到圣西蒙山上，
涛声萦绕耳旁，
等待情人我无比心焦。

祭坛高筑在圣堂，
海浪将我环抱，
等待情人我无比心焦。

涛声萦绕耳旁，
我无力驾舟远航，
等待情人我无比心焦。

海浪将我环抱，
我无力驾舟远航，
等待情人我无比心焦。

我无力驾舟远航，
下海徒送卿卿性命，
等待情人我无比心焦。

我无力驾舟远航，
下海徒送卿卿性命，
等待情人我无比心焦。〔1〕

朱光潜先生曾高度评价但丁的《论俗语》，认为它“是但丁最重要的理论著作”。他甚至用超过《神曲》的篇幅来谈论这部著作，谓“语言问题是中世纪末期欧洲各民族开始用近代地方语言写文学作品时所面临的一个普遍的重要的问题。当时创作家和理论家们对这个问题特别关心。在《论俗语》出版(1529)之后二十年(1549)，法国近代文学奠基人之一，约瓦辛·杜·伯勒

---

〔1〕《国家图书馆杂志》，里斯本：1998年版，第1～2期(合)，第18～21页。

(Joachin du Belly),也许在但丁的影响之下,写成了他的《法兰西语言的维护和光辉化》”。[1] 约瓦辛·杜·伯勒(又译杜培雷)是否受但丁的影响不得而知,但将自己的语言发扬光大其实是中世纪后期或文艺复兴初期欧洲各国(各民族)的当务之急,也是使文学从内容(宗教、神学)到载体(拉丁文)走向广大民众的一件大事。然而,和《神曲》不同,《论俗语》并非俗语写就,但丁用的是拉丁文。在这方面,阿尔丰索十世要彻底得多。阿尔丰索十世时期出版的许多文本都采用了卡斯蒂利亚王国的“俗语”:卡斯蒂利亚语,其中包括语文学著作《第八范畴》。卡斯蒂利亚语也是拉丁语的一种变体,长期以来受到诸多因素的浸染。它与一般僧侣和贵族的官方语言——拉丁文相对立,是卡斯蒂利亚地区的通俗语言。在漫长的西罗马时期,卡斯蒂利亚语只是南欧众多罗曼司语的一种。倘使把拉丁文比成“文言文”,那么卡斯蒂利亚语也就是我们所谓的“白话”了。它与拉丁文并存,是卡斯蒂利亚地区广大劳动人民的语言。该地区最初的史诗(Gestas)或叙事诗(Epopeyas)正是通过这种语言由行吟诗人(Juglar)口口相传的。自阿尔丰索十世至15世纪末,经过两个世纪的阐扬和发展,卡斯蒂利亚语日臻完善。1492年,学者内布里哈出版了《卡斯蒂利亚语语法》,从而奠定了卡斯蒂利亚语在整个西班牙帝国的强势地位。内布里哈出生于1441年,青年时代在萨拉曼卡大学攻读语言和修辞,之后赴博洛尼亚进修,系统接受人文主义思想。他毕生致力于语言和修辞研究,先后出版了《卡斯蒂利亚语语法》和《卡斯蒂利亚语正字法》(1517)等重要著作。作为第一部完整的罗曼司语法专著,《卡斯蒂利亚语语法》被认为是西班牙文艺复兴运动的重要象征之一。[2] 它标志着卡斯蒂利亚语已经作为西班牙帝国的通用语言而正式取代了拉丁文的地位并从此“与帝国同在”[3]。16世纪,随着美洲殖民地的扩展,卡斯蒂利亚语开始“遍地开花”,“无论你是英国人,还是法国人;无论你来自德国,还是来自弗拉明戈[4],都必须掌握卡斯蒂利亚语”。[5] 而在文艺复兴时期意大利的

〔1〕 朱光潜:《西方美学史》,人民文学出版社,1979年版,第137～142页。

〔2〕 加西亚·德·拉·孔恰:《内布里哈与西班牙文艺复兴运动》,萨拉曼卡:萨拉曼卡大学出版社,1983年版。

〔3〕 指新兴的西班牙帝国。梅嫩德斯·佩拉埃斯、阿雷亚诺·阿予索等:《西班牙文学史》,第50～51页。

〔4〕 指西班牙南部犹太人、阿拉伯人、吉卜赛人集居的安达卢西亚地区。科尔多瓦则是阿拉伯人在伊比利亚的首都。

〔5〕 这是学者维亚隆在第二部《卡斯蒂利亚语语法》(1583)中的一句话,转引自梅嫩德斯·佩拉埃斯、阿雷亚诺·阿予索等:《西班牙文学史》,第51页。

礼仪权威卡斯蒂利奥内看来，掌握卡斯蒂利亚语意味着掌握宫廷礼仪、皇家风范。〔1〕

然而，卡斯蒂利亚语的确立并非一帆风顺。以罗马教皇为首的天主教会曾竭力阻挡西欧各国的“俗语”浪潮，以至于到了16世纪仍明确规定教会和高级僧侣不得使用罗曼司语言。不过，这种无视现实的做法不仅不能阻止“俗语”的蔓延，反而使它们取得了长足的发展。〔2〕

阿尔丰索十世之后，卡斯蒂利亚语成了卡斯蒂利亚地区的主要文学语言。卡斯蒂利亚语文学开始生成，英雄史诗、民歌民谣、骑士小说和传奇故事广泛流传。

---

〔1〕 卡斯蒂利奥内(1478～1529)，意大利侍臣，著有《侍臣论》(1528)。

〔2〕 布莱贝格:《西班牙语赞》，马德里:西班牙语文化学院出版社1951年版;梅嫩德斯·皮达尔:《哥伦布的语言》，马德里:埃斯帕萨-卡尔佩出版社，1942年版。

西班牙神秘主义

神秘主义思潮曾流行于中世纪的欧洲(13 世纪的神秘剧便是明证),唯独在西班牙影响甚微。这可能与西班牙的“光复战争”有关。受战争的影响,西班牙文学的主要形式一直是行吟诗人传诵的民间谣曲和以战争为题材的英雄史诗(后者也大都以双八音节谣曲为主要表现程式)。然而,后来者居上,西班牙竟于 16 世纪创造了独树一帜的神秘主义诗派。它除了继承源远流长的欧洲神秘主义传统,还从东方引入了苏菲神秘主义和犹太神秘主义思想。这也是由西班牙特殊的人文历史环境所决定的。

首先,最先在西班牙建立东方文化基地的是伍麦叶王朝。伍麦叶王朝推行世俗主义文化,而苏菲神秘主义恰恰是对世俗主义的反动。由于渴望“人神合一”,伊斯兰神秘主义者日益归属于一个“道乘”和一个“真理”,却反对用感性的直觉和理性的推理去认识,因而始终处在“陶醉和清醒”、“覆灭和复苏”的矛盾和化解(或融合二者)的幻想当中。这种情况多少有些像我国古代的玄学。因为玄学家何晏、王弼等试图以老、庄、《易》三玄思想糅合儒家经义(或儒学家不再谨守家法以求“通脱”)。无论谁先谁后,总之是要以某种融合取代不相杂厕而又自是烦琐的两汉经学。玄学在中国文学中的表现首先是东汉时期对高自标置、飘逸如仙的郭泰的推崇,而后则是东晋时期“玄释合流”后产生的陶渊明式的隐逸和超然。鲁迅在《〈世语新说〉与其前后》中说过:“魏晋以来,乃弥以标格语言相尚,惟吐属则流于玄虚,举止则故为疏放,与汉之惟俊伟坚卓为重者,甚不侔矣。盖其时释教广被,颇扬脱俗之风,而老庄之说亦大盛,其因佛而崇老为反动,而厌离于世间则一致,相拒而实相扇,终乃汗漫而为清谈。”[1]刘大杰在《中国文学发展史》中认为魏晋时期儒教的衰落和玄释的兴盛是受了时代动乱的影响。士人面对“篡权频仍、相互屠杀的政治环境,都想在老、庄的思想中寻求灵魂的寄托,寻求安身立命的理论。老、庄的虚无思想,也表现出对政治压迫、礼教束缚的反抗

〔1〕《鲁迅全集》第九卷《中国小说史略》,人民文学出版社,1981 年版,第 60 页。

精神"[1]。诚哉斯言。只不过神秘主义追求"人神合一"而玄学则旨在探究现象背后的本体。

其次,公元10世纪后大量犹太人的涌入,在西班牙创造了举世闻名的西法底(Sefardí)文化,它与犹太人在中欧大陆创造的阿什克纳文化相仿,是犹太人欧化的重要标志。由于阿拉伯人的扩张,犹太人一步步离开西亚、中东,向伊比利亚和中欧迁徙,所到之处留下了大量的文化产品,并为中世纪欧洲的喧嚷和狂热注入了隐忍和理智。由于宗教、职业、民族特性等诸多原因,他们始终被排斥并漂游在主流社会之外,经历了一浪又一浪的歧视与迫害。尤其是随着西班牙的强盛和(天主教)信仰的"复苏",犹太神秘主义乃至古老的诺斯替教在西班牙犹太人中迅速复活。犹太神秘教"喀巴拉"(Kabala 或 Cabala)在希伯来文中的意思是"秘密传授的教义",它对《旧约》的解释不同于正统犹太教,因为它与犹太教的相对理性主义倾向相对立,主张通过神秘的感悟来亲近上帝。此外,在犹太神秘教看来,上帝无名无姓、无极无限,只有十道光明和二十二个希伯来字母可以象征上帝的存在和创造。而且字母先于世界。因此,上帝的秘密也就是字母的秘密、书写的秘密。这样一来,《旧约》首当其冲成了不可用常理解读的一堆密码。至于诺斯替教(Gnosticism),又比"喀巴拉"早好几个世纪,是基督教产生之前的一个犹太秘宗,盛行于公元2世纪。这个秘宗派别林立,教义错综复杂,甚至相互矛盾。它吸收了许多传统宗教的内容,反过来又影响了它们。但总体说来,它是一种二元论教,认为上帝之善和世界(或魔鬼)之恶、人的灵魂和人的肉体同时存在,而二者之间横亘着一条鸿沟;除了奥秘知识的拯救能力(唤醒灵魂、亲近上帝),没有方法逾越这条鸿沟。而这种奥秘知识是可以通过学习、体验或启示获得的。因此,正统犹太教和基督教均视诺斯替教为非法。但这并未使后者灭绝。事实上,不同的诺斯替教派一直以秘密的学苑形式传播教义。不少教派的教义与犹太神秘教有相似之处,即始终强调文字或数字符号的神秘作用。这不仅在16世纪的西班牙宗教神秘主义中有间接的反映,而且影响波及20世纪西班牙语文坛(博尔赫斯便是其中的一个典型人物)。

再次,16世纪中叶以降,西班牙对外穷兵黩武,对内苛政重赋,而宫廷的骄奢淫逸之风日盛。受其影响,文坛也开始弥漫嘲风月、弄花草的奢靡之气。这时,天主教受到了新教和资本主义的挑战。西班牙作为一个正宗的

---

〔1〕 刘大杰:《中国文学发展史》,上海古籍出版社,1982年版,第232~233页。

天主教国家，卡洛斯(查理五世)继位后又几乎和神圣罗马帝国连成了一体。面对新教的威胁，西班牙宗教界的开明人士几乎全都把矛头指向了自身。这是因为，在当时的许多开明人士看来，教会自身的腐败不仅是削弱神圣罗马帝国的罪魁，而且也是导致路德宗教改革运动的祸首。基于这样的认识，路易斯·德·莱昂修士、圣女特雷莎和圣胡安·德·拉·克鲁斯等宗教人士在西班牙开始了宗教变革。但西班牙的宗教变革完全不能与路德运动同日而语，它充其量是一场充满妥协色彩的神秘主义风潮。而世俗文人如埃雷拉，则选择了不乏逃避倾向的形式主义律动。这样，自16世纪始，西班牙文坛的文艺复兴运动在人文主义大潮下开始了指向个性化，甚至个人主义化的明显转向(这种转向在巴罗克文学中达到了高潮)。

佩德罗·萨因斯·罗德里盖斯在《西班牙神秘主义文学史导论》(1927)中对西班牙神秘主义文学的生发原因进行了概括，认为：首先，它与其说是中世纪欧洲神秘主义思潮的延续，毋宁说是它的复苏，因为它是犹太文学和阿拉伯文学直接催生的；其次，无论就其规模还是影响而言，它都是欧洲神秘主义文学的极端表现；再次，它主要发生在宗教界内部，但并不排斥世俗文化思潮如高雅艺术和唯美主义的影响。此外，由于地域不同，教派有别，西班牙神秘主义诗潮可谓流派庞杂。其中最重要的有多明我会派(代表人物为路易斯·德·格拉纳达修士)，方济各会派(代表人物有圣佩德罗·德·阿尔坎塔拉、胡安·德·洛斯·安赫莱斯修士、迭戈·德·埃斯特利亚修士等)，加尔默罗会派(代表作家有圣女特雷莎·德·赫苏斯、圣胡安·德·拉·克鲁斯、赫罗尼莫·格拉西安修士、米格尔·德·拉·富恩特修士等)，圣奥古斯丁会派(如路易斯·德·莱昂修士)和耶稣会派(如圣弗朗西斯科·德·波尔哈、路易斯·德·拉·普恩特、阿隆索·罗德里盖斯等)，等等。但是，除了前面已经讲到的路易斯·德·莱昂修士，在西班牙诗坛最负盛名的神秘主义诗人无疑是圣女特雷莎和圣胡安·德·拉·克鲁斯。

阿尔博格在述说西班牙神秘主义诗潮的特点时，又有过如下概括：

1. 西班牙神秘主义虽然缺乏中世纪欧洲神秘主义传统，但明显具有阿拉伯和犹太神秘主义的影响；2. 它兴盛于“黄金时代”，因此又是欧洲神秘主义思潮的集大成者；3. 它主要流行于修士之间，因此对极端思潮具有中和或平衡作用；4. 它的禁欲主义倾向超过了神秘主义，而且这种禁欲主义倾向源远流长；5. 它的审美价值超越了它的宗教、道德意义。[1]

---

〔1〕 阿尔博格：《西班牙文学史》第一卷，第863～877页。

前面三点和第五点可谓“诚哉斯言”。但第四点却不尽然。而阿尔博格在其著述中是这样鉴别禁欲主义和神秘主义并以此界定有关诗人的：禁欲的本意是“执行”灵魂对肉体的指示，以致后者摆脱肉欲和物欲、得到净化和升华；而神秘在希腊、拉丁辞源中则是“关闭”和“隐匿”，由此衍生的神秘主义便是精神生活的某种秘密状态。〔1〕

然而，在笔者看来，西班牙神秘主义诗歌恰恰是在用神秘主义调和甚至逃避禁欲主义和纵欲主义。这在具体诗人的具体作品中可以得到验证。

一　圣女特雷莎·德·赫苏斯

圣女特雷莎·德·赫苏斯(1515～1582)，本名特雷莎·桑切斯·德·塞佩达·伊·阿乌马达，生于阿维拉，从小热爱文学，先在奥古斯丁会读书并为圣奥古斯丁的《忏悔录》所感动，后应一位修女姑姑的影响加入加尔默罗会，〔2〕当了修女，开始参加并领导加尔默罗会的变革。这时，传统势力和宗教裁判所对她进行了严厉的报复，使她的支持者不得不求助于国王费利佩二世(腓力二世)。在国王的过问下，特雷莎得以在规定范围内实施她旨在清除宗教腐败(其实也是社会腐化)的变革计划：清欲苦修。这项变革被认为是加尔默罗会历次改革运动中影响最为深远的一次。为了推行其变革思想，她身体力行，在该会的隐修院苦修了三十年，并于1562年在故乡阿维拉成立了女隐修所。隐修所实行严格的戒律，并最终发展成为声名卓著的加尔默罗女修会。为了扩大影响，她又着手建立了一批纪律严明的男修会。新修会修士一律着草鞋，不穿袜，故又被称为赤脚加尔默罗会修士，或赤脚修士。圣胡安·德·拉·克鲁斯便是特雷莎麾下的一名男修士。

她的散文作品可粗分为两部分：一部分属于自传，另一部分是神秘主义的阐释，尽管它们本质上相辅相成。《人生》是她的处女作，它又被后人尊称为《伟大之书》或《上帝仁慈之书》，约创作于1563至1565年。作品描述了她从前辈弗朗西斯科·德·索托·伊·萨拉萨尔修士那儿获得的超验和感悟，因而是她如何一步步走向神秘主义的真实记录。作品写到1562年戛然而止，是年她开始全身心投入变革运动。作品的许多段落写得情真意切，其

〔1〕 阿尔博格：《西班牙文学史》第一卷，第863～877页。

〔2〕 中世纪天主教四大托钵修会之一，又称圣衣会，1155年左右由十字军余众和部分朝圣者在巴勒斯坦境内的加尔默山(又译卡尔迈勒山)创立，故名(因此，不可译作“卡门修会”)。初创时期会士多分散独居。其中，女修会始创于1452年。在该会的历次改革中，当数圣女特雷莎所倡导的变革影响最为深远。

中神秘“经历”更是被渲染得出神入化。比如她这样描述亲身经历的一次奇迹:“我看到一位天使的肉身降临到我的左边……他并不伟岸,或者应该说身量小巧,但相貌俊俏,他的面容如此红润,使人猜想他来历不凡,仿佛光焰万丈。我见他手执一杆长长的金色投枪,但定睛一看却是一杆如同燃烧的铁器。我觉得它几次插入我的躯体,钻进我的脏腑。当他拔出铁枪时,我只感到浑身沸腾着对上帝的伟大而真挚的爱。痛苦如此快慰,以至于我禁不住失声,呼唤这伟大的而温柔之至的痛苦。我要唯一的要,我想唯一的想:灵魂和上帝同在。这痛苦并非来自肉体(尽管它多余而渺小地存在于一旁),而是精神所至。这是灵魂和上帝之间的一种温柔的触碰,它使灵魂快乐地粉碎。我真诚地祈望那些以为我妄语骗人的人经历同样的奇迹。”〔1〕

诚然,正所谓无神论者无法用奇迹治病,圣女的亲历免不了使人想起魏晋及魏晋以降我国的神怪小说。鲁迅有言:“中国本信巫,秦汉以来,神仙之说盛行,汉末又大畅巫风,而鬼道愈炽;会小乘佛教亦入中土,渐见流传。凡此,皆张皇鬼神,称道灵异,故自晋讫隋,特多鬼神志怪之书。其书有出于文人者,有出于教徒者。文人之作,虽非如释道二家,意在自神其教,然亦非有意为小说,盖当时以为幽明虽殊途,而人鬼乃皆实有,故其叙述异事,与记载人间常事,自视固无诚妄之别矣。”〔2〕“人同此心,心同此理”,著名学者卡斯特罗也认为特雷莎的奇迹令人瞠目,而且其“诲淫程度”远远超过了人文主义杰作《塞莱斯蒂娜》。〔3〕这其中有否“诲淫”成分自是见仁见智,但特雷莎有关上帝、天使和灵魂的描写确实达到了前无古人、后无来者、登峰造极的地步。而这恰恰就是西班牙神秘主义诗人达到的维度。

面对人性和科学的理性挑战,不仅神秘主义如是,甚至整个神学都逐渐滑向了玄之又玄的形而上学,从而使基督教神学经历了一次具有明显内倾色彩的大转向。

然而,特雷莎是一位虔信教义的苦修者。以我们现在的认知方式看去,诸如此类的奇迹恐怕只能是错觉使然或布道需要。前者可能是生理和心理在特定条件下的一种反射,后者则纯属虚构。

她的《创立之书》则似乎是《人生》的继续或补充,主要侧重于变革事迹。作品内容涵盖了作者在 1567 至 1572 年间的活动,但成稿时间是在 1573 至

---

〔1〕〔3〕 卡斯特罗:《圣女特雷莎及其他》,马德里:阿尔法瓜拉出版社,1972 年版,第 52～53 页。

〔2〕《鲁迅全集》第九卷《中国小说史略·第五篇·六朝之鬼神志怪书(上)》,人民文学出版社,1981 年版,第 43 页。

1582年间。此外，她还有一部《交流之书》和若干信札流传于世。信札中有致圣胡安或格拉纳达修士、格拉西安修士等同道的，也有致国王的上书，但内容始终围绕着宗教变革和清欲苦修。

有关神秘主义的作品主要由《净化之路》、《寓所》（或《内心的城堡》）和《关于〈雅歌〉的思考》组成。《净化之路》应同道请求而始作于1565年，主要用以劝人苦修，从而达到心灵的净化与升华。在这部作品中，特雷莎还明确表达了从自身做起以捍卫教义、消除天主教腐败和反对路德宗教改革运动的折中态度。《寓所》被认为是她的代表作之一，集中体现了她的苦修精神和神秘主义思想。"寓所"比喻天堂，同时指涉心灵："它是一座钻石和水晶砌成的城堡……犹如重重天堂。"〔1〕作品中充塞着"欢乐的痛苦"、"被大写的爱人温柔地刺痛"等对语和反题。卡斯特罗把诸如此类模棱两可的双关语称为"大胆的暗示"。

前面说过，这种推断脱离了特雷莎的语境。《关于〈雅歌〉的思考》体现了西班牙神秘主义与犹太文化剪不断、理还乱的冤家关系。犹太人和阿拉伯人为西班牙文艺复兴运动注入了最初的养分。但是，随着西班牙崛起而成为不可一世的帝国，犹太人和留在西班牙境内的阿拉伯人曾多次受到了迫害。西班牙人普遍以具有纯洁的欧洲血统为荣，即便像特雷莎这样的圣女也不能免俗。曾几何时，她的父亲迫于政治和经济的双重压力，放弃了犹太教而改信天主教。〔2〕这一过程既残酷又屈辱，虽然特雷莎并非亲身经历，但血统问题却是无法回避的。因此，她曾一而再再而三地在其作品中提到血统问题。有学者甚至认为她之所以不惜一切代价创办新修会，多少与血统问题有关。也正因为如此，新修会接纳了大批新的天主教教徒。当然，一如她的其他指涉，血统也免不了具有双重意义：世俗意义上的血统和精神层面上的纯粹。然而，《关于〈雅歌〉的思考》回到了希伯来文化的源头，把《雅歌》解读得如同初民男欢女爱一般，天真烂漫，但不经意中作者已经陡转笔锋，回到了对精神丈夫基督的爱恋。至于特雷莎的某些思想是否和犹太神秘主义有关，则不得而知。但可以断言的是，西班牙是中世纪犹太神秘主义的大本营。犹太神秘主义固然始现于公元一世纪，但其的主要"灵轮"经典《光明之书》和《隐喻之书》却是由西班牙犹太人分别于12和13世纪撰写

〔1〕 根据教义，灵魂只有走到第七重即最后一重，才能与上帝团聚。萨因斯·罗德里盖斯称《寓所》为"西方神秘主义的巅峰之作"，认为它无论叙述逻辑还是精神内涵，都可与亚里士多德的《形而上学》相媲美。《西班牙神秘主义文学史导论》，第35页。

〔2〕 梅嫩德斯·佩拉埃斯：《卡斯蒂利亚语文学》，第211页。

的。而且，由于1492年及以后的几次宗族和宗教迫害、驱逐都使犹太人饱受创伤，喀巴拉犹太神秘主义愈来愈为西班牙犹太人所倚重。因此，特雷莎的城堡七重说很可能来自犹太教和犹太神秘主义关于上帝和天堂的说法。和犹太文化一样，阿拉伯文化也是西班牙文化的一个重要源头，尽管当时的西班牙人大都不愿直接或公开承认这一点。但有关研究家从特雷莎关于心灵→城堡以及“东方珍珠”等比喻中引申出她同伊斯兰文化的关系。比如，根据洛佩斯·巴拉尔特的分析，特雷莎的心灵→城堡七重说并非源自奥古斯丁关于抵达上帝所在的不同阶段，而是来自伊斯兰教有关真主为不同信徒建造的七座城堡：玉堡、金堡、银堡、铁堡、铜堡、矾堡和土堡。[1] 此外，洛佩斯·巴拉尔特还顺藤摸瓜，牵出了特雷莎在这方面的先驱，如弗朗西斯科·德·奥苏玛修士、圣贝尔纳尔迪诺等。前者在《精神ABC之三》中就曾用把心灵比成城堡，并指出魔鬼入侵这些城堡的三大主要途径是“欺骗”、“恐惧”和“饥饿”。[2] 圣贝尔纳尔迪诺也常拿城堡喻心灵，并称必须“从上到下，从前到后，从左到右，全方位防御”。[3]

和散文一样，特雷莎的诗作也全都是神秘主义的产物，主张今生为来世铺路；形式上讲究深沉和凝重，不屑于辞藻华丽。她的诗作数量不多，但影响很大。她在一首名为《我生因为我不生》的诗中这样写道：

> 我生因为我不生，但愿如是还我死：我死因为我不死。
>
> 俗爱一去不复返，生命徒然留我身。我曾得到主的爱，生在人间心在天。灵魂从此有归属，留下丹青一纸爿：我死因为我不死。……
>
> 我生因为我会死，倘非如此我怎生？但愿希望早成真，换我一颗圣洁心。死神切莫再等待，给我生命终结令。我死因为我不死。……[4]

塞万提斯曾用“迷醉”形容特雷莎的境界，曰：

> 丰腴的圣女，幸运的慈母，

---

〔1〕 洛佩斯·巴拉尔特：《西班牙文学的伊斯兰印记》，马德里：伊佩里昂出版社，1985年版，第83页。

〔2〕〔3〕 洛佩斯·巴拉尔特：《西班牙文学的伊斯兰印记》，马德里：伊佩里昂出版社，1985年版，第74～79页。参见奥苏玛：《精神ABC之三》，马德里：经典作家文库，1972年版，第202页；圣贝尔纳尔迪诺：《全集》，马德里：经典作家文库，1953～1955年版，第1107页。

〔4〕 选译自圣女特雷莎·德·赫苏斯：《全集》，马德里：经典作家文库，1970年版。

用乳汁把众人的心儿哺乳……
你是在迷醉中与上帝交往。
请上帝呼唤你的灵魂升腾，
抵达天庭的路已畅通无阻。
上帝将全部宠爱赐予了你，
滋润灵魂并使之日益丰盈。
……

如今你离开人寰飞向天庭，
英灵弃绝尘世的一切虚荣，
与上帝分享那不灭的永生……[1]

多数文学史家认为圣女特雷莎的奇妙之处在于用普通的语汇表现深奥的思想。诚如梅嫩德斯·皮达尔所说的那样，她是唯一善于用习常语言表述超验神奇的宗教诗人。[2] 因此，她的诗是说出来的。她用简单和自然表达最深刻的感受。于是，神秘是那么的可感、那么的家常。

二　圣胡安·德·拉·克鲁斯

圣胡安·德·拉·克鲁斯(1542～1591)，原名胡安·德·耶佩斯·阿尔瓦雷斯，生于阿维拉，父亲是纺织匠。曾在多所神学院学习，后参加加尔默罗会，并与圣女特雷莎一起致力于宗教变革。由于传统势力的报复，晚年惨遭迫害。和圣女特雷莎一样，圣胡安·德·拉·克鲁斯在逆境中坚持写作，创作了大量具有宗教色彩的抒情诗和赞美诗，其中最著名的有长诗《心灵的黑夜》、《赞美诗——灵魂和丈夫的对话》以及抒情诗集《热恋的火焰》等。

圣胡安·德·拉·克鲁斯同样善于通过平凡的事物表现神秘思想、抒发内心情感，诚如他《心灵的黑夜》所为：

　　一个漆黑的夜晚，
心急如焚，燃烧着爱的火焰，

〔1〕《塞万提斯全集》，马德里：卡斯塔利亚出版社，1999年版，第1190～1221页。

〔2〕梅嫩德斯·皮达尔，《圣女特雷莎的风格》，《哥伦布的语言》，马德里：埃斯帕萨卡尔佩出版社，1942年版，第156页。

这是多么幸运啊，
没有任何人发现。
夜深人静，我悄悄离开家门，

黑暗中满怀希望，
顺着密道，寂静在四处蔓延，
这是多么幸运啊，
我乔装改扮而去，
夜深人静，我悄悄离开家门。

在那幸福的夜晚，
悄悄出门，隐秘得无人发现。
不用眼睛和光线，
也无须向导引牵，
大步流星，只凭心中的火焰。
……

就这样，圣胡安用情人的幽会比喻灵魂与上帝的接触。用诗人的话说，这是灵魂可以企及的“最高境界”。

因为作品数量稀少，圣胡安被认为是“西班牙语世界，乃至全世界以少胜多的典范”（豪尔赫·纪廉语）。他的作品像金子一样纯净、耀眼。如果特雷莎是天主教神秘主义思想的集大成者，那么胡安一定是那个把神秘主义艺术推向巅峰的诗人。一般文学史家以篇幅为标准，将其作品分为两类：一类是短诗，主要由传统式歌谣组成，凡歌五首，谣曲十首和敷衍体圣歌二首；另一类则是三首相互关联的长诗，包括《心灵的黑夜》、《精神赞美诗》和《爱的生生之火》。它们分别由八节、四十节和四节组成。其中前两首为里拉琴体（七音节和十一音节诗句交替），最后一首为六行体。《心灵的黑夜》描述灵魂怎样逃脱感官的牢笼，来到上帝的身边；而形式上则恰好相反：肉身逃脱某种也许可以称之为“道德”的东西，前去和“情人”幽会。《精神赞美诗》表现了心灵走向上帝的神秘过程。《爱的生生之火》则是最后的永远的狂欢，是灵魂与上帝结合之后的终极幸福。

圣胡安的诗作是神秘主义诗歌最高表现。和特雷莎不同，圣胡安省去了布道的任务，可以单刀直入，进入神秘主义诗歌的最高殿堂。阿尔博格在梳理其来源时提到了基督教传统和《雅歌》，但圣胡安对传统进行了改造。他把人类的灵魂称为爱人，而不是基督教的圣母或教会。他还从圣托马斯那儿继承了基督教神学有关感官及其本质的思想，以及神学价值和通往神秘之路的学说。当然，阿尔博格认为他更是圣女特雷莎和奥古斯丁的追随者。[1] 与此同时，圣胡安和伊斯兰文化的关系在所有神秘主义诗人中可谓首屈一指。洛佩斯·巴拉尔特曾经用一部专著予以阐释，是谓《圣胡安·德·拉·克鲁斯与伊斯兰》。[2]

此外，圣胡安接受的文学影响是多方面的。身处萨拉曼卡这个西班牙文艺复兴运动的中心城市，圣胡安可谓左右逢源。[3] 但他不拘牵。在艺术上博采众家，而且得意忘言，具有化腐朽为神奇的非凡才能。这多半应当归功于神秘主义。神秘者，神秘也，通常只可意会，不可言传。但作为天主教神秘主义信徒，圣胡安又不得不言传，这是他的责任。除了自己身体力行、赤脚苦修，他必得借助于诗艺，影响众僧、引领风气。于是，他何妨“凡俗”一把：

惟有爱情的火焰，
明亮闪烁，赛过正午的阳光，
照耀我一步一步
来到渴望的地方。
爱而不见，心上人儿在等待。

呵，幸运的黑夜！
温柔美丽，呵，黎明的先手！
呵，约会的时光，
拥抱热恋的情人，
既我既你，情人呵心心相印！

春心荡漾的胸膛，

---

〔1〕 阿尔博格：《西班牙文学史》第一卷，第912页。

〔2〕 洛佩斯·巴拉尔特：《圣胡安·德·拉·克鲁斯与伊斯兰》，马德里：伊佩里昂出版社1990年版。

〔3〕 达马索·阿隆索在圣胡安可能接受的众多影响中突出分析了西班牙传统歌谣和加尔西拉索的作用。《圣胡安·德·拉·克鲁斯的诗歌》，马德里：阿吉拉尔出版社，1958年版。

如痴如醉，为你温柔地敞开。
　　它只因你而敞开，
　　任你甜蜜地酣睡。
凉风习习，从柏林悠悠吹来。

　　我抚摩你的秀发，
手指如梳，似风儿穿过柏林。
　　凉风刺透了脖子，
　　我浑身酥麻颤栗，
无知无觉，心儿也不再跳动。

　　忘却自己的存在，
全神贯注，凝望情人的脸庞。
　　静悄悄万籁俱寂，
　　忘记谨慎和一切。
完完全全，把自己埋进百合。

灵魂升华的最高境界：和上帝结合。

倘使没有最后的说明，任何人都会把这首诗当做村夫谣或山姑谣之类的“凡俗之物”（尽管里拉琴提本身具有“地上十字架”的视觉效果）。而这恰恰是圣胡安的高明之处：用最单纯、最自然的爱情表现神圣，用最简单、最朴素的词汇宣达神秘。正因为如此，达马索·阿隆索称他是“无视艺术的超级艺术家”，无为而为。[1] 类似说法的理由在于圣胡安的诗艺达到了真正的“化境”，即如盐入水，化于无形。这就十分不同于我国玄学家所信奉的“道可道，非常道。名可名，非常名”（《老子·道经》）了。当然，阿隆索也有他“把玩”艺术的时候，比如他在《精神赞美诗》中吟道：

　　在孤独中，

---

〔1〕 达马索·阿隆索：《圣胡安·德·拉·克鲁斯的诗歌》，第 267 页。阿隆索之前，评论界大都视圣胡安为最懂得借鉴的诗人。但阿隆索却认为他属于那种从不刻意汲取什么，而是什么简单就信手拈来的诗人。

筑起她同样孤独的巢穴，
　　孑然一身，
　　孤独前行，
循着爱人和受伤的爱情。

和特雷莎一样，圣胡安也是运用对词的高手。他的作品中充满了“温柔的牢笼”、“温情脉脉的伤害”、“精致的创伤”、“快乐吞噬的火焰”、“生生地死去”之类的“温柔的对立”，或者直接借用特雷莎的“我死因为我不死”，并继而转换生成为“我活并非活在我”，等等。

此外，和特雷莎不同，圣胡安的神圣和神秘是那么的“现实”，以至于那个大写的情人（爱人）也仿佛现实中人，看得见、摸得着。没有天堂重重，也无须恍然如梦。一切神圣和神秘尽在单纯和自然之中：

　　请小鸟儿、
雄狮、大角鹿和欢畅的小鹿、
　　高山流水
　　田野湖泊、
风火和令人恐惧的漫漫长夜；

　　也请里拉
和跟随你引吭高歌的美人鱼，
　　停止歌唱，
　　不要生气，
别吵扰爱人，让她好好歇息。

——《精神赞美诗》

即便如此，圣胡安深知神秘之不可企及。“诗是接近神秘经验——不可名状者的最佳途径，因此我文不能与之分庭抗礼……”他在同名散文中如是说。文不如诗，诗则只能接近神秘。由此可见，圣胡安也有书（诗）不尽言，言不尽意之憾。正所谓“人同此心，心同此理”，端的是道可道非常道。

梅嫩德斯·佩拉埃斯认为这是人性和神性的矛盾使然，换言之，也是物质和精神的矛盾使然。这对矛盾很容易被引向形而上学的死胡同。[1] 然而，按照现代阐释学的说法，圣胡安的载体（诗）被认为是接近意义（神秘）的相对有效的一个介质。而作为诗的原始技巧之一，象征（或比喻）充当了这个介质的灵魂。上帝的存在通过爱人（或情人）而得到自然、生动的展现，同样，神秘的寓意借助于普通的象征朴素、形象地抵达。正因为如此，传统歌谣的抒情方式和《雅歌》的叙事形态构成了圣胡安·德·拉·克鲁斯的宣达神秘主义的基本手段。于是，最朴素的形式被赋予了最深刻的寓意。这也或可被认为是一种大言希声、大象无形，或钱锺书所谓的"'悟'而曰'妙'"[2]。其所以达到如此境界（用加西亚·洛尔卡的话说是至高无上的"精灵"的境界，然后才是贡戈拉等人的"缪斯"或"天使"）的原因历来众说纷纭，但历史环境与个人心志显然是最为重要的两个方面。前者牵涉加尔默罗会等赤脚修会（面对天主教僧侣贵族化、神学经院化等）的宗教改革（在这方面，人文主义、新教等思潮同样意义巨大），还有市民社会的发展、科学精神的渗透、俗语的普及等等；后者则与诗人继承和扬弃基督教神秘主义传统、犹太文化、阿拉伯文化等不无关系。

三　其他诗人

多明我会派是西班牙神秘主义流派中比较正统的一支。囿于多明我会派总体上倾向于反对伊拉斯谟的折中主义思想[3]，艺术上的取向也较为理性。因此，除了圣托马斯主义，多明我会派也或多或少接受了亚里士多德学说。用弗朗西斯科·德·维托里亚教士的话说，多明我会派是"瞻仰派"。当然，他们瞻仰的不是生活，而是《圣经》。这也是多明我会修士与其他会派别保持距离的根本原因之一。

路易斯·德·格拉纳达修士（1504～1588），本名路易斯·德·萨里亚，是多明我会派诗人的代表。他出生在富有伊斯兰文化色彩的格拉纳达。5岁丧父，母亲是格拉纳达神圣十字修道院的洗衣女工。1525年进入修道院。后赴葡萄牙，不慎被一修女所骗。但很快悔过自新，写下了不少具有忏悔色

---

〔1〕 库埃瓦斯·加西亚的《文学，作为不可言传者的符号：圣胡安·德·拉·克鲁斯的文学体裁》是这方面的代表作。《作为符号的文学》，马德里：普拉约尔出版社，1981年版。

〔2〕 "'悟'而曰'妙'，未必一蹴即至也；乃博采而有所通，力索而有所入也。"《管锥编》（补订本），中华书局，1984年版，第98页。

〔3〕 当然凡事都有例外，多明我会派的胡安·德·阿维拉修士（1500～1569）不仅对伊拉斯谟和耶稣会怀有极大好感，而且具有强烈的禁欲主义色彩。

彩的诗作。

他的作品既有西班牙语诗歌，也有拉丁文和葡萄牙语诗歌。西班牙语作品主要有《祷告和静思之书》、《赎罪指南》、《信仰的象征性导论》、《基督徒生活纪实》、《卡斯蒂利亚语布道十三篇》和《圣洁的静思》等。由于多明我会派奉行的是极其严格的教规和神学理念，该会派的多数修士只用拉丁文写作。这不仅使他们在观念上区别于其他教派，而且在形式上殊异于人。但是，一如弗朗西斯科·德·阿维拉，路易斯·德·格拉纳达也是个例外。

正因为如此，他只在布道时恪守本会规则，创作时却完全不拘一格。因为借鉴过柏拉图、方济各和奥古斯丁，也因为效仿其他会别改用"俗语"写作，他的一些作品如《祷告和静思之书》和《赎罪之书》就曾被执掌宗教裁判所的同道列为禁书。

诚然，与其说格拉纳达是神秘主义诗人，毋宁说他是传播禁欲主义的修士。作为代表作之一，他的《赎罪之书》通篇都是说教。格拉纳达认为德行不仅是抵达天堂的通行证，而且也是人生幸福安宁的唯一保证。因为德行不仅可以赎罪，而且催人向善，以抵御人世间的所有罪孽和诱惑。同样，《祷告和静思之书》是关于德行和诱惑、斋戒和乞食等一系列神圣和人生问题的思考。《信仰的象征性导论》被认为是格拉纳达修士的巅峰之作。其重要性在于它对西班牙的宗教形态进行了"百科全书式"的梳理。作品由四大部分组成：1. 创世的奇迹，万物的美丽及人类的智性与潜能；2. 信仰，"十戒"等基督教教义及捍卫教义的列位先圣；3. 救赎的神秘本质及贯通《旧约》和《新约》的神学内涵；4. 把世界当做一面镜子或一本书，一切美丽都是上帝的影子。第四部分很容易让人联想到几个世纪后出生在世界一隅的博尔赫斯。因为镜子和书是后者一辈子把玩不已、欲罢不能的两个意象。

方济各会派奉行浪漫的情感神秘主义。他们在大自然中瞻仰上帝的美丽和"人性"。然而，对大自然的景仰是几乎所有文艺复兴时期作家、诗人的共性，方济各会诗人因而并不像其他会派那样富有个性。也正因为如此，方济各会的修士们为其他会派开辟了由自然通向上帝的神奇之路。用萨因斯·罗德里盖斯的话说，"圣女特雷莎的几乎所有关乎神性与自然的比喻都来自奥苏玛"。除奥苏玛外，16 世纪比较重要的方济各会诗人有迭戈·德·埃斯特利亚（1524～1578）、胡安·德·洛斯·安赫莱斯（1536～1609）等。〔1〕

---

〔1〕 萨因斯·罗德里盖斯：《西班牙神秘主义文学史导论》，第 224 页，第 229 页。

迭戈·德·埃斯特利亚修士，本名迭戈·巴耶斯特罗斯，青少年时期与王公贵戚过从甚密，以至于入教后不久即在王宫担任神职。曾在葡萄牙修行、布道，回国后在修道院从事创作活动，有《世俗虚荣论》、《百思上帝之爱》等作行世。前者宣扬禁欲思想，后者却是方济各会神秘主义的经典之作。迭戈修士认为抵达上帝要经过三大难关(或谓过程)，而人类的尊严就在于他可以通过爱达到或改变一切。

胡安·德·洛斯·安赫莱斯修士当过玛利亚皇后的讲道士，因此在宗教界享有较高的声望。主要作品有《上帝之爱的胜利》、《关于进入天国的神秘对话》、《上帝和灵魂的精神和情感之战》、《完美人生手册》、《关于〈雅歌〉的思考》、《论弥撒的圣秘性》和《宗教性灵的精神花园》。萨因斯·罗德里盖斯认为他所以和其他方济各会神秘主义者稍有不同，是因为他除了拥有方济各会和西班牙文学的传统，还借鉴了陶勒的作品。〔1〕 陶勒是 14 世纪多明我会修士，生于施特拉斯堡，其奥秘修行实践和德语讲稿曾得到路德的高度评价。虽然同为圣托马斯理论的传承者，但陶勒进入胡安修士的视阈具有一定的偶然性。首先，陶勒有过一次德国之行，这使他注意到了德国同道的有关著述并近距离感受了他们的实践；其次，他的德语水平竟可与拉丁文和母语西班牙语等量齐观，因此阅读德国神秘主义文选当不在话下。

一般认为胡安修士有两大特点：1. 心理描写细致入微；2. 创作风格工整细腻。他反对毫无精神内涵的苦修，认为正确的修行是自我观望，即“在自我中徜徉”，直至“实现精神之我”。因此，他主张封闭的静思，以便心灵进入上帝的王国。这一方面成全了他的细腻，另一方面又使他多少显得有些自话自说。此外，较之两个路易斯、特雷莎和另一个胡安，他的作品是那样的平和，以至于看不到灵魂挣脱肉体的任何痛苦。梅嫩德斯·伊·佩拉约曾高度评价胡安修士的作品，并将其风格比成“甜蜜的、乳汁般的河流”〔2〕。

奥古斯丁会除路易斯·德·莱昂修士外，比较重要的神秘主义诗人至少还有阿隆索·德·奥罗斯科(1500～1591)和佩德罗·马隆·德·查伊德(1530？～1589)两位修士。奥罗斯科出身名门，曾在托莱多进修音乐，随后转至萨拉曼卡深造。学成入奥古斯丁会，不久入宫任讲道士。由于他心怀仁爱，在马德里宫廷内外声誉极隆。人们慕名而至，向他讨教。往来人中有

---

〔1〕 萨因斯·罗德里盖斯：《西班牙神秘主义文学史导论》，第 224 页，第 229 页。

〔2〕 梅嫩德斯·伊·佩拉约：《美学思想史》第二卷，桑坦德：国家出版社，1940 年版，第 202 页。

一位叫克维多的少年，他不仅亲耳聆听修士的教诲，而且受其影响成了一代名士。

奥罗斯科对所谓的奇迹和神秘之道厌恶之极，并公开宣称："上帝不会在这个时候创造奇迹，因为完全没有必要。他需要的是充满爱心、耐心和平常之心的基督徒，因为在这个世界上真正的、永久的奇迹是每一个基督徒的完美生活。"如此，奥罗斯科追求个人修为，他的著述比通常认为的第一个西班牙神秘主义者胡安·德·阿维拉早十年就已面世并产生影响。基于"爱心"、"耐心"和"平常之心"，奥罗斯科的作品简洁明快。他认为抵达上帝的道路并非与世隔绝的哀哀苦修，而是对他人、对兄弟姐妹的仁爱之举、仁爱之心。阅读、静思和祈祷都是为了丰富和坚定仁爱之心：爱他人即爱上帝。他的作品大都目的单纯：宣教布道，因此很少涉及"与上帝相聚"的神秘感受，故而是西班牙神秘主义文学中最少神秘色彩的。著作有《圣母说过的七个词》、《圣爱纪实》、《祷告之园和瞻仰之山》、《上帝的温柔》、《精神婚礼》和《普遍适用的使徒书》、《觉悟自测》，等等。其中后两种被认为是奥罗斯科温和神秘主义思想的代表作。

佩德罗·马隆·德·查伊德修士虽然仅有一部著作《马格达莱娜易教之书》，却是莱昂修士的得意门生。他的这部作品不仅色彩斑斓，而且充满了东方情调，被梅嫩德斯·伊·佩拉约称为"最欢乐、富有感官意识的西班牙宗教文学"[1]。尤其值得一提的是，马隆修士在序言中宣扬的平民意识。他并且认为西班牙语是世上最优美的语言之一，用它阐扬教义好处多多。这在当时无疑是勇敢之举。因为宗教界对"俗语"颇有争议，而且不少教士因为用"俗语"翻译《圣经》而被宗教裁判所羁押。但马隆不苟且，他不仅用"俗语"写作，而且大肆宣扬它平易近人的好处。他甚至尖锐地反诘那些顽固坚持用拉丁文写作的教士，问："先知们用什么语言？摩西十戒用的什么语言？"但他同时反对牧歌和骑士小说，甚至对加尔西拉索和波斯坎等人文主义诗人颇有微词。为了显示西班牙语的艺术魅力，他把马格达莱娜[2]的故事写得生动逼真，而且语言华朴巧拙，无所不用其极，有时甚至达到了铺张、矫饰的地步。

在所有派别中，耶稣会是后起之秀，没有自己的传统。因此，在16世纪

---

〔1〕 梅嫩德斯·伊·佩拉约：《美学思想史》第二卷，桑坦德：国家出版社，1940年版，第96页。

〔2〕 马格达莱娜是《路加福音》中的人物，她从原始的天真到犯罪再到忏悔和易教经历了四个阶段。

的神秘主义作品中，属于这个会派的几乎乏善可陈。即便如此，它的创始人罗约拉还是留下了代表这个会派的经典之作。他在这些作品中不二法门，且触类旁通：他一方面旗帜鲜明地捍卫教皇的权威、反对宗教改革运动，并在此基础上建立了一整套军事化管理体制；但另一方面他又毫不拘泥于形式，即为达目的不择手段。他的主要作品有《精神练习》和发现于20世纪的《精神日记》。两种著作都是基督教神学的诸多传统理念和天主教等级观念的极端表现。此外，阿隆索·罗德里盖斯(1538～1616)也是16世纪耶稣会知名作家，代表作为《基督徒德行及操守》。

诸如此类，不一而足。从某种意义上说，16世纪的宗教诗人，尤其是宗教神秘主义诗人，是西班牙文坛的一支不可小觑的生力军。他们人数众多，流派庞杂，这里反映的只是其中的一小部分。但正所谓“山僧不解数甲子，一叶落知天下秋”(唐庚《文录》)，这一小部分足可反映这个时期宗教文学的繁复与多姿以及西班牙文坛风云际遇、人才辈出，华朴巧拙、应有尽有的多元与丰富了。

流浪汉小说一瞥

流浪汉小说是西班牙对世界文学的一大贡献，产生于16世纪中叶。佚名小说《小癞子》（又译《托尔梅斯河上的小拉撒路》）是其开山之作，出版于1554年。《小癞子》的笔触从社会底层伸出，以小流浪汉的视角，用极具震撼力和穿透力的现实主义风格展示了西班牙社会的全面衰落。《小癞子》大获成功后，一系列仿作相继涌现。其中比较著名的有阿莱曼的《古斯曼·德·阿尔法拉切的一生》（1599）、克维多的《骗子外传》（1604）、埃斯皮内尔的《马尔科斯·德·奥夫雷贡》（1618）以及洛佩斯·德·乌贝塔的《流浪妇胡斯蒂娜》（1605）和萨拉斯的《拉纤女之女或奇情异想的埃莱娜》（1612），等等。塞万提斯也曾尝试流浪汉小说的写作，著有《林科内达和科达迪略》等篇。

有关流浪汉小说的研究资料如汗牛充栋，但归纳起来，大都属于社会历史批评。它们视社会环境为流浪汉小说的主要成因〔1〕，同时就作者、版本、人物及其时间地点、作品内容与表现形式等诸多问题进行了旷日持久的甄别与讨论。众所周知，16世纪中叶，穷兵黩武的西班牙一方面继续向美洲大量派遣军队，肆意掠夺印第安人，以满足上流社会的骄奢淫逸；另一方面，全国各地金融和商业的盛行在消耗黄金白银的同时，阻碍了人们曾经引以为荣的农业和手工业的发展。〔2〕同时，社会风气的奢靡和劳动力的匮乏以及残疾军人队伍的扩大，也是导致农业和手工业破败的重要原因。而这些都是产生流浪汉阶层的重要原因。

从另一个角度看，文学的批判传统几乎与生俱来，可谓源远流长，流浪汉小说只不过是其中的一类；其所以值得夸耀，则是因为它的矛头是从社会底层指向社会上层的，而且篇幅空前。但也有人认为：骑士小说被禁和一个

〔1〕 仲跻昆先生在《阿拉伯现代文学史·阿拉伯古代文学简介》（昆仑出版社，2004年版，第33页）中提到了阿拔斯朝的流浪者故事“玛卡梅”对流浪汉小说的影响。

〔2〕 人们常把中世纪欧洲基督徒的重农轻商传统视为欧洲排犹主义的重要原因之一。其他重要原因牵涉到文化（包括宗教、政治信仰）传统和生活习俗等诸多方面，可谓错综复杂，但归根结底是经济方面的。一般认为基督徒仇视犹太人首先是由于他们的祖先出卖并杀害了基督。这显然也是简单化的说法，难以令人信服，因为基督本人终究也是犹太人。

英雄时代的结束，造成了大众读物的阙如，从而为新文学体裁的诞生提供了空间。学者阿美里科·卡斯特罗在分析流浪汉小说成因时就曾指出："流浪汉是反英雄。流浪汉小说显然是一种反英雄冲动，随着骑士小说和神话史诗的终结而产生。"[1]

一　《小癞子》[2]

《小癞子》是继《塞莱斯蒂娜》之后西班牙文坛最富原创精神的文学作品之一。它的出现宣告了近代小说尤其是长篇小说的诞生，尽管它本身的篇幅并不大。《小癞子》用第一人称叙述，主人公是个流浪儿，因为替人领路或跑腿，耳濡目染，惯看世道炎凉，饱尝人间悲苦。由于这种小说可以随着人物的经历不断延伸，因此"轻而易举"地开了近代长篇小说之先河。[3]

小癞子出生在托尔美斯河上，父亲死于战场；母亲守寡后因生活所迫，又跟别人生了一个儿子。由于家庭屡遭不幸，小癞子不得不离开母亲，成了一个盲人乞丐的领路人，从此开始了流浪生涯。盲人是个狡黠虚伪的世故老人，经常虐待小癞子。小癞子忍无可忍，便设计报复，然后扬长而去。他随后又给一个极其吝啬的教士当佣人，天天忍饥挨饿。一日，教士外出办

---

〔1〕 卡斯特罗：《流浪汉小说探源》，《西班牙研究与介绍》，普林斯顿：NJ 出版社，1956 年版，第 74 页。

〔2〕 中译本有杨绛 1985 年版(人民文学出版社)和盛力 2000 年版(昆仑出版社)。

〔3〕 杨绛先生之所以把《托尔梅斯河上的小拉撒路》译作《小癞子》是因为《路加福音》中有个叫拉撒路的癞皮化子，而且"因为癞子是传说里的人物"。笔者把杨先生的考证摘录于斯，以飨读者："早在欧洲十三世纪的趣剧里就有个瞎眼化子的领路孩子；十四世纪的欧洲文献里，那个领路孩子有了名字，叫小拉撒路……我们这本小说里，小癞子偷吃了主人的香肠，英国传说里他偷吃了主人的鹅，德国传说里他偷吃了主人的鸡，另一个西班牙故事里他偷吃了一块腌肉。伦敦不列颠博物馆藏有一部十四世纪早期的手抄稿 *Descretales de Gregorio IX*，上有七幅速写，画的是瞎子和小癞子的故事。我最近有机缘到那里去阅览，看到了那部羊皮纸上用红紫蓝黄赭等颜色染写的大本子，字句的第一个字母还涂金。书页下部边缘有速写的彩色画，每页一幅，约一寸多高，九寸来宽。全本书下缘一组组的画里好像都是当时流行的故事，抄写者画来作为装饰的。从那七幅速写里，可以知道故事的梗概。第一幅瞎子坐在石凳上，旁边有树，瞎子一手拿杖，一手端碗。小癞子拿一根长麦秆儿伸入碗里，大约是要吸碗里的酒，眼睛偷看着主人。画面不大，却很传神。第二幅在教堂前，瞎子一手拄杖，一手揪住孩子的后领，孩子好像在转念头，衣袋里装的不知是大香肠还是面包，看不清。第三幅也在教堂前，一个女人拿着个圆面包，大概打算施舍给瞎子。孩子站在中间，伸手去接面包，另一手做出道谢的姿势。第四幅里瞎子坐在教堂前，旁边倚杖，杖旁边有个酒壶，壶旁有一盘东西，好像是鸡。瞎子正把东西往嘴里送，孩子在旁一手拿着不知什么东西，像剪子，一手伸向那盘鸡，两眼机灵，表情刁猾。第五幅是瞎子揪住孩子毒打，孩子苦着脸好像在忍痛，有两人在旁看热闹，一个在拍手，一个摊开两手好像在议论。第六幅大概是第五幅的继续。孩子一手捉住瞎子的手，一手做出解释的姿态。左边一个女人双手叉腰旁观，右边两个男人都伸出手好像向瞎子求情或劝解。第七幅也在教堂前，瞎子拄杖，孩子在前领路，背后有人伸手做出召唤的样儿，大约是找瞎子干甚事。"《杨绛文集》第八卷，第 226～227 页。

事，小癞子就请修锁匠打开了柜子，却伪托不慎丢了钥匙。柜子打开了，里面全是面包和奶酪。小癞子给了修锁匠一个大面包，然后接过钥匙，从此没了肚子问题。精明的教士很快发现柜子里的食品少了；好在柜子的小洞帮了忙，教士以为是老鼠惹的祸。然而小癞子最终还是露了马脚，把钥匙衔在嘴里睡觉，结果被教士逮个正着。小癞子挨了一顿毒打并被逐出门去。后来他又去侍候一个道貌岸然的绅士，却不料此翁竟是个穷困潦倒的伪君子，正等着他去乞讨供养呢。再后来他还给一个修士当侍从，给一个推销免罪符的人当跟班，目睹了这些坑蒙拐骗者的嘴脸和伎俩。最后，他投靠了一个正直的神甫，赚了一些小钱，随即又跟了一个公差，当了叫喊消息的报子，还娶了神甫的女佣，从此时来运转。

作者在《前言》中开宗明义，要请那些公子哥儿想想，自己何德何能，无非命运对他们比较偏心，使他们生来富有；而苦命的穷人，尽管时运不济，却全凭自己努力，其成就竟远非前者可比。小癞子便是后者的代表。他在那个"黄金遍地"、"老爷充斥"的世界里苦苦挣扎，靠一点近乎狡黠的智慧和许多本是忍耐的努力，顽强地争取着生存的权利。相比之下，那些衣冠楚楚的上等人，往往不是吝啬得毫无人性，就是死要面子活受罪的蠢货。作者透过这个毫无社会地位的不是人物的人物把西班牙的没落和上流社会的伪善表现得淋漓尽致，入木三分。

此外，《小癞子》为流浪汉小说奠定了基本的叙事方式：主人公是个流浪汉，并且用第一人称叙述；由于出身低贱、地位卑微，主人公始终直面现实并明显具有自嘲的勇气；叙述语言朴素平直、生动幽默，与上流社会的矫揉造作之风及帝王将相才子佳人充斥的贵族写作以及苦思冥想故弄玄虚的宗教文学适成对照。

前面说过，有关《小癞子》的评论如汗牛充栋。但评论的焦点始终不外乎：1. 有关作者和版本的讨论；2. 有关内容和形式的解析。由于祖本的缺失，第一类讨论至今未有定论。一般认为作者必得是一位人文主义者并且多少受到了伊拉斯谟的影响。这样一来，可能创作《小癞子》的作家数不胜数。经过几个世纪的加减乘除，胡安·德·奥尔特加、乌尔塔多·德·门多萨、塞巴斯蒂安·奥罗斯科、洛佩·德·鲁埃达和巴尔德斯兄弟被认为是最有可能创作《小癞子》的人选。与此同时，1554 年分别印制于阿尔卡拉、布尔戈斯和安贝雷斯的三种版本均被排斥在祖本之外。这样又使有关祖本的争论始终就没有停止。文学史家大多认布尔戈斯版本为善本，认为它最有可能直接来自已然散佚的祖本"甲"；而阿尔卡拉和安贝雷斯两个版本则可能间接来自祖本"甲",因为它们与祖本之间很可能横亘着一个足本"乙"。由此推论,里科和布莱瓜都曾把祖本的产生时间界定在1552年左右。[1] 但是,卡索·贡萨莱斯从时人的某些习惯,如先有手抄本的做法,作出不同于里科和布莱瓜的推论,认为1554年的三个版本与其说来自不同的按本,毋宁说来自不同的抄本。[2]

围绕作品内容和形式所展开的第二类讨论同样莫衷一是。

小说凡七章。前三章比较丰满,后四章稍欠。因此,有评论家认为前三章是完全章,而后四章则是未竟章。因为未竟,后四章更像是梗概或框架。但也有评论认为后四章的某些细节的阙如很可能是因为宗教裁判所的"杰作"。同时,也有评论视章节之间的不平衡为正常现象,所谓前无古人,乏规可循,兴之所至,繁简由己。[3] 这其实是很有道理的。昆德拉说过,在塞万提斯时代,写小说是件惬意之事:因为无所羁绊,可以随心所欲。当然这是相对于巴尔扎克和现代小说而言的。同样,梅嫩德斯·佩拉埃斯另有说法,他认为《小癞子》的原作者所遵循的或许是一种类似于古代谣曲的方法,他甚至援引伊塔大司铎在《真爱之书》里的说法("谁都能拿去,只要他会念;/谁都可以续,只要他愿意……")以证明此乃传统使然、风气使然。[4]

小说采用第一人称,而且出发点是"现在"。"过去"只不过是用来说明"现在"的。作者在他的《前言》里写着:"我请求您大人接受我这点小意思;只恨力不从心,不能写得再好。您叫我把自己的事仔细向您叙述,所以我认为不从半中间起,最好从头讲来,让您能看到我的全貌……"[5]这就是说,作者虽然已经出人头地,却要把过去的经历写成书、留给世人。因此,作者、叙述者和主人公之间当是可以画等号的。而且作品以它夹叙夹议的第一人称叙述方式证明了这一点。然而,无论是所谓的"您大人"(西班牙语原文为"Vuestra Merced"),还是所谓的亲身经历,也许都是虚构的,是作者为了"取信于人"而设计的文学程序。换言之,它们很可能只是时人惯用的伪托之词。明证之一是杨绛先生在伦敦不列颠博物馆里的发现(见本书第30页注〔3〕);之二是这位"大人"竟和作者一样无名无姓,而这在当时是绝无仅有

〔1〕 里科:《西班牙流浪汉小说》,巴塞罗那:行星出版社,1967年版;布莱瓜:《〈小癞子〉序》,马德里:卡斯塔利亚出版社1974年版。

〔2〕〔3〕 卡索·贡萨莱斯:《〈小癞子〉的诞生》(《小癞子》布鲁盖拉版序),巴塞罗那:布鲁盖拉出版社,1982年版,第1~69页

〔4〕 梅嫩德斯·佩拉埃斯:《西班牙文学史》,第287页。

〔5〕《杨绛文集》第八卷,第234页。

的。按照时人的习惯，作品必得献给达官贵人，以求庇佑；即便不是为了庇佑，也是风气使然，不得不为之。比如，塞万提斯对时人的这套做法颇有微词，但囿于世风，竟也不得不在其作品前恭恭敬敬地写上献词。这样，《堂吉诃德》就献给了贝哈尔公爵和诸如此类的一帮达官贵人。

当然，鉴于《小癞子》曾于1559年被宗教法庭打入另册，1571年解禁时又是以删节作为前提的，因此"您大人"的姓名被有意隐略也不是不可能。前面说过，《小癞子》的产生除了有其作为土壤的西班牙社会历史环境，还有当时流行的伊拉斯谟思想。这早已得到诸多文史学家的肯定。然而，新近的研究成果似乎更倾向于把中世纪晚期和早期人文主义思潮的反僧侣的世俗主义思潮视作《小癞子》一类作品的催生剂。阿美里科·卡斯特罗和法国学者马塞尔·巴塔永分别于20世纪中叶对伊拉斯谟影响说提出质疑。[1]

随后，卡索·贡萨莱斯发展了他们的学说，认为用伊拉斯谟的折中主义很难解释《小癞子》的丰富的内涵和鲜明的倾向。里科从发生学探讨当时西班牙文学在传统与借鉴、继承与借鉴方面的各种可能，推演《小癞子》"发生"或"生发"的诸多缘由。其中有关影响，里科列举了：1. 西班牙民间传说；2.《金驴记》；3.《塞莱斯蒂娜》；4.《教皇格列高利九世诏令》（也即杨绛先生在伦敦看到的那本插图手抄稿）；5. 希尔·维森特的谐趣剧；6. 弗朗西斯科·德利卡多的《安达鲁西亚女郎》（1528）；[2]等等。

可见《小癞子》并非无源之水、无本之木。但所有这些都不能影响《小癞子》的"原创性和（小癞子）作为经典人物横空出世的文学意义"[3]，里科如是说。

与此同时，作品充满了关于正义、诚实、荣誉和道德的"新见"，这些来自小癞子的"新见"不能不让人想起《塞莱斯蒂娜》中的老虔婆。和老虔婆一样，在小癞子看来，有利便是理，一切道德、荣誉、诚实和正义无不服从于生命存在、服从于切身利益。比如谈到父亲时，他不无讥嘲地说："我八岁那年，来磨房磨面的人控告我父亲在口袋上开口子揩油，因此他给抓走了。他供认不讳，吃了'正义'的苦头。我希望上帝保佑他升天堂，因为他是《福音

---

〔1〕 卡斯特罗：《流浪汉小说探源》，《西班牙研究与介绍》，第55～75页；巴塔永：《小癞子的新意及丰富内涵》，路易斯·科尔特斯译，萨拉曼卡：阿纳亚出版社，1968年版。

〔2〕 这是一部对话体小说，叙述一位叫做阿尔多莎的风尘女子在罗马的经历。特殊的生存方式使她有了不同凡响的生活感受和认知方式。正是基于这些不同，作品对圣城罗马进行了前所未有的颠覆。

〔3〕 里科：《西班牙流浪汉小说》，巴塞罗那：行星出版社，1967年版，第127页。

书》里叫做有福的那种人。”[1]

作品的现实主义精神也为众多评论家所关注。多数评论认为《小癞子》以前所未有的现实主义精神反映了16世纪的西班牙社会，不仅直接开启了流浪汉小说之先河，而且对后来的风俗主义文学产生了巨大影响。20世纪中叶以降，相关研究趋于深广。巴塔永反对将《小癞子》同一般现实主义，尤其是19世纪的批判现实主义相提并论，认为《小癞子》所撷取的只不过是现实背景，却并不刻意对之进行刺刀见红的揭露与批判，相反，它似乎更倾向于“藉此逗笑”。这样来，巴塔永基本上把《小癞子》定位在具有现实批判精神的谐趣文学。[2]

里科则不同，他从典型论入手，置不同人物于不同的范畴：第一范畴是客观的照相式再现，主人公小癞子当在此范畴；第二范畴是具有典型意义的文学表现，瞎子、绅士、教士等均在此列。[3] 此外，随着20世纪批评范式的拓展，不少评论家采用符号学、叙事学和文化学原理对《小癞子》中的人甚至物如“碗”、“杖”、“酒”、“面包”、“肉”等进行了令人眼花缭乱的建构与解构、诠释与消解。[4]

然而，《小癞子》所体现的又何尝不是人类普遍的生存问题和生存法则。我国早期市民小说不乏类似之作。比如《金瓶梅》，倘使我们略过它淫亵猥琐的一面，而去看它对于人情世故的描写，我们就会感佩于它的洞识。它剥去冠冕堂皇，把社会的另一番真实揭示出来，不仅写出了纨绔子弟、流氓市侩的内心本质和皮态丑相，而且写出了生活在底层的各种“怨妇”、“下人”的不同忍受方式和心理状态；不仅写出了上流社会如何在勾心斗角中鱼肉百姓，而且写出了百姓如何倾家荡产、卖儿卖女。鲁迅说过：“作者之于世情，盖诚极洞达，凡所形容，或条畅，或曲折，或刻露而尽相，或幽伏而含讥，或一时并写两面，使之相形，变幻之情，随在显见，同时说部，无以上之，故世以为非王世贞不能作。至谓此书之作，专以写市井间淫夫荡妇，则与本文殊不

---

〔1〕 转引自《西班牙流浪汉小说选·托尔美斯河的拉撒路》，盛力译，昆仑出版社，2000年版，第5页。有趣的是译者对这段话的注释：“……《福音书》第五章第十节，原话是：‘为正义受逼迫的人有福了，因为天堂是他们的。’此处是对《圣经》的戏谑的引用，因为西语中‘正义’与‘司法机构’为同一个词，《圣经》中用的是第一个词义，而本书叙述者用的却是第二个词义，所以这句话的另一层意思是：‘被司法当局所迫害。’”所谓一语双关，两可的解释也许更符合原作的精神。

〔2〕 巴塔永：《小癞子的新意及丰富内涵》，科尔特斯译，萨拉曼卡：阿纳亚出版社，1968年版，第122页。

〔3〕 里科：《西班牙流浪汉小说》，第61页。

〔4〕 克里阿多·德·巴尔(主编)：《流浪汉小说：起源·文本·结构——第一届国际流浪汉小说研讨会文集》，马德里：大学基金会，1979年版。

符，缘西门庆故称世家，为搢绅，不惟交通权贵，即士类亦与周旋，著此一家，即骂尽诸色，盖非独描摹下流言行，加以笔伐而已。”[1]《金瓶梅》中的“士”与《小癞子》中“僧”可有一比。只不过前者在诸多方面是骂过了头，而后者则显然骂得不够。毫无疑问，《小癞子》在瞎子身上倒是做足了文章（而这可能与业已存在的瞎子乞丐的传说有关），而在最能骂尽诸色的教士身上却流于“人心自古刁钻”一类的笼而统之。由于中世纪以来西班牙及西欧各国常常是政教不分（是谓政教合一），教士身份原本很可以大做文章，用鲁迅的话说，既可“交通权贵，即士类亦与周旋，著此一家，即骂尽诸色”。和《金瓶梅》一样，顺史而下，清末谴责小说竟也是丰富有余而节制不足。于是鲁迅又说：“臆说颇多，难云实录……况所搜罗，又仅‘话柄’，联缀此等，以成类书；官场伎俩，本小异大同，汇为长编，即千篇一律。”[2]至于最有名的《官场现形记》和《二十年目睹之怪现状》，鲁迅谓前者“虽命意在于匡世，似与讽刺小说同伦，而辞气浮露，笔无藏锋，甚且过甚其辞，以合时人嗜好，则其度量技术之相去亦远矣，故别谓之谴责小说”[3]。后者则“描写失之张皇，时或伤于溢恶，言违真实，则感人之力顿微，终不过连篇‘话柄’，仅足供闲散者谈笑之资而已”[4]。可见事例太多容易芜杂，而太少又难免流于概括。《小癞子》一类作品，流浪汉一人为线，本可以串联起许多的人、许多的事，倘若放手写去，稍有不慎，便会陷入冗长芜杂。事实上，后来的流浪汉小说就多因芜杂而效果稍逊。奇怪的是《小癞子》却匆匆收场，其中第四章根本就是一个梗概、一个过场，总共只有二百来字。何故？历来文学史家众说纷纭。就人物性格的描写和形象的塑造而言，小癞子倒是够丰满的了，所言所行，绝对令人过目不忘。叙述者也是不偏不倚，并写两面，而且庄中有谐，俗中有雅。于是，不仅小癞子敦厚中有狡黠，既嘲人也自嘲，被人作弄也作弄别人；而且瞎子、教士等也大都形象丰满，人性的共通和复杂往往在点墨之中得以昭示。这样看来，篇幅的长短便也无关紧要。也许正是基于诸如此类的理解，古今中外不少作家不屑于长篇大论。中国作家如鲁迅，外国作家如博尔赫斯，就有此类感应或认知。博尔赫斯甚至极而言之，谓所有长篇小说都不

---

〔1〕《鲁迅全集》第九卷，《中国小说史略·第十九篇·明之人情小说（上）》，人民文学出版社，1981年版，第180页。

〔2〕《鲁迅全集》第九卷，《中国小说史略·第二十八篇·清之谴责小说》，人民文学出版社，1981年版，第283～284页。

〔3〕同上，第282页。

〔4〕同上，第286～287页。

外乎是短篇小说的敷衍和铺张。

再说西方有关学者人等还从以上讨论扩展至接受范畴，概而言之，其基本倾向有三：

1.《小癞子》获得巨大成功并广为流传，依据是有关仿作的大量出现，彰显此观点的有里科、塞哈多尔等；2. 作品在当时的影响并不像人们想象得那样大，理由是版本不多，持此种观点的主要有法国学者吕莫等；3. 比较折中的观点，即作品固然影响巨大，但因故事相对简单而对于出版界缺乏推动力，持此类观点的有梅嫩德斯·佩拉埃斯和法国学者舍瓦利耶等。[1]

二　其他流浪汉小说

《小癞子》大获成功后，一系列仿作相继出现。其中比较著名的有阿莱曼的《古斯曼·德·阿尔法拉切的一生》(1599)、克维多的《骗子外传》(1604)、埃斯皮内尔的《马尔科斯·德·奥夫雷贡》(1618)以及洛佩斯·德·乌贝塔的《流浪妇胡斯蒂娜》(1605)、萨拉斯的《虔婆之女或奇情异想的埃莱娜》(1612)，等等。塞万提斯也曾尝试流浪汉小说的写作，著有《林科内达和科达迪略》等篇。根据学者塞维利亚·阿罗约开列的清单，西班牙流浪汉小说当有十余种之多，即：

1554:《小癞子》(佚名)；

1555:《小癞子第二部》(佚名)；

1599:《古斯曼·德·阿尔法拉切第一部》(阿莱曼)；

1602:《古斯曼·德·阿尔法拉切的一生第二部》(阿莱曼)；

1604:《流浪者荷诺弗雷第一部》(贡萨莱斯)；

1605:《流浪妇胡斯蒂娜》(洛佩斯·德·乌贝达)；

1605:《骗子外传》(克维多)；

1612～1614:《虔婆之女或奇情异想的埃莱娜》(萨拉斯)；

1613:《西皮翁与贝尔甘萨对话录》(又译《双狗对话录》，塞万提斯)；

1618:《盾矛手马尔科斯·德·奥夫雷贡生平逸事》(埃斯皮内尔)；

1619:《贪如饕餮》(加西亚)；

---

[1] 里科:《西班牙流浪汉小说》，巴塞罗那：行星出版社，1967 年版；塞哈多尔:《小癞子的命运》，马德里：埃斯帕萨-卡尔佩出版社，1914 年版；舍瓦利耶:《小癞子反响释疑》，《十六、十七世纪西班牙的阅读与读者》，马德里：图尔内尔出版社，1976 年版；吕莫和梅嫩德斯·佩拉埃斯的有关观点出现在后者所著《西班牙文学史》第 292 页。

1620:《小癞子第二部》(卢纳);

1620:《曼萨纳雷斯的小癞子及其他小说五篇》(科尔特斯·德·托罗萨);

1624:《众人之仆阿隆索》(阿尔卡拉·亚涅斯);

1626:《阿隆索第二部》(阿尔卡拉·亚涅斯);

1632:《小骗子特雷莎·德·曼萨纳雷斯》(卡斯蒂略·索罗尔萨诺);

1644:《堂格雷戈里奥·瓜达尼亚的一生》(恩里盖斯·戈梅斯);

1646:《小埃斯特万·贡萨莱斯的生平事迹》(佚名);

1668:《鸡群中的鹦鹉》(桑托斯)。[1]

在这些作品中,可与《小癞子》媲美的也许只有克维多的《骗子外传》和阿莱曼的《古斯曼·德·阿尔法拉切的一生》等。《骗子外传》比《小癞子》更逗笑、更夸张。主人公首先公开自己的卑贱身世,而且其德行几乎包揽了流浪汉身上的所有缺点。但这并不妨碍他一心要出人头地。为此,他四处招摇撞骗,结果非但未能跻身上流社会,反而落得个身败名裂的下场。

(一)《骗子外传》

克维多的这部小说虽然完成于1605年,却一直要到二十一年以后才得以面世。由于它的问世,流浪汉小说再次受到关注。主人公堂巴勃罗斯·德·塞戈维亚以第一人称讲述自己的流浪生涯,但对象并不清楚(也许是一位时人惯于倚仗的大人物,也许是一位故人、一位普通朋友或读者)。而作者的序言却明明白白是写给读者的,谓:“亲爱的读者或听众(后者因为眼瞎不能看书),我想你一定很想知道流浪汉王子堂巴勃罗斯的奇闻逸事。你会从中了解流浪汉生活的方方面面(而这些我想谁都有兴趣知道),如偷盗啦,撒谎啦,造谣啦,诈骗啦。它们的温床便是懒惰和自私。你若能视为教训,

---

〔1〕 流浪汉小说,如路易斯·贝莱斯·德·格瓦拉的《瘸腿魔鬼》(1641)并不在塞维利亚·阿罗约的清单当中。塞维利亚·阿罗约:《西班牙流浪汉小说》,马德里:卡斯塔利亚出版社2001年版。此外,还有一类作品,它们从主人公到创作风格都已迥异于《小癞子》,因而大多被归入了“风俗主义”等更为宽泛的文学流派。

则必定获益匪浅；倘使你本无心效仿，那也会从中受益……”[1]作者的教育意图十分明显。这也是风气使然。

中国有“文以载道”之说，西方虽然历来重视文学的教育功能（尤以人文主义现实主义为甚），但似乎更重视文学的审美功能。在古希腊时代，柏拉图和亚里士多德都曾提到过审美教育。亚里士多德的名言是：“在教育中起首要作用的应该是美好事物，而不是野生动物。”在近代，康德、谢林、黑格尔、席勒等也都强调审美教育问题。只有到了 19 世纪俄国革命民主主义者车尔尼雪夫斯基等人那里，审美教育才同认知、伦理和政治等联系在一起。唯其如此，文学的教育功能才与“载道”功能趋于一致。[2] 因此，在文艺复兴运动之前，西方作家很少直截了当地把文学的劝善和训诫作用上升至首要地位。《骗子外传》之所以重要也在于它的训诫功能，而且是以反正（即反英雄）方法完成的。恰恰因为是以反正方法完成的，它才能更好地起到训诫的作用，这也是所有流浪汉小说的共同特征。它彻底改变了古来帝王将相、才子佳人统领文学形象、施行“正面教育”的传统。

然而，克维多的“教育”宗旨并非不容存疑。和《堂吉诃德》一样，《骗子外传》是一部复杂的小说，其原因不仅在于人物是复杂的，更在于作品的风格也是复杂的。前面说过，作品以第一人称叙述堂巴勃罗斯的“光荣史”。他出生在一个毫无体面可言的家庭：父亲表面上是理发师，实际上却是个小偷。母亲则“里外不是人”——不仅做过娼妓，还是女巫和虔婆。巴勃罗斯从小“志尚高远”：一心要出人头地，做个不劳而获的“上等人”。为此，他不择手段，并最终买了个贵族身份，加上生来血统纯净（没有犹太人和摩尔人的血液），便有了免于赋税和轻视商人、手艺人的资格。然而，他的身后终究留下了两行很不光彩的足迹：早在求学时期，他就巴结官宦子弟并做了堂迭戈的伴读，同时开始学着用无赖的手段超越无赖。他坑蒙拐骗，结果臭名远播，被堂迭戈的父亲老迭戈辞退了。这时，他自己的父亲抱病去世了，而他

---

〔1〕 克维多：《骗子外传》，马德里：卡斯塔利亚出版社，1990 年版，第 1 页。中译本有重庆出版社，1990 年版，吴健恒译。吴先生在《译本序》中就译名阐释如下：“《骗子外传》的全名是《流浪汉的典型，狡诈鬼的镜子，骗子堂巴勃罗斯的生平事迹》（*Historia de la vida del buscón llamado don Pablos, ejemplo de vagamendos y espejo de tacaños*）。后人喜欢简洁，把这一大溜简化成各式各样的署名，最简单的只剩下‘骗子’（El Buscón）一个词。中译本取名《骗子外传》，含有流浪汉的生平逸事为正史所不屑记载、只有靠主人公现身说法进行自述的意思，并不一定恰合辞典上的‘外传’原义。所谓‘传’也并非一生行状，而是像许多流浪汉小说一样，只记载了主人公巴勃罗斯从童年到青年那一段事迹。”《骗子外传》，重庆出版社，1990 年版，第 14～15 页。

〔2〕《简明美学辞典》，知识出版社，1982 年版，第 189 页。

却否极泰来,莫名其妙地继承了一笔遗产。他靠这笔遗产来到马德里,而且很快加入了盗窃团伙,学到了许多坑蒙拐骗的伎俩,结果不慎被擒。获释后,他改名换姓,假扮商贾欺骗意志薄弱的名媛贵妇。一次,他好不容易骗取了了一位贵族小姐的信任,岂料时运不济,撞上了少年时期的主人堂迭戈。后者正是那小姐的至亲。巴勃罗斯被痛打了一顿,脸上还留下了一道难看的伤疤。他穷困潦倒,只好与乞丐为伍。后来,他侥幸被一个戏班子看中,开始了"演艺生涯",结果一发而不可收,成了有名的"戏剧家"。然而,他偷鸡摸狗的恶习始终未改。一次,他勾搭上了一位修女,结果大捞了一笔后逃之夭夭。他来到繁华的塞维利亚,出没于花街柳巷,很快又成了穷光蛋。为了改变命运,他决定带着相好到西印度去碰碰运气。在整个过程中,堂巴勃罗斯接触了教士、官吏、职员、兵痞、赌棍、娼妓、乞丐、学生各色人等。他们各有所坏,因此并不比主人公正派和高贵。为了说明这一点,作者竭尽讥诮,把血统、阶级、财富以及司法、宗教等等的欺骗性和肮脏程度写得入木三分。比如他父亲有关职业的说辞就非常深刻:"孩子,做贼这一行可不是什么一般二般的手艺,那是自由职业;世界上谁不偷,谁就没法过日子。你想警官和法官为什么这样讨厌我们呢?有时他们把我们发配远方,有时鞭打我们,有时把我们吊死,匆忙得不得了……那是因为他们不乐意看到,世界上除了他们和他们的大臣们之外,竟还有其他的贼。"〔1〕同时,作者的警句主义风格已见端倪,遣词造句、谋篇布局之讲究体现了克维多的艺术追求:用高超的比喻揭露对象的本质。正因为如此,文学史家在作品周围形成了主风格和主意义两大派别。前者以拉萨罗·卡雷特尔〔2〕为代表,后者以赫纳罗·塔伦斯〔3〕为代表。

有关作品的版本,也一直存在着不小的争议。早在克维多正式出版《骗子外传》之前,就已有手抄本流传于世,而 1626 年的萨拉戈萨本被认为是未经作者认可的盗本。此外,1619 年另有一个萨拉斯版本。但目前公认的善本是布埃诺"B"本(因曾为何塞·布埃诺所有而得名),现存于马德里拉萨罗加尔迪亚诺博物馆。

(二)《古斯曼·德·阿尔法拉切的一生》

---

〔1〕 此译文参考了吴健恒译本(《骗子外传》,重庆出版社,1990 年版,第 3 页)。

〔2〕 卡雷特尔:《巴罗克风格与创造性人格》,马德里:卡特德拉出版社 1992 年版,第 77～98 页。

〔3〕 塔伦斯:《政治小说〈骗子外传〉》,《流浪汉小说及其反叛实践》,马德里:胡卡尔出版社,1975 年版。

与《骗子外传》相仿，《古斯曼·德·阿尔法拉切的一生》被认为是一部仅次于《小癞子》的流浪汉小说。而且，在某些研究家看来，其主人公古斯曼才是真正意义上的流浪汉。[1] 作者马特奥·阿莱曼于1547年出生于塞维利亚。父亲是医生，可能有犹太血统，母亲来自佛罗伦萨的一个商贾之家。阿莱曼曾在耶稣会学校接受教育，修过艺术和神学，后转修医学和法律。1568年辍学经商，不久即债台高筑。为了还债，他不得不与卡塔利娜结婚。但之后还是因为债务问题锒铛入狱。出狱后决定去美洲冒险，未果。后来担任过税务官吏、会计等公职并因账目和债务问题再度入狱。1593年起出任巡查法官，亲眼目睹了下层百姓的疾苦并在此期间开始构思《古斯曼·德·阿尔法拉切的一生》。小说的第一部分完成于1597年，但实际出版时间是1599年。未几，又因债务问题身陷囹圄。获释后创作《古斯曼·德·阿尔法拉切的一生》第二部。其他重要作品有《圣安东尼奥·德·帕杜亚传》(1604)、《加西亚·格拉教士的事迹》(1613)、《卡斯蒂利亚语拼写规则》(1609)和已经散佚的《塞维利亚史》等。

《古斯曼·德·阿尔法拉切的一生》和《骗子外传》一样，也是从主人公家世说起的。首先，古斯曼是个私生子，而且父亲早逝。因生活所迫，他从塞维利亚起程到意大利投亲，一路上饱受屈辱和欺骗，从而慢慢改变了方向。一天，他偶遇一同路的教士，并从后者口中听到了不少故事。到了马德里，身无分文的古斯曼终于从旅行者变成了流浪汉，开始扮演厨房伙计、小偷、侍从等各种角色。到了日内瓦，他侥幸碰到一个亲戚，结果横遭白眼和奚落。他不仅心凉了半截，而且产生了报复心理。他好不容易来到罗马，却因为投亲不成而沦落街头。他心灰意冷，开始行乞。不久，一位红衣主教看中了他，请他当了侍从。但他早已懒散成性，不思进取。第二部分，古斯曼继续流浪，并伺机对有关亲戚施行报复，而且坑蒙拐骗、无恶不作。为了逃避亲戚的反报复，他不得不离开意大利回国。他先后在萨拉戈萨、托莱多、阿尔卡拉、马德里等地流浪。他结婚，鳏居，而后决定在阿尔卡拉进修神学。这时，他又娶了一个妻子，但终因经济拮据而将妻子卖给了妓院。他妻子不堪侮辱，只好和一位老相识远走高飞。最后，他因偷窃罪身陷囹圄，后又因越狱而罪上加罪，被判服划船苦役。于是，他终于有机会反省自己并将自己的罪孽记录下来，以警来者。

---

〔1〕 米格尔·埃雷罗·加西亚：《古斯曼·德·阿尔法拉切释读》，《西班牙语文学杂志》，马德里：1937年(总)第24期，第343～362页。

作品在处理人物与环境的关系方面多有独到之处。为了提升作品的教育意义，作者广征博引，但遗憾的是结尾有画蛇添足之嫌：古斯曼决定重新做人，告发了意欲逃跑的苦役犯，从而获得了当局的赦免奖赏。

和《小癞子》、《堂吉诃德》一样，《古斯曼·德·阿尔法拉切的一生》也曾横遭盗名。当第一部出版并大获成功后，有人化名马特奥·卢汉于1602年抢先推出了第二部。阿莱曼义愤填膺，但又无可奈何。他不得不加快速度赶写第二部并改变了原先的构思。尤其是在结尾处，他不仅大量借鉴了圣阿古斯丁的忏悔方式，而且留下了画蛇添足的一笔。

此外，作品被认为是警句主义的典范。作品一反《小癞子》的简洁明快，用相当复杂的结构和语言形式（包括叙述、议论、例证三部分）展示了一个复杂而矛盾的世界和一颗同样复杂而矛盾的心灵。为此，作者选择了一位落魄的文化人做主人公并使他在环境、性格和命运的作弄下三起三落。同时，作者穿插了大量几乎独立成章的短篇小说、寓言故事、神话传说和历史事件，既增加了作品的厚度，也体现了阿莱曼在教化的同时追求戏剧效果和巴罗克风格的多重意图。

（三）《流浪妇胡斯蒂娜》

不言而喻，《流浪妇胡斯蒂娜》是诸多流浪汉小说的翻版。《小癞子》走俏之后，各种流浪汉小说如雨后春笋。但多数作品或因内容雷同、或因构思粗陋而遭岁月淘汰，以致永远跌入忘川；有些虽然侥幸流传下来，也因为类似原因而乏人问津（《流浪者荷诺弗雷第一部》便属于后一类，它曾以手稿的形式保存下来，直到现代才有幸面世）。《流浪妇胡斯蒂娜》却因为塑造了第一位流浪女性而始终受到世人的关注。

《流浪妇胡斯蒂娜》发表于1605年。小说由四部分组成，由胡斯蒂娜用第一人称叙述她的流浪生涯。第一部分讲述她的家世和童年。第二部分是她的冒险经历：她从故乡曼西利亚出发，一路走去，所见所闻皆是道德的败坏、生活的扭曲。好在她机敏过人，终得全身而返。第三部分继续讲述她为维护自己的权利所进行的抗争。第四部分是大结局：胡斯蒂娜时来运转，在众多的追求者中选择了自己的归宿："和流浪汉古斯曼结为夫妻。"

作品每一章都有一个小标题、几行诗句和几句道德说教，因此颇有些中国章回小说的味道。然而，一如小说的全称有戏说、消遣的意思（*Libro de entretenimiento de la pícara Justina*），作品自始至终充满了游戏色彩。作为题词的小诗是文字游戏，作为内容的故事则洋溢着戏说成分。有评论家认为洛佩斯的这种写法非常适合流浪汉题材:在戏谑中抨击社会、批评政治。[1]

作者在序言《致读者》中称小说是在闲暇中完成的"玩具":"当我准备将我的这一玩具公之于世时(它是我在阿尔卡拉念书的闲暇中完成的),闻名遐迩的流浪汉古斯曼出世了,于是我对我的玩具作了些许增改……"[2]由此可见,作者是深受阿莱曼影响的,这种影响还不时地通过人物胡斯蒂娜之口流露出来。胡斯蒂娜把古斯曼视为榜样并最终以身相许。这表明西班牙文学已经开始从模仿和写实走向了戏仿。不久,塞万提斯在《堂吉诃德》中把这种戏仿推向了极致。

(四)《虔婆之女或奇情异想的埃莱娜》(萨拉斯)

萨拉斯的《虔婆之女或奇情异想的埃莱娜》运用了类似《流浪妇胡斯蒂娜》的戏仿。尽管此虔婆(塞莱斯蒂娜)非彼虔婆(塞莱斯蒂娜),但小说的叙述形式却是对此前流浪汉小说的戏仿和革命。首先,埃莱娜的母亲有个诨号——"塞莱斯蒂娜",她本人则十四岁踏入红尘,却几次冒充处女在社会上行骗。因此,有评论家责疑小说的"流浪汉性质",认为萨拉斯没有一部作品堪称流浪汉小说。[3] 然而,萨拉斯似乎颇具先见之明,他在埃莱娜"流浪生涯"的基础上居然插入了不折不扣的流浪汉故事(《审慎的追求者》)。作者不仅把第一人称和第三人称自由转换,而且以此戏仿此前的流浪汉小说,同时把流浪汉小说演绎得既生动又复杂——用横向扩展方法弥补了流浪汉小说纵向叙述的不足。类似做法同样可以在塞万提斯等人的作品中找到呼应。

(五)《盾矛手马尔科斯·德·奥夫雷贡生平逸事》

埃斯皮内尔的《盾矛手马尔科斯·德·奥夫雷贡生平逸事》是唯一被认为具有自传性质的流浪汉小说。[4] 当然,评论界所谓的"自传性质"实际上只是某些时间、地点的对应。比如,和作者一样,马尔科斯出生在安达鲁西亚,曾就读于萨拉曼卡,到过意大利,等等。

小说的深层意义在于它改变了流浪汉小说人物由好变坏、再由坏变好

---

〔1〕 奥尔特拉:《〈流浪妇胡斯蒂娜〉作为指涉的戏仿》,莱昂:萨阿贡修士学院出版社,1985年版。

〔2〕 洛佩斯·德·乌贝达:《流浪妇胡斯蒂娜》,马德里:国家出版社,1977年版,第3页。

〔3〕 蒙特:《西班牙流浪汉小说源流》,巴塞罗那:卢门出版社,1971年版。

〔4〕 黑利:《维森特·埃斯皮内尔与〈马尔科斯·德·奥夫雷贡〉:生活及其文学表征》,普罗维登斯:伯罕大学出版社,1959年版。

的模式，创造了一位好好先生——马尔科斯·德·奥夫雷贡。此翁是个破落乡绅，一生恪守规矩，谨慎行事。唯一称得上“出格”的事儿是骂骂市井小人。正因为如此，《盾矛手马尔科斯·德·奥夫雷贡生平逸事》似乎更像我国的《二十年目睹之怪现状》，尽管叙述者的眼光保留了流浪汉小说“自下而上”而非“居高临下”的特点。此外，埃斯皮内尔善于处理人物关系和故事结构。作品通过主人公与隐修者的对话（这也是流浪汉小说的传统手法）逐渐铺展开来，并串联出各色人物。其中最富有戏剧性的无疑是萨格雷哥夫妇的故事。这个故事几乎可以独立成篇，而主人公之所以有幸听说是因为萨格雷哥曾是他狱中难友。

流浪汉小说可谓反响巨大，除了在西班牙本土大量繁衍之外，还对法国作家斯卡龙、勒萨日和莫里哀，德国作家格里美豪森，英国作家笛福、斯摩莱特等产生了重要影响，并逐渐流传到新大陆和全世界。“小癞子”和塞莱斯蒂娜、堂吉诃德、桑丘·潘沙和唐璜一起，构成了西班牙文学的独特风景；也和塞莱斯蒂娜、堂吉诃德、桑丘·潘沙和唐璜一样，是世界文学宝库中极其耀眼的明星和经典形象。

巴罗克文艺探源

一般认为巴罗克艺术起源于16世纪的西班牙和意大利，17世纪达到鼎盛并辐射至其他欧洲国家。史人对它的评价是先抑后扬：19世纪80年代以降，尤其是随着现代主义的兴盛，批评界不仅使它得到了平反而且大有矫枉过正之嫌。本文试图通过历史的梳理和对西班牙文学的个案分析，还巴罗克艺术以相对客观、公允的地位。

巴罗克（barroco或barrocco，baroque，barrueco）一词源于南欧的拉丁方言，意为玑子（即变形大珍珠）。文艺复兴时期，由于珠宝商哄抬价格，一度使玑子颇受青睐，以致其富于变化的天然形态成了精美绝伦的代名词。因此，玑子常被用来与名贵宝石组合成不同的形象，如16世纪价值连城的坎宁宝石，便用一棵巨大的“人身鱼尾”玑子做了海神的躯干。

一般认为巴罗克艺术兴盛于16世纪中叶至17世纪（个别地区如德国、俄国等延至18世纪），是文艺复兴和启蒙运动之间的一个间隙性流派，具有文艺复兴时期的人文主义基因，但同时又明显背离文艺复兴运动的托古倾向，富有图新、图变精神，因而对后世艺术思想和风格的发展产生了深远的影响。其最早的表现是西班牙的萨拉曼卡部分宗教诗人的曲折迂回的诗风。这一诗风同兴盛于意大利的造型艺术合流并最终催生了一代巴罗克艺术大师。如果说巴罗克造型艺术和巴罗克音乐主要兴盛于意大利、法国、葡萄牙、西属美洲、德国和尼德兰，那么巴罗克文学的扛鼎之作显然是由西班牙作家完成的。诗人有贡戈拉和克维多，剧作家有洛佩·德·维加和卡尔德隆，小说家有塞万提斯和格拉西安，等等。

一

巴罗克艺术在风格上极为复杂。一般说来，除了图新、图变，它在造型艺术上表现为动感强烈的感性形式，因此往往气势恢弘、变化多端、雕琢夸饰、节奏鲜明并富有戏剧性和庄严感。其中，戏剧性来自创新意识和打破艺术界限的努力，而庄严感则传承了文艺复兴时期的古典艺术精神和源远流长的宗教理念。

巴罗克艺术的成因也十分复杂。其重要的原因，大致归纳如下：

1. 相对统一的价值观和审美观被相对多元的价值观和审美观所取代。16 世纪 20 年代，西班牙雇佣军洗劫罗马，意大利的其他文艺复兴重镇也先后经历兵火与动乱。以天主教国王和神圣罗马皇帝卡洛斯(史称查理五世)为首的西班牙帝国开始称雄欧洲。这个封建主义的堡垒虽然历时短暂，但在维系天主教罗马教廷、反对宗教改革和欧洲资本主义崛起的战斗中一度举足轻重。从繁琐的宫廷礼仪的建立到文学的贵族化(或谓巴罗克化)，西班牙无不首当其冲。然而，无论西班牙怎样努力，包括在雇佣军洗劫罗马时调动其在意大利的驻军保卫罗马教廷，天主教明日黄花的局面已然不可逆转。此外，文艺复兴运动的“托古改制”〔1〕方法也已经不能满足急剧变化的时代需求；何况时人需要新的创作方法去超越创造巨人的文艺复兴时代。

2. 人文主义的背反。早期人文主义向往自然、关注人性的呐喊在迅速膨胀的个人主义和纷纷崛起的资本主义城市中走向自己的反动。于是，市民社会中金钱的罪恶、人性的乖谬正残酷、淋漓地暴露出来，从而与欧洲各封建王国和天主教廷的奢靡、腐败之风殊途同归。巴罗克艺术与其说是开拓风尚的，毋宁说是反映现实的。这在当时意大利的宗教建筑、法国的凡尔赛宫和西班牙的塞维利亚商业绘画中得到了很好印证。比如，罗马教廷为了抵御新教，借艺术展开了新一轮宣德教化：即一方面努力抑制人文主义的世俗情调；另一方面加大投入，加速圣彼得大教堂等重要工程建设，并大量使用贵重材料和豪华、繁复的装饰，以夺人眼球、表现“信仰的胜利”。〔2〕这些建筑除了强调华美和雕饰，还被赋予了变化和起伏，每每令人眼花缭乱。与之不同的是路易十四时期的法国风格，如卢浮宫和凡尔赛宫。卢浮宫并没有采用圣彼得广场设计者贝尼尼的设计方案，而是由三位法国建筑师完成的。他们汲取了当时最先进的建筑理念和理性精神，从而冲淡了巴罗克风格。同样，凡尔赛宫的外部设计也采用了相对简洁的古典风格，尽管内部极尽雕琢和奢华；几条大道犹如太阳光芒从前方辐射开去，以象征太阳王恩威并重、泽被四方，显示了非凡的力量。因此，与其说它们是巴罗克风格的体现，毋宁说它们是古典主义(效仿罗马帝国)的象征。与此同时，西班牙塞维利亚作为当时欧洲最大的商业重镇，不仅是欧亚通商的要埠之一，而且是

---

〔1〕 典出康有为《孔子改制考》，中华书局，1958 年版。马克思在《路易·波拿巴雾月十八日》中也谈到了类似的问题。

〔2〕 普拉多：《巴罗克的诗学创新》，马德里：阿纳亚出版社，1991 年版，第 10 页。

欧美贸易的枢纽，16 世纪后半叶至 17 世纪初则自然而然成了欧洲商业绘画的中心和集散地之一。一度从属于西班牙的尼德兰、意大利部分城邦以及西班牙本土画家的不少巴罗克作品曾流经此地。西班牙一代大师委拉斯开兹(1599～1660)也生于斯、长于斯。

3. 怀疑主义的产生。由于资本主义和市民社会的发展并没有给世界带来更多的光明，许多艺术家陷入了神性与人性、理想与现实之间复杂的矛盾境地。为了逃避诸如此类难以调和的矛盾，不少艺术家开始在两个极端构建自己的"天堂"：一边是指向过去的神话和基督教传统，一边是面向未来的乌托邦式的艺术想象。意大利作家马里诺、西班牙诗人贡戈拉和戏剧家卡尔德隆、德国作家奥皮茨和作曲家巴赫、荷兰画家鲁本斯等许多 16 至 18 世纪的艺术家都曾在充满神话、宗教和艺术追求的想象中体现了博采众长、融会贯通的巴罗克风格。同时，17 世纪的西班牙和德国一直在没落中矛盾地挣扎。1648 年的《威斯特伐利亚和约》意味着三十年战争的结束，西班牙和德意志诸邦受到了削弱，而法国却从中获利并一跃成为与英国并峙的欧洲霸主。政治的落后、经济的凋敝使西班牙和德国一度危机重重。尤其是西班牙，昔日辉煌不再，加上王室和贵族继续在穷奢极欲中实行苛政、粉饰繁华，致使民不聊生、乞盗遍地，矛盾和怀疑几无可避免。于是，连流浪汉小说也开始由朴素的人文主义现实主义转向雕饰，而原本竭尽雕饰之能事的西班牙画界却逐渐突现出人文的关怀。

在造型艺术领域，巴罗克这一概念恰恰是由后起的德国人率先提出的，1756 年，德国学者温克尔曼曾用它指涉建筑中各种复杂的装饰花纹。而文学中的巴罗克概念却是西班牙评论家梅嫩德斯·伊·佩拉约于 1886 年在其著作《美学思想史》中首先使用的——他在评论 16 世纪中叶的西班牙作家和葡萄牙作家时提出了"文学巴罗克主义"的概念。〔1〕但是在 20 世纪之前，有关巴罗克文艺的研究主要是在德国学者中进行的：1887 年，建筑史家古利特认为巴罗克除了夸张以外，本质上并未脱离文艺复兴时期的古典形式。翌年，德国学者沃尔夫林再次提到巴罗克并说它使线条形式变得更为自由生动、丰富多彩，进而认为巴罗克风格早在米开朗琪罗的作品中已见端倪；此外，他把巴罗克艺术界定为由中心向无限伸展的一种诉求，既紧张又强烈，几乎不可言传。1892 年，里格尔把巴罗克风格框定在一种感觉——令观众

---

〔1〕 梅嫩德斯·伊·佩拉约：《美学思想史》第 1 卷，桑坦德：国家出版社，1940 年版，第 309 页。

眼花缭乱、莫衷其详。1897 年,施梅尔索再次从米开朗琪罗切入,认为无论后者的雕塑和绘画、还是建筑和诗歌都是巴罗克精神的体现,继而认为巴罗克艺术是目的与行为、崇高与通俗、内心与外界在一定时空范畴内的化合与裂变。1914 年,平德把巴罗克归纳为针对事物的前所未有的感知和升华,从而使有限具备了无限的形式。1921 年,魏斯巴赫首次把巴罗克与宗教改革联系在了一起,并试图由此区分它在德国、西班牙、意大利的异同。[1]

1924 年,英国学者斯切韦尔首次将巴罗克的起源界定在西班牙,认为西班牙因其文化的多元和混杂,"是天成的巴罗克王国"[2]。机缘巧合,德国学者凯雷尔和西班牙学者奥尔加·伊·加塞特几乎同时也年阐发了同样的观点。此后,德国学者格布哈特也明确认定巴罗克艺术源于西班牙神秘主义诗潮,与宗教压迫有关。意大利籍英国学者佩夫斯纳在《意大利巴罗克绘画史》中明确指出:"那些受西班牙影响最深的地方,恰恰也是巴罗克艺术最繁盛的地方。"[3]1935 年,西班牙学者阿美里科·卡斯特罗将巴罗克界定为文艺复兴和启蒙运动之间的一个"不成熟的"和"缺乏美感的"流派。[4] 他的观点继承了新古典主义以来有关巴罗克艺术的流行说法,和 20 世纪以来愈来愈肯定巴罗克艺术的观点形成了鲜明的反差。事实上,巴罗克艺术无论历时和向度,在各国的表现不仅不尽相同,而且颇有差异,因此不能一概而论。

比较一致的倒是随着现代主义的兴盛,批评界逐渐使巴罗克艺术得到平反并且大有矫枉过正之嫌。不少艺术家受巴罗克艺术的启发,找到创新的契机。更为重要的是,巴罗克艺术或可被看做西方文学自觉意识全面产生的标志。由于巴罗克艺术比以往任何时候都更注重艺术本身(包括方法和体裁),西方文学从此不再只是模拟和反映。但正因为如此,它同时也不可避免地陷入了为艺术而艺术的形式主义和唯美主义。正所谓"彼亦一是非,此亦一是非";世界诸事,概莫除外。

从某种意义上说,从亚里士多德时代到巴罗克时代恰似我国文学由相对单纯的"载道"思想到相对复杂的"自觉"意识的沿革。虽然早在汉代,甚至先秦,文学的自觉意识已初露端倪,但真正产生本质效应的却必得在魏晋

---

〔1〕 以上引自哈茨菲尔德:《巴罗克研究》,帕切科译,马德里:格雷多斯出版社,1973 年版,第 12～26 页。

〔2〕 斯切韦尔:《南欧巴罗克艺术》,伦敦:奥斯伯特出版社,1924 年版,第 22～39 页。

〔3〕〔4〕 转引自哈茨菲尔德:《巴罗克研究》,帕切科译,马德里:格雷多斯出版社,1973 年版,第 12～26 页。

南北朝。有鉴于此，日本学者提出了“魏晋文学自觉说”，[1]理由是曹丕的《典论·论文》；继之是鲁迅所谓的“曹丕时代”[2]。从此，“魏晋文学自觉说”不胫而走。[3] 这其中也许有侧重的不同，但把魏晋时代视为中国文学的自觉时代几乎是学界的一个共识。然而，近来有学者提出异议，比如认为汉代已是中国文学的自觉时代。[4] 其依据是：1. 班固的《汉书·艺文志》证明汉代的文学已经从广义的学术中分化出来，成为独立的门类；2.《后汉书·文苑列传》证明汉代对文学体裁有了较细的区分和认识；3. 扬雄的《解嘲》、张衡的《二京赋》证明汉代对文学的审美特性有了自觉的意识。这并非没有道理。但总体说来，无论是就体裁的数量还是对文学自身关注的程度而言，汉代均不可以和魏晋时期同日而语。这中间也有一个量变与质变的问题。而且，两相比较，也明显存在着“为他”和“为己”的区别。相对而言，汉代文学并未摆脱“载道”思想，而魏晋文学却已有相当一部分“为艺术而艺术”了（比如曹丕的“文气说”，又比如阮籍、嵇康之后的玄学，再比如后来普遍崇尚的“诗赋欲丽”和南北朝的形式主义，等等）。尤其是从曹丕、陆机到刘勰（《文心雕龙》）、钟嵘（《诗品》），中国文学才真正形成一套内涵丰富的诗学。与此同时，体裁发生了重大的变化，出现了小说和新的诗体（如古诗变体、长短体、小诗）以及律体的逐渐形成、山水诗和色情文学的产生，等等。其中的极端表现，便是后人批判的“六朝文风”，即所谓身居江湖，心怀富贵；虽奉释道，却写艳情；口谈清修，体溺酒色。总之是浮虚淫侈、华艳绮丽之风盛极一时。

同样，巴罗克时代也是西方文学思想、文学体裁和文学形式普遍产生、定型的时期。以西班牙文学为例，其巴罗克时期同我国的魏晋南北朝时期似有诸多相近之处：首先，那是中世纪以后的一个相对黑暗的时代：由于封建统治集团的腐朽无能以及对外战争不断，造成经济凋敝、民生困顿。其次，文艺复兴运动逐渐被形式主义文学取代。这主要有两方面的原因：一是荒淫奢靡的君主贵族取代教会，掌握了文学的领导权——一如陈后主“不虞外难，荒于酒色，不恤政事”（《南史·陈后主本纪》），费利佩三世非但没有卧

---

〔1〕 铃木虎雄：《中国诗论史》，许总译，广西人民出版社，1989 年版，第 37 页。

〔2〕《鲁迅全集》第 3 卷，人民文学出版社，1981 年版，第 504 页。

〔3〕 李泽厚：《美的历程》，文物出版社，1981 年，第 85～96 页；袁行霈：《中国文学史》第 2 卷，高等教育出版社，1999 年版，第 3～4 页。

〔4〕 龚克昌：《汉赋——文学自觉时代的起点》，《文史哲》，1988 年第 5 期；詹福瑞：《从汉代人对屈原的批评看汉代文学的自觉》，《文艺理论研究》，2000 年第 5 期；赵敏俐：《“魏晋文学自觉说”反思》，《中国社会科学》，2005 年第 2 期；等等。

薪尝胆，反而沉湎于酒色，致使国是荒废，大权旁落；宠臣莱尔马公爵专权腐败，给西班牙经济带来了更大不幸。二是在莱尔马公爵执政时期，一方面，西班牙上流社会继续骄奢淫逸，肆意挥霍美洲金银；另一方面，为阻止新教思想和科学精神的渗入，西班牙大兴文字狱（这正是神秘主义诗潮产生的历史原因之一）。于是，“人同此心，心同此理”，一些作家诗人文过饰非，竭尽矫饰、机巧之能事，导致了巴罗克文学的兴盛。这时的文人墨客已经大都不再是能文能武的“骑士”，有些则完全变成了依附宫廷、甚至迎合王公贵族荒淫奢侈、附庸风雅的玩家。

二

16 世纪末至 17 世纪初，西班牙文坛呈现出一派繁荣的景象。西班牙帝国却已由巅峰滑落，开始了无可奈何花落去的衰退。这种衰败的标志之一是天主教西班牙无法应付新教和资本主义的挑战，从而丧失了整个哈布斯堡王朝（包括今天的奥地利、荷兰、卢森堡、比利时大部和法国局部）。标志之二是“无敌舰队”的覆没：为了阻止英国的崛起，费利佩（史称腓力二世，时任西班牙兼葡萄牙国王）筹建了“无敌舰队”。这支拥有一百多艘战船、数万名士兵的强大海军从里斯本起程后直扑英国，结果先后遭到英国海军和大西洋风暴的袭击，几乎全军覆没。西班牙从此丧失海上霸权并一蹶不振。不久，费利佩出兵干涉法国胡格诺战争，结果再一次铩羽而归。这时，西班牙已经经济凋敝，民不聊生。而继任国王的费利佩三世（腓力三世，1598～1621）非但没有卧薪尝胆，反而沉湎于酒色，致使国是荒废，大权旁落。宠臣莱尔马公爵（弗朗西斯科·戈麦斯·德·桑多瓦尔·伊·罗哈斯，1553～1625）大权在握，给西班牙经济带来了更大不幸。在他执政时期，西班牙上流社会继续花天酒地；同时，为阻止新教思想和科学精神的渗入，西班牙继续高擎反宗教改革大旗，使宗教裁判所的权限发挥到了极致。这是西班牙巴罗克文学发生的社会原因。另一方面，回归古典的浪潮（因“文艺复兴运动”而于 16 世纪达到高潮）开始在西班牙出现反动，许多作家因不再满足于古典方法而寻求新的创作形式，这是巴罗克风格应运而生的内部原因。16 世纪的神秘主义或可视为西班牙巴罗克文学的重要源头，17 世纪则无疑是西班牙巴罗克文学的全盛时期。这样，巴罗克风格在西班牙风行一时，各种体裁无不受其影响：首先是诗歌，戏剧次之，小说则更次之。贡戈拉和克维多被认为是西班牙诗坛的两座并峙的高峰。前者把巴罗克主义推向了极致，是谓夸饰主义；后者苦心孤诣地制造警句，是谓警句主义。戏剧中的巴罗克风格则主要体现在台词(多为诗体)和舞台设计方面,其次是题材的庞杂和剧情的铺张。总体说来,巴罗克艺术拓宽了西班牙文学的表现空间,也极大地丰富了文学的表现方法;但同时也因过分强调雕琢而不同程度地滑向了唯美主义和形式主义,从而对后来的西班牙语和葡萄牙语文学,尤其是拉丁美洲文学〔1〕产生了深刻、持久的影响。

(一) 巴罗克对文艺复兴的继承与反动

多数文学史家认为西班牙巴罗克文学对文艺复兴运动既有继承,也有反动。首先,巴罗克作家运用的题材和体裁主要来自文艺复兴时期,所不同的是方法。但在不同方法的背后隐藏着不同的认知方式和价值判断。众所周知,文艺复兴时期(尤其是早期)的人文主义者普遍相信人对于社会和自然的权利,相信人可以认识和征服世界,并由衷地捍卫理想、爱情和荣誉。这些既表现为对古典"黄金时代"的美化,也表现为对现实世界的满怀信心。在这方面,加尔西拉索的作品堪称典范与高峰。但形势急剧变化,天主教会竭力阻止宗教改革运动,王室的一系列对外政策受挫,信仰和经济双重危机迅速降临。与此同时,科学技术的飞速发展进一步加剧了信仰危机:现实中的美与丑、善与恶、真与假、奢华与赤贫、教义与物欲,以及人性的复杂性和多面性动摇了理想主义的基础。流浪汉小说记录了这个过程:从开始的相对客观的现实主义到后来愈来愈主观、愈来愈花哨的巴罗克主义,逼真地反映了16世纪中期至17世纪初期西班牙文人从心态到方法的变化。另一方面,怀疑主义抬头,有关天堂和死亡的思考矛盾地存在于新一代西班牙宗教诗人和文人墨客的字里行间。

当然,西班牙巴罗克文学的兴盛还有一个不容怀疑的更重要的前提:西班牙文化的多元和混杂。

(二)巴罗克美学思想

相对于文艺复兴时期崇尚的自然、和谐与简洁,巴罗克艺术倾向于追求原创与变化、夸张与繁缛。面对自然,文艺复兴时期人们看到的是理想化的和谐与美丽;巴罗克作家则不然:自然"母亲"在巴罗克作家(如格拉西安)笔

〔1〕 巴罗克风格几乎贯穿拉丁美洲文学之古今。用卡彭铁尔的话说,拉丁美洲是浑然天成的巴罗克世界,只有巴罗克语言可以表现。此外,拉丁美洲文学赖以产生的另一源头恰恰又是西班牙的巴罗克文学。因此,倘使我们相信雨果关于凡尔赛是古典主义、原始森林是浪漫主义的说法,那么我们完全有理由认为拉丁美洲的神奇现实便只能是巴罗克主义。正因为如此,不仅被称为"第十缪斯"的索尔·胡安娜是早期美洲巴罗克文学的代表,而且从此生发繁衍了美洲的巴罗克种族并历经几个世纪生生不息、子孙满堂。就连"米格尔·安赫尔·阿斯图里亚斯、加西亚·马尔克斯和我自己都是巴罗克作家"(卡彭铁尔:《小说是一种需要》,云南人民出版社,1995年,第1~19页)

下常常以“后娘”的形态出现。正因为如此，格拉西安修士曾批评前人的做法，即把“艺术当作自然的补充”；于是，“自然被赋予了另一张漂亮的面孔……当然，那是一张虚构的面孔，自然的自然状态、不堪状态被忽略不计，一切都是那么美好：倘非如此，便是粗俗和不雅”[1]。

此外，一如文艺复兴时期的艺术，巴罗克艺术虽然继续尊重古希腊罗马文艺，但已经不再像前人那样言必称希腊了。他们大都不再相信言必有宗的师承，也不再认为古希腊艺术不可超越。因此，自我作古的创新精神开始取代“托古改制”和亦步亦趋的模仿甚至移译。拉丁美洲的现代主义“诗圣”卢文·达里奥和先锋派诗人维多夫罗正是受到西班牙巴罗克文学的启发，遂给诗与创造画上了等号：

我寻求风格中阙如的形状，
玫瑰渴望成为的思想蓓蕾；
似一吻在我唇边灿烂绽放，
它来自断臂维纳斯的拥抱。

棕榈油绿映衬洁白的柱廊，
星星闪烁预示女神的降临；
永恒的光辉进驻我的心房，
仿佛月亮小鸟静栖在湖面。

我感到语言四处流窜逃亡，
笛声中洋溢着开始的音符，
似一叶梦舟悠然荡过空间；

我睡美人窗下的一眼喷泉，
正不停地咕嘟嘟呜咽悲泣，
还有天鹅用脖子提出疑问。[2]

---

〔1〕 格拉西安：《批评家》（又译《针砭时弊者》），马德里：卡特德拉出版社，1980年版，第7页。

〔2〕 达里奥：《我寻求风格中阙如的形状》，《西班牙语现代主义诗歌选评》（何塞·希梅内斯），马德里：伊佩里昂出版社，1985年版，第204页。

总之，巴罗克诗人追求艺术之美，强调艺术主体的感情与才情，或谓创造性与想象力，而且每每"语不惊人死不休"。这使巴罗克艺术在极大地拓展艺术空间、创作题材和表现方法的同时，不可避免地陷入了为艺术而艺术的矫揉造作与繁缛夸张。

（三）体裁和形式的全面生成

虽然喜剧、悲喜剧、幕间短剧、抒情诗和小说在文艺复兴时期甚至更早的一个时期内已经陆续产生，但它们真正定型并产生影响，却是在巴罗克时代。以悲喜剧和小说为例，前者主要由洛佩·德·维加和卡尔德隆完成，后者主要由塞万提斯确立。塞万提斯将小说明确区分为短、中、长篇，而且身体力行；同时用现实主义精神取代了古典理想主义并使反讽和讽仿成为重要手法，题材更是不拘一格，主题和情节相得益彰。以《训诫小说集》(1613)为例，其题材之广泛、形式之丰富均非同时代其他作品可以比肩。此外，塞万提斯借自序来自我评价并阐述了他的小说观。他把小说比成"社会的台球桌"："每一个玩球的人都可以从中得到乐趣。""人不能永远呆在神殿里，不能永远守在教堂中，不能始终从事崇高的事业。人需要娱乐，使忧愁的心获得安宁。为了这个目的，人们栽种白杨，寻找甘泉，平整陡坡，精心修整花园里的草木。我斗胆告诉你一件事情：如果这些作品的故事通过诸如此类的方式使读者产生邪念，那就砍掉我的这只书写的手，也不要出版这些作品……我已将自己的才华悉数奉献……此外，我还明白，我是第一个用西班牙语创作小说的人。此前人们见到的小说多为译作。而这些小说却是我的杰作，它们既非模仿，更非剽窃。我用我的才智孕育这些小说，我以我的妙笔写下这些小说，经验和素养使它们茁壮成长。"[1]凡此种种，把小说的愉悦功能、教育功能和创作方法阐释得明明白白。

概括地说，西班牙文学的巴罗克风格主要表现为贡戈拉的夸饰主义，克维多的警句主义和塞万提斯、洛佩·德·维加、卡尔德隆等人的繁复内容和铺张情节。需要说明的是，并非当时的所有西班牙作家都崇尚矫揉造作的形式主义。即便像塞万提斯、洛佩·德·维加、克维多、卡尔德隆那样的"巴罗克作家"，也都不同程度地坚持了文艺复兴时期人文主义的现实主义精神（或者说，一些人文主义的现实主义作家不同程度地借鉴和吸收了巴罗克风

---

〔1〕 12世纪以降，西班牙文坛除了大量古希腊罗马文学译本，还出现了不少意大利，甚至印度和阿拉伯文学译本，其中堪称小说的多数是寓言故事。也许是为了强调自己的原创性，深受流浪汉小说影响的塞万提斯甚至不把流浪汉小说当成真正意义上的小说。塞万提斯：《训诫小说集·自序》，《塞万提斯全集·训诫小说集》，马德里：阿吉拉尔出版社，1986年版，第4～5页。

格）。甚至连贡戈拉这样的巴罗克大师，偶尔也会创作一些脍炙人口的小品以飨读者。因此，时代使然，社会使然，巴罗克艺术是复杂的，创造巴罗克艺术的人更复杂。

此外，在巴罗克兴盛时期，谣曲、田园牧歌等传统诗体依然流行，这在塞万提斯等"黄金世纪"西班牙作家的作品中均有表现。但必须指出的是，它们虽然在内容上充斥着"行迈靡靡，中心摇摇"的歌之蹈之，在形式上却愈来愈受到巴罗克风格的影响。

贡戈拉（路易斯·德·贡戈拉·伊·阿尔戈特，1561～1627）无疑是巴罗克文学典范。他生于安达卢西亚的科尔多瓦，曾在萨拉曼卡大学进修神学并被授予神职，尽管真正的兴趣是写诗，而且才华横溢。据说塞万提斯是最早发现其文学才华的人。1617 年早已声名远播的贡戈拉应召入宫，名义上是神甫，实则为宫廷诗人。他一生性情倜傥，嗜赌如命，因而难免债台高筑。晚年为逃债主追逼，回到故乡，不久病故。

贡戈拉与塞万提斯和洛佩·德·维加齐名，是西班牙古典文学的"三巨头"之一，他在西班牙语文学史上的地位相当于李白之于中国文学。也就是说，塞万提斯的小说、洛佩·德·维加的戏剧和贡戈拉的诗歌构成了西班牙语古典文学三座高峰。他著述颇丰，有大量谣曲、十四行诗和长诗《波吕斐摩斯和加拉特亚的寓言》（1613）、《孤独》（1613）、《莱尔马公爵颂》（1617）等。上述长诗被认为是他的代表作。其中，《波吕斐摩斯和加拉特亚的寓言》凡 504 行，11 音节，是对波吕斐摩斯和加拉特亚寓言的重新演绎。《孤独》更是气势磅礴，第一部分 1098 行，第二部分 980 行（包括两个半行），第三、第四部分因故未竟。它是贡戈拉赖以追怀过去、面对现实的夸饰主义杰作：人物和情景都是虚拟的，"孤独"则是诗人远离"理想王国"的痛苦。《莱尔马公爵颂》也是夸饰主义风格的代表作，作品辞藻堆砌，意象繁复，比喻铺张，令人踟蹰。即便如此，他的作品仍被当做经典引入西班牙语美洲，从而对美洲的西班牙语文学产生了深远的影响；而同时期的小说（包括《堂吉诃德》）却是很难进入殖民地的。〔1〕

当然，贡戈拉也不尽是晦涩、矫饰之作。他的一些短诗，如谣曲和十四

〔1〕 西班牙和葡萄牙都曾于 16 世纪初颁布法令，严格禁止小说传入其美洲。其中，西班牙当局于 1531 年 4 月 4 日颁布的有关法律条文最为严厉。在这些条文中，西班牙法院严令禁止任何小说及消遣性故事，如《阿马迪斯》等作品传入西印度，"以免给印第安人造成不良影响"。为了令行禁止，西班牙法院又于 1543 年再次颁布法令，严格禁止小说进入美洲殖民地，"以免印第安人把《圣经》及其他正经读物和小说混为一谈"。

行诗大都清新活泼、脍炙人口。尤其是他的抒情诗和他关于死亡、梦幻、爱情、美女的描写，一直被历代西班牙语唯美主义诗人奉为圭臬。

趁你的金发灿烂辉煌，
使太阳徒劳闪烁金光；
趁你的前额洁白如云，
使百合仙子愧不自赏。

趁你的朱唇光焰耀眼，
胜过康乃馨鲜艳初绽；
趁你的秀颈高傲潇洒，
胜过水晶剔透的晶莹。

享受你的金发和前庭，
还有你的朱唇和秀颈，
切莫辜负了韶华似金。

当金丝成了百合枯萎，
你也会变成土，变成灰，
变成烟，变成影，变成了无。

——十四行诗《趁你的金发灿烂辉煌》[1]

原诗最后一句打破十四行诗的固有格律，用了15个音节。类似的"破格"在崇尚创新的巴罗克诗人笔下犹如家常便饭。有诗人甚至给"十四行诗"缀上一个古老的"哈尔恰"(短歌)，以示雅谑和不同。如何把他的作品翻译成中文，实在是一件难上加难的事情。盖因他的作品常常比喻成串、典故如林，原本雕琢而晦涩，加上西班牙语古典诗歌的格律和押韵方式根本无法在以单音节汉字为基础的汉语古典格律诗中找到对应性，一旦译成汉体，不是成为情采了无、意味索然的打油诗、顺口溜，就是变成格律阙如、韵脚缺损的自由诗，甚至字节芜杂、冗长累赘，或者丢三落四、不伦不类。尤其是他的长诗，如《孤独》更是竭尽雕饰，像"Era del año la estación florida/ En que el

〔1〕《贡戈拉诗全集》，墨西哥：波鲁阿出版社，1986年版，第153～154页。

mentido robador de Europa/ Media luna las armas de su frente/ Y el Sol todos los rayos de su pelo,/ Luciente honor del cielo,/ En campos de zafiro pace estrellas……"[1]几乎无法翻译成格律汉诗,而只能用散文体勉强为之:"那是一年中春暖花开的季节,偷走欧罗巴的窃贼款款而来,半月般的前额是她的武器,满头皆是阳光似的金丝,窃贼来自灿烂辉煌的天庭,蓝宝石上放牧五彩的星辰……"一如希腊神话,宙斯将迟迟不会现出原形,而附着在他和欧罗巴身上的美丽夸饰却层出不穷,绝对令人眼花缭乱。

[1] 《贡戈拉诗全集》,墨西哥,波鲁阿出版社,1986 年版,第 240 页。

洛佩及其文学王国

人生在世,除却帝王,恐怕很少有人被尊称为龙凤的。洛佩·德·维加(1562～1635)是个例外。他全名费利克斯·洛佩·德·维加·伊·卡尔皮奥(也称洛佩·费利克斯·德·维加·伊·卡尔皮奥),于1562年11月25日出生在马德里。父亲费利克斯·德·维加是刺绣匠,一生风流倜傥,因而常使家庭处于风雨飘摇之中。洛佩·德·维加从小受到这种不安定因素的影响,颠沛流离,先后在多所学校就读,同时开始对文学表现出浓厚的兴趣。青年时代曾师从阿维拉大主教赫罗尼莫·曼里克,后进入阿尔卡拉德埃纳雷斯大学又转至萨拉曼卡大学。父亲去世后,他不得不辍学从军。起先投在圣塔克鲁斯侯爵门下并随之远征海外,回国后狂热地爱上了女演员埃莱娜·奥索里奥并由此诞生了大量抒情诗篇。但不久东窗事发,年轻的洛佩被逐出首都。流放期间,他又疯狂地爱上了后来的妻子伊萨贝尔·德·乌尔比纳。1588年参加"无敌舰队"征讨英国,遭到英国海军和大西洋风暴的袭击,险些丧命。之后和伊萨贝尔结婚,二人在瓦伦西亚度过了两年幸福、和谐的婚姻生活。1590年被任命为公爵秘书,随阿尔瓦公爵到托莱多工作。1594年,妻子因难产去世,婴儿也未能幸免,他受到沉重打击。翌年,洛佩回到马德里,先后投入安冬尼娅、胡安娜和女演员米卡埃拉等人的怀抱。1596年洛佩与胡安娜结婚,却似乎并非出于爱情。多年以后,洛佩拜在塞萨公爵门下,历任秘书、顾问,兼任宗教裁判所检察官等;同时声名鹊起,被誉为"天才中的凤凰",塞万提斯称其为"自然界的怪才"。1612年,无情的厄运再次降临。在遭遇了妻子、儿子、情人的相继永诀之后,洛佩终于心灰意冷,决定皈依宗教。两年后正式接受神职,从此放弃了世俗题材。1627年,因叙事诗《悲恸的王朝》而被罗马教皇乌尔班八世授予马耳他勋章。晚年景遇凄惨,终于1635年8月27日带着悔悟离开了人世。

洛佩与塞万提斯的矛盾一直为世人所津津乐道,人们从诸如此类的关系中看到了伟人的平凡。然而,笔者以为二人创作理念的不同可能是导致他们不和与相轻的关键因素。据有关学者考证,两位文坛巨擘有生之年曾偶为邻居，住在弗朗科斯街（今塞万提斯街），一个在今 11 号的位置，另一个在今 18 号的位置，可以说是低头不见抬头见；更巧的是，塞万提斯一家墓地所在的坎塔拉纳街如今成了洛佩·德·维加街。此外，两人曾两次在相近的时间参加相同的教团，还曾先后或同时服务于莱莫斯伯爵和“无敌舰队”。至于两人的创作道路，则更是雷同得出奇：涉足所有的体裁，尽管效果大不一样。可怜的塞万提斯生前从未享受到大作家的荣耀，并且可能至死也没有真正弄清楚为什么洛佩可以轻而易举地“占领”文坛、缔造并统治戏剧王国；反过来，洛佩似乎也很不理解《堂吉诃德》的轰动因由。但是，两人有一点是截然不同的：一个追求完美，另一个却志在创新。前者比较现实，因而主要取法的是巩固现在、创造经典；后者则充满幻想，因而主要选择的是面向未来、不拘成规。

洛佩·德·维加无疑是“黄金世纪”西班牙文学，尤其是西班牙古典戏剧的集大成者。他对西班牙文坛的贡献是多方面的。首先，他是个伟大的诗人；其次，他创作了上千个剧本（虽然流传至今的只有三四百种），将文学题材拓宽到了几乎所有领域；再次，他打破了古希腊戏剧不可超越的神话，第一次确立了喜剧和亦庄亦谐、亦悲亦喜的悲喜剧在戏剧创作中的地位。他对后来的西班牙及欧洲文学的影响当不在塞万提斯之下，但当时的名声却远远超出塞万提斯，因而颇受塞万提斯本人及同代作家的推崇，被称为“自然界的精灵”、“天才中的凤凰”。他的主要作品被分为九大类，其中最有名的有《羊泉村》、《奥尔梅多骑士》、《最好的法官是国王》、《掩盖报复的惩罚》，等等。

从某种意义上说，洛佩和贡戈拉是西班牙“黄金世纪”文坛的两座并峙的高峰。[1] 洛佩一生著述甚丰，根据 1636 年一位传记作者的统计，他一生创作了 1800 部剧作，外加 400 则短剧或幕间短剧。洛佩本人也曾于 1632 年统计出 1500 部剧作，他甚至自诩一天可以完成百部剧作。然而，他的多数作品已随时间散失。目前保存下来的仅有剧本 426 部，宗教短剧 42 则。除此之外，他还创作了大量诗文，其中有田园诗、抒情诗、叙事诗、自传体小说和评论。

洛佩·德·维加作为西班牙古典戏剧的集大成者，创作题材几可包罗

[1] 由于时人对塞万提斯的偏见，洛佩和贡戈拉，或克维多和卡尔德隆被认为是“黄金世纪”的“巅峰”。其“门徒”（主要有“瓦伦西亚派”、“马德里派”和“安达卢西亚派”），产生了胡安·鲁伊斯·德·阿拉尔孔、纪廉·德·卡斯特罗（二者对高乃依的影响可能超过任何一个法国作家）等一大批剧作家；后者则改变了西班牙诗歌的走向乃至整个西班牙语文学的话语方式。

万象：既有宗教故事和神话传说，也有历史故事和英雄事迹，还有幻想故事和奇闻逸事等等。正因为如此，常有学者将其细细分门别类：如“古史剧”，像《亚历山大的丰功伟绩》、《燃烧的罗马》等；“近史剧”，像《羊泉村》、《最好的法官是国王》等；“外国剧”，像《奥东帝国》、《莫斯科大公》等；“骑士剧”，像《少年罗尔丹》、《罗达蒙特的妒火》等；“袍剑剧”，像《谨慎的情人》、《托莱多之夜》等；“宗教剧”，像《美丽的以撒》、《非洲圣徒》等；“牧歌剧”，像《真正的爱人》、《愤怒的贝拉尔多》等；“神话剧”，像《克里特迷宫》、《狂热的爱情》等；“谐谑剧”（又称“仆人剧”），像《园丁之犬》、《胡安娜过桥》等。[1] 诸如此类，不一而足。

然而，归料包堆，洛佩的大多数作品其实不出两类：一类是以国内外历史及相关传说为题材的历史剧，一类是描写人情世态和阴谋诡计的袍剑剧。其中，历史剧又大都取材于中世纪编年史和英雄史诗、骑士传说等等，还有一些来自行吟诗人和古典谣曲传播的历史传奇。袍剑剧一般围绕男女爱情展开，具有雷同的情节或类似的情境，表现形式则相对轻松、自由。男女主人公的爱情不断遭遇打击，阴差阳错，曲折多变。相爱、失恋，再相爱、再失恋，其中不乏“荣誉”或者“道德”的考验，但归根结底却多半因为阴谋诡计。前面提到的很多“谐谑剧”都是由袍剑剧派生的。仆人形影不离地跟随主人，模仿主人的言行，并时常以“下人”特有的机敏和狡黠批评上流社会的迂腐和愚蠢。这多少让人联想到堂吉诃德和桑丘·潘沙的关系：一个单凭主观意志横冲直撞，另一个却把现实利害看得十分真切。

人们普遍认为洛佩深受瓦伦西亚剧作家比鲁埃斯的影响。1589 年至 1590 年，他们过从甚密。当时，比鲁埃斯已经完成了对古希腊、罗马悲剧的“改造”。他在先后创作的五部“悲剧”中，大量掺入了喜剧成分；此外，他将西班牙戏剧从五幕削减至三幕；古典戏剧中的合唱队也被剧中人物的评论（对话或旁白）所取代。更为重要的是比鲁埃斯不遵守三一律：每一幕都可以根据自己的情境设定背景。同时，传统的十一音节无韵诗体也被各种韵律诗所取代，不仅有利于强化气氛，而且逐渐把抒情诗引进了戏剧。比鲁埃斯还打破了西班牙及西方古典戏剧过分重视悲剧成分的传统，开始将戏剧重心移向复杂的情节安排以及阴谋、巧合等多重因素，从而有更多机会塑造人物形象、深化人物性格，弥补了传统戏剧对人物性格的相对轻忽。他的另

---

〔1〕 梅嫩德斯·伊·佩拉约是最先对洛佩剧作进行系统梳理和分门别类的学者之一。此处参考了《洛佩·德·维加戏剧研究》（六卷本），马德里：国家出版社，1949 年版。

一个重要贡献是把普通人物及罗哈斯和流浪汉小说的某些表现方式大量引入戏剧，从而发展了纳阿罗等人于16世纪初开创的袍剑剧。于是，仆人或随从由原来的“应声虫”或“传声筒”发展成有血有肉的人物，他们不再仅仅是陪衬，而且是重要角色，甚至是“另一种声音”、“另一种面孔”。至此，帝王将相、才子佳人一统天下的局面得到了改观。

一　从费利克斯到费尼克斯

洛佩最大限度地吸收了比鲁埃斯的成功经验，并在创作实践中发扬光大。对此，批评界几乎没有异议。然而，洛佩像一只巨大的章鱼，触须和吸盘可谓无所不至、无所不在。早在17岁他的名字就已等同于“完全”和“完美”。费利克斯于是也就涅槃而成为费尼克斯（意曰凤凰）。因此，想要在短短的一个章节中穷尽洛佩无疑是不可能的。概括他的创作道路也无疑是一件吃力不讨好的事情：他的作品如此丰富，不仅涵括了所有体裁，即便戏剧一项，其数量和题材也是令人望而生畏的。当然，洛佩的重要、洛佩的丰富同时也不可避免地使他成为一门显学。17世纪以降，无数学人为之倾注毕生精力。他们一方面使洛佩和洛佩学成为一片汪洋大海，另一方面也为来者走近和走进洛佩筑起了一个个台阶、一条条路径。

所谓时势造英雄，费利克斯之所以成为费尼克斯首先是因为时代。17世纪初，西班牙文坛流派交融、群雄并起。塞万提斯、贡戈拉、克维多、洛佩、蒂尔索等巨匠齐头并进，统率西班牙文坛。正因为人才辈出、大师成群，西班牙文坛也就难免烽烟四起、纷争不断。克维多推崇洛佩，洛佩自然要投桃报李；贡戈拉对洛佩颇为不恭，洛佩对他也是颇有保留；同时，洛佩对塞万提斯存有偏见，塞万提斯则转而褒贡戈拉而贬洛佩；蒂尔索和洛佩虽曾互相敬佩，但最终也免不了分道扬镳。[1] 诸如此类，除了复杂的人际关系，文学理念当是他们彼此轻疏的关键。

除却贡戈拉以巴罗克诗风高自标置，17世纪西班牙的其他重要作家几乎都无一例外地尝试或者关注戏剧。随着一批教会剧场、宫廷剧场和公共剧场的产生，戏剧也已成为时代文学与文化的象征。相形之下，诗歌虽然雄居艺术之冠，但毕竟受众有限；而小说作为新兴的艺术，则尚未获得应有的地位。况且西班牙刚刚对传播广泛的骑士小说实行了禁令，方兴未艾的流

〔1〕 加西亚·桑托-托马斯：《凤凰降生》，马德里：格雷多斯出版社，2000年版，第68～162页。

浪汉小说则因为题材特殊而并不为上流社会所看好。[1] 当然这恰恰也是塞万提斯要另辟蹊径的一个重要原因。问题是，塞万提斯的劳作（无论是《堂吉诃德》还是其他小说）依然没能得到文坛主流意识形态的认可。戏剧的情况则完全不同。且不说其传统源远流长，即便是作为时代唯一的大众文化娱乐方式，它也足以具有不同凡响的号召力和影响力。按照学者巴勃罗·哈乌拉尔德的说法，17 世纪西班牙（其实又何啻西班牙）戏剧的辉煌主要有三个原因：1. 市民阶层的产生；2. 市民阶层对休闲娱乐的需求；3. 社会的相对稳定和市民交流意识的增长及其对公共场所的渴望。[2] 当然，关心和喜欢戏剧的远非市民阶层一族，上流社会对戏剧的关注程度也许并不亚于市民阶层。不同的也许只是角度而已。除了消遣，上流社会和文坛精英大都视戏剧为传播和探讨社会问题和美学问题的重要舞台。[3] 这些争论不仅牵涉到喜剧内部问题，而且关系到喜剧和戏剧的合法性。在某些问题上，甚至连朝廷也不是铁板一块。国王经常被这样那样的劝诱和投诉搅得不置可否。[4] 正是基于诸如此类的情形，马德里当局曾于 1598 年下令关闭所有剧场。

洛佩在发表《喜剧创作新艺》(1609)前后几乎一直都在为喜剧的道德和审美问题与人发生争执。《喜剧创作新艺》则是他对自己的创作实践和相关争论的一次总结。他在这首长诗中巧妙地阐释了戏剧创作、出版及演出的重要性，同时不无讥嘲地回应了时人的评说，谓："……我所写，我所知，/或许可以换一种形式；/但效果必定是大弗如。"[5]他同时明确表示：

我的艺术乃前人创造，他们追求百姓的掌声。
百姓掏钱养育了他们，报以欢喜是理所应当。[6]

洛佩之所以能够创作出一千多个剧本，也多半是因为要满足观众的需

---

〔1〕 塞万提斯对流浪汉小说的态度当是明证。

〔2〕 哈乌拉尔德：《意识形态和喜剧》，卡纳瓦焦（主编）《喜剧》，马德里：委拉斯开兹之家出版社，1995 年版，第 351～380 页。

〔3〕 参见加西亚·贝里奥：《黄金世纪权力的粗暴与民众的抗议：关于戏剧道德准绳的争论》，马拉加：马拉加大学出版社，1978 年版。这一大部头的文献稽考是当时有关争论的一个明证。

〔4〕 阿雷雅诺：《协约与接受：黄金世纪戏剧研究》，马德里：格雷多斯，1999 年版。

〔5〕 洛佩·德·维加：《喜剧创作新艺》，普拉德斯校订本，马德里：高科委出版社，1971 年版，第 372～374 行。

〔6〕 洛佩·德·维加：《喜剧创作新艺》，普拉德斯校订本，马德里：高科委出版社，1971 年版，第 45～48 行。

要，一如报刊专栏作家，面对的是剧团和观众每日的期待。因此，他所谓的“新艺”，更大程度上是新作。像传道士那样，举一反三，不断变换题材、更新故事，也许是洛佩戏剧创作的秘诀所在。当然这并不是说他没有创新。前面说过，洛佩首先追求的是涵括时代的完全和完美，而同时代的塞万提斯则也许不自觉地把触角伸向了未来。

《喜剧创作新艺》东拉西扯，并非严格意义上的学术论著，也未使论战的热度有所消减，倒是1621年新国王费利佩四世的登基使舞台艺术得到了进一步的繁荣。新国王酷爱戏剧；奥利瓦雷斯公爵投其所好，把洛佩奉为上宾。这样一来，他也就无须再去耗神顾忌旁人的议论，可以一门心思从事喜剧创作了。这时蒂尔索被莫名其妙地流放，来自墨西哥的鲁伊斯·德·阿拉尔孔又因身体原因而放慢了创作速度。但是好景未长。几年以后，年青一代开始登上剧坛。加之奥利瓦雷斯惯于玩弄政治平衡的把戏，开始冷落洛佩并竭力扶植乌尔塔多·德·门多萨、维莱斯·德·格瓦拉等新秀，使他们得以崭露头角。洛佩晚年心灰意冷，皈依宗教，与此不无关系。

洛佩步入晚年时，西班牙剧坛的另一颗明星卡尔德隆正冉冉上升。卡尔德隆虽然很快取代洛佩的位置，成为宫廷戏剧主任和文坛泰斗，但对洛佩敬重有加。他经常援引洛佩的诗句，如：“西班牙凤凰说得好，/‘我的痛苦大如苦痛，/喜欢的人并不欢喜，/不欢喜的装作喜欢。’”（《没有什么比项链更好》第三幕）然而，有关洛佩及其戏剧的争论一直没有终结。但是，无论愿意与否，洛佩已经被定于一尊。在他之后，任何关乎西班牙戏剧的发展和讨论，都离不开他的名字、他的创作、他的思想。作为西班牙的凤凰，他和他的作品随着时间不断地涅槃。

二　喜剧

喜剧和戏剧在洛佩时代通常是同一个词：Comedia，尽管事实上二者还是有区别的。鉴于洛佩的丰富与庞杂，本文只能择其一二而叙之。洛佩的喜剧有相当一部分是以神话传说和历史故事为题材的，如《热恋的情人》、《阿多尼斯和维纳斯》、《最坚贞的丈夫》和《燃烧的罗马》、《罗马的奴隶》、《哥伦布发现新世界》、《阿劳加纳的征服》、《奥地利唐璜在佛兰德》，等等。另有一些作品则直接取自中世纪谣曲，如《私生子穆达拉和腊拉的七王子》。洛佩在这出戏中演绎了传奇人物腊拉七王子在战争与背叛、爱情与阴谋中壮烈牺牲以及穆达拉为之报仇雪恨、手刃叛徒鲁伊·委拉斯开兹的动人场面。《牛墚》则从熙德传奇摘取了国王桑丘与埃尔维拉公主的爱情故事。同样，卡斯蒂利亚王国的历史也是洛佩戏剧创作的一片沃土。这方面的重要作品有《卡斯蒂利亚的法官们》、《卡斯蒂利亚的第一位国王》、《西班牙第一男儿》、《费尔南·贡萨莱斯伯爵》、《国王与托莱多的犹太姑娘》等。其中最后一出以阿尔丰索七世和犹太姑娘拉盖尔的爱情悲剧为题材。洛佩喜剧创作的另一个重要题材是摩尔人。《弥补不幸》便是其中的一出，演绎了安达卢西亚摩尔人哈里法和阿宾达拉埃兹的爱情故事。他在这些作品掺杂了大量的想象，而其中的喜剧成分则主要来自情节的处理和人物的表演。

前面说过，时人的喜剧观和我们对喜剧的理解已经大相径庭。因此，洛佩的许多喜剧事实上只能算是悲喜剧或正剧。从某种意义上说，悲剧中掺入喜剧成分或者喜剧中掺入悲剧成分是洛佩及其同时代剧作家的共同追求。这种剧情的悲喜转换或悲喜交集，改变了传统意义上的喜剧(通常为闹剧)和悲剧创作模式，使戏剧变得复杂多变。观众从而无法预知人物的命运和故事的结尾。然而，正因为如此，悲剧常常更具有悲剧效果，而喜剧则因悲剧元素的加入而使深度陡增。

当然，为了“求全”，洛佩也创作了不少“现代意义上”的喜剧或轻喜剧，如《法国小姐》、《塞维利亚的沙滩》、《谨慎的恋人》、《菲尼莎的圈套》、《马德里铁剂》，等等。这些作品大都取材于民间传说，甚至街谈巷议。其中《谨慎的恋人》被认为是这类作品的佼佼者。主人公是一对母女和一对父子，他们阴差阳错地被爱情搞得晕头转向。首先是老头儿爱上了菲尼莎姑娘，而姑娘心仪的人恰恰是他的儿子卢辛托。为接近小伙子，姑娘巧妙周旋，免不了会生出许多笑料。最后，父子俩应邀到菲尼莎家相亲。昏暗中，突如其来的火警使两对老小仓皇逃遁。结果老头儿拽走的是老太太，而小伙子终于命定似的带走了菲尼莎。与此相仿，《马德里铁剂》的主要喜剧因素也是由两对人物在角色转换过程中制造的：一边是姑姑和小姐，一边是骑士和他的朋友。为替有情人创造机会，骑士的朋友贝尔特兰假扮医生用铁剂替姑姑治病并敦促后者每天必须行走散步。与此同时，利萨多的另一位朋友里塞罗不惜向贝利莎的姑姑求爱，以便利萨多和贝利莎能够自由自在地恋爱。

诸如此类，在洛佩的后期喜剧中转化为争风吃醋或门第之见，以至于动刀动剑，但最终必定是有情人终成眷属，其他人也各得其所。这类作品有《不知所爱何人》、《愣头青圣地亚哥》、《圣胡安日之夜》、《雄辩奖》、《园丁的狗》，等等。

此外，洛佩还常常发挥文学想象，从牧歌故事和骑士文学中寻找素材。这方面的作品主要有《纯真的恋人》、《哈辛托的牧场》和《曼图阿侯爵》等。

皈依宗教后，他又接连创作了一批宗教作品，它们大多取材于《圣经》，也有一些作品是写马德里的保护神圣伊西多尔的。

三　悲喜剧

洛佩的主要成就应该说是在悲喜剧，它们一般都是三幕剧：第一幕为展示部（prótasis），第二幕为主体部（epítasis），第三幕为高潮部（catástrofe oclímax）。他的悲喜剧同样数量众多，但经常被文学史家提及并久演不衰的至少有三部：《佩里巴涅斯和奥卡尼亚骑士团长》、《最好的法官是国王》和《羊泉村》。这三部作品或可称为"权利三部曲"。在《佩里巴涅斯》中，同名的主人公是个勤勉富裕的老基督徒，有幸娶了漂亮姑娘卡希尔达做太太。婚礼正在举行，骑士团长不慎坠马负伤，被人抬到村里。佩里巴涅斯好心将他留在家里将养。但骑士团长却恩将仇报，打起了新娘的主意——为达目的而不择手段，终于取得了新婚夫妇的信任。最后，佩里巴涅斯被封为骑士并派往战场。队伍途经托莱多，他无意之中发现了太太的画像。询问之下，他方才明白，原来那画正是骑士团长请人画的。于是他趁机逃离队伍，悄悄回到家中，用"唐璜"的赠剑将"唐璜"杀死，然后投案自首，并最终得到了国王的宽宥。这一捍卫爱情和尊严的故事发生在两个地位悬殊的人物之间，改变了传统骑士剧的基本路数，被梅嫩德斯·伊·佩拉约称为西班牙作家追求"民主平等"的端倪。

《最好的法官是国王》创作于17世纪20年代初期，比前一作品整整了晚了十余年。作品写贵族老爷堂特略横行霸道，胡作非为。男女主人公桑丘和埃尔维拉相亲相爱，正在举办婚礼，不料堂特略强行带走了新娘。桑丘走投无路，只好向国王求助。国王扮成新任镇长随桑丘来到特略的领地。经过审判，国王宣判特略必须将受辱的埃尔维拉明媒正娶。但是就在特略宣布和埃尔维拉成婚之后，国王又立即下令将为非作歹的特略斩首示众。埃尔维拉继承了特略的封号和遗产，高高兴兴和桑丘重新举办了婚礼。

《羊泉村》的主题和《最好的法官是国王》一脉相承，但内容更复杂，情节更生动。它的创作时间当在前两部作品之间，即1613年前后。作为洛佩的代表性剧作，《羊泉村》充分展示了16～17世纪之交西班牙戏剧的伟大成就，同时深刻揭示了西班牙的社会矛盾。故事发生在15世纪。当时，"光复战争"胜利在望，一个统一、强盛的西班牙就在眼前。但是，顽固的封建领主画地为牢，竭力抵制费尔南多国王和伊萨贝尔王后领导西班牙完成统一大业。话说领主费尔南·戈麦斯·古斯曼在他的领地专横跋扈，胡作非为；羊泉村也未能幸免。他还指使卡拉特拉瓦骑士团团长勾结葡萄牙,攻占重镇雷阿尔,企图阻止西班牙统一。村民们终因反对分裂、不堪暴虐,揭竿而起。武装农民高呼着"费尔南多国王和伊萨贝尔王后万岁",冲进领主府邸,消灭了费尔南及其骑士团。战斗结束后,村民们不约而同,把"罪过"推给了羊泉村。国王派钦差前来调查;人们众口一词,指一切皆羊泉村所为,"而不是哪一个人"。国王经过调查,终于了解了实情,赦免了村民,并将费尔南的领地收归国有。洛佩高屋建瓴,把一个宏大的统一主题带进了这段传奇。适逢非常盛世,尽管"无敌舰队"已经败北,尽管西班牙正遭到荷兰、英国等新老对手的挑战,但"瘦死的骆驼比马大",西班牙依然是西方强国,而且帝国意识已经深深地扎下根来:曾几何时,西班牙赶走了摩尔人,完成了光复事业;曾几何时,卡洛斯国王兼任罗马教皇,从母亲那里获得了西班牙自意大利至菲律宾和美洲的大片殖民地,又从父亲那里获得了奥地利和整个哈布斯王朝;曾几何时,腓力国王又在此基础上从舅父手中接管了葡萄牙及其美洲和非洲殖民地。而强大帝国的出现宣告了骑士文化的终结,也就是说,后者赖以产生的封建土壤(领主割据)已经瓦解。

与此同时,庞大的帝国导致了生产的分工和财富的流转,从而孕育了最初的市民阶层或谓新生的资产阶级。他们的价值观已经大大有别于骑士时代。据此展开的另一条线索——年轻男女福隆多索和劳伦霞的爱情故事——便是写给新时代价值观和爱情观的一曲赞歌。男女青年彼此有情,真诚地相爱;他们没有门第之见,不受利益的约束,之所以走到一起,只因为两颗赤诚的心在一起跳动。然而,领主费尔南也悄悄地盯上了劳伦霞。姑娘拼力抵抗,先逃过了一劫。后又多亏福隆多索奋力保护,费尔南的觊觎才未得逞。费尔南从此对这对恋人怀恨在心。一天,他居然径直闯到村长家里,命令他交出女儿劳伦霞。这时,第二条爱情线得以展开:国王的队伍包围了雷阿尔,费尔南率领骑士团前去解围,途中意欲对另一位姑娘哈辛达施以强暴,结果遭到了该村青年门戈的全力阻止。门戈分明有着"谐谑剧"中"诙谐仆人"的特点——表面上滑稽可笑,骨子里却是条铮铮的硬汉。结果,他被打得半死,却赢得了姑娘的芳心。最后,费尔南在雷阿尔败北,便把劳伦霞和福隆多索抓起来当垫背的。村民们终于忍无可忍,举起刀剑,杀死领主,报了国仇,雪了家耻。

故事取材于卡拉特拉瓦骑士团成员弗朗西斯科·德·拉德斯·伊·安德拉达的《圣地亚哥,卡拉特拉瓦和阿尔坎塔拉骑士团纪事》(下简称《纪事》)。但《纪事》基本局限于描写封建领主及其骑士团与属地人民的矛盾。

洛佩却把领主和人民之间的矛盾上升到了历史的高度，突出了统一与分裂、大局与局部的关系，从而大大强化了戏剧的历史含义；同时又通过两对恋人的爱情故事给出了新时代的人情世态。

在形式方面，洛佩为每一幕安排了一个小高潮和多个悬念。第一幕的高潮是领主对劳伦霞的逼迫。这一幕虽以福隆多索阻止领主对劳伦霞的施暴结束，却至少留下了两个悬念：领主的报复和两个恋人的命运。第二幕的高潮是领主及其走狗对哈辛达的威逼。这一幕以门戈挺身救美结束。前一幕的悬念依然存在，这一幕又陡增了三个悬念：领主的报复、两个年轻人的爱情以及战争的胜负。第三幕把三条线索捏在一起，并最终以铩羽而归的领主在劳伦霞和福隆多索的婚礼上掳走新郎新娘为全剧的高潮。这种一波三折、多线并行的写法在洛佩之前乏人尝试。

剧中对白也基本放弃了千篇一律的"之乎者也"，取而代之以"话如其人"。尤其是"小配角"门戈的"调侃"，为戏剧增添了不少色彩。

人物塑造还从类型走向了个性。领主不是暴虐得只有兽性，国王也不是十全十美的仁君；劳伦霞从胆怯到坚强，其性格有一个明显的发展过程；门戈则是"心口不一"的好汉……

洛佩创作《羊泉村》时情绪并不高涨，当时他已屡遭打击，开始对一些东西失去信心。作品流露了他的矛盾心态：一方面，他依然沉湎于帝国辉煌的梦想，力图维护西班牙的统一和王权的尊严（这一点在《最好的法官是国王》中体现得尤其明显）；另一方面，他对两对恋人的肯定又充分显示了市民阶层的人生观和价值观。

四　悲剧及其他

洛佩的创作太庞杂了，几乎应有尽有。他追求完全，但又并非完人，其创作谱系中有不少是可以用于道德和精神教育的，甚至不乏《傻姑娘》这样尝试用爱情实施新柏拉图主义教化的作品；同时也有一些是带着明显偏见的，如反犹的《襁褓中的圣儿》等等。

洛佩的悲剧继承了古希腊传统，但性格的力量已经取代了命运的安排。同时，喜剧因素的加入也改变了悲剧的情节结构。在他众多的悲剧创作中，《奥尔梅多骑士》和《掩盖报复的惩罚》堪称典范。《奥尔梅多骑士》的创作时间大致在1620～1621年之间。作品以真人真事为线索，把奥尔梅多骑士之死演绎得催人泪下：奥尔梅多骑士阿隆索爱上了伊内斯，仆人特略请拉纤婆法比娅前去撮合。由于伊内斯对奥尔梅多骑士也是一见钟情，一桩美满婚姻便露出了端倪。然而，骑士罗德里戈原本对品行俱佳的奥尔梅多骑士怀恨在心，得知他向自己心仪的姑娘求爱更是妒火中烧，意欲除之而后快。他要血刃情敌的消息不胫而走，但光明磊落、剑术高超的奥尔梅多毫无防备，结果真的中了埋伏而一命呜呼。伊内斯一家知情后迅速上书国王。国王下令将凶手处以极刑。从艺术结构的角度看，《奥尔梅多骑士》可能是洛佩悲剧创作的巅峰。加西亚·洛尔卡对它推崇备至；加缪称之为"完美"，并一度将它搬上20世纪的法国舞台。[1]

《掩盖报复的惩罚》被认为是洛佩晚年戏剧创作的标志性产品。用批评家鲁伊斯·拉蒙的话说，世上"罕有如此美妙的作品，它的结构是如此精密"[2]。主人公费拉拉被迫与曼图阿公爵之女卡桑德拉结婚，但婚后不久费拉拉就离开了新娘。另一方面，卡桑德拉不甘寂寞，开始和费拉拉的私生子费德里科厮混。此事一传二传便传到了费拉拉的耳朵里。他佯作不知，同时命令儿子去替他杀死一个仇人——那个人恰恰就是卡桑德拉。父命难违，费德里科在完全不知情的情况下亲手杀死了蒙着塔夫绸的卡桑德拉。费拉拉又立即派人格杀凶手，费德里科当场毙命。这就是"掩盖了报复的惩罚"。然而，报复者本人也受到了应有的惩罚：他种豆得豆，年轻时放荡不羁，以至于生下了费德里科，为后来的悲剧埋下了根子；晚年又形单影只，备受孤独的折磨。该剧充分反映了洛佩皈依宗教以后的思想状态，具有明显的教化意图。

前面说过，他的诗歌也非常有名[3]。他的许多诗作作为旁白或对白镶嵌在他的剧作中。与贡戈拉不同，他的诗作大多质朴、自然，不事雕琢。尤其是到了晚年，宗教信仰战胜了世俗虚荣，他看淡了人间沧桑，改变了生活真谛。他在一首十四行诗中写道：

> 每当我静观自己，每当我回顾脚印，我就会惊慌失措，原来我一无是处。我回首凝望过去，故实是那么沉重；我感谢上苍仁慈，未使我罪孽深重。太轻信现实生活，陷入了岁月迷途，虚无中怎能自拔？
>
> 你是灿烂的阳光，指引我走出迷宫、回到理性的王国。

---

〔1〕、〔3〕 巴尔布埃纳·普拉特：《卡斯蒂利亚语文学》第一卷，巴塞罗那：青年出版社，第474页。

〔2〕 鲁伊斯·拉蒙：《西班牙戏剧史》，马德里：卡特德拉出版社，1979年版，第167页。

塞万提斯的矛盾

作为西班牙文学的象征，塞万提斯是说不尽的。如果非得用两个字来概括他，那么与其说他伟大，毋宁说他矛盾。

塞万提斯主要生活在费利佩二世（1556～1598，史称腓力二世）时期。当时，西班牙拥有辽阔的领土和强大的军队，不可一世；但好景不长，转眼之间，帝国便盛极而衰。费利佩即位伊始，虽仍有金银财宝从新大陆滚滚而来，却未能发挥应有的作用，倒是给愈来愈庞大的贵族阶层提供了养尊处优和轻视工商的条件。同时，对新大陆的征服已经尘埃落定，殖民地开始成为一群贪婪总督的囊中之物。为了限制他们的权利，费利佩颁布了无数法令并成立了“印度事务委员会”。但山高皇帝远，费利佩对他的总督们根本就是鞭长莫及。加上后来实行了长子继承法，美洲实际上成了总督们的美洲——另一个庞大而遥远的西班牙。此外，费利佩在欧洲总是祸福相依，而且每每祸比福大，1580 年，费利佩刚刚兼并葡萄牙及其殖民地，1581 年就失去了尼德兰；1571 年好不容易战胜了土耳其海军、夺得了突尼斯，1588 年就在英吉利海峡丧失了“无敌舰队”。不断因福致祸的费利佩逐渐转向保守。明证之一是他利用宗教裁判所加强专制统治，残酷迫害异端，同时加重工商赋税，从而导致了两极分化和摩尔基督徒起义。至 1598 年，当费利佩二世被迫离开王位时，西班牙已经经济凋敝、国力衰微。

塞万提斯（1547～1616）全名米盖尔·德·塞万提斯·萨维德拉，有关他的家世和生平少有记载，盖因并非出生于名门望族，姓氏的贵族头衔也几乎是最低的一等，类似于我国古代的乡绅；至于他的文名，则是后世的事情。关于他的母亲，人们知之甚少，她大概出生在一个相当于员外一类的富裕人家。他父亲罗德里戈·德·塞万提斯是胡安·德·塞万提斯的第三个儿子。胡安出生在科尔多瓦南部的一个布商之家，曾就读于萨阿拉曼卡大学，毕业后任过公职。也许正是这个缘故，胡安于 1530 年携一家老小迁至马德里附近的阿尔卡拉·德·埃纳雷斯。这是一座历史文化名城，其同名大学创建于 1499 年，是马德里一带最古老的大学之一。胡安有三个儿子，塞万提斯的父亲罗德里戈排行老二。我国古代有“荒年不饿手艺人”之说，所谓“人同此心，心同此理”，胡安大概也是出于如此考虑，遂让三个儿子选择了不同的“手艺”。当然，这个“手艺”是需要加引号的，因为当时西班牙帝国正在巅峰路上走得惬意，走得豪壮，一般贵族当不屑于手艺、商贸之类。但塞万提斯原本门第不高，加之已经没落，是断乎不能不考虑生计问题的。罗德里戈于是被送进了医学院。但可能还是因为生计问题，他大学尚未毕业就当起了外科医生并跟随父亲或独自四处出诊。不久，罗德里戈娶了莱昂诺尔·德·科尔蒂纳斯，并与她生下七个孩子。塞万提斯排行老四，前面还有两个哥哥和一个姐姐。长兄很小就夭折了，连名字都没有留下。二哥叫安德列斯，姐姐叫路易莎。

塞万提斯是在阿尔卡拉的圣母大教堂接受洗礼的。洗礼时间是1547年10月9日，但在教堂的有关文件上却没记载孩子的出生时间。有学者推测其出生时间应该距洗礼时间不远——当时婴儿的死亡率很高，而洗礼可以化险为夷。塞万提斯的童年生活很不稳定：父亲生意不好，决定迁往首都巴利亚多利德。但这次举家迁徙并没有给罗德里戈带来好运。不久，他便典当所有，而且债台高筑了。因为无力偿还利息，债主们将罗德里戈投进了监狱。虽然后来几经周折，侥幸获释，但处境却仍未得到丝毫改善，只好携家眷离开首都，回到故乡科尔多瓦定居。为让孩子们上学读书，罗德里戈绞尽了脑汁。塞万提斯被送进了新建不久的耶稣会学校。后来，还是因为生计问题，罗德里戈又转至塞维利亚。这是当时西班牙的商业中心，也是同时期欧洲的三大名城之一(另外两座是法国的巴黎和西属那不勒斯)。作为欧洲与新大陆的贸易中转站，塞维利亚可谓寸土寸金，因此并没有罗德里戈的立足之地，倒使塞万提斯从洛佩·德·鲁埃达的戏剧中获得了灵感，并立志成为诗人。这多少应了四百年以后美国作家海明威的著名论断：“作家的最大不幸是童年的幸福。”(换言之，即“童年的不幸是作家的最大幸福”[1]。)

一年以后，罗德里戈不得不离开“遍地黄金”的塞维利亚，以便到新都马德里碰碰运气。这时，罗德里戈从刚刚故世的岳母那里继承了一笔遗产，但不慎把钱借给了朋友，结果热包子打狗——有去无回。在马德里，塞万提斯开始了最初的文学创作。他效仿诗人的做法，不仅把自己的习作献给王后陛下，而且内容也大都是些随波逐流的颂歌。但贫困剥夺了他的爱好，以至于他不得不自谋生计，去充当红衣主教胡利奥·阿克夸维瓦的侍从。由于

〔1〕 详见本书《论童心》。

缺乏历史记载，除了几首歌颂王后的诗作，他在马德里的生活一直是个空白。而这既为后来的研究者留下了诸多遗憾，也为之提供了牵强和想象的余地。比如，曾有学者钩沉索隐，发现当局曾于1569年发布命令逮捕一名叫米盖尔·德·塞万提斯的年轻人。罪名是伤害无辜（被害者是一位叫安东尼奥·德·塞古拉的青年）。该米盖尔被判砍去一只胳膊并逐出首都十年。于是，有人便顺理成章把彼塞万提斯当成了此塞万提斯。有人走得更远，称他是同性恋者或犹太异教徒，东窗事发后被宗教裁判所剁掉了一只胳膊；甚至认为他根本没有参加过勒班托海战。〔1〕诸如此类，不一而足。然而，多数学者仍依据塞万提斯有关作品所示，称他自1571年起在意大利当红衣主教阿克夸维瓦的随从，不久又因勒班托海战逼近而毅然从军。前面说过，费利佩二世时期的西班牙可谓"大有大的难处"。其中最大的麻烦有两个：一个来自北边，即英国的崛起和尼德兰的分裂；另一个来自东边，即强大的土耳其海军的存在。这两股势力不仅对西班牙及整个天主教阵营形成了合围之势，而且对西班牙的海上霸主地位构成了威胁。为了各个击破，费利佩任命其弟——奥地利总督堂胡安亲王为总指挥并联合威尼斯和罗马教廷的力量，于1571年在希腊勒班托海域与奥斯曼土耳其海军决战。联合舰队大获全胜，并从此阻断了奥斯曼帝国对威尼斯等西方领土的觊觎。据称塞万提斯参加了这次战役并光荣负伤、失去左臂，人称"勒班托独臂"（El manco de Lepanto）。战斗结束后，西班牙军队奉命在西属西西里岛修整。可能是因为有伤在身，他离开部队，到西属那不勒斯与弟弟会合后准备起程回国。这时，一位女子闯入了他的生活。有研究者认为那位女子便是塞万提斯在牧歌体小说《伽拉苔亚》中写到的雷希娜。1575年9月，他带着亲王和塞萨侯爵的推荐信，与弟弟一道登上"太阳号"离开那不勒斯。途中，"太阳号"遭到海盗袭击，船长遇难，塞万提斯兄弟与船上旅客成了俘虏。他们被当做奴隶运到了阿尔及尔。阿尔及尔是奥斯曼帝国最繁华的地区之一，奴隶买卖和各种贸易都十分兴旺。海盗用俘虏换物品，而买主则盼望用俘虏换取巨额赎金。塞万提斯本想用两位贵人的推荐信换取一个好差事，哪知反而成了阿尔及尔人索要高额赎金的理由。他们认为他既然带着两位要人的亲笔信，一定不是等闲之辈。为赎救亲人，罗德里戈四处求告，不遗余力，但终究

---

〔1〕 阿拉巴尔：《塞万提斯新传》（原标题为《有个奴隶叫塞万提斯》），马德里：埃斯帕萨-卡尔佩出版社，1996年版。而巴尔布埃纳·普拉特在其主编的《塞万提斯全集·〈西班牙俊男〉序言》中称行凶者为"塞万提斯的一个同名兄弟"。

未能筹集到足够的赎金。1577 年 3 月，西班牙教会派员赴阿尔及尔解救囚徒，罗德里戈尽其所有，托教士们赎回了两个儿子。由于阿尔及尔人断定塞万提斯是个重要人物，赎金只够救回他的弟弟。这样，弟弟和其他一百多名西班牙人回到了祖国，而塞万提斯却留在了阿尔及尔。他多次逃跑未果，直至 1580 年 9 月西班牙教会再次派遣使者前往阿尔及尔才侥幸获释。这次，罗德里戈的赎金虽然有限，但教士们携带的部分赎金因找不到赎救对象而成了塞万提斯的救命稻草。他在不少作品中写到了这段经历。

然而，获救的欣喜很快被无端的诽谤所冲淡。难友帕斯居然指责塞万提斯的人品，说他在阿尔及尔行为不端。为了保护自己的名誉，他进行了旷日持久的取证和辩解。挽回名誉后，又品尝到寻找工作的艰辛。他时已三十有余。他当过信差，还可能为一些附庸风雅的人捉刀、赶写诗文之类。在此期间，他与有夫之妇安娜发生恋情并有了一个私生女(伊萨贝尔)。1584 年对于塞万提斯来说年景不错，他的牧歌体小说《伽拉苔亚》不仅顺利通过出版审查，而且稿酬不菲：1336 个雷亚尔。此外，他终于结婚了，但新娘不是安娜，而是比他小十八岁的卡塔林娜。然而，他的婚姻并不美满，新郎新娘几乎一直分居。这给诗人阿拉巴尔等有关("同性恋")推测提供了依据。实际情况可能会复杂得多。除了《伽拉苔亚》那笔稿酬，塞万提斯当时基本没有收入。为了尽快在文坛站稳脚跟，他经常到剧场看戏并为某剧团写了两个剧本。后来他又接连写了二十多个剧本，但大都已经散佚。戏剧是最受时人欢迎的文化活动，上至达官贵人，下到平民百姓，人们无不对洛佩·德·维加津津乐道。塞万提斯对后者颇有微词〔1〕，而后者则干脆对塞万提斯来了个全盘否定〔2〕。1585 年，父亲罗德里戈去世了，他的负担有增无减。适逢费利佩二世倾西班牙和葡萄牙之力筹建"无敌舰队"，他便自告奋勇，谋了个军需职位。"无敌舰队"是费利佩二世为对付正在崛起的英国而筹建的。1588 年，"无敌舰队"仓促起航，百余艘战船浩浩荡荡地驶向英吉利海峡，结果途遇风暴，不战而败。可笑的是，不仅总指挥梅迪纳·希多尼亚公

〔1〕 在《堂吉诃德》第一部第四十八章中，塞万提斯借人物之口说："戏剧已经成了可以兜售的商品，人们常说(而且说得在理)，不这样做，戏班子就不会收购。剧作家为了抛售自己的作品，也只能投其所好。我说得究竟是否属实，只消看看国内一位大手笔的那些数不清的剧作就一目了然了。他文笔华丽精巧，词曲优美动听，而且充满了庄严的警句，总之是风格高雅，誉满天下。可是为了迎合戏班子的口味，他的作品并非全都达到了应有的完美高度。"此译文参考了董燕生译本(《堂吉诃德》，浙江文艺出版社，1996 年版，第 435 页)。

〔2〕 洛佩说："没有比塞万提斯更糟的诗人，也没有比《堂吉诃德》更蠢的作品……"洛佩·德·维加：《书信集》，马德里：卡斯塔利亚出版社，1985 年版，第 68 页。

爵有晕船的毛病，就连普通士兵也十有八九不通水性。“无敌舰队”出师不利暂且不说。在它出师之前，塞万提斯于拼命工作的同时，曾给予这支号称世界第一的舰队以热情的讴歌。但为数万将士提供粮饷可不是件容易的事情。因此，军需官必须强征强收，而这难免要得罪一些地方豪绅。“无敌舰队”败北后，塞万提斯几次申请去美洲殖民地效力未果。与此同时，有人诬陷他任军需官时犯了贪污罪。塞万提斯面临指控，法院判他偿还粮款。塞万提斯不服并获保释。为洗刷冤情，他进行了旷日持久的调查取证。1594年，终于以令人信服的证据证明了自己的清白。同年，母亲去世了，他在马德里谋得一个税收员的职位。收税也是件苦差事。适值资本主义原始积累时期，要从新生资本家手里收取税金，谈何容易。登宁在批判资本的时候说：“为了百分之一百的利润，它就敢践踏一切人间法律；有百分之三百的利润，它就敢犯任何罪行，甚至冒绞首的危险。”[1]塞万提斯兢兢业业，终于在安达卢西亚地区收到一笔税款。为保险起见，他将税款存入塞维利亚商人弗雷伊雷的钱庄，准备用钱庄的银票到马德里换取税款。然而，命运又一次捉弄了他。当他回到马德里时，弗雷伊雷的钱庄竟然已经倒闭。他拿着空头支票到处追寻弗雷伊雷，后者却似从人间蒸发了一般，早已消失得无影无踪。于是，他又身陷囹圄达半年之久。后来，当局查清了事故原委，塞万提斯无罪获释。然而，牢狱之灾赋予他以极大的创作灵感与冲动。多年以后，他在《堂吉诃德》的前言中写道：“悠闲自得的读者：不用我发誓赌咒，你想必也能理解，我多么希望这本书，作为头脑的产儿，尽可能出息得又漂亮、又优雅、又聪颖。然而，我却无力违背物生其类的自然法则。像我这个才疏学浅之辈的头脑孕育出的，只能是干瘪瘪、皱巴巴、刁钻古怪、满脑子别人始料莫及的胡思乱想，而且又是在牢房里。在那地方，诸事不遂心意，恶声盈耳不绝……”[2]有关《堂吉诃德》究竟是不是在狱中构思的，评论界说法不一，但多数人倾向于肯定这一点。正所谓天无绝人之路。出狱后，他的经济状况得到了改善——太太卡塔林娜从娘家得到了一笔遗产。虽算不得富裕，但他毕竟可以潜心写作了。这时，西班牙到了多事之秋：先是1597年公主去世，导致全国禁演；紧接着是1598年费利佩二世驾崩，全国复又禁演一年，以示哀悼。之后便是致使数百万人丧命的世纪末大瘟疫。年轻的费利佩三世

〔1〕 正是基于其残酷的性质，马克思说：“资本来到世间，从头到脚，每个毛孔都滴着血和肮脏的东西。”《马克思恩格斯选集》第2卷，人民出版社，1972年版，第265页。登宁语出《工联和罢工》，转引自《马克思恩格斯选集》第2卷，第265页注。

〔2〕 此译文参考了董燕生译本《堂吉诃德》，第4页。

软弱无力,大权旁落。西班牙迅速衰败。除了自己的作品可以证明他当时的处境之外,史料上几乎找任何有关塞万提斯的景况。“我总是夜以继日地劳作,自以为具有诗人的才学”,他曾经这样慨叹。楼下是酒吧,楼上是妓院,他在极其恶劣的环境中创作了《堂吉诃德》第一部。1604 年,小说通过书检并顺利地交到了出版商手中。翌年,《堂吉诃德》问世并获得巨大成功。人们竞相阅读,一时间,只要有人放声大笑,必定被认为是在读《堂吉诃德》。但是,塞万提斯的生活并未得到改观,他继续含辛茹苦、呕心沥血地从事创作。1613 年,他的短篇小说集《训诫小说集》出版。翌年,长诗《帕尔纳索斯山之旅》发表。这时,有人觊觎他的巨大成功,抢先发表了署名阿隆索·费尔南德斯·德·阿维亚内达的《堂吉诃德》续集。该续集不仅严重歪曲堂吉诃德的形象,而且对塞万提斯出言不逊。〔1〕他义愤填膺,加快了创作节奏。1615 年,《堂吉诃德》第二部问世,几乎同时问世的还有他的戏剧集《喜剧和幕间短剧各八种》。1616 年,自知将不久于人世的塞万提斯在病榻上写完了长篇小说《贝雪莱斯和西吉斯蒙达历险记》。是年 4 月 19 日,他在前言里安然地向世人道别:“永别了,谢谢各位!永别了,快乐的朋友们!我正在死去,却希望地下有知、对你们的快乐生活感同身受……”四天后,一代巨匠塞万提斯满怀感恩地在贫病交加中与世长辞。那天恰巧也是英国作家莎士比亚撒手人寰的日子。两位巨人仿佛有约:未能同年同月同日生,却得同年同月同日死。然而,他们的境遇又似乎恰好相反:一个命途多舛,枉费了贵族姓氏;另一个春风得意,获得了尊贵的封号。

一 诗 歌

我总是夜以继日地劳作,
自以为具有诗人的才学,
怎奈老天无情毫不理会。〔2〕

---

〔1〕有关这部续集的真实作者,研究界一直众说纷纭、莫衷一是。洛佩·德·维加、卡斯蒂略·索罗尔萨诺、利尼安·德·里亚萨、路易斯·德·阿利亚加修士、萨阿拉斯·巴尔巴迪略、赫罗尼莫·德·巴萨蒙特、蒂尔索·德·莫利纳、格雷戈里奥·贡萨莱斯等等,都曾是怀疑对象。此外,随之产生的还有一些善意的仿作,如佚名幕间短剧《堂帕斯瓜尔·德尔·拉巴诺》、纪廉·德·卡斯特罗的同名长篇小说、卡尔德隆的同名喜剧,等等。梅嫩德斯·佩拉埃斯称类似仿作达三十余种之多。《西班牙文学史》,第 707 页。

〔2〕《塞万提斯全集》,马德里:卡斯塔利亚出版社,1999 年版,第 1190~1221 页。

这是诗人塞万提斯对自己所做的总结，它出现在1614年的长诗《帕尔纳索斯山之旅》上当非偶然。因为事实上他一直未能跻身于“黄金世纪”诗坛的大诗人行列。且不说洛佩·德·维加如何小觑他的诗才，即使他本人也常常对自己的诗艺产生怀疑。比如就在这首长诗当中，他一边为自己喝彩鼓劲，一边慨叹：

不少作品确实一塌糊涂。
正因为如此我焦虑忧伤……[1]

我们或者可把他的焦虑忧伤视为谦逊，但他不拘一格的文学个性似乎比一般追求求语惊四座的巴罗克文人走得更远。而这也许又赋予后人以另一种视角，即以超常之心审察塞万提斯，诚如他在《帕尔纳索斯山之旅》一诗中所吟：

我因构思奇巧非同寻常，
理所当然只能默默无闻……[2]

话虽如此，但诗人塞万提斯比起他赏识的贡戈拉来，却是逊色得多，作品数量也少得多(假使不包括《堂吉诃德》中的诗句，流传至今的总共只有三十多首)。除《帕尔纳索斯山之旅》之外，他的诗作大都属于早期作品，内容也多为应景之作。比如他赞美王后伊萨贝尔的五行诗：

烽烟刚刚熄灭，国土初得安宁，
奇葩世间一朵，骤然腾空飞逝，永驻天国不回。[3]

或者歌颂洛佩·德·维加的十四行诗：

维加如同一大片膏腴的沃土，
依附秀美的西班牙蜿蜒起伏；
太阳神阿波罗给他无比钟爱，
赫里孔山泉的流水把他滋补。

---

[1][2][3] 《塞万提斯全集》，第1190～1246页。

丘比特这位播撒壮举的神灵，
向他传授了自己的全部本领；
欢愉的丰收之神也把他佑护；
密涅瓦的智慧永远伴他而行。

诸缪斯为他重建帕尔纳索斯；
在他身边还有忠诚的维纳斯，
生育繁衍众爱神的不尽子嗣。

世间诸君便得到欢娱和益处，
尽享他源源奉献的果实无数：
天使、战将、牧人还有圣徒。〔1〕

此诗充满了溢美之词，同他后来对洛佩的评价有天壤之别。其中的恩恩怨怨一直是批评界钩沉和探究的内容之一。不久前，佩德拉萨·希梅内斯等学者搜集了大量有关洛佩和塞万提斯的交往与纠葛的资料，认为隐藏在二者笔墨官司背后的是一些鲜为人知的微妙而复杂的人际关系。〔2〕

《忌妒》是塞万提斯的得意之作。他在《帕尔纳索斯山之旅》中提到了这一谣曲。他把忌妒比成亦冰亦火、蛇蝎出没、白骨如山、阴森可怖的地狱："胸中窝藏着黑洞，/不见希望和光明。/惟有嫉妒和冷酷，/叫嚣似烈焰阴风……"〔3〕

此外，他还在《帕尔纳索斯山之旅》中评古论今、指桑骂槐，得罪了不少同道。好在该作是在晚年发表的，并未给塞万提斯带来多少不良影响。

总体说来，诗歌并非塞万提斯的长项，他的诗作也远未体现他的才华。因此，洛佩对他的评价也不是完全没有根据，只不过偏见使他丧失了对《堂吉诃德》的公允认识。当然，平心而论，洛佩基本上是一位缺乏超前意识却颇具整合精神（或大全意识）的文学大师，加上感情因素，他对塞万提斯的评价难免失之偏颇。

---

〔1〕 董燕生译，转引自《塞万提斯全集》第1卷，人民文学出版社，1996年版，第39～40页。
〔2〕 佩德拉萨·希梅内斯：《洛佩·德·维加的艺术世界》，马德里：迷宫出版社，2003年版。
〔3〕《塞万提斯全集》，第1190～1221页。

二　戏　剧

与诗歌不同，塞万提斯的剧作堪称一流，只可惜数量太少，流传至今的就更少，总共只有两部散作和八部喜剧及同样数目的幕间短剧。

(一)《阿尔及尔的交易》

《阿尔及尔的交易》是一部富有自传色彩的三幕喜剧，创作时间当是16世纪80年代初期。作品讲述西班牙俘虏在阿尔及尔的遭遇：西班牙人奥雷利奥在穆斯林家为奴，女主人撒哈拉狂热地爱上了他。但他的心已有所属——他深深地爱着西班牙姑娘西尔维娅。为了得到奥雷利奥，撒哈拉使出了浑身解数，甚至不惜重金聘请巫师为她助阵。这时，撒哈拉的丈夫伊索夫也被西尔维娅的美貌所倾倒，将她买回家来当女仆。然而无论他多么殷勤，心有所属的西尔维娅就是不为所动。于是，他吩咐奥雷利奥前去游说，而撒哈拉也已"买通"西尔维娅到奥雷利奥那里当说客。这样，分别已久的两个恋人终于走到了一起。正在他们如胶似漆、难舍难分之际，主人和撒哈拉出现了。他们虽各怀鬼胎，却只好自认倒霉。这时，摩尔国王挑选奴仆，奥雷利奥和西尔维娅都在候选之列。伊索夫因窝藏西尔维娅而被国王斩首。国王为奥雷利奥和西尔维娅的故事所感动，决定放过他们，条件是他们必须交纳两千赎金。

这是一个颇具喜剧色彩的爱情故事。巧合和悬念都天衣无缝。而且，围绕两对主要人物的是三十几个形象各异的基督徒和摩尔人。其中，战俘萨维德拉明显是以塞万提斯本人为原型的，而那个被标高额赎金的安东尼奥也完全是以塞万提斯的亲身经历为蓝本的。

(二)《努曼西亚》

《努曼西亚》，全称《努曼西亚的毁灭》，是一出四幕悲剧，创作时间与《阿尔及尔的交易》相仿。作品表现了西班牙努曼西亚人民抗击罗马军队入侵的悲壮一幕。故事发生在公元前2世纪。当时，罗马军队围困努曼西亚，时间长达十六年之久。在此期间，努曼西亚人不屈不挠，顽强抵抗。绝望的人们宁肯葬身火海，也不愿束手就擒。武士们再也不堪目睹亲人在饥饿中奄奄待毙，便杀出重围去抢夺敌人的粮食。最后，努曼西亚被敌人攻占。这时，唯一的幸存者竟是一名勇敢的少年。他站在城楼上叱责罗马将军，然后纵身跳下。

这一作品充分反映了塞万提斯的英雄气概和西班牙文艺复兴时期的一种审美理想：回归古典悲剧。无论是在拿破仑军队围困萨阿拉戈萨时期，还是在弗朗哥围困马德里期间,《努曼西亚》的悲壮气息都得到了极大的张扬。它不仅在西班牙各地久演不衰,而且得到歌德、叔本华等西方文化名人的高度赞扬。

塞万提斯在《喜剧和幕间短剧各八种》的序言里历数西班牙戏剧传统而自慰,说:"我头一个大胆地将五幕剧变成了三幕剧,而且刻意表现人物的内心世界:他们的想象和隐情。我还把伪道士搬上舞台并且得到了观众的认可。我写了二三十个剧本,却从未在舞台上丢人现眼,也没有人对它们喝倒彩、扔垃圾……后来我诸事缠身,不得不离弃戏剧,却冷不丁冒出个自然的怪物——洛佩·德·维加。他在喜剧王国一统天下……然而,上帝并非独宠于他,却是把恩泽广为播撒……"塞万提斯充分肯定了自己贡献的同时,对洛佩·德·维加也褒奖有加:"把丑角们玩弄于股掌之中,并使之笑料百出;他的剧本之多,不计其数,每一部都被称做巨著。倘使有谁(他们不在少数)想要企及他的光荣,哪怕是部分光荣,却注定不能如愿。没人能望其项背,数量也难抵一半。"〔1〕

然而,更为重要的是塞万提斯的语言"也符合剧中人物的特点"〔2〕。而这一点在《堂吉诃德》中尤其突出。像人物那样讲话和把现实需要凌驾于古典规范之上,也许是塞万提斯对西班牙及西方文学的最大贡献。

(三)喜剧八种

塞万提斯创作喜剧和幕间短剧的时间大约在1600年至1610年之间。它们是在1615年首次结集面世的,但上演的情况并不明了。八出喜剧包括《西班牙俊男》、《争美记》、《阿尔及尔的囚徒》、《改邪归正》、《苏丹王后》、《爱情迷宫》、《相思错》和《鬼点子佩德罗》。

《西班牙俊男》是一个爱情故事:摩尔姑娘阿拉萨钟情于西班牙勇士费尔南多的英名,要求其追求者、摩尔武士阿里穆泽生擒费尔南多以证明自己的勇武和爱情。为了满足心上人的愿望,同时展示自己的本领,阿里穆泽主动到西军城下向费尔南多挑战。费尔南多重任在肩,不能出城应战。但是,为了给对手和自己证明实力的一个公平机会,他深夜跳下城墙去找阿里穆泽,结果被一队摩尔兵士发现。费尔南多随机应变,缴械佯降。阿里穆泽请他向阿拉萨证明自己的勇敢。由于阿拉萨以前只知其名,未见其人,费尔南多得以深入虎穴并准备将计就计、粉碎敌人的攻城计划。与此同时,深爱着费尔南多的西班牙姑娘玛尔加丽塔女扮男装到前线寻找心目中的英雄。她

---

〔1〕〔2〕《塞万提斯戏剧全集》,马德里:行星出版社,1987年版,第7~10页。

一身摩尔男装，骗过了军士人等。但她同样只知英雄之名，却不识英雄其人。最后，费尔南多配合守城将士彻底粉碎了敌人的攻城计划。阿里穆泽成了俘虏，但阿拉萨却因为他曾经捕获费尔南多，决定以身相许。他们的爱情使西班牙将士颇为感动。同样，玛尔加丽塔得到了费尔南多的爱情，有了圆满的归宿。

有评论家称《西班牙俊男》是塞万提斯的杰作，甚至是最好的剧作。作品中有关军事斗争和爱情纠葛的完美处理以及玛尔加丽塔男扮女装这个细节不仅影响了后来的西班牙作家，而且启发了莎士比亚。此外，这一作品表明，他在处理现实和虚构二者关系方面是何等的游刃有余：作品不仅借玛尔加丽塔之口叙述了安东尼奥遇害案和塞万提斯蒙冤逃离西班牙的有关细节，而且在男主人公费尔南多的品行和姓氏（萨维德拉）上做足了文章。它们被认为是体现塞万提斯人品、历史的最佳例证之一。

《争美计》（又译《嫉妒之家》）几乎是一部荒诞剧，以讽刺当时盛行的骑士传说。主要场景是查理大帝的宫殿，故事稀疏，人物离奇：又是查理大帝，又是罗尔丹，还有村姑和哈巴狗，甚至出现了墨林术士的幽灵。批评界对这一作品褒贬不一。有人将这部作品同堂吉诃德在蒙特西诺斯山洞的梦境相提并论，但笔者却以为塞万提斯显然是在尝试拓展戏剧艺术的表现空间，至于是否蕴涵讽刺意味则完全见仁见智。

《阿尔及尔的囚徒》同《阿尔及尔的交易》有相似之处：海盗洗劫了西班牙海岸，掳走了科丝坦莎和她的未婚夫费尔南多。在阿尔及尔，科丝坦莎和费尔南多分别成了考拉利夫妇的仆人，而考拉利夫妇又分别爱上了他俩。与此同时，考拉利夫妇的宝贝女儿萨阿拉也悄悄爱上了一个名叫洛佩的基督徒。后来，考拉利夫妇分别让自己的仆人去充当爱情的信使和说客，结果被考拉利夫妇撞个正着。幸好科丝坦莎和费尔南多巧妙应对，才勉强逃过了一劫。这时，萨阿拉不仅使洛佩恢复了自由，而且决定为他改变信仰。最后，费尔南多和科丝坦莎、洛佩和萨阿拉等基督徒安全地逃离阿尔及尔，回到了西班牙。塞万提斯借洛佩之口唱道：

> 列位看观请听，故事并非杜撰，而是实有其事。
> 上述甜蜜爱情，来自阿尔及尔，全是真人真事，
> 令人心旷神怡，也有诸多教益。
> 即便时过境迁，尚可用作借镜。

戏文到此为止,结局不同《交易》。[1]

这出喜剧显然是在《阿尔及尔的交易》的基础上敷衍产生的,不仅在主仆关系的主线上设置了一条平行的复线,而且增加了不少矛盾冲突和冒险意识,从而使情节跌宕、悬念迭起。此外,为了打发时间,同时坚定意志,囚徒们排演了民族戏剧家鲁埃达的作品。至于剧中的风土人情和不乏理想主义的现实主义情节则充分肯定了盛极一时的西班牙喜剧风格。正因为如此,这部喜剧被认为是塞万提斯诸多作品最富有洛佩精神的,而且创作时间应该在 1582 年前后。[2]

《改邪归正》(又译《幸福的无赖》),是一出宗教喜剧,取材于达维拉·帕迪亚教士有关新西班牙人物的记述。主人公鲁哥曾是个游手好闲的家伙(很像《囚徒》中的司铎),成天胡作非为。类似情景同样出现在塞万提斯的有关短篇小说中。随着商业的兴盛,塞维利亚成了冒险家和混混的乐园。因此,圣女特雷莎曾毫不客气地说,那里的魔鬼比任何地方更能蛊惑人。鲁哥正是一个被魔鬼蛊惑的小混混,从塞维利亚到新西班牙,但最后孽缘已了,修成正果,成为一代圣人:克里斯托瓦尔·德·克鲁斯(意为十字架)。类似宗教剧在西班牙并非鲜见,但塞万提斯善于发掘混混一类的狡黠之处和双重性格。这些在主人公拯救妓女安娜一节中表现得尤为出色。为了挽救她魔鬼般扭曲的心灵,主人公不惜牺牲自己、献出功德。

《苏丹王后》的故事发生在奥斯曼土耳其皇宫。太监鲁四昙把西班牙美女卡塔林娜献给了苏丹。苏丹惑于她的绝世美貌,将她立为王后并答应她可以为所欲为。这时,西班牙囚徒马德里加尔因为爱上阿拉伯姑娘而被判处死刑,又因为答应教法官学习鸟语并使大象学会说话而得到赦免。苏丹下令将两个女奴送给王后。鲁四昙还为王后带来了一名裁缝。可是,王后一见到裁缝就昏了过去。原来那裁缝不是别人,而是王后的父亲。与此同时,苏丹又看上了女奴郎贝托,结果却发现后者是男扮女装,于是恼羞成怒,下令将郎贝托处死。最后,王后出面干预,所有基督徒得到了赦免。这部喜剧虽然富有诗意,却是根据卡塔林娜·德·奥维德的传说改编的。据说她被掳到土耳其不久,便得到了阿穆拉特三世(1546—1596)的青睐并被选为

[1] 《塞万提斯精选集·阿尔及尔的囚徒》,夏长兵、赵英译,山东文艺出版社,2000 年版,第 189 页。

[2] 巴尔布埃纳·普拉特:《塞万提斯全集》第 2 卷,人民文学出版社,1996 年版,第 311 页,第 496 页。

王后。这部作品具备了一般正剧的特点，却因大法官和小丑马德里加尔的介入而平添了喜剧色彩。同时，塞万提斯的剧作往往人物众多，情节也相对复杂。《苏丹王后》也不例外。有评论家认为这是塞万提斯最得意、也最富有喜剧色彩的作品之一。[1]

《爱情迷宫》取材于意大利。公爵费德里克的女儿罗莎米拉与罗塞那公爵的儿子曼夫雷多缔结婚约后，乌特里诺公爵的儿子达戈贝托出言不逊、恶意中伤。罗莎米拉的名誉受到怀疑，婚约因此取缔。这时，多尔兰公爵的女儿胡利娅女扮男装巧遇曼夫雷多并对他一见钟情。多尔兰公爵指责曼夫雷多诱拐少女，他矢口否认。阿纳斯塔西奥公爵愿出面为罗莎米拉洗刷冤情，同时向后者提出了结婚请求。罗莎米拉对公爵毫无感情，幸亏胡利娅的外甥女波西娅出面斡旋，并冒名顶替，接受了阿纳斯塔西奥公爵的爱情。最后，曼夫雷多决定与损毁罗莎米拉名誉的达戈贝托决斗，胡利娅则向曼夫雷多表达了爱意。这简直是一台充满了乔装和纠葛的荣誉加爱情加决斗的中世纪"假面舞会"，加上闲散人等插科打诨，可谓热闹非凡。几个世纪以后，塞万提斯的这些"化装本领"被一些评论家附会，成为他"善于伪装"、"言不由衷"的如山铁证。

《相思错》(又译《献媚的女人》)被称做袍剑剧。绅士安东尼奥爱上了容貌酷似妹妹的玛尔塞拉(而且巧合的是妹妹也叫这个名字)。虽然结果是"一场空"，但情节、对话和内心独白却被指有乱伦嫌疑。这是塞万提斯剧作中最具争议的一出。尽管他的"一场空"打破了剧坛流行的大团圆模式，但巴尔布埃纳依然认为整部作品中最令人难忘的是一句话和两首诗。[2] 一句话是"女子最好是贤淑，哪怕佯装又何妨"。两首诗中有一首是：

> 美丽无比的姑娘，可怜农夫为了你，
> 不顾老天逞凶狂，踌躇满志耕种忙。

《鬼点子佩德罗》的主人公佩德罗是个流浪汉。全剧通过他的插科打诨、穿针引线逐渐展开。他一会儿是媒人，使有情人成为眷属；一会儿又化装成盲人，或者吉卜赛人，还混进宫廷参加演出。他甚至装扮成传教士，以

---

〔1〕 巴尔布埃纳·普拉特：《卡斯蒂利亚语文学》第1卷，第285～287页。

〔2〕 巴尔布埃纳·普拉特：《塞万提斯全集·〈相思错〉序言》，马德里：阿吉拉尔出版社，1991年版，戏剧卷第212页，第246页。

超度亡灵为名，骗取他人钱财；或者扮成大学生，招摇撞骗。最后，他又摇身一变成了戏剧家，同人物大谈舞台艺术。作品的喜剧效果和讽刺意味不言而喻。至于佩德罗权作“谢幕”的那段唱词，一直被认为是晚年塞万提斯不屑于洛佩风格的一个明证：

……

帷幕降落以后，好戏才算开场，只需几个小钱，

即可观看全剧，收场并非团圆，因为那是俗套；

也不胡说八道：姑娘刚刚出生，就有美髯儿孙，

个个冲锋陷阵，为父报仇雪恨，最后登上王位，

鬼知王国安在。此类胡编乱造只可哗众取宠，……

（四）幕间短剧

塞万提斯的幕间短剧只有八出留传于世。它们是《离婚案法官》、《流氓鳏夫》、《村长选举》、《守护人》、《冒牌比斯开》、《奇迹剧》、《魔洞》和《妒夫》。幕间短剧起源于中世纪，相传是宫廷和达官贵人茶余饭后开心逗乐的一种娱乐形式，后来发展成其他剧种幕间休息的填场戏，类似于我们的小品或折子戏。15～17 世纪是西班牙幕间短剧的繁荣期。

从鲁埃达到卡尔德隆，无数作家热衷于这一体裁。幕间短剧题材广泛，几乎包罗万象，但风格以讽刺、逗趣为主。和前人不同，塞万提斯的幕间短剧具有更加鲜明的现实意义。

《离婚案法官》写四起离婚案，形式类似于情景喜剧。第一起是一个泼妇要求和体弱多病的丈夫离婚。第二起是一个女子要求和穷困潦倒的退役军人离婚。第三起是一个医生要求和他太太分道扬镳。第四起则是一个工人要求永远离开他的妻子。这四对婚姻虽然各有各的不幸，但法官却一味地希望他们言归于好。他使出浑身解数，以为只要动之以情、晓之以理，夫妻们自会懂得“好离不如赖凑合”。作品的人物滑稽可笑，情景真实可感。尤其是那些卑微无助的丈夫，情绪中多少渗透着作者的辛酸和无奈。

《流氓鳏夫》是诗体剧，写主人公不幸丧妻，仆人们前来安慰。他们滑天下之大稽，居然送来了三个妓女，让花心的鳏夫续弦。在这部作品中，不仅流氓鳏夫和小丑的言谈举止令人捧腹，三个放荡不羁的烟花女子也被打造得妙趣横生。

《村长选举》也是诗剧。选举本来是一件严肃的事情，问题在于候选人的品行实在令人忍俊不禁：他们一位是品酒师，能品出盛酒的器具是木是铁

还是皮革；一位是弹弓手，拥有弹无虚发之绝技；还有一位博闻强记，具有过目不忘的本领。村人请来主考官当场考试。候选人有问必答，把贪婪虚伪表露得淋漓尽致。这里既有塞万提斯惯用的夸张手法，同时也有文艺复兴时期多数人文主义作家洞识和揭露人性阴暗面的惯用手法。只不过选用村长选举这个特殊的事件，却是得益于塞万提斯对西班牙社会的深刻了解，得益于他当收税员经历，非一般作家可以想象。巴尔布埃纳认为这个短剧创作于 1587 年至 1600 年之间，当时塞万提斯萍踪无定，处境艰难，而作品中的埃斯基维亚斯又是他妻子的家乡，因此故事多少具有现实基础，尽管人物一个个充满了漫画色彩。至于其中的自嘲和嘲讽更是入木三分。譬如，当主考官问及识字念书之类时，其中一个候选人居然回答说，他不但不会，也无意染指那毫无用处而且可能带来祸殃的玩意儿，因为它可能把男人带来火刑、把女人送进窑子。

《守护人》写一个士兵和教堂司铎同时爱上一位姑娘的故事。姑娘是个女仆，叫克里斯蒂娜。两个男人因她发生纠纷。司铎准备与对手决斗，而士兵则日夜守护着姑娘家的大门，以免别人捷足先登。女主人决定让姑娘自己选择爱人。这引起了士兵的不快。最后，姑娘选择了司铎。塞万提斯通过士兵的嬉笑怒骂展示了自己的态度和偏见：

> 女人总是选择毫无价值之物，
> 皆因趣味低级，不知何为品德。
> 既不尊重勇敢，也不领会性情，
> 只会见钱眼开；……

前面说过，随着市民文化的发展，人文主义和资本主义思想均已深入人心。但是，和世界上的所有事物一样，无论人文主义还是资本主义，都具有两重性：它们在解放思想、解放生产力的同时，为个人主义和拜物主义提供了滋长和膨胀的温床。塞万提斯的作品显然延续和发展了人文主义现实主义的批判精神。

《冒牌比斯开》被认为是塞万提斯的最优秀的幕间剧之一。年轻人索罗萨诺和朋友吉尼奥内斯为了作弄心仪的克里斯蒂娜，设下一个骗局。索罗萨诺告诉克里斯蒂娜，说有个比斯开人要送儿子来萨拉曼卡读书，此翁富得流油，而且傻里傻气。建议她去接近比斯开人并把他脖子上的金链子骗过来。在证实了那链子的含金量之后，克里斯蒂娜便设宴邀请了索罗萨诺和他朋友化装的“比斯开人”。餐桌上，“比斯开人”的洋泾浜西班牙语逗得大家直不起腰来。这时，索罗萨诺告诉克里斯蒂娜，说“比斯开人”家中有人病危，必须马上离开。临行，“比斯开人”把金项链交给了克里斯蒂娜，以表谢忱，但考虑到家手头拮据，又改变了主意。她就把金项链还给了“比斯开人”。索罗萨诺诬赖克里斯蒂娜，说她用假链子掉包坑人而且惊动了警官。克里斯蒂娜哑巴吃黄连，有口难辩。为了平息事端，她只好答应付给警官和索罗萨诺几枚金币。最后，索罗萨诺和“比斯开人”带着乐手前来赔罪。于是，真相大白。有词为证：

女人无论多么精明，实际都是绣花枕头……

由此，塞万提斯对女性的偏见再一次暴露无遗。一如他经意、不经意流露的种族的（对犹太人或摩尔人等）和宗教的偏见，这是与伟大同在的渺小、与理智共存的情感。它们既是时代文化的影响，也是作者内心阴暗角落的彰显。后人正是基于诸如此类的偏见，对塞万提斯有了阿拉巴尔那样的不堪的推测。然而，塞万提斯对女性的冒犯既没有引起同时代作家的质疑，也没有激起女性读者的愤慨，[1]尽管风气使然，不少作家正沉浸在讴歌女性美丽的古典情怀之中。

《奇迹剧》借鉴了胡安·马努埃尔的《卢卡诺尔伯爵》。后者在其第二十二个故事中，描写了那件被安徒生大写特写的“皇帝的新装”。塞万提斯用类似的寓言故事演绎了一出幕间剧：戏班子称所有私生子和血统成问题的人都看不见这出精美绝伦的好戏。所谓血统成问题，是指犹太人和摩尔人甚至改信天主教的犹太人和摩尔人及其子女。戏班子在村里搭起舞台，开始演出。舞台上又是魔鬼，又是方舟，还有大量的老鼠。村人为了表明自己血统纯正，一个劲儿地喝彩。村长明明什么也没有看见，也跟着大伙儿装腔作势。这时，一支军队路过该村，见众人疯疯癫癫，当然大惑不解，结果遭到村人的嘲笑。部队忍无可忍，用武力驱散了人群。但是，第二天“演出”照常进行。这就是所谓的“奇迹剧”，和“皇帝的新装”如出一辙。只不过这里戳穿骗人把戏的是军人，而《卢卡诺尔伯爵》中扮演这个角色的是“黑奴”，安徒生则最终选择了天真无瑕的孩子。他可能因为对军旅生涯富有感情，对军

〔1〕 几个世纪后，当科塔萨尔在《跳房子》(1963)中用“阳性读者”和“阴性读者”作出性别暗示时，却受到了全世界女性读者的抗议，以致他不得不作出解释并公开道歉。

人几乎始终正面描写，甚至褒扬有加。这无疑是另一种意义上的偏见。

《魔洞》（全称《萨拉曼卡魔洞》）写一个商人的受骗经历。商人要出远门，太太依依不舍。岂知丈夫刚出门，妻子就和女仆投入了各自的浪漫故事。太太的情人是教堂司铎，女仆的情人是理发师。两对情人缠绵之际，来了一个不速之客。一则心虚，二则为堵幽幽之口，女主人热情款待了不速之客。这时，丈夫因马车故障，中途返回。妻子怕事情败露，立即将情人和陌生人藏了起来。丈夫听见有人呻吟，妻子只好从实招来，说自己收留了一个可怜的穷学生。穷学生现身，称自己法力无边，可以同时变出两个魔鬼。他口中念念有词，不一会儿，司铎和理发师出来了。他们听从穷学生的指令，开始亦歌亦舞，描述“萨拉曼卡魔洞”的故事。男主人信以为真，主动要求魔法师和其他两人留下来共进晚餐，并表示愿意拜他们为师，练习魔洞之法。就这样，骗局套骗局，荒唐接荒唐，把人情世态嘲讽个透彻。这应当算是塞万提斯最富有想象力的幕间剧。它把薄伽丘《十日谈》中有关丈夫外出的故事和萨拉曼卡魔洞的传说巧妙地结合在一起，嘲讽和调笑充斥全剧。尤其出彩的是流里流气的学生、傻里傻气的丈夫和妖里妖气的妻子。他们围绕狡黠、忠诚或操守上演了一场无与伦比的闹剧。其中的各色人等都心怀“鬼胎”，不敢捅破穷学生的恶作剧，唯有当丈夫的被蒙在鼓里——而这恰恰成就了《魔洞》的出色的喜剧效果。不久以后，卡尔德隆重新演绎了这个作品，但效果似乎不及《魔洞》。

《妒夫》写一个心怀嫉妒的老汉和年轻妻子的故事。老汉为了拴住年轻妻子的心，不仅门户终日紧闭，而且赶走了所有公狗公猫之类的雄性动物。一天，好心的邻居以兜售挂毯为名，敲开了老汉家的门。这时，一个年轻人趁机溜进门去。年轻的妻子见了美男子不禁芳心大悦。这时，老汉怀疑挂毯有诈，又见妻子心花怒放，不禁妒火中烧，欲闯进卧房看个究竟，结果一盆水迎头浇来，美男子趁机溜出门去。这个故事在塞万提斯的短篇小说中敷衍出一段复杂的婚外恋，从而为后来塞学界的一场旷日持久“笔墨官司”提供了依据。

三　短篇小说

对道统而言，起源于稗官野史的小说无异于街谈巷议，是断乎上不了台面、登不了大雅之堂的。因此，在西方，小说地位的奠定是17世纪以后的事情。塞万提斯时代如洛佩、贡戈拉之一等文豪泰斗，无不以诗人或戏剧家自居；二等作家也概莫能外。胡安·马努埃尔的《卢卡诺尔伯爵》只不过是一个开端。薄伽丘却正在接受正统(尤其是宗教界)的严厉批判,土生土长的流浪汉小说从头到脚都透着下里巴人的气息。然而塞万提斯不受拘牵,他是当时极少数把主要精力投入小说创作的作家之一。正因为他的投入,才使小说得到了长足的发展;也正因为他对小说的富有超前意识的巨大贡献,海涅称之为"现代小说之父"。

倘使没有《堂吉诃德》,塞万提斯也完全可以凭借短篇小说高高屹立于世界文学巨匠之列。他的《训诫小说集》不仅是继《卢卡诺尔伯爵》、《十日谭》和《坎特伯雷故事集》之后西方产生的最具影响的短篇小说集,而且一举完成了小说从古典到现代的转变。笔者试就塞万提斯小说的"现代性"特点概括如下:1. 塞万提斯将小说明确区分为短、中、长篇,而且身体力行;2. 以现实主义精神取代古典理想主义;3. 反讽和讽仿成为重要手法;4. 题材和形式不拘一格;5. 主题和情节相得益彰。

《训诫小说集》虽然是塞万提斯唯一的短篇小说集,但题材之广泛、形式之丰富均非同时代其他作品可以比肩,其中的鲜明的倾向性和强烈的现实主义精神更令同时代作家望尘莫及。这个小说集包括十二个篇什,即《吉卜赛女郎》、《慷慨的情人》、《林孔内特和科尔塔迪略》、《英格兰的西班牙女郎》、《玻璃硕士》、《血的力量》、《大名鼎鼎的洗碗女》、《两姑娘》、《科尔奈丽小姐》、《骗婚记》、《双狗对话录》和《埃斯特拉马都拉妒翁》。另有一些被后人推测为塞万提斯遗作的不在本文评析之列。

对喜欢塞万提斯的读者而言,《训诫小说集》还提供了一个重要信息:塞万提斯的自画像。这也许是他留给世人的唯一自画像。他在作品自序中写道,一位名叫塞萨尔·卡波拉利·佩鲁西诺的画家给他画了一副肖像(这可能也是塞万提斯的唯一肖像,后来见诸几乎所有塞万提斯著作)。塞万提斯援引此翁的话说:"'瘦长脸,褐色的头发,宽平的前额,微笑的眼睛,长长的鹰钩鼻显得比例失调,还有花白的胡子(二十年前是金色),浓密的髭须,小小的嘴巴,硕果仅存、东倒西歪的六粒牙齿;他中等个子,肤色黝黑、健康,有点驼背,腿脚也不灵便……"[1]倘使描写还算逼真,那么这副模样和他笔下的堂吉诃德可就相当逼肖了。事实上,后人大多也是从堂吉诃德的形象推想塞万提斯其人的。

此外,塞万提斯借自序来自我评价并阐述了他的小说观,他把小说比成"社会的台球桌":"每一个玩球的人都可以从中得到乐趣。""人不能永远呆

---

〔1〕 塞万提斯:《训诫小说集·自序》,马德里:卡斯塔利亚出版社,1985年版,第3～4页。

在神殿里，不能永远守在教堂中，不能始终从事崇高的事业。人需要娱乐，使忧愁的心获得安宁。为了这个目的，人们栽种白杨，寻找甘泉，平整陡坡，精心修整花园里的草木。我斗胆告诉你一件事情：如果这些作品的故事通过诸如此类的方式使读者产生邪念，那就砍掉我的这只书写的手，也不要出版这些作品……我已将自己的才华悉数奉献……此外，我还明白，我是第一个用西班牙语创作小说的人。此前人们见到的小说多为译作。〔1〕而这些小说却是我的杰作，它们既非模仿，更非剽窃。我用我的才智孕育这些小说，我以我的妙笔写下这些小说，经验和素养使它们茁壮成长。"〔2〕凡此种种，把小说的愉悦功能、教育功能和创作方法阐释得明明白白。然而，这里面既有塞万提斯作为巨匠的智慧和敏锐，也有他作为凡人的矛盾和偏见。

《吉卜赛女郎》开宗明义，称："吉卜赛人不论男女老幼，来到世上似乎专为做贼。生养他们的是贼，和他们一起厮混长大的是贼，末了自己也自然而然地成了惯贼……"话说吉卜赛老妪收养了一个姑娘当孙女，并给她取名叫做普类希奥莎，意思是既珍贵又聪慧。小说写普类希奥莎和贵族青年的爱情故事。贵族青年为她的美貌所感动，化名安德列斯来到吉卜赛人中间。在经历种种艰难险阻之后，小伙子发现了她的身世。原来她出身名门，是被吉卜赛人领养的贵族小姐。这个故事曾被许多作家演绎，直至20世纪，墨西哥作家以长篇小说《叶塞尼娅》和同名影视剧将它发扬光大。众所周知，吉卜赛人是一个流浪的民族，他们来自印度北部，属于类高加索人，11世纪迁至波斯，14－15世纪经西班牙格拉纳达抵达西南欧诸国，不久即在当地所有国家遭到歧视和驱逐，因而长期居无定所，足迹遍及世界各地。在西班牙，吉卜赛人人口众多，据不完全统计，15世纪最多时曾达数十万。后来，由于宗族压迫和宗教迫害，相当一部分去了美洲，但仍有一些继续在西班牙及西南欧各国流浪，以卜筮、卖艺为生。在雨果的《巴黎圣母院》中，那个可爱的吉卜赛女郎——拉·埃斯梅拉达（La Esmeralda，意为祖母绿），不仅有着典型的西班牙人名，而且用的也是西班牙巴斯克小鼓。吉卜赛人与西班牙的渊源可见一斑。

前面说过，吉卜赛人在西班牙并未因为人数众多而免受歧视。塞万提斯也不能免俗，他首先把吉卜赛人描写成惯偷，尽管后来笔锋一抖，亮出了

〔1〕 前面说过，12世纪以降，西班牙文坛除了大量古希腊罗马文学译本，还出现了不少意大利，甚至印度和阿拉伯文学译本，其中堪称小说的多数是寓言故事。奇怪的是塞万提斯虽然颇受流浪汉小说的影响，却并未把它当成真正意义上的小说来看待。

〔2〕《训诫小说集·自序》，第4～5页。

普类希奥莎的动人形象，但结果依然令人遗憾。普类希奥莎不仅善良美丽，而且能歌善舞，一支小曲拨动了所有人的心弦：

树木无论多么珍贵，如果不能开花结果，
年复一年虚度光阴，也会感到无比哀伤；

情人无论多么真挚，相爱的心多么纯洁，
命运一旦予以作弄，灾难便会接踵而至；……

见她亦歌亦舞，人们无不啧啧称羡。有人说："上帝保佑你，姑娘！"又有人说："可惜是个吉卜赛人！不然，做个大家闺秀也绰绰有余。"还有一些人粗鲁地说："这小妞再出落几年，倒是蛮不错的料儿。准是个勾魂摄魄的主。"另一些人见她舞步轻盈，便毫无绅士风度地指指点点："孩子，步子要小一点，跳得更快一点……"塞万提斯通过诸如此类的议论，道出了人们对吉卜赛人的不同看法。这些看法虽有不同，但本质上却是万变不离其宗：透着歧视。塞万提斯虽然对吉卜赛人表示同情，对普类希奥莎更是褒奖有加，但本质上未能摆脱这种歧视。在塞万提斯看来，普类希奥莎之所以出色，归根结底乃是因为她出身名门，血管里流着上等人的血液。

《慷慨的情人》是一篇典型的塞万提斯风格的爱情小说，不仅故事发生在塞万提斯时代，而且人物的经历也与他颇似：西班牙青年里卡多和莱奥尼莎被土耳其海盗掳至塞浦路斯。在此之前，里卡多便已钟情于莱奥尼莎，而莱奥尼莎却爱上了纨绔子弟科尔涅奥。如今他们身在异乡，前途未卜。里卡多不计前嫌，千方百计地照顾莱奥尼莎。然而，楚楚动人的莱奥尼莎使塞浦路斯总督哈桑和有关官员等人大为震惊。他们各自找出种种借口，欲将她占为己有。最后，他们争执不下，只得将她送给苏丹。但是，在押送莱奥尼莎的路上，各怀鬼胎的官员们从勾心斗角到互相残杀，结果给船上被迫为奴的基督徒提供了机会。他们揭竿而起，夺船回到了祖国。共过患难以后，里卡多更加珍惜莱奥尼莎。为了她的幸福，他毅然决定把莱奥尼莎送还给科尔涅奥。但是，经过一番生死考验，莱奥尼莎懂得了何为爱情。她终于放弃虚荣，投入了里卡多的怀抱。

这篇小说除了描写爱情，还刻意揭示了命运的无常。其中的许多描写令人迁思《阿尔及尔的交易》或《阿尔及尔的囚徒》。而患难见真情一类的表演，则无疑浓缩了塞万提斯的爱情观、价值观和人生观。

《英格兰的西班牙女郎》也是一篇爱情小说。16世纪末，英国军队洗劫加的斯，舰队司令在当地掳走一名年仅七岁的西班牙姑娘伊萨贝尔并将她带回伦敦家中。司令太太和儿子里卡雷多是天主教徒，伊萨贝尔在他们的照拂下渐渐长大。不久，出落成了人见人爱的西班牙女郎。里卡雷多悄悄地爱上了她。然而，由于他从小与苏格兰的一位富家姑娘订有婚约，却又担心父母反对他和伊萨贝尔相爱，竟害起相思病来。父母了解他的病情后，同意了他的选择。这时，女王伊丽莎白一世听说伊萨贝尔聪敏美丽，决定召她进宫。里卡雷多向女王表达了儿子的心意，女王放弃了自己的要求并答应为年轻人指婚，条件是里卡雷多必须率领队伍剿灭海盗。里卡雷多毅然领兵出海。经过一番厮杀，里卡雷多不仅打败了海盗，而且抢救了一对西班牙夫妇。巧合的是，他们居然是伊萨贝尔的父母。里卡雷多把从海盗手中缴获的财宝献给了女王，把伊萨贝尔献给了她日思夜想的生身父母。转眼即是婚期，一对新人沉浸在欢乐和憧憬之中。然而，一位女官的儿子疯狂地爱上了伊萨贝尔。为了阻止婚礼并最终得到佳人的青睐，他要求同里卡雷多决斗。女王下令将他监禁起来，但女官为了儿子，竟在伊萨贝尔的食物中下了毒。经过抢救，伊萨贝尔虽然逃过一死，却面目全非，成了丑八怪。里卡雷多不仅没有嫌弃她，而且更加疼爱她了，无奈他的父母改变了态度，强烈反对他俩结婚。经过一番协商，伊萨贝尔与父母回到了西班牙。里卡雷多发誓非伊萨贝尔不娶并只身离开英国。离开英国后，伊萨贝尔音信杳无。里卡雷多只好苦苦地等待，痴痴地寻找。最后，他终于找到了准备出家的伊萨贝尔。原来，伊萨贝尔曾接到里卡雷多父母有关儿子一命呜呼的来信，于是万念俱灰，决意遁世绝俗。

这是塞万提斯小说中最牵强的一篇，有关巧合和一而再、再而三的变故实难令人信服。刻意淡化英西两国纠纷，塞万提斯明显放弃了现实主义精神而趋于理想主义。

《林孔内特和科尔塔迪略》属于流浪汉小说。在此，塞万提斯又回到了他熟谙的现实主义。小流浪汉林孔内特和科尔塔迪略在一家客栈不期而遇。二人经历相同，意气相投，很快成了莫逆之交。原来，科尔塔迪略因不堪忍受继母虐待而离家出走，从此流浪在外、行窃为生。林孔内特则因偷了别人的一袋珠宝而被判流放，从此四处流浪、卜筮行骗。既然走到了一起，二人便合伙做起了他们的营生。他们在商贸繁盛、富贾成群的塞维利亚游荡，伺机做些偷鸡摸狗的勾当，结果一不小心掉进了大贼窝。那可是一个训练有素的盗窃团伙，山头大、规矩多，而且匪警一家。更有甚者，这个团伙居然也有积德行善的时候，应了“盗亦有道”之说。塞万提斯通过两个少不更事的小流浪汉把16世纪末叶的西班牙社会的阴暗面写个透彻。

《玻璃硕士》写一个宗教狂式的纯粹疯子。此翁叫托马斯，他出身贫寒，以至流落街头。一天，就读于萨拉曼卡大学的两位绅士收留了他。从此，他一边服侍两位主人，一边在学校读书。后来，他跟随主人去了安达卢西亚，认识了一位名叫巴尔迪维亚的军官并随军官去了意大利，然后经佛兰德返回萨拉曼卡，直至攻下硕士学位、成为律师。这时，城里来了个坏女人。她专门勾引那些意志薄弱者，使他们纷纷自甘堕落、为她所用。但是，她对托马斯却是一见钟情。为了得到他的爱情，那女子竭尽所能，奈何托马斯一门心思全拴在学问上，对色、对物皆毫无反应。于是，那女子便在吉卜赛女巫的指导下在托马斯的食物里下毒，结果不仅没使他言听计从，反而险些断送了性命，使他变成了一个彻底纯洁、透明的玻璃人。玻璃人为了保护自己，必须远离芸芸众生。然而，他所到之处，人们无不奉若神怪。有一次，人们问及诗人穷困的原因，他回答说：“那是他们的意愿使然，倘使他们有意伺机勾搭名媛命妇，发财致富简直易如反掌。因为那些名媛命妇一个个富得流油，而且金发碧眼、银额朱齿，还有珊瑚似的嘴唇和水晶般的喉咙。她们的泪水像珍珠，呼吸赛过麝香琥珀味，脚下踩的是茉莉花和玫瑰花……她们可以把诗人捧上天去，哪怕他们多么蹩脚。”[1]最后，一位高僧解救了他，使他恢复了本来面目。

借疯子之口说出常人所不言是塞万提斯的惯用手法。作品令人迁思《堂吉诃德》：通过疯子之口，多少道出了作者对不同职业和群体的观察和评价，其中既有诸如妓女、小偷、赌徒、仆人、囚犯等下层人等，也有海员、医生、诗人、法官、演员及各色体面人物。作者的矛盾和偏见在诸如此类的评价中一览无遗。比如，托马斯反感保姆，甚至对手艺人多有不屑；当然他更加鄙视法官和警察，认为他们是在以公正之名行不公正之事。

《血的力量》是一个富有戏剧性的爱情故事。故事以强奸案开始，以美满婚姻结束。一天，妙龄少女莱奥卡迪娅回家途中遭遇贵族青年罗多尔福，后者觊觎少女美貌，竟兽性大发、将她强暴了。莱奥卡迪娅忍辱离开时顺手拿了一尊圣像做证物。几天后，罗多尔福去了意大利，而莱奥卡迪娅却不幸怀孕了。为了掩人耳目，她不得不躲进乡野生下孩子。很快，孩子七岁了，被带回家中抚养。在一次节日庆典中，孩子不慎被马车撞伤，这时，一位陌

---

〔1〕《训诫小说集》，第112～131页。

生骑士将他救起并带回家中医治。所谓无巧不成书,那骑士不是别人,而正是孩子的生父罗多尔福。且说莱奥卡迪娅为了探望儿子,不得不重返那曾经剥夺她贞操的地方。为了挽回荣誉并让无辜的孩子不再远离亲生父亲,她毅然将那尊圣像交还给罗多尔福的父母并把事情经过说得明白。老人们感念莱奥卡迪娅的牺牲,决定立即召回刚刚重返意大利的儿子。面对莱奥卡迪娅,罗多尔福悲喜交集。时间证明,他一直深爱着莱奥卡迪娅。于是,一桩荒唐事成就了一桩美满的婚姻。类似故事在洛佩·德·维加和卡尔德隆等"黄金世纪"作家笔下都不同程度地出现。盖因荣誉、尊严和贞操一直是人文主义和文艺复兴运动以降西方主流社会价值观中不可或缺的美德。对于男性,荣誉和尊严至为重要,而且密不可分。蒙田说过,仙女们引诱尤利西斯的第一手就是:"来啊,尤利西斯,全希腊最光荣的人。"对于女性,则往往贞操等于荣誉和尊严(尽管蒙田呼吁正直的人们宁可失去自己的荣誉,也不要违背自己的良心[1])。然而,事实上无论荣誉、尊严、贞操还是别的"美德"或"良心"都是相对的,都不能一概而论。因为任何正确的观念或理论必须结合具体情况并根据现存条件加以阐明和发挥。[2]

塞万提斯在这些问题上表现出了他的确定性,同时也表现出了他的局限性(比方说让莱奥卡迪娅为了贞操而牺牲自己的爱情)。盖因他是人,而不是神。我们既不能以现今的认知方式去苛求古人,当然也不能盲目地将古人奉若神明。无论多么高级,人终究是社会的动物。每一个人从小到大,每一次进步都是有意无意地同自己、同他人的需要和不完美进行斗争的结果。这种斗争一直从个人延伸到社会、延伸到自然。而人类任何时候都不能幸免。即便是常常被人们挂在嘴边的人文主义,也未能摆脱人类最初的根性(兽性):个人主义。不是吗?人文主义勃兴(或谓"复兴")之际,恰恰也是个人主义(包括物欲和在塞万提斯看来一而二、二而一的偏见和短见)张扬之时。这是一个铜板的两面,是由人类无法回避的矛盾品性所决定的只有在斗争中才能一步一步地向前迈进的。

《大名鼎鼎的洗碗女》是一篇具有冒险精神的爱情小说,情节和内容比较简单,却昭示了塞万提斯的爱情观:贵族青年胡安和迭戈为了冒险,双双放弃舒适的家庭,开始流浪生活,结果路遇纯正爱情。

《两姑娘》也是一篇爱情小说。特奥多西娅和莱奥卡迪娅两位少女互不

---

〔1〕《蒙田随笔全集》中卷,潘丽珍等译,译林出版社,2004年,第330页。

〔2〕参见《马克思恩格斯全集》第27卷,第433页。

相识，却同时爱上了纨绔子弟安东尼奥。安东尼奥利用她们的单纯，先后欺骗并占有了她们。为了捍卫荣誉，特奥多西娅女扮男装，邀兄长拉法埃尔外出游历，以便四处寻找负心人。路上，特奥多西娅住进了一个房间。是夜，另有客人下榻同一房间。她在梦中叙说自己的心事，并对兄长可能无法理解她的处境而感到万分忧虑。然而，住在她身旁的人恰恰就是悉心保护着她的拉法埃尔。之后，他们巧遇女扮男装的莱奥卡迪娅。原来她也是为了寻找安东尼奥才女扮男装、背井离乡的。于是惺惺惜惺惺，两位少女同病相怜，拉法埃尔却因为对莱奥卡迪娅一见钟情而迅速踏入爱河。于是，三个人相伴而行，却各怀心事。最后，他们在巴塞罗那找到了安东尼奥，当时后者正与人争斗并身负重伤。安东尼奥表达了他对特奥多西娅的爱情，而莱奥卡迪娅则接受了"情敌"的哥哥。两对恋人喜结良缘后回到故里，适逢安东尼奥的父亲被迫接受两家长辈的挑战——挽回荣誉的决斗。幸亏两对新人及时赶到，长辈们遂化干戈为玉帛，携手开始了幸福的生活。

中国读者很容易在这样的情节面前联想到《女驸马》之类的传奇故事，所不同的是中国传奇但凡出现女扮男装，几乎必有阴差阳错的机缘或附会。比如不是拉法埃尔爱上了莱奥卡迪娅，而是相反，因为她的化装如此逼真，以至于他人难以看出破绽；或者两位少女因为彼此素不相识而相互产生爱慕之情；或者拉法埃尔虽然明知道莱奥卡迪娅是"男"，却无法抑制"莫名其妙的爱情"并为自己的"断袖之癖"而感到羞愧难当。诸如此类，不一而足。个中原因显然与民族文化传统有关。文艺复兴甫降，新兴的西方戏剧一直采取男女同台演出，因此舞台上不存在女扮男装或男扮女装的做法。塞万提斯描写女扮男装的习惯既是艺术想象的结果，也有传统的影响（如西班牙古典谣曲中类似于花木兰的描写），继而又影响了不少欧洲作家。在中国，受封建思想的制约，男女同台的历史很短，因而女扮男装或男扮女装是习以为常的事情。直至1949年，包括话剧在内的许多剧种还一概不用女演员（因此，周恩来、曹禺、黄宗江都曾在南开饰演女角），另有一些剧种如越剧则只有女演员。正因为如此，梅兰芳的西行曾使西方人大为震惊。

《科尔奈丽小姐》的故事发生在意大利。巴斯克青年安东尼奥和胡安放弃萨拉曼卡大学去参加保卫佛兰德的战争。战争结束后，他们准备途经意大利回国。到了博洛尼亚以后，两位年轻人忽然乐而忘返。原来，那儿不仅有一流的大学，还有闻名遐迩的美女科尔奈丽。一天，胡安外出散步，有人突然往他怀里塞了一个包袱。他打开一看，却是个新生婴儿。他把婴儿抱回家里，托付给女仆照看。不久，他又路遇不平，出手救了遭人围攻的公子。

这时，又有一位女子向他求救。而那女子正是他一直无缘得见的科尔奈丽小姐。原来科尔奈丽小姐早已和费拉拉公爵私订终身并为他生了一个孩子。不料东窗事发，费拉拉决定带科尔奈丽私奔。为方便起见，他们将孩子托付给仆人收养。但科尔奈丽的兄长决意向费拉拉讨回妹妹的名誉，以致发生了孩子被弃的悲剧。胡安知情后和安东尼奥一道去见公爵。经过一番斡旋，科尔奈丽的家人放弃了报仇，有情人终成眷属。

《骗婚记》顾名思义，是一个有关虚荣和欺骗的故事。主人公阚布萨诺少尉爱慕虚荣，决定娶贵族女子堂娜埃斯特法尼娅为妻。而堂娜埃斯特法尼娅表示自己虽有家财，却罪孽深重。事实上她早已穷困潦倒，只是临时替女友照看宅第而已。两人结婚后，女友回来了。堂娜埃斯特法尼娅自知事情败露，溜之大吉了。正所谓偷鸡不成蚀把米，阚布萨诺为自己的自欺欺人付出了代价：堂娜埃斯特法尼娅卷走了他仅有的家当——些许廉价首饰和赝品。

《双狗对话录》可以看做是《骗婚记》的续篇：阚布萨诺受骗后向老朋友叙述经过，并顺便讲起了两只狗的对话。那两只狗分别叫做贝尔甘萨和西皮翁。前者述说它在不同主人家的遭遇，后者则捧哏似的发表议论。通过狗的对话，作者将塞维利亚等地的屠夫、教士、商人、警察、军人、巫婆、诗人、学者、炼金术士和吉卜赛人的所作所为进行了鞭辟入里的描画。作品基本沿用了流浪汉小说的写法，只不过塞万提斯别出心裁地放弃了流浪汉、起用了“流浪狗”，并以狗的忠诚来反衬人的伪善。

《埃斯特拉马都拉妒翁》无疑是《训诫小说集》中最具影响、也最能代表塞万提斯思想和风格的一篇作品，其前身乃喜剧《妒翁》。小说的创作时间是 1606 年前后，1613 年收入《训诫小说集》时做了修改。作品写一个埃斯特拉马都拉妒翁。此人年事已高却娶了个如花似玉的年轻姑娘做太太。为安全起见，他送给她一座形似监狱的住宅做新房，并买了众多女奴早晚看护。太太明白丈夫的用意，于是便也足不出户，检点度日。即便如此，丈夫还是放心不下，他下令赶走了最后一只雄性小动物。然而，世上没有不透风的墙。一天，一个浪荡公子装扮成裁缝混进了住宅并买通侍女麻醉了妒翁……

本文将以《埃斯特拉马都拉妒翁》为契机，对塞万提斯的创作思想和风格进行一番探讨。在此之前，则不妨对他的爱情观稍作梳理。

显而易见，塞万提斯是西班牙文艺复兴鼎盛时期的一位典型的现实主义作家，具有鲜明的人文主义精神。前面说过，人文主义的重要特点在于以人为本，用意大利人文主义思想家阿尔贝蒂的话说，即人是宇宙的中心。唯其如此，人文主义者强调人的尊严，并以人性及其成就和潜能为主要研究对象，认为可想即可为。文学作为人性表征的最佳途径之一，是无数人文主义者致力发展的优先领域。而爱情作为人类生活的一个永恒的内容，又理所当然地成为人文主义作家描写和宣达的重要对象和主题。尽管早在古希腊时代，不同社会、不同阶级、不同民族和个人已经为我们留下了无数动人的爱情故事，但人文主义作家首次从现实出发，对爱情进行了富有褒贬性质的诠释，从而把爱情主题提升到了一个崭新的高度。就塞万提斯小说而言，体面的——有尊严的爱情、纯洁的——即非金钱交易的爱情和忠贞的——即不为条件变化所动摇的爱情成为主要表现对象，而虚伪、欺骗和门第之见则受到了不同程度的讥嘲和批判。同时，除了惯用的女扮男装和机缘巧合，塞万提斯还尽可能拓展了爱情的形式，有公开的，也有隐秘的，但最终必得是公开的；有合法的、体面的，也有非法的和肮脏的，但最终必得是合法的和体面的；有高尚、和谐、门当户对的，也有卑贱的、暴力的、门第悬殊的，但最终必得是体面的、和谐的；有幸福的、持久的、忠贞不渝的，也有悲惨的、露水的和昙花一现的，但最终必得是幸福的、持久的、忠贞不渝的；有一见钟情的，也有日久生情的，但更多的是一见钟情的；等等。荣誉和贞操必须维护，欺骗和嫉妒必遭报应。金钱、地位和夸夸其谈不是爱情的标志，外貌的吸引、志趣的投合和意志的坚强才是真爱的基础：

> 谁能赢得爱的幸福？
> 是沉默寡言的人。
> 谁能登上爱的巅峰？
> 是意志坚定的人。
>
> ——《大名鼎鼎的洗碗女》

然而，塞万提斯是复杂的，他的作品亦然。因此，塞万提斯及其作品也是说不尽的。

一如《堂吉诃德》首先在英、法、德国[1]受到重视，传统塞学的所谓“定音之锤”，也是由17～19世纪英、法、德等国读者而非本土的西班牙人敲响的。数百年来，西班牙人一直对于这个“西班牙人的耻辱”耿耿于怀。然而，

---

〔1〕 见附表，并参见杨绛《〈堂吉诃德〉译本序》，人民文学出版社，1991年版，第1～16页。

就像当初不可一世的帝国盛极而衰使"无敌舰队"全军覆没、"帝国辉煌"转瞬即逝,遂产生了《堂吉诃德》等墙内之树花香墙外的奇特的文化现象那样;元气大伤、一蹶不振却又不甘纡尊降贵而从此一直闭关自守的西班牙,又不可避免地使困扰着一代又一代西班牙文人的"雪耻"梦想成为泡影。直至19世纪末,由于殖民地丧失殆尽,〔1〕国内经济濒临崩溃,专制统治难以为继、老牌帝国威风一扫无余的西班牙才不得不略开门户,以迎接将临的、前途未卜的20世纪;而门户开放的结果之一便是使"塞学"得以在本土拓展的半个多世纪(因内战而告终)的思想解放和文化繁荣(史称"半个黄金世纪"或"白银时代")。如果说罗德里盖斯·马林〔2〕、梅嫩德斯·伊·佩拉约〔3〕和梅嫩德斯·皮达尔〔4〕等跨世纪学者于19世纪末借助语言等现代方法极大地丰富了"塞学",为"塞学"的"现代化"奠定了基础;那么,到了20世纪,随着更多原始资料、最早版本或手稿"出土","塞学"中心便明显西移(向西班牙)。于是,天时、地利、人和,西班牙学者率先质疑问难,对一系列传统见解"施以非礼"。首先,海涅于1837年撰写的德文版《〈堂吉诃德〉序言》〔5〕无疑是诗人独具慧眼的有力见证,同时也是"塞学"史上一块高耸着的里程碑。它不愧为19世纪"塞学"的经典之作,许多观点即便今天仍经得起推敲。然而,受时代、社会、个性等主观原因的局限,海涅关于塞万提斯的字说也不是十全十美、可懈可击的。譬如,他断言塞万提斯是"罗马教会的忠诚儿子",〔6〕就有失之偏颇之嫌。

在1925年(《塞万提斯思想》)到1957年(《塞万提斯再探》)以至更晚的一段时间里,西班牙塞学家阿美里科·卡斯特罗连篇累牍、不厌其烦地阐述塞万提斯的"伪善"〔7〕。他认为塞翁并非虔诚的天主教徒,而是一个"善于伪装"的、"地地道道的人文主义作家"。〔8〕阿美里科先生的立论基础是有关文(版)本的比较研究。

在《塞万提斯思想》一书中,阿美里科对罗德里盖斯·马林于1901年校

---

〔1〕 西班牙的最后一块殖民地古巴于1898年独立。

〔2〕 罗德里盖斯·马林(1855～1943),西班牙作家、文学评论家、皇家语言学院院士。

〔3〕 梅嫩德斯·伊·佩拉约(1856～1912),西班牙著名学者,皇家语言学院院士。

〔4〕 梅嫩德斯·皮达尔(1869～1969),西班牙著名学者,早年曾师从梅嫩德斯·伊·佩拉约。

〔5〕 参见中译《精印〈堂吉诃德〉引言》,《文学研究集刊》第二册,北京:中国科学院文学研究所,1956年。

〔6〕 海涅称塞万提斯是"天主教作家"、"罗马教会的忠诚儿子"。德文版《〈堂吉诃德〉序言》,1837年,第51～59页。转引自《塞万提斯思想》,巴塞罗那:诺盖尔出版社,1980年版。

〔7〕《塞万提斯思想》第6、7章及《塞万提斯再探》,马德里:塔乌鲁斯出版社,1957年版。

〔8〕《塞万提斯思想》第6、7章及《塞万提斯再探》,马德里:塔乌鲁斯出版社,1957年版。

勘的短篇小说《埃斯特拉马都拉妒翁》的两个不同文本进行了深入细致的分析比较，发现并断定二者有本质的区别（括号内文字系笔者所注）：

1606 年（?）手稿	1613 年版本
……伊萨贝拉（年轻的夫人）流着泪，半推半就，进了罗阿依蒂（浪荡公子）的房间……	（同左，除人物之外）
卡里萨雷斯（爱吃醋的丈夫）睡得死沉……	（同左）
伊萨贝拉不再落泪。她在罗阿依萨怀里睡得比抹了麻醉药的丈夫还香……	莱奥诺拉（即伊萨贝拉）竭尽全力反抗狡诈的骗子。罗阿伊萨（即罗阿依萨）使出浑身的解数和力气也没能使她就范，终于，他们疲乏了，睡着了……
	老天作巧，卡里萨斯过早地醒来……
天明时，卡里萨雷斯发现了奸夫淫妇……	
他看到伊萨贝拉依偎在罗阿依萨怀里酣睡不醒	（基本同左）

二者的不同是显而易见的。在手稿中，通奸是既成事实且基本上是两相情愿的；而 1613 年版本却对此作了更改。[1] 阿美里科认为当时正值反（路德）改革运动高潮，宗教法庭气势汹汹，[2]塞万提斯进行这样的改动“完全是为了掩人耳目”，是不得已之举。而它恰恰舍去了文艺复兴运动以来普

---

〔1〕 据《埃斯特拉马都拉妒翁》罗德里盖斯·马林校勘本，塞维利亚 1901 年版，第 81—83 页。小说结尾大致相同：老丈夫悲愤成疾，一病不起。临终，他后悔当初太忌妒、太自私，以致险些毁了别人的青春。他把遗产全部留给了伊萨贝拉（莱奥诺拉）并立下遗嘱，愿成全她与那青年男子。伊萨贝拉不堪舆论压力，当了修女。罗阿依萨闻讯后在绝望中与人发生争执，死于非命（罗阿伊萨被流放到了美洲）。

〔2〕 由于种种原因，西班牙与罗马教会的关系日益密切。路德、埃拉斯谟等改革派受到打击。一些著名诗人如胡安·德·梅纳、路易斯·斯·德·莱昂、F. 克维多也不同程度地遭到非难。1612 年，西班牙颁布《禁书总目》，更使许多作家受到制裁。

遍崇尚的性爱描写，掩盖了塞万提斯的真实面目。他还一再举例《堂吉诃德》与其他作品的有关或类似情况，以说明其大胆推断。他甚至说塞翁的"伪善"还在于字面上是一个塞万提斯，字里行间（包括补删的和未删的）是另一个塞万提斯。[1] 论据之一是塞翁既可将堂吉诃德打扮成虔诚的天主教徒，亦可"借堂吉诃德亵渎上帝"：

"我知道他（指阿马狄斯——笔者注）干的事多半是念经和祷告上帝保佑，我没有念珠，可怎么办呢？"

"这时他想出一个办法。他把拖在背后的衬衫后襟撕下一大片（阿美里科想象定是块腐朽不堪、臭不可闻的破布——笔者注），挽了十一个结子，其中一个挽得特别大些。他在那里一直就把这几个结子当念珠用，念了几百遍的《圣母颂》。"

的确，这段描写在同年（1606年）再版时被删去大半[2]，变成了：

"我知道他干的事多半是念经和祈祷。我也要祈求上帝保佑。"他于是用栓皮槠子做了一串念珠。[3]

同样，在阿美科看来，描写市民生活的《训诫小说》中也有类似"出格"表现，此外，对于通奸等教会视为有罪的行为，塞万提斯更是态度暧昧。不消说，对所有因性爱"犯罪"的"羔羊"，塞翁从来都手下留情，从宽发落。

阿美里科的上述观点激起了塞学界半个世纪的骚动，最初的反响是令他绝望的嘘声。且不说海涅的同胞——如斯皮特尔教授：《论塞万提斯小说》，1931年——有多么愤慨，连哈佛的阿特金森教授等也大喝倒彩（《塞万提斯及其〈训诫小说〉》，1948年）。[4]

过后是较为冷静的商榷和日益深广的探讨。于是，有人从怀疑"强奸未遂"（指《埃斯特拉马都拉妒翁》中罗阿伊萨对莱奥诺拉）的可信性入手进而

---

〔1〕《塞万提斯思想》第6章。

〔2〕《堂吉诃德》，杨绛译本第216页。杨绛先生选择的罗德里盖斯·马林版恰好是未经删改的最早版本之一。而其他许多版本所从出的"祖本"其实是后来的那个修订本。据说真正的祖本已经散佚。参见米尔塔·阿吉雷：《塞万提斯小说》，哈瓦那，文学艺术出版社，1971年版，第48页。17世纪的葡萄牙文版也对有关章节作了删改。此外，西班牙在《堂吉诃德》以后的很长一段时间里禁止它流入美洲殖民地。

〔3〕转引自《塞万提斯思想》第262页。

〔4〕西语国家同行反映比较迟缓，而后也愤然指责阿美里科的说法近乎"诽谤"（如贡萨雷斯·阿梅苏亚：《塞万提斯，西语短篇小说鼻祖》，马德里：高委会1956年版，第1卷）。

对1613年版本的权威性提出质疑。怀疑和质疑由此生发开来，以致阿美里科不得不于1967年作出如下阐释：强奸未遂是因为，在女人美丽的胴体前，浪荡公子性功能发生障碍，他借此说明《埃斯特拉马都拉妒翁》1613年版本的可信性和权威性。[1] 但他仍坚持他的“伪装”说，理由是塞翁的性爱描写由外向内、由明向暗的明显“降格”。[2] 20世纪70年代以来，米尔塔·阿吉雷(《塞万提斯小说》,1971年)和卡萨尔杜埃罗(《训诫小说：内容与形式》,1974年)等越发越趋于折中而视塞翁为“受人文主主思想影响的天主教作家”。另一方面，以毛里斯·莫洛代表的心理学派却愈来愈清楚地“窥见”，不论是成功的(指《埃斯特拉马都拉妒翁》手稿)还是失败的(指1613年版本)通奸、强奸等都是“心理性行为”使然。这样，手稿和正式版本的“本质区别”，说穿了是一次“牵强附会”甚至“无稽之谈”。[3]

孰是孰非，姑置不论。然而，这番旷日持久的争论却为当代塞学拓宽了视野，活跃了思路。

于是，塞万提斯究竟是不是官方作家？

毋庸讳言，塞万提斯一直被视为“官方作家”、“教权意志的代言人”。[4] 这种看法主要依据是19世纪海涅等欧洲经典作家和西班牙学者梅嫩德斯·伊·佩拉约有关观点所从出的塞万提斯同罗马教会、西班牙当局的关系。

1905年，梅嫩德斯·伊·佩拉约引经据典，大做文章。从论证塞万提斯与西班牙当局及宗教法庭的“特殊关系”，并从而得出结论，认为塞翁是“官方作家”，他所接受和宣达的也“主要是官方意识”。[5] 为此，梅嫩德斯·伊·佩拉约考证了“特兰托教务会议”[6]以后急剧增生的、以官方口径谴责骑士文学的大量作品，其中有：

佩·梅希亚的《帝国史》(1545)

卢·梅希亚的《闲散论》(1546)；

富恩特斯的《自然的哲学》(1947)；

格拉西安的《道德论》(1948)；

---

[1][2] 《塞万提斯再探》修订版，马德里：塔乌鲁斯出版社，1967年。

[3][4] 莫洛：《塞万提斯讲稿》，墨西哥学院，1988年版，第23～31页。

[5] M.德·洛斯桑托斯·奥利维尔：《塞万提斯生平》，巴塞罗那：蒙塔内尔出版社，1946年版；F·奥尔莫斯：《塞万提斯及其时代》，马德里：阿吉雷拉出版社，1968年，等等。

[6] 梅嫩德斯·伊·佩拉约：《美学思想史》，马德里：埃斯帕萨～卡尔佩出版社，1941年版，第319页。

奥维多的《致巴利阿多里德法庭》(1949)；

卡诺的《神学》(1563)；

蒙塔塔的《修辞学》(1569)；

格拉纳达《信仰》(1582)；

查依德的《玛格达莱娜》(1588)；等等。[1]

其数之众确也令人惊叹。何况，此后又新发现了措辞更加激烈的《家书》(巴尔德斯，1603年)和《圣赫洛尼莫教团史》(西昆萨，1605年)等。而塞万提斯的《堂吉诃德》恰恰是在这个时候，经当局(书检机关)审查批准[2]的第一部"反骑士小说"。难怪塞万提斯难脱"官方作家"之嫌。

然而，也正是在这个时候，一发而不可收的骑士小说还照样出，照样流行，而且其数量较之非骑士文学的作品竟毫不逊色。问题是，一种是官方的、公开的、名正言顺的，而另一种则逐步成了隐秘的、地下的、回光返照的——传播渠道发生故障自不待说，作者、出版商还要冒很大的风险。显然，统治阶级对骑士文学的态度意在正本清源，扫除异端邪说。但是，客观上，骑士文学、骑士文化作为封建社会的产物确也对16～17世纪的西班牙及其文化发展产生着消极影响。对这样一种"遗患无穷"的、背时的文化现象进行抨击鞭挞，也许又未必就是执行官方或教权旨意所使然的。

这个问题于是一直困扰着"塞学"界。

直到阿美里科出现，争鸣才得以真正开始。阿美里科自然要固执己见，极力否定前人的说法。即便是为了自圆其说，他也无论如何不能视塞翁为官方作家；只是苦于拿不出更多、更令人心悦诚服的论据来而始终未能展开这个论题。但是他的对手从旁杀将出来，严词声讨他的"伪善"说。例如，莫雷诺·巴埃兹等人在《塞学荟萃》(1973年)中极力褒扬梅嫩德斯·伊·佩拉约，对阿美里科的《塞万提斯思想》和《塞万提斯再探》则大加贬斥。巴埃兹认为：1. 塞翁"为上帝及国王陛下"曾远征勒班多等地并身负重伤(左手致残，是年24岁)，后又不幸被俘，却忠贞不渝，视死如归；2. 战后，塞翁多次表示愿在政府机构供职并一度渴望去新大陆效命；3. 其作品同样体现了他贬抑时弊、报效上帝和国君的坚定信念：《堂吉诃德》执行了"特兰托教务会议"

[1] 于1545年在意大利特兰托市召开，由教皇亲自主持。会议通过了一系列贬斥和制裁新教徒及其他异端邪说传播者的方针措施。西班牙派多名代表参加。梅嫩德斯·伊·佩拉约：《美学思想史》，第319页。

[2] 《堂吉诃德》第1部于1604年9月26日在巴利阿多里德获准出版。

精神,《训诫小说》顾名思义也是以教会和官方意识为取向的,他贫病交加中以顽强的意志完成的《贝雪莱斯和西吉斯蒙达历险记》[1]更是他虔信上帝的最好见证[2]。

诸如此类,必然要牵涉到另一个至关重要的问题——作者、作品、读者三者的关系问题。不同时代的读者对同一作者、作品会有不同的理解和阐释。这是接受美学赖以产生、存活、发展的必然前提和理由。近四个世纪以来,作为主体之一的读者对于塞万提斯及其《堂吉诃德》的接受,也恰恰说明了这一点。然而,塞翁既可"伪装"自己以"掩人耳目",那么他在《〈堂吉诃德〉前言》里开宗明义,要"把骑士小说的那一套扫除干净"的"宗旨"也便不能令人信服——尤其是今天,当作品的客观效果(含义)远远超出作者的"创作意图"("宗旨")早已成为一个共识、一种阅读定势的时候,反思阿美里科的挑战,塞翁的"宗旨"恐怕就更值得怀疑了。

塞翁的"宗旨"果然只是"攻击骑士小说"?米尔塔·阿吉雷以为不然。

这位古巴教授认为攻击骑士小说只是塞万提斯迫于情势不得已而用之的一个幌子,隐于其后的是他对骑士道及骑士文化赖以产生、生存并继续繁衍、风靡的土壤,即封建势力根深蒂固的西班牙现实社会的痛恨。

相反,法国的毛里斯·莫洛教授对阿吉雷的观点不以为然。他强调文本,认为一切文本外的假设、设想、想象和阐释都是对作品的"强奸",是有害的,不能成立的。

凡此种种,归根结底,是塞万提斯的宗教观、政治观同他的创作思想、创作实践矛盾与否的问题。而且,问题是一直客观存在着的。只因阿美里科·卡斯特罗方始有所突破并迅速扩展开来,故而本文的结语还应从他切入。

阿美里科·卡斯特罗不甘率由旧章,对传统"塞学"提出挑战,精神可嘉且不乏令人叹服的见解。但是,有时他又立论偏激,有矫枉过正之嫌;而且他采用的战术也常常顾此失彼,其形而上学倾向也是比较明显的。

首先,他提出"伪装"说甚而"伪善"说的主要依据是《埃斯特拉马都拉妒翁》和《堂吉诃德》不同文本的区别,却全然没有意识到,换一个角度看,这些区别又未尝不是别具匠心的正常的技术性删改。譬如,《埃斯特拉马都拉妒翁》1613年版本虽然删去了"通奸"这一情节,但却使小说的性爱描写达到更

---

〔1〕 此作于作者去世前4天,即1616年4月19日脱稿,是日他写完了小说的献词。
〔2〕 阿瓦耶一阿尔塞、赖利主编:《塞学荟萃》,伦敦:Tamesis Books, 1973年版。

高的层次——也可以说是美学价值。因为人物(罗阿伊萨)"性功能发生障碍"、"强奸未遂"后又被流放到新大陆,恰恰是步了另一人物(卡里萨雷斯)的后尘——卡里萨雷斯年轻时也曾到过美洲,后腰缠万贯地回到西班牙,娶了莱奥诺拉。他被称做"不称职的丈夫",他同他年轻美貌的妻子的关系被称做是"近乎父女关系"、"未曾发生什么的关系",暗示着一种特殊的(也许是病态的)文化或文化心理和周而复始、循环往复的象征性架构。

其次,从塞翁的宗教观、政治观和他的创作思想、创作实践的关系看,阿美里科的"伪善"说或"伪装"说〔1〕也不是没有纰漏的。

虽然,爱情和性爱描写在塞万提斯的作品中占有相当大的比重和相当重要的位置,可以说是他师承古希腊罗马作家、投身文艺复兴运动的最好见证:且不说《训诫小说集》纯粹是以市民的性爱、爱情、婚姻和家庭为题材的言情小说,即便是他的《阿尔及尔的交易》、《流氓鳏夫》、《妒翁》(情节与《埃斯特拉马都拉妒翁》相似)等剧作以及牧歌体小说《伽拉苔亚》、长篇小说《贝雪莱斯和西吉斯蒙达历险记》也无不是以男女之情为主线的。塞翁的《堂吉诃德》固然是写堂吉诃德的,诸如他的游历、他的奇情异想以至他的爱情,却也免不了插入美人多若泰那样的风流韵事和荒唐的、好奇的安塞尔模那样的爱情悲剧。必须看到,除却堂吉诃德和杜尔西内娅,其他人物的爱情、性爱或婚变又都是以写实的笔法表现出来的。必须强调,在塞翁那里,性并不神秘;恰恰相反,它是自然的。尤须强调的是,所有涉及通奸、强奸或强奸未遂的人物,都没有在塞翁笔下受到"应有的"制裁。同时,塞翁确也在十四行诗《梅迪纳公爵上任纪》和《塞西里亚大教堂》等作品中影射、抨击过西班牙军界的无能和僧侣阶层的奢侈。此外,塞翁的作品又分明是文艺复兴转折时期柏拉图让位于亚里士多德、理想让位于理性、幻想让位于真实的体现和写照,而且血脉中涌动着(从荷马到薄伽丘)西方古典艺术思想的潜流,〔2〕许多方面都迥异于正统的天主教教义。从这个意义上说,把警世"载道"的《训诫小说》"(*Novelas ejemplares*)译作"技巧"的"典范小说"似乎更为确切。

但是,塞万提斯又明明反复强调他对罗马教会和西班牙帝国的忠诚并

---

〔1〕 早在阿美里科·卡斯特罗之前,奥尔特加·伊·加塞特曾在《关于〈堂吉诃德〉的思考》中对此有过隐约的表述;海涅也认为"智者的笔比智者本人更伟大";用恩格斯的话说则是"现实主义的胜利"。此外,M. 德·拉·雷维利亚认为作品的潜在内容于塞翁是"无意"的、"不期然而然"的(《文学评论》第5期,马德里:1875年)。

〔2〕 据米尔塔·阿吉雷教授(《塞万提斯小说》),V. 德·洛斯里约斯、F. 德·纳瓦雷特、克莱门辛、罗德里盖斯·马林、阿尔尔福·波尼利亚等人几乎逐字逐句地考察过塞万提斯同古典作家的联系。

且用鲜血证明了这一点。何况，他的作品又大都是经过官方严格审查后获准于非常时期出版的。[1]

所以，塞万提斯虽非"官方作家"、"教权意志的代言人"，却也不是"善于伪装"的、"地地道道的人文主义作家"，而是一个有着明显矛盾的时代的儿子。其矛盾既体现在他的众多作品前言同作品本身——亦即作者"宗旨"（即便是真心诚意的）同本文之间、主观意图同客观效果之间的距离；也表现在版本与版本、手稿与面世之作、作品与政教意志之间的差别（不然，西班牙当局就用不着禁止《堂吉诃德》进入美洲殖民地了），纵然这些差别是作者自觉自愿的而非出于无奈的删改；而且还凸现于他幻想用十四行诗赞美的上帝及国王陛下的英名（包括他们统辖的帝国）同他实际描写的市民生活的琐俗的迥异；等等，等等。不消说，作品一旦成为作品。便再也不以作者的意志为转移了。任何"前言"（说穿了多半是后记）都不可能同作品（文本）画等号。[2] 同样，塞万提斯的作品（就其含义而言）是断乎不同于他的前言的，甚至是常常同他的政治观、宗教观大相径庭、背道而驰的。这便是伟人之笔高于伟人，这也或可称为"现实主义的胜利"吧。

显然，自19世纪以来，塞万提斯一直是以现实主义作家的面目出现在人们眼前的。既然是现实主义作家，就必定要反映时代社会的本质特点。而塞万提斯时代的本质特点恰恰是没落的封建主义（自然包括骑士文化）同新兴的资本主义（及其赖以滋生、发展的市民阶级）的矛盾。这对矛盾以矛盾的形式在矛盾作家的笔下反映出来。既然是现实主义作家，也必定崇尚真实，有倾向性。而塞万提斯正是这样一位崇尚真实、有倾向性的现实主义作家。他的作品常常流露出他对真实的虔诚。他建议对撒谎的作家处以极刑。[3]

再次，塞万提斯在描写市民生活的同时，集中表现了新的、超宗教的市民道德意识。这种新道德观体现了新兴资产阶级的人生观、世界观。在《〈训诫小说〉前言》里，塞翁声称："如果这些作品的故事通过诸如此类的方式使读者产生邪念，那就砍掉我的这只书写的手。"[4]至于什么是不道德欲

---

〔1〕 假使特兰托教务会议和以反宗教改革运动为宗旨的宗教法庭曾使西班牙有过一个灰暗的16世纪；那么，到了17世纪，随着官方《禁书总目》（1612年）的颁布，灰暗便剧变成了黑暗。许多诗人深受其害。就连声名卓著的大诗人克维多也惊恐万状，不敢贸然发表作品，即便发表也不用真姓实名，以致《骗子外传》那样优秀的作品长期"无主"、成为没人认领的"弃儿"。

〔2〕 杨绛先生说得好，作者的声明"未可全信"。见《〈堂吉诃德〉译本序》，第12页。

〔3〕 《堂吉诃德》第2部，第3章。

〔4〕 《〈训诫小说集〉自序》，第4～5页。

念，他却没有解说。然而，他的作品对道德作出的界定却是明确的：符合自然即为道德，否则便是不道德。这一界定蕴涵于作者对人物的态度：在《埃斯特拉马都拉妒翁》中，卡里萨雷斯已是个不能尽丈夫义务的老头儿，而伊萨贝拉（莱奥诺拉）却是个风华正茂的年轻姑娘，他们的结合（金钱在那里起决定作用）违反了自然规律。因此，卡里萨雷斯受到了实际的惩罚；相反，通奸或强奸未遂的青年受到了实际的宽恕，而且作者寄予同情的女主人公实质上是社会的无谓牺牲品。同样，在《堂吉诃德》第33、34和35章中，因自然的爱情遭到非自然因素的破坏，好奇的（骨子里是嫉妒的）丈夫罪有应得，失去了爱人和朋友。

可见，塞万提斯遵循的是自然规律，是新兴资产阶级的道德标准，而不是天主教教义，亦非正统的西班牙皇家法规。

四 《堂吉诃德》

（一）关于版本

《堂吉诃德》的版本研究可谓旷日持久，有关它的首版时间更是众说纷纭。时至今日，比较一致的看法是首版由胡安·德·拉·库埃斯塔印制于1605年初，尽管仍有一些学者坚持认为最早版本的产生时间应为1604年，理由是洛佩·德·维加等人曾于这个时间提到了《堂吉诃德》。[1] 然而，库埃瓦版因排字工人的失误，存有大量错字及标点符号问题。这为后来的不少版本提供了依据。

此外，早在外国作家发现《堂吉诃德》之前，它便已经在西班牙产生了重要影响，尽管洛佩·德·维加意气用事地说："没有比塞万提斯更糟的诗人，也没有比《堂吉诃德》更蠢的作品……"[2]仅1605年，《堂吉诃德》就再版了五次：马德里一次（库埃斯塔版也是在马德里出品的），里斯本两次，瓦伦西亚两次……巴尔布埃纳·普拉特认为洛佩之所以如此贬抑塞万提斯，是因为他很可能早在《堂吉诃德》出版以前就已经浏览过手稿，看到了塞万提斯对他的揶揄[3]。巴尔布埃纳·普拉特的话并非没有道理。洛佩作为当时西班牙文坛的泰斗，接受出版商或官方机构的咨询也在情理之中。洛佩是在1604年8月14日致友人的信中提到了塞万提斯及其《堂吉诃德》，说："明

---

〔1〕 加奥斯：《〈堂吉诃德〉第三卷》，马德里，格雷多斯出版社，1987年，第8～11页。加奥斯甚至认为最初的版本（即1605年以降的第一部）曾一分为四，由四个部分组成。

〔2〕 洛佩·德·维加：《书信集》，马德里：卡斯塔利亚出版社，1985年版，第68页。

〔3〕 巴尔布埃纳·普拉特：《卡斯蒂利亚语文学》第1卷，第419页。

年会有不少诗人发表新作;然而,没有比塞万提斯更糟的诗人,也没有比《堂吉诃德》更蠢的作品。”

可见洛佩确实是在“有的放矢”。此外,塞万提斯的书稿是在1604年9月26日便获得出版许可的。在这前后,洛佩确实是有可能读到该手稿的。有关人等对手稿进行删改也是情理中事。

总之,由于手稿的缺失,版本问题远未解决。而目前学界比较认可的版本大都建立在罗德里格斯·马林等人于20世纪初的校勘。2005年,西班牙皇家语言学院会同其他西班牙语国家语言学院于首版诞生四百周年之际推出了新校注版《堂吉诃德》。

(二)批评与接受

塞万提斯在“序言”中一再声明,他写《堂吉诃德》是为了讽刺骑士小说,“把骑士小说的那一套扫除干净”。前面说过,他生活的时代,适值西班牙完成光复大业,国王卡洛斯从母亲胡安娜(天主教国王费尔南多和伊萨贝尔之女)那里继承了包括西班牙和新大陆、意大利大部及菲律宾在内的广阔领土,又从父亲费利佩(腓力一世)那里继承了整个哈布斯堡王朝(即今天的奥地利、荷兰、卢森堡、比利时以及法国的相当一部分领土)。因此,卡洛斯时代的西班牙俨然是一个横跨四大洲的庞大帝国。然而,那也是一个充满矛盾和变数的复杂的时代。

首先,天主教面临新教的挑战。集西班牙国王和神圣罗马皇帝于一身的卡洛斯(史称查理五世)积极支持罗马教廷并与之联手对付新教。然而,在16世纪中叶的特兰托教务会议上,天主教会同时把矛头指向了骑士小说。骑士小说从此受到禁止。其中的原因一直是个谜。但综观情势,当不难推测天主教僧侣将骑士文化与新教思想相提并论的可能性。当时,西班牙刚刚成为统一、强盛的帝国,而骑士文化却建立在小王国封建割据的社会基础上,从某种意义上说与支持北欧各国独立、顺应资本主义发展的新教没什么差别。除了离心的骑士文化和新教,“资本主义”英国也是威胁帝国统一的可怕存在。为遏止英国,费利佩二世(时任西班牙兼葡萄牙国王)筹建了“无敌舰队”。这支拥有一百多艘战船、数万名士兵的强大海军从里斯本起程后直扑英国,结果先后遭到大西洋风暴和英国海军的袭击,几乎全军覆没。西班牙从此丧失海上霸权并一蹶不振。而塞万提斯非但曾任“无敌舰队”军需,而且写过赞美“无敌舰队”的十四行诗。“无敌舰队”的覆没犹如骑士文化的消退,对塞万提斯及大多数西班牙没落贵族来说,都是个沉重的打击。帝国的辉煌迅速暗淡,它许诺给广大臣民的希望也随之远去。而同时崛起的是一个并不更加公平合理、清浊分明的市民社会。正因为如此，塞万提斯在一系列"训诫小说"中展示市民社会(或早期资本主义社会)的存在方式时，种种扬清激浊的努力也大都以矛盾告终。

总之，摆脱封建领主(小王国)的庞大的封建帝国和新兴的市民社会(早期资本主义)在16世纪西班牙得以矛盾地并存。作为时代的反映，西班牙文坛思潮奔涌。其中最主要的两个极端是肆意雕琢、阳春白雪的巴洛克诗潮和朴实无华、下里巴人的流浪汉小说。

诸如此类，无不决定了塞万提斯的矛盾与复杂。他以歌颂女王的十四行诗步入文坛，却以贫病交加了却一生(虽竭尽全力，仍不能跻身于宫廷诗人行列，于是不得不退而求其次，借小说聊以自慰。当时，小说作为一个新兴的体裁尚未得到上流社会的承认，处在巴洛克鼎盛时期的诗歌界和戏剧界大都视小说为不登大雅之堂的劣等艺术)。《堂吉诃德》是塞万提斯在狱中构思、在劣等公寓(楼下是酒吧、楼上是妓院)写就的一部"反骑士小说"。小说开宗明义，要把骑士小说的那一套扫除干净，但实际效果不仅远远超出了他的"初衷"，而且大有"打着红旗反红旗"之嫌。因为在"特兰托教务会议"之后，骑士小说成了过街老鼠，反骑士文学则成了"主旋律"。

戏拟骑士小说构成了《堂吉诃德》的基调。塞万提斯曾明确指出，借用骑士小说这种体裁，可以"借题发挥，放笔写去，海阔天空，一无拘束"，自然而然地达到讽刺骑士文化和现实社会的目的。譬如，堂吉诃德从命名、受封、比武到向贵夫人献殷勤，都是"不折不扣"地按照古代骑士的有关仪式进行的，戏拟得惟妙惟肖。受封仪式原本是非常庄严的，受封骑士必得经过忏悔、斋戒、沐浴、守盔护甲等十分严格的宗教仪式，但是小说中的受封仪式却是在马棚里进行的，授封的也不是神职人员，而是一个江湖骗子——客店老板。他手里捧的不是《圣经》，而是供给骡夫草料的记账簿。为堂吉诃德挂剑的更非公主，而是妓女……凡此等等，不胜枚举。堂吉诃德仿效古代骑士，同现实造成了更大的、也更为可笑的反差。例如，他把意中人杜尔西内娅想象成绝代佳人、娇媚的公主，她的"眼睛是太阳，脸庞是玫瑰，嘴唇是珊瑚，牙齿是珍珠……"；而事实上她只不过是个素无来往的乡下姑娘，长得跟男人一样，"身子粗粗壮壮，胸口还长着毛呢"[1]。依此类推，他把风车当巨人，把羊群当敌人……闹出了一连串令人忍俊不禁的大笑话。

正因为如此，《堂吉诃德》在17世纪西班牙读者的眼中只不过是不登大

---

〔1〕 译文引自《堂吉诃德》，杨绛译，人民文学出版社，1991年版。下同。

雅之堂的“逗笑”之作。这当然和小说的地位有关，也和作者的地位有关。最先发现《堂吉诃德》并使它“花香墙外”的是法国作家斯卡龙和圣埃弗勒蒙(前者在《滑稽小说》中模仿了《堂吉诃德》，后者则将其作者与塔索和孟德斯鸠相提并论)。18世纪，随着小说地位的提升和人文主义思想的发展，《堂吉诃德》在英国得到升华并逐渐成为经典。亨利·菲尔丁和萨缪尔·约翰逊认为堂吉诃德不仅可笑，而且可爱。他们的观点使滑稽和崇高这一对矛盾的美学概念在堂吉诃德身上获得统一。19世纪，诗人拜伦进一步揭示了作品的价值，认为作品体现了理想和现实的矛盾：即让过去回到现实，或者让未来提前实现。这也是塞万提斯的原话。而塞万提斯的伟大就在于他充满同情地揭示了堂吉诃德的悲剧命运。德国诗人海涅几乎和拜伦同时看到了这一点。在1837年的德文版《〈堂吉诃德〉序言》里，海涅认为塞万提斯开创了现代小说并把《堂吉诃德》提到了无与伦比的高度，他除了肯定堂吉诃德的崇高与滑稽，还说：“当高贵骑士的高尚品格仅仅赢得了以怨报德的棍棒时，我只知流出痛苦的眼泪。”而这时，身边的树林、泉水、花草和小鸟都在和诗人一起呜咽落泪。他们鄙视那个用五光十色的锦衣玉石和高贵名号装点的流氓公爵，他竟敢讥笑一个无论人品、情操和思想都远远胜过他的人。海涅甚至认为：“塞万提斯、莎士比亚、歌德成了三头统治，在叙事、戏剧、抒情这三类创作中分别达到了登峰造极的地步。”此外，歌德、司各特、雨果以及马克思、恩格斯等都曾高度赞扬《堂吉诃德》。[1] 20世纪，在现代主义和后现代主义诸如“虚构与真实”、“叙事方法”与“元小说”等问题的讨论中，《堂吉诃德》不断获得“新生”，以至于在2002年由诺贝尔基金会和五十四个国家和地区的百余位作家、文化名人参加的“人类伟大作品”的评选活动中，以压倒多数的选票名列第一。为了纪念这部伟大的人文主义巨著发表四百周

〔1〕 参见《中国大百科全书·外国文学》，中国大百科全书出版社，1982年版，第890页；陈凯先：《塞万提斯》，华夏出版社，2001年版，第171～175页。

年，西班牙政府将2005年命名为“塞万提斯年”[1]。

《堂吉诃德》进中国是20世纪的事。尽管穷困潦倒的塞万提斯曾在第二部的献辞中戏称：“最急着等堂吉诃德去的是中国的大皇帝。他一月前特派专人送来一封中文信，要求我，或者竟可说是恳求我把堂吉诃德送到中国去，他要建立一所西班牙语文学院，打算用堂吉诃德的故事做课本；还说要请我去做院长。我问那钦差，中国皇帝陛下有没有托他送我盘费。他说压根儿没想到这层。”就此，小说的英译者塞缪尔·普特南曾在其译本中加注说：明万历年间，神宗皇帝曾托传教士带给西班牙国王一封信。普特南认为塞万提斯之所以开这个玩笑，可能是因为听说了这件事。然而，事实上西班牙对中国的关注和觊觎早在中世纪就开始了，最初是通过入侵伊比利亚半岛的摩尔人，之后是通过意大利商人。1403年，克拉维霍奉卡斯蒂利亚斯国王恩里克三世（史称亨利三世）之命携国书及礼品觐见帖木儿。1492年，哥伦布在女王伊萨贝尔的支持下开始了以中国为目标的历史性航行，却阴差阳错地发现了美洲大陆。到了16世纪，随着西班牙帝国的诞生，西班牙——新西班牙（墨西哥）——菲律宾——中国的海上丝绸之路迅速贯通。与此同时，西班牙殖民者对中国更加垂涎三尺，从1569年到1797年，西班牙驻菲律宾总督莱加斯比、吉多·德·拉维萨雷斯、弗朗西斯科·桑德、阿吉拉尔等接二连三地要求西班牙国王派兵征服中国。其中以桑德的计划最为详尽，他在1576年的一份报告中称中国是一盘散沙，西班牙仅需四到六千人就可以各个击破直至占领整个中国。[2] 两相比照，退役军人塞万提斯的和平意图便昭昭然矣。但是，这种和平意图必得在三百年之后以超文学的方式传

---

[1] 然而，《堂吉诃德》并非尽善尽美。诚如毛姆在《愁容骑士与蒙田》一文中所说的那样，“塞万提斯很穷，他写东西多半是为了挣钱，他写了一些类似于短篇小说的东西，就插在《堂吉诃德》里充数。但是，我把这些东西都读了，就像约翰逊博士读《失乐园》一样，是觉得应该读而不是喜欢读。”但这些人事的瑕疵（还有随心所欲地转换叙事人称，或者桑丘的毛驴莫名其妙地失而复得，等等）并不妨碍我们喜欢《堂吉诃德》。对毛姆也一样，他说：“读《堂吉诃德》，毕竟是要看堂吉诃德先生忠厚老实、胸襟坦荡，尽管他的荒唐历险可能会使你忍俊不禁（其实，现代人已经不像他的同时代人那样觉得好笑了，因为我们的感情比他们脆弱，觉得对他开的玩笑有些开得过于残忍，使人笑不起来），你却不仅会喜爱这位‘愁容骑士’，而且还会对他表示尊敬。如果不是这样的话，那你也太铁石心肠了。他是人类奇想的不朽产物，任何一个心地善良的人都会被他深深地打动。”（www.qingyun.com/column/wenxue/maomu）

[2] 参见张铠：《中国与西班牙关系史》，大象出版社，2003年版，第69～77页；洛瑞罗：《十六世纪和十七世纪伊比利亚文学视野里的中国景象》，大象出版社，2003年版，第3～5页。历史学家贡萨莱斯·德·门多萨在《中华大帝国史》（1585）中的观点比较客观，他在列数中国历史悠久、疆域辽阔、资源丰富、人口众多、技术先进、文化发达、礼数周到等之后，批评了中国官员的闭关锁国、贪图享乐以及腐败、残酷和迷信，并说：“如果中国的士兵能和欧洲士兵一样勇敢的话，他们的军队足以征服全世界。”（《中华大帝国史》，何高济译，中华书局，1998年版，第88页）

至中国。

20世纪初，鲁迅和周作人兄弟二人在日本最先接触了这部作品。周作人在一册《欧洲文学史》(1918)的教材里几乎一步走完三个世纪的解读，说塞万提斯“以此书为刺，揭示人以旧思想之难行于新时代也，唯其成果之大，乃出意外，凡一时之讽刺，至今或失色泽，而人生永久之问题，并寄于此，故其书亦永久如新，不以时地变其价值。书中所记，以平庸实在之背景，演勇壮虚幻之行事。不啻示空想与实际生活之抵触，亦即人间向上精进之心，与现实俗世之冲突也。Don Quixote 后时而失败，其行事可笑。然古之英雄，现时而失败者，其精神固皆 Don Quixote 也，此可深长思者也”[1]。鲁迅的阿 Q(《阿 Q 正传》发表于 1924 年)则被认为颇有堂吉诃德的影子，但来者显然只是逝者的一个反面。也就是说，鲁迅用阿 Q 创造了一个毫无理想主义色彩的反堂吉诃德。

基于形象，有人把“Q”字中的尾巴视做辫子。而实际上它与堂吉诃德颇有渊源。首先，阿 Q 的“精神胜利法”几乎完全是堂吉诃德的“精神胜利法”的翻版：堂吉诃德屡战屡败，却总是自我安慰。比如他大战风车失利后对侍从桑丘说，要不是魔法师捣鬼，把巨人变成了风车，那巨人一定不是他的对手。其次，鲁迅赖以指涉“阿桂”或“阿贵”的 Q，恰恰是吉诃德的第一个字母。倘非有意，鲁迅又为何非得用一个洋文字母指代一个地道国人的名讳？况且鲁迅当时刚接触《堂吉诃德》，并一直对它爱不释手。直至 1928 年，他还约请郁达夫将屠格涅夫的《哈姆雷特和堂吉诃德》从德文转译过来，发表在他们合编的《奔流》(创刊号)上。根据屠格涅夫的观点，鲁迅在“编校后记”中把堂吉诃德精神概括为“专凭理想勇往直前去做事”，而哈姆雷特则是“一生冥想，怀疑，以致什么事也不能做”。同时他希望在自己主编的《朝花小集》丛书里出一个“可读的”《堂吉诃德》译本(当时行世的版本只有 1922 年林琴南和陈家麟根据《堂吉诃德》第一部编译的《魔侠传》，但 1930 年代接连出版本，即 1931 年开明书店的贺玉波译本，1933 年世界书局的蒋瑞青译本、1937 年启明书局的温志达译本和 1939 年商务印书馆的傅东华译本)。而激进的创造社、太阳社认定中国革命的首要目标是反对帝国主义，这时正冷嘲热讽地攻击鲁迅为中国的吉诃德先生。1930 年代，鲁迅又和瞿秋白一道(前者从德文，后者从俄文)翻译了卢那察尔斯基的《解放了的堂吉诃德》。鲁迅在“后记”中说：“吉诃德的立志去打不平，是不能说他错误的；不自量力，也

---

〔1〕 周作人：《欧洲文学史》，岳麓书社，1989 年版，第 131 页。

并非错误。错误是在他的打法。因为胡涂的思想，引出了错误的打法……而且是'非徒无益，而又害之'的。"[1]事实上，问题既不在骑士道，也不仅仅在打法，而是在于理想主义的脆弱。在严酷的现实面前，任何萦纡的道论都是一样的无能为力。

为了团结鲁迅，李立三前去做"两社"的工作，[2]于是围绕"中国堂吉诃德"的首次交锋宣告终结。较之"两社"的革命动机，鲁迅显然太文学，而周作人则更是书生气十足了。后者除了自己在著述中倾情介绍《堂吉诃德》，还深刻地用堂吉诃德思想影响了他的弟子们。其中，废名就曾以小说《莫须有先生》模仿了《堂吉诃德》。

一如20世纪二三十年代《堂吉诃德》在中国的接受具有文学和政治双重色彩，八九十年代的探讨依然不乏双重色彩。这符合文学的特性。"文革"前后，杨绛先生首次依从马林校勘本从西班牙语原文翻译了《堂吉诃德》（首版于1978年由人民文学出版社推出）。20世纪八九十年代以来，由于中国社会逐步进入了商品经济和市场经济时代，物质主义的膨胀在一定程度上导致了精神的错位、理想的失落。于是堂吉诃德又一次成为人文学者关注的对象。以《丰富的痛苦——堂吉诃德和哈姆雷特的东移》(1993)为代表，堂吉诃德的冲动在中国逐渐转化为政治思考。有关学者把堂吉诃德精神放大为民族意识，不仅提出了"集体堂吉诃德"等概念，而且从中国现代历史的某种集体盲动性看到了发动新启蒙运动的可能性，又有十余个译本在神州大地上相继问世，从而使《堂吉诃德》这块精神画饼在市场竟能行销一时。但是，一如滴水落进水里，他的意图几乎没有得到任何回应。倒是在出版市场的经济的大潮中继续貌似风光地热卖着。人们继续在发财致富的道路上前赴后继、奋勇向前。然而，还是那句老话：唯有如此，我们才需要堂吉诃德；也唯有如此，堂吉诃德才随时都会以不同的形式出现在我们的身边。因为，我们毕竟还没有找到平衡"道""器"的妙方，也远没有抵达与高度发达的物质生产相对应的精神境界。

（三）形象的意义

尽管堂吉诃德模仿骑士行侠冒险是可笑的，但他同情弱者、疾恶如仇、追求真理、不畏艰难的品格，却是十分崇高伟大的。鲁迅说过："吉诃德的立

---

〔1〕《鲁迅全集》第7卷，人民文学出版社，1981年版，第397页。

〔2〕笔者曾据此前流行的说法，谓冯雪峰遵照中共中央的指示去做"两社"的工作，但最近读了朱正的《一个人的呐喊》（北京十月文艺出版社，2007年版）方知先见有误。李立三做"两社"的工作似更为可信。

志打不平，是不能说他错误的”，“错误是在他的打法”。而堂吉诃德的悲剧恰恰在于目的和方法、主观和客观、愿望和效果的矛盾对立。塞万提斯十分清楚这些矛盾的悲剧因素。他说：“两种愿望一样痴愚：或者要当前再回到过去，或者未来马上在目前实现。”塞万提斯的高明之处在于将堂吉诃德性格中内在的矛盾和悲剧因素用喜剧形式表现出来，使情理之中的悲剧结果在意料之外的喜剧状态中逐步完成。这种悲剧的喜剧效应是塞万提斯的一个重要特征。

正因为喜剧和悲剧、滑稽和崇高、可笑和可爱存在于同一人物身上，他所引发的笑，遂令人回味成就了一种“含泪的笑”，一种发人深省的笑。人们常把“含泪的笑”看成近现代喜剧的审美特征。这是因为在古代，喜剧主体始终是安然自得、无忧无虑、和谐自由的（即人物本身不是悲剧型的）。《诗·卫风·淇奥》有“善戏谑兮，不为虐兮”之说，意思是喜剧主体所揭露的丑、所引发的笑，不影响主体形象。正如黑格尔所说的那样，古代喜剧是“喜剧人物自己逗自己笑”。因此，遭到戏弄的总是别人或小节，自由的主体在嘲弄或自嘲中得到肯定、高扬，从而生发出自由爽朗的笑。但是到了近现代，主体与客体、个人与社会和自我相对的朴素统一关系被打破了，出现了愈来愈尖锐的分裂和冲突。这样，当主体的崇高受到主体的滑稽的冲击和否定时，喜剧中就不可避免地渗透了悲剧因素，导致了“含泪的笑”。不消说，塞万提斯是最早使喜剧（也可以说是悲剧）主体具有这种高度双重特征的欧洲作家。这使他在反映现实的深度、塑造人物的力度方面，都比前人前进了一大步。

同样，桑丘·潘沙不仅仅是个陪衬。他好比中国相声艺术中的捧哏，是一个不可或缺的角色。他与堂吉诃德一胖一瘦、一矮一高，组成了世界文学长廊上不可多得的一对绝配。虽然他最初只是个傻乎乎的农夫，有点狡黠，有点贪婪，但是随着故事的发展，他的形象逐渐丰满、复杂起来。他黠中有憨，粗中有细，尽管私心不小，对堂吉诃德却是忠心耿耿。

世界文学史上没有第二个人能像塞万提斯那样形象而自然地表现文艺复兴和巴罗克时期的艺术思想的了，更没有第二个人能像他那样将一系列永恒的光明与黑暗、崇高与滑稽、理想与现实等二元对立因素统一在一对活灵活现的人物身上。而这一切，都离不开桑丘。从某种意义上说，桑丘是堂吉诃德的第一读者。少了他，堂吉诃德只有可悲，没有可笑；只有可怜，没有可爱。

此外，《堂吉诃德》在叙事方法上潇洒自由，不拘一格。它借人物之口，在不少地方穿插了可以独立成章的中短篇小说；而且不断转换叙事人称。譬如首卷第八章突然中断故事并用第三人称叙述说："可是偏偏在这个紧要关头，作者把一场厮杀截断了，讲说堂吉诃德生平事迹的记载只有这么一点。当然，这部故事的第二位作者决不相信这样一部奇书会被人遗忘，也不相信拉曼却的文人对这位著名骑士的文献会漠不关心，让它散失。因此他并不死心，还想找到这部趣史的结局……"尔后，作品又变换人称，说："依我看，这个趣味无穷的故事大部分是散失了。我想到散失的大部分无从寻觅，才读了那一小段反惹得心痒难搔。那样一位好骑士，却没个博学者负责把他的丰功伟绩记录下来，我认为事理和情理上都说不过去……"有一天，"我"正在托雷都的阿尔伽那市场。有个孩子跑来，拿着些旧抄本和旧书稿向一个丝绸商人兜售。而那些书稿正是原著阿拉伯文的《堂吉诃德》。于是，《堂吉诃德》成了阿拉伯史学家熙德·阿梅德·贝南黑利的著作。第三人称变成了第一人称："我"花了一个子儿买下书稿并请人翻译成了西班牙文。于是，中断的故事接上了，叙述者继续夹叙夹议。而这种被称为"元小说"的方法一直要到现代主义和后现代主义时期才得到重视。

五 其 他

（一）《伽拉苔亚》

牧歌体小说《伽拉苔亚》发表于 1585 年，原名《伽拉苔亚第一部》。这是塞万提斯的前期作品，显得比较传统。前面说过，牧歌体小说又称田园牧歌体小说，它其实只是传统田园牧歌的一种变体，兴盛于 16 世纪。牧歌是一种田园诗，通常以牧人之间的对话展开，题材大多为牧人生活和田园风光，是文艺复兴时期欧洲作家对牧人生活和田园风光的理想化表现。牧人们自由自在，享受田园风光，既没有城市生活的烦恼，也无须为权谋和利益勾心斗角。在塞万提斯之前，比较有名的西班牙语牧歌体小说有蒙特马约尔的《迪亚娜》(1558)、阿隆索·佩雷斯的《续迪亚娜》(1563)、希尔·坡罗的《恋爱的迪亚娜》(1564)、戈麦斯·德·蒙塔尔沃的《菲利达》(1582)，等等。

《伽拉苔亚》写牧人的爱情与友谊：年轻的牧人埃利西奥和埃拉斯特罗叙述他们如何深深地爱上了美丽的伽拉苔亚。与此同时，一桩以世仇为背景的爱情悲剧正在上演：利桑德罗杀害了卡利诺。之后，爱情故事一个接一个，有忧伤的、冒险的、曲折的、浪漫的。其中甚至不乏青年恋人逃出宫廷，到大自然中寻求真爱。伽拉苔亚崇尚纯真、自然的爱情，父亲却要把她嫁给卢济塔尼亚(葡萄牙)牧人。如此等等。最后，诗人借帕尔纳索斯山上的仙女卡利俄珀追怀往昔、指点文坛。小说以埃利西奥的警告做尾声：倘使伽拉苔亚的父亲决意将女儿嫁给葡萄牙人，那么在他们迎娶新娘时，他将不惜诉诸武力、阻止这桩违背爱情的婚姻。

和当时的其他牧歌体小说一样，《伽拉苔亚》也采取抒情和叙事、诗歌和散文间杂的写法。全书分六章。塞万提斯在《致好奇的读者》中以序言的形式说出了三层含义：1. 人们总是认为写不好诗，才从事田园牧歌的创作；2. 之所以发表这部作品是因为无法在以下二者作出取舍，即“轻率地传播从上帝那里获取的才智”，或“因为怀疑和懒散而不敢将对自己负责、也不敢将自己的作品公之于世”；3. “不担心有人指责把哲学和爱情混淆起来，因为那些牧人原本就很少处理牧场的事情”；“许多牧人只是乔装打扮、披着牧人的外衣而已”。此外，塞万提斯还一再表示他写《伽拉苔亚》只是为了练笔，“将来一定奉献给读者一些技巧高超、情节动人的作品”。

在这部作品中，塞万提斯的现实主义精神和反讽风格尚未得到体现，以致人物和场景都清汤寡水、缺乏生气。即便是那些有意强化戏剧冲突的爱情纠葛和加尔西拉索式诗句，也大都由于人物本身的干瘪和处理方式的突兀而多少显得有点功力不逮，甚至还有点形过饰非。巴尔布埃纳在总结前人评说塞万提斯借《伽拉苔亚》指涉和影射张三李四的同时，认为小说在方法上“缺乏活力”，人物也显得“暗淡无光、十分乏味；既没有激情，也没有现实意义和塞万提斯擅长的笑骂风格”。总之，在巴尔布埃纳和许多批评家看来，这部作品是随波逐流和缺乏真知灼见的。〔1〕

（二）《贝雪莱斯和西吉斯蒙达历险记》

长篇小说《贝雪莱斯和西吉斯蒙达历险记》（下简称《历险记》）是塞万提斯的遗作，完成于1616年，发表于1617年。鉴于作者曾在《训诫小说集》的序言中提到过它，又鉴于它的前两部和后两部在节奏和结构上多有不同，阿瓦耶—阿尔塞和梅嫩德斯·佩拉埃斯等评论家认为小说是在1605年（《堂吉诃德》第一部发表）之前和1615年（《堂吉诃德》第二部发表）之后分别完成的。〔2〕

话说骑士贝雪莱斯，化名贝利昂德罗，被某岛的土著俘虏后扔进大海。他在海上漂流时被一群船员救起。他们是丹麦王子阿纳尔多的部下。王子为了寻找心上人奥丽丝苔拉（西吉斯蒙达的化名），派遣陶丽莎前往某岛做

---

〔1〕 巴尔布埃纳·普拉特：《〈伽拉苔亚〉序》，马德里：阿吉拉尔出版社，1949年版，第1～5页。

〔2〕 梅嫩德斯·佩拉埃斯：《西班牙文学史》，第695页。

卧底。奥丽丝苔拉是世间少有的美人儿，即使才智高超的画家也无法表现她的美丽。王子一心想娶她为妻子，国王也服膺于她的才貌。然而，奥丽丝苔拉却始终不予首肯，因为她心里早已有了别人。自从她被海盗掳走后，王子便寝食难安，最终决定扮成海盗，四处寻找她的下落。王子见贝雪莱斯仪表堂堂、谈吐不凡，遂向他吐露隐情。贝雪莱斯自称是奥丽丝苔拉的兄长，表示愿意接替陶丽莎，替王子寻找妹妹。就这样，贝雪莱斯顺理成章地加入了王子的冒险行动。他男扮女装，被阿纳尔多卖给了岛上的土著。土著为了让岛上最勇敢的男子和世间最美的女子结婚生子、然后登基称王，从海盗手中买下了许多美女。然而，他们从未见过如此美丽的"姑娘"，便不惜本钱买下了贝雪莱斯。且说土著中有个叫布拉达米罗的，好勇斗狠，目中无人。自从他见到了男扮女装的贝雪莱斯，便对他一见钟情并暗下决心，非他莫娶。土著们准备按照自己的习俗牺牲一名俘虏。那俘虏不是别人，正是女扮男装的奥丽丝苔拉。她的奶娘冲上前去，准备揭开奥丽丝苔拉的伪装。说时迟，那时快，贝雪莱斯箭步来到奥丽丝苔拉身边，及时阻止了屠夫。二人相见，不禁悲喜交集。宁死不受辱的奥丽丝苔拉几乎来不及惊愕，就和心上人拥抱在一起。贝雪莱斯趁机在她耳边交代了几句，便开始兄妹相称。见二人抱作一团、泣不成声，布拉达米罗跳将出来，不准任何人碰二人一个指头。这时，土著头领一箭射中了布拉达米罗的咽喉，使其当场毙命。但紧接着头领自己也倒下了，因为有人将一把锋利石刀刺进了他的胸膛。土著们开始互相残杀，乱作一团。

一名年轻的土著突然蹿上来用不那么流利的卡斯蒂利亚语示意贝雪莱斯一行随他逃之夭夭，一并逃走的除了奥丽丝苔拉还有奶娘科洛埃丽娅。他们跌跌撞撞，来到一个山洞。接应他们的是一位老者和两个女子。原来那位老者是西班牙人，叫安东尼奥，多年前曾随卡洛斯五世转战南北，后因与人斗殴遭人追杀，最终漂泊至此。土著少女莉可拉救了他并和他生下了一儿一女。那个带领众人逃离血腥场面的正是安东尼奥夫妇的儿子。

鉴于岛上的土著大都死的死、散的散，被囚禁在附近小岛上的基督徒集合在一块儿，并用莉可拉的金子换了四条小船。小船在大海上漂泊，一个意大利人讲起了他的冒险经历。他原是一名舞蹈老师，因为工作关系结识了一位富家千金，二人私订终身后离家出走。但女方的家长对他心怀仇恨，并将他当做诱骗犯缉拿归案。在死囚室中，一位女巫用魔法解救了他并用飞毯把他送到了挪威。挪威人对他的故事毫不惊诧，因为那里的女巫能变成狼，而且有公有母。后来他被一个意大利商人收留，此人专和海岛土著做生意。一次，他和主人的船队载着货物向海岛驶去，结果中途遇险，唯他一人逃过一劫，落入土著之手。他听说岛上土著为了试验什么预言是否灵验，每隔一段时间就会牺牲一名男俘。继而，一个葡萄牙人开始讲述他不幸的经历。他原是葡萄牙贵族出身，青春年少之际，适逢邻家有女初长成。他被女孩的美貌所吸引，和其他公子王孙一样痴迷地追求她。然而，对方却一直以年少不思嫁搪塞并敷衍众人。两年以后，他终于得到了女方父母的青睐。然而，就在他准备大礼迎娶的那一天，女孩竟削发出家，成了修女。说话之间，船抵达一座岛屿，贝雪莱斯一行受到了岛上居民的热烈欢迎。不久，阿纳尔多也来到这个岛上。贝雪莱斯和西吉斯蒙达不得不小心周旋。后来，贝雪莱斯和西吉斯蒙达上了阿纳尔多的大船，继续向陆地航行。途中，阿纳尔多的手下叛变主人，大船进水并迅速下沉。阿纳尔多只好让众人分别乘两艘救生艇逃命。贝雪莱斯和西吉斯蒙达又一次失散了。且说阿纳尔多、西吉斯蒙达和西班牙老汉一家来到一座小岛，恰巧遇见两名骑士正在为一位奄奄一息的姑娘挥剑决斗。那姑娘不是别人，而是西吉斯蒙达曾经的侍女陶丽莎。陶丽莎没做新娘就一命呜呼了。人们在西班牙老汉的指挥下将她入殓下葬，然后搭乘海盗船继续航行。船长向众人讲述波利卡波国王的故事，说国王为了使自己的臣民健康快乐，经常举办奥运会。冠军是所有人崇拜的偶像，最近一届的得主叫贝利昂德罗；公主辛弗罗莎亲自为他戴上了桂冠并对他产生了爱慕之情。西吉斯蒙达顿时妒火中烧。正所谓祸福难料，就在西吉斯蒙达痛苦之时，船被风暴掀翻了。翻船随风暴漂至波利卡波国王的领地。国王和他的公主都来观望，有人凿开船底，发现了里面的阿纳尔多和西吉斯蒙达。贝雪莱斯见到西吉斯蒙达顿时喜出望外。而西吉斯蒙达却被辛弗罗莎的名字蒙住了心志。好在他们一直以兄妹相称，旁人未必知道他们另有隐情。险情和爱情使西吉斯蒙达病倒了，却得到了辛弗罗莎的悉心照料。在这期间，辛弗罗莎说出了她对贝雪莱斯的一片真情。西吉斯蒙达听后心绪繁杂，几乎不能自持。但是，麻烦接踵而来。先是国王爱上了她，意欲立她为后。与此同时，一个叫克洛迪奥的小伙子也看上了西吉斯蒙达并交给她一封情书；而国王的巫师塞诺蒂亚却爱上了西班牙老汉的儿子小安东尼奥，结果遭到了拒绝。小伙子情窦未开，拿起弓箭向塞诺蒂亚射去，却阴差阳错，杀死了克洛迪奥。情况愈来愈复杂，贝雪莱斯和西吉斯蒙达决定尽快离开，但表面上却装出若无其事的样子，给辛弗罗莎等人讲了许多离奇的故事。这时，西吉斯蒙达突然失踪。贝雪莱斯心急如焚。原来，国王听信巫师的谗言，背信弃义，决定扣留西吉斯蒙达等人。岛国众臣原本不满塞诺蒂亚弄权，正好趁机谋反。众人离开多事的岛国，抵达隐修岛。贝雪莱斯等人继续讲述神奇的故事。末了，阿纳尔多等人乘船前往法国，贝雪莱斯、西吉斯蒙达和安东尼奥父子等人则搭乘另一条船去西班牙。另有一些人则留在岛上做了隐修士。阿纳尔多临行时嘱托贝雪莱斯好好照拂西吉斯蒙达，以便他登基之时娶她为妻并册封后者为王后。

且说贝雪莱斯一行抵达葡萄牙，并根据西吉斯蒙达的请求一律换上朝圣服，以便徒步到罗马还愿。一路上，他们又遇到了许多稀奇古怪的事情。譬如一位森林少女的奇遇，一名朝圣老妪和一个波兰人的离奇身世，等等。在此期间，他们还路遇剪径大盗、一群刚刚获释的囚徒和许多艰难险阻。在西班牙境内，老安东尼奥找到了健在的父母，并决定留下来尽孝，而小安东尼奥和妹妹孔丝坦莎继续陪伴西吉斯蒙达和贝雪莱斯前往罗马。他们穿越摩尔人居住地，途经瓦伦西亚，到巴塞罗那，然后进入法国。途中不断有信徒加入他们的队伍，并讲述各自的故事。朝圣队伍经米兰抵达罗马附近，在那里遇见决斗负伤的阿纳尔多。众人进入罗马，下榻在犹太人经营的客栈。阿纳尔多讲述他离开众人之后的传奇经历。

西吉斯蒙达和贝雪莱斯的美丽和英俊震撼了罗马，被惊为天人。贝雪莱斯遭妓女陷害，险些送命。西吉斯蒙达中了犹太人的妖术，一病不起。西吉斯蒙达病愈后拒绝了贝雪莱斯的求婚。贝雪莱斯含悲离去。众人万分诧异。西吉斯蒙达道出真情，原来他们既不是兄妹，也非恋人，而是一对相互尊重和爱慕的王子和公主。贝雪莱斯独自来到一个处所，侧耳听到恩师塞拉非多正在讲述他的故事：格陵兰女王欧塞碧娅女王因为遭受异邦入侵，遂把女儿西吉斯蒙达送到了冰岛，以便许配给贝雪莱斯的兄长马克西米诺王子。然而，贝雪莱斯和西吉斯蒙达彼此相爱，一个非她不娶，一个非他不嫁，因而决定在马克西米诺回国之前双双离开。他们九死一生的冒险经历从此拉开序幕。

最后，马克西米诺染病去世，西吉斯蒙达和贝雪莱斯有情人终成眷属。阿纳尔多则接受了西吉斯蒙达的提议，决定娶西吉斯蒙达的妹妹为妻。

这是一个典型的拜占廷风格的骑士冒险故事，既有拜占廷式的爱情历险，也有骑士小说的行侠冒险。作品发表后获得巨大成功，当年即有巴塞罗那、瓦伦西亚、潘普罗纳、里斯本、马德里和巴黎等地印制的不同版本问世，并被迅速翻译成多种欧洲文字。那么，塞万提斯何以在《堂吉诃德》之后写这样一部小说？这恰恰说明了他的矛盾。一如我国的魏晋时期，塞万提斯后期适值文艺复兴运动完成历史使命，西班牙文学由复古转向变革与创新，文学的自觉意识迅速形成。在这样的历史环境和文学氛围中，塞万提斯左右逢源，并自我作古。这不仅在《堂吉诃德》、《训诫小说集》和他的喜剧中表现得清晰明了，在《贝雪莱斯和西吉斯蒙达历险记》中也可见一斑。

正因为如此，批评界对《历险记》褒贬不一。梅嫩德斯·佩拉埃斯援引阿瓦耶—阿尔塞的话说，《历险记》前后明显不同。《堂吉诃德》之后塞万提斯十分注重故事的可信性，因此对技巧、场景（即故事背景）等进行了重大的调整。但总体说来，无论阿瓦耶—阿尔塞，还是梅嫩德斯·佩拉埃斯对《历险记》都评价不高。与此相反，巴尔布埃纳·普拉特却认为，《历险记》是了解塞万提斯的最佳途径。因为"《堂吉诃德》使我们认识了塞万提斯的创作方法，而《贝雪莱斯和西吉斯蒙达历险记》却是塞万提斯其人的真实写照。"换言之，塞万提斯在这部小说的第一和第二部中，"除了展示了童年时期的梦想和信仰，还有他英气勃勃的少年时期的浪漫与幻想"；第三、第四部"则是他作为一位久经磨砺的老人对待人生、命运的仁慈、宽厚的心境"。〔1〕"因此，《贝雪莱斯和西吉斯蒙达历险记》表现了塞万提斯的完整的一生。就作者的生平和著作而言，如果说《堂吉诃德》是塞万提斯的理想和现实的矛盾的苦涩，那么《贝雪莱斯和西吉斯蒙达历险记》则是他返老还童的表征，是一次如梦成真的理想主义冒险"〔2〕。堂吉诃德对意中人的漫画式的可笑爱情，在贝雪莱斯那里转化为令人信服的美满婚姻；"在堂吉诃德身上的那些引人发笑的行为，在贝雪莱斯身上却令人感叹地变成了英雄事迹"〔3〕如此等等，无不证明了小说的意义和价值。

然而，笔者以为最能说明《历险记》存在理由的是它那包罗万象、竭尽雕琢的巴罗克风格。16～17 世纪之交，西班牙帝国虽然已经从巅峰滑落，但浮华繁琐的西班牙宫廷礼仪和贵族阶层的奢靡之风已然形成并一发而不可收。风气使然，16 世纪末至 17 世纪末叶，西班牙文学全面巴罗克化。之前相对单纯的人文主义思潮向纷繁淆杂的巴罗克主义过渡，并迅速形成了以贡戈拉为代表的语不惊人死不休的夸饰文风。塞万提斯是最早发现、欣赏贡戈拉诗才的作家，他对于方兴未艾的巴罗克文风自然不能置之度外。作为时代生活的反映，西班牙文学固然开始了一系列自觉的思想和行动，但总体上并没有脱离当时的奢靡之风。正因为如此，他在《训诫小说集》和《堂吉诃德》等作品中早就有意无意地透出了对正宗流浪汉小说（如《小癞子》一

---

〔1〕〔2〕〔3〕 。巴尔布埃纳·普拉特：《〈贝雪莱斯和西吉斯蒙达历险记〉序》，马德里：阿吉拉尔出版社，1949 年版，第 2～5 页。

类)缺乏文采的作品表现出了高视阔步之态。更为重要的是他在《历险记》中身体力行,上演了一出出神入化的塞万提斯式巴罗克大戏。首先,被许多《堂吉诃德》的读者认为多余和累赘的"何必追根究底"一类的故事在《历险记》中成了名副其实的主要内容。通过男女主人公的情感波折和冒险经历,牵引出了连篇累牍的奇幻故事和历史场景。塞万提斯简直要把所有离奇的故事和当时欧洲社会的方方面面一网打尽。于是,除了上演各色各样的人物、各色各样的爱情和冒险悲喜剧,人物的足迹遍及整个欧洲,从而展示了一幅中世纪以后欧洲的全景观式画卷:既有犹太人和摩尔人,也有文明人和野蛮人;既有北欧诸国的风土,也有南欧诸国的习俗;既有飞毯、人狼之类的神奇与怪诞,也有忠义与背信、良善与丑恶之类的人情与世故;既有宗教裁判所如何迫害塞诺蒂亚之流、以致他背井离乡,也有贝雪莱斯一路上如何行侠仗义、除暴安良;等等。内容之丰富、情节之复杂,均可谓绝无仅有。与此同时,小说饱含诗情画意,既有想入非非的理想主义宣达,也有栩栩如生的现实主义描绘;既写托莱多圣女、牧童的天真无忧和幽默风趣,也写巫师、商人的处心积虑和兴风作浪;既有贡戈拉式旁征博涉、一泻千里的磅礴与夸饰,也有克维多式鞭辟入里、字字珠玑的箴言和警句(这曾在《玻璃硕士》中初露端倪);既有拜占廷小说的险峻与哀艳,也有骑士小说的雍容与夸张。因此,它是一部严格意义上的巴罗克小说。有诗为证:

行人啊,这里没有巍峨的寝冢,
惟有小小的骨灰盒于碑下安葬;
任时光流逝,记忆也随之淡漠,
一代天骄的名字呵,闪烁华光。

浩荡的塔霍,黄沙在两旁流动,
怎比他语言丰富呵,洒洒洋洋;
他的妙语连珠,人们津津乐道,
他的英名是西班牙头上的桂冠。

他的煌煌巨著,部部妙趣横生,
字字精雕细琢,篇篇品格端方;
谁人不惊叹呵,他那高人雅致。

他才华横溢呵，人人敬佩不已，
从西班牙到全世界，人所共知，
面对他的坟冢，惟有热泪如注。[1]

---

〔1〕 卡尔德隆:《〈贝雪莱斯和西吉斯蒙达历险记〉献给奇情异想的塞万提斯的十四行诗》,《塞万提斯全集》,马德里:阿吉拉尔出版社,1949年版,第3页。

卡尔德隆的秘诀

马克思晚年学习西班牙语，所用的课文竟是卡尔德隆的剧本。卡尔德隆(1600～1681)，全名佩德罗·卡尔德隆·德·拉·巴尔卡，于1600年1月17日出生在马德里官宦人家。童年在巴利亚多利德度过，1606年随宫廷迁回马德里。八岁进入耶稣会帝国学院。十岁时母亲去世。父亲原本脾气粗暴，续弦后更是变本加厉。卡尔德隆深受其害。1614年进入阿尔卡拉德埃纳雷斯大学学习逻辑和修辞。翌年父亲病故，他转入萨拉曼卡大学继续学业并先后攻读法律、哲学和神学，同时开始文学创作并显示出叛逆的性格。在校期间因拒交宿舍款被校方监禁。1621年因涉嫌谋害一个叫尼科拉斯·德·委拉斯科的人而遭通缉并不得不潜入奥地利使馆寻求庇护。1622年在教会举办的歌咏大赛中获奖。后放弃神职并进入宫廷，成为宫廷诗人，但不久即因兄弟迭戈负伤而持剑闯入三位一体修道院。事有凑巧，修道院院长恰恰是文坛泰斗洛佩的女儿玛尔塞拉，洛佩因此而对卡尔德隆心生芥蒂。1633年皇宫大剧场的竣工和洛佩的淡出终于为卡尔德隆提供了更好的用武之地。虽然宫廷戏剧和世俗戏剧同源，但大剧场为戏剧家提供了更好展示想象和巴罗克艺术风格的舞台。1635年洛佩·德·维加去世，卡尔德隆填补了洛佩的遗缺并开始独步西班牙文坛。适逢西班牙帝国由极盛走向衰微，上流社会对文学的兴趣已明显降温，许多作家相继封笔。这时，他的作品开始大量流入社会，其影响也由宫廷向社会辐射。1640年，加泰罗尼亚发生叛乱，他应征入伍，是年整四十岁。他随骑兵部队辗转两年，立下了赫赫战功。1642年因伤退伍，此后离开皇宫，担任阿尔瓦公爵的秘书。1651年接受神职，从此开始专心创作宗教剧并不再为公众剧场写作，但仍定期为皇宫提供剧本。1653年出任托莱多天主堂神父。四年后重返马德里。1663年起任国王费利佩四世的荣誉司铎。不久费利佩四世去世，卡洛斯二世即位。后者一度禁止任何戏剧演出。这多少对卡尔德隆晚年的创作造成了负面影响。1681年5月25日，他与世长辞。

卡尔德隆一生创作了数百种剧本，其中以悲剧为主，喜剧次之。主要题材来自世俗生活，但标志性作品中有不少属于传统的宫廷历史剧、神话想象剧和宗教故事剧，尽管最著名的是由他发扬光大的战争题材袍剑剧（de capa yespada）和复仇题材的荣誉剧以及哲理剧、传奇剧等等。其中《人生如梦》、《萨拉梅亚镇长》、《神圣的费洛苔娅》、《精灵夫人》、《十字架崇拜》、《普罗米修斯》等许多剧作至今仍是西班牙国家剧院的保留剧目。较之洛佩·德·维加，他的作品更倾向于神话和传奇、幻想和哲理。背景也常常是遥远的过去、遥远的国度。艺术上，他比洛佩更严谨、更细腻、更雕琢，显示了巴罗克极盛时期西班牙艺术的独特魅力。

卡尔德隆在西班牙剧坛的地位足可与洛佩分庭抗礼。他的早期作品有模仿洛佩的痕迹，但后期作品由于汲取了贡戈拉的夸张和奢华，体现出明显的整合倾向。正因为这种整合倾向，卡尔德隆被认为是西班牙“黄金世纪”的最后一位大师。

一个伟大时代的诞生往往需要璀璨的星群与以照耀；反之，一个璀璨的星群总是与一个伟大的时代相伴而生。对西班牙而言，17 世纪就是这样一个拥有璀璨群星的伟大时代。但是，随着岁月的移易，一些星宿黯淡了，而另一些却依然耀眼。比如塞万提斯，因为拥有《堂吉诃德》而愈来愈光彩照人，而卡尔德隆则因为创作了《人生如梦》而名垂青史。

《人生如梦》（1635）在当时是一出亦真亦幻、非真非幻，亦喜亦悲、非喜非悲的“怪剧”，后人称为哲理剧。它很容易让人联想到大乘宗里的佛陀或《俄狄浦斯王》，但似乎又是对古印度传说和希腊悲剧的一种戏谑性模拟或“解构”。此剧的最早版本发表于 1635 年，说的是波兰国王巴西利奥善观星象，结果发现他的王子齐格蒙特将抢班夺权、成为喜怒无常的一代暴君。因此，王子出生后不久即被送进深山，过与世隔绝的生活。不觉光阴似箭，日月如梭，一眨眼王子已经长大成人。好奇而有担心的国王为了测试自己的星象学是否灵验，决定把王子麻醉后召进宫来。王子醒来，见自己高居国王宝座，顿时不胜惊喜。然而当他得知原委和自己的身世后，又禁不住勃然大怒。国王见状后深信星象已经应验，便又将王子麻醉后送回深山囚禁；王子在山中醒来，见一切都已化为乌有，以为是自己做了个梦。与此同时，国王决定把王位让给他的外甥。但是众大臣及百姓不服，他们苦谏未果后纷纷逃往山林，向王子说明真相并鼓动王子起兵造反。大战伊始，国王的人马即溃不成军。最后，王子攻入首都，国王被迫投降。然而，王子对得来全不费工夫的王位半信半疑，根本不知道眼前的一切是真是假、是梦是醒；或者他大彻大悟，认为人生原本就是一个诸如此类的梦。

这样一出“怪剧”居然大获时人赞赏，在西班牙各地久演不衰。它或可证明“黄金世纪”后期西班牙文学及文学市场所达到的向度和维度确实已经相当深广，也说明卡尔德隆题材选择方面的超凡拔俗、不拘一格，却又入情入理、令人服膺。

与此同时，罗莎乌拉的爱情纠葛作为一条副线丝丝入扣地附着于王子的如梦人生。当王子被国王遣送到遥远的森林时，父亲克洛塔尔多告别幼小的女儿，忠心耿耿地陪伴着、照拂着王子。后来，罗莎乌拉长大成人，她深深地爱上了莫斯科王子阿斯托尔夫并不惜以身相许，岂料阿斯托尔夫是个薄幸之人。她百无聊赖，跟随一个叫克拉林的小丑四处寻找阿斯托尔夫。机缘凑巧，让她与王子相遇相爱，但王子为了罗莎乌拉的名誉和尊严，最终忍痛割爱（并不惜牺牲表妹埃斯特莱娅的爱情），将她许配给了幡然悔悟的阿斯托尔夫，从而成全了一桩美满婚姻。而克拉林作为卡尔德隆笔下最有名、也最具生命力的小丑（同名人物在《荣誉医师》、《爱是最美好的》、《神奇的魔术师》、《妒忌，即使空气也有杀伤力》、《非洲、欧洲、亚洲的三大奇迹》等作品中均有上乘表现），在《人生如梦》中具有多重意义，比如给悲剧注入喜剧因素，为哲学（主题、主角）添加生活色彩等等，从而奠定了小丑在戏剧中的崇高地位。

作品的“人生如梦”观明显具有东方文化的印记。多数学者认为它随着犹太人和《圣经》来到西班牙，同时又与阿拉伯文化（比如苏菲神秘主义）和印度文化融合，成就了卡尔德隆那亦真亦幻、似梦非梦的艺术主题。这一主题不仅反映了16～17世纪西班牙文坛的神秘主义和虚无主义倾向，而且绝妙地给出了诗人对西班牙帝国盛极而衰的慨叹：所谓世事沧桑，如白云苍狗。与这一“大主题”齐头并进的至少还有三个“小主题”：命运、自由和荣誉。命运作为一个永恒的主题，在《圣经》、古希腊文学和佛陀故事中均有体现。《圣经》从失乐园到赎罪到复乐园是一个轮回，俄狄浦斯从被遗弃到破司芬克斯之谜到弑父娶母是一个轮回，佛陀从囹圄到出游到顿悟也是一个轮回。第一个轮回以上帝的告诫和违反告诫的原罪说为契机，第二个轮回由预言贯穿，第三个轮回则是一个梦——大乘宗认为人生本来就是一场梦。

《人生如梦》似乎综合了希腊传说、《创世记》和佛陀故事，从而给出了命运无常的虚无思想。但反过来看，无常又意味着有常。为了打破这种无常的有常，作者使王子放弃了报复和王位，自由地回到了“自然”的怀抱。于是，“小主题”自由意志终于超越了“大主题”命运的羁绊。这无疑暗合了卡尔德隆放弃宫廷生活而皈依宗教的心境。第三个“小主题”荣誉是西方文学的一个永恒的主题。在卡尔德隆的笔下，荣誉源自爱情，又超越爱情，与王子对自由和命运的认识相辅相成。

除了展示哲学思想，卡尔德隆还奉行了情节至上的戏剧观，因此他的剧作不仅结构巧妙，而且常常出奇制胜。像《人生如梦》这样的剧作，即便是经历现代主义和后现代主义洗礼之后的世界文坛，也依然具有迷人的效果。它那奇特的处理方式不仅模糊了现实与梦幻的界限，而且在极其庄严的气氛中演绎了人生无常似有常的游戏法则。于是，最终的最终，是自由和荣誉超越一切(命运、爱情)羁绊，升华成为永恒。

卡尔德隆的艺术思想已经明显超越了文艺复兴鼎盛时期的古典主义理念。不消说，古典主义的一个共同理念是文艺的现实基础。这一点在洛佩的戏剧中非常突出。洛佩的《羊泉村》虽然把背景放在一百年前，但关注的问题却是现实西班牙的统一与分裂。人物和情节的处理也处处紧扣着这一焦点。卡尔德隆则不同，他作为处在西班牙巴罗克艺术鼎盛时期的伟大作家，对古典主义的文艺观采取了游离态度，不再像亚里士多德、贺拉斯和朗吉努斯那样执著于"客观现实"，而是叛逆地把笔触伸向了内心和神秘。从这个意义上说，他更像荷马，关心的是如何"把谎言说圆"。如果说贡戈拉用令人眼花缭乱的变化把巴罗克诗歌发展到了极致，那么卡尔德隆显然是以现实和梦幻的难分难解将巴罗克戏剧推向了巅峰。

悲剧《萨拉梅亚的镇长》(1642)被称做荣誉剧，是弱者战胜强者的故事。话说西班牙国王费利佩二世即将出访葡萄牙，为了确保国王的安全，队长阿尔瓦罗奉命率领人马一路先行。随后，宫廷又派钦差堂洛佩察看道路。他们先后抵达萨拉梅亚镇，发现镇长的女儿伊萨贝尔竟是位绝色美女，便双双爱上了她。机智的镇长不得不与之巧妙周旋，使他们无法得逞。最后，阿尔瓦罗色胆包天，擅自离开队伍，返回萨拉梅亚镇劫持并强奸了伊萨贝尔。镇长怒不可遏，遂带领众人抓住了阿尔瓦罗，并对他处以极刑。国王一行路经小镇，镇长严惩道德败坏者的故事传到了国王那儿。国王不仅没有怪罪于他，反而封他为终身镇长。

镇长佩德罗·克雷斯波集中了那个时代的几乎所有美德：忠于道德、荣誉、尊严和职守，机智而不失勇敢，勇敢而不失仁慈。为了捍卫家人的名誉，他不惜以下犯上。用他的话说：

> 为了国王，我可以/献出庄园乃至生命；
>
> 但灵魂的一切财富，/却只属于吾主上帝。

为了让佩德罗能够以下犯上，作者必得别出心裁，即剥夺始乱终弃者改邪归正的机会。在过去的不少荣誉剧当中，作奸犯科者大多被迫将地位低下或地位相应的受害者明媒正娶，而卡尔德隆却故意将诸如此类的故事、和美德夸张并推向极致。因此，队长必须是个下三赖式的唐璜：作为一名军官，他无视军纪军规；作为一名骑士，他不懂得起码的尊重。他有恃无恐，目空一切，甚至不知道"贱民"也有尊严、也有荣誉、也可以以下犯上并最终要了他的小命。同样，钦差堂洛佩无视佩德罗的要求，认为后者的所谓"荣誉"完全是无稽之谈。堂洛佩虽然好色，却生性胆怯，因此他是另一种意义上的唐璜，一个典型的伪君子：有那个贼心，却无那个贼胆；有那个贼胆，却无那个贼劲。这个"嘴唐璜"最终无法阻止佩德罗得理不饶人的"粗鲁"和"蛮行"，在众人和国王面前也没有讨得任何便宜。

多数学者认为《萨拉梅亚的镇长》是一部相当复杂、多义的作品。围绕百姓和军人、下贱和高贵、荣誉和现实、权力和道统、情感与傲慢以及佩德罗和队长、佩德罗和洛佩、父亲和女儿、父亲和儿子等一系列多维关系，使社会的多元、人性的复杂得到了有效的展示。正因为如此，批评家鲁阿诺·德·拉·阿萨认为"任何批评都无法穷尽这部作品"[1]。

紧随《萨拉梅亚的镇长》之后，当是他的"荣誉三部曲"(《失却名誉的画师》、《荣誉医师》和《秘密伤害与报复》)。《失却名誉的画师》的主人公胡安·罗卡是加泰罗尼亚贵族，此翁为附庸风雅而拜师习画，晚年娶了年轻貌美的塞拉菲娜小姐，尽管后者并不情愿。塞拉菲娜其实另有所爱，却听说心上人阿尔瓦罗已经罹难身亡。胡安·罗卡强人所难，终究没有得到善报。因为阿尔瓦罗回来了，而且趁狂欢节之乱掳走了塞拉菲娜。阿尔瓦罗把塞拉菲娜带到那不勒斯，岂料胡安·罗卡尾随而至。后者装扮成宫廷画师，轻而易举地进入那不勒斯总督府，准备一边替王子的梦中情人画画，一边秘密监视塞拉菲娜和阿尔瓦罗。他根据王子的指示来到一个处所，发现王子的梦中情人原来竟是塞拉菲娜。他杀死了塞拉菲娜和阿尔瓦罗，从而保全了自己的荣誉。《荣誉医师》的主人公古铁雷是位绅士，因怀疑太太红杏出墙而心生杀机。他请来一位医师加以重金贿赂，以便借后者之手让太太神不知鬼不觉地死去。问题是谋杀成功后，猜忌和嫉妒并未消弭。古铁雷准备重新组织家庭，然而未婚妻莱奥诺尔忽然被蒙上了不白之冤。原来有个叫阿

[1] 鲁阿诺：《〈萨拉梅亚的镇长〉序》，马德里：埃斯帕萨-卡尔佩出版社，1988年版，第55页。

里阿斯的家伙偷偷潜入她的房间企图不轨。尽管莱奥诺尔守身如玉，却无法证明自己的清白、消除古铁雷的猜疑。她百口莫辩。最后，古铁雷虽然娶了莱奥诺尔，但悲剧依然潜在，像个无形的旋涡或怪圈。《秘密伤害与报复》的故事发生在里斯本。主要剧情是绅士堂洛佩被太太莱奥诺尔戴了绿帽子。原来，莱奥诺尔在嫁给堂洛佩之前已经爱上了路易斯，却阴差阳错地以为他死了。当后者重新出现在她面前时，二者的爱情便也随即死灰复燃。他们秘密来往，堂洛佩秘密报仇。最后，他保全了名誉，不道德者得到了应有的、秘密的惩罚。生活在继续，一切美好都因为忘却或者不知。

有关卡尔德隆乃至西班牙"黄金世纪"的悲剧多少存在着一些无知和偏见，迄今最具影响的悲剧学家几乎一致认定西班牙"黄金世纪"没有真正意义上的悲剧。用著名学者哈伯特·穆勒的话说："西班牙没有悲剧；西班牙依然是正统的天主教国家，而且等级分明。剧坛泰斗卡尔德隆虽然创作了不少所谓的悲剧，但事实上总是在仁慈和爱国主义的氛围中结束故事，涌动着对上帝、国王、祖国的崇敬之忱。"[1]聊聊数行，就是穆勒在《悲剧精神》中写给西班牙悲剧的几乎全部内容。事实果真如此？当然不是。西班牙有《塞莱斯蒂娜》，有洛佩，还有卡尔德隆和罗哈斯·索里亚等等。问题在于如何界定悲剧。在古希腊，悲剧人物之所以可悲是因为不可抗拒的命运：人物抗拒命运的所有努力，最终只能遭到命运的嘲弄。现代悲剧观则主要源自浪漫主义：浪漫主义笔下的悲剧英雄力图抵抗现实（生活）的滚滚车轮，却最终只能悲壮地牺牲在车轮之下。这和命运悲剧观如出一辙。类似取法可以追溯到莎士比亚的《罗密欧和朱丽叶》甚至更远。和这两者不同的是性格悲剧，像莎士比亚的李尔王或者卡尔德隆的荣誉医师。也许因为人物多少有点咎由自取而显得不那么悲壮、不那么可怜。正因为如此，梅嫩德斯·伊·佩拉约认为在卡尔德隆的作品中，只有六部勉强可以算做悲剧，即以上四部外加《戈麦斯·阿里阿斯的女人》和《怪物之最》。但另有卡学专家如麦柯迪，却认为真正的悲剧只有三部，也就是说《空气的女人》、《戈麦斯·阿里阿斯的女儿》和《怪物之最》。[2] 目前比较流行的说法源自美国学者帕

---

〔1〕 穆勒：《悲剧精神》，纽约：克诺夫出版社，1956 年版，第 149 页。

〔2〕 这三部作品的知名度稍逊于《萨拉梅亚的镇长》和"荣誉三部曲"。其中《戈麦斯·阿里阿斯的女人》基本上是唐璜故事的翻版。《怪物之最》以奥古斯都和安东尼双雄时代为背景，表现权力与爱情的不调和状态以及由此衍生的杀戮。《空气的女儿》写一个叫塌鼻子的小人物，又憨又丑，却因与妻子西雷内收留了士兵弗罗洛而忍气吞声地戴上了绿帽子。《空气的女儿》还有一个续篇，悲剧因素同样缺乏力度。

克，他认为卡尔德隆的悲剧观在于戏剧性（巧合或事件）与人物道德信念之间的冲突[1]。这无疑是很有道理的。换句话说，这种冲突明显介于性格悲剧和现实悲剧之间，或谓兼而有之。然而，卡尔德隆或"黄金世纪"西班牙悲剧之所以不悲的另一个重要原因，也许恰恰在于适值喜剧方兴未艾，西班牙帝国盛极而衰和巴罗克艺术的甚嚣尘上又无疑为搞笑提供了丰厚的土壤。终于，混杂（或谓矛盾）出现了，以至于许多悲剧故事都因为喜剧因素的掺入而有意无意地变成了界限模糊的悲喜剧。

即便卡尔德隆的悲剧不够荡气回肠，他的喜剧家地位却是无可非议的。在其众多的喜剧作品中，《精灵夫人》名气最大。这部作品涵括了喜剧的几乎所有重要因素，有误会，有悬念，有惊奇，有爱情和嫉妒，行动和伪装等等。且说风流倜傥的堂马努埃尔客居在朋友堂路易斯家中，一天他莫名其妙地收到了一份礼物。此后，一个自称为"精灵夫人"的人再三再四地悄悄将精美的礼物和热情洋溢的信件送抵他的房间。于是，随着爱情的误会和嫉妒的衍生，作品免不了悬念迭起，以至于最终人们发现那个"精人"不是别人，而是正人君子堂路易斯的妹妹、一位寡居后院的多情妇。矛盾的焦点在于堂马努埃尔一直被蒙在鼓里，而堂路易斯同妹妹之间的斗争却始终处在白热化状态。这样一来，观众的一腔情绪也便免不了随着堂路易斯的迂腐和堂马努埃尔的懵懂而唏嘘、窃笑。

另一部影响深远的喜剧是《爱情不容嘲弄》。这部作品的复杂程度当不亚于《精灵夫人》：侍从（小丑）莫斯卡特尔恋爱了，但他的主人堂阿隆索却是个爱情虚无主义者。一天，朋友堂胡安·德·门多萨对堂阿隆索说自己有个不情之请。原来堂胡安爱上了俏姑娘莱奥诺尔，但莱奥诺尔的姐姐贝亚特丽斯反对这桩婚事，或者说反对所有男人。为了搬掉这块冥顽不化的绊脚石，堂胡安请求阿隆索设法让贝亚特丽斯爱上他。阿隆索被迫无奈，只好答应下来。于是，一出爱的相爱、不爱的也不能不爱的闹而不癫的喜剧鸣锣开场了。最后，最不喜欢女人的男人和最不喜欢男人的女人假戏真做，成了世上最幸福的一对。类似作品的高明之处多在于情节，在于想象，在于人物关系情理之中、意料之外的铺设与敷衍。

此外，《小手不伤人》可能是最具塞万提斯遗风的一部作品，写男女人物关系的阴差阳错。其中主要人物的生长环境虽然优裕，却并不正常。男主

---

〔1〕 帕克：《卡尔德隆悲剧观的一种界定方式》，《卡尔德隆与批评》（杜朗等编选）第二卷，马德里：格雷多斯出版社，1976 年，第 335～387 页。

人公恺撒·德·奥尔比德罗从小深居简出，周围又是清一色的女性，难免“出落”成一副女人相，但心中深爱着的却是遐迩闻名的公主塞拉菲娜。为了有朝一日接近公主，他拼命练习声乐。功夫不负有心人，他最终获选入宫，成了公主的一位名伶。当然，这时他已化名凯丽雅，而且男扮女装，貌美如花。事有凑巧，就在他得意之际，一位名叫费德里科的骑士不期而至。他是公主无数追求者中最具竞争力的一位，并且单刀直入，直奔公主而来。紧随其后居然还有一位女扮男装的小姐，叫做丽萨尔达，是费德里科的情人。于是误会和笑料接踵而来。先是费德里科对凯丽雅颇有好感，免不了左一个美丽凯丽雅，右一个凯丽雅美丽。然后是丽萨尔达醋劲大发，以为凯丽雅爱上了费德里科。关系可谓盘根错节，错节盘根。

卡尔德隆善于在这些错综复杂的奇特（或谓戏剧性）关系中寻找喜剧因素，从而在总体上已经穷尽了古来戏剧的喜剧因素。亚里士多德谓喜剧因素乃滑稽之事，西塞罗则称之为滑稽之言、滑稽之行。到了“黄金世纪”，西班牙剧坛已然将喜剧的概念和范畴大大拓宽。卡尔德隆则无疑是这方面的集大成者。在他的笔下，喜剧可以是情景的（如《爱情不容嘲弄》），也可以是人物的（如《小手不伤人》中的男女主角）；可以是语言和动作（如《人生如梦》中的小丑），也可以是情绪和思想（如《精灵夫人》）。总之，只要能逗人发笑的，便是喜剧。而作为喜剧中心的人物，却必得一本正经，心甘情愿地因为奇、怪、丑、愚等等而接受“嘲弄”。

与此同时，卡尔德隆的宗教剧也颇具特色，而且数量众多。常有一些学者视《人生如梦》一类的作品为宗教剧，而另一些学者却通常不把《神奇的魔术师》一类的作品纳入宗教剧的范畴，盖因这后一类作品的主要场景是描写魔鬼如何“帮助”人们猎取爱情、满足欲望的（尽管结局总是信奉上帝的宗教战胜邪恶的魔鬼）。可见是见仁见智，难求一致。但公认的宗教剧依然多达数十种，其中有《心向玛利亚》、《因为存在的理由而心向上帝》、《人的食粮》、《罗马圣年》、《马德里圣年》、《像爱自己那样爱你的同类》、《弥撒崇拜》、《世界大剧场》、《世界迷宫》、《时时充满奇迹》、《伽尔默罗第一花》、《圣王费尔南多》（二部）、《主的影子》、《宝藏》、《巴比伦塔》等等。由于西班牙“黄金世纪”的多数著名作家都是教士出身，宗教剧原是不胜枚举；但囿于方法和主旨的限制，它们又难免多了些相似，少了些个性。而卡尔德隆最有名的作品恰恰是那些似宗教剧而非宗教剧，即《人生如梦》一类。

和塞万提斯一样，卡尔德隆更像是一位“未来主义”作家。这里所谓的“未来主义”当然不是马里内蒂等人鼓吹的现代主义意义上的未来主义，而是真正面向未来、跨越时代的超前艺术。比如塞万提斯的元小说或元文学写作，比如卡尔德隆消解现实与梦幻的努力，不正是20世纪后几十年诸多“前卫”理论家、艺术家捣鼓的“时新”玩意儿？但塞万提斯命运不济，一天也没有享受到众望所归的荣耀。而卡尔德隆却年纪轻轻即被时人定于一尊，后来更是众星捧月、独步文坛。

歌德崇敬卡尔德隆并在《浮士德》中大段大段地模仿卡尔德隆已是不争的事实。席勒、雪莱和屠格涅夫推崇卡尔德隆也早已传为美谈。加缪则几乎对后者的一些作品崇拜得五体投地。而马克思晚年自学西班牙语的首选课本恰恰也是卡尔德隆的戏剧。马克思说：“我现在正抽空学西班牙文，从卡德龙〔1〕学起。歌德在写他的《浮士德》时不仅在个别地方，而且整场整场地汲取了卡德龙的《神奇的魔术师》——天主教的浮士德。此外，说来可怕，用法文不能阅读的东西，却用西班牙文读完了，如沙多勃利昂〔2〕的《阿塔拉》和《勒奈》，贝尔纳丹·德·圣比埃尔〔3〕的东西。现在我拼命读《堂吉诃德》。我发现，学西班牙文的初期比学意大利文要更多地求助于字典。”〔4〕

卡尔德隆在西班牙的影响足可与塞万提斯、洛佩和贡戈拉媲美。他的某些作品的影响甚至超过了洛佩的任何一部作品。因此，在17世纪后半个世纪卡尔德隆独步文坛之际，年轻作家无不对他趋之若鹜，从而形成了一个庞大的“卡尔德隆家族”。

---

〔1〕 即卡尔德隆。

〔2〕 即夏多布里昂。

〔3〕 即贝尔纳丹·德·圣皮埃尔。

〔4〕《马克思恩格斯全集》第28卷，第355页。

文学“爆炸”刍议

当中国文人正在战争和运动的漩涡中艰难挣扎的时候，拉丁美洲文学在大洋彼岸光荣地“炸”开了。它以磅礴的气势、令人眼花缭乱的姿态，使所有文学爱好者为之慨叹：一个经济相对落后的地区，一夜之间将其文学推向了世界。

毫无疑问，拉丁美洲文学“爆炸”的主要标志是小说的崛起。这是因为，曾几何时，拉美还是“一部没有小说家的小说”（秘鲁作家阿尔贝托·桑切斯语），以至于20世纪30年代，南美还流传着这样的奇闻：诗人是缪斯的宠儿，他们外出旅行时可以免费乘车；小说家则不然，因为他们是缪斯的弃儿，没有钱就寸步难行（智利作家路易斯·哈斯语）。故事属实与否已无从查考，事实是拉美小说起步很晚；但正所谓“一张白纸能画最新最美的图画”，拉美小说不仅迅速崛起，而且以巨大的创作活力和创新精神推动了20世纪世界文学的澎湃潮流。

这不能不说是一种奇迹。

是的，这的确是一种奇迹。20世纪40年代以后，由于特殊的文化历史原因并受不断变化拓展更新的西方文学艺术的影响，由于拉丁美洲社会的畸形发展——各种传统形态和方法在这里根深蒂固、长存不衰而新思潮、新观念又纷至沓来、层出不穷；由于这块处于不同文明的交叉路口的处女地对几乎所有事物都兼收并蓄、来者不拒……拉丁美洲终于迎来了文化的全面振兴——小说的悄然崛起。

于是，丑小鸭变做天鹅，灰姑娘成了公主；昔日离乡背井，衣衫褴褛，满脑子皆是乔伊斯、福克纳的浪子，转眼间已然西装革履，风度翩翩：头戴博士帽，脚踩奔驰车；一手搀着欧洲美女的纤腰，另一手高举威士忌酒杯，却言必称拉—丁—美—洲。

于是，拉丁美洲小说佳作纷呈，气象万千，阳春白雪和下里巴人各得其宜，象牙之塔和人生舞台并行不悖；兴观群怨应有尽有，空灵飘逸亦无不可，俨然是个赤橙黄绿青蓝紫杂然纷呈的七彩世界。

一

20世纪40年代初，阿根廷作家阿道夫·比奥伊·卡萨雷斯面对拉美风俗主义小说的“不可逆转”以及欧美情节小说的“已然衰微”和心理小说的“悄然兴起”，创作了划时代的《莫雷尔的发明》(1940)。此作的“幻象性建构”超前地运用不确定原理，将现实与幻想浑然“杂烩”了。然而，小说出版后并未激起多少涟漪，原因固然是多方面的，但主要却是它的大量“幻象性描写”消解了现实与幻想的界线，使情节太“玄乎”，形象太含混，内容太多义，结构太不合人们的思维模式与阅读定势。唯有他的同胞豪尔赫·路易斯·博尔赫斯慧眼独具，他写了一篇热情洋溢的序言，盛赞《莫雷尔的发明》。他说：《莫雷尔的发明》巧妙地融情节小说、心理小说、幻想小说和方兴未艾的科幻小说于一炉，“幸运地超越了丹特·加布里耶尔·罗塞蒂[1]用令人难忘的诗句吟诵的：我曾经到过此地，却不知何时、何如，我只知门外有草地/有馨香/有叹息/有阳光普照的海岸……，给我们的大陆、我们的语言文学带来了希望”[2]。

翌年，阿根廷作家马塞多尼奥·费尔南德斯的《一部开始的小说》、埃德华多·马耶阿的《一切绿色终将枯萎》和博尔赫斯的《交叉小径的花园》及乌拉圭作家胡安·卡洛斯·奥内蒂的《无主的土地》等作品，以奇妙的想象、崭新的手法或独特的心理描写，打破了拉美小说界风俗主义一统天下的局面。是年，除却秘鲁作家西罗·阿莱格里亚的《广漠的世界》，其余几部有影响的作品如厄瓜多尔作家迪埃斯·埃塞科的《无时的人们》和墨西哥作家何塞·雷布埃尔塔斯的《水墙》等，在形式或题材上均新意盎然。

此后，拉丁美洲小说开始了它的多元化发展道路。在幻想小说方面，博尔赫斯接二连三地发表了《杜撰集》(1944)、《阿莱夫》(1949)和《死亡与罗盘》(1951)等短篇小说集，一步步走向他幻想的终极归宿：形而上学的玄虚。同时，比奥伊·卡萨雷斯出版了《逃亡计划》(1945)、《英雄之梦》(1954)、《奇闻》(1956)等中、长篇小说。此外，另一位阿根廷作家胡利奥·科塔萨尔的前期作品《动物寓言》(1951)和《游戏的结局》(1956)，以及墨西哥作家胡安·何塞·阿雷奥拉的短篇小说集《臆想种种》(1949)和《寓言集》(1952)等也是颇具特色、脍炙人口的幻想小说。

---

〔1〕 罗塞蒂(1828～1882)，英国诗人。

〔2〕 博尔赫斯：《〈莫雷尔的发明〉序》，布宜诺斯艾利斯，1940年版，第3页。

这时，拉丁美洲小说已经明显内倾。阿根廷作家埃内斯托·萨瓦托的《地洞》(1948)、埃德华多·马耶阿的《灵魂的敌人》(1950)和《塔》(1951)、卡洛斯·马桑蒂的《替物》(1954)、佩蒂特·德·姆拉特的《伸向死亡的阳台》(1943)、马丁内斯·埃斯特拉达的《玛尔塔·里盖尔梅》(1956)、智利作家玛尔塔·布鲁内特的《梦之根》(1949)、哥斯达黎加作家约兰达·奥雷阿姆诺的《潜逃之路》(1949)、哥伦比亚作家埃德华多·卡巴耶罗·卡尔德隆的《背后的基督》(1952)、墨西哥作家何塞菲娜·维森斯的《空洞的书》(1958)等都是当时较有影响的心理小说。

此外，通过拉丁美洲印第安人、黑人或混血农民的集体无意识，表现拉丁美洲社会落后与神奇的作品大量涌现(后来这些作品被统称为魔幻现实主义)，并且在20世纪50年代取代了风俗主义的土著主义小说，成为拉丁美洲小说走向世界的第一个独创性流派。它们主要包括古巴作家阿莱霍·卡彭铁尔的《这个世界的王国》(1949)和《消逝的脚步》(1953)、危地马拉作家米格尔·安赫尔·阿斯图里亚斯的《玉米人》(1949)、墨西哥作家胡安·鲁尔福的《彼得罗·巴拉莫》(1955)、秘鲁作家何塞·马里亚·阿格达斯的《深沉的河流》(1958)、墨西哥作家卡洛斯·富恩特斯的《戴假面具的日子》(1954)和巴西作家吉马朗埃斯·罗萨的《舞蹈团》(1956)等等。

与此同时，形式创新蔚然成风。在日后被称为结构现实主义小说的作品中，米格尔·安赫尔·阿斯图里亚斯的《总统先生》(1946)、阿莱霍·卡彭铁尔的《追击》(1956)、卡洛斯·富恩特斯的《最明净的地区》(1958)和阿根廷作家曼努埃尔·姆希卡·拉伊内斯的《家》(1954)及莱奥波尔多·马雷查尔的《亚当·布宜诺斯艾利斯》(1948)堪称杰作。

诚然，拉丁美洲小说的写实传统并没有消失。它拓宽了题材，表现形式也由平铺直叙趋于变幻曲折。在这些作品中，种族、民族和阶级矛盾，社会、家庭和个人生活都有精彩的表现。其中影响较大的有反帝、反殖主题的作品如阿斯图里亚斯的《香蕉三部曲》(1950～1960)，反映印第安土著生活的作品如墨西哥作家罗萨里奥·卡斯特亚诺斯的《土著巴龙——伽南》(1957)，表现劳资矛盾的作品如何塞·雷布埃尔塔斯的《人祭》(1943)，表现妇女问题的作品如阿根廷作家贝阿特丽斯·吉多的《天使之家》(1954)，反映青少年问题的作品如阿根廷作家罗杰尔·普拉的《鲁宾逊们》(1946)、曼努埃尔·加尔维斯的《贼子》(1951)，描写工人生活的作品如墨西哥作家奥古斯托·塞斯佩德斯的《魔鬼的金属》(1946)、哥伦比亚作家奥索里奥·利萨拉索的《地下的人们》(1944)，再现农村生活的作品如智利作家埃德华·

巴里奥斯的《魔鬼先生》(1948)、墨西哥作家马多里西奥·马格达莱诺的《大地》(1949)和巴西作家亚马多的《土地三部曲》(1943—1946)等，以及表现现代人自我失落、人性异化、道德沦丧的作品如卡洛斯·奥内蒂的《短暂的生命》(1950)、阿根廷作家戴维·维尼亚斯的《无情岁月》(1956)、墨西哥作家塞尔西奥·费尔南德斯的《失去的标记》(1958)，等等。

20世纪六七十年代，拉美小说全面“炸开”：创作题材进一步拓宽，内容进一步深化，形式创新趋于自然。老博尔赫斯不遗余力，创作了《市罗迪的报告》(1970)、《沙之书》(1975)等，以他拿手的幻想和哲理编织新的人生——艺术迷宫；“魔术师”比奥伊·卡萨雷斯推出了新的游戏《猪战》(1969)和《女人的英雄》(1979)，使业已圆熟的幻想手法愈来愈空灵飘逸；阿斯图里亚斯和卡彭铁尔则比以前更加“介入”：前者发表了带血的《混血女人》(1963)、《马拉德龙》(1969)和《多洛雷斯的周五》(1972)，反美情绪有增无减，后者出版了历史小说《启蒙世纪》(1962)和反独裁小说《方法的根源》(1974)，批判、暴露之势益猛；埃内斯托·萨瓦托继续向内心世界掘进，写出了长篇巨著《英雄和坟墓》(1962)、《屠夫阿巴顿》(1973)；科塔萨尔以《掷钱游戏》(1963)开创了崭新的小说形态：结构形象化；富恩特斯以《阿尔特米奥·克鲁斯之死》(1962)和《我们的土地》(1975)展示了他非凡的现实穿透力和圆熟的心理描写技艺；哥伦比亚作家加夫列尔·加西亚·马尔克斯以登峰造极的魔幻现实主义手法创作了惊世骇俗的《百年孤独》(1967)和《家长的没落》(1975)；秘鲁作家马里奥·巴尔加斯·略萨以炉火纯青的结构现实主义形式再现了南美热带丛林的神奇：《城市与狗》(1960)、《绿房子》(1965)、《酒吧长谈》(1970)、《劳军女郎》(1973)和《胡利娅姨妈与作家》(1977)；擅长思索的奥内蒂以《造船厂》(1961)、《收尸人》(1964)和《障碍》(1973)洞察南美社会，表现出无与伦比的深沉与含混；熟谙民情的吉马朗埃斯·罗萨以《故事初集》(1962)和《图塔梅亚》(1967)重构腹地神话，横扫了巴西风俗主义的“残骸”；亚马多以不变应万变，在《老船长》(1961)、《夜间牧场》(1964)、《弗洛尔太太和她的两个丈夫》(1966)中继续保持其写实主义优势；委内瑞拉作家乌斯拉尔·彼特里的《一张地图》(1962)、《戴假面具的季节》(1964)和《独裁者的葬礼》(1976)再次展示了他的形而上学和他表现历史题材的娴熟技艺；马里亚·阿格达斯的《所有的血》(1964)和《山上山下的狐狸》(1971)等以作者一贯的悲壮和深沉叙述人生命运的无谓与坎坷；智利作家何塞·多诺索在《周末轶事》(1966)和《污秽的夜鸟》(1970)中依然徘徊在入世和出世之间；乌拉圭作家马里奥·贝内特蒂的《情断》(1960)和《感谢火》(1964)揭去了“南美巴黎”蒙得维的亚的面纱，对之进行了多角度的观照；阿根廷作家曼努埃尔·普伊格在《红红的小嘴巴》(1969)、《蜘蛛女之吻》(1976)、《天使的阴阜》(1979)中现身说法，大胆涉足同性恋问题；阿根廷作家罗多尔福·沃尔什的《谁杀死了罗森多》(1969)和墨西哥作家拉法埃尔·贝内特的《蒙古阴谋》(1969)开创了拉丁美洲的新侦探小说。

同时，女权主义小说在拉美兴起。女作家埃莱娜·加罗的《忆前途》(1966)、埃莱娜·波妮娜多伏斯卡的《直到我不再见你》(1969)、西尔维娜·布丽奇的《资产者》(1964)等等，展示了拉丁美洲的另一半世界。

此外，古巴作家莱萨马·利马的《天堂》(1966)、加夫列拉·因方特的《三只悲虎)(1965)、塞维罗·萨尔图伊的《表情》(1963)和《眼镜蛇》(1972)等，向世界炫示了具有加勒比风采的新巴罗克主义。它远承17世纪西班牙作家，近受超现实主义影响，浓墨重彩、细致入微地表现了加勒比地区不拘一格的自然形态(光怪陆离的热带雨林和妙不可言的原始景物，连同其一切变形与共生)和扑朔迷离的现实状态：它的结构与本原、历史与文化、黑人与印第安人……

墨西哥作家古斯塔沃·萨因斯、何塞·阿古斯丁、维森特·莱涅罗却返璞归真，把写实主义推向了极端。《加萨波》(1965)、《侧面》(1966)、《Q学》(1965)等“波段小说”，以“摇滚青年”为对象，主张文学与现实趋同，追求“纯客观形式”，广泛采用“照相术”、“录音术”和“传真术”，把现实场景“原封不动地移植到小说中来”。

初露头角的姑且不论，六七十年代饮誉世界的拉美小说家至少还应包括阿根廷的马尔塔·林奇(《红色地毯》[1962])、曼努埃尔·佩伊罗(《行动与灰烬》[1963]、《反戈一击》[1966])，波多黎各的何塞·路易斯·贡萨莱斯(《走廊》[1972])，巴西的埃里科·维里西莫(《大使先生》[1968])，古巴的雷伊纳尔多·阿雷纳斯(《迷幻世界》[1969])、利桑德罗·奥特罗(《状态》[1963])、巴勃罗·阿尔曼多·费尔南德斯(《告别孩子》[1968])，哥伦比亚的埃杜阿尔多·卡巴亚诺·卡尔德隆(《曼努埃尔·帕丘》[1962]、《好野人》[1966])，埃克托尔·桑切斯(《圈套》[1969])，乌拉圭的拉洛斯·马丁内斯·莫雷诺(《剩余时间》[1960]、《高墙》[1963])、费里斯佩尔多·埃尔南德斯(《记忆的土地》[1967])，厄瓜多尔的阿尔西诺·拉米雷斯·埃斯特拉达(《证据》[1967])、德梅特里奥·阿吉莱拉·马尔塔(《将军绑架案》[1973])，墨西哥的塞尔西奥·加林多(《龙套》[1964]、《结》[1970])、埃米利奥·帕切科(《你将客死他乡》[1967]、《你将有去无回》[1973])、加西亚·蓬塞(《邀请》[1972])、路易斯·思波塔(《愤怒的时候》[1960]、《盒子》[1967]),萨尔瓦多·埃利松多(《法拉比乌》[1965])、费尔南多·德尔帕索(《何塞·特里戈》[1966]、《墨西哥的帕里努罗》[1977])、豪尔赫·伊巴尔古恩戈伊蒂亚(《八月雷电》[1965]),尼加拉瓜的塞尔西奥·拉米雷斯(《辉煌时代》[1970]、《你怕流血吗》[1975])、利桑德罗·查维斯·阿尔法马(《给我土地》[1969]),秘鲁的奥斯瓦尔多·雷伊诺索(《十月无奇迹》[1965])和埃德蒙多·德罗斯里奥斯(《真正的游戏》[1968]),巴拉圭的罗阿·巴斯托斯(《人子》[1959]、《我,至高无上者》[1974]),委内瑞拉的奥特罗·西尔瓦(《欲泣无泪》[1970])及阿德里亚诺·贡萨莱斯·莱昂(《便携式国家》[1968])等等。

他们表现了可表现的几乎一切内容,尝试了可尝试的几乎一切形式:从初民神话传说到扑克牌小说,从动物寓言到自娱性游戏,从语言的净化、诗化到"淫化"或解构,从时间的滞留、平行到时序的逆转、时空的错乱,从万能的叙述者到"无能"的叙述者,从平铺直叙、有始有终到形式的"非形式化",或"开放式结构"、"复合式结构"、"组合式结构"、"套盒式结构"及"形象结构"、"心理结构"、"音乐结构"、"耗散结构"等等。

面对这繁荣昌盛,这百态千姿,人们不约而同地冠之以"爆炸"(boom)这般响亮的字眼儿。

如众所知,"boom"是炸弹爆炸的象声词,在西方它又常被用来比喻商品热。这种商品热使某些商品风靡一时,成为难以抗拒的诱惑。此类现象为当今消费社会司空见惯。近半个世纪以来,随着拉美资本主义的畸形发展,一些国家出现了"经济奇迹","钱多得花不完"。转眼间,到处是洋洋大观的现代化都市、美轮美奂的摩天大楼。城市与农村拉开距离,综合国力和消费水平比例失调。当时,在圣保罗、墨西哥城、加拉加斯、布宜诺斯艾利斯等地先后出现了住房热、汽车热、电器热等等。至于拉丁美洲小说何以"热"起来,则与文学商品化不无关系。消费社会,一切都以市场为杠杆、消费为目的,作为精神商品的文学当然不能例外。20世纪中叶,拉美出版业兴旺发达,图书广告几乎在所有大众传播媒介均占有一席之地。出版商多如牛毛,且都富得滴油。然而,文学商品化也客观上推动了拉丁美洲小说的发展。巴尔加斯·略萨说过:"出版商在拉美小说爆炸中牟取暴利,但也扩大了拉美小说的影响。"1960年代,拉美小说打入超级市场,销量倍增,印数惊人。以科塔萨尔的《掷钱游戏》和加西亚·马尔克斯的《百年孤独》为例,前者在1968年一年之间就由南美出版社独家再版三次;后者则十年之内(1967—1976)在仅阿根廷一国便行印四十六次,且不说西班牙和拉丁美洲其他国家。不仅如此,文学商品化还使许多作家走上了职业化创作道路。

同时,拉丁美洲作家身价倍增。令他们至今引为自豪、颇多感慨的是:拉丁美洲终于有了一字千金的小说家!不是吗?富恩特斯、科塔萨尔、加西亚·马尔克斯都曾以数千美元的高价,为西方刊物题词。

无疑,拉丁美洲小说的"爆炸"与西方读者的推崇是分不开的。富恩特斯、科塔萨尔都曾表示:西方读者的青睐大大激发了他们的创作热情。自20世纪40年代智利女诗人加夫列拉·米斯特拉尔获得诺贝尔文学奖起,拉丁美洲文学这个后起之秀引起了西方读者的普遍关注。许多作品一问世即被译成多种文字,在欧洲、北美和全世界广为流传。迄今为止,被译成英、法、德、俄、意等主要欧洲文字的拉丁美洲小说早已不知其数。像《总统先生》、《彼得罗·帕拉莫》、《城市与狗》、《阿莱夫》、《绿房子》、《百年孤独》、《启蒙世纪》、《家长的没落》等以几十种文字在全世界流行的作品亦非个别。随之而来的是各种奖金和荣誉。不少拉美小说在欧洲成为"最畅销书"或被闻名遐迩的西方导演搬上银幕。许多拉美作家被牛津、剑桥、哈佛等著名高等学府授予名誉博士学位。丑小鸭变成了白天鹅,灰姑娘摇身一变,登上了大雅之堂。巴尔加斯·略萨当上了国际笔会主席,米斯特拉尔、阿斯图里亚斯、聂鲁达、加西亚·马尔克斯、奥克塔维奥·帕斯、德里克·沃尔科特等接二连三地摘取了诺贝尔文学奖桂冠。欧美作家盛赞拉美小说。《百年孤独》被誉为"20世纪的《堂吉诃德》";《掷钱游戏》被奉若神品,仅法国就有好几个《掷钱游戏》研究会。

相形之下,西方文学就逊色得多。这或许印证了法国智者蒙塔涅的预言:"新大陆辉煌升腾之日,旧世界黑暗沉沦之时。"拉丁美洲文学,尤其是小说的繁荣与同时期欧洲文坛的萧条恰成对照。难怪巴尔加斯·略萨声称:当欧洲有普鲁斯特和乔伊斯时,他们自给有余。但如今欧洲只有罗伯—葛里耶和萨洛特,他们怎能不改变态度,去关注更有趣、更生动、更迷人的外部世界?"列位不妨找找,当今欧洲文坛有几位堪称大师?寥若晨星。又有哪部作品可与《启蒙世纪》或《百年孤独》媲美?没有。因为欧洲文学正经历着可怕衰老和危机……"[1]拉丁美洲当代文学在林林总总、浩如烟海的世界文坛如此光彩夺目,连让—保尔·萨特也发出过类似慨叹:"执当今世界文学之牛耳者,乃拉丁美洲作家。"能不谓之神奇乎?

---

〔1〕 转引自乔·罗·库尔特·哈德:《文化综合体》,《拉丁美洲在文学中》,第71页,墨西哥二十一世纪出版社,1972年版。

真可谓青出于蓝而胜于蓝。步欧洲作家后尘达数百年之久的拉美作家居然赶上和超过了他们的老师。世界文学的中心第一次移到了南美大陆。世人再不能对他们视而不见。多少人通过他们绚丽多彩的传神妙笔，领略了南美热带丛林那令人触目惊心、魂销神迷的奇风异俗和社会现实，从而对拉丁美洲文学更加“趋之若鹜”。[1]

诚然，拉美文学的崛起首先受惠于欧洲文学。自1930年代博尔赫斯翻译卡夫卡的作品到1960年代《尤利西斯》的全译本在拉美发行，古往今来西方文坛乃至许多东方文坛的名家名作被一股脑儿地翻译介绍到拉丁美洲，造就了一大批集创作、翻译与评论于一身的学者型作家。此外，20世纪中叶崛起的拉丁美洲新一代作家大都直接经受了欧美文化的熏陶和当时欧洲文坛涌动的形形色色思潮、流派的冲击、洗礼。其原因就是拉丁美洲同欧洲、美国之间难以割舍的历史文化渊源和政治经济关系，当然还有拉丁美洲国家各式各样的专制制度。

嘲弄历史者，终究要被历史嘲弄。拉丁美洲独裁者的命运无不印证了这一规律。早在19世纪初叶，代表封建大地主阶级的“考迪罗”(Caudillo)政权就曾使大批拉丁美洲作家流亡欧洲。譬如，开拉美浪漫主义先河的埃斯特万·埃切维里亚和拉美反独裁小说鼻祖萨尔米恩托都体验过流亡生活。他们先后远涉重洋，到达法国和英国，受到欧洲浪漫主义运动的熏陶。不久，他们“浪子回头”，把浪漫主义精神带到了拉丁美洲，对拉丁美洲文学乃至社会的全面发展产生了深远的影响。20世纪，从“考迪罗”脱胎而来的“猩猩派”(Gorila)独裁统治继续蔓延滋长，使无数志士仁人背井离乡、亡命海外。像卡彭铁尔、阿斯图里亚斯、加西亚·马尔克斯、巴尔加斯·略萨、何塞·多诺索、卡洛斯·奥内蒂、罗亚·巴斯托斯、科塔萨尔等当代拉丁美洲小说家年轻时都曾流亡欧洲、美国，受到欧美文学的直接影响，但此后他们不仅义勇之气依然，而且比以往更擅文章，益发成了拉美人民反对专制制度的中坚力量。

可见，拉丁美洲当代小说也不是无本之木、无源之水。拉美当代作家成功的秘诀是博采众家、取其所长，亦即我国五四作家所取法的拿来主义——正确处理了民族性与世界性、继承与扬弃、借鉴与创新的关系。一如青年鲁迅，加西亚·马尔克斯模仿过——诚如他多次声明的那样，他摹仿过卡夫卡、海明威、乔伊斯和福克纳，然而却以登峰造极的魔幻现实主义手法闻名

[1] 布拉什伍德：《二十世纪西班牙语美洲小说》，墨西哥1984年版，第9页。

于世；科塔萨尔说爱伦·坡给了他想象的尺度，伍尔夫给了解打开心灵奥秘的钥匙，然而他的作品却被欧美作家誉为“感觉和意识的百科全书”；博尔赫斯深受欧美幻想小说的影响，但却后来者居上，成了当代世界文坛冠绝一时的幻想小说大师；富恩特斯和巴尔加斯·略萨也曾受惠于欧美作家，但最终都以炉火纯青的结构现实主义手法和南美风骨享誉全球……

总之，拉丁美洲当代作家无不是站在同时代外国作家的肩膀上跻身于世界文坛的。他们虽然大都在欧洲参加过各种文学团体，但却具有一个共同的信念：他们的作品将表现拉美现实，将有浓厚的番石榴芳香和斑斓的美洲色彩。这种信念导致了影响深远的文学“寻根”运动。它始发于 1940 年代，是拉丁美洲作家在借鉴外来文化过程中产生的一种独立姿态。从广义上说，“寻根”运动意在发扬光大玻利瓦尔的美洲大同思想；从狭义上说，它重新发现并确立了美洲印第安文化的重要地位。

西班牙征服美洲之前，印第安人在辽阔的美洲大地创造了灿烂的玉米文化和丰富的神话传说。西班牙殖民者入侵时，这笔宝贵的遗产被毁灭殆尽。无文字记载的历史逐渐被岁月的风尘所淹没，有文字记载的也难逃一劫，故而幸存下来的多已残缺不全，难以卒读。我们目前所能见到的古印第安文学如诗歌、戏剧、神话传说等等，几乎都是 20 世纪 40 年代开始发掘、整理并翻译成西班牙语的。不消说，魔幻现实主义的产生当首先归功于“寻根”运动，而非通常认为的土著主义小说。换言之，魔幻现实主义亦即拉丁美洲的“寻根文学”。

当然，文化离不开经济。前面说过，20 世纪中叶是拉丁美洲经济飞速发展时期（尽管这种发展有时是不平衡的，甚至是病态的）。许多国家通过外资、合资等各种渠道，开发自然资源，扩大对外贸易，振兴民族经济。拿墨西哥来说，1930 年代后经济政策一直比较开放、稳定，国民经济迅速、持续发展。1940～1950 年，其国内生产总值以年平均 6·7%的速度增长；1950～1960 年又继续以年平均 6·2%的增长率稳步上升。1960 年代，经济发展较快的阿根廷、巴西、委内瑞拉的国内生产总值的年增长率也都在 6%以上。1970 年代初，这几个国家的国民收入（人均）达到了千余美元，有的国家如阿根廷和墨西哥，竟超过了两千，创造了“经济奇迹”，被国际经济组织誉为“中等发达国家”。经济发展为社会文化事业奠定了基础。拉丁美洲国家的文化教育事业迅速发展。1950 年代以来，仅墨西哥就兴建了三十余所新大学，其中 2/3 以上是公立的。

据 1970 年统计，墨西哥城拥有日报二百余种，周报九百余种，其他各种刊物一千七百余种。而最南边的布宜诺斯艾利斯则已然是一座“名副其实的世界性城市”(阿尔贝托·桑切斯语)。它不仅对所有人种,而且对所有宗教信仰、哲学思想和文学观念都敞开大门,来者不拒。它发行的刊物不但种类繁多,而且采用不同语言,其中常见的有西班牙语、意大利语、德语、英语、法语、阿拉伯语、意第绪语、俄语等等。文化教育事业的发展提高了全民文化素质,扩大了知识分子队伍,为拉丁美洲文学的发展创造了良好的环境。

拉丁美洲小说崛起的另一个客观因素是古巴革命的胜利。古巴革命的成功鼓舞了一大批进步作家并为之提供了一个安全、可靠的后方。1960年代,拉美文坛最活跃、最有生气的作家如加西亚·马尔克斯、巴尔加斯·略萨、科塔萨尔、富恩特斯、贝内特蒂、萨瓦托等,在古巴周围结成了广泛的统一战线。

与此同时,拉丁美洲破天荒第一次形成了一支专业化理论队伍,使拉丁美洲文学这艘“双桅船”能够急起直追,扬帆远航。这支队伍主要来自创作界,同时熟谙西方文论,具有开阔的视野、精良的武器。举凡阿尔贝托·桑切斯、路易斯·哈斯、费尔南多·阿莱格里亚(智利),诺埃·吉特里克、阿道夫·普里埃托、安德森·因贝特(阿根廷),胡利奥·奥尔特加(秘鲁),安东尼奥·埃迪多(巴西),何塞·路易斯·马丁内斯、拉蒙·西拉乌、路易斯·莱阿尔(墨西哥),安赫尔·拉马(乌拉圭),费尔南德斯·雷塔马尔(古巴)、安赫尔·弗洛雷斯(哥斯达黎加)等,都是深孚众望、素质极佳的拉丁美洲作家兼评论家。此外,拉丁美洲文坛健康、善意的批评与自我批评之风日盛。富恩特斯的《西班牙语美洲新小说》(1969)对卡彭铁尔、博尔赫斯、科塔萨尔、加西亚·马尔克斯、巴尔加斯·略萨等拉丁美洲同行都有恰如其分的评价。洋洋洒洒的《加夫列尔·加西亚·马尔克斯:我神者的历史》(1971)是巴尔加斯·略萨的博士论文。加西亚·马尔克斯的《和巴尔加斯·略萨侃拉美文学》(1967)纵横捭阖,有褒有贬精彩之至。卡彭铁尔的《一个巴罗克作家的简单忏悔》(1964)是拉丁美洲作家自我解剖的杰作。何塞·多诺索的《我与文学“爆炸”》(1972)真实地再现了1962年康塞雷西翁大会之后拉丁美洲作家团结奋斗、走向世界的奕奕风采。此外,萨瓦托、科塔萨尔、博尔赫斯等,也都有类似的作品问世。从古巴式的马克思主义到美国式的形式主义,不同思潮、不同流派、不同方法,在拉美文论中均占有一席之地。西、葡文学首次形成了健康善意、建设性多样化的批评风格。人们尽可以不赞同博尔赫斯的虚无主义,但却并不怀疑他的过人的才华;反之,博尔赫斯也没有因为自己被幻想作家定于一尊而无视或否定拉丁美洲的写实主义传统和其他作家的创作自由。

必须说明的是，西、葡文化从塞万提斯、贡戈拉或卡蒙斯到毕加索、达里或米罗或帕斯，产生过许多伟大的作家、艺术家，但却从未孕育出一个世界级的大哲学家、文论家。这是一个明摆着的事实，也是西、葡文化和德、英、法文化的不同之处。这并不是说西、葡文化劣于德、英、法文化，而只能说明西、葡文化较之这几种文化缺乏思辨传统。从马克思主义的经济基础与上层建筑的关系说看，这是因为思辨较之文学艺术创作，同政治、法律、道德、宗教等其他上层建筑的关系更为密切，因而也更受经济基础的制约。所以，一个政治经济和科学技术相对落后的国家或地区很难产生一流的哲学家、文论家，却能创作出一流的文学艺术作品。西班牙、葡萄牙虽曾称雄世界，但那是在文艺复兴之前，所以它们都曾有过辉煌的神学和博大精深的宫廷礼仪。如此差异，使西、葡文学和其他欧洲文学，尤其是德、英、法文学形成了截然不同的发展态势：西、葡文学常常先有作品后有主义，而德、英、法语文学则时常相反。人文主义、古典主义、浪漫主义、自然主义及形形色色的现代主义都是明证。西、葡文学即使是先有主义，那主义也常常是外来的。

20世纪，随着科学技术的突飞猛进和电子信息时代的来临，给经济相对落后的国家和地区提供了许多“跳跃式发展”的可能性。这时，西、葡文学，尤其是拉美文学的创新机制迅速形成。拉美文坛左右逢源，充满活力。

综上所述，“爆炸”原指拉丁美洲文学，尤其是拉丁美洲小说的突然崛起及其在世界范围产生的轰动效应，其形象性、生动性自不待言。然而，“爆炸”毕竟过于宽泛，难以说明现象本身的内涵外延、来龙去脉。于是就有人归类命名；名目通行既久，也便约定俗成了。目前拉丁美洲小说常用的魔幻现实主义、结构现实主义、心理现实主义、社会现实主义及幻想派等名称、术语大都产生于五六十年代，但所指不尽统一，从而引发了旷日持久、迄今未央的争鸣与讨论。

魔幻现实主义

一　约之以名

目前拉丁美洲小说常用的魔幻现实主义、结构现实主义、心理现实主义、社会现实主义及幻想派等名称、术语大都产生于20世纪五六十年代，但所指不尽统一。有关作家作品的产生时间、渊源由来和衍变过程也各不相同。一般认为，魔幻现实主义一词最初见诸德国艺术批评家弗兰兹·罗的《后期表现主义·魔幻现实主义·当前欧洲绘画的若干问题》(1925)。此外，意大利未来主义作家马西莫·邦腾佩利也曾偶用魔幻现实主义来当极具反叛意识的未来主义的代名词。诚然，无论是弗兰兹·罗还是邦腾佩利的“魔幻现实主义”，与拉美小说的魔幻现实主义并无实质性、源流性瓜葛。未来主义和拉丁美洲魔幻现实主义的区别显而易见，毋庸赘述；而弗拉兹·罗赋予20世纪20年代欧洲绘画艺术的“魔幻现实主义”，也分明别有所指，与拉丁美洲小说的魔幻现实主义相去甚远。用他本人的话说，“魔幻现实主义并无特殊含义”：

> 鉴于“后表现主义”从字面上看(对于表现主义)只是一种时间上的承续关系而不含任何本质界定意义，所以在作品完稿许久之后，我加上了这个令人瞩目的名词。我想，它终究要比狭隘的“理想主义”或“现实主义”或“新古典主义”之类说明问题。“超现实主义”是个好词儿，但如今它已俨然他属了。对我而言，“魔幻”不同于“神秘”，这就是说，神奇者既非外来之物，亦非客观存在，它隐藏、搏动于事物背后。〔1〕

除此之外，弗兰兹·罗没有对“魔幻现实主义”作更多的阐释，因此，“魔幻现实主义”对于他，不外乎后表现主义的一个“令人瞩目”的别名。

---

〔1〕《西方杂志》，马德里，1927年。

第一个运用这一术语的拉丁美洲作家是乌斯拉尔·彼特里。他在论述20世纪40年代委内瑞拉文学时说：

> ……占主导地位的是把人看作现实状态和生活细节的神奇之所在并使他具有永恒的魅力。它意味着对现实的诗化或否定。由于缺乏别的名字，姑且称之为魔幻现实主义。〔1〕

足见魔幻现实主义一词在拉丁美洲的出现与弗兰兹·罗和邦腾佩利无干。即使乌斯拉尔·彼特里知道弗兰兹·罗和邦腾佩利已偶用在先，一个“姑且称之”也早把他们的源流关系一笔勾销了，何况三者所指风马牛不相及。

和今天所说的魔幻现实主义有关的概念，产生于1954年在纽约召开的全美文学教授协会年会。其间，哥斯达黎加旅美学者安赫尔·弗洛雷斯教授作了题为《西班牙语美洲小说中的魔幻现实主义》的讲演，认为一般取法的用时代或题材或别的空泛名词界定拉美当代小说是一种缺乏想象力的表现，因而迫切要求用魔幻现实主义命名富于幻想色彩和现代意识的新人新作。翌年，美国《西班牙语文学》杂志全文刊登了弗洛雷斯教授的文章。从此，魔幻现实主义一词在拉丁美洲流行起来。

弗洛雷斯之所以迫不及待地起用魔幻现实主义这一术语，无非想对当时已然“炸”开的拉美小说进行分门别类。他果敢地选择博尔赫斯做“魔幻现实主义”大师，以博氏和比奥伊·卡萨雷斯夫妇的《幻想文学》(1940)为“魔幻现实主义”宣言，并为之配备了响当当的鼻祖——卡夫卡(理由之一是博尔赫斯翻译了卡夫卡的作品《变形记》)。然而他罗列的“魔幻现实主义”作家中居然没有卡彭铁尔和阿斯图里亚斯，而他们二人恰恰是后来普遍认为的魔幻现实主义鼻祖。这是弗洛雷斯不经意的遗漏吗？非也。其时，阿斯图里亚斯和卡彭铁尔都已成名，前者发表了两部长篇小说和一部短篇小说集：《总统先生》(1946)、《玉米人》(1949)和《危地马拉的传说》(1930)；后者发表了三部长篇小说：《埃古·杨巴·奥》(1933)、《这个世界的王国》(1949)和《消逝的脚步》(1953)。

弗洛雷斯教授的初衷固然单纯，但他涉及的却是整个拉丁美洲新小说的分类问题，关键论点不能自圆其说，术语的诠释、作家作品的划分都有偏

---

〔1〕 乌斯拉尔·彼特里：《委内瑞拉文学与人》，墨西哥：1948年版，第11页。

颇之嫌。为了填补漏洞，弗洛雷斯和他的美国同仁达勒·卡特不遗余力。在《魔幻现实主义文选》(1970)一书中，卡特说："魔幻现实主义不主故常，因此给它下定义是件颇费脑筋的事情，失当和偏颇都在所难免……比如，对弗洛雷斯的界定至少还可作以下补充：一、顾名思义，该流派强调现实与幻想的融合；二、该流派旨在幻化现实，使现实变形；三、该流派无视时空界限；四、该流派不属于大众文学，而是阳春白雪。"[1]达勒·卡特的四点，基本上也是以博尔赫斯和比奥伊·卡萨雷斯夫妇的《幻想文学》为依据的，所以他和弗洛雷斯所说的"魔幻现实主义"根本就是一般意义上的幻想小说。

然而弗洛雷斯"歪打正着"。在他挖空心思地兜售他的"魔幻现实主义"的同时，真正的魔幻现实主义已悄然崛起。《这个世界的王国》、《消逝的脚步》、《玉米人》、《彼得罗·巴拉莫》、《深沉的河流》、《最明净的地区》、《故事初集》、《一张地图》、《百年孤独》等先后出版并产生轰动效应。这些作品表现出了与博氏幻想小说截然不同的价值取向和审美品格，具有极强的现实穿透力和干预精神。这些作品使一批拉美作家在题材和形式上形成了某种群体化倾向，在人数和影响上显示了博尔赫斯等幻想作家难以等量齐观、分庭抗礼的优势与实力。

这个群体亦即智利作家、评论家费尔南多·阿莱格里亚所最先提出的魔幻现实主义作家群[2]。他们包括卡彭铁尔、阿斯图里亚斯、鲁尔福、富恩特斯、阿格达斯和加西亚·马尔克斯等等。费尔南多·阿莱格里亚从卡彭铁尔和阿斯图里亚斯切入，给弗洛雷斯教授的"魔幻现实主义"来了个180°的大转弯。

20世纪20年代初，流亡巴黎的卡彭铁尔和阿斯图里亚斯与布勒东过从甚密，还创办了第一份西班牙语超现实主义杂志《磁石》。他们尝试"自动写作法"，探索梦的奥秘，参与超现实主义革命。但是，美洲的神奇、他们身上沉重的美洲包袱和他们试图表现美洲世界的强烈愿望，使他们最终摈弃了超现实主义，开了魔幻现实主义的先河。

卡彭铁尔宣称："我觉得为超现实主义效力是徒劳的。我不会给这个运动增添光彩。我产生了反叛情绪。我感到有一种要表现美洲大陆的强烈愿望，尽管还不清楚怎样去表现。这个任务的艰巨性激励着我。我除了阅读所能得到的一切关于美洲的材料之外没有做任何事。我眼前的美洲犹如一

---

〔1〕 达·卡特：《魔幻现实主义文选》，纽约：1970年版。

〔2〕 费·阿莱格里亚：《卡彭铁尔与魔幻现实主义》，《人文杂志》1960年第一期，纽约。

团云烟，我渴望了解它，因为我有一种信念：我的作品将以它为题材，将有浓郁的美洲色彩。”〔1〕

1943年，卡彭铁尔离开法国，赴海地考察，“不禁从重新接触的神奇现实联想起构成近三十年来某些欧洲文艺作品的那种挖空心思地臆造神奇的企图。那些作品在布罗塞利昂德森林、圆桌奇士、墨林魔法师、亚瑟传这样一些古老的模式里寻找神奇；从集市杂耍和畸形儿身上挖掘神奇；或者玩把戏似的拼凑互不相关的事物以制造神奇……”“然而，神奇是现实突变的产物，是对现实的特殊表现，是对现实状态的非凡的、别出心裁的阐释和夸大。这种神奇的发现令人兴奋至极。不过，这种神奇的产生首先需要一种信仰。无神论者是不能用神的奇迹治病的，不是堂吉诃德也不会全心全意地进入《阿马迪斯·德·高拉》或《白骑士蒂朗特》的世界。”在海地逗留期间，由于天天接触堪称神奇的现实，所以他深有感触。在这块土地上生活着成千上万渴望自由的人们，他们相信德行能产生奇迹。在黑人领袖马康达尔被处以极刑的那一天，信仰果然产生了奇迹：人们相信马康达尔变了形，于是乎死里逃生，逢凶化吉，令法国殖民者无可奈何。奇迹还导致了一整套神话和由此派生的各种颂歌。这些颂歌至今保存在人们的记忆中，有的则已成为伏都教仪式中不可缺少的一部分。“这是因为美洲的神话之源远未枯竭：它的原始与落后、历史与文化、结构与本原、黑人与印第安人，恰似缤纷的浮士德世界，给人以各种启示”〔2〕。

阿斯图里亚斯与卡彭铁尔不谋而合。因为，在反叛和回归中，阿斯图里亚斯发现了美洲现实的第三范畴：“魔幻现实。”他说：

> 简而言之，魔幻现实是这样的：一个印第安人或混血儿，居住在偏僻的山村，叙述他如何看见一朵彩云或一块巨石变成一个人或一个巨人……所有这些都不外是村人常有的幻觉，谁听了都觉得荒唐可笑、不能相信。但是，一旦生活在他们中间，你就会意识到这些故事的分量。在那里，尤其是在宗教迷信盛行的地方，譬如印第安部落，人们对周围事物的幻觉印象能逐渐转化为现实。当然那不是看得见摸得着的现实，但它是存在的，是某种信仰的产物……又如，一个女人在取水时掉进深渊，或者一个骑手坠马而死，或者任何别的事故，都可能染上魔幻

〔1〕 卡彭铁尔：《一个巴罗克作家的简单忏悔》，哈瓦那：1964年版，第32页。
〔2〕 卡彭铁尔：《〈这个世界的王国〉序》，墨西哥：1949年版。

色彩，因为对印第安人或混血儿来说，事情就不再是女人掉进深渊了，而是深渊带走了女人，它要把她变成蛇、温泉或者任何一件他们相信的东西；骑手也不会因为多喝了几杯才坠马摔死的，而是某块磕破他脑袋的石头在向他召唤，或者某条置他于死地的河流在向他召唤……[1]

同时，超现实主义对他们产生的影响又是毋庸置疑的和至为重要的。它使他们发现了美洲神奇现实（也即魔幻现实）之所在。卡彭铁尔说：

对我而言，超现实主义有着十分重要的意义。它启发我观察以前从未注意的美洲生活的结构与细节……帮助我发现了神奇的现实。[2]

阿斯图里亚斯说：

超现实主义是一种反作用……它最终使我们回到了自身：美洲的印第安文化。谁叫它是一个耽于潜意识的弗洛伊德主义流派呢？我们的潜意识被深深埋藏在西方文明的阴影之下，因此一旦我们潜入内心的底层，就会发现川流不息的印第安血液。[3]

总而言之，卡彭铁尔和阿斯图里亚斯急流勇退，为的就是这一方神奇（魔幻）的土地。

阿莱格里亚正是通过卡彭铁尔和阿斯图里亚斯的现身说法，使原本几近矛盾的魔幻现实主义（既是现实主义，如何又曰魔幻?）变得合情合理，无可挑剔。

此后，魔幻现实主义便自然而然地和美洲的土著文化联系在一起了。

但是，围绕魔幻现实主义的争论远未结束。首先，有人执意将魔幻现实主义和卡彭铁尔的“神奇现实主义”区别开来，认为前者的根是印第安文化，后者的源却是黑人文化。

其次是有关作家如加西亚·马尔克斯对魔幻现实主义这个标签很不以为然。马尔克斯声称“现实是最伟大的作家”，他本人则是一名忠于现实的

---

〔1〕 G. W. 劳伦斯：《访阿斯图里亚斯》，《新世界》1970年第一期。

〔2〕《一个巴罗克作家的简单忏悔》，第32页。

〔3〕 路·阿尔瓦雷斯：《阿斯图里亚斯对话录》，危地马拉，1974年版，第81页。

"记者"。他一再强调,"在拉丁美洲五彩缤纷、光怪陆离、令唯美主义者费解的神奇现实面前,我等缺乏的常规武器恰恰不是幻想,而是表现这种近乎幻想的真实的勇气和技能"。为此,他反复例证拉丁美洲的神奇。他说在他祖国哥伦比亚的加勒比海岸遇到过这么个离奇的场面:"有人在为一头母牛祈祷,以医治它所患的寄生虫病。"还有令他终生难忘的外祖母一家:在他童年的感觉知觉中,外祖母家充满了幽灵和鬼魂。他常听到外祖母同鬼魂交谈。当他问她为什么这样做时,她总是不动声色地回答说,她之所以这样做是因为不这样做死去的人就会感到孤独难熬。为了表示对鬼魂的应有的尊重和理解,外祖母还特地预备了两间空房,供他们歇脚。每当夜幕降临,外祖母便再不许人到那儿去。她嘱咐年幼的马尔克斯早早上床安歇,以免不期然碰上闲散的幽灵、游荡的鬼魂。无独有偶,马尔克斯的一位"姨妈"既非行将就木,亦非病入膏肓,可有一天突然感到了死亡,于是就关起门来织寿衣。当马尔克斯问她干吗这样时,她微笑着说:"为了死亡。"虽然马尔克斯当时还不谙世事,难以理解,但这件事本身却给他留下了不可磨灭的印象。惊世之作《百年孤独》中的许多细节便源出于此。同时,为解释《家长的没落》那"玄之又玄"的描写,他又常常列举为消灭政敌而下令杀死所有黑狗的暴君杜瓦列尔(因为那政敌说他宁肯变成一条黑狗也不愿听任摆布),和为防止猩红热蔓延而活埋三万农民的独裁者马丁尼斯等等。

再次是有人不甘落后,又相继发明了"结构现实主义"、"心理现实主义"、"社会现实主义"和"幻想派"等等。名目繁多,以示"不相杂厕";纷纷扰扰,可谓旷日持久。

诚然,相当一部分作家和评论家依然故我,对于弗洛雷斯教授挑起的这场没完没了的论战熟视无睹。其所以如此,也许是因为魔幻现实主义等拉美当代小说流派不同故常:它们既无刊物、宣言,又无领袖、团体,但却各在某一时期形成了相当数量具有相似的审美品质或取向、相近的表现形式或内容的作家作品。这些作家作品所体现的倾向虽难上升为传统意义上的流派,却分明具有20世纪中后期文学流派的显著特点:既各具主导倾向,又你中有我,我中有你,错综复杂,纷乱多变。事实上,这也是时至今日有关魔幻现实主义等拉美当代小说流派的商榷、甄别仍在继续的根本原因。

二 所谓魔幻

如果说20世纪是神话复归的世纪,那么拉丁美洲的魔幻现实主义就是这一复归毋庸置疑的高潮、极致。前面说过,虽然魔幻现实主义不是传统意义上的文学流派，但却不乏鲜明的群体化倾向。这个群体包括古巴作家阿莱霍·卡彭铁尔，危地马拉作家米格尔·安赫尔·阿斯图里亚斯，墨西哥作家胡安·鲁尔福和卡洛斯·富恩特斯，秘鲁作家何塞·马里亚·阿格达斯，委内瑞拉作家阿尔图罗·乌斯拉尔·彼特里，巴西作家吉马朗埃斯·罗萨、哥伦比亚作家加夫列尔·加西亚·马尔克斯和智利女作家伊莎贝尔·阿连德等等。他们不谋而合、殊途同归，出色地表现了拉丁美洲的魔幻（神奇）现实。

不消说，魔幻现实主义既非超现实主义的必然赓续和变体，也不是现实主义的简单衍承和拓展，但又同二者有着割舍不断的联系。且不说开魔幻现实主义先河的阿斯图里亚斯和卡彭铁尔如何双双脱胎于超现实主义（尽管当时他们都还是无名之辈因而未被布勒东列入“绝对超现实主义”诸君名单，尽管后来他们退出了这个欧洲文学运动并对它产生了反叛情绪），魔幻现实主义所表现的不正是超现实主义所孜孜以求的神奇吗？诚然，魔幻现实主义的神奇最终又不同于超现实主义的神奇。就像布勒东所说的那样，拉丁美洲是“天生的超现实主义乐土”。在那里，神奇是俯拾即是的家常便饭，无须煞费苦心地苦思玄想。

那么，什么是魔幻现实主义的神奇呢？这个问题历来是争论的焦点，稍有不慎就会误入歧途。

首先，无论是卡彭铁尔还是加西亚·马尔克斯（甚至还有布勒东），都认为神奇是拉丁美洲现实的基本特征。尤其是加西亚·马尔克斯，固然一直不屑于魔幻现实主义这种说法，但却一再强调拉丁美洲现实的神奇。他说：“我们的现实向文学提出了一个十分严肃的问题，那就是语言的贫乏。当我们谈起河流时，欧洲的读者也许会联想到多瑙河的涟漪，但却很难想象亚马孙的波澜壮阔：从帕拉的巴伦极目望去，巨浪翻滚，烟波浩渺，水天相连，无边无际。在我们写‘暴风雨’的时候，欧洲人想见的至多是闪电雷鸣……然而，在安第斯山脉，暴风雨是一种世界末日。正如一个名叫雅维埃·马理米埃的法国人所说的那样，‘没有亲眼见过这种暴风雨的人，怎么也不会对雷霆万钧之势形成概念。连续不断的闪电一道紧接着一道，犹如血红色的瀑布自天而降；隆隆的雷鸣在深山里久久回荡，直震得地动天摇’。这般描述远远称不上精彩，但它足以使最不轻信的欧洲人不寒而栗。”

他认为有必要创造一套新的话语系统以适应拉丁美洲的现实生活。他说，20 世纪初有位名叫厄普·德·格拉夫的荷兰探险家在亚马孙河流域见过一条沸腾的大河，鸡蛋放进去几分钟就能煮熟。此人还到过一个地方，在那儿不能大声说话，否则就会引起一场倾盆大雨。凡此种种，不胜枚举。然而真正神奇的并非拉丁美洲的自然现象，而是那里的各色人等。他说：

“仅墨西哥这一个国家，就得用浩繁的卷帙来叙述它那令人难以置信的现实。尽管我已经在那里生活了近二十年，但依然时常会几小时、几小时地望着盛放跳蹦豆的坛子出神。善于推理的好心人向我解释说，豆子之所以会跳舞是因为巫师在里面放了一条活虫。

“……在加勒比地区，这类令人目瞪口呆的现象更是达到了登峰造极的地步。加勒比北起美国南邻巴西，地域辽阔，人种纷杂。……在这个世界文明的交叉路口，形成了一种无拘无束的自由、无法无天的生活。在这里，人人可以为所欲为。一夜之间，强盗变成了国王，逃犯变成了将军，妓女变成了总督；反之亦然。

“我生长在加勒比，熟悉这里的每一个国家，每一个岛屿。也许正因为这样，我才如此力不从心、自叹弗如，总感到无论怎么搜肠刮肚、苦思冥想，也写不出半点儿比现实更令人惊奇的东西。因此，我力所能及的只是用诗的螯足有意无意地移植现实而已。在我拼写的每一部作品中，每一处描述都有事实依据，每一句话都有案可稽。

“我在《百年孤独》中写了使布恩蒂亚一家祖祖辈辈忐忑不安的猪尾巴遗传症，便是这种移植的明证之一。我本来可以写任何一件事情，但我想来一点儿别出心裁，于是写了个猪尾儿。我以为害怕生出个猪尾儿之类，是最不可能有偶合的。不料，小说刚开始为人所知，在美洲各地就有一些男人和妇女坦白承认自己也长有类似的多余物。在巴兰基利亚，一位青年向报界透露：他不但有一根与生俱来的猪尾巴，而且连经历也颇似我的人物。他说他一直瞒着别人，总觉得那是件十分丢脸的事情，直到读了《百年孤独》后才得以将秘密披露出来。他向报界所作的说明简直令人喷饭。他说道，‘读了小说之后，我才知这是件很自然的事情’。

“诚然，在我的作家生涯中最困难的创作经历莫过于构思《家长的没落》。几乎整整十年，我耗尽心血收集有关拉丁美洲独裁者的资料，唯一的愿望是使自己的作品尽可能少与现实相似、偶合。结果，我的想法再一次落空。胡安·维森特·戈麦斯洞察一切的本领比真正的未卜先知还要胜过一筹。安东尼奥·洛佩斯·德桑塔纳劳民伤财，为安葬自己的一条断腿，举行了旷世隆重的葬礼。洛佩·德·阿吉雷将他的一只断臂扔到河里，让国民为它举哀。断臂顺流而下，所到之处，都有官兵迎送。人们无不胆战心惊，生怕它还会挥舞屠刀。安纳斯塔西奥·索摩查·加西亚在家里喂养猛兽，每个铁笼都分作两格，一格关猛兽，另一格关政敌……”

他还说，在拉丁美洲，尤其是加勒比地区，最令人叹为观止的建筑常常不是别的而是监狱。“1902 年 5 月 8 日，位于马提尼克岛上的倍雷火山突然爆发，在短短的几分钟内将圣皮埃尔港夷为平地。熔岩烧死并埋没了该地的全体三万居民，唯独一人幸免于难，此人叫吕德热·西尔瓦里斯，是个囚犯，被监禁在坚不可摧的牢房里……”〔1〕

为此，加西亚·马尔克斯声称“现实是最伟大的作家”，“我们的任务，也许可以说是如何努力以谦卑的态度和尽可能完美的方法去贴近现实”。

然而，拉丁美洲的神奇是有历史原因的。

拉丁美洲之所以神奇（魔幻）首先是由于它的“新”。“新大陆”被发现的本身便充满了神奇色彩：它是哥伦布判断失误的结果，具有历史偶然性。哥伦布相信，一直向西航行，遇到顺风，几天之内即可抵达西潘古或中国。然而，为保险起见，他又尽量将距离估计得比“实际”遥远，认为日本和里斯本的最大航距为三千海里。这便是“导向人类历史上最大发现之一”的建设性错误。他的航程当然不是几天，而是数月逾年。因此，他是在粮断水尽、骑虎难下、完全绝望的情况下到达美洲——他心目中的印度的。

当哥伦布看到印第安人吸土烟抽大麻的时候好不惊奇，以为是什么宗教仪式，但因找不到贴切的表述方式，便想当然地对西班牙人说：“印度人整天叼着燃烧的草叶木棒烟熏火燎。”尔后，在纷至沓来的殖民者眼里，美洲成了名副其实的新大陆，一切都是那么扑朔迷离、难以名状。他们只能用手指指点点，或张冠李戴、牵强附会，拿毫不相干的事物比附一番。当他们在“新西班牙”即今墨西哥境内连续发现数条大河时，便想到了多瑙河与尼罗河，竟毫不犹豫地以“格兰得”（意曰大河）、“拉尔戈”（意为长江）等分别命名。殊不知真正的大河、长江还大有其在。于是乎巴西境内的亚马孙河便理所当然地成了巴伦的海。

与此同时，新大陆又因其“新”而给幻想提供了纵横驰骋、无所羁绊的广阔天地。真真假假，虚虚实实，无奇不有，无所不能。且不说女妖之类的古来玄想，亦不论龙蛇之类的神话传说，就是西班牙殖民者和形形色色的冒险家有过的令人惊叹的故事，做过的异想天开的美梦，也数不胜数。其中，“黄金国”的传说是最具代表性的，它对新大陆乃至全世界都产生了极其深远的

---

〔1〕 加西亚·马尔克斯：《拉丁美洲和加勒比艺术》，《一加一报·副刊》，墨西哥 1984 年 8 月 4 日。

影响。为了寻找这个令人神往“国度”，贡萨雷斯·西梅内斯·德·盖萨达率兵征服了哥伦比亚并进行了旷日持久的疯狂洗劫；弗朗西斯科·德·奥雷亚纳发现了亚马孙河的源头，并自上而下进行了同样疯狂的漂流探险。后来，有人在卡塔赫纳出售的鸡膛里发现了大量金粒，又在旧金山和中南美发现了特大金矿，于是“黄金国”的神话再次不胫而走，风靡西班牙、葡萄牙和整个世界，令亿万人废寝忘食、如痴如狂。

和“黄金国”的传说一脉相承的“瓜乌特莫克宝藏”也一直使旧世界梦牵魂绕，欲忘不能。据说，印加帝国为了向阿兹台克国王瓜乌特莫克(1502—1525)赎回被捕的阿塔瓦尔帕王，派出了数十个驮队，共11000余头满载着金银珠宝的大羊驼，但它们从未抵达墨西哥山谷。

正是这种幻想与现实的交织、重叠，使“黄金国”的传说继续搅扰人心。直到19世纪末，还有人远涉重洋，来美洲探险寻宝，以至于负责巴拿马地峡铁道工程的德国工程师不乏讽刺地说，只要铁轨不用当地的稀有金属铁而改用金子铸造，这项工程可望提前完成。还有令更多英雄豪杰、凡夫俗子梦寐以求的“永葆青春泉”。传说此泉水不仅能驱邪治病、延年益寿，而且能解忧消愁、返老还童。为了寻找这口仙泉，西班牙殖民者阿尔瓦罗·努涅斯·卡贝萨·德·巴卡率部由墨西哥南下，在中南美辗转十余年，损兵折将不计其数。在一次神秘的探险中，远征队伍断了炊，发生了人吃人的可怕事件，原来的六百多人一下死了大半，最后只有五人侥幸生还。

旧梦未圆，新梦又生。令人费解的是至今仍有人相信“黄金国”的存在。

诚然，美洲本是一块古老神奇的土地，千百万印第安人在这里繁衍生息。他们以自己勤劳和智慧创造了光辉灿烂的土著文化。早在公元前2500年，美洲就已产生了奥尔梅卡前古典时期文化。公元前1000年左右，发展了农业，开始种植玉米、土豆等作物。公元前700年至公元1000年，中南美洲的玛雅文化、萨波特克文化、托尔特克文化、米斯特克文化和南部美洲的印加文化出现第一个鼎盛期，无论在天文还是建筑，数学还是农业等诸多方面，较之同时期欧洲大陆都毫不逊色。到了公元15世纪，也即哥伦布发现新大陆之际，阿兹台克建成了规模旷世的特诺奇蒂特兰城(即今墨西哥城前身)。它不仅拥有十五万居民(超过了当时欧洲最大的都市伦敦)，而且具有堪与马德里大教堂相媲美的蔚为大观的太阳神大庙等金字塔建筑群。

此外，与世隔绝使印第安文化传统、宗教信仰和风俗习惯与旧世界大相径庭。因而，对于旧世界来说，美洲文化充满了神奇色彩。反之，对印第安人而言，欧洲文化更有其不可思议之处。他们的帆船、骑兵、火枪、盔甲等等，无不使印第安人望而生畏、不知所措。譬如西班牙骑兵所到之处，不是被奉若神明，便是被当做妖魔。因为在印第安人看来，他们“可分可合”（指骑手与坐骑），法力无边。

当然，真正神奇的还是印欧两种截然不同的文化的并存与混合。其代价是高昂的：印第安文化遭到了严重破坏，留下的只是许许多多残缺不全的记忆、难以卒读的碑铭和数不胜数的谜中之谜，如金字塔之谜、太阳门之谜、大沙鸟之谜等等以及由此衍生的神奇传说和种种冒险。所以，早在16世纪，一个神奇、疯狂、种族混杂的拉丁美洲已见端倪。

摆脱西、葡殖民统治而获得独立也没有使拉丁美洲脱离癫狂状态：一方面，走马灯似的“轮回”的战争和此消彼长、纷至沓来的封建寡头把拉丁美洲弄得乌烟瘴气。另一方面，一个文盲充斥的小国居然产生了开创西班牙语诗风的一代唯美主义大师卢文・达里奥；一个遍地乞丐的岛国竟然养育了令同时代所有正直文人崇敬的伟大思想家何塞・马蒂（他的人生观、艺术观将和他的名字一起载入世册）。而今，在这方土地上，现代和远古、科学和迷信、电子和神话、摩天大楼和史前状态交织在一起：一边是两千万人口的泱泱都市，一边是赤身露体的各色土著；一边是电视机，一边是护身符。

请不要以为这是空穴来风，请不要以为这是地区主义邪念。拉丁美洲现实发展到这步田地，有其鲜明的历史文化原因。加西亚・马尔克斯也曾声称拉丁美洲“受各方面的影响……是由全世界的渣滓汇集而成的”。当然这是激愤之词。

在许多人（包括国内学者）看来，这些（或者还有神鬼巫术）乃是拉丁美洲现实的神奇所在，是魔幻现实主义的表现对象。其实不然。因为综观魔幻现实主义作品，有关作家所浓墨重彩表现的显然大都不是这类浅显的自然现实现象。

当然，魔幻现实主义更不是弗洛雷斯教授所说的幻想小说，也不是所谓的“幻想加现实”。魔幻现实主义表现真实，这一点没有问题，就像一位访问过拉丁美洲的美国女作家所说的那样，“看上去神奇、虚幻，事实上却是拉丁美洲现实的基本特征”。类似看法与加西亚・马尔克斯的观点不约而同。

所必须说明的是，真固然是美的关键，但却并不等于美。黑格尔说过：“从一方面看，美与真是一回事。这就是说，美本身必须是真的”；但是“从另一方面看，说得更严格一点、真与美却是有分别的”。[1]这是因为艺术的美

---

〔1〕 黑格尔：《美学》第一卷，（朱光潜译），第124页。

具有两重性，“既是自然的，又是超然的”。[1]它不是罗列现象、对自然进行琐碎浅显的描写，而是去粗存精，对现实进行本质的、审美的把握和反映，既揭示现实的关系又具有细节的真实，也就是所谓的艺术源于生活又高于生活。正因为如此，写真实的美学原则才具有鲜明的历史具体性和超越性。

那么，究竟何为魔幻现实主义之真？这个问题只有让文本 — 作品来慢慢回答。

三　早期作品

魔幻现实主义最早可以追溯到1930年代。它起始于拉丁美洲作家对美洲本原中的两支血脉—— 印第安文化和黑人文化的再发现、再审视。

危地马拉作家米格尔·安赫尔·阿斯图里亚斯的《危地马拉的传说》(1930)堪称魔幻现实主义的开山之作。

阿斯图里亚斯无疑是拉丁美洲作家中最先关注拉美文化特性和民族精神的一位。他生长在印第安人集居的危地马拉，童年是在印第安村社度过的，会玛雅－基切语先于西班牙语。后来他回到了城里，但依然与印第安人过从甚密。他的学士论文便是《印第安人的社会问题》。那是1922年初。此后，他赴法国深造并求教于著名人类学家乔治·雷纳德教授，不久就在雷纳德教授的指导下翻译了玛雅－基切神话《波波尔·乌》。

《危地马拉的传说》是阿斯图里亚斯的处女作。他初出茅庐就一鸣惊人，向文明、安逸的欧洲人展示了一个沸腾的蛮荒世界，一种云诡波谲、五光十色的原始生活。小说集出版后不久即由法国作家弗朗西斯·德·米奥芒德尔译成法文并获1932年西拉－蒙塞居尔奖。法国诗人保罗·瓦莱里在序言中说：“……传说把我迷住了。它们如梦如诗，令人爱不释手。我是说，就我的精神状态和我应付新鲜事物的能力而言，已很少有什么令我击节感叹的了，但是《传说》打动了我。在这些如梦如诗的传说中，一个古老民族的各种信仰、各种历史经历和现实环境水乳交融。在这块美丽富饶的土地上，勤劳的人们刀耕火种，开始了自己的生活；时至今日，他们仍显示出强大的生命力和威慑力。因为他们正以惊人的坚韧和毅力，在两泽之间建立新的组合，创造新的神话。……热带自然纷杂多变，神秘莫测；印第安巫术和西班牙神学交叉混杂，这是一个什么样的混沌世界啊！”

《传说》的开篇之作是写火山的。它以玛雅－基切对不可战胜的自然现

---

〔1〕 歌德：《谈艺录》，1978年版，第6页。

象的神话想象为契机，写它的形成、爆发、死亡：

岸边，两座高山对峙着。一座叫卡布拉坎，它那巨大的臂膀环抱着群山峻岭、荒滩原野，托举着城池庙宇、农庄村社；吐一口火焰，大地就会燃烧。大地燃烧了……

另一座叫胡拉坎，是云雾之山。它从东方飞来，张开大嘴，吐一口烟雾，铺天盖地，笼罩了燃烧殆尽的卡布拉坎。天，黑沉沉的，失去了阳光；成群的小鸟离开巢穴，哀鸣着四处逃窜、躲藏……

《火山的传说》是一篇散文体小说，富有玛雅一基切神话的韵味。在玛雅一基切神话中，火山是山神显圣的结果，火山爆发是神对人类罪恶的惩罚。作者把《火山的传说》写成两山之争，显然是为了揭示两种文化（它和西方文化）的矛盾冲突。印第安文化经历了产生、发展、兴盛、衰落，最后虽死犹存，一如寿终正寝的卡布拉坎，被西方文化（胡拉坎）的云雾所湮没。

《传说》的另一篇力作《库库尔坎》同样取材于玛雅一基切神话，但并不拘牵。在古老的玛雅神话中，库库尔坎（即羽蛇）是主神空气之神（或宇宙之神）。她用瑰丽多彩的蜂鸟羽毛作装饰，早晨呈红色，中午呈金色，晚上呈黑色；她禀性谦逊慈和，所以深受人们的爱戴。但后来她衰老了。这时，一个叫瓜卡马约（意谓鹦鹉）的骗子乘虚而入。他高视阔步，横行霸道，千方百计地诋毁和抹杀库库尔坎，喋喋不休地夸耀自己是救世主，是照亮世界万物的太阳。然而，无论怎样，信奉库库尔坎的人们依然不改初衷。他们祭祀她，怀念她，呼唤她，传唱着由此派生的不朽颂歌。

总之，揭示两个种族、两种文化交锋和并存以及由此产生的美洲现实生活的复杂精神内容，是《传说》的主旋律。由于阿斯图里亚斯的这个作品从头到尾都是表现深层问题的，富于象征性、寓言性和神话色彩，与当时拉丁美洲文坛流行的反映印第安人疾苦的土著主义小说形成了强烈的反差。

《危地马拉的传说》出版后不久，阿斯图里亚斯便着手他的第一部长篇小说《总统先生》并很快完成了初稿。但是由于政治的原因，这部不可多得的作品十数年之后才得以面世。1946 年，《总统先生》在墨西哥发表后，立刻引起轰动。小说赋予人们熟悉的反独裁主题以奇妙的神话意境，从一开始就把读者引入了梦魇般的氛围：

发光吧，鲁兹贝尔，发出你顽石的光芒！敦促晚祷的钟不停地敲着，嗡嗡的回声在空中飘荡。在这白天与黑夜交替、光明与阴暗更迭的时候，这钟声令人倍感压抑。发光吧，鲁兹贝尔，在腐朽的过去的基础上，发出你顽石的光芒！发光，发光……发出火光……火光，发光……火光……

就这样，教堂的钟声拉开了作品的序幕，芸芸众生在它的回声中进入梦魇。总统先生是梦魇的中心，是主宰这个黑暗世界的托依尔（玛雅－基切神话中的魔鬼）。用作者本人的话来说："总统先生是神，是超人（不论我们情愿与否）。他代替了原始社会部落酋长的职能，具有神力，甚至和神一样，凡胎肉眼是看不见的"；"在他背后支撑着他的是则是一种古老的崇拜"。总统先生洞察一切，无所不知，无所不能，连街道的石头都怕听见他的名字。生活在这个世界的各色人等，无论将军士兵、富翁乞丐，一个个噩梦缠身："他（佩莱莱）从一座火山逃到另一座火山，从一个星球逃到另一个星球，从一个天空逃到另一个天空，似醒非醒，似梦非梦，周围尽是嘴巴，有大有小，有牙没牙……都在拼命地向他呼救：'妈妈！妈妈！妈妈！'"

神话、幻觉、梦境和现实水乳交融，难分难解。譬如在作品第三十七章总统召见安赫尔将军一节里，安赫尔将军面如土色，心中忐忑不安。他静静地聆听着，未知等待他的是福是祸。这时，"窗外传来了阵阵鼓声，哈哈哈，呜呜呜……四个祭司出现在庭院的四角……篝火燃起来了，鼓声震天动地"。紧接着，一队印第安人踩着鼓点祈求托依尔神的宽恕。"托依尔神飘然降临，他要年富力强的活人……轰隆隆……轰隆隆！土著部落会把优秀的武士来祭祀……轰隆隆，轰隆隆……"最后，安赫尔将军果真像远古部落的武士那样，成了总统先生的牺牲品。

在阿斯图里亚斯看来，独裁者的世界亦即神的世界。时至今日，在拉丁美洲，尤其是在危地马拉这么一个贫穷落后、文盲充斥的中美洲小国，主宰万物、阐释一切的不是别的而依然是神话。酋长、总统、神明在人们（尤其是在印第安人）眼里是一回事。这就是拉丁美洲的原始与落后，也是拉丁美洲专制统治赖以生存的重要原因，具有深刻的文化内涵，决定了《总统先生》的与众不同。

与此同时，古巴作家阿莱霍·卡彭铁尔从加勒比黑人文化切入，创作了《埃古·杨巴·奥》(1933)。

他生长在黑人集居的加勒比岛国，这是他借以了解南美社会、历史和文化的本钱。早在1940年代，他就对拉丁美洲作了区域划分。他把最南端的阿根廷、乌拉圭等国称为欧洲文化区，把中南部美洲和墨西哥称为印第安文化区，把加勒比地区和巴西称为黑人文化区，认为三者的最大区别在于“南边的相对理性”，“中部的相对神奇”，“加勒比的神奇加巴罗克主义”。

《埃古·杨巴·奥》（古巴黑人语言，意为“神啊，拯救我们吧”），是拉丁美洲作家表现美洲黑人文化的第一部叙事作品。小说叙述姆拉托（黑白混血儿）梅内希尔多·埃古的一生。从情节的角度看，此作充其量是一杯清茶；但是，由于人物周围聚集着一个庞大的黑人群体，不知不觉中，作品被涂上了一层魔幻色彩，令人耳目一新。

小说第一部分《童年》由十一节组成，写梅内希尔多的童年时代，展示了黑人文化对主人公的最初影响：

> 刚满3岁，梅内希尔多被爬进厨房的“硬足蟹”（蜥蜴）咬了一口。照料了四代人的家庭医生老贝鲁阿赶紧在茅屋里撒一把贝壳，然后用亲手调制的黏乎乎、臭熏熏的药膏在他肚皮上胡乱涂抹一番，末了坐在孩子的床头上向着“公正的法官”（神主）喃喃祷告：“……前面有一群狮子，后面有一群狮子；前面的是雄狮，后面的是母狮……唾，……有眼睛，看不见我；有爪子，抓不到我；有牙齿，吃不动我……噢！噢！”

第二部分是主人公的少年时代，写他如何从一个少不更事的“族外人”变成一个笃信宗教的“族内人”。

第三部分叙述他为了部族的利益，不惜以身试法。结果当然不妙：他不但身陷囹圄，受尽折磨，而且最终死于非命。与此同时，黑人无视当局的规定，在化装成魔鬼、秃子、摩尔人和光屁股荡妇的“先行者”的引导下，敲响了鲁古米、贡戈和阿拉拉，跳起了贡比亚和长蛇舞……

> 妈咪，妈咪，也也也；蛇要吃我，蛇要吃我。
> 妈咪，妈咪，也也也；蛇要吃我，蛇要吃我……
> 快跑，快跑，这是我们的自由。

在《一个巴罗克作家的简单忏悔》（1964）中，卡彭铁尔对《埃古·杨巴·奥》一书的创作思想进行了概括，他说：“当时我和我的同辈‘发现’了古巴文化的重要根脉：黑人……于是我写了这部小说，它的人物具有相当的真实性。坦白地说，我生长在古巴农村，从小和黑人农民在一起。久而久之，我对他们赖以生存的宗教仪式产生了浓厚的兴趣。我参加过无数次宗教仪式。它们后来成了小说的'素材'……我发现作品中最深刻、最真实、最具世界意义的,都不是我从书本里学来的,也不是我在以后二十年潜心研究中得出的。譬如黑人的泛灵论,黑人与自然的神秘关系以及我孩时以惊人的模仿力学会的黑人祭司的种种程式化表演。从此往后,我愈来愈怀疑当时流行的那些东西会是真正的美洲文学。"

1949 年对于拉丁美洲魔幻现实主义小说至关重要。卡彭铁尔的《这个世界的王国》、阿斯图里亚斯的《玉米人》和委内瑞拉作家乌斯拉尔·彼特里的《三十人及其影子》的同时出版,标志着魔幻现实主义(虽然当时还不用这个名称)已鸣锣开张。《这个世界的王国》由四部分组成。

第一部分写海地黑人蒂·诺埃尔的内心世界,动因之一是 18 世纪末黑人领袖马康达尔发动的反对法国殖民统治的武装起义。蒂·诺埃尔是个老于世故的黑奴,是"海地民族意识"的象征。马康达尔的故事实际上只是蒂·诺埃尔迂回曲折的意识流长河中的一个旋涡,一段插曲。马康达尔立志将法国人赶出海地去,于是到处打家劫舍,焚烧庄园,带领黑奴造白人主子的反,最后甚至明火执仗地发动武装起义、向殖民当局公开宣战。可是起义遭到了镇压,马康达尔本人沦为俘虏并被活活烧死。诚然,火与剑最终未能使黑人屈服,相反更激发了他们的种族仇、民族恨。

第二部分写海地黑人的第二次武装起义。这是由另一位黑人领袖布克曼发动的。成千上万不堪虐待的黑奴,用复仇的钢刀和长矛,击败了强大的法国军队。殖民政府土崩瓦解。胜利的黑人尽情享受翻身的自由,肆无忌惮地发泄阶级种族的双重仇恨。然而好景不长,法国殖民者的增援部队带着拿破仑的胞妹保利娜·波拿巴和大批警犬在古巴的圣地亚哥登陆并很快收复了失地,重建了殖民政府。

第三部分写亨利·克里斯托夫的王国。布克曼牺牲后,蒂·诺埃尔随其白人主子梅西先生来到圣多明各。不久,姗姗来迟的法国大革命的福音终于传到了加勒比海,奴隶制被废除了,梅西在孤独和贫困中死去。蒂·诺埃尔开始了自由自在的生活。他兴高采烈地从圣多明各回到海地,沉浸在狂欢之中。

正当人们踌躇满志、憧憬美好未来的时候,前黑人领袖亨利·克里斯托夫大权在握,不可一世,成了独夫民贼。白色恐怖再次笼罩岛国。

第四部分写蒂·诺埃尔的觉醒。亨利·克里斯托夫仿效法国人,在岛国大兴土木还为自己加了冕。他的劳民伤财、倒行逆施遭到了黑人同胞的强烈反对。最后，在全国人民的一片声讨声中，亨利·克里斯托夫在他的“凡尔赛宫”自戕。

亨利·克里斯托夫的王国垮台后，自命不凡的姆拉托们（黑白混血儿）控制了局面。他们比以往任何一届政府更懂得怎样盘剥黑人。蒂·诺埃尔在苦难的渊薮中愈陷愈深。最后，他终于忍无可忍，抛弃了一贯奉行的明哲保身的处世之道，毅然决然地投身于为同胞争取解放自由的革命洪流。

小说虽然主要以人物内心独白的形式铺展开来，但所述内容仍具有鲜明的历史真实性。

众所周知，自1697年西班牙和法国缔结里斯维克条约（将海地岛的西半部划归法国）起，大批黑人被廉价卖到这里，充当奴隶。1757年，海地黑人发动了第一次武装起义。1790年，黑人第二次武装起义，要求执行法国国民议会的决定，一视同仁地给数以万计的海地黑人平等自由。1791年8月中旬，黑人举行第三次武装起义，对法国殖民者实施种族报复。同年9月，海地黑人举行第四次大规模武装起义，揭开了拉丁美洲独立革命的序幕。1794至1799年，起义军由西向东挺进，先后击溃了岛上的法国、英国和西班牙军队。1801年，起义军召开会议，制订宪法，宣告奴隶解放、海地独立。1803年，法国宣布放弃海地。海地颁布《独立宣言》，成为拉丁美洲第一个独立国家。翌年，海地政府成立，戴沙林独揽大权，自立为王。戴遇刺后，亨利·克里斯托夫重蹈覆辙……

可见小说依于史实，又不拘泥于史实，对历史细节作了重要取舍：写了1757年的马康达尔起义和1791年的布克曼起义，放弃了1790年的黑人暴动和世纪末的反西抗英战争；写了亨利·克里斯托夫，放弃了戴沙林。

这些取舍貌似偶然，实乃作家匠心之所在。因为他刻意依傍的并非海地历史。历史对于他只不过是一种必不可少的背景。他所要到达的是依存于历史但从某种意义上说又超乎历史的加勒比神奇。

诚如卡彭铁尔在《序言》中所说的那样：“神奇是现实突变的产物，是对现实的特殊表现，是对现实状态的非凡的、别出心裁的阐释和夸大。这种神奇的发现令人兴奋至极。不过这种神奇的产生首先需要一种信仰”。也就是说，“神奇”的不是客观现实（历史）而是某种信仰，是信仰对现实的突变、表现、阐释或夸大。

在《这个世界的王国》中，海地现实（或者史实）毫无神奇可言，神奇的是黑人文化，是信仰。

马康达尔是个关键人物，在作品中着墨较多。他不仅是海地黑人领袖和两次武装起义的发动者，而且武艺高强、身怀绝技。为此，法国殖民者一直把他视为眼中钉、肉中刺。为了逃避敌人的追捕，他不得不常常隐姓埋名，远走他乡。这是作品的一个层面，是客观的，或基本客观的。作品的另一个层面是黑人同胞对他的非凡的、别出心裁的阐释和夸张，是信仰的产物。黑人同胞相信，马康达尔之所以成为他们的领袖是因为他不同凡响：他会变形，能长出翅膀飞翔；他不食人间烟火，却富于人间真情。即使是在马康达尔被处以火刑、化为灰烬之后，海地黑人仍坚信他天长地久、永生不灭。他们既不悲伤也不胆怯，因为他们"看见"马康达尔挣脱枷锁，在烈火中自由地飞翔、升腾，然后神不知鬼不觉地回到这个世界，消失在黑人之中。"当天下午，黑人们兴高采烈地返回各自的庄园。马康达尔的诺言再一次兑现，他重新回到了这个世界的王国。"

诚然，在这个问题上，白人的看法却截然不同：

> 马康达尔牺牲那会儿，莱诺尔曼·德·梅西先生正戴着睡帽，同他的夫人，一位虔诚的天主教徒谈论黑人的麻木不仁并从此推论出关于种族优劣的哲学观点，准备旁征博引，作一次雄辩的拉丁文演说。

不少评论只注意到马康达尔的变形，并以此认为卡彭铁尔的神奇是种艺术虚构，是对卡夫卡的模仿。殊不知神奇者不在变形，而在信仰。通观小说演进脉络，无论是马康达尔的变形还是升天、复活，都是信仰和偶像崇拜的产物，用今天神话－原型批评的话语说是黑人集体无意识的宣达。梅西先生从理性主义者的角度看马康达尔的死亡，怎能不认为黑人"麻木不仁"？而黑人之所以"兴高采烈"却因为他们"看到了"马康达尔的"复活"。这两种世界观的对立愈明显、反差愈强烈，就愈显出黑人文化的"魔幻"和玄妙。

海地黑人笃信伏都教，他们的认知方式具有明显的原始宗教色彩。故而与其说卡彭铁尔（马康达尔）的变形术和卡夫卡衣钵相传，不如说它和塞万提斯（堂吉诃德）的"障眼法"一脉相承。堂吉诃德读骑士小说入了迷，得了骑士疯魔症，一看见草原上旋转的风车，就以为是罪恶的巨人在向他挑战，不能不横枪跃马、冲过去拼个高低。在一旁观看的桑丘对主人的行为煞是费解。他明明看到主人攻打的不是巨人而是风车。显然，堂吉诃德的"巨人"只是风车在他头脑中的反映，但它差点儿要了他的命。不消说，卡彭铁尔摆在读者面前的同样是"风车和巨人"两种现实：历史——客观现实和人物——主观现实。

客观现实之为客观现实(巴尔加斯·略萨称之为“真正的现实”),是因为它乃不以人们的意志为转移的客观存在;而主观现实则是前者在主体的折光反映,它既可能是逼真的,也可能是失真的和扭曲的。《这个世界的王国》是一支由现实和意识(信仰)谱写的交响曲,一开始就借黑人蒂·诺埃尔奇妙的内心独白对现实进行了“别出心裁的阐释”:

> 在非洲,国王是武士、猎人、法官和祭司。他的宝贵精液让成千上万善男信女孕育他强盛家族的英勇子孙。然而,在法国,在西班牙,国王只知道发号施令,由别人去替他打仗卖命,自己则无能解决争端,还要忍受修道士的责备。至于精力,他们只能生育一两个懦弱无能的王子……可是在那里,在伟大的那里,王子们个个结实得像铁塔,像豹子……

蒂·诺埃尔的思维是神奇的,因为它是反常的。

同样,黑奴索里曼对保利娜雕像的异乎寻常的感觉神奇得足以让最麻木、最不轻信的读者怦然心动:

> 索里曼摇摇晃晃地走过去,惊讶感使他如梦初醒。他认得那张脸,那个人。他不禁浮想联翩。突然,他贪婪地、全神贯注地抚摸了她,掂了掂那对丰满匀称的乳房…… 然后曲动腰干儿,顺着她的腿肌、脚根,给她做全身按摩。冷不防,大理石的阴冷刺疼了他的脉腕,他惊叫一声,本能地把身子缩了回来。血液在他身上打滚…… 在淡黄色灯光的辉映下,这尊雕像变成了保利娜·波拿巴的尸体,一具刚刚僵硬的美丽的尸体,也许还来得及使她苏醒。

这里没有“栩栩如生”、“惟妙惟肖”之类的词汇,只有一个黑人的神奇感觉,它使保利娜·波拿巴的雕像变成了“一具刚刚僵硬”、也许还来得及唤醒的“尸体”。

人们对客观事物的理解或多或少带有主观色彩。其形成决定于人们的生活生产方式和经济文化水平等诸多因素。在卡彭铁尔看来,海地黑人的感觉知觉和充满原始宗教色彩的伏都教思想(基本上是泛灵论的)固然不可避免地表现了海地黑人的原始与落后,但它们毕竟是事实,是美洲文化的重要组成部分,反映了殖民地时期海地社会的畸形与失调。

和《这个世界的王国》一样，他的《玉米人》也由四部分构成。

第一部分开宗明义写道：土地在流泪，在悲鸣，在控诉玉米种植主的侵犯。酋长加斯帕尔·伊隆率领玛雅人英勇抗击玉米种植主的扩张。侵略者明抢不成，又施暗计。他们收买混血儿曼努埃拉，逼迫她丈夫加害加斯帕尔·伊隆。

第二部分写老酋长蒙难后玛雅部落的悲惨遭遇：抵抗失败，土地被玉米种植主糟蹋得面目全非。玛雅人忍无可忍，对加斯帕尔的敌人施行报复。

第三、四部分是作品的主体，由"苔贡传说"、"尼乔传说"等组成。

玉米人即玛雅人。"神用玉米创造了人类"——玛雅神话《波波尔·乌》如是说。玛雅人同玉米、土地、森林的关系非同寻常。这是由初级农业社会的特殊的生产生活方式决定的，是人与大自然的特殊关系的反映。

在玛雅人看来，土地是有生命的，当它失去森林、庄稼的时候，它会哭泣，会流泪：

> ——加斯帕尔·伊隆任人夺走土地的梦想；
> ——加斯帕尔·伊隆任人划破土地的眼皮；
> ——加斯帕尔·伊隆任人焚烧土地的睫毛……

玉米种植主的滥砍滥伐、大面积开垦播种，不仅扰乱了玛雅人的平静生活，而且破坏了生态环境：使土地失去了"梦想"和"睫毛"、"眼皮"和"骨骼"。"没有先辈的骨骼，土地就贫瘠无力。"于是，玛雅人施展魔法，对敌人实行种族报复。他们集合了部落的术士，念起了古老的咒语。

敌人陷入重围：第一重围由成千上万的猫头鹰组成，第二重围由铺天盖地的萤火虫组成，第三重围由利如剑、密如林的玉米秆组成……敌人死的死，伤的伤，无一幸免。真可谓天网恢恢，疏而不漏。

然而，这仅仅是幻想，是神话。

俄国作家高尔基说过，神话的基本意思是古代劳动者为了减轻劳动强度，防御两脚的和四脚的敌人，抵抗自然力的压迫所采取的"语言的力量，即用'诅语'和'咒语'的手段来影响自发的害人的自然现象"[1]。也就是说，现实是玛雅人反抗失败，土地被夺，森林被毁，却又回天乏力，不得不躲进深山，潜入内心，在幻想中编织新的神话：神奇的复仇及此后的"苔贡传说"、

---

〔1〕 高尔基：《文学论文选》，1958年，第321页。

"尼乔传说"等等。

(一)苔贡传说

苔贡本是盲人伊克之妻。有一天,她突然失踪,从此音讯杳无。可怜的伊克四处寻找,历尽千辛万苦,后来终于在卖酒郎的帮助下找到了她。喜悦使他神奇地复明。然而在他眼前的唯有草木山峦。原来,他的妻子早已"脱胎换骨",变成了高不可攀的苔贡山。绝望的伊克借酒浇愁,喝得酩酊大醉,最后和卖酒郎一起被控"贩酒害人",锒铛入狱。

此后不久,玛雅青年伊拉里编了个爱情故事,大伙儿听了都说这个故事是实际存在的,就像苔贡和伊克一样。伊拉里感到莫明其妙,但转而一想,只当是人们无知,不懂得区别故事与实际。然而,当他第一次翻越苔贡山时,奇迹出现了。他突然发现这山果然不陌生,山上的动物也纷纷向他点头致意,仿佛神话一般。他终于恍然大悟:在这个世界的王国里,现实与幻想、人类与自然相互依存,不分彼此。

(二)尼乔传说

尼乔是玛雅人重返森林后的第一位信使,肩负着消除孤独、打破封闭的神圣使命。然而当他带着部落的希望和嘱托离开森林的时候,一群野狗围住了他,仿佛对他说:"别走啊,别走!"他有生以来第一次感到奇迹的真正含义,顿时进退两难,不知所措。经过一番彷徨犹豫,他终于撕毁了信件,变成了野狗(他的属相),回归了自然。

玛雅人管属相叫纳瓦(nahual),它是命中注定,就像我国古人用十二地支而记人出生年份的十二生肖,常常是他(她)生平遇到的第一种动物。

毫无疑问,苔贡失踪象征着玛雅人丧失了赖以生存的土地,她变成高不可攀的山脉象征着玛雅人对可望而不可即的古老土地的流连和渴望。此外,伊克和卖酒郎的被捕象征着玛雅人被完成排斥在现代经济生活之外,而尼乔的消失与变形则分明意味着玛雅人的孤独及其与现代社会的格格不入。

凡此种种,无不充满了原始神话的艺术魅力。

与《这个世界的王国》和《玉米人》同时发表的《三十个人及其影子》是乌斯拉尔·彼特里的一本短篇小说集。集中的大部分作品都由印第安神话传说点化而成。譬如《鹿》的故事,发生在偏僻的印第安村庄,叙述一个叫贝尼塔的印第安妇女的不幸早逝。小说用冷静的笔调,展示了委内瑞拉印第安人的原始与无奈。贝尼塔突然腹疼难熬,生命垂危。她丈夫达米安和众乡亲心急如焚却束手无策。这时,村里的老人推论说,贝尼塔的病与"十二角鹿”的出现有关。因为，在古老的苏尼神话中，鹿神司牺牲，所以鹿的出现是不祥之兆。小说结束时，贝尼塔在众人的祷告声中死去，“十二角鹿”被绝望的达米安击毙。

总之，早期魔幻现实主义作品多直接表现印第安人或黑人的神话传说及其赖以生存的社会现实和历史文化环境，反映了一代拉丁美洲作家对美洲黑人和印第安土著文化的浓厚兴趣和对美洲历史文化本原的深刻反思。

四　中期作品

五六十年代是魔幻现实主义的鼎盛时期。墨西哥作家胡安·鲁尔福、卡洛斯·富恩特斯，秘鲁作家马里亚·阿格达斯，巴西作家吉马朗埃斯·罗萨，哥伦比亚作家加西亚·马尔克斯等纷纷加入魔幻现实主义作家的行列，为魔幻现实主义注入了新鲜血液。

在卡洛斯·富恩特斯笔下，古印第安神话显示出强大的生命力。他的《戴假面具的日子》(1954)或借古喻今或发思古之幽情甚至厚古薄今地“谈玄”，使人不能不慑服于印第安诸神的魔力。

“戴假面具的日子”指阿兹台克王国的最末五日，源自墨西哥现代诗人何塞·胡安·塔夫拉达的《内圆的偶像》：

石的日历，
年月日谱写的无声赞歌；
古老的神话，
永恒的幽灵……
花的岁月中可怕的征兆，
苍白的夜色，
空洞的骷髅……
终于是最后的日子——
“内蒙特米”：
戴假面具的日子。

《戴假面具的日子》收有六篇短篇小说，其中《恰克·莫尔》是最具代表性的一篇。小说写一个叫菲里佩尔的墨西哥公子哥儿因突然家道中落，沦为贫民，一时无所依托而颓废堕落的故事。然而就在他茫然失措、走投无路之际，恰克显圣了。恰克是古印第安神话中的风雨之神，他使菲里佩尔返本还源，皈依祖宗。菲里佩尔从此易名恰克·莫尔，成为雨神的化身。

小说乍看荒诞不经，但却是《戴假面具的日子》中最具“事实依据”的一篇。据说，在1952年也就是富恩特斯写作《恰克·莫尔》前夕，恰克的一尊雕像随墨西哥古代艺术珍品运往欧洲展出，结果所到之处无不大雨倾盆，狂风呼啸；就连那些数十年来滴雨未下的干旱地区也暴雨成灾，水多为患。当雨神在西班牙展出时，慕名而至的人们在他身上放满了钞票，从而使许多远在千里之外的地区风调雨顺，五谷丰登……在理性主义者看来，这些统统是无稽之谈，抑或村人哗众取宠的夸张，充其量不过是现实的巧合。但是，在美洲，在印第安人和许多混血儿看来，这些久旱逢雨或暴风骤雨都和恰克有直接关系，是雨神魔力未减的实例显证。

在富恩特斯后来的作品中，神话的色彩有所减弱，但美洲古代文化和现代墨西哥人的血统混杂仍是他小说创作的主要着眼点和“兴奋剂”。这在他的长篇小说《最明净的地区》(1958)中表现得十分清楚。

《最明净的地区》是表现墨西哥的一幅不可多得的三千年历史画卷，从内容到形式均非三言两语可以概括。在这部复杂甚至于有点儿冗长的作品里，只有一个人物是贯乎始终的，他就是半人半神的伊斯卡·西恩富戈斯。他身在现代墨西哥，但记忆却留在了历史：古代印第安美洲。所以有人说他是“应当用金笔大写”的墨西哥人，一个无处不在的混血儿：伊斯卡(印第安人名)＋西恩富戈斯(西班牙人名)。

在小说前半部分，西恩富戈斯是个普普通通的混血儿，但随着画面的展开，他庸庸碌碌貌似平凡的背后，便逐步闪现出一颗极其丰富的内心。他是墨西哥混血文化的缩影，古代美洲和现实世界在这里矛盾地并存、戏剧性地汇合。他时而从现时跳到过去，时而从过去跳回现时；既不能完全摆脱过去，又不能完全摆脱现时。这不可避免地使他成为令人同情的悲喜剧人物。

正如著名诗人奥克塔维奥·帕斯所说的那样：“西恩富戈斯是古印第安美洲的幸存者，一个真正的墨西哥人。”〔1〕

和富恩特斯一样，他的早期作品富有神话色彩，但在发表于1958年的代表作《深沉的河流》中，对混血文化的思考占了主导地位。阿格达斯是典型的印欧混血儿，生长在两个种族、两种文化的交叉路口：秘鲁农村；耳濡目染，对拉丁美洲的混血文化有深切了解。《深沉的河流》写一混血少年的心理活动，具有鲜明的自传色彩：埃内斯托的父亲是白人，母亲是印第安人。

〔1〕 转引自H.F.加科曼：《富恩特斯研究》，纽约，1971年版，第16页。

他出生不久，母亲离开了人世，父亲又弃他而去；他是在印第安养母的照拂下长大的，从小受印第安文化的熏陶，“满脑子尽是古老的传说”和“那些关于山峦、巨石、河流、湖泊的故事”。当父亲强迫他离开印第安人到省城接受教育时，他才 14 岁，印第安人的血液像“深沉的河流”在他身上湍流、涌动，“仿佛就要将身上的另一半血液排出血管”。他被带到了一所戒备森严的教会学校。教士们殚精竭虑，向他灌输西方文化，可他一心向往的却是被称为“异端邪说”的印第安神话世界：万能的蛇神、善良的河妖，等等。作品结束时，埃内斯托已经具有明显的双重人格，两种文化分别统治着他的社会生活和内心世界。这是痛苦的合并、矛盾的结局，无数人为此付出了代价。其中作者的自杀就与此不无关系。

和阿格达斯一样，巴西作家吉马朗埃斯·罗萨一半是基督徒，一半是印第安人，甚至还是个神秘主义者和佛教徒，颇有些仙风道骨。用路易斯·哈斯的话说：“他是个直觉主义者，相信古老的万有灵论；同时又是个理性主义者，受过正统的西方教育；他是个学者，但“也会像巫师那样连连祈祷”〔1〕。

没有第二个作家能像吉马朗埃斯那样了解巴西腹地居民的文化混杂性。他笔下的腹地居民仿佛徘徊在光明与黑暗之间的候鸟，同时处于图腾制极盛时期的印第安文化和现代基督教文化的氛围之中。无论在《舞蹈团》(1956)还是在《广阔的腹地：条条小路》(1963)中，都存在着两种或多种时空的交叉重叠。就人物而言，芸芸众生中有印第安牧民、基督教神父、故弄玄虚的巫师、离群索居的隐士、能歌善舞的黑人、衣衫褴褛的文人、浪迹天涯的歌手……于是印第安方言俚语和异教徒歌谣比比皆是，拉丁文术语和《圣经》故事随处可见。也许，除了足球和狂欢节，再也没有什么比吉马朗埃斯·罗萨的小说更神奇、更代表巴西文化了。

在 1950 年代的魔幻现实主义作品中，胡安·鲁尔福的《彼得罗·巴拉莫》(1955)堪称经典，它对墨西哥混血文化的表现达到了炉火纯青的地步。故事是这样的：胡安·普雷西亚诺遵照母亲的遗嘱到一个叫科马拉的地方寻找其父彼得罗·巴拉莫。他像但丁似的被带到了地狱之门。在那里，几乎所有男性都是彼得罗的儿子或仇人，几乎所有女人都与彼得罗或彼得罗的儿子有染。老姑娘多罗脱阿是位维吉尔式的人物，和胡安母亲生前交好，并在彼得罗娶他母亲时替她熬过了花烛之夜。当时彼得罗并不爱他母亲，而是看中了她家的财产，所以婚后不久，他就抛弃她另找新欢了。彼得罗坑

---

〔1〕 路易斯·哈斯：《我们的作家》，阿根廷，1966 年，第 171 页。

蒙拐骗，从一个身无分文的穷小子变成了科马拉首屈一指的大财主。于是他变本加厉，为所欲为。1910 年墨西哥革命暴发后，他俨然以革命者自居，派亲信到处招摇撞骗。他儿子米格尔也是个专横跋扈、好色贪懒之徒。有一天，米格尔不慎坠马身亡，村里的神父拒绝为他祷告，原因是他强奸了不少良家妇女，包括神父的侄女。彼得罗便威逼利诱，软硬兼施，强迫手头拮据、家境匮乏的“上帝的使者”在上帝面前求情。他一生得意，唯独一件事令他耿耿于怀、寝食不安，那就是他对苏萨娜的单相思。他俩青梅竹马，在一起度过了肥皂泡似的童年。后来长大了，遂逐渐疏远。但是彼得罗对她的爱从来没有改变。最后，当恶贯满盈的彼得罗向她求婚并强行与她成亲时，她却装疯卖傻，千方百计拒绝他的爱情和欲望。苏萨娜死后，彼得罗众叛亲离，孑然一身，完全失去了生活的兴趣，结果被他的一个胡作非为的私生子送上了西天。

小说的开头平淡无奇，但随着情节展开，你会发现自己已经不知不觉进入了“魔幻境界”。胡安因母亲之嘱，千里迢迢到科马拉寻找父亲。途中，他遇到了一个叫阿文迪奥的年轻人，打听的结果是“彼得罗已经死了好多年了”。来到科马拉后，有个叫爱杜薇海斯的老人对他说，阿文迪奥也是彼得罗的儿子，而且已经死了好多年了。胡安将信将疑，继续打听父亲的消息。不久，胡安又听说爱杜薇海斯也已经死了好多年了，是鬼。最后，胡安找到了母亲生前好友多罗脱阿。这时胡安也已经去世了，和多罗脱阿埋在一起。于是，作品的原逻辑和原时序消失了，接下来是胡安和多罗脱阿的墓中长谈以及各色幽灵游魂的低声细语。原来，这一切都发生在过去，科马拉早已不复存在。现在的科马拉满目疮痍，万户萧疏，遍地荒坟，幽灵出没。

多么荒诞离奇！然而，在成千上万的墨西哥农民看来，鬼魂是实实在在地存在着的。胡安·鲁尔福选择他们做人物，从而使作品打破了常规，消除了议论，改变了时序、空间的含义……

但这并不意味着《彼得罗·巴拉莫》是一部幻想志怪小说。因为作品所表现的最终是实实在在的墨西哥人，只不过其魔幻意识被绝对形象化了。

胡安是个异邦亡灵。小说开篇第一句说：“我到科马拉来，是因为有人告诉我，说父亲在这里。他是个名叫彼得罗·巴拉莫的人。这还是我母亲对我说的呢。我答应她，待她百年之后，我立即来看他。”作者之所以选择胡安为主要叙述者，是因为他带来了母亲的回忆：一个蜂蜜味儿的、面包香的、充满生机的科马拉，它与胡安亲睹的完全衰落的、凄凉不堪的、死气沉沉的科马拉形成强烈对照。母亲说，“过了洛斯科里莫脱斯港，就是一片美景：绿色的平原点缀着成熟了的玉米的金黄。从那里就可以看到科马拉。夜色把土地照得泛出银白”。在她的记忆中，科马拉是世上最美丽、最幸福的村子。“绿油油的平原，微风吹动麦秆，掀起层层麦浪。黄昏，雨丝蒙蒙，村庄沉浸在面包散发的蜂蜜芳香之中……”“每天清晨，牛车一来，村庄就颤动起来。牛车来自四面八方，装着硝石、玉米和青草。车轮发出吱吱咯咯的声音，把人们从睡梦中叫醒。家家户户打开炉灶，新烤的面包发出了香味。这时，也可能会突然下起雨来，可能是春天来了……”但是胡安见到的是一个炼狱般的科马拉：除了断垣残壁和杂草丛生的坟墓，就是不绝于耳的低声细语，“一种窃窃私语，犹如某人经过时对我咿咿唔唔地议论着什么，又像是虫子在我耳边嘤嘤嗡嗡地叫个不停”。

总之，胡安的回忆勾勒出了科马拉的一头一尾，而多罗脱阿的记忆则只是她眼里的彼得罗·巴拉莫。作品的核心内容是游离聚散于二者之间的“窃窃私语”：众灵的记忆。

> 我听见了呼啸的声音。（胡安）
>
> 这声音是从远处传来的……这是男人的声音。问题是这些死了太久的人一受到潮气的侵袭就要翻身，就会醒来。（多罗脱阿）我想念你，苏萨娜。也想念那绿色的山丘。在那刮风的季节，我们一起放风筝玩耍。山脚下传来喧哗的人声，这时我们在山上，俯视一切。突然，风把麻绳拽走了。“帮我一下，苏萨娜。”于是两只柔软的手握住了我的双手。“再把绳子松一松。”……（根据内容推测，我们知道他是彼得罗·巴拉莫）
>
> 我等你已经等了30年了，苏萨娜。我希望为你得到一切……我希望取得所有的东西，这样，除了爱情，我们就别无他求了……（彼得罗·巴拉莫）

由于小说选择了时间和空间之外的鬼魂，叙述角度的转换、叙述者的变化便不再需要过门儿，也“不再是件令人头痛的事情”（鲁尔福语）。而从内容的角度看，阴魂亡灵强化了战后墨西哥农村万户萧疏鬼唱歌的悲凉气氛，同时深层次地揭示了墨西哥文化的印欧混杂、多元发展：一边是现代都市，一边是原始村寨；一边是基督教，一边是死人国……

死人国又称“米特兰”（Mictlan），与天庭相对应，但又不同于基督教文化的地狱。它没有黑暗，没有痛苦，是一种永久的“回归”、永久的存在，因此它并不可怕。然而，从人间（墨西哥 Mexico，印第安语中与“中国”之意相似：世界中央之国）到“米特兰”有一段漫长的路程，为使死者不至挨饿，必须用大量食品陪葬、祭祖。这种信仰（或者说是传统）一直由阿兹台克王国延续至今。正如奥克塔维奥·帕斯所说的那样，“墨西哥人并不给生死划绝对界线。生命在死亡中延续……”[1]这与我们先人“生寄也，死归也”的观念如出一辙。

类似的作品还很多，像巴拉圭的罗亚·巴斯托斯、多米尼加的胡安·包什等都对拉美土著或混血文化有出色表现。与此同时，卡彭铁尔和阿斯图里亚斯依然在这片神奇的土地上辛勤耕耘。

卡彭铁尔继续钩沉索隐，觅古探旧。从加勒比（黑人文化）转向了南美洲（印第安土著文化），创作了《消逝的脚步》(1953)。《消逝的脚步》不再有太多的神话，人物对印欧两种文化的思考趋于深广。小说写一个厌倦西方文明的欧洲白人在南美印第安部落的探险旅行。主人公是位音乐家，与他同行的是他的情妇，一个自命不凡的星相学家和朦朦胧胧的存在主义者。他们从某发达国家出发，途经拉丁美洲某国首都（在那里目睹了一场惊心动魄的农民革命）后，进入原始森林。这是作品前两章叙述的内容。

作品后两章，即第三、四章分别以玛雅神话《契兰巴兰之书》和《波波尔·乌》为题词，通过人物独白、对白或潜对白切入主题：一方面，西方社会的高度商品化正在将艺术引入歧途；另一方面，土著文化数千年如一日，依然是那么原始落后：“印第安人远离当今世界的狂热，满足于自己的茅屋、陶壶、板凳、吊床和吉他，相信万有灵论，拥有丰富的神话传说和图腾崇拜仪式。”这是两个极端，都令人痛心，尽管人物（也许还有作者本人）的抉择是厚古薄今的。

时间由近而远，随着主人公的足迹倒溯，最后到达源头：一方类似于《创世记》的土地。美洲印第安文化在此赓续、升华。在主人公眼里，它是人类远古文化的代表，具有“混沌的美”。生活在那里的人们，无论是刀耕火种，还是擂鼓狂舞，都使我们想起祖先的淳朴与欢乐。正因为如此，常有读者拿《消逝的脚步》与康拉德的《黑暗的中心》相提并论。然而，在康拉德看来，“黑暗的中心”是令人恐惧的野蛮世界，亟待脱胎换骨；而卡彭铁尔分明是把“消逝的脚步”——远古的生活“当作伊甸园来描写”的（路易斯·哈斯语）。

阿斯图里亚斯在暴露社会黑暗（如鲠在喉，不吐不快）的同时，仍不遗余

---

〔1〕 帕斯：《孤独的迷宫》，墨西哥，1979年版，第149页。

力表现美洲的神奇。在《这样的混血姑娘》(1963)中,他重写了《扁桃树师傅的传说》这一美洲的《浮士德》:把灵魂卖给魔鬼的故事。当然,魔鬼变成了美国人塔索尔,魔鬼的同伙是位爱财如命的混血姑娘,她引诱可怜的土著老人尤米出卖老伴尼尼罗赫。在这部作品中,除却魔鬼及其帮凶,人物多处于浑浑噩噩的蒙昧(或懵懵懂懂的梦游)状态。在另一部以20世纪为背景的作品《阿拉哈多》(1966)中,主人公是个笃信鬼神的孤儿,许多人见了,都说他是"巫师投胎"。然而,《里达·莎尔的镜子》(1967)又回到了"危地马拉的传说":既有戴羽毛的印第安酋长,也有17世纪的西班牙传教士;两种文化在这里交融化合成了今天这样一个疯狂、畸形、矛盾百出的拉丁美洲。

综上所述,20世纪50年代以后魔幻现实主义作品的显著特点是对拉丁美洲文化混杂性的总体把握,因此深层次的、全面的历史文化展示取代了单纯的神话表现。它是魔幻现实主义代表作、拉丁美洲小说的划时代巨制《百年孤独》(1967)赖以产生的重要基础。

众所周知,哥伦比亚作家加西亚·马尔克斯是魔幻现实主义的顶尖人物,其影响超过了其他魔幻现实主义作家的总和,因此对他的分析界定决定了魔幻现实主义的定位。

多数研究家和作者的家人认为,《百年孤独》的作者出生在外婆家里。这样一来,外婆家的"大屋",也便成了他的"摇篮"。

"大屋"对于加西亚·马尔克斯是有着双重意义的。它不仅是母亲的娘家,而且还是自己的"摇篮"。这个"摇篮"是物质的,更是精神的、艺术的。它大得出奇。他对它的最初的记忆是模糊的,同时又是深刻的。

几乎和阿拉卡塔卡一带的所有房子一样,"大屋"由前院、房子和后院三大部分组成。房子颇具加勒比风格:宽敞、明亮、绿荫翳蔽而且房间很多(据说有二十几间),该是《百年孤独》中布恩迪亚家的主要蓝本。他对"大屋"怀有特殊的感情——比常人对故居的怀念要强烈得多,因为它多少带有点儿神秘色彩。多年以后,他经常对人说,《百年孤独》起始于一种欲念,它使他着魔,那就是回归种子:他儿时的"大屋"。在很长一段时间里,他说:"每天早上醒来,我都或真或假地会有这样一种感觉:我梦见我仍然生活在那里……没有年龄,没有原因,仿佛压根儿没有离开过似的。"

1953年3月,当他不得不陪同母亲卖掉"大屋"的时候,他大哭了一场。"总觉得心里空荡荡的,失魂落魄一般,"他说。唯一的安慰是房子卖给了两位相依为命的老人。后来,老人们转手把房子卖给了另一户人家。1970年代,加西亚·马尔克斯的名声与日俱增,阿拉卡塔卡地方政府出资买下了

“大屋”,并准备当做“文物”保存起来。然而,由于房子年久失修,加上政府的修葺计划一时未能兑现,到了20世纪80年代初,“大屋”也就剩下硕果仅存的几棵栗子树和一堆断垣残壁了。

加西亚·马尔克斯总把它和外公外婆以及儿时的记忆联系在一起。

从某种意义上说,“大屋”有点像科塔萨尔的“被占领的房子”,尽管没那么恐怖。在科塔萨尔的作品中,人物被某种莫名其妙的力量所控制,终日惶恐不安。这种力量可能是心理的,也可能是房子本身或者别的不可究诘的神秘“入侵者”所致,它时隐时现,飘忽不定。“大屋”的恐怖更实际,同时也更虚幻,因为它是历史性的,是记忆。据加西亚·马尔克斯回忆,“大屋”的很多房间是空着的,其原因是它们的居住者死了——可能是哪个亲戚,比如他的舅老爷拉萨罗·科特斯、姨奶奶佩特拉·科特斯或者姨妈玛尔加丽塔。为了纪念他们,房间一直空着。后来孩子们长大了,房子不够住了,外婆就请人加建几间。因此,实际上,房子由四部分组成,建成于不同时间。

住在那么一座“大屋”里,他难免感到既渺小又胆怯,尤其是在黑夜来临的时候,房子变得静悄悄的……

多年以后,当加西亚·马尔克斯不得不离开阿拉卡塔卡时,“大屋”就成了他最大的“精神负担”,因为他想用文学“成就它”,一半为了忘却,一半为了纪念。他后来多次提到的那部萌生于青少年时期的长篇小说,指的就是《大屋》——《百年孤独》的雏形。

问题是,当记忆成为艺术想象的时候,它就不再是单纯的记忆。它会插上翅膀飞翔,或者沉重地淤积。

也许是因为“大屋”太宽敞了(或者是他出生的时候脐带缠住了脖子),后来的加西亚·马尔克斯对空间的要求近乎苛刻:房子必须敞亮,门窗必须宽大;与此同时,也许正因为“大屋”太宽敞了(甚至还有供死人歇脚的房间),后来的作家又特别害怕“宽敞”:精神的空寂。他最怕一个人生活,最怕孤独。因此,他对家人、对朋友的重视程度曾经令许多人感到费解。

和“大屋”具有同等魔力的是他的外婆。从某种意义上说,“大屋”和外婆甚至是可以画等号的。就像古老的中国歌谣里的外婆,特兰吉利娜对于加西亚·马尔克斯,应当既是现实的,又是“艺术”的。他对她的记忆简直童话般地富有诗意。

当他还在“襁褓”里的时候,外婆就用上等的玫瑰花瓣给他治疗喉炎(说是脐带绕脖所致)。后来,每当加西亚·马尔克斯打嗝或者咳嗽,她就会用同样的方法给他疗疾。

母亲始终跟着父亲东跑西颠，照拂孩子的事儿就全交给了特兰吉利娜。好在当时家里尽是老人，孩子的到来不但给“大屋”带来了生气，而且大大地缓和了上校跟女儿、女婿的关系。孩子从未享受骑在父亲肩上逛街、趴在母亲膝下承欢的乐趣，却很快成了外婆的宠儿。他成天缠着外婆。有时候，外婆忙不过来，不耐烦了，就会自言自语：“见鬼，这孩子怎么啦？像个跟屁虫似的。”但是，一到晚上，孩子就会随着夜色安静下来。外婆知道他怕鬼，就让他坐在摇椅上：“你坐在这儿别动。你要是一动，佩特拉姨奶奶就会出来。还有拉萨罗舅老爷。他们正在各自的房间里睡觉呢。”马尔克斯只好乖乖地坐在那里，倾听死人的呼吸。他睁大眼睛，看着外婆忙完该忙的一切，然后安安静静地进入梦乡，以便死人和活人的故事得到进一步的演绎和扩展。

儿时的加西亚·马尔克斯醒得很早。每天雄鸡啼鸣、晨光熹微，外婆和姨妈起来烧早饭的时候，他也会果断地结束漫长的睡梦，回到外婆的身边。

所有这些，都将进入他的记忆，成为拂不去撵不走的“幽灵”，从而最终进驻他的艺术世界。比如，在他的第一篇小说《第三次无可奈何》中，那个七岁的小孩在“死亡”中继续生长的噩梦，当与此不无关系。还有《枯枝败叶》中的那个十一岁的男孩，他坐在摇椅上注视死人的目光定会给读者留下深刻的印象。还有《百年孤独》……

二三十年代，特兰吉利娜还是个相当健康活跃的女人。她身材小巧，但性格坚毅。虽然头发已经苍白，但两耳皆聪，目光如炬。她始终穿着或黑或蓝的“丧服”或“半丧服”，一天到晚忙里忙外，仿佛有使不完的力气。她总是边说边忙，自言自语，像《百年孤独》里的乌苏拉。有时，她预感客人会来，就早早吩咐同时准备鱼和肉，“鬼知道客人喜欢吃鱼还是吃肉……”因为好客，上校家常常宾客盈门：有的是上校的战友，有的是上校的亲戚，有的甚至还是上校的相好或私生子。特兰吉利娜对他们一视同仁。

有一次，家里来了一大群孩子，自称是上校的儿子。特兰吉利娜毫不犹豫地接纳了他们，一如乌苏拉接纳奥雷良诺的儿子。上校的表妹弗朗西斯卡·梅西亚（因为长期住在一起，马尔克斯既不叫她表姑奶奶，也不叫她名字或“姑姑”、“姨妈”之类，而是小大人似的一概用昵称，管她叫玛妈）急了，对特兰吉利娜说：“米娜（昵称），你是个窝囊废。尼科拉斯欺骗你，你也不闻不问。”特兰吉利娜付之一笑，根本不予理会。她太忙了，顾不得那么多。再说，在她看来，要紧的是怎么跟死人打交道。她必须照看好孩子，除了一日三餐，还要保佑孩子不被死人带走，尤其在别人操办丧葬的时候。“因为刚死的人怕孤独，总希望有人做伴，”她说。此外，她还不能让黑蝴蝶飞到家里来，因为黑蝴蝶是很不吉祥的，带着死亡的信息；也不能让盐撒在地上或者硫黄味儿进入卧室，因为二者与巫师或者魔鬼有关。

外婆不是自言自语，就是哼哼唧唧，尤其是在洗澡的时候。有一天，外婆哼起了她儿时的歌谣："曼布鲁去了前方……"外孙就打断她，问谁是曼布鲁。外婆不假思索地说："是你外公的战友，参加过'千日战争'。"外孙信以为真。多年以后，他当然会知道真正的曼布鲁乃欧洲历史上有名的英国军人马尔伯勒(1650－1722)，可他宁愿相信外婆的信口开河。因为，和许多哥伦比亚人一样，外婆就是这样将历史、现实和迷信糅合在一起的。

马尔克斯记得自己是在妹妹玛尔戈特出生后受洗的。因为要给玛尔戈特做洗礼，外公忽然想起来，说："见鬼，这小子还没有受洗呢！"当时，他未满三岁。

也许就是在那个时候，外公开始真正地注意到他的这个外孙来了。多年以后，马尔克斯的弟弟妹妹们回忆外公对哥哥的偏爱，无不感慨系之："外公给加博过'生日'几乎是按月计算的，也就是说，每个月给他过一次'生日'。"

外公和外婆不同，他们或可说是人类知行的两个端极：一个迷信、虚无但又非常殷实；另一个开明、务实但又十分的理想主义。这两个人如何走到了一起(而且是近亲)，还真是个谜。这个谜注定要孕育出遭受百年孤独的布恩迪亚家族。

对于马尔克斯而言，外公的抚爱是必不可少的，因为它起着一种调和剂或者平衡器的作用，可以及时地把孩子从死亡的虚妄和恐惧中拉回到现实里来。每当外婆和"姨妈"们在一起议论死人的时候，外公就会对外孙说："别听她们的，尽是迷信。"

外公的世界是现实的，但也是历史的，因此他的时空观是纵向的、发展的；不像他老伴，永远停留在原来的地方，一切都是静止的、平行的。外公参加过"千日战争"，是自由军上校，满脑子的历史。但马尔克斯最珍爱的还是外公对他的那份感情。在理性的范畴，外公是他孩提时代唯一的知音。他们的心息息相通，以至于后来他因为失去外公而"再无快乐的时候"。因为，每当快乐来临的时候，他就会情不自禁地想起老人："要是他还活着，该有多好！"

在很长一段时间里，外公和他是家里"惟二"的男人。外公总是亲切地唤他"小拿破仑"，小孩则回以"老爸"。当时外公已年逾花甲。他中等身材，蓄着胡子，为人沉稳，穿着整齐；在生人面前不苟言笑，在熟人面前却谈笑风生。马尔克斯几乎不折不扣地继承了外公的这些性格特征。

外公每次外出都是西装革履,口袋里装着金怀表。他胃口“大得吓人”,而且从不为消化不良犯愁。自从有了这个外孙,他的生活就多了一份欢乐:他给外孙做木马,牵着外孙的手逛街,给他讲述所能遇到、所能想到的一切。

童心是好奇的,也是神圣的。小马尔克斯总是刨根究底问个不停。外公也有答不上来的时候,于是就会邀请外孙到他的办公室里去查字典,或者领他上马戏团看马戏。当时,马戏团最吸引人的并非小丑或魔术师,而是各种各样的动物。加西亚·马尔克斯就是在那里认识骆驼的。

有一天,外孙看到了一条冻鱼,就去问外公:“那鱼为什么那么硬啊?”“因为是冻鱼。”外公回说。“什么是冻鱼啊?”“冻鱼就是加了冰的鱼。”“什么是冰啊?”于是,外公只好领着外甥到一个冰库,让他伸进手去摸了一下里面的冰块。《百年孤独》即起始于这一细节。

此外,由于外公是“千日战争”的直接参与者,可以说是哥伦比亚近代史的见证人。战争虽已过去多年,但外公和他的那些有血有肉的战友们使马尔克斯看到了历史的鲜活存在。

外公还带着外孙四处旅行。未来作家在《霍乱时期的爱情》中叙述的那艘客轮,便是根据他俩乘坐的从马格达莱纳到巴兰基里亚的“朝霞号”演绎的。当时,外公带他去认识岛屿,返回的途中还遭遇了斗殴。若非外孙在场,老人准得出手卷入,因为他有枪,而且性情刚烈,爱打抱不平。另一次是到圣马尔塔参观“解放者”玻利瓦尔的殉难地。外公详细地叙述了玻利瓦尔的生平并十分自豪地告诉外甥:“我父亲也是位独立战士,认识玻利瓦尔。”

多年后,当有记者问到他的“不同凡响”的家世时,马尔克斯立即更正说:“由于独立战争加‘千日战争’还有各种规模的武装冲突,19世纪的哥伦比亚几乎一直在打仗,哪家没有个把独立战士或者上校、将军呢?”

是啊,乱世出英雄。外公只不过是无数过来人中的一个。

真正不同凡响的当是这方水土和流淌在这方土地上的这段历史。

小马尔克斯亲眼目睹了“香蕉狂飙”留下的满目疮痍。阿拉卡塔卡河的“清澈的河水在遍布卵石的河床上流过,卵石光滑洁白,大如史前巨蛋……”

西方人在家庭中的等级关系不如中国人来得分明。他们(包括西方语言)通常没有“堂”、“表”概念,“代沟”也不是那样深不可测、难以逾越。中国读者读到的所谓马尔克斯的“姨妈”们,其实大都不是严格意义上的姨妈,而是外公的表妹玛妈、外公的私生女帕(埃尔维拉·卡里约·马尔克斯)和外公的姐姐娜娜(维内弗里达·马尔克斯)。然而,她们分担了特兰吉利娜的责任，同时也分享了小马尔克斯所赋予这个家庭的一切烦恼和欢乐。

娜娜是马尔克斯家族的主要成员，她虽然比较孤僻，但却是尼科拉斯的“精神支柱”。同样，对于幼小的马尔克斯，她与其说是真实的存在，倒不如说是一种象征：男人世界里的母系社会。那个伟大的“格兰德大妈”当是她和前面这些女人共同创造的一个神话。

在马尔克斯到来之前，帕是这个家庭最年轻的成员。她聪明伶俐无所不能：洗衣，做饭，刺绣，烧糖豆，打扫卫生，叠纸玩意儿以及后来的照看孩子。《百年孤独》中的那个神奇的阿玛兰塔，据说就是以她和玛妈为原型的。

玛妈是个老处女，把全部的爱交给了这个家庭。因为是尼科拉斯的表妹，而且是唯一跟随尼科拉斯姐弟和特兰吉利娜从巴兰卡斯“迁徙”到阿拉卡塔卡来的亲戚。她性格开朗，充满了活力，大事小事都拿得起放得下，对马尔克斯家作出了很大的贡献，所以连尼科拉斯和特兰吉利娜都得让她三分。初到阿拉卡塔卡时她还年轻，很是引人注目，因而追求者络绎不绝。她既不拒绝，也不答应，一概以礼相待，款以自制的饴糖和果汁。

和特兰吉利娜一样，她穿着保守，一生不是着黑就是穿灰。孩子们都很怕她，所以她承担了最艰巨的活计：给孩子们洗澡、换衣服和督促他们做作业、望弥撒。有一段时间，她还得陪小马尔克斯睡觉。

由于经济不景气，家庭开销却与日俱增，单靠上校的那点退休金早已入不敷出。因此，女人们不得不做手工贴补家用。玛妈是这方面的好手，她不但针线活做得好，而且出得一手好饴糖、好果脯。

加西亚·马尔克斯记忆最深的是她的迷信和她的虔诚。正因为如此，她获得了保管公墓钥匙的殊荣。

晚年的玛妈特惨，不但手脚失去了知觉，而且患上了严重的肾功能衰竭。她只好请求帕替她缝寿衣。帕不折不扣地执行玛妈的指令，替她缝了寿衣，摆了祭台……

凡此种种，最终成就了《百年孤独》。

五　后期作品

随着《彼得罗·巴拉莫》、《百年孤独》等作品的出现，魔幻现实主义进入了它的鼎盛时期。此后，这个流派虽已盛极而衰.但是它的某些创作方法却一直延续到20世纪80年代。

20世纪70年代，魔幻现实主义的某些手法被拉丁美洲作家用来表现拉丁美洲社会的痼疾：独裁统治的再审视。这种审视与以前的反独裁小说有很大的不同:它是一种深层次的历史文化扫描,而非单纯的社会政治评判。在这里,细节的描写和影射退到了次要的位置,粗线条的勾勒和夸张成为首要特征。譬如卡彭铁尔的《方法的根源》(1974)的1/3篇幅是用来观照拉美独裁者赖以产生的历史文化环境的。在他的笔下,拉丁美洲是这样的一种畸形与可悲:电灯取代了油灯,浴盆取代了葫芦瓢,可口可乐取代了果子露,轮盘赌取代了老骰子;邮车取代了信驴,进口豪华轿车取代了披红缨、挂铃铛的马车……它们在古老的街道上缓缓地行进,不断地调速,好不容易才驶入那新建成的林荫大道,于是在路边吃草的羊群四处逃窜,咩咩声压倒了汽车喇叭声……

如此形态还明确表现于独裁者的性格矛盾:他十分崇拜欧洲文化,向往奢侈生活;他长期居住在巴黎,足迹遍及整个法国……与此同时,他又是个"地地道道的美洲人",只有在吊床上才能入睡。他迷信而且多疑,认为国内长期动荡不安跟他强迫倒霉的圣维森特德保尔修女有关,"或许还有至今留在身边的头巾和披肩,以及在欧洲一家老古玩店看到的橡皮骷髅"。

无独有偶,罗亚·巴斯托斯的"至高无上者"(《我,至高无上者》1974)也是一个具有多重性格的"畸形儿":他是个学识渊博的文人,精通法学和神学,推崇法国启蒙作家(尤其是卢梭和孟德斯鸠),重视自然科学,熟谙最新哲学思潮流派。他还特地命人从野外搬来一块陨石,摆在工作室里。但是,他禁止任何性质的民主,取缔了知识分子所从事的科研工作和高等教育,强迫人文学者参加义务劳动,实行愚民政策,并且中断了一切对外交往。同时,"至高无上者"笃信鬼神,是个不可知论者,不但对一切神秘事物感兴趣而且以雷纳尔神父的忠实读者自居…

同上述形象相比,加西亚·马尔克斯的"家长"(《家长的没落》1975)更能反映拉丁美洲的矛盾与畸形、落后与混杂。传说家长没有父亲,是位其名不详的精灵使他母亲感应怀孕的产物。然而他母亲临终时却忽然惶惶不安地要把那一段隐私告诉他,无奈想起了许多偷偷摸摸的男人和稀奇古怪的传说,一时竟也忘了实情。家长是个畸形儿、早产子,孩提时代就机敏过人。有人替他算了命,说他将来必成大器。至于他后来如何独揽了拉丁美洲某国的军政大权,除了神乎其神的传说,根本无人知道实情。因为这世上没有人看见过家长,只听说他是个深居简出但又无处不在无所不知的老头儿。他每天都让钟楼在两点的时候敲十二点,以便使生命显得更长些。他妻妾成群,第一夫人是他从牙买加买来的修女。在他们刚举行完婚礼两个月后,那修女就生下一个男孩,家长立即宣布他为合法继承人并授予少将军衔。

家长一百多岁还第三次换了牙。他认为这一切都应归功于他母亲。因此，他母亲死后，他命令全国举哀百日，并隆重追封她为圣母、国母和鸟仙，还把她的生日定为国庆节。

与此同时，家长是个杀人不眨眼的混世魔王。他打着寻求国泰民安的幌子，无情地镇压了所有“政变未遂”的、“图谋不轨”的和“行迹可疑”的危险分子；为防止其家属和朋友报复，他又命令杀掉其亲友，然后依此类推。据说他老态龙钟、目不识丁，却老奸巨猾、诡计多端。他能在人群熙攘的舞厅发现伪装得十分巧妙的刺客，在毫无线索的情况下捕获离境叛逃的部下。为了维护自己的统治，他炸死了追随他多年的十几名战友，然后假惺惺地用国旗覆盖尸体，替他们举行隆重的葬礼。他还常常把可疑分子扔进河里喂鳄鱼，或者把他们的皮剥下来寄给家属。为了证实周围的人是否忠心耿耿，他还假死过一次。他心狠手辣，从不放过一个可疑分子，就连亲信、他的国防部长也未能幸免一死。

> 罗德里戈·德阿吉拉尔将军阁下驾到，他身穿非隆重场合不穿的五星上将军服…… 长长地躺在卤汁四溢的银托盘上，烤得焦黄，供战友享用。我们目瞪口呆，屏息相望。粉碎官进行了彬彬有礼的切块分尸仪式。当每位宴客都有了一份国防部长和松仁拌香菜，家长下达了进餐命令，好胃口，先生们。

诸如此类，显然已经不同于20世纪60年代的魔幻现实主义作品。在这些作品中原始神话的色彩明显减弱，表现手法趋于荒诞夸张。反映拉丁美洲孤独落后、体现拉丁美洲混血文化和混血人种“集体无意识”的群体化形象，被个性化形象（独裁者）所取代。人物本身的力度（比如独裁者的残暴）超过了文化内涵的魔幻所能产生的反响。

20世纪80年代，拉丁美洲国家的民主化进程迈出了坚实的步伐，专制统治难以为继。随着民主制度的建立、健全，经济建设和文化教育成为头等重要的大事。然而拉丁美洲的旧传统、旧势力仍根深蒂固，严重阻碍了拉丁美洲国家的健康发展。这时，又有一些魔幻现实主义作品问世。它们继续揭露野蛮，抨击腐朽，鞭挞落后。

加西亚·马尔克斯的《一件事先张扬的凶杀案》(1981)是一部重要的后期魔幻现实主义作品。小说以一起发生在作者故乡的凶杀案为契机，表现了拉丁美洲的野蛮与落后。

纨绔子弟罗曼一心想娶个美女为妻。他在一个海滨小镇游玩时，遇见了一位光彩照人的混血姑娘——安赫拉，便决定与她结婚。他略施小计，就博得了姑娘父母的欢喜。不久安赫拉在父母兄弟的催逼下嫁给了罗曼。新婚之夜，罗曼发现安赫拉不是处女，便恼羞成怒，把她休了。安赫拉后悔莫及。因为在这之前，一些老于世故的人曾经劝告她，说不论是否处女，新婚之夜最好随身带一瓶鸡血，乘新郎心醉神迷之际洒在床单上。可她没有这么做，结果被丢脸地送回了家。她母亲觉得无地自容，拼命抽打女儿，还将两个孪生子(维卡略兄弟)，叫回家来帮忙，逼迫她交代糟蹋她的人。安赫拉无可奈何，终于脱口说出是同镇的圣地亚哥·纳赛尔。维卡略兄弟顿时怒气冲冲，逢人便说要杀圣地亚哥·纳赛尔，挽回妹妹的名誉，并公然磨刀霍霍。虽然镇上包括镇长和神父在内有许多人知道了此事，但由于种种原因，没有一个人站出来阻止。结果，维卡略兄弟在众目睽睽之下杀死了圣地亚哥·纳赛尔，然后向神父投案自首。法庭经过调查，认为他们是为了挽回荣誉而作案杀人的，便宣布他们无罪，将他们释放了。于是，镇里的人把维卡略兄弟视为“好样的”。

杀人如同宰猪，只要“事出有因”。审判结束后，维卡略兄弟郑重声明：为了维护名誉，这种杀人的事可以再干一千次。律师认为名誉比生命更重要，因此维卡略兄弟杀人属于正当自卫。神父赞扬维卡略兄弟自动投案是“高尚的举动”，并说他们“在上帝面前是无罪的”。老大巴布洛·维卡略的未婚妻明明知道他们要杀人，却说：“我不但同意他这么干，而且如果他不这么干，我就不会和他结婚。”正因为如此，维卡略兄弟终于在光天化日之下用杀猪的屠刀将手无寸铁的圣地亚哥·纳赛尔活活砍死了。

可见，作者的倾向性是鲜明的，作品对现实的鞭挞是无情的，对教会的讽刺是犀利的。

多年以后，叙述者“我”对于这起凶杀案仍耿耿于怀，一心想弄个水落石出。他原以为时过境迁，能解开凶杀案之谜，结果却使他大失所望：故乡一如既往，还是那么迷信，那么保守，那么落后和野蛮。而事实上这恰恰就是凶杀案之谜的唯一谜底。

首先，时至今日，小镇的多数居民仍认为纳赛尔遭此灾难，乃命中注定。

(一)梦的启示

“圣地亚哥·纳赛尔在被杀的那天，清晨五点半就起床了，因为主教将乘船到来，他要前去迎候。夜里，他梦见自己冒着蒙蒙细雨，穿过一片榕树林，这短暂的梦境使他沉浸在幸福之中，但醒来时，仿佛觉得全身盖满了鸟粪。'他总是梦见树木,'二十七年之后,他母亲普拉西达·里内罗回忆起那个不幸的礼拜一的细节时,这样对我说。'前一个礼拜他就梦见自己单身一人乘坐锡纸飞机,在扁桃树林中自由地飞来飞去,'她对我说。"但是她承认当时自己忽视了鸟粪这个细节。

此外,被杀的那天,"圣地亚哥·纳赛尔和前天参加婚礼时一样,穿的也是未经浆过的白亚麻布的裤子和衬衫"。恰好同他梦中的锡纸飞机相吻合,而且他在众目睽睽之下被杀也恰好应了在扁桃树林中自由飞翔的梦境。

多年以后,牛奶店老板娘克罗迪尔德·阿尔门塔对"我"说,她在晨光熹微中第一个看到圣地亚哥·纳赛尔时,仿佛觉得他穿的是银白色的夜服,"活像个穿丧服的幽灵,"她说。

(二)不祥之兆

初民由于对许多自然现象都缺乏了解,不得不用想象去解释它们。久而久之这些想象便约定俗成,成了神话或者迷信。于是天体的些微变化、某些动物的鸣叫或者姿态等等都意味着种种征兆,同人的生死祸福攸关。然而随着科学技术的发展,人们逐渐醒悟,不再迷信。这是就人类大多数而言。但是相信预兆,把迷信奉作圭臬的至今不乏其人,比如马尔克斯笔下的哥伦比亚村民。

圣地亚哥·纳赛尔前一天晚上和衣而睡,睡得很少,且很不好,醒时感到头痛,嘴里一股苦涩的味道……从他早晨六点零五分出门,直到一个钟头之后像一头猪似的被宰掉,有许多人见过他。他们记得,他当时稍带倦容,但精神很好。凑巧,他遇到每一个人时都说:今天真是美极了。可是,谁也不敢肯定他指的究竟是不是天气。大多数人都说,那天天色阴沉,到处散发出一股死水般的臭气;在那不幸的时刻,正飘着蒙蒙细雨,就像圣地亚哥在梦中看到的森林景色一样。人们还回忆说,那天纳赛尔的一言一行似乎都与死亡有关。他一心盘算着安赫拉的婚礼花了多少钱,结果便是他的性命。况且,那天早上,他家的女佣将兔子的内脏扔给狗吃时,他一反常态,表现出从未有过的惊慌。维克托丽娅·库斯曼后来才明白,为什么一个猎手突然会那么惊恐。"上帝啊,"她惊讶地说,"难道这一切都是预兆吗?"

(三)命运的偶合

维卡略兄弟自从妹妹说出圣地亚哥·纳赛尔的名字之后,逢人就说他们要杀死纳赛尔。许多人都承认维卡略兄弟说过这话,并且一致认为,哥儿俩说这话的唯一目的便是让人听见。克罗迪尔德·阿尔门塔甚至肯定地说,"与其说他们要杀死圣地亚哥·纳赛尔,倒不如说他们急于找一个人出来阻止他们杀人”。她相信，他们第一次放过他时，“几乎是用怜悯的眼光看着他远去的”。就像许多人记得的那样，他们根本不想在阒无一人的情况下杀死对手，而是千方百计地叫人出面阻止他们，以便能够体面地收场：不必杀人，又能挽回名誉。

然而，他们更相信命运的安排。

当维卡略兄弟操着屠刀，到肉市去磨的时候，所有人都以为他们喝醉了，甚至开玩笑地问他们：“既然有那么多富翁应该先死，为什么要杀圣地亚哥·纳赛尔？”镇长知道情况后，批评兄弟俩说：“如果主教看到你们这副样子，他该怎么说呀！”然后没收了他们的屠刀，心想这下他们没东西杀人了。

事实上，弟弟彼得罗早已动摇了。巴布洛对“我”说：“说服他弟弟下最后的决心实在不容易。”

与此同时，维卡略兄弟要杀纳赛尔的消息不胫而走，迅速传播开来。神父也知道了，他说：“我首先想到的是，那不是我的事，而是民政当局的事，但是后来我决定顺路把消息告诉普拉西达·里内罗。不过在穿越广场的时候，已经把事情忘得一干二净，因为那天主教要来。”到了早上六点多钟，除少数几个人外，全镇的人都得到了消息，而且知道行凶的详细地点。好心的人到处徒劳地寻找纳赛尔报信；理智的人根本不相信维卡略兄弟会突然无缘无故地杀死纳赛尔；更多的人则以为维卡略兄弟酒后胡言，当他们看到若无其事的纳赛尔时，就更加确信无疑了。

纳赛尔那天恰好没有带武器，因为主教要来，他准备到码头去迎接。多年前，他的枪走火打碎了教堂的一个真人般大小的圣像，那个倒霉的教训，他一直没有忘记。

此外，纳赛尔家的前门通常是闩着的，而且大家都知道他进出，走的总是后门。那天，维卡略兄弟在前门等他，他也是从后门出来的。一个小时以后，他还是从后门回的家，但没有看见有人塞在他家后门的条子。奇怪的是，当他再次出门时，忽然走了前门。“这一点谁也没有料到，就连法官也百思不得其解。”不仅如此，在维卡略兄弟叫喊着、举着屠刀扑向他的时候，他母亲赶紧关上了大门。“我以为他们想闯进来，把我儿子杀死。”她说。当她正在插门闩的时候，听到了纳赛尔的喊声和敲门声，可是她以为儿子是在楼上，正从阳台责骂拼命敲门的维卡略兄弟。纳赛尔只需几秒钟就可以跑进家门了，但这时他母亲却关上了大门。在人们看来，世界上再也没有比这更事先张扬的凶杀案了，也没有比这更富于巧合的事情了。“这是天意”，他们都这么说。

其次，时至今日，对于绝大多数人来说，仍只有一个受害者，他就是巴亚多·圣·罗曼。悲剧的其他主要人物都尊严地、乃至颇为杰出地完成了生活赋予他们的使命。纳赛尔是命该如此，维卡略兄弟替妹妹挽回了名誉。唯一白白失去一切的人是巴亚多·圣·罗曼。"可怜的巴亚多！"每当人们提到他时总这么说。基于这种观念，就连安赫拉也改变了先前的态度，给罗曼写了一封又一封情深义重的信。

迷信、孤独、落后和野蛮都是明摆着的。在这个世界上，无论杀人的还是被杀的，无论害人的还是被害的，都是悲剧的牺牲品同时又是它的帮凶。

圣地亚哥·纳赛尔无疑是这出悲剧的关键人物。然而，他究竟是谁？回答是模棱两可的。

小说的题词写道："猎取爱情，需要傲慢。"这是葡萄牙著名诗人希尔·维森特的名言。圣地亚哥·纳赛尔恰恰是个十分傲慢的人。多年以后，叙述者是这样回忆的："安赫拉在姐妹四人中长得最俊，我母亲说她跟历史上有名的王后一样……但圣地亚哥·纳赛尔却对我说：'你这个表妹瘦极了。'"他们属于两个不同的社会阶层，谁也没有看见过他们在一起，更不用说单独在一起了。纳赛尔过分高傲，不会把她放在眼里。"你表妹是个傻瓜，"当他不得不提到她时，总是这么说。然而，"正如我们当时常说的，他是只专门捕捉小鸟的老鹰。他和他父亲一样，总是只身行动，在那一带山区长大的漂亮而意志薄弱的少女，没有哪个不在他的涉猎之内。"此外，维克托丽娅·库斯曼毫无同情心地回忆说，她女儿迪维娜·弗洛尔当时还是个豆蔻年华的少女。那天早上，她去接空杯子的时候，纳赛尔抓住了她的手腕。"你到了该变成温顺的小羊羔的时候了，"他对她说。这时维克托丽娅疾言厉色地命令道："放开她，白人。只要我活着，你就别想吃这块天鹅肉。"维克托丽娅本人在青春时期曾被纳赛尔的父亲引诱、占有过。后来他不再要她了，就把她带到家里当佣人。她常对女儿说，纳赛尔跟他父亲一样，都是下流货。多年之后，迪维娜·弗洛尔对人说，那天早上，她母亲之所以不向纳赛尔报警，是因为她心里正巴望着有人将他杀掉。

诚然，迪维娜·弗洛尔却并不这么看，相反，她说："再也没有比他更好的男人了。"她还承认，那天早上她之所以没有把消息告诉他是因为当时她吓坏了，没了主意。再说，他紧紧抓住了她的脉腕，"他的手冷得像石头，仿佛真的已经死了"。当她拉开门闩放他出去时，她"又没有逃脱那只猎鹰般的手"。"他抓住了我的辫子"，迪维娜·弗洛尔对人说。

同时，"我妹妹把圣地亚哥·纳赛尔看成了天使。……'当丈夫，没有一个比他更合适的了’,她对我说。”有人甚至断言,“安赫拉·维卡略为了保护她真正爱着的人,才说出圣地亚哥·纳赛尔的名字的,因为她以为她的两个哥哥绝不敢把他怎么样。”

另一方面,一些了解他的人说“圣地亚哥·纳赛尔有一种异乎寻常的化装本领”。这样,他对安赫拉的婚礼的兴趣和他为新婚夫妇演唱小夜曲就成了他高傲、妒忌的见证。

同样,巴亚多·圣·罗曼也是个纨绔子弟,出生于名门望族。他生活奢侈,沉湎女色。他几乎是用金钱收买了安赫拉父母,然后逼迫安赫拉就范的。“安赫拉向我坦白说,巴亚多给她留下了深刻的印象,但不是由于别的原因。‘我讨厌高傲的男人,却从未见过他这么高傲的,’她回忆起那天的情形时,这么对我说。”

无独有偶,圣地亚哥·纳赛尔相当了解巴亚多·圣·罗曼,“知道他除了世俗的傲慢之外,也同任何人一样,有着自己的偏见”。

除此二人之外,人们大都不了解罗曼。从他最初悄然出现到最后悻然离去,一直是个“完美的形象”和“可怜的人”。

然而令人费解的是,多年以后,他突然回到了安赫拉身边:

> 八月的一天中午,她正在和女友们一起绣花,感到有人走到门前。她无须看一眼就知道那人是谁。“他胖了,头发开始脱落,看近的东西要戴眼镜了,”她对我说。“可是那是他,妈的,是他!”她吃了一惊,因为她知道,她在他眼中已是十分憔悴,正如他在她眼中一样,而且,她不相信他心中的爱情会像她那样强烈。他身上的衬衣被汗水浸湿了,恰如她在市场上 第一次见到他时那样;系的还那条皮带,肩上还是那个饰着银边的绽了线的皮褡裢。巴亚多·圣·罗曼向前走了一步,没有去理睬那些由于惊愕而目瞪口呆的绣花女人……
>
> “好吧,”他说,“我到这儿来了。”

他带着衣箱准备留下来,另外一个大小相同的箱子里装着她写给他的近两千封信。那些信全都按日期排好,一包包地用彩带扎着,一封也没有打开过。

果然是“猎取爱情,需要傲慢”?——这样的悲喜剧岂不令人啼笑皆非?

除此之外,种种迹象表明,维卡略兄弟似乎并非真要杀死纳赛尔,而显然是迫于世俗的压力,“不得已而为之”。所以他们根本不想在无人在场的情况下杀死纳赛尔，而是千方百计想叫人出面阻止他们，只不过没有如愿罢了。他们虽然最终“自豪地”杀死了纳赛尔，而且扬言“这样体面的事”再干一千次也行，但却受到了良心的谴责。凶杀案发生后，他们要了很多水，土肥皂和丝瓜瓤，洗去了臂膀和脸上的血迹，另外，把衬衣也洗了，不过就是睡不着，持久不消的血腥气折磨着他们。彼得罗·维卡略感到日子越来越难熬了，腹股沟的疼痛一直影响到脖颈，尿闭了，他恐怖地断定这辈子再也难以睡觉了。“‘我十一个月没合眼’，他对我说。我了解他，知道他的话是真的……”而巴布洛·维卡略呢，给他送去的东西每样只吃了几口，一刻钟后，就上吐下泻起来。即便如此，从他们被宣布无罪释放至今，他们一直被视为好样的，他们自己则更是自鸣得意，扬言这样的体面事情再干一千次也行。

这就是加西亚·马尔克斯的故乡，这就是拉丁美洲！作者用尽可能客观的笔触、简洁的语言——上百个“说”字——，以“新闻报道般的逼真”展现了一个停滞不前的、封闭的、孤独的、野蛮的、自然也是魔幻的现实世界，他对各色人物的憎恨与怜悯在字里行间自然流露。

智利女作家伊莎贝尔·阿连德师承加西亚·马尔克斯，在处女作《幽灵之家》(1982)中运用了魔幻现实主义手法。《幽灵之家》以埃斯特万·特鲁埃瓦家族的兴衰为中心，展示了拉丁美洲某国半个多世纪的风云变幻，表现了某些人物的孤独与魔幻。

埃斯特万·特鲁埃瓦原是个聪明好学的上进青年，后因家道中落，不得不辍学谋生。他先在一家公证处当书记员，和姐姐菲鲁拉一起供养年迈多病的母亲。一天，他和出身名门的罗莎·瓦列小姐邂逅相遇，被姑娘的美貌所深深吸引。为了能向瓦列家族的这位千金小姐体面地求婚，他横心抛下母亲和姐姐，只身一人去荒无人烟的北方金矿冒险。经过两年多时间的艰苦奋斗，他攒下了一大笔钱。然而，就在这时，罗莎不慎误饮毒酒而死。噩耗传来，埃斯特万当即万念俱灰。他专程赶回首都，为罗莎送葬。末了，决定到父亲留下的庄园了却一生。那是个寂寞偏僻的古老农庄，此时已衰败不堪。埃斯特万为了消磨时光、打发日子，不知不觉地投入到了振兴庄园的工作。他在管家佩德罗·加西亚第二的帮助下，用了近十年的时间，将惨淡经营的三星庄园变成了远近闻名的“模范庄园”。事业愈来愈兴旺，埃斯特万也愈来愈专横、堕落。他强暴了管家的妹妹，还与妓女特兰希托·索托勾勾搭搭、狼狈为奸。后来，由于母亲病危，埃斯特万回到首都。母亲死后，他遵照遗嘱，娶了瓦列夫妇的小女儿克拉腊小姐为妻。克拉腊那年十九岁，是个异乎寻常的女孩。她具有特异功能，专与鬼魂交往，善卜凶吉祸福。他们结婚后，生下一个女儿，取名布兰卡。有一次，埃斯特万携克拉腊母女到三星庄园度假。在那里，布兰卡和佩德罗·加西亚第三从相识到相爱，遭到了埃斯特万的粗暴干涉。不久，他们的一对孪生子海梅和尼古拉斯也渐渐长大。埃斯特万对他们动辄就打就骂，克拉腊因为对丈夫不满而痛心疾首。此时，那一带发生强烈地震。埃斯特万被倒塌的房屋压了个半死。多亏老佩德罗·加西亚悉心照料，才逐渐好转。伤愈后，埃斯特万涉足政治，顽固地坚持保守立场。与此同时，被赶出家门的佩德罗·加西亚第三继续以"神父"的身份与布兰卡暗中来往，并煽动三星庄园的雇工在选举中不投保守党的票。不料此事因人告发而败露。老羞成怒的埃斯特万用斧头砍断了佩德罗·加西亚第三的三个指头，还将克拉腊母女痛打了一顿。克拉腊忍无可忍，带着怀孕的布兰卡离开庄园，回到首都。不久，埃斯特万追到首都，强迫女儿嫁给骗子"法国伯爵"。此人不但从事走私贩毒勾当，而且还是个性变态者。布兰卡终因无法忍受其变态行为，逃回母亲身边并很快生下了女儿阿尔芭。这时海梅和尼古拉斯已经长大成人。前者从医学院毕业后，从事救死扶伤的工作；后者饱食终日，无所事事，成了浪子。阿尔芭七岁那年，克拉腊去世了。布兰卡和佩德罗·加西亚第三旧情未断，继续来往。随着大选的临近，两种势力的较量达到了白热化的程度，海梅参加了社会党。最后，社会党在大选中获胜，佩德罗·加西亚入阁当了部长。但是极右势力不甘心失败，拼命抵制新政府的土地改革政策。埃斯特万·加西亚因阻挠庄园变革，被雇工扣作人质。布兰卡请佩德罗·加西亚第三出面交涉，才救了埃斯特万一命。终于，极右势力策动了军事政变，推翻了民主政府。枪杀了奋力抵抗的共和国总统。海梅在保卫共和国的战斗中英勇牺牲，年方十八的阿尔芭也被军政府投进了秘密监狱。埃斯特万如梦初醒，四处打听外孙女的下落。阿尔芭在狱中受尽折磨。一个名叫埃斯特万·加西亚的上校对她尤其狠毒。原来此人正是她外公在三星庄园胡作非为的结果。他借政变之机，在阿尔芭身上公报私仇。最后，埃斯特万在名妓特兰希托·索托的帮助下救出了奄奄一息的阿尔芭。祖孙相见，悲喜交集。阿尔芭找出外祖母的日记。结合埃斯特万的回忆，写下了这部《幽灵之家》。

《幽灵之家》的魔幻现实主义特点集中表现在克拉腊和老佩德罗·加西亚二人身上。除此之外，当然也就再无神奇可言。

克拉腊从小就不同凡响，她十岁时决定充当哑巴，结果一连几年谁也无法叫她开口。她擅长圆梦，而且这种本领是与生俱来的。她背着家人给许多人圆梦，知道身上长出一对翅膀在塔顶上飞翔是什么意思，小船上的人听见美人鱼用寡妇的声音唱歌是什么意思，一对双胞胎每人举着一把剑是什么意思……她不但能圆梦，而且有未卜先知的本领。她预报了教父的死期，提前感到了地震的信息，还向警察预告了杀人凶手的行踪。不仅如此，克拉腊还能凭感觉遥控物体，使物体自动移位。而且这种本领随着她年龄的增长而增长，待到后来，她可以站在远处、不掀开钢琴盖就弹奏自己喜欢的曲子。更为神奇的是她喜欢和鬼魂玩耍，整天整天地和他们闲聊。父亲不准她呼唤调皮的鬼魂，免得打扰家人。但越是限制她，她就越发疯癫。只有老奶奶懂得她的心思，给她讲古老的传说，把她当做宝贝。

和克拉腊一样，老佩德罗·加西亚也是个十分神奇的人物。他用咒语和谆谆劝诱赶走了给三星庄园造成灾难的蚁群，用身体测试地下有无水源，用魔法和草药治愈了奄奄一息的主人……诸如此类，不一而足。

诚然，真正神奇的并非上述人物的"心灵感应"或"未卜先知"或"呼神唤鬼"的本领，而是人们信以为真的现实，是进步和守旧的反差，是文明与落后的较量，是迷信和希望的并存。伊莎贝尔·阿连德说过："有一个马孔多，也就会有第二个马孔多；有一个布恩蒂亚家族，也就会有第二个布恩蒂亚家族：我的家族。"

1989年，墨西哥女作家劳拉·埃斯基韦尔发表了20世纪拉丁美洲的最后一部魔幻现实主义小说：《沸腾》（又译《情浓似巧克力水》）。小说由十二个菜谱引发开来，充满了魔幻色彩，是魔幻现实主义与灰姑娘传奇的美妙结合。故事发生在轰轰烈烈的墨西哥革命时期。主人公是一个小康之家的幼女。按照当地风俗和家庭传统，她既不能出嫁，也不能离开父母。她的任务被告之为终生服侍父母，为他们养老送终。于是，她从小在厨房长大，终日与崇尚自然的印第安女佣为伍，学会了烹调和印第安魔法。与此同时，父亲的早逝和战争的威胁使家庭长期处在不安和危机之中。崇尚理性的母亲变得愈来愈不通人情，对小女儿非打即骂。后来，女孩和姐姐的未婚夫两情相悦，更加深了母亲的嫉恨。然而，女孩在印第安魔法的帮助下顽强地成长并出落成了亭亭玉立的美女。这时，母亲故世了，但她阴魂不散，搅得一对恋人不得安宁。最后，恋人们战胜了母亲的阴魂，在烈火中结合在了一起。

小说完全从女孩的角度铺展开来，表现特定历史条件下两种文化的强烈碰撞。

可见，上述作品表现的魔幻（神奇）实际上是一种心态，一种审视现实的方式，即一种或多种文化积淀在特定历史条件下和环境中体现的近乎幻想的真实。对此，加西亚·马尔克斯作过明确的阐述。他说，他所孜孜以求的事实上只是以新闻报道般的逼真展示拉丁美洲人，尤其是加勒比人审视现实的奇特方式。“早在孩提时代，我外祖母就将这方式教给了我。对外祖母而言，神话、传说、预感以及迷信等各色信仰都是现实生活的有机组成部分。这就是拉丁美洲，这就是我们自己，也是我们试图表现的对象……”〔1〕

六　不是结论

很难说魔幻现实主义与神话－原型批评有什么关联瓜葛，但魔幻现实主义所展示的种种现象又无不印证了神话－原型批评家们的想象和推断。

众所周知，神话－原型批评实际上是一种文学人类学，在那里，文学不再是新批评派眼里的孤独的文本，而是整个人类文化创造的有机组成部分，它同古老的神话传说、宗教信仰、民间习俗乃至巫术迷信等有着密不可分的血缘关系。正因为如此，原型批评论者把文学叙述视为“一种重复出现的象征交际活动”，或者说是“一种仪式”（弗莱：《批评的解剖》）。文学－仪式的观念源自人类学家弗雷泽的《金枝》(1890)，一种不同环境条件下神话母题的转换生成。用荣格的话说则是“集体无意识”中原型的不断显现。总之在原型批评者看来，神话乃是一切文学作品的铸范典模，是一切伟大作品的基本故事。

我们看到，在几乎所有魔幻现实主义作品中，都存在着一种堪称基调的原型模式。举凡阿斯图里亚斯的《玉米人》，所反复出现的是古代玛雅－基切神话《波波尔·乌》关于人类起源的叙述：那时，一片沉寂、静止，茫茫太空，什么也没有，唯有无垠的大海。后来，造物主创造了语言、大地和万物，又用泥土创造了人。但泥人懦弱呆板，不能动弹，不晓言语。于是，造物主捣毁了泥人，改用木头做人。这些木偶较泥人灵活，而且能说会道。很快，木头人在大地上繁衍起来。然而他们没有心肝，不懂得崇拜造物主，终于触怒神明，遭到了洪水的袭击。幸免于难的就是今天我们看到的猴子。最后，造物主找到了玉米并用它创造了人类。〔2〕

或者近乎巫术的原始仪式，如卡彭铁尔的《这个世界的王国》中的黑人伏都教仪式：在火炬光焰的照耀下，雷鸣般的鼓声一直响了两个多小时。妇女们扭动肩膀，不断重复着一个动作……突然，人们感到一阵战栗。马康达尔在鼓声中恢复了原型。妇女们扭得更欢了，她们踩着鼓点，在他身边扭来

〔1〕《番石榴飘香》，第61页。

〔2〕《波波尔·乌》（雷西诺译），墨西哥，1961年版，第104页。

扭去……

> 马康达尔被绑在木柱上，总督以对着镜子反复练习过的姿势抽出利剑，下令执行判决。火苗升起来了，渐渐吞食了马康达尔……忽然，马康达尔的身体从木柱上腾空而起，越过人墙，降落到奴隶们中间。这时，默默的祈祷变成了惊天动地的吼声："马康达尔得救了！"

变形、蒙难、牺牲、复活……这是艺术的偶合，还是人类原始心象本身的近似？同样，胡安·鲁尔福在表现墨西哥村民时，把新旧大陆初民的"集体表象"（布留尔语），如宗教信仰包括宿命观、轮回观都一股脑儿、淋漓尽致地展示了出来。譬如按照日落日出、冬凋夏荣等自然规律推想出来的人死后复生、虽死犹存观（其中既有基督教—希伯来神话，又有古印第安神话关于天国地府的传说），或者在强大的自然力量的重压下产生的生死由命、祸福在天观和受善良愿望指配的因果报应、贫富轮回观等等，不但是《彼得罗·巴拉莫》的核心内容，而且反复出现于作者的其他作品。

至于加西亚·马尔克斯的《百年孤独》，假如我们撇开神话原型去谈内容形式，无论从什么角度，都将是桩拣芝麻丢西瓜的买卖。

何·阿·布恩蒂亚和表妹乌苏拉因一时冲动，不顾预言的忠告，结果不得不远走他乡（失去伊甸园）。他们在荒无人烟的沼泽地跋涉了无数个月，连一个人影也没遇到。直到一天夜里，布恩蒂亚做了个梦，梦见所在之处叫马孔多（福地）。他当即决定在这里建立家园，从此不分白天黑夜地辛勤劳作（男人的汗水）。不久，乌苏拉生下了两个健全的、并无异常的孩子（女人的痛苦）。他不再担心"猪尾儿"的传说了，打算同外界建立联系，结果却惊奇地发现，这个潮湿寂寞的境地犹如原罪以前的蛮荒世界，周围都是沼泽，再向外就是浩瀚的大海。鬼知道当初他们是怎样流落到这个地方的。他绝望地用大砍刀胡乱劈着血红色的百合和蝾螈，"远古的回忆使他们感到压抑"。布恩蒂亚的一切幻想都破灭了。"'真他妈的！'何·阿·布恩蒂亚叫道。'马孔多四面八方都给海水围住了！'"

这里既可以看到古希腊人的心理经验（比如《俄狄浦斯》的预言——逃避预言——最后预言应验的模式），又有希伯来民族早先的"原始心象"的鲜明印迹（远古的回忆和原罪，男人的汗水、女人的痛苦和迁徙，岂不同令人惊心动魄、回肠荡气的《圣经·旧约》如出一辙）。

马孔多是一块"福地"。它四面是海，俨然是神力所致，遂兀然出现在布恩蒂亚的梦境;那梦境或许就是神谕,而布恩蒂亚又何尝不是"原型"摩西的显现。起初,马孔多可算是个安宁幸福的世外桃源,总共只有二十户人家,过着田园诗般的生活。一座座土房都盖在河岸上;河水清澈,沿着遍布石头的河床流去,河里的石头光滑洁白,活像史前的巨蛋。这块天地是新开辟的,许多东西都叫不出名,不得不用手指指点点。但好景不长,不同肤色的移民、居心叵测的洋人慕名而来,名目繁多的跨国公司接踵而至;马孔多人四分五裂,并开始外出争衡。布恩蒂亚的孤僻子孙上烝下报,无奇不有,从此失去了神的庇佑,财富与他们无缘,爱情的天使披着床单飞上天去……终于最后的时刻:布恩蒂亚的第六代子孙奥雷良诺·布恩蒂亚发现他的情妇阿玛兰塔·乌苏拉并非他表姐,而是他姑姑,而且发现弗兰西斯·德拉克爵士围攻列奥阿察的结果只是搅乱这儿家族的血缘关系,直到这儿的家族生出神话中的怪物——猪尾儿。这个怪物注定要使这个家族彻底毁灭,就像预言所提示的那样。果然,《圣经》里所说的那种洪水变成了猛烈的飓风将马孔多这个镜子似的城市从地面上一扫而光。

这是"世界末日"的神话,还是"世界末日"的预言?

此外,初民按照春华秋实、冬凋夏荣或日月运行、昼夜交替的自然规律所产生的神话及神死而复生的意念和有关仪式,在《百年孤独》等魔幻现实主义作品中屡见不鲜。譬如吉卜赛人梅尔加德斯死后复生、生后复死;马孔多人为他祭祀,对他敬若神明。在他们看来,梅尔加德斯绝非普普通通占卜行骗的吉卜赛术士。他不但具有变形、复活那样的神的品性,而且对马孔多和布恩蒂亚家族提前一百年作了预言。梅尔加德斯先用他本族的文字——梵文记下了这个家族的历史(同时也是未来),再把这些梵文译成密码诗,诗的偶数行列用的是奥古斯都皇帝的私人密码,奇数行列用的是古斯巴达的军用密码。最后在马孔多毁灭前的瞬间,被奥雷良诺·布恩蒂亚全部破译。

这梅尔加德斯岂不是古希腊神话中半神半人的预言者,而奥雷良诺·布恩蒂亚又何尝不是俄狄浦斯这个永远鲜活的原型的变体?而且,人物为逃避预言(神示)应验所作出的非凡努力恰恰促成了预言的应验的悲剧,分明也是重构的母题。

更有甚者,马孔多西边的辽阔水域里栖息着一种鱼状生物,它皮肤细嫩,头和躯干都像女子,宽大、迷人的胸脯常常毁掉航海的人。而在马孔多的另一端,在远离大海的内陆,奥雷良诺上校发现了十多年前他父亲见到过的那堆船骸。那时他才相信,这整个故事并非他父亲虚构的,于是向自己提出个问题:"帆船怎会深入陆地这么远呢?"莫非它就是挪亚的方舟?

凡此种种，似乎足以证明《百年孤独》是一部神话。但它决不是弗莱等原型批评家们断言的那种单纯的神话复归，也有别于悲观主义者的“世界末日”的预言。因为，《百年孤独》不仅仅是神话、是文学想象，它更是历史、是活生生的拉丁美洲现实，具有强烈的弃旧图新愿望。

事实上，无论是乔伊斯的《尤利西斯》与荷马诗史的对应，还是卡夫卡的《变形记》和奥维德、福克纳的《喧哗与骚动》与基督教仪式（具体地说是复活节）的关联，最终表现的都是现代人（此时此地）的悲剧。乔伊斯用英雄奥德修斯反衬懦夫布隆姆，使布隆姆更加懦弱可悲；奥维德的《变形记》则是赞美上帝和上帝城罗马的，其人物的变形也常常是神性象征；而卡夫卡的《变形记》写的却是20世纪小人物的悲哀，其变形乃是无可奈何的异化。至于福克纳的《喧哗与骚动》四部分的四个日期与基督受难的四个主要日期相对应，所蕴涵的美国南方社会现实生活的悲剧意义就更不待言。同样，加西亚·马尔克斯的《百年孤独》的原型模式和天启式终局结构对于马孔多也是十分合适的和富有表现力的。用神话这种终极形式表现拉丁美洲的原始落后难道不正是所有魔幻现实主义作家的高明之举？它大大提高了现实题材——悲剧内容的审美价值。

此外，魔幻现实主义作家对死亡、预兆、巫术等原型性主题的表现，同布留尔、荣格、列维－斯特劳斯等人类学家和原型批评家关于原始人思维与神话的论述十分相似。比如死亡，布留尔说：“死的确定在我们这里和他们（指原始人）那里是不相同的。我们认为心脏停止跳动和呼吸完全终止，就是死了。但是，大多数原始民族认为，身体的寓居者（与我们叫做灵魂的那种东西有某些共同的特征）最后离开身体的时候就是死，即或这时身体的生命还没有完全终结。在原始人那里常见的匆忙埋葬的原因之一就在这里”。他援引别人的话说，“在菲吉群岛，‘入殓过程常常是在人实际上死了以前的几小时就开始了。我知道，一个人入殓之后还吃了食物，另一个入殓以后还活了十八小时。但据菲吉人的看法，在这期间这些人已经死了。他们说，吃饭、喝水、说话，都是身体——躯壳的不随意动作，和灵魂无关’。”而且，死和生一样，“是由一种生命形态变成另一种生命形态”。[1]

也许正因为类似的原因，南美的奇里瓜诺人和瓜拉尼人是这样互相问候的：“你活着吗？”答：“是的，我活着。”可见，在原始人那里，生和死首先不是一种生理现象，也没有明显的、绝对的界线。

---

〔1〕 布留尔：《原始思维》，1987年版，第330～380页。

联系到魔幻现实主义作品，且不说鲁尔福的《彼得罗·巴拉莫》，就是加西亚·马尔克斯的《百年孤独》中阿玛兰塔去死人国送信一节也够精彩、够耐人寻味的了。阿玛兰塔缝完了"世间最漂亮的殓衣"，然后泰然自若地说她当晚就要死了：

> 阿玛兰塔傍晚就要起锚，带着信件航行到死人国去，这个消息还在晌午就传遍了整个马孔多；下午三点，客厅里已经立着一口装满了信件的箱子。不愿提笔的人就让阿玛兰塔传递口信，她把它们都记在笔记本里，并且写上收信人的姓名及其死亡的日期。"甭担心，"她安慰发信的人。"我到达那儿要做的第一件事就是找到他，把您的信转交给他。"……她像病人似的躺在枕上，把长发编成辫子，放在耳边——是死神要她这样躺进棺材的。

与死亡相关的是鬼魂或者来世。诚如布留尔所说的那样，对于原始人而言，人死了或做鬼或再生，"其余的一切仍然不变"。关于这一点，前面已有大量的评述，但需要说明的是加西亚·马尔克斯关于死亡、鬼魂和彼世的叙述并不千篇一律，即使是在《百年孤独》中，人物死后或变鬼，或复活，或升天，或腐烂，或赴死人国，可谓五花八门，因人而异。这或许是由马孔多的文化混杂所决定的。

又如预兆，荣格说："由于我们早把祖先对世界的看法忘得一干二净，就难怪我们把这种情况看做是非常可笑的了。有一只小牛生下来就有两个头，五条腿；邻村的一只公鸡生了蛋；一位老婆婆做了个梦；天空中出现了一颗陨星；附近的城里起了火；第二年就暴发了战争。从远古到近代的十八世纪的历史中，这类记载屡见不鲜。对于我们，这些没有丝毫意义，可是对原始人来说，这些各种事实相交并列的现象却是非常重要的、让他信服的……我们由于只注意到事物的本身及其原因，因此认为那不过是由一对毫无意义和完全偶然的巧合所组成的东西，原始人却认为是种合乎逻辑秩序的预兆。"〔1〕

在加西亚·马尔克斯笔下的世界里，预兆是至关重要的。在《没有人给他写信的上校》(1961)中，以期待一笔养老金而聊以自慰的退役上校有一天突然感到腹中长出了有毒的蘑菇和百合。对上校而言，它们预示着自己就

---

〔1〕 荣格：《探索心灵奥秘的现代人》，1987年版，第138－165页。

要寿终正寝；他从此郁郁寡欢，百无聊赖。在《一件事先张扬的凶杀案》中，圣地亚哥·纳赛尔梦见自己在树林里自由飞翔时身上落满了鸟粪，结果竟意味着杀身之祸。

诸如此类，在加西亚·马尔克斯及其他魔幻现实主义作家的作品中所在皆是。

至于巫术，无论布留尔、列维一斯特劳斯还是荣格也都是从原始思维与神话的关系说开去的。比如荣格在论述非洲和美洲原始人的心理经验与神话的关系是说："如果有三位妇女到河边取水，一位被鳄鱼拖到水中，我们的判断一般是，那位妇女被拖走是一种巧合而已。在我们看来，她被鳄鱼拖走，纯粹是极自然的事，因为鳄鱼确实常会吃人。可是原始人却认为，这种解释完全违背了事实真相，不能对这个事件作全盘说明……原始人寻求另一种解说法。我们所说的意外，他们认为是一种绝对力。"他举例说："一次从一只被欧洲人射死的鳄鱼肚中发现了两个脚镯，当地的土人认出这两个脚镯是两位前不久被鳄鱼吞食的那个妇女的物品，于是大家就开始联想到巫术了……他们说，有位其名不详的巫师事先曾召唤那条鳄鱼到他面前，当面吩咐它去把那女人抓来，于是鳄鱼遵命行事。可是在鳄鱼肚内取出的脚镯该这么解释呢？土著们又说了，鳄鱼是从不食人的，除非接受了某人的命令。而脚镯就是鳄鱼从巫师那儿取得的报酬。"〔1〕

这与阿斯图里亚斯关于魔幻现实主义的论述简直没有两样。

总之，在原始人那里，一切事物都染着人类精神的基因，或者用荣格的话说，是"染上了人类心灵中的集体无意识性"。而神话则是"集体无意识"的产物，或者说是"原始经验的遗迹"(《探索心灵奥秘的现代人》)。

问题是，当布留尔、荣格、列维一斯特劳斯潜心研究某些原始人的思维特征或弗莱谈论神话复归时，都避而不谈、或者很少涉及神话之所以复归、这些"原始人"之所以"原始"的社会、历史原因；而魔幻现实主义通过原始和神话所要表现的恰恰是振聋发聩的社会内容：他们笔下的"原始人"是如何在人类远离了"孩童时期"之后，仍处于原始状态的。而这，无疑又是魔幻现实主义作家区别于一般人类学家和原型论者的显证。

最后，大量原型性象征也足以证明魔幻现实主义是借神话的重建又复归于它的初始形态——象征的。

比如水，它既是洁净的媒介，又是生命赖以存在的基本要素，因而常常

---

〔1〕 荣格：《探索心灵奥秘的现代人》，1987年版，第138—165页。

象征着新生。美国原型批评家威尔赖特说过:“在基督教的洗礼仪式中这两种观念结合在一起了:洗礼用水一方面象征着洗去原罪的污浊,另一方面又象征着即将开始精神上的新生。这后一个方面由耶稣在井边对撒玛利亚妇女讲道时所说的‘活水’这一词组所特别揭示了出来。在与基督教有别的希伯来人的信念中,圣灵不是以鸽子的形式降下的,而是作为一个水泉出现的。”(威尔赖特:《原型性的象征》)。在《百年孤独》中。水的这种象征意义是借吉卜赛人梅尔加德斯表现出来的。一天早上,何·阿卡蒂奥带着发臭的梅尔加德斯去河里洗澡;梅尔加德斯对他说:“我们都是从水里出来的”,说罢就淹没在水里了。乌苏拉打算替他办丧事,但她丈夫何·阿·布恩蒂亚阻上说,梅尔加德斯是不朽的,“知道复活的奥秘”。

还有血,用威尔赖特的话说,“具有一种不寻常的矛盾性质”,即它既是生命的象征又是死亡的预兆。但是,作为原型性象征,它主要指后者,这也许是因为死亡常常与流血联系在一起,所以血成了死的象征。威尔赖特发现,在大多数原始社会中,血是一种禁忌。在《百年孤独》中,血也分明是一种禁忌,具有凶兆意义。最明显的例子是血与何·阿卡蒂奥之死的关系。当然,在加西亚·马尔克斯笔下,这种象征意义是经过夸张的,一如席卷马孔多的健忘症,可比但丁笔下的神话——忘川。

同水一样,火这种原型性象征也常与圣洁和生命相关联。其所以如此,大概是因为火总是与光和热联系在一起,而二者的终极来源又都是太阳。照威尔赖特看来,在古代,火被普遍地赋予了神秘的“上”的色彩,同“下”即黑暗、堕落甚至邪恶的意念相对。在《这个世界的王国》中,黑人领袖马康达尔在烈火中“永生”、变形,恐怕也是基于火的这种原型性象征意义的。

凡此种种,都是寓意比较明显的原型性象征的例子。在魔幻现实主义作品中,还有一些原型性象征,其象征内容就不那么昭然了。比如猫头鹰、蛇、鹿、玉米以及某些色彩等,在美洲土著文化中具有特殊的象征意义,用一般神话一原型理论所从出的古希腊 + 希伯来 + 基督教文化模式去审视就很难理解。由于它们更直接地源自美洲、反映了美洲土著特有的思维形态,因此常常也是更有张力和隐喻性的象征,能提供关于拉丁美洲现实本质的独特信息。

结构现实主义

你中有我，我中有你。这是 20 世纪中晚期世界文学的一个显著特点。因之，欧美文学中遂有了“后现代主义”这样一个不是流派的流派称谓。在拉美，由于人们把一些作品的一定的审美品质或取向相同的表现形式和技巧在谐调状态中体现出来的某种倾向视为流派，所以也便有了各种各样的“现实主义”。

结构现实主义是其中的一个，而且是极重要的一个。

如果说魔幻现实主义所包括的主要是与神话原型或集体无意识有关的作品，那么结构现实主义似乎应该涵盖以结构和形式技巧见长的一切探索性小说。

一　形式是关键

“时运交移，质文代变”。时代的变迁导致文学内容、文学观念的变化，而文学内容、观念的变化又往往直接影响文学形式和创作方法的演进。虽然在文学作品中，内容和形式、观念和方法互为因果、相辅相成，但从以往文学作品的产生方式看，形式却常常取决于内容，方法取决于观念。因而，传统的说法是形式美的关键在于适应内容，为内容服务，与内容浑然一致。然而，到了 20 世纪，特别是随着形式主义美学的兴起，传统的美学观念遭到了不同程度的消解。形式主义强调审美活动和艺术形式的独立性，不仅将“内容决定形式”翻了个个儿，使之首足倒置，甚至淡化或排斥内容，进行“非对象化”的纯形式表现。这显然是美学观念中的另一极端，难免失之偏颇。总而言之，人们对内容和形式通常是有所偏废的。但是必须承认：从某种意义上说，形式主义美学促进了艺术形式的发展和突变，为艺术更好地表现一定的内容开拓了手段和思路。拉美当代小说的形形色色的主义就是在这样的背景下产生并发展起来的，换言之，拉美小说的“爆炸”归根结底也即小说形式的“爆炸”，是艺术进步的产物，因为在对象相似、客体雷同的情况下，使一个、一群或一国作家出类拔萃的关键是形式，是形式这把神秘的钥匙。

（一）时间是契机

小说是语言的艺术，也是时间的艺术。这早已成为一个共识。大凡小说都有人物，有场景，有情节，有情绪，有氛围。人物有悲欢离合，生老病死；场景有自然和谐，扑朔迷离；情节有起伏跌宕，虚幻逼真；情绪有抑扬顿挫，疾徐升沉；气氛有严肃活泼，紧张松弛。这些都包含着时序、时值、时差的变化因素，直接影响着小说的形式和形态。

但是，最初的小说（以及小说出现之前的神话传说、英雄史诗和古典戏剧等等）几乎无一例外是遵循了一维时间的直线叙事形式的，以致莱辛、黑格尔等艺术大师断言同时发生的事情都必须以先后承续的序列来描述。中国古典作家则常以“花开两朵，各表一枝”，与莱辛、黑格尔等不谋而合。所以，时间的艺术性并没有得到真正的体现。写人从少年、成年到老年，写事由发生、发展到结局；顺时针和单线条是几乎所有古典小说的表现形式。由于时间尚未成为一个“问题”，因此海阔凭鱼跃，天高任鸟飞，洋洋洒洒、从从容容道来便是。

然而作为文学描写对象的人和自然是复杂的，事物并非都是循序渐进的。除了直线以外，事物还有别的运动形式。人的心理活动就不全是遵循自然时序，按照先后程序进行的。

首先，时间是客观的，但人们感受时间时却带着极强的主观色彩。同样一个小时，对于张三来说可以“瞬息而过”，而对李四却可能“度之如年”。即便是同一个人，对同样长短的客观时间也会有“时间飞逝”或“时间停滞”之感。这些感觉是人们受不同情景刺激所产生的心理现象。爱因斯坦在相对论中曾诙谐地比喻说，一对恋人交谈一小时，比一个心烦意乱的人独坐炉前被火烤十分钟，时间要“短”得多。

其次，时间是客观的，但艺术时间却具有很大的可变性、可塑性。千里之遥、百年之隔，尽可一笔带过；区区小事、短短一瞬.写不尽洋洋万言。文学对时间的最初的艺术加工就从这里入手。因为无伸无缩，文学就成了生活本身，何况心理活动虽然发之有因，变之有常，且可以古往今来，天南海北，自由跑马；艺术想象亦如此，“文之思也，其神远矣”，浮想联翩，时空错乱，微尘中见大千，刹那间显始终。再次，时间是客观的，但速度可以改变时值。爱因斯坦的相对论科学地论证了时间与运动的关系。譬如，飞速行驶的列车之内的时间值不等于候车室里的时间值，尽管其差甚微。尚能以超光速运行，所导致的将是时间的倒流和因果的颠倒。

简而言之，事物本身的变幻运动特性导致了相对的“时空情景”，迫使艺术家对客观时间进行艺术处理。况且，大凡艺术不但要逼肖自然，而且要高于自然。前面说过，小说的艺术时间要是被捆绑在只进不退、匀速前进的时针上，就成了生活本身（其实是自然的客观现象本身）。所以把小说的叙事时序从自然状态中解放出来又是世界第一位小说家就必须面对的任务。最初的小说虽然都以时间顺序对种种事物作纵向的串联，把读者的一门心思拴在“欲知后事如何，且听下回分解”上，但它们已不同于“记账簿”或编年史，而对时间进行了“冷”、“热”处理，即时值处理，将时间任意“缩短”或“拉长”，用一个“不觉光阴似箭”就可以把从甲子年到甲亥年或更长的时间浓缩为短暂的一瞬，反之亦然。这些恰恰是艺术凝聚力和透视力的表现。后来的小说家出于表现内容和吸引读者的需要（也许是受了人的回忆等心理活动的启发）开始切割时间，换一换事物的先后关系、秩序。于是倒叙便应运而生了。它利于强化效果、制造悬念，从而使最初的小说结构和形式产生了一次革命性的变化，尽管它本质上仍是顺时序的：写人从死跳回到生，再从生写到死；叙事从结果跳回到起因，再从起因说到结果。

现代小说形式变化依然是从时序切入的。由于对传统小说时序的突破，遂有了故事结构和叙事程式的巨大变革。

20 世纪，随着科学技术的突飞猛进、现代人生活节奏的加快和时间的不断升值，力图在尽可能短小的篇幅中表现尽可能广阔的生活画面和丰富的现实内容已是许多现代小说家的共同愿望。这就迫使他们打破那种舒缓、平直的静态描写和单线、纵向的表现方式，在艺术时间上做文章，以至于将视线投向电影等典型的时间艺术，从中吸取养分，获得借鉴。此外，随着心理描写的加强和意识流小说的出现，西方文学明显内倾。内向的文学遵循人的意识、潜意识和无意识等不受三维空间和时间的一维性制约的特点，打破了传统小说的叙事性、纵向性。现在、将来、过去可以同时或颠倒出现，回忆、梦境、幻觉、想象平行甚至交叉涌现。在现当代欧洲文学中，乔伊斯的《尤利西斯》(1922)和普鲁斯特的《追忆逝水年华》(1913—1927)等都是在艺术时间上有重大突破且影响深远的作品。

在拉丁美洲，除却阿根廷怪杰马塞多尼奥·费尔南德斯，最早致力于小说形式创新的仍是开魔幻现实主义先河的阿斯图里亚斯和卡彭铁尔。

《总统先生》(1946)是阿斯图里亚斯的成名作，也是他的第一部长篇小说。在这部作品中，时间的轮子呈“双向”运动态势：渐进一逆转一渐进……小说第一部分写的是某年 4 月 21 日晚至 23 日晚发生的事情，但叙事时间却并不是一直按时间的自然、客观走向循序渐进的。第一、二章从 21 日晚发展到23日晨；第三章却回到了22日晨；第四章又从23日晨进至23日晚；第五章则还在23日晨，第六章再从23日午起至23日晚迄；第七至十一章都发生在23日晚。这种“双向”梭动式时序的显著特点是拓宽了小说的横断面，使这部反独裁小说不再局限于主要人物、主要情节。因为在小说开始的短暂时间内，读者窥见的不只是个别人物的粉墨登场，而是白色恐怖笼罩下的芸芸众生——上至法官和将军，下到妓女和乞丐。也正是为了小说横切面的拓展，《总统先生》采用了大量内心独白和梦境。内心独白和梦境或展开想象的翅膀，使时间随意演进和逆转；或停滞于一事一物，对事物作细致入微的观照与透视。无论是“飞翔”还是“停滞”，内心独白和梦境均可使作品厚度陡增并赋予似是而非、似非而是、虚虚实实、虚实相生的神秘气氛，同作者着力渲染的梦魇般的氛围和神话色彩浑然一致，相映成趣。

这也许是较功利的看法。其实设身处地想想，对陷入“地区主义”、“土著主义”等风俗主义和传统叙事形式而不能自拔的年轻的拉丁美洲小说界来说，《总统先生》的这种时序的最大功绩恐怕还是在于突破本身。由于《总统先生》同以往的拉美小说（包括当时的独裁小说）如此不同，人们便不能不对之刮目相看。《总统先生》获得了巨大成功，当人们问及它成功的秘诀时，阿斯图里亚斯总是说：“形式是关键。”

这很自然。同样是写独裁，阿斯图里亚斯走向了世界并于1967年获得了诺贝尔文学奖。而拉斐尔·阿雷瓦洛·马丁（危地马拉），费尔南多·阿莱格里亚（智利），豪尔赫·萨拉梅亚（哥伦比亚），马丁·路易斯·古斯曼（墨西哥）等等——这样的名字至少可以举出两打——却几乎很快被岁月的尘埃所淹没。诚然，无论从什么角度看，他们笔下的独裁者大都达到了总统先生的“高度”，令人发指，撼人心肺，稍逊的只是形式。然而形式势必要影响到内容，无论就文学描写生活的广度还是深度而言，都是如此。

和阿斯图里亚斯一样，卡彭铁尔回到南美时也分明带着超现实主义的冲动，尽管他已立志不再替那个欧洲流派效命。他的突破也显然是从时序切入的，最初见诸短篇小说《回归种子》(1944)。

《回归种子》采用了“逆时针时序”，实际上是一种新的倒叙形式，仍属于倒叙的时序处理范畴，而不是指事物的发展形态。它只是比传统倒叙少了一个中间环节。比方说，传统倒叙写人从死跳回生，再从生写到死。而“逆时针时序”则直接从死到生，倒戟而入。《回归种子》写一个庄园主的一生，为了使倒装的情节更具“反时针”特点，作为背景的一幢豪华住宅从使用、落成到奠基，被慢慢“拆除”。与此同时，人物的生死事件的始末关系也常常被有意识地倒转过来，例如："……堂马尔西亚尔的尸体直挺挺地挺在床上，胸前别满了勋章，前后左右点着四支蜡烛，长长的烛泪煞似老人的胡子。"然后，"蜡烛恢复了原状，收回了泪花。修女灭掉蜡烛后带着火苗转身离去。烛芯发白了，火星消失了。奔丧的亲友纷纷离去，淹没在黑暗之中，空荡荡的住宅恢复了静寂。堂马尔西亚尔的脉搏开始搏动，他睁开眼睛。"〔1〕

这种时序表现了人的某种思维方式，即思绪的倒流：从结果倒回起因，追根溯源，逆流而上。当然，这种"逆时针时序"并不影响叙事的逻辑性和时间的一维性。何况从总体看，它与其说是让时间倒转，倒不如说是将故事尽量地截断截碎并倒装在作品中。因此，在每一"截"里，叙事时间也还经常是顺时针的。所以情节剪截得越细越碎，剪辑倒装后，作品时序的逆时针感也就越强。

从读者方面看，事态的因缘、发展和结果、人物的出生、成长和死亡的颠倒对作品的理解无伤要旨。原因还是原因，结果还是结果，决不会因为时间"逆转"，而把原因误认为结果。然而，这种对情节和时序大胆的运用、剪辑、安装方法冲击了小说的创作和阅读定势。

类似突破的冲动终于使一批像卡彭铁尔和阿斯图里亚斯那样的拉美青年摆脱了传统的束缚和困扰并从此标新立异，一发而不可止。但追根溯源，这种冲动曾大大受惠于欧洲和美国文学。"他山之石，可以攻玉"，借鉴欧美文学（这种借鉴归根结底是文学形式和观念的借鉴）对当时的拉美小说创作产生了巨大的撞击作用。

（二）结构是关键

文学不但是语言和时间的艺术，而且也是结构的艺术。虽然时间和结构密切相关，而且在传统小说中时序和结构几乎是可以画等号的，如今却难以彼此涵盖了。20 世纪 20 年代以降，尤其是随着拉丁美洲小说的崛起，结构艺术已越来越成为一种艺术，具有相对的独立性和相对独立的审美价值，尽管在具体作品中，它（们）愈来愈同内容完美统一，"是内容的骨骼，而不仅仅是它的外衣"（科塔萨尔语）。

不言而喻，结构是小说内容和形式（指总的形式）最终达到完整统一的契机，是小说形式的最重要的组成部分。换言之，小说的构思过程也即小说结构形式的设立过程。因此，结构不等于单纯的故事框架，它意味着作家对生活的审美把握，是从产生内容的构思中产生的，是具有实在内容的形式。

〔1〕 卡彭铁尔：《回归种子》。见《时间之战》，巴拉尔出版社，1975 年版，第 59～60 页。

但是，传统的小说结构一般比较单一，经常被今天的作家冠以“封闭”的字眼。所谓“封闭式”结构大致可分三种，即以回顾往事为主的情节结构“回顾式”或“内省式”，以高潮与结局为主、回顾或内省为辅的情节结构“终局式”和具有开头、高潮、结尾的“三段式”。这些“封闭式”结构是传统小说观念的体现，是由传统小说的情节内容决定的。长期以来，人们习惯地把小说同“故事”等同起来（把读者的一门心思拴在“欲知后事如何，且看下回分解”上），因而没有故事便不成其为小说。迄19世纪末止，小说大都具有完整的故事情节，完整的故事情节必定要有“圆满”的结构布局。叙述者便显得无所不知、无所不能，结构便没有多少艺术性可言。反正只要有声有色、有始有终地把故事讲出来就行。于是讲究“起、承、转、合”成了写好小说的关键。现当代作家已不再满足于“起、承、转、合”和有头有尾、有起伏高潮的“圆满”的情节结构了。他们认为生活并非如此。生活是多样的、开放的、纷杂的，人的大脑活动方式是流动的、跳跃的、繁复的；而“封闭式”结构在很大程度上雷同于戏剧的“三一律”，很难对生活进行整体的把握和准确的展示，所以必须创造新的形式。这样，作为对“封闭式”结构形式的“逆反”、“反动”的产物——“开放体”小说、“开放式”结构便应运而生了。

“开放式”结构不仅指作者在主体构思、程序设置、情节处理方面的自由，而且包含着读者有“再创作”的余地。其实，“开放式”结构本身并不能给作者和读者带来自由。相反，作为文学观念和技巧、创作主题和题材“开放”的“结果”，“开放式”结构需要作者下更大工夫去设置，读者花更大的气力去适应。还是那句老话，无论什么作品，如果不只是为了让评论家们去啃上三百年或进行纯形式的表现，总要展示某种主题、塑造某种形象、渲染某种氛围，总有某种作者认为是最能表现主题、塑造形象、渲染氛围的结构形态；无论什么作品也总蕴涵着作家对生活的审美把握，读者在那里所看到的也总还是作家根据自己的主观认识和意志撷取的生活素材——“消化”过的“食物”，打着时代的、民族的、作者的烙印。

由于小说结构已普遍地被拉美作家视为小说艺术形式的关键所在，因此但凡有名的作品，就会有独特的、令人赞赏的结构形态。这里要表述的只是其中最典型的几种。

1. 形象结构

它不同于具体的人物形象特征，而是凸现主题，使主题形象化、具体化的有意味的形式，在一定程度上具有与主题相适应的象征意义和“自在”的感性形态。正因为如此，我们姑且名之为形象结构。

形象结构的前身为20世纪三四十年代的具象诗，最早的则是阿波利奈尔的象形诗。阿波利奈尔从中国象形文字及中国古代的文字游戏如璇玑诗、宝塔诗、离合诗等等得到启发，把造型艺术的意念引入了诗歌，创造了《图画诗集》等令人耳目一新的象形诗。象形诗以心为题，便将诗句字母排列呈心形；以鸟为题，则将诗句字母排列为鸟形，依此类推，他的许多作品既是诗也是画。20世纪三四十年代勃兴或者说是流行于拉美诗坛的具象诗（又称具体诗）显然是受了他的影响。墨西哥的胡安·何塞·塔夫拉达和智利诗人维多夫罗是拉美具象诗的先驱，他俩师承阿波利奈尔，都或多或少从汉字和我国古代诗词吸取了养分。塔夫拉达在一首题为《李白》(1919)的长诗中，用诗句画了十几个诸如酒杯、月亮之类的图形。维多夫罗的许多具象诗更是令人叫绝。比如他的那首脍炙人口的《乡村教堂》，用图像信息符号的途径，增强了诗歌的形象性与表象性，以激发想象：

　　　鸟儿
　　　雍雍
　　　鸣叫
委婉动听的歌声
越过平静的田野
　　　伴着
　　　忏悔
　　　祈祷
从蔚蓝的天空
从赞美上帝的十字架
把上帝的福音传遍寥寥人间

具象诗的这种形象性和表象性适应了现代社会的信息化要求，受到了拉美小说界的充分重视。

形象结构便是诗歌表象化意念在小说中的体现，最早见诸科塔萨尔的《跳房子》（另译《掷钱游戏》或《踢石游戏》）。小说写拉美知识分子奥里维拉的形而上的追求，其结构形态酷似“跳房子”游戏。在小说中，到达“天堂”并不意味着获得胜利，接下来的是用一次比一次艰难的方法去攀登一次比一次遥远的“天堂”。因此，“天堂”永不可即，游戏永无止境。由于奥里维拉所向往的是超然的、绝对的自由王国，因此同样不可企及。

小说按人物的求索经历分“这里”、“那里”和“其他地方”三大部分（与游戏的“人间”、“天堂”和其他方框相对应），以象征主人公的形而上的追求。小说第一部分“那里”（“天堂”）以奥里维拉的巴黎生活为主线，巧妙地串联了巴黎社会的各个阶层，反映了法国社会的方方面面；第二部分“这里”（“人间”）描述主人公回到拉美本土以后的遭遇；第三部分“其他地方”（2—9 格）则是一系列插曲——现代人类生活的“蒙太奇”。

小说为读者安排了两种读法，即“阴性读者”读法和“阳性读者”读法。“阴性读者”指传统读者，只知道消极地吞食作家业已消化好了的“食物”。这类读者关心的是情节，所以他们可以毫不足惜地舍弃作品的第三部分（也称“可省略部分”），用简便省力的方式抵达“天堂”——小说的第一部分——高潮，然后合上书本。“阳性读者”指现代读者，小说请他们抛弃习惯，使用全新的阅读方法：将第三部分自由插入第一、二部分之中，跳跃着阅读这部小说。这种高难度的阅读方法（也即小说的真正的结构方法），打破了小说的自然时序和固有形态，使之悬念陡增，头绪纷繁甚至紊乱不堪，且形象地勾勒出主人公的生活轨迹，与其形而上的精神追求融会贯通、浑然一致。作者认为，读者一旦进入这种“游戏”，也就“介入”了人物的探索，成了人物的同谋：在变化中、跳跃中、游戏中摒弃传统。

由于这种结构具有与主题一致的可感形态和象征意味（无论是“跳房子”式，还是《百年孤独》的循环封闭形），所以它强化了主题、凸现了主题，相对而言也就否定了自己。

在审美观照过程中，当美的内容得到强化，而美的形式被相对“否定”的时候（黑格尔所说的互相转化）〔1〕，美的形式便达到了它的理想境界：无形式境界。古今中外，许多严肃的艺术家都寻求这种境界。早在先秦时期，我国就有“得意而忘言”之说（《庄子·外物》），认为艺术的形式应该与其表现的内容和谐统一，融合为一个完整的美的形象。当艺术的感性形式把艺术内容恰当地、充分地、完美地、深刻地、形象地表现出来，从而使欣赏者为整个艺术形象（包括主题、氛围、人物、艺术形式，等等）的美所吸引、所倾倒、所陶醉、所感染，而不再单纯地去注意形式本身时，这才是真正的艺术形式美。简而言之，艺术形式只有否定自己，将自己转化为内容，才能实现自己；否定得愈彻底，实现得也就愈充分。所谓“大言希声”、“大象无形”其实都有这层

〔1〕 黑格尔：“内容非他，即形式之转化为内容；形式非他，即内容之转化为形式。”《小逻辑》，商务印书馆，1981 年版，第 278 页。内容和形式互为因果，互相转化，相辅相成，不可分割。

含义。

2.平行结构

为了使同时发生的事情不再以先后次序出现，拉美当代作家进行了大量的尝试。代表之一是巴尔加斯·略萨的《绿房子》(1965，又译《青楼》)，是他的代表作。小说中的绿房子是妓院，同时也是秘鲁社会的象征。主人公博尼法西娅是无数个坠入绿房子的不幸女子之一。她出生于秘鲁热带森林的一个印第安部落，同许多印第安少女一样，被军队抓到修道院接受"教养"，尔后经逃犯、恶霸之手，几遭蹂躏，最后沦落红尘。作者并没有局限于主人公生平经历的单线条描写，而是用5条独立线索(军人、修女、逃犯、恶霸和老鸨)的平行铺展，显示秘鲁社会的广阔的生活画面，并借博尼法西娅与之关联纠葛的交叉点将各条线索串联起来。著名评论家何塞·路易斯·马丁曾以"曲线推进式"图表展现《绿房子》的结构形态。〔1〕

之二是智利作家恩里克·拉福卡德的《双声》。在小说中，两条线索平行发展(这两条线索其实也是两种生活方式：宗教和世俗)，偶数章节为一条线索，奇数章节是另一条线索。因此，作家在序言中作了如下交代："这部小说可以有两种以上读法，一是循序渐进，二是在第8章之后将小说一分为二：奇数章9至241章为第一单元，偶数第10至242章为第二单元，最后在243章合拢。还有一种读法是倒读。当然，任意跳跃亦无不可。"〔2〕

与之类似的还有豪尔赫·古斯曼的《乔勃—波勃》(1968)。小说中的两条线索齐头并进，一条用阿拉伯数字1.2.3……显示，另一条用罗马数字Ⅰ.Ⅱ.Ⅲ……标出。第一条线索多采用人物内心独白，第二条则几乎完全是客观描写。两条线索一明一暗，一喜一悲，给人以截然不同的感受。

同样，阿尔贝托·杜盖·洛佩斯的《笛手马特奥》(1968)采用了类似结构，所不同的是这里出现了两个叙述者，他们以几近矛盾的立场追忆一位名叫马特奥的同伴。

之三是古巴作家利桑德罗·奥特罗的《状况》(1963)。小说写古巴革命前夕的"山雨欲来风满楼"形势，分别以现在时和过去时两条线索平行展开。现在时写20世纪50年代初的古巴社会，以横向扩展为主；过去时是"状况"的由来，是对古巴历史的纵向开掘。两条线索或交叉或平行(有时以单数行和双数行排列)，既自成体系又互相关联，构成了古巴社会的立体画卷。

---

〔1〕 修女和另4条线索平行展开，但均由主人公博尼法西娅串联起来。

〔2〕 拉福卜德：《双声》，1963年版，第7页。

之四是委内瑞拉作家米格尔·奥特罗·席尔瓦的《欲哭无泪》(1970)。这是一部生动有趣、可读性较强的探索性小说,写三个同时出生、同时死亡的同名青年维克多里亚诺。一个是富家子弟,一个出身贫寒,另一个属中等阶层。全书共12章,截取了人物从出生到死亡的四个片段。每个片段都由人物辐射开来,对三个社会阶层进行相应的扫描。为了使三个维克多里亚诺各具特性,作者煞费苦心,用了三套不同的话语。

这些结构的好处显而易见,但凡同时发生的事件,不必再"花开数朵,各表一枝";然而给读者阅读上带来的不便与艰难也是毋庸讳言的。

3. 音乐结构

文学作品常常是借助视听印象的描写来塑造人物、展示环境、营造氛围的。卡彭铁尔的中篇小说《追击》(1956)创造性地采用了音乐结构(即《英雄交响曲》的结构形式),以叙述一个古巴学生叛变革命后被人追击并死于非命的故事。

小说第一部分——哈瓦那某剧场售票亭,主人公和追击者登场。他们的先后出现同贝多芬《英雄交响曲》开始的和声相对应。主人公潜入剧场,这时交响曲从G大调转为E降调。小说进入第一部分第二节,主人公像热锅上的蚂蚁,不知所终:

> ……脉搏撞击着躯壳;腹中在翻江倒海;心脏高高地悬起,一根冰冷的钢针刺穿我的胸膛;无声的铁锤,从胸中发出,击打着太阳穴,重重地落在胳膊上,砸在大腿上;我竭尽全力地呼吸。直至浑身痉挛;口腔和鼻孔已经不能提供足够的氧气;我胸闷气促,刚刚吸入的一小口空气在胸口令人窒息地淤滞后迅速大口大口地吐出,经过这种入不敷出的恶性循环,我成了瘪塌塌的泄气皮球;于是骨架隆起,东摇西晃,吱嘎作响……〔1〕

这些心理和生理感觉同乐曲的"哀乐"复调相对应。

依此类推,小说的三部分十八节同《英雄交响曲》的三部分即一个呈示部和十七个变奏相对应,小说的主人公从潜入剧场到饮弹身亡,也恰好是剧场中交响曲的演奏过程。小说由此打破自然时序,遵循音乐结构和章法跌宕起伏,转换变化;人物的心绪突破思维(阅读)定势,在音乐旋律和节奏的

〔1〕 卡彭铁尔:《追击》,《两部小说》,哈瓦那:1981年版,第132页。

感发下回忆、联想、反省；小说内容也随着音乐主题的变化而变化：死亡→胜利→欢乐→死亡……

从整体看，音乐同人物心理的配合是默契的，用意是深刻的。《英雄交响曲》不仅是对主人公这个“反英雄”的讽刺，而且也是对本来单调的情节内容的一种自然、和谐的强化，对人物则具有刺激神经、激发记忆的效果，对小说的总体气氛也起着一定的烘托作用。

不论是交响曲还是变奏曲、奏鸣曲或回旋曲等，都有其严谨的结构形式和章法。这些音乐形式之所以经久不衰，是因为它们反映了人们的某些审美特征，符合人们的审美情趣。既然诗能直接借之组成配乐诗，从而达到深化主题、美化意境、提高感染力的目的，小说有何不可？在拉美小说中，除了《追击》，科塔萨尔的《护士柯拉》(1966)同样借鉴了音乐结构。

《护士柯拉》所采用的是变奏曲结构形式。这种音乐形式的关键在于各变奏必须清晰可辨，且不脱离主题(主旋律)。《护士柯拉》的主题是少年心理，事情相当简单：一个十三四岁的男孩因病住院，最后经抢救无效。在此期间，他情窦初开，对护士柯拉产生了爱慕之情。作品通过病人、病人家属和护士柯拉的内心独白(主题的变奏)，反映主人公的性格以及他对生活、异性的态度。作品中的这些人物都用第一人称叙述：

> ……我做了一个梦，梦见我们在游泳池旁嬉闹，开心极了。当我醒来的时候，已经是下午四点半了，我想快到手术时间了。医生嘱咐不要紧张，可我总觉得心里寒滋滋的。麻药这玩意儿，让人丢了皮肉都没感觉。卡丘跟我说，最糟糕的是药性一过，伤口疼得厉害。我的宝贝，昨儿还活蹦乱跳，今儿就病成了这个样子。他怕是有点紧张，难怪他呀，还是个孩子嘛！这小病人，见我进来，就紧张地坐了起来，并慌忙把土本杂志塞到了枕头下。房间有些冷，我便打开了暖气开关，然后取出体温表。“会用吗?”他顿时满脸绯红.点点头接了过去并迅速钻进了被窝。当我再次回到他跟前取体温表时，他还是那个不自在劲儿。我差点儿笑出声来，这个年龄的男孩都这样腼腆。她微笑着，望着我的眼睛，真够呛。我心跳加速。脸上火辣辣的。说到底就因为她是个漂亮的妞……〔1〕

〔1〕 科塔萨尔：《中短篇小说集》，巴塞罗纳出版社，1983年版，第243页。

从文学描写的角度看，这种结构形式既有利于人物的心理开掘和性格塑造，又能赋予作品以很强的立体感和真实感；从文学反映现实的角度看，这种结构可伸可缩，既可集不同目光于同一内容、同一事件、同一人物，又允许其他人物在不偏离主题的“变奏”过程中有各自的生活面和性格特征。这些不同的生活面和性格特征丰富了作品的表现内容。

此外，由于取消了叙述者，因而人物都用第一人称，作品便酷似一部没有解说词的广播剧。

4.复合式结构

复合式结构与平行结构有许多相似之处，有时甚至难以区分，因为二者都是由两个或两个以上的层面、两条或两条以上的线索、两组或两组以上的人物组合而成的。倘有不同，也是因为平行结构中不同层面、线索或人物的排列组合具有共时性，而复合式结构则未必。

在拉丁美洲，富恩特斯是最擅长自如运用复合式结构的作家。一如美国作家多斯·帕索斯的《美国》三部曲有三种方法（传记、新闻和特写），他的成名作《最明净的地区》(1958)主要写三组人物，分别由三个象征性的人物串联起来：一个是代表墨西哥上流社会的罗布莱斯，他和他夫人诺尔玛及周围人物所覆盖的社会生活画面是墨西哥的现实；另一个是诗人曼努埃尔·萨马柯纳，他代表着另一个墨西哥（虚幻但完全可能的理想王国）。还有一个是半人半仙的神话人物伊斯卡·西恩富戈斯，他代表墨西哥的过去，因其念念不忘的是那个“令人神往”的、远逝的墨西哥。

小说的共时性（即叙事时间的同时性）全靠三组人物的联系来体现。

另一位墨西哥作家萨尔瓦多·埃利松多的《法拉比乌夫》(1965)也是一部用复合式结构组合的作品。著名学者豪尔赫·鲁菲内利认为小说用“瞬间的感受”（性交高潮）表现了时间的一维性和想象（感觉）的多重性。古巴作家塞维罗·萨尔图伊则坚持把小说同德·里达和拉康的学说联系在一起，认为解释符号的表现和象征危机是《法拉比乌夫》的核心内容。墨西哥作家何塞·阿古斯丁从小说重复出现的表象切入，认为作品主要展现的是一种生命力的永恒回归与律动。孰是孰非，姑且不论。从结构形式看，《法拉比乌夫》由三个感觉组成（一个瞬间的三重组合）。一个是“你”和“我”（随着视角的转换，有时是“他”和“她”）在海滩散步后看到一张1901年发生在中国某地的体罚场面的照片并发生性交，另一个是外科医生兼摄影师法拉比乌夫和一位修女目睹的同一体罚场面。两个场景（其实是两种感觉）的结束语都是“你记得吗？”。第三个是法拉比乌夫的摄影作品和法拉比乌夫的外科手术(对象是一位目光凄恻的女人——受刑者)。与此同时,汉字“六”反复出现,它意味着轮回(与海滩、散步、性交、体罚、外科、手术等机械重复动作相对应)。

萨尔图伊的《歌手诞生的地方》(1967)也是三部分组成,每一部分有一个主要人物(或中国人或非洲人或西班牙人)。萨尔图伊称之为三则相互关联的“寓言故事”。因为是“寓言故事”,讽刺和训诫至关重要,而细节真实就显得无足轻重了。作品中的三个主要人物其实是古巴人的三张面孔、三个变体,他们与两名不断变换面具和品格的女性(好比命运三女神)的关系象征着古巴人种和古巴文化的“转换生成”。然而小说终究还是小说,何况寓言和小说并没有明确的界线。用三个“寓言故事”表现“这一个”古巴人,正好与西班牙人——非洲人——中国人三位一体的古巴民族本原相对应。从这层意义上说,萨尔图伊和卡彭铁尔可谓殊途同归,因为无论是萨尔图伊的“寓言故事”还是卡彭铁尔的“神奇现实”,所表现的最终都还是加勒比国家的文化特性。

具有类似结构且影响较大的作品至少还有亚马多的《弗洛尔太太和她的两个丈夫》(1966)、曼努埃尔·普伊格的《天使的阴阜》(1976)和费尔南多·德尔·帕索的《帝国轶事》(1987)。

《弗洛尔太太和她的两个丈夫》是一部引起广泛注意的小说,其所以如此,是因为巴西文学的至尊亚马多一反常态,给他一贯信奉的现实主义注入了虚幻的成分。毋庸讳言,亚马多曾是个忠于写实主义的作家,曾经以刻画巴西农村现实的三部曲《无边的土地》(1943)、《黄金果的土地》(1944)和《饥饿的道路》(1945)等多种社会批评和社会风俗小说闻名于世。然而,在《弗洛尔太太和她的两个丈夫》中,作家出人意料地用复合式结构展示了现实和幻想、外表和内心两组层面,置爱情与情欲、道德与感情于矛盾之中,使读者领略到情的复杂、人的复杂。

同样,普伊格的《天使的阴阜》(一译《天使的命运》)也由两个层面组成。第一个层面即现实的层面,叙述一个名叫安娜的女人和丈夫离异后得了绝症,在墨西哥城的一家医院住院治疗。这时,她的一位好友波齐前来看她,使她大感欣慰。此人是律师,政治上支持庇隆主义。这次,安娜在医院动完手术后,波齐即去探视(名义上是探视她,实际上乃另有所图)。与这个层面相对应的是梦幻。安娜接受第二次手术时,身体已经虚弱不堪,又因疼痛服用了大量的镇静剂,便昏昏入睡,进入半休克状态。这时,她看到自己成了20世纪三四十年代中欧某国巨商的妻子,美貌绝伦,从而经历了一系列匪夷所思的阴谋与历险。作品将现实和幻想两个层面平直地端给读者,由读者自己去品味、消化。

费尔南多·德尔·帕索的《帝国轶事》其实也有两个层面:历史和幻想。历史部分是严格地按时间顺序铺陈展开的,主要叙述了法国入侵墨西哥期间建立第二帝国的历史经过。幻想部分系第二帝国皇帝、奥地利公爵马克西米利亚诺皇帝的夫人——卡洛塔皇后的独白。由于卡洛塔在帝国之梦将成泡影时精神失常,她的内心独白多半在疯癫状态下展开,具有极大的任意性和非理性色彩。加上历史的层面也是经过艺术加工的故事,《帝国轶事》难免给人以虚虚实实、似是而非的模糊感。

总而言之,采用复合式结构的小说一般都比较艰涩。这与此类小说特有的多层次、多方位或模糊性、含混性有关。

5.其他结构

由一个端点形成全方位观照(如内心独白)是谓辐射式(心理)结构,由一个端点扩散为几个端点再由几个端点覆盖几个生活面是谓扇形结构。这种扇形结构较之传统情节结构的明显优势是它具有较大的覆盖能力,较之辐射式心理结构的长处是它具有散而不乱的布局。

富恩特斯的《换皮》便是一部扇形结构的长篇小说。小说由一个引子和两部分组成:引子(叙述者粉墨登场)——第一部(四个人物的爱情纠葛)——第二部(四个人物的过去)。由于是扇形结构,小说有多种读法。之一是把它当做一个爱情故事,之二是把这个爱情故事当做钩沉索古的契机,之三是有关人物现实生活。因为有多种读法,《换皮》被许多人认为是一部复杂得令人望而生畏的作品。

大凡结构,总具有一定的缜密性、完整性,但耗散结构不这样。顾名思义,耗散结构是一种极松散、极反常的结构形态(因此又矛盾地称为无结构结构或马赛克结构、扑克牌结构),在拉美当代小说中时有出现。耗散结构小说大致可分三类。一类是可分可合式,既是长篇小说,又是短篇小说集,如较早的《献给一位绝望的英国女人》(作者是阿根廷的埃德华多·马耶阿)和五六十年代的《人子》(1959)、《冰船》(1967)等等。

《献给一位绝望的英国女人》一直被认为是一部短篇小说集。作品由九个相互关联的故事构成,所有故事都以第一人称(内心独自)的形式铺陈展开。《冰船》也是马耶阿的作品,也以同样的方法描写了亲友、同事、邻里之间的冷漠与隔阂。

罗亚·巴斯托斯的《人子》则是九个既独立成篇又相互关联的章节,贯穿始终的除了叙述者"我"之外，就是巴拉圭历史不间断的延展：从殖民时期到20世纪30年代巴拉圭人民的艰难的生存状态。第一章"人子"主要叙述奴隶的儿子马卡里奥老人的一生，中间穿插了老人讲述的两个故事。第二章"木头和肉体"以外国人阿列克塞·杜布洛夫斯基的故事为主线展开。第三章"车站"写叙述者"我"第一次去首都的所见所闻。第四章"迁徙"叙述某庄园主对雇工的残酷的奴役和剥削。第五章"家"描写两个农奴逃离主子后的颠沛流离生活，同时回顾了1912年巴拉圭农民起义。第六章"联欢"叙述了当局对持不同政见者的迫害和追捕。第七章"流放者"叙述"我"因支持游击队而被捕入狱。不久，玻巴战争爆发，当局施行大赦，"我"被编入正规军，开赴前线。第八章"使命"通过前线战事揭露政府的腐败无能。第九章"从前的战士"写戈伊布鲁兄弟从前方回到家乡后的除霸故事。

此外，何塞·阿古斯丁的《就要晚了》(1973)、米格尔·布里盎特的《岸边的人们》(1968)和富恩特斯的《烧焦的水》(1981)也具有类似的结构形式。

第二类是长篇为主、短篇为辅的长短混合式。代表性作品是阿斯图里亚斯的《玉米人》(1949)、曼努埃尔·普伊格的《蜘蛛女人之吻》(1976)和巴尔加斯·略萨的《胡利娅姨妈与作家》(1977)等。

如果说《玉米人》是一系列相互关联的神话传说，那么《蜘蛛女人之吻》可说是一个故事加一篇论文再加六个电影脚本。即囚犯瓦伦第和莫利纳的故事(或可视为长篇)，六个电影故事(或可视为六个短篇)，有关同性恋问题的大量脚注。

巴尔加斯·略萨的《胡利娅姨妈与作家》早已为我国许多读者所熟知。小说共20章，单数章叙述作家与其姨妈的爱情纠葛，双数章是一些自成系统的文本(或可视为短篇小说)，与单数章可分可合：分时它们与单数章的内容没有直接联系；合时它们作为主人公——作家和胡利娅姨妈生活的背景，对主线起一定的烘托作用。

第三类是耗散结构中最松散、最"没有结构"的"马赛克"或"扑克牌"结构，它借鉴了电影"蒙太奇"手法，将某地、某时、某人、某物的一个个侧面(或"零件")"胡乱"地堆砌在一起，由读者自己去拼凑、组合。像墨西哥作家阿雷奥拉的《集市》(1963)、何塞·阿古斯丁的《杜撰梦境》(1968)、阿根廷作家科塔萨尔的《组合的第62章》(1968)及智利作家何塞·多诺索的《污秽的夜鸟》(1970)和恩里克·林的《玻璃乐队》(1976)都是较有代表性的"耗散"作品。

《集市》是一幅由一个个碎片组成的墨西哥农村(作者的故乡萨波特兰)

的风俗画（“集市”的含义也在于此）。为了使作品具有一定的纵深感、立体感，《集市》的作者在现在时中穿插了过去时（作为底色与背景）。

《杜撰梦境》给人的印象也是一个散字。小说铺陈了大量荒唐可笑的生活场景，彼此间可以说没有任何联系（不但人物不同，连地点、时间也不尽相同）。使之成为小说的唯一因素是作者的角度和场景（事件）的类似（荒唐可笑）。

《组合用的第62章》所从出的是《跳房子》第六十二章中评论家莫雷利关于形式任意性的议论。按莫雷利的说法，文学创作应该像爵士乐中的萨克管演奏，有很大的随意性（但又不是超现实主义所倡导的“自动写作法”）。基于这一观点，小说中的故事有很大的跳跃性，且并不发生在同一地点。人物有虚有实，事件似是而非。科塔萨尔之所以如此创作，是为了表现现代社会的紊乱。

《污秽的夜鸟》相当复杂。首先，小说有好几个叙述者：类似于巫婆的老太太，半神半仙、“不死不活”的小哑巴等等。其次（也是问题的关键），众多叙述者所观照的目的物并不完全一致。因此小说像“一盘散沙”：包容了半个世纪的时间跨度，涉及一个心比天高、命比纸薄（他出身贫寒，先天不足，却想入非非）的小哑巴，一个患有面具癖的女人（只要见到戴面具的男人，她就会以身相许），几个与世隔绝的老太婆（她们在无所事事中认定一位孤独的女人是玉身童贞）。诸如此类，不一而足。

《玻璃乐队》则基本上是有关一个被称为玻璃乐队的群体的残缺记忆和议论。小说散就散在这些记忆和议论（所提供的背景材料虽足以反映智利社会的历史与现状）是非顺时序的和随意性很大的排列组合。

类似作品还有1970年的《击鼓吧，堂阿斯波亚祖》（作者阿方索·卡尔德隆）和1973年的《探戈风》（作者马努埃尔·梅希亚·巴列霍）。前者是智利某镇的“面面观”，后者是哥伦比亚梅德因市瓜亚吉尔地区的“众生相”。二者的共同特点也是生活片段或人物事件的“蒙太奇”式的任意堆砌。

凡此种种，虽然难以涵盖整个拉丁美洲当代小说的结构形态，却是它极具代表的一斑。而拉美小说从封闭到开放到耗散，最后（在20世纪八九十年代）竟又和传统趋同了。这岂不又印证了物极必反的原理？

与此同时，以不变应万变、死守传统小说形式的拉美作家也不在少数。

二　谁是叙述者

前面说过，传统小说大都具有圆满的情节结构. 所以总是有头有尾、循序渐进的。与之相适应，叙述者则俨然是主宰万物的上帝，无处不在，无所不知。正因为如此，在传统小说中叙述者通常是作家的传声筒，是可以和作家画等号的。无论是在曹雪芹还是在托尔斯泰或巴尔扎克那里，叙述者或品头论足或夸夸其谈，几乎没有一个不是凌驾于人物之上、宣达作者爱憎褒贬的判官。

但是，作为文学描写和表现对象的人和自然千变万化，林林总总，也就是说客体的形态是无穷的，而作家的认识是有限的。况且，传统小说的圆满的情节结构和叙述者的至高无上地位忽视甚至无视读者的主观能动性、道德标准和审美个性等等，把一切都嚼烂、消化了再塞给读者。殊不知所有的文学作品最终都是由作者——文本——读者共同完成的，过去如此，现在依然如此。换言之，所有文学作品的价值都建立在三者的基础之上。不仅莎士比亚"说不尽"，一千个读者就会有一千个塞万提斯、一千个狄更斯或曹雪芹。基于这种认识，20 世纪产生了以读者为主体的接受美学，改变了以揣摩作者意图、判断作品功能为目的的解读方式。于是不但文本不能完全代表作者意图，就连作者和叙述者的关系也"破裂"了。叙述者的"万能"地位动摇了，他们"受权有限"，甚至成了"无能为力"的人物——叙述者。

只要稍加留意，我们就会发现 20 世纪小说中第一人称叙述者比 19 世纪明显增多。其原因，除了心理描写的增强，便是叙述者的人物化倾向——过去的"他想"被现在的"我想"取而代之。可别小看了这一个"我想"，它把叙述者（有时甚至还包括作家）、人物和读者的距离一下子拉近了，把叙述者、人物和读者摆在了同等重要的位置上。此外，叙述者的第一人称化有利于造成（其实是势必导致）多名叙述者（多个"我"）的并驾齐驱，以达到视角转换和多侧面（多角度）、全方位的立体化生活模式。

（一）一个叙述者：从万能到无能

加西亚·马尔克斯在《一件事先张扬的凶杀案》(1981)中的叙述者便是一个"无能"叙述者。由于他是人物，而非上帝，他对众说纷纭的凶杀案的调查只能是"道听途说"，得不出任何"自己的结论"。

因为叙述者的"无能"，作品遂具有多方位、多层次的特点。人物按照各自不同的方位和角度（或谓立场）向叙述者提供不同的线索（或谓证词），使这个仅有 90 多页的中篇小说具有匪夷所思的容量和意蕴而且没有故弄玄虚和玩弄技巧的痕迹。其细致的诠释，请参阅《魔幻现实主义》一文。

总之，悲剧的人物是复杂的，有时甚至是含混的和模棱两可的：既是无辜，又是罪人；既是社会的牺牲品，又是它的帮凶。这就是加西亚·马尔克斯的故乡，这就是拉丁美洲！作者用尽量客观的笔触、简洁的语言一用了上百个××"说"，以新闻报道般的逼真展现了一个停滞的、封闭的、孤独的、野蛮的和腐朽的世界。

类似的"无能"叙述者还见诸巴尔加斯·略萨的《城市与狗》和维森特·莱涅罗的《泥瓦匠》等。前者的事实真相被独裁政权抹杀了，后者在事实与利益发生冲突时，事实让位给了某些人的利益。

（二）两个叙述者：对话体小说

对话体小说自古有之，但像巴尔加斯·略萨的《酒吧长谈》(1969)那样的对话体小说却是20世纪的产物。

《酒吧长淡》分四部分。每部分设若干章。小说的第一部分是个纲，写秘鲁首都《纪事报》记者圣地亚哥·萨瓦拉在追寻失犬过程中与父亲昔日的汽车司机安布罗修相遇，两人来到一家名叫"大教堂"的酒吧，饮酒长谈，回忆往事。整部小说就以两人的对话为主轴铺展开来，覆盖了1948年至1956年甚至更长的一个历史时期，设计六七十个或真或假的人物。

（三）三个叙述者：小说你我他

乌拉圭作家马里奥·贝内德蒂和小说《我们的关系》(1953)写的是一个永恒的题材：三角恋爱。因此，作品出现了三个叙述者，分别从不同的角度叙述他们的爱情纠葛："被遗弃的丈夫"用日记的形式讲述了悲剧的经过。因为是日记，微观剖析和宏观阐述相得益彰；也因为是日记，情感的肆意流露和愤怒的疯狂宣泄亦在所难免。妻子所采用的是相对冷静、缜密的叙述方式——书信。信中，妻子对丈夫说明了事情的经过和分手的理由。情人的叙述又不同于妻子的叙述，他俨然是一个被爱情冲昏头脑的第三者，所以叙述中充满了虚构和幻想。况且，他所采用的是与前两个人物迥然不同的潜对话，因此语气的转换和"情节"的变化使他的"故事"具有似是而非、似非而是、真假难辨的特点。

加夫列拉·因方特的《三只悲虎》(1967)也有三个叙述者。"三只悲虎"源自拉美西班牙语地区流行的一种绕口令，相当于我国的"吃葡萄不吐葡萄皮儿"。三个叙述者(有象征的成分，也有游戏的成分)，从不同的角度叙述古巴革命前夕哈瓦那的夜生活。摄影师柯达捕捉的是瞬间的逼真，因而其反映现实的方式是客观的，但又是静止的和机械的；演员阿尔塞尼奥·奎的表演则把生活中最典型、最奇特的美与丑通过类似于明暗效果的矛盾冲突再现出来，既有事物的必然、内在的机理，也有偶然、虚饰的成分；作家希尔维斯特雷是三者中最难定位的，既可与摄影师和演员类比，又有超越生活、自由飞翔的本能(用著名诗人奥克塔维奥·帕斯的话说:“诗人是榆树,但常能结出梨来。”)。小说刻意穿插的三组“证词”恰好说明了以上推断:一组是病人和心理医生的对话,是用摄影师的“纯客观”镜头组合的,每个镜头是一段病人与医生的对话;另一组是女明星的故事,女明星为了表现自己的个性和天赋,很少求助于乐谱和伴奏(同演员阿尔塞尼奥·奎的随心所欲和不拘泥于脚本相对应);第三组是对一些古巴作家的戏谑性模拟。这些作家的共同对象是托洛茨基之死。和《跳房子》一样,《三只悲虎》可以有多种读法(只不过作者没有明示而已):一种读法是从头至尾的传统读法,其结果是似是而非、似非而是,一如王蒙在评说刘索拉时所说的“不像”。然而,刘索拉的小说之所以“不像”是因为她所表现的那种“吃饱撑的”疯狂与神经质;而加夫列拉·因方特作品之似是而非、似非而是却是一种关于文学的没有结论的结论。

现在看来,《三只悲虎》是一部典型的元小说,即关于小说的小说。

(四)多个叙述者:多视角并存

一如横向和纵向、内向和外向,叙述者的多少也是现代小说区别于传统小说的一个重要标志。在拉丁美洲当代小说中,以叙述者和叙述角度取胜的小说所在皆是。信手拈来,哥伦比亚作家阿尔瓦罗·塞佩达·萨姆迪奥的《大宅》(1962)和方妮·布伊特拉戈的《众神的恶夏》(1963)堪称典型。

《大宅》写太平洋沿岸某香蕉种植园的政治风云和军队的残酷镇压。作品第一章“战士”用第三人称描写“平暴”部队接到政府命令后整装待发的情景,其中穿插了两个士兵的对白,叙述者是全知全能的。第二章“姐姐”则改用第二人称“你”,叙述者是“弟弟”。第三章“父亲”又回到了第三人称,但叙述者摇身一变,变成了客观、冷静的旁观者。在余下七章中,不同叙述者仍不断变换角度。

《众神的恶夏》同样由多名叙述者从不同的角度叙述“垮掉的一代”如何无所事事。小说以某报女记者采访一无名氏作家为主线,每章的叙述者虽然围绕主线进行扫描,但视线有所游离。

此外,阿根廷作家曼努埃尔·普伊格的《丽塔·海沃思的背叛》(1968)也是一部很有特色的多视角小说。作品写一名叫托托的少年在1933至1948年间的生活经历。小说以块状形式出现,叙述者不断变换(托托自己、托托的朋友或家人)。第一章“在米塔父母家——1933年拉普拉塔”劈头便是一段对话。因为缺乏必要的提示,读者既不知道谁是米塔,也不清楚其中的人物关系,只知道米塔生了一个男孩,人们正忙于为新生儿准备应有物品。第二章“在贝托家——1933年巴列霍斯”是两个女佣的对话与调侃。这时，读者方知托托就是那个新生儿，他父亲贝托对他并不关心。从第三章开始，标题不再是某地某时，而变成了某人某时。第三章是“托托——1939年”。主人公六岁，年幼无知，但所见所闻已能反映家庭和周围环境、人物关系的错综复杂。此后各章多以内心独白为主，其中有两章是日记，一章是作文(题目:“一部我爱看的电影”)，另一章是一封没有寄出的信(写信人是托托的父亲，收信人是托托的叔叔)……也许是因为作品的主题是传统伦理的消失和人与人之间的冷漠，普伊格才刻意安排了众多叙述者。

(五)无数个叙述者:无叙述者

无数个叙述者即所有人物都是叙述者，因此也就无叙述者。没有了叙述者，当然也就没有叙述可言，或谓叙述即独白，叙述即对白。

20世纪60年代勃兴于墨西哥文坛的“波段小说”便是这样一种无叙述者小说。举凡古斯塔沃·萨因斯的《加萨波》(1965)、维森特·莱涅罗的《Q学》(1965)和何塞·阿古斯丁的《侧面》(1966)等，均属此类。

《加萨波》以大量的“录音”、对白、“电话对白”、日记、梦境和书信等等铺展开来，不给读者任何解释性提示(这种提示即叙述，被20世纪60年代墨西哥“波段小说”作家群视为对生活真实的“干预”和“歪曲”)，进行“纯客观”的生活化描写。

《Q学》完全采用所谓的“录音手法”。比如它展示一群年青人在摄像过程中产生的无主体(也即多主体)对白，令读者在完全摸不清谁是谁的情况下感觉生活：

——停，停一下！
——行了。
——摄影，停！
——我的上帝！

——怎么啦？
——挺好。
——挺好？
——当然。
——真的？
——他妈的，太棒了。

——是吗？

——成。

——我看看。

——没问题。我看没问题。

——你说呢？行吗？

——绝了。

——当真？

……〔1〕

总而言之，在当代拉丁美洲小说中，已很难看到有谁（作者或叙述者）居高临下、赤裸裸地对人物进行道德的或审美的评判。叙述者不再和作者画等号，而往往是由某个或某些人物来担任的，他（他们）不代表作家，只代表某个或某些人物。如果他是诗人，他就用这一个诗人的语言、眼光等等；倘若他是个乞丐，那他也就只好用乞丐的语言，按照乞丐的方式去表述、去审视生活了；假如他是个局外人，那么他的责任是变成太阳或者月亮，送给每一个人物、每一桩事情以同样的光亮温寒，以便将作者的好恶尽量地掩盖起来；如若他是一样东西，如曼努埃尔·姆希卡·拉伊内斯的"家"（《家》，1954），那么他就更不能凌驾于人物之上，而只能静静地做一个"见证"。也就是说，无论叙述者是人是物，是旁观者还是当事人，在当代拉美小说中大都具有客观、公正、不偏不倚的特点。客观，即不直接流露作者的主观色彩（作者的政治观点、道德标准及其个人好恶被尽量地掩盖起来）。当然这并不排除作品具有强烈的倾向性，盖因其所表现的人物、所展示的事件或氛围终究是由作者有意截取的。

三　向读者挑战

如上所述，传统小说（当然还有诗歌等其他文学体裁）是不把读者放在眼里的，因此，读者一直是文学交流中最受忽视的一方。这种状况到了20世纪才有所改观，尤其是随着接受美学的兴起，读者和作者、作品摆在了同等重要的位置上，甚至有过之而无不及。

事实上（即便是在过去），读者一直都不是消极地接受文学的影响的。当然，作家——作品——读者的关系是一种极其复杂的关系，多年来文学

〔1〕《Q学》，墨西哥，1965年版，第78页。

界、批评界争论不休的“意图”、“文本”和“感受”问题便是明证。

在拉丁美洲，马塞多尼奥·费尔南德斯是最先正视读者的小说家之一。在1929年创作的《新人手稿》里，他第一次郑重其事地邀请读者介入他的创作活动。小说不长，只有50多页。开头说的是新人到布宜诺斯艾利斯后不幸因车祸受伤，接下来是新人用第一人称记述的所见所闻（直至车祸发生），最后是“编者的话”，它罗列了许多和新人有关的材料。这与其说是一部小说，毋宁说是一堆素材，充其量是一部没有完成的手稿。他的另一部小说《一部开始的小说》(1941)，具有同样的特点。开头部分是叙述者就创作问题进行的一番“对话”。然后是有关两个女人的故事，但故事尚未展开，叙述者就因缺乏材料而卡了壳。最后，叙述者发现，要写好这部作品，至少必须同其中一个女人（此时也是他的读者）建立联系。小说（或谓元小说）便这样“不了了之”。

作为实验者，马塞多尼奥·费尔南德斯精神可嘉，但他的作品毕竟处理得过于突兀。马雷查尔的《亚当·布宜诺斯艾利斯》(1948)就要自然得多、含蓄得多，尽管它也是在作者——作品——读者关系上做文章的实验小说。其创作过程长达十七年之久，即最初的手稿（或腹稿）产生于1931年。小说由七部分组成，外加一个“必不可少的序”。前五部分是马雷查尔对已故友人亚当·布宜诺斯艾利斯的追忆（这个名字就足够发人深省），第六、第七部分是亚当·布宜诺斯艾利斯的遗稿，其中第六部分写马雷查尔“自己”，第七部分是他的地狱之行。“必不可少的序”则是有关创作动机的交代，他诚邀博尔赫斯、路易斯·佩雷达等人参与写作，以共同为亚当·布宜诺斯艾利斯树碑立传。可惜的是，由于政见不同，博尔赫斯等人后来同作者马雷查尔分道扬镳了，并没有在他死后接过这个线头、继续这个游戏。由于《亚当·布宜诺斯艾利斯》消解了作者－叙述者——人物——读者的界线，现实和文学的界线也随之消失。

20世纪50年代起，随着接受美学的兴起，读者在拉丁美洲小说中受到了普遍的关注。有的作家竟向读者公开挑战，以求后者的介入（如科塔萨尔的《跳房子》和他有关“阳性读者”和“阴性读者”的说法），有的甚至公开“诅咒”读者（如曼努埃尔·普伊格的《永远诅咒本书的读者》，1980）。当然这是另一种极端。

诚恳地邀请读者参与也罢，用激将法强迫读者参与也罢，都是文学创作观念和形态演变的结果。由于文学创作需要改变或否定传统模式，就势必要影响到传统的阅读方式。从某种意义上说，传统小说是以牺牲读者的能动性而迎合其已有欣赏趣味和阅读定势为代价的(通俗文学亦然),因此从小说本身的发展而言,文学最大的阻力往往不是来自作者,而是来自读者,或曰二者相辅相成。所以一种新的创作方法的成功与否,关键在于读者的接受与否。当代小说(从西方现代主义开始)是以牺牲一大部分传统读者为代价的(20 世纪的通俗小说又恰好钻了这个空子,把这一大部分读者拉到了它的旗下)。然而,在现代主义惨淡经营的过程中,作者——作品——读者的关系又开始悄悄发生嬗变,以至于愈来愈多的读者摆脱惰性,在见怪不怪中找回了敏锐与陌生。

如上种种,都直接影响到小说的布局和形态,这是拉美作家形式创新的重要标志。至于某些局部的突破,如语言的翻新、描写的内倾等等就不在本文的论述之列了。

必须强调的是,拉美作家在追求形式创新时,有成功也有失误(如形式大于内容甚至形过饰非),但他们大都有一个坚定的信念:他们的作品必须有浓重的番石榴芳香和斑斓的美洲色彩。总体而言,拉美文学之所以能够崛起并打破“西方中心主义”,恰恰是因为它不仅顺应了 20 世纪世界文学的发展方向,而且思想性、艺术性并重。用科塔萨尔的话说:“形式应该成为内容的骨骼,而不仅仅是它的外衣。”

心理现实主义

众所周知，20世纪世界文学的基本特点就是表现形式由简单趋于曲折，细节描写由外部转向内心。它是文学的主要表现对象——人的存在和内心日趋复杂、丰富，创作题材和主题不断拓宽、深化，文学观念和技巧迅速发展、裂变——的必然结果。

拉丁美洲当代小说这股汇入并且推动20世纪世界文学大潮的雄浑而又多彩的热带河流，也毋庸讳言地具有这一特点。

心理现实主义是一支潜流。之所以谓之“潜”，就因为它和上述“流派”一样，既无宣言和领袖，亦无团体和刊物，难以上升为传统意义上的流派。但同时它又拥有所有流派的内在特点，即同一时期相当数量的佳作所表现的题材（对象）和形式（手法）的相似性。

一

早在19世纪80年代，英国作家斯蒂文森就已断言读者不屑于情节小说了。他所说的情节小说含义相当宽泛，实际上涵盖了包括传统现实主义小说和传统浪漫主义小说在内的几乎所有写法。西班牙作家何塞·奥尔特加·伊·加塞特对此颇有同感，他在1925年的《艺术的非人性化》一书中雄辩地论证了情节的衰微和人们的“漠然”。他甚至下结论说：“时至今日，令人感奋的故事已经掘尽。”〔1〕他继而又说：“小说再也不可能以情节取胜。”〔2〕他用大量篇幅阐述他的这一观点，说未来的小说只能是“心理小说”，认为从今以后一切真实的或想象的情节都将是缺乏新意的，因而也将是索然无味的。这种观点风行一时。与此同时，欧洲产生了普鲁斯特、乔伊斯、伍尔夫，美国产生了福克纳……

这是文学从观念到形式的一次重大变革。显而易见，以往人们把文学的认知功能相对地局限于外部世界，连想象比如古老的神话传说或现代的

〔1〕〔2〕《艺术的非人性化》，《西方杂志》1924年第一期，第96～97页。

科幻小说也大都是针对自然的;现在要回到人类自身了,以至于直抵灵魂深处。因此观念上的偏激或创作上的矫枉过正都是可以理解的。

毫不例外,拉美当代小说见证并且实践了情节让位于心理活动的这一革命性的过程。

众所周知,拉美小说起步很晚。20世纪初,姗姗来迟的批判现实主义和自然主义尚立足未稳,令人眼花缭乱的现代主义便对它们进行了一次次清算及狂轰滥炸。拉美当代小说的奠基者们就是在这种流派对流派、现在对过去的狂轰滥炸中,在充满火药味儿的"战场"里诞生的。面对欧洲文坛形形色色的流派、思潮,他们的态度不尽相同。具体到如何面对心理小说或二三十年代的意识流小说,博尔赫斯等并没有放手去学,而是保持了一定的距离。相形之下,博尔赫斯更欣赏卡夫卡,认为他比心理小说家更能表现难以名状却又缠绵悱恻的内心活动。他并且批评心理小说,谓普鲁斯特的《追忆逝水年华》枯燥无味、破碎冗长,甚至混乱不堪、难以卒读。所以,虽然他注重心理描写(许多评家都把他归入心理小说家之列),但其最终目标却是把幻想推向极端,跨入"玄之又玄"的"众妙之门"。有的作家,如卡彭铁尔和阿斯图里亚斯则是面对拉美社会的原始、落后、野蛮而"不知所措"但又以"如鲠在喉,不吐不快"的矛盾心态开始探索自己的表达方法的,于是欧洲心理小说的某些表现手法被他们用来展示拉美黑人或印第安人或原始村民的神奇的意识或无意识,从而开创魔幻现实主义。

不言而喻,博尔赫斯的幻想小说和魔幻现实主义虽则都具有明显的内倾性,心理描写的手法也多种多样,但都不是严格意义上的心理小说。

开拉美心理小说——即我们所说的心理现实主义小说——先河的,当首推智利作家彼得罗·普拉多。他的长篇小说《阿尔西诺》(1920)写一个几乎人人有过的少年梦:长出翅膀来自由飞翔。虽然小说采用的是第三人称的万能视角,但在20世纪20年代的拉美文坛却显得与众不同[1],以至于被不少评论家视为拉美文坛的"迎春花",预示着心理小说(心理现实主义)之春的来临。

20世纪三四十年代,专制统治的阴霾在拉丁美洲瘟疫般地蔓延,以空前残酷的形式梦魇般地笼罩了这些刚刚摆脱殖民主义枷锁的贫穷国家,大批

---

〔1〕 除此而外,堪称心理小说的作品在20世纪年代的拉美文坛寥寥无几。拉法埃尔耶可雷瓦罗·马丁内斯的《教皇使臣官邸之夜》(1927)可算一部,或许还有智利作家巴里奥斯的《驴见弟》(1922)和《魔鬼的篇章》(1923),以及阿根廷作家罗贝尔托·阿尔特的《七个疯子》(1929)。

作家亡命欧美。时值乔伊斯、普鲁斯特、伍尔夫、福克纳的作品得到承认并广为流播。拉丁美洲的流亡作家大都自觉地接受了他们的新观念、新方法。盖因意识流小说所表现的人的内心世界，作为一种精神现象，归根结蒂是生活的反映；而把内心当做文学的重要表现对象，乃是人的精神世界不断丰富、人类对心理活动深入了解的必然结果。此外，在"上帝死亡"、"理性泯灭"，被称为异化的、迷惘的、危机的 20 世纪，孤独不容置疑地成了世界性话题。对于拉丁美洲作家来说，它更是一个严肃的、至为重要的社会问题。诚如加西亚·马尔克斯所说的那样，孤独是拉丁美洲的痼疾，落后、野蛮及形形色色的专制制度则是其症结所在。落后和野蛮构成专制制度的土壤，而专制制度又加剧了落后与野蛮。这是一种恶性循环。生活在这种恶性循环中的各色人等，无论是统治者还是被统治者、是正人君子还是宵小之辈，都不可避免地染上了孤独症，而意识流的内心独白、幻觉、梦呓甚至癫狂等等恰恰是表现灵魂孤独的有效形式。

乌拉圭作家胡安·卡洛斯·奥内蒂是较早采用意识流手法的拉美小说家之一。他在 1939 年出版的《井》是掘向"自我"灵魂奥秘的一口"深井"。几乎所有读者都会把主人公等同于作者本人。这是一般印象，也是心理小说中作者在某些时候（比如由于职业、年龄、性别、性格等方面同人物相似）所产生的某些外化现象。然而，与其说书中的作家是奥内蒂，毋宁说奥内蒂创作了"另一个"作家。作品采用了第一人称的内心独白：

> 我在房间里踱来踱去已经好长时间了，突然我看到一切都那么陌生，仿佛第一次来到这里……
>
> 我从中午一直躺在床上，厌倦了，就起来光着膀子在房间里踱步。可恶的热风从房顶吹来，一如既往地熔化在每一个角落。我反剪着双手不停地走着……
>
> 在记忆闸门口的是那件无关紧要的事情——一个妓女袒着一只红得快要出血的肩膀对我说："全是狗娘养的。一天来 20 个，没有一个是刮了胡子的。……"

意识就这样从人物心灵流出，淌过一间因为太熟悉而变得陌生的闷热房间，经过妓女那肮脏的躯体，流向社会；流得越远，心灵之"井"就开掘得越深，反之亦然。

作品所关心的除了意识流这种新的写作手法（其实即内容）之外，主要还是当时人们面临的社会、生存问题，如信仰危机、专制统治及世界性经济危机对拉丁美洲这个“泄洪区”所造成的严重破坏。作品的气氛沉闷之至。正因为如此，作品问世时少有人关注它的“意识流手法”，倒是引起了政界和社会批评家们的兴趣。一如普拉多的《阿尔西诺》，《井》曾被多数人解读为反加夫列尔·特拉独裁统治[1]的“政治小说”。

为了使意识流“畅通无阻”，弥留者、聋哑人、囚犯等丧失正常交流功能或条件的孤独者以及惯于苦思冥想的作家、艺术家成了拉美许多心理小说的类型化人物。智利女作家玛丽亚·路易莎·邦巴尔的《丧事》(1938)和阿根廷作家尤利西斯·德·姆拉特的《伸向死亡的阳台》(1943)都是写弥留者的。《丧事》写一位“死者”的内心独白。由于她事实上并未完全死亡且能感觉到亲友的悲恸与忙碌，积淀在内心深处的恩恩怨怨和求生本能、死亡恐惧等等通过回忆、联想、潜对话和受外界刺激的种种条件反射狂泄不止；又由于她是个“死者”，因而“不必顾忌什么”，于是1930年代智利社会的炎凉世态和政治气氛受到了最严厉、最尖刻的批判。

与《丧事》相似的《伸向死亡阳台》则是一位“同死亡握手的重病号”的内心独白。由于他患的是“不治之症”，对于生存和死亡、人生和社会自有一番感喟。这两部作品都或多或少影响了后来的心理现实主义作家。比如卡洛斯·富恩特斯的《阿尔特米奥·克鲁斯之死》与路易莎·邦巴尔的《丧事》就不无相似之处。此外，阿根廷作家埃德华多·马耶阿、胡安·菲罗伊和墨西哥作家海梅·托雷斯·波德特笔下的形形色色的孤独者对后来的心理小说也都产生了深刻的影响。埃德华多·马耶阿的几乎所有作品均可归入意识流或准意识流小说范畴。他的早期作品如《欧洲之夜》(1934)或《十一月节》(1938)等虽非典型的意识流小说，但无不是以心理描写和内心独白为主体的。至于稍后的《灵魂的敌人》(1950)和《查维斯》(1953)则显然是典型的意识流小说了。从《十一月节》到《查维斯》，马耶阿发表了六七部长篇小说，其中给人留下深刻印象的人物是“哑巴”查维斯。由于他默默无言，他的内心世界就格外复杂、神秘，他所表现的心灵图景也常能出奇制胜、引人入胜。

墨西哥作家托雷斯·波德特的《1月1日》(1934)是一个人物一天之内的所思所想。一切都发生在主人公冈萨罗·卡斯蒂略的意识和潜意识中，因此他改变自身环境、重新塑造自我的种种努力归根结底也只是一系列毫

[1] 独裁者加夫列尔·特拉于1938年垮台，而数年前完稿的《井》恰恰是在此后几个月面世的。

无意义的白日梦而已。现实生活中(至少是在这一天)一切都没有发生,他还是他,而且也许将永远是他。

菲罗伊的《奥普·奥罗普》(1934)虽说是一部较早、较典型的意识流小说,但知名度不高。小说所表现的是人物精神分裂的全过程。时间长度只有20小时(第一章是"上午10点",最后一章是第二天的"5点59分")。尽管作品被分割为若干章节,但人物的意识流却始终是连贯的、不停顿的。奥普·奥罗普是个移居布宜诺斯艾利斯的芬兰侨民,在小说开头,他似乎是个"正常人",而且品行端方,颇有修养。随着作品或者说是意识流的展开,人物的内心出现了阴影——先是他和心目中的爱人弗兰西斯卡的潜对话,然后是他和朋友们的聚会。这时对话和内心独自交叉进行,人物的两个我(外在的我和内心的我)开始拉大距离以至于分化为两个截然不同的奥普·奥罗普,最后内心的我战胜了外在的我。这或可称为"伊德"的超常奋起。

对于《奥普·奥罗普》的思想内涵,还很少有人涉及。唯独约翰·布拉什伍德在论述乔伊斯对作者的影响时提到了外部世界和人物内心世界的冲突。我想作品的主题就在这里,即伪善的、理性的外部世界和一颗渴望自然的、自由的心灵经过长时间的较量,终于在某一天突然上升为水火不相容的排斥。从这个意义上说,"伊德"的超常奋起将意味着奥普·奥罗普"自我"的毁灭。[1] 其悲剧意义不言而喻。

类似的作品还有阿根廷作家卡洛斯·马桑蒂的《替物》(1954)和马丁内斯·埃斯特拉达的《玛尔塔·里盖尔梅》(1956)、智利作家玛尔塔·布鲁内特的《梦之根》(1949)、哥斯达黎加作家约兰塔·奥雷阿姆诺的《潜逃之路》(1949)、哥伦比亚作家埃德华多·卡巴耶罗·卡尔德隆的《背后的基督》(1952)、墨西哥作家何塞菲娜·维森斯的《空洞的书》(1958)等。其中《潜逃之路》是写一个十足的精神囚犯的。

谁都知道,任何一种文化现象、文艺思潮或形态的出现都不是孤立的。意识流小说也是如此。它的产生、发展和流行有着多方面的原因。远的不说,强调人性、个性的西方哲学和社会伦理学,突出无意识、非理性的心理学

---

〔1〕 弗洛伊德把人格结构建立在伊德、自我和超我间的相互关系上。伊德是"一种混沌状态,一锅沸腾的激情。我们设想,伊德是在某处与躯体过程产生直接接触的,从躯体过程中接受种种本能的需求并使这些需求在心理上表现出来……这些本能使得伊德精力充沛,但是伊德既没有组织,也没有统一的意志,只有一种使本能需求按照快乐原则得到满足的冲动"。"对于伊德来说,自我是承担了复现外在世界以及因之保护伊德的任务,因为伊德盲目地奋力满足自己的本能,完全不顾外在力量的优势,如果没有自我的保护(其实即抑制——引者)它就难免于毁灭"。转引自《意识流》,中国社会科学出版社,1989年,第358～359页。

(如弗洛伊德主义)和文学(如达达主义和超现实主义)等都与它不无关系。然而,它们又无不是20世纪西方社会生活包括一定生产力、生产关系和科学技术发展状态在思想文化领域的反映。

在拉丁美洲,特殊的现实环境、历史条件和文化前景使纯意识流作品始终未能形成大的气候。而且从20世纪50年代开始,拉美心理小说的意识流"纯度"明显降低,叙述比重有所回升,社会内容大大增加,批判色彩越来越浓。正因为如此,包括三四十年代意识流小说在内的拉美心理小说遂被一概冠以"心理现实主义"这样的名称。

阿根廷作家埃内斯托·萨瓦托不仅是拉美早期心理现实主义(即意识流)小说的杰出代表,而且还是20世纪50年代后该"流派"向其他类型(如结构现实主义、社会现实主义等)趋同的一个明证。

他的早期作品如成名作《地洞》(1948)可算是拉美早期心理小说的集大成之作。作品几乎是严格按照弗洛伊德的心理分析方法写成的。

"我就是杀死玛丽亚·伊丽巴尔内的胡安·巴勃罗·卡斯特尔……"这是小说劈头第一句。紧接着,我们知道作品完全构建于胡安·巴勃罗·卡斯特尔的内心独白,它确实像一条滔滔不绝的河流,将生活中的各种印象、回忆、观感、联想以至幻觉混杂在一起。按常理,杀人犯是应该坐牢的,但胡安·巴勃罗·卡斯特尔并没有去他该去的地方,他被关进了精神病院。

然而,他远非那种完全丧失理智的真疯子,而是弗洛伊德的门生卡伦·霍尼博士所说的那种"由压抑和恐惧引起的神经机能病人"〔1〕。

首先,胡安·巴勃罗·卡斯特尔精神压抑,内心充满痛苦。卡伦·霍尼认为,这种压抑和痛苦往往始于少儿时期:"我怕失去父母的宠爱。""我不能使父母生气。""我不能惹父母生气,否则就会挨打"……随着年龄的增长,又会有许多社会的压力接踵而来。这一点萨瓦托的作品表现得更为明确。卡斯特尔常常提醒我们:"这个世界太可恶……""人太坏……"在卡伦·霍尼博士看来:"对世界的敌对态度常常来自过分的压抑:要生存就必须适应社会环境,适应他人,而这种适应的前提与代价恰恰是抑制伊德的冲动。"卡伦·霍尼博士把长时间过分的抑制伊德冲动的痛苦称做"神经机能病的基本病因",把孤僻视为主要症状。她说,由于神经机能病患者长期处于压抑、恐惧和痛苦之中,就会设法寻找自我"避风港"。"这是一种本能的自我保护形式"。孤立自己以逃避与社会和他人相处(及由此形成的孤僻性格)是这

〔1〕《当代神经机能人格》,布宜诺斯艾利斯:1951年版,第43～159页。下同。

种自我保护的最为常见的形式(症状)之一:“只要我躲得远一点,他们就不会把我怎么样”,“只要我不和他们接触,他们就不会伤害我。”另外两种常见的自我保护形式(症状)是“只要他(她)爱我,他(她)就不会伤害我”。这是三种相反相成、既对立又统一的自我保护机制。

36岁的胡安·巴勃罗·卡斯特尔首先选择的自我保护形式是孤立自己,因为我们知道他既憎恨他的家人,也憎恨所有周围的人,甚至(或者说尤其是)他的同行:“家庭并不可信。”

“我看所有的人都很肮脏,很下流……总想利用别人获得好处……”

“我最恨画家。这可能是因为我最了解他们……”

然而孤独并没有给予卡斯特尔以足够的安全感。于是他又选择了别的自我保护形式。事实上,神经机能病患者必定“同时选择几种自我保护形式”。这些自我保护形式反过来促进神经机能病不断加重:“因为怀疑和憎恨他人而孤立自己,因为孤立自己而加深痛苦,因为痛苦无法排遣而寻求他人的爱,因为得不到他人的爱而更加憎恨他人以至产生强烈的排他欲、权力欲(因为不能与他人相处而产生的一种凌驾于他人之上的个人意志——引者)和破坏欲……”

卡斯特尔已然经历了这种也许是初级阶段的恶性循环:他选择了孤独,因为他“经历过这么多灾难,看到过这么多残酷奸邪的面孔……”他寻求过异性帮助,末了却发现自己“命中注定不能和女人相处”;他寻求过同行的理解,但到头来终以互不理解而告终(“灾星”是他对同行的称谓)。

正因为如此,他的孤独也便更加孤独,痛苦也便更加痛苦。然而,恰恰就在这时,卡斯特尔遇到了另一个孤独的人——玛丽亚·伊丽巴尔内。她对于他具有双重意义:爱情和理解。

卡斯特尔是在一次画展中见到她的。她“26岁左右”,“长得不算漂亮”。当时,她在他的画前驻足后把注意力集中在一个被所有人忽视的细节上,那是一扇向孤独的海滩微微敞开的小窗,象征着一颗孤独而又渴望摆脱孤独的心灵。然而对他人的怀疑、憎恨以及由此产生的恐惧使他难以鼓起勇气来抓住这个机会,他眼睁睁地看着玛丽亚离去并消失在人群之中。他悻悻然回到家里,对自己的胆怯悔恨不已。经过一整夜的辗转反侧,他抱着一线希望回到了画展,从此是日复一日的等待。但是玛丽亚并没有再回来。他绝望了,发疯似的到处寻找这个“唯一的知己”。

诚然,当他在熙熙攘攘的人群中再一次见到她的时候,盘算了多少天的托词忘得一干二净。他尾随着她,不知如何是好,眼看她拐过几个街角进了一幢大楼。他冲上去拦住她，支支吾吾地提了个愚蠢之至的问题。她满脸绯红，一面回答，一面匆匆逃离。于是痛苦再一次笼罩了他整个心灵，他恨自己，恨自己的笨拙与无能。他回到那幢大楼前，等待再次相遇。这一次，他一反常态，表现出神经机能病人特有的冲动：她刚一出门，就被他连拖带拉地拽过了几条马路。他说她是唯一理解那张画的人，是他生命的唯一寄托，并恳求她再不要从他身边消失。

玛丽亚既不反抗也不兴奋，只说了声“我会给周围的人带来灾难……”第二天，卡斯特尔用她留下的号码拨通了电话，和她进行了一次古怪的对话：

“我一直在想您……”他说。

“我也想了很多很多……”玛丽亚说。

“想什么？”

“什么都想。”

“什么叫什么都想？”

“……想您的画……想昨天的见面……想今天……叫我怎么说呢。”

“可我满脑子想的只是您……可您始终没说想过我。”

“我说我什么都想到了……”

“可您还没有告诉我想知道的细节……”

“这实在太突然了……我不知该怎么说……我当然想过您……”

“怎么想的，怎么想的？”卡斯特尔急切地问（他回忆说，“令我激动的是细节而不是泛泛之说”）。

“我想您的每一细节，每一举动，您的红棕色头发，您的坚毅而又温柔的目光，您的……”

电话被她借故搁下了，但就凭她说想他，世界就变了颜色：

我觉得一切怪怪的：第一次用同情的目光看着周围的世界。我想我这么说是当时的真实情形。因为在此之前，坦率地说，我一直是憎恨这个世界的。所有人都让我恶心，尤其是人群。我拒绝去夏日的海滩、足球场、公路或广场……然而那天，至少是在那晚，我不再憎恨世界。

但是，当他再一次拿起话筒知道玛丽亚已经离开这个城市时，世界又崩塌了下来，怀疑和憎恨又一次占据了他的心灵。他回忆着每一个细节，发现那晚搁电话时她有些反常（她说："这会儿人来人往的不方便。"还说："关上房门他们也来打搅……"）。

神经机能健全的人会想，她之所以不辞而别，肯定有紧迫的事情要办而且来不及通知别人。但卡斯特尔不然，他对玛丽亚产生了怀疑，认为她和别的女人一样，是个惯于欺骗男人的角色。由于接电话的人说玛丽亚临行时留下了一封信，他便急匆匆地赶到那幢大楼，他拆开来看时，里面只有 4 个字："我也想您。"

卡斯特尔疑惑不解地回到家里。他事先并不知道她是个有夫之妇；而且，把这封堪称情书的信交给他的恰恰就是她的丈夫。

当晚他做了一个梦，梦见自己回到了久别的老家："那是一幢既熟悉又陌生的老房子……记忆牵着我，四周一片漆黑，仿佛埋伏着无数敌人，他们交头接耳，窃窃私语，嗤笑我天真无知。他们是谁呢？想干什么？然而，尽管如此，童年那不无爱心的记忆激励着我。我颤抖着，一半是因为恐惧，一半是因为疯狂或许还有兴奋。"惊醒后，他发现这幢从孩童时期就一直向往的房子原来就是玛丽亚。

从此以后，他的思绪"在一片浓雾笼罩的森林里徘徊"。就在走投无路，行将绝望的时候，他接到了玛丽亚的来信。他把这时的玛丽亚比成"夜间的太阳"。玛丽亚的信充满了热情：

> ……愤怒的大海就在前边，浪花是我无谓的眼泪。我孤独的心灵充满了无望的期待……是你看到了我的心境，画出了我的思想（或者它也是你我同类的记忆）……而今你站到了我与大海之间，占领了我的灵魂。你静静地、失望地看着我，仿佛期待着我的帮助。

卡斯特尔的心又一次充满希望，向她回信倾诉衷肠。

玛丽亚却来信说，她不会给他带来幸福。信来信往，对玛丽亚的渴望使卡斯特尔发疯，他度日如年，恳求她马上回来。

玛丽亚果然又回到了他的身边，而且从此形影不离。这时他对玛丽亚的渴望变成了强烈的占有欲。他认为只有当两个人的肉体完全结合时，灵魂才能真正融合。于是他野蛮地"占有了她"。然而玛丽亚并没有反抗，末了还表现出惬意与满足。这又使他百思不得其解。他怀疑玛丽亚并不真心爱他，“种种迹象”表明她只是同情和可怜他。终于那个难听的名词脱口而出。玛丽亚默默地穿上衣服，泪水不停地流了下来。卡斯特尔见状后懊悔莫及，他痛哭流涕地请求玛丽亚原谅。然而当玛丽亚转怒为喜、破涕为笑时，他并没有像常人那样去感激对方的宽厚。

他一次又一次地从头回忆两人说过的话和在一起时的情景，越想越觉得玛丽亚可疑。于是便干起了那盯梢跟踪的事来。玛丽亚丈夫的存在先已使他感到了三分不悦，后来又发现她和她丈夫的表弟过从甚密，不禁妒火中烧。他想，既然玛丽亚能同时和他、和她丈夫甚至还有她丈夫的表弟“相处”，说明她并不真正爱他。这时他想到了死。

正如卡伦·霍尼博士所说的那样：“因为痛苦而产生爱的渴望甚至无条件的占有欲，因为得不到爱而感到屈辱或憎恨，因为害怕失去爱而产生的嫉妒或恐惧等种种紧张和不安心态，只会使痛苦更痛苦。”

痛苦日益加深，他的破坏欲也随之膨胀起来：大海渐渐失去原有的形态，变成了漆黑的魔鬼。黑暗笼罩了一切，浪涛声声散发出邪恶的诱惑。思想是多么容易！她说人是何等的渺小和丑恶。我只知道我自己能走多远，令我宽慰的是我还晓得她能走多远。我晓得。然而我又如何晓得？我只晓得有一种冲动促使我扑过去卡住她的咽喉，再把她扔进我内心逐渐膨胀的海洋。

诚然，这时卡斯特尔并没有自杀，也没有杀人，他选择了酒精：借酒浇愁。与此同时，他给玛丽亚写了一封长信。信中说，他万没想到像她这样一个女子，能同时和他、和丈夫及丈夫的表弟同床共枕。当他把字斟句酌写好的信投进邮局时，悔恨再次侵袭他的心灵。他跑去和邮局女职员大吵一架，试图强迫她把信退还。结果当然不妙，他不但没有要回那封信，反而遭到了应有的还击。于是他又生一计，决定焚烧那个邮箱，但转念一想这会带来不少的麻烦，便只好作罢。最后，他安慰自己：“玛丽亚罪有应得。”

但是，他又并不愿从此失去玛丽亚，于是在悔恨的驱使下给玛丽亚打电话赔礼道歉。问题是说着说着，无名火不知怎的就烧了起来，他在电话里大骂玛丽亚，并扬言要死给她看。玛丽亚拼命安慰他，答应马上去看他。卡斯特尔放下话筒来到一间酒吧，两杯酒一落肚，就迷迷糊糊地把一个正在和几名水手吵闹的妓女带到了家里，竟发现这个妓女和玛丽亚的做爱表情十分相似。为此，他推断道：“玛丽亚和妓女表情相似。妓女是装的，玛丽亚也是装的。玛丽亚也是妓女。”

他顿时疯狂地跑到玛丽亚的一个熟人家里，直截了当地问他：

“玛丽亚·伊丽巴尔内是什么时候开始和那个洪特尔鬼混的?”

“我什么也不知道,”对方回答说。

后来,玛丽亚知道了,一气之下去了洪特尔家。

从此失去玛丽亚的念头折磨着卡斯特尔,使他的神经机能病严重恶化。他拿起刀子毁坏了所有作品,包括那张使他认识玛丽亚的油画。他无法面临孤独,决定“采取断然行动”。

他借了一辆车,以每小时一百三十公里的速度驶向洪特尔家,正好看着玛丽亚和洪特尔手挽手从楼上下来。卡斯特尔顿时感到“途经孤岛的唯一船只正鸣笛远去并且没有理会我的求救信号”。

他呆呆地站在树丛里,透过瓢泼大雨看着玛丽亚进她的卧房。

“你来干吗,胡安·巴勃罗?”当玛丽亚看到落汤鸡似的卡斯特尔从窗外爬进了卧室,惊讶地问。

“我来杀你,玛丽亚。你抛弃了我,我太孤单了……”

说完,他流着泪,没等玛丽亚作出任何反应,就在她身上连戳了数刀。

这无疑是对一个变态社会的变态心理的精到剖析。

萨瓦托的第二部小说《关于英雄和坟墓》(1961)是在时隔十数年之后发表的。当时意识流小说业已成为传统,拉美心理小说出现了多元发展倾向。这一点至少可有以下三类小说加以说明:一类是既有意识流又有客观叙述的心理小说,一类是把意识分门别类并在心理结构上做文章的心理小说,第三类则是《地洞》那样的纯意识流小说。

《关于英雄和坟墓》可说是对这种多元化发展倾向的综合表现。

最初调查表明,古老的望楼即阿莱汉德拉的卧室是由她自己上了锁的。她用32口径的手枪向她父亲开了四枪,然后倒上石脑油点燃了房子。这一发生在布市名门望族的悲剧可能是由一时的疯癫所导致的。然而新的发现(费尔南多·维达尔于当夜完成的《盲人的报告》)为这一奇怪的事件提供了新的线索。据说报告表明作者是个偏执狂……假如这一推测成立,那么悲剧的因由可能更加骇人听闻,而且阿莱汉德拉为何不用剩下的两颗子弹结果自己却选择了自焚的原因也就昭然若揭了。

——《理由报》，1955年6月28日。

这是小说的开场白。在小说的第一部分《龙与公主》中，作品的四个主要人物粉墨登场。他们是阿莱汉德拉、马丁、阿莱汉德拉的父亲费尔南多。维达尔和布鲁诺。这一部分主要以第三人称的传统叙述方法展开：

他就是马丁，多少天来，他一直期待着与一位小八岁的妙龄美貌女子阿莱汉德拉的重逢。然而，在时隔将近两年后，他才得以重见芳容。在此期间，她神秘地消失了，无影无踪。

“当我再一次在这条小径上遇到她时，已经是1955年的2月份了……”

然而阿莱汉德拉给他的唯一回答是：“……我并没有说会马上与你再见呀。”

从此，两人开始了缠绵悱恻的爱情纠葛。她把他带到了巴拉卡斯的家，带到那个望楼（她的卧室），向他介绍了她的家史和异乎寻常的童年和少年，并留他在她的卧室度过了疯狂的一夜。第二天一早，她又神秘地消失了。

此后，他通过阿莱汉德拉认识了布鲁诺。这是个生活在内心深处的孤独者，和阿莱汉德拉一家有不解之缘。他幼年丧母，在阿莱汉德拉祖母的关怀下长大；祖母死后，他又受到了阿莱汉德拉母亲的照拂；母亲死后，阿莱汉德拉就成了他唯一的依靠。他把他那复杂的爱默默地给了祖母、母亲和阿莱汉德拉三个女人。

费尔南多·维达尔的内心独白构成了几乎整个第二部分《无形的脸》。从他冗长而又含糊的内心独白中，我们可以推断出他是个妄想狂，而且性心理严重变态。他一生“只有三次真正的恋爱”，第一个对象是他母亲，第二个便是他的女儿阿莱汉德拉，第三个是一名半人半仙、疯疯癫癫的双目失明的女人。

小说的第三部分《盲人的报告》是小说的核心。萨瓦托假借费尔南多研究盲人的“黑暗世界”，表现了他的病态心理，道出了现当代形而上学的“真谛”。其中既可以看到尼采、叔本华的影子，也有弗洛伊德和荣格的深刻影响。

小说第四部分也即最后一部分《陌生的上帝》又回到了马丁——阿莱汉德拉——费尔南多三者的关系，并与引子首尾呼应。

1955年6月24日晚，马丁辗转反侧，难以入睡。他像第一次一样，在公园里重新见到了阿莱汉德拉。她慢慢走近他……他的脑海里一片混沌。他同时看到了她的温柔和可怕。他望着神奇而又新鲜的她远远走来。渐渐地，他被无法抑制的倦意所控制，一切都变得模糊不清了。这时，他仿佛听到远处响起怜悯的钟声和模糊的叹息或召唤。那声音逐渐转化为绝望的哭泣。他感到有人在呼喊他的名字。钟声敲得更响了，最后终于成了悲鸣。天空，那噩梦中的天空被如血的火光映红了。这时，他看到阿莱汉德拉从黑暗如血的空中向他走来。她满脸煞白，双手绝望地向前伸展，口中不停地重复着他的名字。“阿莱汉德拉!”马丁大叫一声惊醒了。他颤抖着打开灯，发现四周空无一人。那是早晨3点……

悲剧发生了。马丁发疯似的跑到巴拉卡斯：阿莱汉德拉杀死了她父亲并放火自杀了。古老的望楼变成一片废墟。

以上是小说的一个层面。

小说的另一层面是布鲁诺的回忆，它几乎贯穿了整个作品，并从一个独特的角度剖析了费尔南多——阿莱汉德拉——马丁三者以及维达尔家族(英雄世家)的没落。

除此而外，小说还有第三个层面，即历史的层面，以第三人称万能叙述者的“客观”叙述为主。它展示了19世纪阿根廷的一个“英雄辈出”的时代。这一层面被巧妙地穿插在作品的主要事件中，对主要事件和主要人物心理起着背景烘托作用。

两个历史阶段具有惊人的相似之处：19世纪的罗萨斯独裁统治和20世纪的庇隆主义专权。两个历史时期的两个主要人物也有惊人的相似之处：

拉瓦列耶将军(过去)	**费尔南多(现在)**
性格：偏执狂	性格：妄想狂
爱情：变态	心理：变态
追求：自由王国	追求：极端自由
结果：失败、惨死	结果：失败、惨死

由此可见，萨瓦托在人物及作品的总体构造上比十年前迈进了一大步。

他走出了纯意识流的“地洞”，对心理小说的内容和形式进行了多方面探索。

二

受西方形式主义美学及拉美其他小说类型的影响，心理活动的特殊方式、类型、层次等，在20世纪50年代及此后的拉美心理小说中导致了一系列与之相适应的表现形式，如心理结构种种。

心理结构通常指心理活动的方式、类型和层次。不过这里所说的是拉丁美洲心理小说中与作为表现对象的心理结构相适应的结构形态，由于缺乏别的名字，我们姑且也称之为心理结构。这样，心理结构就具有两层意思，即作为小说表现对象（内容）的心理活动的方式、类型和层次及作为小说表现形式——布局——的艺术形态。事实上，在心理小说中，作为形式的心理结构的形成过程，也就作为内容的心理结构的显现过程，二者相辅相成，不可分割。

（一）辐射式心理结构

随着伍尔夫的《墙上的斑点》、乔伊斯的《尤利西斯》、普鲁斯特的《追忆逝水年华》和福克纳的《喧哗与骚动》的相继出现，意识流小说在西方兴起并广为流传。意识流小说以人流动的意识（包括内心独白、感官印象、昼梦、梦呓等）为表现对象，极大地丰富了文学的内容，增强了文学反映生活的深度和广度。

拉丁美洲心理小说就是在欧美意识流小说的基础上并沿用了其某些结构形式，最常见的是辐射式心理结构。

鉴于人的意识海阔天空，古往今来，无所不及，恰似放射性线条从人的心灵深处发出，杂然纷呈、变幻莫测的特点，不仅为20世纪50年代以前，也为其后拉美心理小说所广泛采用。因此，辐射式心理结构这种形式在拉丁美洲当代小说之林俯拾即是。且不说20世纪50年代以前，此后的心理小说如《忆前途》(1966)、《迷幻世界》(1969)、《墨西哥的帕里努罗》(1977)、《竖琴和影子》(1979)等都采用了这种结构形式。以卡彭铁尔的《竖琴和影子》为例：卧病在床的哥伦布生命垂危，但他回光返照，神志乃清。看到有人骑着毛驴去请忏悔牧师，于是浮想联翩，感慨万千。他想到了历史上一些名人的忏悔，从这些名人的罪过联想到自己的功绩，他暗暗思忖，他的形象是值得人们用大理石雕镌的。然而他又从雕像联想到德行，从德行联想到恶习、酒、大海和挪亚；他回想起他的游历，他的童年，他的幻想，他的野心，他的求知欲和冒险精神；联想到形形色色的冒险家和关于东方的神奇传说，联想到他航海生涯的细节，他发现的美洲大陆和印第安人；联想到西班牙及西班牙国王……忽然他听到“忏悔牧师来了”，于是挣扎着欠了欠身，开始构思他的忏悔，以便他人用大理石铭刻下来，留给后人。但这时死神已向他逼近，他神志恍惚，艰难地走向了永恒。

小说通过人物在短短一个时辰内的心理活动（既是连贯的，又是跳跃的、纷杂的），折射出一个伟大时代的广阔生活画面，塑造了一个有血有肉、既伟大又渺小、既崇高又滑稽的活生生的哥伦布。

辐射式心理结构的突出优点是不受时间和空间的限制，任作者把笔触伸向过去和未来，国内和国外，无疆无际，满天开花，既能反映生活的广度，又能深入心灵深处，却少有斧凿、雕琢痕迹。在审美效果方面，它能使读者在跟踪紊乱的意识流程的同时获得深刻的、如临其境的感受。

当然，意识流也不尽是迷蒙一片令人趑趄的混沌世界，它有它的规律：首先，无论它怎么流、怎么变，总还要表现某种心态，总还有一定的内容，总还要刻画性格或渲染氛围或发泄性情；其次，它的流程即便是无秩序的，也有其无秩序的规律，否则作品就会变成一盘散沙，令人望而却步。在《竖琴和影子》中，人物哥伦布的意识流主要属于自由联想，形式上表现为物象—意念—语词—所指的奇特延伸（联想波）：伟人的忏悔→雕像→德行→恶习→酒→大海→挪亚→航海……

（二）聚光式心理结构

唯物论的反映论认为，人的内心生活作为一种精神现象，归根结底是社会生活的反映，而当它成为文学描写和表现的对象时，则具有客观存在的意义。如果说辐射式心理结构主要是鉴于人的意识活动特点，以某一心灵为端点，在很短的篇幅里折射出一个时代广阔的生活画面；那么，聚光式心理结构便是将那些从不同心灵发出的“射线”凝聚在同一终点，这个终点也即小说的表现对象、目的物。

在拉美当代小说中，加西亚·马尔克斯的《家长的没落》（1975）是部较有代表性的聚光式心理结构小说，它也是一部反独裁小说，所聚集的意识内容来自无数个不同的端点（甚至包括独裁者及其亲信）。这些意识内容是千百个心灵放射出来的千万条线索，行于所当行，止于所当止，快速变换，互相切入，似千万条小溪汇入大海：家长和残酷的拉丁美洲的白色恐怖氛围正是在无数心灵的回忆、联想、幻觉、恐惧中逐步产生的。而它们的产生过程也就是拉丁美洲民族心理和集体无意识的显现过程。

《家长的没落》共分六章，每章不分段落，也没有传统的情节主线。前五章只采用了两种标点符号：句号和逗号，最后一章索性取消了句号，一气呵成，一逗到底。整部小说都在“无人称”即第一人称复数“我们”（所有人）和单数“我”（每一个人）的内心独自中展开，就像生活中那样，没有叙述者这个媒介。来无影、去无踪的回忆、联想、幻觉、梦呓交叉缠绕，互相补充；过去的、现在的和将来的，不同角度，不同观点，真真假假，虚虚实实，行云流水，和盘托出。

小说是这样开场的：“周末，兀鹫钻进了总统府，啄烂了窗棂上的铁丝网，用扑棱的翅膀搅动了停滞的时间。星期一的清晨，城市在伟大的死者和腐朽的伟大散发出来的空气中结束了悠长的沉睡。唯独此时，我们才敢进入……”总统府的大门洞开着，“我们”心有余悸地向前走着。展现在“我们”面前的是摇摇欲坠的大厅、臭气熏天的卧室、破烂不堪的陈设……最后，“我们”找到了一具被兀鹫啄得面目全非的尸体。难道他就是不可一世的家长？

此后便是杂沓纷纭、无声无息的内心独白。

家长的形象在无数个“我”的内心独白中逐步显现、分离出来。他支离破碎，若即若离，需要读者进行一番捕捉、组合、整理和加工。

家长是权欲的化身、残忍的化身。在许多人看来，他俨然是个恶得令人怜悯的怪物。作者似乎也压根儿没有打算把他当做人物（传统意义上的人物）来塑造。他用“无数心灵”折射的夸张线索表现了独裁者的兽性和孤独。因为权力的最终含义也即孤独——孤家寡人嘛！

由于独裁者的孤独，由于白色恐怖下拉丁美洲人民的孤独，内心独白遂成为“一枝独秀的最佳形式”。〔1〕

然而，由于小说以无数个“我”的内心独白构成，之间便具有很大的任意性和跳跃性。但因这些内心独白的目的物相同，所以又不至于杂乱无章、难以卒读。

小说第二章（即作品第二自然段）如是说：“这是第二次发现他的死亡，他躺在同一间办公室里，以同样的姿势，穿着同样的服装，脸上被兀鹫啄得千孔百疮，我们中间没有一个有资历记得他第一次死亡是什么样子，但我们知道，虽然他的死有目共睹，但谁也无法肯定死者准是他，而不是别人……（省略号表示引文有删节——引者）因为他假死过一次。有人说，上帝因他说了污秽的话，早已夺去了他说话能力，以致他自己不能吐一个词。只能张着嘴，而让躲在身后的能听懂腹语的人替他说话，也有人说，为了惩罚他的

〔1〕 安赫尔·拉马：《拉丁美洲的独裁者》，墨西哥，1976 年版。

腐化堕落，他全身长满了鱼鳞，天气不好时他的疝气使他痛苦非凡，而且胀得他大叫大嚷，还得把疝气安置在专用卡车上，以便能够对着走动，这样看来，他确实是死到临头了……”然后又是大量的“无人称”内心独白。

就这样，小说的每一章都从家长的死铺展开来，然后再回到他的生，织成封闭的圆圈(或可说是“麦克白王冠”。莎士比亚的《麦克白》不正是表现了这样一种现象嘛。麦克白权力愈大，他的人性也就愈小，他也就愈物化了、异化了和孤独了。最后他众叛亲离，成了名副其实的孤家寡人。因为对于他一切都不存在，唯有那顶王冠)。在这个封闭的圆圈中，千万颗孤独的心灵放射出千万束“光柱”，凝聚在家长身上，观照着家长，既多侧面、多角度、多层次地反映了独裁者的丑恶灵魂，塑造了独裁者的可憎形象，又表现了人们对独裁统治的刻骨仇恨，以及他们的向往、斗争、孤独和信仰等等。

同时，由于这些孤独心灵的“射线”(内心独白)的目的物相同，各章的结构形式相似，所以章与章可以移位，甚至连句与句也可以换挡篡位，却并不妨碍作品的完整统一和总体效果。此外，各章内容一致，氛围相仿，犹如六个独立成篇短文，将作品内容重叠了起来，但又因作品表现的是许多个“我”的所思所想，所以不同的章节蕴涵着不同的角度和信息——“每一个拉美读者都能在作品中看到自己和自己国家独裁者的影子”。

(三)复合式心理结构

单就心理结构形态而言，电影艺术早就做过大量探索。比如蒙太奇手法，它不仅具有省略议论、加速情节进度等功效，而且适合表现各种心理活动：叙述式、复现式、闪现式、累积式、对照式、分叉式、平行式等等。

拉美心理小说结构种种，和电影蒙太奇一样，取决于它们所表现的题材和内容。譬如卡洛斯·富恩特斯的《阿尔特米奥·克鲁斯之死》(1962)采用复合式心理结构形式以表现人物弥留之际意识活动的三个不同层次。

阿尔特米奥·克鲁斯时而清醒，时而神志恍惚，希望与绝望、恐惧与自慰、过去与现在、现在与未来、想象与梦魇通过不同“频道”，即人物分裂的“你”、“我”和“他”展现出来。“我”是他临终时的痛苦、恐惧和对外界的感觉知觉，是基本理智的；“你”则是他的“自我”的外化，他的生存本能、潜意识、半昏迷状态的心理活动，恰似一幕幕互不关联的蒙太奇镜头在他“第二频道”的意识屏幕上呈现迭出；“他”即他的过去——记忆，作品将他的一生切割成十二个记忆段，分别穿插在“你”、“我”两个意识层次之中：

我感觉到有人伸手扶住我的腋下，把我拉了起来，使我更舒服地靠在柔软的靠垫上。我又冷又热的身体碰到了新换的亚麻布，像是抹上了一层香油；我感到了这一点，但我睁开眼睛，面前看到的却是一份张开的报纸，它把读报人的脸遮挡住了，我觉得，《墨西哥生活报》就在那里，天天都在那里，天天都出版，没有什么人力能阻止得了它。特蕾莎(是她在看报)吃惊地放下了报纸。

"你怎么啦？不好受吗？"

我只好伸出一只手叫她安静些，她又把报纸拿了起来。没什么，我觉得很清楚，我想开一个大玩笑。也许巧妙的做法是留下一份个人遗嘱，让报纸发表，把我的廉洁的新闻自由事业的真相和盘托出……不行；肚子上的刺痛又来了，使我不得安宁。……又要打针吗？嗯？为什么？不，不，不。有别的事情，快点，有别的事情；这个很痛；唉。唉；这个很痛。这个睡着了……这个……

你闭上了眼睛，你知道你的眼皮不是密不透光的，你尽管把它闭上，亮光还是会透到视网膜上。这是太阳的亮光，它被打开的窗户框起来，停在你闭着的眼睛上。……你感到自己分开了，是个被动者又是个主动者，是个感受者又是个施行者，是个由种种器官组成的人。这些器官感觉着……(省略号系笔者所加，表示删节)

——1931年12月4日——

他感觉到了她的湿润的膝弯碰着他的腰。她总是这样轻轻地凉爽地冒汗。当他的胳膊离开雷希娜的腰时。他也感到一种液体水晶般的潮湿。他伸出手去慢慢地轻抚她整个背部。他觉得自己睡着了。……(省略号系笔者所加)

"我要跟你去。"

"那你在哪里住呢？"

"你们进攻每一个村镇，我都先溜进去。我就在那里等着你。"

显然，把人物心里分裂成三个不同层次是受了弗洛伊德的学说的影响(弗洛伊德认为人的心理有无意识、潜意识和意识三个领域)，只不过富恩特斯取而代之以人的生理本能、社会意识和潜意识三个层次罢了。

阿尔特米奥·克鲁斯农民出身，禀性怯懦，却不无野心。大革命(1910～1917年墨西哥资产阶级民主革命)时期他眼看许多参战农民飞黄腾达，遂壮起胆子，参加革命。在战斗中他贪生怕死，当过逃兵，出卖过战友。革命结束后，他隐瞒历史，招摇撞骗，投机钻营，混入政界。从此他权欲熏心，踩着别人的肩膀往上爬。末了，他依仗权势，侵占他人财产，并乘国内经济危机，勾结外国资本家，出卖民族利益发国难财。直到临终仍表现出强烈的利己主义。他痛苦地诅咒死神，诅咒前去探望他的亲友，祈求上帝降灾于他们，让他们替他去死……

在《阿尔特米奥·克鲁斯之死》中，占人物心理活动主导地位的是意识，此外“你”、“我”、“他”三个层次是密切相关的，而不是孤立的。而在弗洛伊德看来，心理活动以无意识、潜意识等无意识的心理活动为主，一切有意识的心理过程，只不过是一些孤立的活动。以前面的引文为例，“我”、“你”和“他”是用“感觉”(既是内容也是形式)联系在一起的，也是因为“感觉”(当然是不同程度、不同层次的感觉)联系在一起的。首先是“我”感到剧痛，然后进入半昏迷状态；在半昏迷状态中，“你”感到了“自我”的分裂，而分裂的“自我”仍然“感觉”着，“非我”地感觉着、无意识地感觉着；最后是“他”，那是他的过去、他过去的感受，与上述两个层次有着历史的、必然的联系，同时也是独立于上述两个层次的非“我”、“你”所能及的存在。富恩特斯将三者有机地编织在一起，表现了一个投机家、利己主义者的丑恶灵魂，折射出一个时代的广阔画面。

复合式心理结构的长处是它既合乎心理活动的层次性和跳荡、变幻的特别运动，又能保证作品内容完整、脉络清晰。人物的意识纵然头绪纷纭、转换神速，也不至于使整个作品杂乱无章。

(四) 合流式结构

20 世纪 70 年代末、80 年代初甚至更早，拉美文学“爆炸”已近尾声，世界文学萧条已见端倪，在一片“回归”——“现实主义周而复始”声中，出现了这么一类小说：白描与心理活动呈“双向合流”或“复合”态势，也就是说传统的叙述与情节、戏剧性与历史事件，同意识流各占一定的篇幅，使作品表现出一种既向内又向外伸展的张力。

这类作品一方面使人看到小说正不可避免地回到它的出发点，另一方面又使人感到了一种新的创作机制：小说不再受制于心理与白描间的种种界限，从形式到内容、从任意性语言到体裁都表现出了巨大的任意性。这与同时期欧美文学中的大杂烩式的体裁混合和蒙太奇式的拼贴机制不无相似之处。所以，实际上是很难用心理小说或别的名称界定这类小说的。

但是，从某种意义上说，合流式结构作品中的心理描写不仅没有削弱，相反，由于心理活动是在特定的情节和氛围中进行的，它便显得更合情合理，顺理成章。比如安娜(《天使的阴阜》)的梦、弗洛尔太太(《弗洛尔太太和她的两个丈夫》)的幻以及卡洛塔皇后(《帝国轶闻》)的疯都表现得水到渠成、入木三分。

此外,从文学最基本的认知和愉悦功能看,合流式小说也都是颇具优势的,因为绝对的客观描写和绝对的主观描写都是不存在的,无论是主观还是客观都有个度的问题,而合流式小说中内外结合、情景交融的描写恰恰使客观存在的两个不同的现实层面有了适当的、充分的展示,而且避免了纯意识流(心理)小说中普遍存在的冗长与紊乱。

上述四种结构形态在拉丁美洲心理现实主义小说中具有一定的代表性,它们在表现特定的心理状态和层次时都能各得其所,而且十分具体、感性、形象,大都不乏与内容即人的心理结构和形态、类型和层次和谐统一、浑然天成的艺术效果。可以说它们既是布局、形式,也是对象、内容。在一定意义上,将其归入结构现实主义形式范畴似无不可。

三

也许是因为我们比以往任何时候都更了解世界,所以就比以往任何时候都更懂得世界的不易了解。这几乎构成了一种悖论,但却是千真万确的事实。因为世界在以往任何时候也没有像20世纪这样被怀疑过、争论过。20世纪还是相对论的世纪,仿佛一切都在使世界变得扑朔迷离、变幻不居,多种潜在的因素交叉纠结,相互作用。在这种飘忽不定、复杂多变的现实状态面前,追求客观真实、企图把握现实整体性的努力,冒险性越来越大,成功的可能越来越小。相反,表现主观真实具有很大的合理性,它用"在我看来现实是如此这般"的命题替代了19世纪现实主义作家的"现实是如此这般"的命题,老老实实地对读者说:"这是我看到、感知的世界。"

就像加洛蒂的"无边的现实主义"的前提是现实没有终极一样[1],拉美心理现实主义小说的当然前提是现实有主客观之分,而且在20世纪主观的增值导致了客观的贬值。何况,相形之下,主观较客观更符合艺术的本质指向。这就是说艺术不同于科学,它更多的是指向个人的,它要诉诸不可替代的我,诉诸独特的我的感觉知觉,所以它的创造发明更多地依赖于"偶然性"和"不可重复性"(雅斯贝尔斯语)。库恩有句名言:"莎士比亚的出现并未使但丁黯然失色,陀思妥耶夫斯基的光辉不会掩盖普希金的异彩。"而在科学领域则不然,因为科学没有过去、不承认过去,科学的发展意味着后人不断

---

〔1〕 加洛蒂:《关于现实主义及其边界的感想》,《现代文艺理论译丛》,第1期,1965年版。

地否定前人、超越前人。诚如著名美国学者阿瑞提所说的那样:“如果没有哥伦布的诞生,迟早会有人发现美洲;如果伽利略、法布里修斯、谢纳尔和哈里奥特没有发现太阳黑子,以后也会有人发现。只是难以让人信服的是,如果没有诞生米开朗琪罗,会有哪个人提供给我们站在摩西雕像面前所产生的那种感受。同样,也难以设想如果没有诞生贝多芬,会有其他哪位作曲家能赢得他的第九交响曲所获得的无与伦比的效果。”

论博尔赫斯

豪尔赫·路易斯·博尔赫斯(1899～1986)出生在阿根廷首都布宜诺斯艾利斯近郊的一个富裕家庭。父亲豪尔赫·博尔赫斯是一位才华出众的律师,拥有一个巨大的图书馆和不计其数的英文书籍。母亲有英国血统,受过良好的教育,是位很有修养的新教徒。博尔赫斯的早期教育是在家里进行的,启蒙老师除了父母,还有英国小姐丁克和一位其名不详的英国老太太。所以,尽管他身在阿根廷,接受的却是地道的英国式教育。他阅读英语先于西班牙语并且很小就会用英语写作。九岁那年,他被送进学校上四年级。当时,他除了依然钟情于英国文学,还开始广泛地涉猎世界文史哲经典。第一次世界大战期间,他跟随父母去了日内瓦,并留在那里进修法语和德语,直至高中毕业。战后,他进了剑桥大学。其时,他开始逐卷通读《大英百科全书》并开始接触休谟、叔本华和尼采哲学。1920 年,博尔赫斯南下至西班牙,参加了主张"创新创新再创新"的"极端主义"文学团体。一年后,他回到阿根廷,发表了《极端主义宣言》,稍后又加入阿根廷先锋派作家群"弗罗里达派"的行列。在此期间,他发表了三部诗集:《布宜诺斯艾利斯的热情》(1923)、《面前的月亮》(1925)和《圣马丁札记簿》(1929)。这些诗集的显著特点是比喻和意念的堆砌。镜子、迷宫、街角和月亮是出现频率很高的名词,时间、方法、怀疑和或然是不断重复的主题。

与此同时,博尔赫斯还先后出版了散文集《探讨集》(1925)、《希望领域》(1926)、《埃瓦里斯托·卡列戈》(1930)、《探讨别集》(1932)和《论永恒》(1936)。散文是他由诗歌走向小说的一座桥梁。在他看来,诗歌是宣泄隐私的渠道,和日记一样隐蔽;散文(包括随笔和评论)是抽象的,可用来思考,于是他所关心的问题如时间、存在等等在散文中得以开掘和提炼;而小说则稍具体、稍形象一些,适合于想象。

博尔赫斯的散文从一开始起就具有小说的意味、小说的悬念。正因为如此,在博尔赫斯那里,小说和散文通常很难截然区分。

对博尔赫斯来说,1930 年是至关重要的,因为他结识了阿道夫·比奥伊·卡萨雷斯及其夫人希尔维娜·奥坎波,从而开始了三人在幻想小说研究和创作方面的长期携手合作。

1935年,博尔赫斯发表了第一部短篇小说集《世界丑事》(又译《恶棍列传》)。这个集子虽然奇特甚至可以说是不同凡响,但却并非真正意义上的幻想小说,充其量是些传奇故事,描写奇闻逸事。其人物多为不同时期的罪犯。在这些作品中,他的创新意识已见端倪,突出表现为故事的跳跃性、大量的心理描写和形而上学的抽象、玩世不恭的臆造。后者在他未来的作品中反复出现并逐步升华为博尔赫斯式幻想。至于总体风格,评论家路易斯·哈斯名之为巴罗克。

正是由于对抽象和臆造的钟爱,博尔赫斯才始终重视散文创作并努力使散文和小说趋同。比如,在《论永恒》中,散文和小说的界限已经十分模糊;此外,他的视野已经明显超越西方文明。佛和道开始进入他的视线。从某种意义上说,《论永恒》是打开博尔赫斯的一把钥匙。此后,他的大部分题材和内容是一贯的,尽管其幻想形式不断变化。

1938年对于博尔赫斯无疑是一个新的起点。父亲去世了,他不得不自谋生计,到首都的一家市立图书馆当助理馆员。就在那年的圣诞节,由于视力恶化又患了严重的失眠症,他不小心在自家楼梯上发生了意外。他奇怪地摔了一跤,受了伤,住进了医院。在医院里,他高烧不退,神志不清,但却萌发了写一篇幻想小说的欲念。这就是后来的《特隆·乌克巴尔,奥尔比斯·特蒂乌斯》,他的第一篇幻想小说。

此后,他一发而不可收,接连创作了《小径分岔的花园》(1941)、《杜撰集》(1944)、《阿莱夫》(1949)、《布洛迪的报告》(1970)、《沙之书》(1975)等短篇小说集。同时,他还翻译了爱伦·坡的部分作品和卡夫卡的《变形记》,并与比奥伊·卡萨雷斯夫妇合作,编选了《幻想文学集》(1940),创作了《伊西陀罗·布罗迪先生的六个问题》(1941)、《两个令人怀念的幻想》(1946)等。

博尔赫斯的一生几乎都在图书馆里度过。父亲的图书馆是他童年的唯一;长大后,他又选择了图书管理员这个职业并且一直从助理馆员做到阿根廷国家图书馆馆长,同时还是欧洲和美洲许多著名图书馆的常客。可以说他把毕生精力奉献给了书本,同时也从书本汲取了无穷的创作源泉。书是他的归宿和出发点。在他看来,"人类的一切发明都只是四肢的延伸,惟书不然……因为它是记忆和想象的延伸"(《书》)。他还援引柏拉图的话说,"一切知识都只不过是记忆",认为从古至今,真正的哲人都只把历史视做一部共同创作和阅读的漫无止境的书。人类在这本书里(既是作者也是读者)

寻找和解释其存在意义。他甚至在《书籍崇拜》一文中作了如下引证:"我们是一本虚构的书,是一首诗、一段话或一个字,而这没有终结的书就是没有终结的世界的唯一见证,确切地说,它也是世界本身。""文学之所以无有穷尽,也因为这个简单而又充分的道理:它是一本书。"

博尔赫斯在这本"书"中遨游了一辈子,发现和触发了无数令人击节惊叹的幻想。他的《世界丑事》完全来自书本,是多年钩沉索隐的产物。其中的一些篇章几乎是对别的文本的"原封不动"地复述。这种做法并非徒劳无益,他在后来的《〈吉诃德〉的作者彼埃尔·梅纳德》中"证实"了这一点,即逐字逐句地改写《堂吉诃德》的最终结果既相同又不同。何况,没有这种复述和改写,也许就不会有原著的存在。所有作者都期待被人复述和改写并以此获得新生。霍桑的《韦克菲尔德》预想到了卡夫卡,但卡夫卡对《韦克菲尔德》做了加工。"负责是相互的,一个伟大的作家既创造自己后后人也使先驱获得新生"。"回首往事能使祖先复活,否则他们将不复存在。"(《卡夫卡及其先驱》)

正是基于这样的认识,博尔赫斯才不断地重复、循环。同时,他把书的这种重复和循环与众多对立、循环的主题和题材联系在一起。生命和死亡、现实和梦想、精神和物质等大得不能再大的主题或题材一方面因为罄竹难书而提供了不断重复的可能性,另一方面又因为罄竹难书而根本无须多书。它们在一定程度上悖论式地成就了博尔赫斯的重复和简练。正是这种重复(并非不变)和简练(并不简单),经与特定观念、事物(由头)嫁接,化合出博尔赫斯迷宫的不同甬道:幻想的形形色色,从而给读者提供了探寻、猜测、假设、想象的无限可能。

一

1942年,阿根廷全国文化委员会颁发1941~1942年文学奖。博尔赫斯榜上无名。《曲径分岔的花园》只获得可怜的一票(据说这唯一的一票是作家朋友爱德华多·马列亚投给他的)。更有甚者,委员会假借《我们》杂志发表评奖通讯,称博尔赫斯的作品"颓废色彩弥漫":

> ……我们认为,评委会不允许自己向阿根廷人民推荐一部异国情调充斥的作品,不允许把国家的最高荣誉授予一部颓废色彩弥漫的作品,是完全正确的。因为那部作品受到当代英国文学中某些畸形倾向的影响,徘徊于怪诞、自许和故作高深的玄虚、玄而又玄的推理之间,即

使最有修养的读者(除去少数热衷与魔术主义的人)看了,也难免有云里雾里之感。[1]

朋友们愤愤不平。7月,《南方》杂志组织笔谈,褒扬博尔赫斯。21位作家、编辑朋友参加了这次笔谈。其中有比奥伊·卡萨雷斯、爱德华多·马列亚、恩里克斯·乌雷尼亚和博尔赫斯当时的女友坎托。不久,朋友们在一家餐馆举行宴会,庆祝《小径分岔的花园》成功出版。

未知博尔赫斯吃了这些"安慰药"有何感想。

好在《伊西多罗·帕罗迪的六个报告》的"失败"和《小径分岔的花园》的落榜并没有影响博尔赫斯的创作激情和路数。

"二战"期间,德、意、西、日等轴心国势力步步进入阿根廷,在法西斯主义最猖獗时期,大批民主报刊遭到查封,游行学生和罢工工人遭到监禁,一片白色恐怖。[2]

博尔赫斯这段时间一直在图书馆工作,同时写他的小说。其中相当一部分是比较纯粹的梦幻小说。

《杜撰集》中《过目不忘的富内斯》是一篇很夸张的巴罗克小说。用他本人的话说是对长夜失眠的一种隐喻(尽管是反意的,因为失眠通常与健忘联系在一起)。小说多少有点儿冗长乏味(尽管总共只有五六千字)。其中一段是这么说的:"……富内斯拉丁语和西班牙语并用,列举了《自然史》记载的超级记性:波斯国王西罗能叫出所有士兵的名字;庞塔斯古国的密特里达特斯帝能熟练运用二十二种语言;希腊诗人西蒙尼德斯发明了训练记忆的复杂方法;梅特罗多罗只要听人念一遍,无论文章多长都能一字不差地背出来。他确实不明白这类事情有何惊人之处。他对我说,在青鬃马摔伤他的那个雨天之前,他跟一般人毫无区别:又聋又瞎,傻里傻气,什么都记不住……从马背上摔下来之后,他失去了知觉;苏醒过来时眼前一片缤纷透彻,就连再久远、再细微的事情都历历在目。"我想博尔赫斯如此夸张、如此沉迷地幻想一个好记性,无非要对他刚刚经历的失眠的痛苦做一番清算。不过,博尔赫斯崇尚记性是一贯的,他所以时常在作品中流溢被人遗忘的作家作品,除了前面说过的卖弄,也许就因为他的这种崇尚(当然还有对遗忘的恐惧)。

---

〔1〕《我们》,布宜诺斯艾利斯,1942年7月。

〔2〕参见李春辉《拉丁美洲史稿》下卷第二十九章,商务印书馆,1983年版,第791页。

《死亡与罗盘》是一篇充满幻想的侦探小说。四起凶杀案依次发生，而凶手的真正目标也许只有一个：侦探。故事错综复杂，推理的唯一线索是一句话。第一起凶杀案现场留下的是："名字的第一个字母已经说出。"第二起凶杀案留下的是："名字的第二个字母已经说出。"第三起凶杀案留下的是："名字的最后一个字母已经说出。"凶手知道侦探会从这些说出而不敢说出的字母推想到神的名字，那个无处不在、无所不能而又无法说出的隐秘。哈西德教徒为了寻找这个形而上学的隐秘，甚至常常牺牲活人。凶手如法炮制，他选了12月3日晚（希伯来人的日子从傍晚算起）为第一个"牺牲"日。他（或他们）派了一个同伙去偷地方长官的宝贝，结果阴差阳错误杀了神秘主义学者，他临终留下的正是那句打字机上的"第一个字母已经说出"。凶手的第二个目标是那个可能暴露一切的同伙，同伙被杀死在第一起凶杀案的另一头：城东，凶手依照作为第一起"牺牲"的唯一线索的那句话，留下了"第二个字母已经说出"。接下来是一宗伪案，发生在城西，三个案发点之间的距离恰好是一个等边三角形。凶手果然将一个等边三角形送到了莫名其妙的警方。侦探料定凶手的下一个目标必定是在城南，便根据等边三角形提供的距离，准确无误地陷入了凶手的陷阱或圈套。侦探（伦罗特）和凶手（夏拉赫）于是有了一番妙趣横生的对话：

> （伦罗特）感到有点冷，同时有一种客观得几乎莫名的悲哀。夜幕降临，灰蒙蒙的花园里响起了一声无用的鸟鸣。伦罗特最后一次思考了对称和牺牲的问题。"你的迷宫多了三条线。"他最后说，"我知道一种希腊迷宫只有一条线，多少哲学家在那条线上迷失了方向，一个简单的侦探当然也会迷失方向。夏拉赫，下次你变一变花样，不妨在甲地假造或犯下一桩罪行，然后在离甲地八公里的乙地干第二桩，接着在甲乙之间，也就是各四公里的丙地干第三桩，最后在甲丙之间二公里的丁处等我……"
>
> "下次我再杀你时，"夏拉赫说，"我给你安排那种迷宫，那种只有一条线的、无形的、永无休止地对折的迷宫。"
>
> 他倒退几步，接着小心翼翼地瞄准，并扣下扳机。

故事的思路与《曲径分岔的花园》大抵相同，也有迷宫般的几何设置和命运游戏。只不过侦探，而非罪犯，是手枪的目标。

《秘密奇迹》援引《古兰经》的话说："真主使他在死亡状态下逗留了一百

年，然后使他复活。他问：'你逗留了多久？'他答：'我逗留了一天，或不到一天。'"故事发生在1939年3月14日，赫拉迪克在布拉格做了一个梦，他梦见了一个有始无终的棋局，对垒的双方是两个显赫的家族。而赫拉迪克正是其中一个家族的后代。等他醒来的时候，德军已经占领了布拉格。6天以后，他被德军逮捕并被判处死刑。罪名是"蛊惑人心"，因为他是犹太人，还在一份反对德国兼并奥地利的声明上签了名。可是，就在行刑队执行枪决的那一刻，时间停滞了。他从从容容地写完了一个叫做《敌人》的剧本。一年以后，剧本写完了，子弹才姗姗抵达他的胸膛。故事很简单，除了那个夸张的棋局和时间停滞，作品没有任何玄奥。在博尔赫斯关于时间的几篇文字中，我们可以明确无误地看到他就是这样将玄学幻化的。

我已经在前面提到过《循环时间》，博尔赫斯其他几篇较为重要的时间文字有《时间》、《时间与邓恩》、《时间新诘》、《阿喀琉斯和龟》，等等。其中，《时间》是一篇相当精彩的演说词，作于1978年6月。开篇讲的是人只有一种感官——听觉的假设：那样的话，世界就成了音乐的同义词，别的都可以失缺，唯独时间不然。他接着回顾了赫拉克利特的名言"人不能两次踏进同一条河流"，回顾了柏拉图、普罗提诺和圣奥古斯丁关于永恒或者圣保罗关于"我天天死亡"的说法，回顾了佛教的轮回转世之说，回顾了芝诺悖论，回顾了柏格森和罗素等人的观点以及歌德富有诗意的话语："请等一等，你是多么美丽啊。"博尔赫斯说，既然空间（芝诺悖论"飞矢不动"）的细分永无止境，那么时间亦当如此。《秘密武器》里的时间便是他对待时间的"秘密武器"。

《关于犹大的三种说法》，用博尔赫斯的话说，是一种"新基督学"，把上帝附在了犹大而非基督的身上。他在《杜撰集〈序言〉》里提到："我经常阅读叔本华、德·昆西、斯蒂文森、毛特纳[1]、萧伯纳、切特斯顿和莱昂·布洛瓦[2]等人的作品，他们风格各异。在那篇题为《关于犹大的三种说法》的幻想小说里，可以看到布洛瓦遥远的影响……"小说虚构的人物毕生探寻解释基督牺牲的实质。他的最终结论是，上帝成了犹大，而基督成了凡人："耶稣完全成了凡人，而且不是一般的凡人。他声名狼藉、永遭谴责、万劫不复。上帝为了拯救我们，不惜选择错综复杂纷纭变幻的历史中的任何一种命运。

[1] 毛特纳（1849～1923），德国作家、哲学家。

[2] 布洛瓦（1846～1917），法国天主教作家。

他可以成为亚历山大大帝、毕达哥拉斯、留里克[1]或耶稣。但他选择了最坏的命运：他选择了犹大。"

《杜撰集》中的其余几篇，《刀疤》、《叛徒和英雄的故事》、《结局》和《凤凰教派》都写得比较简单，像是急就篇。前两篇都是替叛徒"正名"的，最后一篇更像是读书笔记。但是，除《凤凰教派》之外，这些篇什又都血腥气十足，已然大不相同。

《刀疤》、《叛徒和英雄的故事》、《结局》以及博尔赫斯最得意的《南方》让人看到了他最初的影子，看到了巴勒莫，看到了《埃瓦里斯托·卡列戈》。

《结局》是复仇的故事。和其他千篇一律的复仇故事一样，黑人等了七年，终于等到了杀害他兄弟的仇人并将他杀死。故事源自阿根廷加乌乔（高乔）史诗《马丁·菲耶罗》。在埃尔南德斯的这部史诗中，马丁·菲耶罗并没有死，因为他和那个黑人之间并未发生械斗。他们的较量方式是对歌。最后，马丁·菲耶罗获得胜利，他带着一群孩子离开了这个是非之地。

博尔赫斯显然对这样的浪漫安排不以为然。于是，他别出心裁，却给了马丁·菲耶罗一个更为"现实主义"的结局：

> 第一回合，黑人后退几步，佯装没有站稳，刀子在面前晃动，但忽然手腕一转直捅过去，刺进了对方肚子。然后又是一下，杂货铺老板来不及看清，但见菲耶罗已经倒在了地上。黑人一动不动，仿佛欣赏对手痛苦的垂死挣扎。最后，他在草地上擦净带血的匕首，缓缓地朝房屋走来，一次也没有回头。他完成了报仇的任务，现在他已经不再是他自己。也就是说，他成了另一个人：因为杀了个人，这世界将再无他的容身之地。

因此，《结局》的唯一不同（"幻想"因素）是马丁·菲耶罗的"结局"。因此结局将不再是结局："因为杀了个人，这世界将再无他的容身之地。"悲剧将周而复始，循环不止。这才是博尔赫斯需要的冷酷的"结局"。

《南方》之所以是博尔赫斯最得意之作，恐怕是其中有自传成分。布宜诺斯艾利斯、当过军官的外祖父、图书馆秘书、《马丁·菲耶罗》等等，以及那次不该发生却偏偏又发生了的事故：从不认错的命运也可能对一些小小的

---

〔1〕 留里克（？～约879），传说中的基辅罗斯留里克王朝的创立者。

疏忽毫不留情。一天下午，达尔曼买到一本不成套的魏尔版《一千零一夜》，他迫不及待地想看到这一新的收获，不等电梯下来，就匆匆跑上楼去。忽然，有什么东西在他前额划了一下，不知是小鸟还是蝙蝠。替他开门的女人一脸惊讶。他伸手摸摸额头，发现全是鲜血。不知是谁油漆了窗户，忘了关好，害他划破了脑袋。达尔曼那晚睡去，不到凌晨就醒了，只觉得嘴里苦难受。高烧把他折磨得要死要活……

这就是使博尔赫斯从诗歌转向小说的那次事故。叙述者几乎按照当时的实际情况一路写去：先是达尔曼因为伤口感染而得了败血症，被送进了医院；然后是一段时间的治疗直至病情稳定并根据医生的建议到外地疗养。于是故事（幻想）出现了。还是一个杂货铺，他坐下来准备用餐，不料遇到了挑衅的对手。那人二话没有，指着他就要决斗。蹲在角落里发愣的加乌乔老人（达尔曼在他身上看到了自己的、南方人的特征）朝他扔了一把闪闪发光的匕首，正好落在他的脚下，似乎告诉南方的达尔曼必须接受挑战。达尔曼弯腰拾起匕首，心里闪出两个念头：其一是他的这个几乎属于本能的举动使他顿时断了退路，也就是说他非打斗不可了；其二是这件武器对他非但没有任何帮助，反而给对方提供了杀他的理由。这时，对方提出了出去搏斗的建议。达尔曼只好同意，他握着匕首，没有希望，但也毫无惧色。他想，如果能在旷野上持刀拼杀，死于非命，对他倒未尝不是一种解脱，一种幸福。他还想，如果让他选择死法，眼下这种不正是他所向往的吗。他于是笨拙地握着匕首，朝旷野走去。

这篇小说除了自传因素和博尔赫斯潜意识中的武士精神（或者武士崇拜），几乎没有什么新鲜东西。

我常常想，博尔赫斯此时如此这般地描写恶斗、凶杀和复仇，除了童年的某些记忆和家族血液中的那一丝尚武精神，究竟还有没有别的原因。也许是我的唯物史观在发生作用，也许是他的形而上学在逐渐减退，我总觉得这些血腥来自他对阿根廷现实的感悟。

遗憾的是阿根廷的政局继续恶化。1944 年初，拉米雷斯垮台，取而代之的是国防部长法雷尔。此人继续奉行亲德政策，只是盟国已经从战略防御转向了战略反攻，墨索里尼已经完蛋，纳粹德国岌岌可危。迫于国际压力，法雷尔才不得不做出一点姿态。到了 1945 年的 2 月，美洲国家在墨西哥举行会议，会议通过了一项旨在制裁阿根廷等亲德国家的决议。决议规定任何没有参加反法西斯战争的国家将不得领取未来美洲国家组织会议的入场券。阿根廷政府这才假惺惺地于 1945 年 3 月 27 日宣布对德国和日本宣战。

两个月后，也即1945年的5月2日，苏联红军攻克柏林。8日，不可一世的纳粹德国向盟军无条件投降。阿根廷人民乘机进行了大规模的游行示威，罢工浪潮一浪高过一浪。曾在意大利法西斯军队服役、一直军权在握的庇隆受到了舆论的关注和抨击。为了安抚民心，法雷尔不得不丢车保帅，革去了庇隆的副总统和国防部长之职并将他软禁在一坐小岛上。然而庇隆的政治生涯并没有因此而结束，恰恰相反，他恼羞成怒，决意要东山再起。一周以后，他孤身来到布宜诺斯艾利斯，面对数十万聚会群众发表了极具煽动性的政治演说。他在演说中不仅表示将尊重民主，而且宣布将参加翌年举行的全国大选并获得胜利。果不其然，1946年2月，庇隆作为官方候选人参加总统竞选，并以微弱的优势（一说是51%，另说为56%）击败由社会党、共产党、进步民主党等联合推举的候选人。

在此之前（1945年10月22日），庇隆与爱娃〔1〕秘密结婚。

博尔赫斯对庇隆的当选表示出极大的不满。在此之前，他就深信庇隆是个法西斯分子。他曾在乌拉圭的《普拉塔报》公开抨击庇隆。文章的大意是阿根廷陷入了严重的政治危机，大批市民受了迷惑，很像法西斯主义和纳粹主义在欧洲抬头时的情形。〔2〕这篇文章以及博尔赫斯先后签署的其他声明，成了日后庇隆政权对他施行报复的直接原因。

庇隆上台时，博尔赫斯仍在米格尔·卡内图书馆工作。当时他还是一名助理馆员，靠微薄的薪水养家糊口。几个月以后，忽然接到市政厅的一份调令。他这才知道，庇隆政府终于开始对不安分的知识分子开刀了。因为在这之前，庇隆的政治重心一直是军队、寡头和工会。

他被奇怪地任命为街道市场鸡兔稽查员。

罗德里格斯·莫内加尔从母鸡和兔子在西班牙语中象征怯懦的这一层意义出发，认为政府的任命显然是一种典型的羞辱形式。〔3〕博尔赫斯本人是这样记述的：

> ……一个我懒得记起名字的人当了总统。不久，我荣幸地被告之

〔1〕爱娃（1919～1952），庇隆的第二个妻子，舞蹈演员出身。1945～1946年积极投身庇隆的总统竞选活动，深得下层民众的拥护。庇隆上台后，她虽然没有在政府机构担任任何正式职务，但因庇隆对其言听计从而实际行施了卫生和劳工部长的职权。曾创立爱娃·庇隆基金会，建设医院、学校、孤儿院、敬老院等诸多慈善机构。敦促议会通过妇女选举法。创建阿根廷庇隆主义妇女党。推行教会义务教育。

〔2〕《博尔赫斯传》，第364页。

〔3〕《博尔赫斯传》，第365页。

“升任”市场鸡兔稽查员。我亲自跑到市政厅询问原委。“瞧,”我对一名工作人员说,“真奇怪,图书馆里有那么多人,为什么偏偏选中我来担任这个职务呢?”“噢,”他回答说,“您在战争期间不是支持盟国的吗?那您还指望什么呢?”我无言以对。第二天,我提交了辞呈。朋友们对我表示了支持,并为我举行了安慰晚宴。为此,我撰写了一篇讲演稿。但是,由于我十分怕羞,只好请我的朋友佩德罗·恩里克斯·乌雷尼亚替我朗读。

讲演稿发表在1946年8月15日的《自由阿根廷》上,最后一节这么说:“我不知道这一事件是不是一则寓言。但我怀疑记忆与遗忘的神圣程度。它们十分清楚自己所做的事……”让我归纳一下:独裁导致压迫,导致残酷,导致卑躬屈膝,但最可怕的是导致愚蠢。镌刻标语的徽章、领袖的头像、钦定的“万岁”与“打倒”、涂满名人名言的墙壁、千篇一律的仪式,不同的只是纪律代替了自觉。“同这种可悲的传统作斗争,乃是作家的诸多职责之一。”但生活是实实在在的。失去工作对博尔赫斯意味着许多。虽然他已经是个成名作家,在一定的圈子里还相当有名。但他的作品毕竟不是写给大众的,靠版税吃饭跟教他们母子俩喝西北风差不多。比奥伊·卡萨雷斯比谁都明白这个道理,他经过一番接洽,终于在阿根廷(与此同时,也是经友人从中斡旋),决定聘请博尔赫斯到该校讲授美国文学,阿根廷高等师范学校替博尔赫斯找到了一份讲授英国文学的工作。创作与教学,这两个差事对博尔赫斯按说最合适不过。可是,四十多岁的博尔赫斯愈来愈碍口识羞,最不情愿的就是在大庭广众露面,而且他多少还有些口吃,尽管其程度较之以前要轻得多,不经意几乎没有人听得出来。

好在博尔赫斯有足够的时间备课。为了开个好头,也为了证明自己,他的第一篇讲稿《纳撒尼尔·霍桑》花去了他整一个月时间。这篇后来收进《探讨别集》的讲稿长达二十多页,约合中文一万六千多字,几乎是他笔下最长的一篇作品。而且,博尔赫斯当初的备课方法是最原始的那种:把讲稿背个滚瓜烂熟,还请母亲当听众,一而再再而三地排练演示。《纳撒尼尔·霍桑》是讲给高等师范学校的学生听的,它的成功使博尔赫斯确立了自信心,也使他最终走出狭小的文学圈子、赢得了一批青年师生的爱戴。

在高等师范学校,有一个叫胡利奥·科塔萨尔的青年教师。三年以后,他创作的诗剧《国王们》(以米诺淘洛斯神话为题材)多少受了博尔赫斯的影响。虽然两人年龄悬殊,政治态度和文学理想也不尽相同,但科塔萨尔一直尊博尔赫斯为师，以至于日后取得了较之博尔赫斯毫不逊色的文学成就。

无独有偶，20 世纪 40 年代中期以后，鉴于博尔赫斯在第二次世界大战期间的立场，更鉴于庇隆政府对博尔赫斯的无理取闹，一些左派作家开始正视他。以往井水不犯河水的两大派之争真正得以消歇，一些左派作家甚至主动捐弃前嫌，声援博尔赫斯。这种声援至 1948 年达到高潮。客观上，这些无疑为博尔赫斯最终（于 1950 年）当选阿根廷作家协会主席并迅速走向世界奠定了基础。

二

1949 年，博尔赫斯的又一个短篇小说集《阿莱夫》出版发行。集子包括十三篇小说，即《永生》、《釜底游鱼》、《神学家》、《武士和女俘》、《塔德奥·伊西多罗·克鲁斯小传》、《埃玛·宗兹》、《阿斯特里昂之家》、《另一次死亡》、《德意志安魂曲》、《阿凡罗伊的探求》、《扎伊尔》、《神的文字》和《阿莱夫》。1952 年再版时增加了四篇，它们分别是《死于自己迷宫的阿本哈坎》、《两位国王和两座迷宫》、《等待》及《门槛旁边的人》。

虽然博尔赫斯在两个后记中把有关篇什粗略地分为两大类：一类是《埃玛·宗兹》及《武士和女俘》，另一类便悉数是幻想小说了；但事实上小说的种类要驳杂得多。依我看，只有《曲径分岔的花园》是一部较为纯粹的幻想小说集，《杜撰集》和《阿莱夫》则已经相当混杂（后来的《布罗迪的报告》和《沙之书》亦然）。在后面这些集子里，博尔赫斯早期的一些记忆和偏好、幻想和噩梦正悄悄地复苏。同时，作为成年男人，情感方面的因素与困惑、遭际与惆怅正阴雨般无声地渗透进来。

《永生》献给塞西利娅·英赫涅罗斯。她是一位与博尔赫斯有过短暂的情感碰撞的女子。博尔赫斯在《阿莱夫》的第一篇后记里提到过她："这个集子除了《埃玛·宗兹》及《武士和女俘》之外，其余的都是幻想小说。前者的故事由塞西利娅·英赫涅罗斯提供，我写作时字斟句酌，惟恐不及。"但他对两人之间的情感纠葛却绝口不提。

《永生》建立在一个假设的基础之上：假如人永生不死。小说统篇都是永生者的议论，最精彩的一段（当然是否定性的）写道：永生者的共和国经过几多世纪的演变，已经获得完美的容忍与不屑。它知道，在无限的期限里，所有人都将遭遇各种事情。由于过去或未来的善行，将会得到应有的善报；由于过去或未来的恶行，将会得到应有的恶报。一如赌博，奇数和偶数往往趋于平衡；智慧和愚蠢、贤德和不肖也互相抵消，互相转换……如果从这个角度来看问题，那么我们的一切行为都将是无可指摘和无关紧要的，更谈不上道德或精神价值。荷马创作了《奥德赛》；不创作《奥德赛》是不可能的（这是由久远的历史和无穷的变迁所规定的）。谁都是非谁，一个永生的人也即所有的人。就像科尔纳里奥·阿格里帕[1]那样，我是神，是英雄，是哲学家，是魔鬼，是世界，但换一种简单明了的说法，我谁也不是。最后，接近尾声时，记忆中的形象逐渐消失，剩下的只是话语。“毫不奇怪，悠悠岁月使我的耳朵同曾经陪伴我无数世纪的永生者的命运发生混淆。我曾是荷马；不久以后，我将和尤利西斯一样，谁也不是；不久以后，我将是芸芸众生……”

小说叙事者假借罗马军官鲁福的精神漫游，抵达永生人的城堡。城堡建立在茫茫沙漠之中。永生人正是借助于这块不毛之地而超越变化无常的世俗生活的。因此，城堡犹如纯精神的理想王国。也许正因为是纯精神的，它的居民（即永生人）才对它漠不关心，最后他们甚至彻底抛弃了它。当他们发现在一个无有穷期的时间里，全部事情都发生在一个人身上时，便把世界看虚无了。他们四大皆空，甚至连有无姓名都无所谓。更神奇的是这种意识会传染。它像病毒，一点点影响叙事者，直至他由第一人称单数“我”变成复数“我们”，从而使自己最终获得了永恒性。

这与其说是小说，不如说是散文。事实上，博尔赫斯的许多小说都是可以同散文画等号的，反之亦然。我们会发现，所谓永生或永生者，其实是建立在话语基础上的一种存在与虚无。存在是因为话语，但存在的否定同样是因为话语。而且从某种意义上说，所谓存在恰恰是同虚无相伴而生的。企求存在，也就是企求虚无；企求永生，也就是企求永远的虚无。

这还是会让人想到老子：“天下皆知美之为美，斯恶矣；皆知善之为善，斯不善矣。有无相生，难易相成，长短相形，高下相倾，音声相和，前后相随。”

《釜底游鱼》是少年博尔赫斯热衷的那类故事。故事中有酒店，有匕首（或手枪），有打斗，有恶棍及恶棍的命定般的死亡。故事发生在19世纪。

“他出生在布宜诺斯艾利斯郊区，除了好勇斗狠之外可以说是一无是处。他置身巴西边境骑手驰骋的荒漠，一心想当走私贩子的头目……我要向诸位叙说本哈明·奥塔罗拉的遭遇。”故事由此展开。最后是“发生在1894年除夕的那个结局”：那晚，奥塔罗拉喝得醉醺醺的，不停地起哄。酒店老板（走私贩子的头目）默不吱声，似乎只等喧闹的夜晚早点儿过去。午夜

---

〔1〕 阿格里帕（1486—1535），德国哲学家。

十二点的钟声响了，老板像是记起什么要紧事儿似的，起身去敲女人的房门。女人在等候他的召唤，她光着脚，边穿衣边开门。“你同那个城里人这么相好，不如当着大家的面去亲亲他。”老板对她说。

女人想拒绝，但早有两个伙计上来，把她架到奥塔罗拉面前。人们不依不饶，非让她当众亲热他。最后，他们将她强按在酩酊大醉的奥塔罗拉身上。她流着泪，吻了他。这时，老板的保镖掏出手枪。奥塔罗拉自知死到临头，他忽然明白：从第一天起，这些人就给他设下了圈套，把他判处了死刑。他们让他得到女人、满足他对权力和名誉的虚荣，只因为他们早就把他当做死人。最后，老板的保镖苏亚雷斯略带轻蔑地朝他开了枪。

除了这个富有宿命色彩的结尾，小说无特别可言。

《神学家》和第一篇《永生》是一种前后呼应的关系，因为两篇小说都有相似的假设基础。《神学家》同样具有散文的特征，由匈奴人西进并焚毁书籍敷衍开来，讨论时间问题在西方宗教神学中引起的争论。两位正统教派的学者驳斥时间循环之类的异端邪说。为了抢先建立自己的学派，他们各显神通，施展浑身解数，以致同室操戈。最后，他们以接近正统的学说比异端更加可怕为由，相互攻击，直至把其中的一位送上法庭。执行死刑时，另一位（奥雷良诺）在场观望。正午，人们把胡安带到刑场。他趴在地上，野兽似的咆哮着。他的双手紧紧抠住泥土，但刽子手把他拖起来，撕掉衣服，绑在耻辱柱上。周围堆满了柴火。他被戴上浸过硫黄的荆冠，身边摆放着他的那本“流毒甚广”的论著《驳斥循环派》。虽说雨过天晴，柴火并不干燥，但火苗还是吞噬了不断祈祷的神学家。但故事的隐喻在于：上帝对神学家们的意见分歧毫无兴趣，以致把奥雷良诺当成了胡安。更确切地说，在深不可测的天国，奥雷良诺和胡安（正统和异端、原告和被告、害人和被害）合二为一。胡安死后，奥雷良诺作了一次题为《一个被打入地狱的人燃起了火中之火》。之后，在一座丛林环抱的寺庙里，他从梦中醒来。是雨声把他叫醒的。到了正午，一道闪电点燃了周围的树林。奥雷良诺在那场大火中丧命。

《武士和女俘》前面已有涉及。古罗马时期为拯救拉文纳免于杀戮而倒向意大利一方的伦巴第人德罗图夫特和 19 世纪皈依印第安部落的欧洲姑娘，“两个故事或许只是一个故事。在上帝看来，这枚钱币正面反面一模一样”。借历史的相似性来说明时间的循环性，可以说是博氏的惯用“伎俩”。

《塔德奥·伊西多罗·克鲁斯小传》典出《马丁·菲耶罗》。在加乌乔史诗《马丁·菲耶罗》中，克鲁斯是一名良知未泯的警察，负责追捕逃犯马丁·菲耶罗，并最终使后者身陷重围。但关键时刻克鲁斯被马丁的勇气所感动，倒戈解围。从此，二人形影不离。博尔赫斯以他的方式重写了这段历史，而且杜撰了一些细节，但最终目的是要把他变成一面镜子：任何命运，不论如何漫长复杂，实际上只有一个瞬间——人们大彻大悟的那一瞬间。只有在那个瞬间，人们才能明白自己是谁。据说亚历山大大帝在阿喀琉斯的神话故事中看到了自己的辉煌战绩。克鲁斯只字不识，当然不能从书本里获得这样的顿悟，但他在另一个人的身上看到了自己。而那个人正是他的对手、逃犯马丁·菲耶罗。

《埃玛·宗兹》因为是塞西利娅·英赫涅罗斯提供的故事，与博尔赫斯的其他小说多有不同。尽管故事中有复仇，也有阴谋，但完全不是他习惯的那种思路。首先，主人公埃玛·宗兹是个纺织工人（博尔赫斯几乎从不写工人，他的人物不是杜撰的恶棍或侦探，就是伪托的作家或学者）。她父亲曾是工厂的会计，因遭老板诬陷而自杀身亡。临终之前，他告诉女儿说，真正的罪犯是老板本人。埃玛从此怀恨在心。一天，她跑到红灯区，胡乱找了个外国船员把自己糟蹋一番，然后匆匆来到工厂老板面前，借口要向他汇报工人罢工事宜。老板信以为真，就在转身替她倒水的当儿，埃玛掏出他惯于放在抽屉里的手枪，朝他连开数枪。确认老板毙命后，埃玛拨通警察局的电话，说："出事了……罗文泰先生借口要了解工人罢工的情况，把我骗来了……他强奸我，我杀了他。"故事非常简单，埃玛替父亲报了仇，罗文泰得到了应有的下场。

奇怪的是这篇小说被最早并两次搬上银幕，成为博尔赫斯最受欢迎的作品。个中原因也许就在于故事贴近生活，而且主人公为父报仇不惜贱行辱身的胆略绝对比形而上学的玄想具有感染力。

《阿斯特里昂之家》又回到了形而上学，小说是写迷宫的，取材于希腊神话。前面说过，《阿斯特里昂之家》是《阿莱夫》最重要的篇什之一。小说由三部分组成，第一部分只有一句话："王后生下了阿斯特里昂。"这也是小说中一句十分重要的题词，限定了阿斯特里昂与弥诺陶罗斯的对应关系。小说的第二部分，也即主体部分，是阿斯特里昂在"王宫"的独白。随着叙述的一步步拓展，我们逐渐发现他原来是个"囚徒"，他所在的"王宫"原来竟是一座迷宫："我像一头要发起攻击的小公羊那样，在石头的回廊里东奔西跑，直至头晕目眩……""宫殿的所有部分都重复了好几回，任何地方都是另一个地方……"小说的最后一部分只有两句话："晨曦在青铜铸就的剑刃上闪闪发光，上面没有一丝血迹。'你相信吗，阿里阿德涅？'忒修斯说，'那个牛头怪根本没有反抗。'"

小说所以重要，并非因为阿斯特里昂与弥诺陶罗斯、王宫与克里特岛迷宫的简单对应，而是它揭示的神话以外的各种信息。比如阿斯特里昂说，“我不能和平民百姓厮混，尽管我谦逊的性格很希望这么做”；“在许多游戏中，我最喜欢假扮成另一个阿斯特里昂。我假设他是我请来的客人，带他参观我的宫殿。我一本正经地对他说：‘现在我们回到先前的岔口’，或者‘我们进入另一个庭院’，或者‘早知道你会喜欢水沟’，或者‘你会看到一个积满淤泥的水池’，或者‘你还会看到一分为二的地下室’。有时候我把角色颠倒了，于是我们高兴地笑了。”这不能不让人联想到博尔赫斯的童年的孤独、童年的游戏。当然更为重要的是忒修斯并非那一个神话中的“对手”，而是等待中的“救星”：“……预言说我的救世主迟早会来。从那时起，我不再因孤独而痛苦，我知道我的救世主依然存在……但愿他把我带到一个没有这许多回廊和门道的地方。”这段独白不但彻底消解了希腊神话中牛头怪和忒修斯的关系，而且最终牵引出另一个神话——博尔赫斯的形而上的迷宫：“我的救世主会是什么模样？我思量着。他到底是牛还是人？也许，他是一头长着人脸的牛？也许，他和我一模一样？”

博尔赫斯对迷宫的热衷由来已久。这一点无须重复。但他的热衷在20世纪40年代后期产生了广泛的影响。这种影响通过学生科塔萨尔揭示出来。后者在诗剧《国王们》(1949)中几乎以同样的方式重构了弥诺陶罗斯神话。在古希腊神话中，弥诺陶罗斯是个人身牛头的怪物，被克里特王弥诺斯关进地下迷宫。弥诺陶罗斯以人为食，弥诺斯只好强迫雅典每年进贡童男童女各七名以宴怪物。为解除雅典人民的苦难，雅典王子忒修斯在阿里阿德涅的帮助下，勇敢地深入迷宫，杀死了弥诺陶罗斯。科塔萨尔反其意而用之，把弥诺陶罗斯塑造为令人同情的叛逆者和殉道者。代表传统和权力的弥诺斯无法容忍他的叛逆(当然还有王后的背叛)，将他打入迷宫。然而，阿里阿德涅的线团并非用来拯救雅典王子，而是为了使兄长弥诺陶罗斯逃离迷宫。

博尔赫斯可能无意将文学与现实挂起钩来，但科塔萨尔显然是把文学当成了反抗的武器。独裁政权肆无忌惮地镇压进步学生，恰恰也是把他们当做弥诺陶罗斯对待的。至于科塔萨尔等日后远走他乡，则多少实现了阿里阿德涅拯救弥诺陶罗斯的幻想。而这时，那个救命的线团很可能是由博尔赫斯这样的人给予的。[1]

---

〔1〕 1951年，科塔萨尔获得了到法国进修文学的奖学金，从此流亡巴黎。

《另一次死亡》是一种错位，或者一种假设。人物佩德罗·达米安是乌拉圭的一名战士，两种截然不同的记忆给出了两张完全不同的面孔。一种认为达米安是个胆小鬼，在1904年的马索列尔战斗中表现得像个脓包。之后，他回到了自己的家乡，在那里潦倒终身并于1946年因肺充血而死。另一种说法全然不同，认为达米安是个好样的，在那次可怕的战斗中英勇杀敌，直至战死沙场。博尔赫斯假借两种相反观点演绎一种事实，即达米安曾经是个胆小鬼，但他事过后悔，以至于在后来的四十余年中默默等待，以期命运给予他另一次机会。结果奇迹发生了。这篇小说再一次"证实"了怀疑主义的"万事无定论"。就像博尔赫斯在援引叔本华和贝克莱时所说的那样，"一个人又是另一个人"。尤利西斯是尤利西斯，同时也是荷马，或者博尔赫斯是博尔赫斯，同时也可能是另一个人。但故事的关键在于时间的错位，没有唯意志论不足以创造类似奇迹，不是堂吉诃德就不会把风车当成巨人："于是，到了1946年，由于长年的祈求，佩德罗·达米安在1904年冬春之交的马索列尔战斗中壮烈牺牲。"1946和1904，两个时间重叠并导致了达米安的"另一次死亡"。

《德意志安魂曲》是一名德国纳粹的临终独白。他承认自己有罪，但罪行并非人们通常认为的那些可怕的杀戮或阴谋，而是叔本华的哲学所昭示的那种"报应"。这名第三帝国的军人熟谙唯心主义哲学，"1927年前后，尼采和施宾格勒闯进了我的生活……""我重温叔本华……看到他说一个人从出生的那一刻起直至死亡，他的一切遭遇都是由他本人的意志决定的。因此，一切疏忽都是深思熟虑，一切邂逅都是事先约定，一切屈辱都是自寻惩罚，一切失败都是秘密胜利，一切死亡都是自尽自戕……"当然，他想到的还有勃拉姆斯(这位音乐天才总能使人想起他的安魂曲)。最后，他将安详地面对死亡："我用镜子照照自己便知道自己是谁，知道几小时后面对行刑队时我该如何自处。我的肉体也许会害怕死亡；我却不。"

这是一篇不折不扣的哲学小说，有点儿像萨特演绎自己的存在主义。所不同的是博尔赫斯演绎了唯意志论。

《阿凡罗伊的探求》通过否定对阿凡罗伊的否定，实现了"否定之否定"。但博尔赫斯否定之否定所试图揭示的，并非唯物辩证法的否定之否定规律，而是怀疑主义的虚无观。小说记叙了一个名叫阿凡罗伊的阿拉伯学者，他生活在西班牙，替自己设定了一个目标：关于"悲剧"和"喜剧"的界定问题。但是他作茧自缚，"把自己幽禁在伊斯兰教的圈子里，怎么也弄不明白'悲剧'和'喜剧'的意义"。这本来是可以敷衍成一篇讽刺小说的，但最终还是被博尔赫斯引申为哲学问题，并敷衍出充满虚无主义色彩的“自嘲”：“我认为那个丝毫不懂戏剧却想了解悲剧的阿凡罗伊并不比我可笑，因为我只凭……只言片语就想揣摩出阿凡罗伊的思想。写到最后一页，我觉得我写的东西象征着正在写作的人，也就是我自己；为了写作，我必须成为那个人；为了成为那个人，我又必须写作，诸如此类，循环不已（一旦我不再相信他，‘阿凡罗伊’也就不复存在了）。”于是，探求变成了悖论。

《扎伊尔》从一枚实际的硬币生发出一系列形而上学的思考。“在布宜诺斯艾利斯，扎伊尔是一种普通硬币，面值二十分。”但是，由于这一枚普通硬币与一些事物及18世纪伊斯兰教的一种学说同名，也便“顺理成章地”引出了神秘。首先是人物在替一个漂亮女人守灵时产生了幻觉或者魔力，以至于他想方设法地要摆脱这枚硬币（或者那个女人）。后来，他在一本叫做《关于扎伊尔的传说》的文献中发现了事情的症结：“扎伊尔一词在阿拉伯文里是显而易见的意思，也就是神的九十九个名字之一。在穆斯林国家里，扎伊尔又指那些令人难忘的人或物，其形象使人迷惘直至发疯。”最后，钱币的记忆或形象与日俱增。在阒寂的夜晚，人物“我”仍在街上行走。拂晓时分，“我往往坐在加莱伊广场的长凳上思考关于扎伊尔是玫瑰的影子和帷幕的缝隙的那段话……我把那种见解和下面的说法联系起来：为了和神融为一体，泛神教的神秘主义者不断地重复自己或神的九十九个名字，直至那些名字失去任何意义。我渴望这样。也许因为我的反复思考，那枚扎伊尔终于会被花掉，也许神就在扎伊尔的背面。”以小见大、由此及彼地议论深奥的哲学问题，是博尔赫斯最擅长的一种“小说”方法。他的小说因之而总是思想大于形象、哲学多于文学。

《神的文字》是伪托印第安巫师在地牢里探索神的文字而展开的一席内心独白。小说除了独白外延所涉及的有关美洲征服的零星细节，统篇皆是形而上学的思考。其中最精彩的一段是假想神的文字可能是一个词：“说起老虎，就等于说它的来源，它吞食的鹿和龟，鹿觅食的草地，草地生长的地球，地球之光的天空。我想在神的语言里，任何的一个词都阐释了一串无限连绵的事实……我认为神只应说一个词，而这个词应当兼容并包。神说出的任何词都不会小于宇宙，少于时间。这个词等于一种语言及其蕴涵的一切……整体、世界、宇宙等等则仅仅是它的影子或表象。”故事到此似可结束，但博尔赫斯还是忍不住要“狗尾续貂”一下。我所以说他“狗尾续貂”，全然因为诸如此类的梦或梦的游戏（尽管此梦多了几粒沙子）在他已经是老一套中的老一套了：“我梦见石牢的地上有一粒沙子。我又懵然睡去，醒来时地上有两粒沙子……有人对我说：你醒来并非意味着回到不眠状态，而是回到以前的梦境。一梦套一梦，直至无穷，一如沙子的数量。你要走无穷无尽的回头路，等你真的走完醒来，你也就一命呜呼了。”依此类推，直至梦沙人被沙压迫、被梦压迫：“我觉得自己完蛋了。沙子压垮了我的嘴，可我依然一个劲儿地嚷嚷：我梦出来的沙子不能将我压死，我梦出来的梦也不能把我套住。”诸如此类的唯一好处是增添纯精神生活的恐怖程度。而梦在博尔赫斯是必不可少的途径。

此外，老虎可能是一个小小的败笔。既然是西班牙征服之前的美洲（具体说是墨西哥）巫师，他可能会想到羽蛇或者豹，就像中国的巫师可能会想到龙或狮子，却不大可能像博尔赫斯这样热衷于老虎或者“虎纹文字”（当是象形文字）。这是由古代美洲的文化特性所决定的。

《死于自己迷宫的阿本哈坎》又回到了迷宫。博尔赫斯援引《古兰经》作题词说：“……譬如蜘蛛造屋。”故事并不复杂但很玄奥（其所以玄奥是因为叙述者角度不同）：一种说法是一个叫阿本哈坎的阿拉伯国王带着一个黑人奴隶、一头狮子和一批财宝在一次逃亡中杀死了贪婪的亲戚萨伊德；另一种说法是萨伊德趁国王睡着之机偷走了财宝、奴隶和狮子，但事后他惶惶不安，认为杀死国王才是最重要的，于是在港口建造起一座红色迷宫，以便吸引阿本哈坎。萨伊德“营造了一座圆形的砖头陷阱，以便捕捉并消灭阿本哈坎。如果你猜测正确，萨伊德的动机不是贪婪，而是憎恨和恐惧。他盗取财宝，却领悟到财宝不是最重要的。最重要的是消灭阿本哈坎。他伪装成阿本哈坎，最终杀死了阿本哈坎，自己变成了阿本哈坎”。诚如谚语所说：“要知道巫师的厉害，就试着让自己变成巫师。”故事通过对话铺展开来，有谜面和谜底、迷宫和阴谋，具有博尔赫斯经常使用的那种“精神侦探小说”形式。

《两个国王和两座迷宫》只有寥寥几百字，像则小品或者寓言，很有东方古典传说的味道。评骘有时不如复述（博尔赫斯的故事因为多是玄想而很难复述，但这个故事不然）：古时有个巴比伦国王，他召集能工巧匠建造了一座复杂透顶却美妙绝伦的迷宫，谁进去都甭想出来。一天，有位阿拉伯国王来访，巴比伦国王为了炫耀自己的迷宫，把阿拉伯国王邀了进去。后者在迷宫中转了一天也没能找到出路。黄昏时分，他狼狈不堪，只好乞求神的帮助。后来，他对巴比伦国王说，他们国内也有一座迷宫，有朝一日一定请他进去瞧瞧。回到阿拉伯之后，他纠集部队，大举进犯巴比伦，一路上斩将克城，势如破竹。最后，他把俘获的巴比伦国王带到茫茫沙漠，说：“我也请你来看看我的迷宫，它没有阶梯，没有门厅，没有长廊，也没有墙垣。”说罢，他替巴比伦国王松了绑。时间之王鬼斧神工，集世间精华之大成。巴比伦国王在沙漠中迷失了方向，最后饥渴而死。故事非常简单，有点像《双梦记》。博尔赫斯就是这么善于在浩繁的书海里“淘金”。

《等待》用第三人称叙述一次复仇经过。又是一次复仇！被复仇者冒充复仇者的名字东躲西藏，最后复仇者找到了他。“他做个手势，让他们稍候，然后翻身朝墙，仿佛要重新入睡，或者激起仇人的怜悯，或者因为承受了太多的恐惧和噩梦而想让自己放松一下，或者只是把那些杀手当作梦中的景象（诚如他在别的时间、地点经常梦见的那样）。他正在这么恍惚，枪声将他抹去了。”这个故事很容易让人想起另一个类似的故事：《敌人的故事》。这篇小说收在一个叫《老虎的金黄》（1972）的集子里。故事十分相似，第一句几乎是对《等待》的总括：“经过那么多年的逃避与等待，敌人终于来到了我家。”唯一不同的是结尾：敌人闯了进来，而他仿佛是在梦中（这也和《等待》如出一辙）；敌人用枪瞄准了他，说：

“您除了等死，还能做什么？”

“我还能做一件事。”我说。

“什么？”他问。

“醒来。”我说。

我真的这么做了。

重复，在博尔赫斯是常事。他的诗歌几乎一直都在同样的意象、主题和题材上兜圈子，就像轮回的昼夜，不同的只是“定格”它们的时间。他的小说也有这种趋势。比如“两个博尔赫斯的故事”，就有好几篇，不同的只是语境（尽管实际上万变不离其宗）。相对而言，他的散文的题材要广泛得多，尽管偏见使然，无论对象选择还是价值取向也有其明显的局限性。

《门槛旁边的人》和《特隆》一样，由真人真事引出话题，然后敷衍开来：“比奥伊·卡萨雷斯从伦敦带回一把奇特的匕首，三棱刀身，H形刀把……”此外，小说的现实成分还在于这样的描写：中央政府派来统治这座城市的铁腕人物格兰凯恩突然失踪。有人说他被绑架了，有人说他被谋害了。“这些情况是我从上司那里得知的，因为新闻检查十分严厉，报纸并未对格兰凯恩的失踪作任何评论（我记得，甚至没有报道）”。但博尔赫斯是不屑于拿文学去反映现实的。他笔锋一转，又回到了玄而又玄的众妙之门。于是，通过一个老人遥远得不着边际的记忆，格兰凯恩的死和许多年前的故事（疯子的审判)串到了一起。或者老人的故事本身就是格兰凯恩之死(使这一审判有足够的时间得以实现?):“在最后的那个院子里,我见到了一个赤身裸体、头戴黄色花冠的男人。人们争先恐后,吻他、给他捐赠;他手握带血的剑,因为这把剑杀死了格兰凯恩。”

《阿莱夫》是一篇具有强烈自传色彩的小说。这种色彩也许是不经意的流露,也许是非常刻意的安排。小说有一位漂亮的女子,叫贝雅特里斯。她有个表兄叫达内里,是位恃才傲物的诗人。叙述者仰慕贝雅特里斯,但对其表兄企图在一首诗里表现整个世界的狂妄很不以为然。另一方面,贝雅特里斯对达内里的态度也是不欣赏,甚至于有些藐视。我所说的自传色彩主要表现在诸如以下的描述:“贝雅特里斯修长柔弱,走路稍稍前倾;她的步态(假如允许使用矛盾的修饰)有一种优美的笨拙,一种有意的陶醉;达内里面色红润,身体结实,头发灰白,眉清目秀。他在南郊一家不出名的图书馆工作……”博尔赫斯很少这么描写一个女人(类似描写只在后来的《乌尔里卡》中再度出现),因此非常容易把人带到他本人的爱情纠葛中去(有关情况我将在后面略作陈述)。但是,罗德里格斯相当明确地提出了反证。他把《阿莱夫》同但丁的《神曲》相提并论,认为贝雅特里斯对应的是但丁笔下的贝雅特里齐,而那个自以为是的达内里乃是但丁全名的一种掐头去尾的缩写:即 Daneri 来自 Dan(te)(Alighi)eri。这是很有道理的。《探讨别集》曾经收入一篇叫做《梦中相遇》的文字(后来编入了关于但丁的那个专集)。这篇文字很好地记叙了博尔赫斯对但丁的讽仿:“贝雅特里齐死后……但丁一直有一种想找回她的冲动念头,他要以此减轻心中的哀痛。我认为他营造三重诗坛为的只是插入他的遭遇:在梦中发生的事情。这样,通常在梦中发生的事情发生在了他的身上……他被贝雅特里齐永远地拒绝了,他梦见贝雅特里齐在梦中异常严厉地对待他,使他无法接近……《神曲》写下了这场噩梦……‘这些与我永难分离’,但丁一定是带着疯狂的爱,带着焦虑、崇敬和嫉妒写下这句话的。”(《梦中相遇》,《关于但丁九篇》,1982)但博尔赫斯矢口否定《阿莱夫》与但丁的讽仿关系,他说贝雅特里斯确有其人,“我毫无希望地热恋着她。我的小说是在她去世后写下的”。与此同时,他认为评论界从贝雅特里斯身上看到贝雅特里齐,从达内里身上看到但丁,从下地窖看到下地狱,是些“意外的礼物”。

作家的话只能姑妄听之,却未可全信。假如博尔赫斯同但丁只不过是历史长河中的一次偶合或者轮回,不也应了博尔赫斯的一贯思想吗?至于贝雅特里斯是否确有其人,则是值得怀疑的。

博尔赫斯当初只想拿“阿莱夫”(希伯来文的第一个字母)作万花筒解，并以此象征变幻莫测的知识和世界。但小说实际给出的可能是情感方面的信息:叙述者(博尔赫斯)听从达内里的安排进入地窖，在那里体验了情感和性的“阿莱夫”:“地窖一片漆黑……我闭上眼睛，少顷我睁开眼睛。我看到了阿莱夫……阿莱夫的直径约二三厘米，但整个宇宙都包容其中，一切没有按比例缩小。”他在阿莱夫中看到了一切，包括“曾是美好的贝雅特里斯的可怕遗骸，我的暗红色血液的循环，以及爱的联系和死的变化”。

20 世纪 40 年代，博尔赫斯加强了与女性的交往。除去奥坎波姐妹，他还与一位叫西尔维娜·布里奇的女作家替新创立不久的埃梅塞出版社合编了一本叫做《哥们儿:命运、街区及音乐》(1945)的集子。据说这位女作家很漂亮，但婚姻很不幸。丈夫当时弃她去了巴黎，她含辛茹苦地抚养着一个儿子，境遇酷似莱昂诺尔，因而在一段时间里两个女人过从甚密。但我至今没有发现有关她和博尔赫斯有什么情感方面的记录，除了他们在埃梅塞的那一次合作。

布里奇之后是埃斯特拉·坎托。博尔赫斯是在比奥伊家认识她的。当时她很年轻，大约只有 28 岁，兴趣是电影，而且一心想当演员。但遭到了她母亲的反对，她母亲对演员这种职业抱有很大的偏见。于是，坎托成了作家。她很有个性的，在认识博尔赫斯之前，唯一喜欢和钦佩的阿根廷人是传奇人物切·格瓦拉。她和博尔赫斯相识时，据说他相当心不在焉。也许他并不喜欢坎托，因为她肤色黝黑、很有个性;也许她对他同样心不在焉。坎托经常回忆当初的情景，说他是个身量肥硕、皮肤苍白的软绵绵的小脚老头儿。他们真正走到一起是在一次长谈之后。是夏夜，他们从比奥伊家出来，朝地铁站走去，一路话匣子大开。明月晚风，孤男寡女……有一次他们甚至遇到了麻烦，巡逻警察说他们深夜不归是行为不检。但他们经常这样散步聊天，比奥伊开玩笑他们两个几乎是盲人，一个还几乎是醉鬼(在比奥伊家，坎托大概经常喝得醉醺醺的)，咋就没有因为迷路而回不了家呢。据说他们的政治立场和文学观点都不尽相同。坎托奇怪地发现他很不喜欢浪漫作家，尤其不喜欢拥有大量女性读者的简·奥斯丁、艾略特、勃朗特姐妹、大小仲马等等。他则发现她是他所认识的女性中唯一喜欢萧伯纳的。与此同时，随着交往，坎托发现了博尔赫斯的魔力。“他像魔术师那样，从一顶不会枯竭的帽子里掏出令人意想不到的东西。我认为这是他的标志。”它们之所以有魔力是因为它们揭示了他的内心，揭示了另一个博尔赫斯，“一个腼腆而竭力要冒出头来，想得到承认的人”。[1] 传记家们（包括我们已经翻译过来的两种）已经把博尔赫斯和坎托以及其他女人的关系说得非常复杂，至于博尔赫斯缘何一一放弃了她们，或者她们一一离开了他，说法很多，归纳起来大致如下：1. 日内瓦的那次铩羽而归所遗留的心理障碍；2. 母亲的干涉，她总想替儿子找一个出身名门、家庭富裕、信奉天主的高级保姆；3. 柏拉图式的爱情观；4. 身体孱弱；等等。我不想在此做更多的猜测。但有一点似乎是肯定的，那就是博尔赫斯对正常的性行为有偏见，甚至很畏惧。原因可能是多方面的，我说过，我不想做更多的猜测。总之，某一天他曾正式向坎托求婚，坎托的回答是：别忘了我是萧伯纳的信徒，假如我们事先没上过床可不能结婚。这就导致了他们的分道扬镳。但在这期间，博尔赫斯完成了《阿莱夫》中的多半篇什。其中的那篇《阿莱夫》正是在坎托离去时创作的。他当时称万花筒为阿莱夫，说它可以使事物无限增殖。

他把这篇小说献给了埃斯特拉·坎托。为了医治博尔赫斯的性惶恐，坎托尝试过心理医生的帮助。但结果并未奏效。

此后，他又分别与贝蒂娜·埃德尔伯格、马尔加丽塔·格雷罗、德里娅·英赫涅罗斯、阿里西娅·胡拉多、路易莎·梅塞德斯·莱文森、埃斯特·桑伯拉因·德·托雷斯、玛利亚·埃斯特·巴斯克斯等女作家合作。

即便如此，除个别作品、个别地方以外，与女性的交往、对女性（或者婚姻）的渴望以及女性所能给予的阴柔在上述作品中并未得到充分的体现。而这种阙如（压抑、隐瞒）又非常符合博尔赫斯保守、内向的性格。

三

20 世纪 50 年代，博尔赫斯的声望与日俱增。1950 年，他当选阿根廷作家协会主席（该协会缩写为 SADE，恰好与法国色情小说作家萨德同名）。罗歇·凯卢瓦在法国翻译出版了他的一个选集，取名《迷宫》。1955 年，在奥坎波等女作家的斡旋下，他几乎被同时任命为布宜诺斯艾利斯大学文学教授和国家图书馆馆长。之后（1956 年），他又获得了国家文学奖。当然，不和谐音符依然存在，恰恰就在 1956 年，博尔赫斯的“超脱”就曾遭到萨瓦托等人的严厉批评。这且不论。

国家图书馆馆长是个非同寻常的职务，使博尔赫斯一时无法相信。当时，庇隆政府在一批年轻军官发动的军事政变中刚刚垮台（庇隆流亡乌拉

---

[1] 《博尔赫斯：书镜中人》，第 158 页。

圭，而后辗转至西班牙），看守政府为了争取民心，任命一些反庇隆人士到国家相关机构担任职务按说是完全顺理成章的。但博尔赫斯心有余悸，他和母亲都不相信这些好事是真的，直至他们从玫瑰宫的临时总统手中接过赫然写着豪尔赫·路易斯·博尔赫斯的那纸公文。巧合的是，国家图书馆的首任馆长、作家何塞·马莫尔晚年双目失明，博尔赫斯的前任馆长、作家保罗·格鲁萨克也是个盲人。而当时博尔赫斯的视力继续恶化并被宣布为不久的盲人。兴奋和无奈在他的一首题为《恩赐之歌》（《创造者》）中体现得淋漓尽致：

谁也无法抱怨指摘
他的这种精心安排，
一种无比绝妙的讽刺：
上帝同时赐我书籍和黑夜。

他让一双失去光明的眼睛，
主宰这座卷帙浩繁的城市，
……

在他的《自传》中，博尔赫斯提到因为逐渐失明而不得不放弃“长篇大论”，甚至不得不放弃自由诗而改作格律诗。

同时，由于是教师，博尔赫斯依然读书、备课。他的许多讲稿实际上都是精彩的散文，许多读书札记也便成了随笔。《探讨别集》(1952)和《阿莱夫》一样，是他成熟和鼎盛的标志。限于篇幅，我不可能逐篇分析，但有些情况却不得不说。

（一）消解体裁

自从博尔赫斯比较集中地创作散文和小说，他也便开始有意无意地消解它们之间的界线。也许开始无意甚于有意，比如《接近阿尔莫塔辛》，当初他就不知道该往哪里搁。但到了50年代，他的消解意识已然相当明显。在最初出版的《探讨别集》中，有不少篇什既是小说也是散文。比如《博尔赫斯和我》，比如《长城和书》，比如《柯尔律治之梦》，比如《传说的形形色色》，比如《历史的虚荣》，等等。后来《博尔赫斯和我》被编入了《创造者》(1960)。这个文集既有诗歌，又有散文，甚至还有小说，而且始末之间没有任何说明。

（二）小说哲学

1966年，著名评论家路易斯·哈斯在《我们的作家》中，以《博尔赫斯以哲学聊以自慰》为题，全面评价博尔赫斯。这可能是继安娜·玛利亚·巴雷内切亚1957年《博尔赫斯作品中的非现实表征》(墨西哥学院)之后，对他最全面也最客观公正的评价了。可惜哈斯的评价宛如蜻蜓点水，都是点到为止。比如关于《探讨别集》，他只提到了《帕斯卡圆球》，而且是一笔带过。《帕斯卡圆球》把宇宙说成是一部隐喻的历史。圆在博尔赫斯不仅是柏拉图完美的象征，而且是中世纪上帝的象征、文艺复兴时期世界的象征和帕斯卡存在主义绝望的象征。《柯尔律治之花》和《柯尔律治之梦》反映了他对假设与或然的偏爱："假如一个人在梦中穿越天堂，好有别人送给他的一支鲜花作凭据，而当他醒来的时候那鲜花就在手中……又会如何?"这就是让博尔赫斯心醉神迷的假设。《探讨别集》中还有两篇关于个人主义的文字。他一生都在替个人主义辩护。1959年卡斯特罗领导的古巴革命获得胜利使无数(如果不是全部)拉丁美洲文人欢欣鼓舞，而博尔赫斯也许正是出于个人主义的考虑，认为古巴革命"是灾难性的"。此外，时间依然是一个重要的主题，《探讨别集》中至少有三篇是关于这个主题的。另外，是关于高斯、阿美利科·卡斯特罗、克维多、《堂吉诃德》、霍桑、瓦莱里、菲茨杰拉尔德、王尔德、切斯特顿、威尔斯、约翰·多恩、威尔金斯、卡夫卡、济慈、《瓦提克》、《紫色的大地》、萧伯纳等作家作品。也许切入点是文学(语言、情节、形象，等等)，但真正的兴趣所在似乎又往往是哲学问题。这一点只要对他的结论性语言(结尾)稍加留意，便不难看出。《探讨别集》中还有一篇不能不提的文字是《书籍崇拜》。这篇文字在探讨了西方有关书籍崇拜的传统之后，援引马拉美和布洛瓦的话说："按照马拉美的说法，世界为一本书而存在；布洛瓦却说，我们构成了一部神奇之书的章节语句，那部永不终结的书就是世上的唯一，确切地说，就是世界。"

(三)乘物游心

《庄子·外物篇》云："饰小说以干县令，其于大达亦远矣。"这是有关小说的最初说法。类似说法还见诸稍后的《荀子·正名》和《汉书·艺文志》等。这些或可表现中国古代对小说的轻视。然而，庄子另有一语，谓"乘物以游心"。若去物而换美，他的这个"美"可就无大不大(至少是超越了经世治国之道)，而再加上一个"游心"，便把"蝶梦"之类的小说提升到了形而上学的高度。

博尔赫斯悉知其详。

前面说过，博尔赫斯重幻想而轻现实，重思想而轻眼睛；他没有来过中国——他心目中的古老帝国，但一直心向往之。我常想，也许正因为他没有来过而心向往之，才对她产生并保持了如此神秘、悠远、美好的想象。在《探讨别集》的第一篇文字中，他也曾有过类似的遐想。他说："……长城，是一位命令世上最谦恭的民族焚毁他过去的历史的恺撒，在我无缘得见的土地上投下的影子（它的性质也许就是规模空前的建设与破坏之间的矛盾）。我们的这个想法可能是自然产生的，与刻意的猜测无关。综上所述，我们或许可以得出这样的推论：一切形式的特性在于形式本身，而不在所谓的'内容'。这符合克罗齐[1]的观点；而佩特[2]早在1877年就已指出，一切艺术都力求获得音乐的特性，而音乐的特性便是形式。音乐、喜悦、神话、时间形态、某些晨暮和某些地方，都想对我们说些什么，或者说过些什么，或者正在说些什么我们不该遗忘的信息。这种将至而未至的启示，也许正是美学的实质。"（《长城和书》）

在《探讨别集》的另一篇文字中，博尔赫斯则直接援引庄周梦蝶："昔者庄周梦为胡蝶，栩栩然胡蝶也，自喻适志与！不知周也。俄然觉，则蘧蘧然周也。不知周之梦为胡蝶与，胡蝶之梦为周与？周与胡蝶，则必有分矣。"（《时间新诂》）

到了晚年，这种乘美游心的境界已然无处不在。在晚年的一首诗、一篇散文或小说中，博尔赫斯写道：

> 玛利亚·科达玛一眼看到了那根手杖。它坚实美观，而且轻得出奇。谁见了都会驻足，驻足就不会忘记。
>
> 我看着那根手杖，觉得它就是那无限古老的帝国的一部分；帝国筑起了长城，开创了一片神奇的天地。
>
> 我看着那根手杖，想起了那位庄周；他梦见自己变成了蝴蝶，之后却不知道是自己梦见自己变成了蝴蝶还是蝴蝶梦见蝴蝶变成了庄周。
>
> 我看着那根手杖，想起了那个工匠；他将竹竿修裁并使之弯曲，让我的右手恰好握住手柄。
>
> 我不知道那个工匠是死是活。
>
> 我不知道他信道还是奉佛，不知道他是否翻阅六十四卦的经书。
>
> 我们永远都不可能谋面。

---

〔1〕 克罗齐(1866～1952)，意大利美学家。

〔2〕 佩特(1839～1894)，英国作家、评论家。

他消失在九亿三千万人中间。
然而，我们之间却有着某种关联。
未必不可能是有人早就预设了这种关联。
未必不可能是世界需要这种关联。

——《漆手杖》，《天数》(1981)

以此为例，完全是因为它与中国有关。但类似的例还有很多，或可涵盖他的所有晚年诗作。

跨进20世纪60年代，博尔赫斯几乎已经失明。他在《创造者》中提到了这个可怕的事实："美好的世界正渐渐将他抛弃……一切都迷离恍惚。当他知道自己正在成为盲人的时候，便情不自禁地要发出喟叹……"紧接着，他又在《盲人之位》上发出欷歔：

远离大海和美好的战斗，
失去的东西更让人留恋，
双目失明的海盗疲惫不堪
蹒跚在英格兰的泥泞路上。

这样的叹息将一直伴随博尔赫斯，至于到了70年代他还一而再再而三地在《盲人》、《关于失明》、《失去的》(《老虎的金黄》)等一系列诗文中重复。

但博尔赫斯并没有因为失明而停止阅读和写作，尽管两项工作均需借助于母亲或其他秘书的帮助。在他以后的漫长岁月中，母亲一直是他的眼睛和笔。当然，一如四五十年代的合作，经常会有一些女性甘愿充当他的眼睛和笔。

与此同时，博尔赫斯向世界迈出了一大步：1961年，由美、英、法、德、意大利和西班牙六家出版机构联合组织的福门托(西班牙马略卡的一个城市)国际诗歌奖"奇怪地"将当年的"福门托奖"授予了博尔赫斯和贝克特。奖金为一万美圆，由博尔赫斯与贝克特平分秋色。对博尔赫斯来说，这是一次意外的奖励。事先他既不知道这个奖项，也不知道人们为什么将他与贝克特相提并论。但事实证明了评奖委员会的眼光。八年后，贝克特获得了诺贝尔文学奖，而博尔赫斯也将被愈来愈多的读者定于一尊(比如有人尊他为后现代主义大师，也有人称他为当代短篇小说的无冕之王)。同年10月，他应奥斯汀得克萨斯大学的邀请赴美讲学。美国同行的友好以及美国学生对文学的浓厚兴趣给他留下了深刻的印象。讲学已毕，他在母亲的陪同下顺访了哈佛、耶鲁和哥伦比亚大学。翌年2月，回到布宜诺斯艾利斯时，阿根廷文学院接纳他为该院院士。此后，他接连收到来自欧洲的邀请函。但他的欧洲之旅因为母亲的差旅费迟迟未能落实而拖延至1963年。这次欧洲之旅使他有机会回到西班牙并拜访风烛残年的西班牙老师坎西诺斯－阿森斯。在日内瓦期间，他顺利地找到了当年的同学。之后，他们还一同到了巴黎。博尔赫斯向来不太喜欢巴黎。相反，他对伦敦情有独钟，认为那里处处洋溢着诗的伟大气息。显而易见，他的骨子里流淌着更多的英国文学的血液，因而免不了爱屋及乌。3月，他意兴盎然地回到布宜诺斯艾利斯。这时，国家艺术基金会的一个大奖正等着他呢。1964年，他又应德意志联邦共和国的邀请访问柏林，参加国际笔会。陪同的是他的老朋友玛利亚·埃斯特·巴斯克斯。继而又回到巴黎参加联合国教科文组织的纪念莎士比亚大会。之后，他又重返伦敦。之后的之后，他被授予不列颠爵士勋位。总之，各种荣誉纷至沓来，缪斯向他张开了双臂。据不完全统计，20世纪60年代以后，博尔赫斯共接受二十余所大学的聘请（或被授予荣誉博士学位），二十几个机构向他颁奖或授予勋章（其中包括西班牙的塞万提斯奖和智者阿方索大十字勋章）。

这一时期，博尔赫斯仍顽强地坚持创作，但作品的篇幅愈来愈短。1979年结集出版的《讲演集》（包括一个序言和五篇讲演稿：《书籍》、《不朽》、《斯维登堡》、《侦探小说》和《时间》）、1980年结集出版的《七夕》（包括《神曲》、《梦》、《一千零一夜》、《佛教》、《诗歌》、《犹太教神秘哲学》和《失明》）及关于但丁的九篇文字算是例外。这些作品创作于不同时期，其中多数篇什当是他在完全失明之前完成的，一如他的大量序言和读书札记，重复现象也愈来愈明显。

《布罗迪的报告》(1970)和《沙之书》(1975)是他最后两个比较完整的短篇小说集。其中，《布罗迪的报告》中的序言几乎涵盖了后期博尔赫斯的创作思想：

> 不知何兴之所至，会让我想到写作这样简明扼要的小说。我不敢说它们简单，因为世上的文字没有一字一句不是宇宙的反映，而纷杂是最显著的宇宙属性。我只想说明我从来不是，现在依然不是过去所谓的寓言作家、现在所谓的介入作家。我没有成为伊索的奢望。我的这些故事，就像《一千零一夜》，只为使人感动，给人消遣，而并不想醒世说

教。如此目的并不意味着我要躲进象牙之塔。我有我的政治信仰，人们都知道我是保守党人，它说明我对一切都抱怀疑态度……我相信我们早晚不该有什么政府。即使在最艰难的日子里，我也从不隐瞒自己的观点，但我并未让那些观点影响我的文学创作，惟有中东六日战争带来的情绪是个例外。文学活动有其神秘之处……

拿这段话来说明后期博尔赫斯的创作真是最好不过。

《布罗迪的报告》共收入十一篇作品，平均长度约合中文四千字左右（用他自己的话说，是他“舍弃了巴罗克故弄玄虚的做法和出人意料的结局”）。就题材而论，它们多半属于刀客和仇杀的故事。博尔赫斯对这些故事（或传奇）情有独钟，这可能与前面说过的祖先（戎马）的历史以及他本人（或者潜意识中）的刀剑情结有关。

第一篇《第三者》就写了博尔赫斯热衷的那类纠葛与凶杀。主人公是一对性格孤僻的兄弟：尼尔森兄弟。他们很少与人交往，家里只有马匹、匕首和烧酒。一天，哥哥克里斯蒂安从别处带回一个女人来，她叫胡里安娜。不想弟弟也看上了她。不久，哥哥又要出门，于是就把胡里安娜让给了弟弟。从此往后，兄弟俩开始分享这个女人。有人禁不住发表议论，结果遭到了弟弟的痛打。事后兄弟俩经过商量，决定把惹麻烦的胡里安娜卖给镇上的妓院。

他们果真这么做了，并将所得一分为二。但兄弟俩虽然嘴里不说，心里却依然惦念那个女人。有一次，哥哥又说要出去走走，让弟弟自己支配时间。结果，当哥哥赶到镇上时，弟弟已经在妓院门口排队等候胡里安娜了。于是兄弟俩认为不如把胡里安娜赎回家来得方便。这样一来，他们又回到了从前。最后，为了不至于使兄弟俩反目成仇，哥哥杀死了胡里安娜。故事被告之发生在19世纪末年的布宜诺斯艾利斯近郊。叙述者是那个替哥哥守灵的尼尔森。小说果然干净利落。

第二篇《宵小》用第一人称叙述。首先是一个必不可少的过门（博尔赫斯的作品经常会有这样的过门），交代第一叙述者与第二叙述者的关系，然后再由第二叙述者把故事敷衍开来。这里的第二叙述者是书店老板，他向第一叙述者讲述自己鲜为人知的过去。事情当发生在19～20世纪之交，可以说是相当单纯。主人公“我”有一个带匕首的好勇斗狠的朋友，此人叫费拉里。他们的友情建立在费拉里对“我”的信任，以及“我”这个胆小鬼对费拉里的崇拜上。有一次，费拉里准备率团伙盗窃一家纺织厂，请“我”望风。

"我"竟事先跑到警察局去告密并配合警察端掉了费拉里一伙。费拉里在混乱中被警察故意打死,"我"却获得了自由。

第三篇《罗森多·华雷斯的故事》,形式上同第二篇相仿。第一个"我"听第二个"我"讲故事。第二个"我"叫罗森多·华雷斯,他年轻时总带着刀子,而且杀过人。死者是个叫加门第亚的小伙子。经过无数次打斗,罗森多终于杀死了加门第亚。警方抓走罗森多,但没有把他怎么样,而是给了他将功折罪的机会。从此,他必须服服帖帖地替人卖命。做的事情多了,他便有了名气。一次,一个冒失鬼向他挑衅。他的女友又把刀子塞进他手里,但他放弃了格杀,因为他在对方身上看到了过去的自己。他扔掉匕首,任由别人骂他窝囊废或者胆小鬼。他到了乌拉圭……罗森多与《马丁·菲耶罗》中的克鲁斯如出一辙。而且,博尔赫斯曾经以类似的方式演绎过克鲁斯的故事。

第四篇《遭遇》的主人公与其说是人,不如说是匕首。匕首是有灵性的,博尔赫斯多次提到这种神秘的灵性。故事发生在多年以前的一个夜晚,主人公"我"等一行十余人来到朋友的庄园参加一次聚会。夜已深沉,可是谁也没有顾忌时间的流逝。有人在玩牌。"我"被庄园的主人带到他的收藏前欣赏各种武器。其中相当一部分刀剑是被用出了名的。"我"问武器中有没有加乌乔好汉莫雷拉的匕首。回答是没有,但他不甘示弱地取出一把一模一样的 U 形柄匕首。这时,玩牌的因为有人作弊而嚷嚷开了。结果,一个叫乌里亚特的人怒气冲冲地要跟一个叫顿肯的人决斗。有人在一旁说武器是现成的。于是乌里亚特径直奔向了那把 U 形柄匕首,而顿肯则随便操起了另一把刀子(木柄上刻着一棵小树)。最后,乌里亚特的匕首刺进了顿肯的胸膛。多年以后,"我"每每回想起这件事情,总觉得"格斗的是刀子,而不是人"。两件凶器曾分别属于两个大名鼎鼎的刀客,一个叫胡安·阿尔马达,另有一把属于胡安·阿尔曼萨。他们两人所以成为冤家,是因为人们经常把他们搞混。"物比人长寿。谁知道故事会不会就此结束,谁知道两把刀子会不会再度相遇。"这就是小说的结语。

倘使如博尔赫斯所说,前面诸篇是"现实主义"的,那么匕首这种富有灵性的物件是否又将博尔赫斯拉回到了神秘主义的想象呢。

《胡安·穆拉尼亚》发生在巴勒莫。博尔赫斯曾经在那里居住,并写过一本叫做《埃瓦里斯托·卡列戈》的小册子。但是有一天,有人对他所描述的刀客恶棍提出了怀疑。那人自称是巴勒莫最有名的恶棍胡安·穆拉尼亚的外甥,对他讲述了一个故事:胡安·穆拉尼亚死后,他的遗孀便把他和他的匕首混为一谈,甚至握着他的匕首杀死了曾经蔑视过他的人(尽管她把这一壮举归功于她的男人、匕首的主人)。于是,博尔赫斯有了这样一番感喟:“我仿佛从她的故事里看到了一种或者无数种象征。胡安·穆拉尼亚曾在我所熟悉的街上行走,是有血有肉的男人,他品尝了死亡的滋味,后来成了一把匕首,现在是匕首的回忆……”

这种唯心主义的神秘主义在博尔赫斯作品中时有出现。它与西方唯心主义哲学,尤其是西方宗教神学传统和现代西方文艺的怪诞倾向密切相关,也是博尔赫斯刻意追求神秘色彩的必然结果。

《老夫人》是另一篇记叙阿根廷历史的文字,像散文,而且有点杂乱。文中老夫人的父亲是一位参加过独立战争的上校,因而,到了1941年1月14日,她被认为是独立战争英雄们硕果仅存的后代。而这个满脑子过去的后代,则注定要成为百年前那场马刀长矛混战的最后一个牺牲者:一天,她被告之有要人来访,于是忙了个不亦乐乎。最后是一篇众所周知的官样文章,有政要,有人群,还有媒体耀眼的闪光灯。但几天以后,老夫人溘然去世。故事很简单,几乎毫无神奇可言,它或可说是博尔赫斯最富有现实讽刺意义的作品之一。

但接下来的《决斗》又回到了博尔赫斯的深沉:关于艺术标准的讨论。讨论假借画坛的两个对手的竞争渐次展开,其中的不少议论体现了博尔赫斯的美学关怀。比如:“传统和创新、常规和探索之间并不存在对抗,实际上传统是由长年累月的探索形成的”。又比如:“既然音乐可以创造一个特有的声音,那么作为其姐妹的绘画,当然也可以尝试创造出见所未见的色彩、前所未有的形态。”同时,有些感喟则使我们非得联想到艺术领域的某些“有心栽花”和“无意插柳”现象,比如“她想走现代派的道路,却被现代派拒之门外”。然而,博尔赫斯最终想要叙说的,仍然是某重带有神秘色彩的对抗现象:两个艺术家(或者不同流派)通过笔下作品展开的“微妙的决斗”。“其中既无失败,也没有什么胜利……惟有我们不了解其审美偏好的上帝才能授予最后的桂冠。”

另一篇《决斗》是一次残忍的游戏。对这种游戏的嗜好多少表现出博尔赫斯至少是潜意识的某种原始野性与冲动。有两个加乌乔人,因为莫名其妙的缘故结下冤仇,结果命运安排,两人被双双收为乌拉圭白党战士。在一次战斗中,乌拉圭红党获胜,两个加乌乔人成了俘虏。指挥官对他俩的恩怨早有耳闻,便突发奇想,让他们以跑步的方式进行决斗。起跑前他们各挨了一刀。结果,其中一个倒下时双手前伸,获得了胜利,尽管他自己对此也许根本不会知道。

《瓜亚基尔》取材于玻利瓦尔和圣马丁的历史性会晤。这次著名的会晤于1822年7月26日发生在瓜亚基尔。适值南美独立革命由僵持走向胜利，而独立革命的两位伟大领导者的这次历史性会晤恰恰又导致了其中一个(圣马丁)的急流勇退。整个会晤过程在绝密状态下进行，事后无人知道其间发生了什么。因此，时至今日，瓜亚基尔会晤一直是南美历史上最令人费解的一个谜。小说假托发现玻利瓦尔的相关信札而展开，主人公"我"奉命调查信札事宜，结果半路杀出个"程咬金"，生生地抢走了这个难得的差事。

故事实际上只是个借口。重要的是竞争者拥有比主人公"我"更为强大的意志，诚如他所说的那样："两人交谈时说什么话都无关紧要。两人在瓜亚基尔相遇，其中的一个压倒了另一个，是因为胜出者具有更为坚强的意志，而非他能言善辩。您明白，我永志不忘叔本华……"那个人甚至说："语言，语言，语言。连莎士比亚这样无与伦比的语言大师，也鄙视语言。"于是，主人公感到在他们之间发生了什么，他们仿佛已经不是原来的他们。这篇文字清冷地回到了博尔赫斯的哲学偏好：博尔赫斯和竞争者有如玻利瓦尔和圣马丁，事情也许就这么简单。

《马可福音》更像是一篇宗教故事，但思路与《瓜亚基尔》相同。故事发生在一个偏僻蒙昧的庄园。主人公埃斯比诺萨或可视为博尔赫斯的影子："除了善良之外，几乎不值一提。他虽有口才，但不喜欢辩论，宁愿对话者比自己有理；他虽喜赌博，但总是输多赢少，因为赢钱使他不快；他聪敏开通，但生性懒散，三十三岁了还没有找到对他最有吸引力的专业，因此始终没有毕业。他父亲和同时代的绅士们一样，是自由思想者，一直用赫伯特·斯宾塞的学说教导他，但母亲每每出门去蒙得维的亚之前，都教他念天主经、画十字……"一次，埃斯比诺萨应表兄之邀到遥远的白杨庄园度假，但表兄本人却因故离开了庄园。于是，陪伴他的只有管家古铁雷一家三口。故事就发生在主人公和几近蒙昧的古铁雷一家之间。当时天下了雨，庄园被神话中的洪水团团围住。因为闲得无聊，主人公在缺乏文化气息的庄园里随便找了一些读物来念。一天，他找到一本英文版《圣经》，便挑了其中的《马可福音》念给古铁雷一家听。没想到一家人的原始信仰竟伴着原始冲动被激发出来。一家人对主人公崇拜得五体投地，仿佛他就是耶稣基督，以至于某一天，管家的女儿裸露着身子把自己虔诚地奉献给了他。最后，一家人拆了房梁制十字架，将《圣经》中的那一幕搬进了现实生活。

念《圣经》的埃斯比诺萨成了牺牲的耶稣基督，一如学者博尔赫斯成了圣马丁。

《马可福音》被博尔赫斯认为是该集的上乘之作，大致情节取自友人的一个梦。“说到底，文学无非是有稽之梦。”博尔赫斯如是说。这种观点更让人想起以前的《曲径分岔的花园》中的博尔赫斯。

《布罗迪的报告》似乎也要返璞归真，回到《特隆》的境界。所不同的是特隆建立在伟大的“家”们的超前想象之中，而布罗迪记叙的雅虎人类却茹毛饮血地回到了原始。小说以博尔赫斯习惯的手法展开：“我”在一套“莱恩版”《天方夜谭》里发现了布罗迪的手稿(报告)。“手稿末尾有大卫·布罗迪的红色花体签名。此人生平不详，只知道他生于阿伯丁，是位传教士，曾在非洲中部传教，后来又去了巴西的原始丛林(因为他会葡萄牙语)。我无从查考他的生卒年月和去死地点。而且据我所知，他的这份手稿从未在任何报刊登载。”然后便是那份伪托的报告，它是关于所谓雅虎人的一连串奇谈怪论：首先，除了国王、王后和巫师，他们居无定所，也没有姓名。他们赤身裸体，与人打招呼的手段是向他扔一块泥巴或者就地打滚。他们的皮肤呈古铜色，但并不过分黝黑。他们以植物、爬虫和腐败的尸体为食。他们甚至撕噬国王或巫师的尸体，以便沾一些仙气。其次，国王至高无上，但真正的权力却掌握在四个巫师手中。巫师们在新生儿中挑选国王，如果发现身上长胎记，即尊为国王。接下来是刺瞎眼睛，剁掉手脚，以免外界转移其圣明。王后与国王分居，她很年轻，且面带笑容。以雅虎人而论，她算是美女。她同样赤身裸体，用鼻子嗅布罗迪，用手触摸他，最后要委身于她。这被认为是最高的恩典，享受这种恩典的只有巫师和功勋卓著的武士。凡是对王后非礼或者当着别人吃东西的人都被认为是有罪。罪人先要经受种种折磨，然后由众人用石头将其砸死。王后有权扔第一块和最后一块石头。最后，众人欢呼王后生殖器官的美丽并朝她抛恶臭难耐的食物。四个巫师法力无边，可以随意把别人变成蚂蚁或者乌龟。他们尊奉粪土神，也按照自己的想象有天堂地狱之说。天堂地狱都在地下，前者泥泞黑暗，是国王、王后、巫师和武士们死后居住的地方；后者明亮干燥，是普通人、猿人、阿拉伯人和豹们死后的寓所。部落的另一种特殊成员是诗人。他吟诗(其实是六七个胡乱连缀的字)，巫师和众人便会趴在他的周围敬畏地倾听。但是一旦他的诗句激起惊恐，他便不再是人，而是神了。这样一来，谁都可以诛杀他。布罗迪认为雅虎人并非人们想象中的原始野蛮部落，而是由文明退化的。“我在山顶上发现的铭文证实了这一点”。此外，雅虎人记性极差，一般只能记住上午发生的事情，却对即将发生的事情有预见。

《沙之书》(1975)是博尔赫斯的最后一个相对完整的短篇小说集。博尔赫斯在《布罗迪的报告》“序言”中说过：“语言是一种传统，文字是约定俗成的象征；即便再独出心裁，所能做的也极其有限；我们不妨想想马拉美或乔伊斯，其不同凡响而又高深莫测的作品，尽管合乎情理，却可能令人疲惫。”这些表白多少蕴涵着他后期的无奈与了悟。所谓无奈是创作灵感的逐渐枯竭（在前面已有涉及），它既表现为大量的题材重复，也体现于形式（包括语言）的雷同。所谓了悟，这是他的自知之明的高超。不得不承认，博尔赫斯有足够的自我辩解、自我解嘲的勇气。

《沙之书》共辑录小说（或散文）十三篇，重复现象尤甚。

《另一个》与《博尔赫斯和我》雷同。故事发生在 1969 年 2 月，地点是美国康桥（或译剑桥）。博尔赫斯（或称老博尔赫斯）独自坐在一条长凳上，不一会儿，发现长凳的另一头坐着另一个博尔赫斯（或称小博尔赫斯）。于是也便有了两人之间的一次对话：老博尔赫斯说，“您是豪尔赫·路易斯·博尔赫斯，我也是豪尔赫·路易斯·博尔赫斯。目前是 1969 年，我们俩在康桥”。可小博尔赫斯却说那是在日内瓦。于是对话从 1914 年的日内瓦开始，提到了让博尔赫斯尴尬了一辈子的杜福尔广场。因为彼此知道自己（也是另一个）的过去，小博尔赫斯说：“如果我在做梦的话，你当然知道我所知道的事情。”老博尔赫斯反诘说：“如果今天早上和我们的邂逅都是梦境，那么我们都得认为做梦的是自己，而不是对方。也许我们已经清醒，也许我们已经接受了梦。”接着，他们谈到了父母。老博尔赫斯说母亲身体依然硬朗，而父亲却已然离别人世三十多年。而小博尔赫斯却说父亲活得挺好，还老是取笑宗教信仰。老博尔赫斯开始不无偏见地讲述两次世界大战以及之后发生的许多情况，说“俄国人正在霸占全世界；而美国却迷信于民主，下不了称霸的决心”。老博尔赫斯发现小博尔赫斯对此毫无兴趣，就问他手里拿的是什么书。之后，他们从书谈到了博尔赫斯的早期阅读与创作。至于创作，小博尔赫斯谈到了那本关于被压迫、被剥削人民的《红色诗篇》。老博尔赫斯对“人民”一词不屑，认为它只是个抽象概念。如果说有人存在，存在的只是个人。他不是我，昨天的我也不是今天的我。诸如此类，不一而足。最后，为了证明各自的存在，他们彼此交换了信物（有点儿像柯尔律治之花）：老博尔赫斯交给小博尔赫斯一张 1964 年印制的美钞，小博尔赫斯则随手掏出一枚世纪初流行的法郎。他们约定第二天仍在这个老时候、老地方见面，但心里都明白对方在撒谎，因为奇迹是不可能重复的。老博尔赫斯甚至把硬币扔进了河里。没有证据，孰真孰假也就永远无法验证了。

多年以前，西班牙作家乌纳穆诺曾经以《另一个》为题写过一篇文字；多年以后，加西亚·马尔克斯以《另一个》为名办了一份报纸。至于他的《另一个》，博尔赫斯自称是受了斯蒂文森的影响，所谓双重性或两面人。

此后，博尔赫斯又以《1983 年 8 月 25 日》为题写了一篇几乎完全相同的两个博尔赫斯的故事。

评论界始终热衷于谈论两个博尔赫斯，有深奥玄妙的哲学、心理学的诠释，也有宗教、神秘主义的猜度。我比较喜欢从比较纯粹的文学想象的角度揣摩博尔赫斯的心境。当然他的心境浸染甚至充溢着哲学的玄奥、宗教的虚妄。我把博尔赫斯的"双重性"看做他自我表现的一种简单易用的手段，既富有文学性(并非他所有的作品都如此强烈)，又不失为玄妙。而这二者在他又通常是密不可分的。

《乌尔里卡》是另一篇富有自传色彩的作品，几乎是《阿莱夫》的一面镜子，或者相反。因此，博尔赫斯在《沙之书》"后记"中所谓的"唯一的爱情小说"的说法，值得怀疑。小说用第一人称讲述了同乌尔里卡的一次艳遇。乌尔里卡和贝雅特里斯一样修长纤细。主人公这一观点接近索绪尔的符号约定俗成说。

在一种比爱情更为强烈的欲望的驱使下，第一次也是最后一次占有了乌尔里卡的肉体。但它本质却是对萨迦故事(《沃尔松格萨迦》中的传奇人物西古尔德和冰岛女王布伦希特的短暂爱情)的演绎，一如《阿莱夫》之对于但丁《神曲》。顺便说一句，正如他对于所有遥远和奇崛情有独钟，博尔赫斯一直保留着他对维京人和萨迦的偏好。

《代表大会》援引狄德罗的话作题词，写道："他们朝一座雄伟的城堡走去，看到城堡上有这么几行文字：'我不是任何人，我是全世界。你们来时经过这里，走时还要经过这里。'""代表大会"便是这样一座形上城堡，既有点卡夫卡(《城堡》)的味道，又有点特隆的色彩。但不同的是代表大会由一个"实实在在"的人所发明和控制。此人叫堂亚历山大·格伦克爱，政途受挫后萌发了一个旷世奇想：举办一次世界代表大会。当然，这是一个类似乎特隆的建构，只可意会，不可言传，因为它只存在于代表们的心里，是一个纯精神的理想王国或一次纯理想的精神游戏。主席堂亚历山大·格伦克爱始终在会议中心，尽管真正的主持似乎是另一个叫特威尔的人。特威尔对堂亚历山大竭尽奉承，同时建议会议不断扩充。堂亚历山大对他有求必应。于是，周边无限扩大，像世界，也像人的心灵。主人公"我"和主席同名不同姓。堂亚历山大似乎被主人公的名字打动，批准了他的入会申请。从此往后，这个青年人和其他代表一样，被逐渐抹去了个性。因为"代表大会(它一直给我以似梦非梦的感觉)仿佛并不希望代表们了解会议的宗旨,甚至知道同人的姓名。我很快明白,我的职责是避免提问。"叙述舒缓得有些散漫,有敷衍,有赘述,有匕首和斗殴,还有《阿莱夫》中的贝雅特里斯或另一个贝雅特里斯。贝雅特里斯亭亭玉立,秀丽可人。她当时不满20岁,不久便成了"我"的情人。"我"向她求婚,但她却像别的易卜生信徒那样不愿被婚姻之类的事情束缚。然而,"她说出了令我难以启齿的那一个词。噢,分享夜色温馨朦胧,爱情像隐秘的小河悄悄流淌。噢,两人合而为一的时光,纯真的幸福时光。噢,欲神欲鬼的结合,梦一般的升沉。噢,晨光熹微,我凝视着她。"这段描写是对《乌尔里卡》的重复,而且之后是一样的没有之后的离别:"她认为离别是多此一举,是庆祝伤心。她讨厌多此一举。"

《代表大会》在这个集子中篇幅最长,而它恰恰写于20世纪50年代。

《事后》用第一人称叙述"叔叔"。故事开了个好头:"我……接到叔叔故世的消息,失去亲人的人们都能感同身受地感知我当时的感觉:懊悔没能待他更好些,而今再悲痛也是枉然。人总是忘记,只有这时才可能真的与死去的人交谈……"以下便是"我"的回忆或者交谈。生前,叔叔是个铁路工程师、自由思想家,对神学感兴趣是为了探索它的奥秘。他喜欢谈论贝克莱的唯心主义哲学,还能用象棋解释悖论,如此等等。他死后,"我"怀着极大的好奇走访他的故居。买下那座红房子的主人叫马克斯。他是用高价买下的,人们都说买主是个怪人,毁坏了房子原本的结构。那天夜里,"我"失眠了。天快亮时,却迷糊睡去,还梦见了意大利画家皮拉尼西的迷宫。通过放大镜,"我"梦见了牛头怪。它躺在地上,仿佛正悠然入梦。"它梦见了什么,梦见了谁?"最后,又是个夜晚,"我"来到红房子,发现餐厅和书房被拆除了,成了空荡荡的大屋。地上仿佛铺满了青草,散发着甜腻腻的气味。"我"爬上楼去,看到了一张怪异的大床,床成U字形;旁边有一面同样怪异的镜子,呈V字形。这使"我"想起了拉丁诗人卢卡努斯的《法萨利亚》,书中出现过"两头蛇"。这又加剧了"我"的恐惧。正当"我"准备逃走时,门外响起了杂乱的脚步声。故事就此终止。但萦绕在读者视阈、回荡在读者听阈的一定是这个"事后"的疑问。事后既是叔叔死亡之后,也是叙述者"我"的发现之后。这两个之后与神话中的迷宫联系起来,也便有了小说的气氛、小说的力度,尽管无论怪物还是迷宫在博尔赫斯均非鲜论。

有批评认为马克斯是叔叔的还魂或者影子,这或许揭示了小说艺术的一个层面(而且足可与《法萨利亚》的两头蛇相对应),但依我看他却只能是博尔赫斯迷宫的简单道具。

《三十教派》伪托一部同名拉丁文原稿的发现(原稿佚名),叙述了"三十教派"的故事。"……教派成员历来不多,新皈依的教徒更是寥寥无几……他们往往赤身裸体。"关于教派的名称,存在着种种猜测。有人说三十是教派的人数,另有人说三十(肘)是挪亚方舟的高度,又有人说三十是每月的天数,也有人说三十是救世主受洗的年龄,还有人说三十(年)是亚当成人的时间。再就是说三十是神道的数目。但是,叙述者(原稿作者)在基督教的教义中、在耶稣蒙难的血腥里,悟到三十的来历:"……仁慈的上帝给我恩赐,让我发现了教派名称的由来:鲜为人知的缘由。教派发源地克里奥孜迄今还有一座叫做三十钱币的小庙。这个古老的名称为我提供了线索。在十字架的悲剧中(我怀着虔敬写下这几个词)有自觉和非自觉的演员。但每一个都必不可少,至为重要……尽管自觉的人只有两个:救世主和犹大。犹大扔掉作为拯救灵魂代价的三十钱币,随即自缢……"原稿还写道:该教教徒到了一定的年龄便以先人为范,在山冈上任人折磨,直至被钉上十字架。这个故事富有宗教神秘主义色彩,但符合博尔赫斯伪托的习惯、重复的嗜好以及追根究底的偏爱。小说形式上无异于《布罗迪的报告》,内容则可能是《关于犹大的三种说法》的重复或赓续。在《关于犹大的三种说法》中,博尔赫斯就假借伪托的尼尔斯之口,作出了这样的艺术推测:"耶稣每天在犹太人聚会上宣扬教义,在数千人面前创造奇迹,根本用不着他的门徒来指认他、出卖他。然而,指认的事毕竟发生了……因此,犹大卖主并非偶然,而是预先安排的,以便在耶稣舍身救世过程中占有神秘的位置。……犹大以某种方式反映了耶稣。由此产生的三十钱币、出卖之吻和扔钱自缢,乃是为了更加心甘情愿地被打入地狱。"

《天赋之夜》也是在"道听途说"中展开的,起先同样富有哲学意味(因为在谈论柏拉图和认识论)。但一位老者的介入改变了话题。他说实际上谁也记不清第一次看到黄色抑或黑色是什么印象,也记不清第一次尝到某种水果是什么滋味,但是有一些第一次却令人终身难忘。于是他讲了下面这段经历:土匪莫雷拉的袭击以及莫雷拉被警方杀死的经过。这个故事来自埃德华多·古铁雷斯(《胡安·莫雷拉》)。

好在故事套着另一个故事:莫雷拉袭击酒店时,"我"与"女俘"的奇遇。当时,"我"十几岁,被人带到酒店去见世面。在那些女人当中,"我"看到了"女俘"。人们请她讲述她的那次奇遇。于是,"女俘"回忆起多年前发生的一次印第安人的偷袭。没等女俘说完,莫雷拉袭来了。酒店一片混乱。这时,"女俘"救了"我":她把"我"带进她的房间,脱掉了外套。"我"在她身边躺下。“我”伸手摸了摸她的脸。两人没有交谈，也没有接吻。“我”还解开了她的长辫，抚弄她的直发，然后抚摩她的身体。故事中的故事戛然而止。

如果说莫雷拉让人看到的是卡列戈或比比皆是的刀客恶棍，那么“女俘”绝对令人迁思杜福尔广场之夜(博尔赫斯曾在《另一个》明确提到它)。

《镜子与面具》使人想起《死亡与罗盘》，诗人写出的那句使国王和诗人自己遭到厄运的诗，或者就是禁止说出的那个上帝的名字。小说的形式酷似《皇宫的寓言》。

国王战败了挪威，请诗人作诗歌颂自己的功绩。诗人用了一年的时间创作了一首诗，诗歌集爱尔兰文学之大成。国王听了很高兴，奖给他一面镜子。但国王似乎并不满足于此，他又给了诗人一年的时间请他继续写诗，诗人照办了。第二年，新诗作成，诗人疙疙瘩瘩、藏藏匿匿地念过了。国王觉得新诗很玄妙，有人听不懂是因为他们水准不够。于是，诗人得到了新的奖励：国王赠予的一个金面具。但国王并未就此罢休，他请诗人继续作诗(他们提到了“三位一体”)。某一天诗人创造了奇迹，他吟诵的这首诗只有一句。国王跟着念了这一句诗。结果，二人面面相觑，面无血色。诗人因为这首无与伦比的诗，达到了美的最高境界。国王只好给他一把匕首。诗人自杀了。国王变成了乞丐。

《乌恩德尔》是《镜子与面具》的一个续篇，或者是《镜子与面具》、《死亡与罗盘》的一种变奏。“乌恩德尔”(Undr)，和“特隆”一样，都是博尔赫斯杜撰的一个名词。小说伪托不来梅诗人的一个手稿，讲述了冰岛诗人和教士乌尔夫的故事：乌尔夫听说古老的乌尔诺王国的诗歌只有一个单词，就开始寻找这个王国。经过一番周折，他终于找到了这个地方。它是一座用圆形围墙包围的城市，两个广场的两根柱子上分别悬挂着象征生命和永恒的黑鱼和圆盘。乌尔夫明知道国王有杀戮外人的嗜好，可为了探询诗(美)的秘密还是勇敢地前去拜谒。他用世俗或者通用的语言赞美卧病在床的国王，看见国王的枕头下果然露着匕首的寒光。但国王并没有急于杀人，他送给乌尔夫一枚戒指。接着，有人弹着竖琴，唱出了乌尔夫用世俗的语言绝对无法企及的那个完美的词。在场的人无不激动泪流。乌尔夫也是。虽然吟唱的始终只有一个词，但所有听众都希望它无限重复，因为它道出了生命的真谛。离开王宫后，乌尔夫遇到了另一位吟唱诗人，那人对他说：“你很快就要死了，因为你听到了那个词。”他还被告之，逃脱厄运的唯一途径是找到那个词。于是，乌尔夫开始了更为艰难的探寻。历尽大喜大悲之后，乌尔夫回到了乌尔诺。吟唱诗人已经奄奄一息。乌尔诺向他诉说了旅途感受。吟唱诗人唱出了“乌恩德尔”，意思是“奇迹”。乌尔夫顿时感到全部的生命体验原来都在这个词里：“我从他的歌声里听到了自己的磨难：给我初吻的女奴，死于我手的男人，寒冷刺骨的清晨，阳光初露的水面，使船航行的木桨。我拿起竖琴，用全然不同的词吟唱起来。‘这就对了，’那人说，声音微弱模糊，‘你终于明白了。’”

生活即诗也罢，愤恨出诗人也罢，痛苦出诗人也罢，总之是：诗需要真情实感。这也许就是诗的真谛，美的真谛。然而，博尔赫斯对此常常有所忽略。或者，他企图（上帝似的）站在更高的（形而上的）境界俯视一切：寻找终极意义。无论生活，无论诗歌，为超然而超然，这也许既是博尔赫斯的了悟，又是博尔赫斯的盲点。

《厌世者的乌托邦》是《布罗迪的报告》的一个翻版。世人不满足于现状，总是寻寻觅觅，但最后找到的也许既不是宗教里的天堂，亦非诗人笔下的乌托邦，而是自己内心深处的一个（形而上学的）角落。叙述者“我”（姓阿塞韦多，1897 年生于布宜诺斯艾利斯，已经七十多岁，教英美文学，写幻想小说）在一个近乎蛮荒而又单调的处所遭遇了一个奇人，一个未来人。他不用钟表，只用滴漏；不说世俗方言，只讲拉丁语；不苟言笑，只求忘掉记忆；没有姓名，因为活在现时；无须钱财，只为虚构生存……他或他们已告别（超前）我们几个世纪：“我们几个世纪前就放弃了宇宙航行。宇宙航行固然奇妙，只不过我们无法逃避此时此地。”他或他们取缔了印刷，摆脱了爱情和友谊，愿生就生，愿死即死（他们拥有阿道夫·希特勒传下来的焚尸炉）。他或他们从事一门技艺，研究哲学、数学，或独自下棋。最后，他送给“我”一幅画，却似画非画，因为画布几乎空白；他送给“我”一支曲，却是曲非曲，因为“我”几乎听不到声音（我们古人所谓的“大象无形，大音希声”，或许也有这层含义。或者，至少博尔赫斯是这么理解的）。但它们可能是至善至美的，一如这个无为或者四大皆空的未来世界。

凡此种种，岂不令人迁思我们的隐士文化以及隐士文化所追求的某些返璞归真的境界。

《贿赂》是《瓜亚基尔》的一个影子。小说缘起一次机会：代表某校参加全美日耳曼语系学者代表会议。候选人有两个（古英语学者洛克和博学的埃纳尔松教授），但名额只有一个。僧多粥少，于是，微妙出现了。冰岛人埃纳尔松一箭双雕，向对手及有决定权或推荐权的古英语教授温斯罗普博士进行抨击。埃纳尔松在《耶鲁学报》上发表署名“埃·埃”的批评文章指出，以《贝奥武甫》（洛克几乎为此倾注毕生精力）作为英语文学教学的开端，就是拿弥尔顿的复杂诗句作为英语教学的开端。因为这部英雄史诗年代过于久远,修辞风格又有模仿维吉尔之嫌。他建议对现有教学略作调整,即把古英语文学消亡、现代英语文学兴起的 11 世纪作为开端。至于令人“厌烦”的《贝奥武甫》,他认为节选一个片段即可。整篇文字曲尽其妙,既没有点谁的名,也没有涉及代表资格竞争。但文章发表后,人们议论纷纷,谁都知道这篇文章的作者是埃纳尔松。温斯罗普博士明显有一种被冒犯的感觉。一天,温斯罗甫博士履行了推荐职责。当天下午,埃纳尔松就接到了会议通知。起程前一天,他跑到温斯罗普博士的办公室表示感谢。之后是两人之间的开诚布公谈话(或可说是埃纳尔松的独白)。他坦白:“我知道支配您的是美国人奇特的公平精神。您首先希望做到公正……我便决定利用我的小小发明。我知道抨击您一贯遵行的教学方法是取得您支持的最好方式。”

因此,“贿赂”是带引号的,但与《瓜亚基尔》的制胜之道有异曲同工之妙。

博尔赫斯在作品中声东击西(这也是他惯用的手法),提到了埃纳尔松的绰号“红色埃里克”。作品的外延(或谓照应)也就伸向了遥远的《文兰萨迦》以及红色埃里克卷入的那场仇杀。

《阿韦里诺·阿雷冬多》虽有刀客类小说的影子,但终究算得上是一篇别出心裁的文字。其中的阿雷冬多已非单纯的刀客恶棍。他在经历了漫长的幽居和等待之后,独自策划了一起暗杀行动,而且对象是共和国总统。小说取材于乌拉圭总统胡安·伊迪亚尔特·博尔达(1844—1897)遇刺事件,尽管简单的暗杀本身只有一句话(“他拔出手枪,扣动扳机”)。博尔赫斯看重的是杀手的心理状态。在漫长的策划和等待过程中,杀手阿雷冬多将自己幽禁起来,“以免牵连任何人”。他忍受了别人的误解甚至嘲弄,忍受了与情人的分离,盲人似的“让时间缓缓流去”。他独自下棋,但从未下完一盘。棋子丢了,就用一颗子弹或一枚铜板胡乱代替。他每天早晨用抹布和扫帚打扫房间。他发现把时间分成块块是个错误。他甚至不止一次地到达无时间境界。类似的感觉不是什么人都可以有的。博尔赫斯说过,失明之前,假使什么也不干待半小时,他会发疯的。他必须阅读。之后就不同了,他可以独处很久。“我不在乎长时间的火车旅行,不在乎一个人住旅馆或单独在街上行走……”博尔赫斯说。[1]“如今我在这漫漫度日……”博尔赫斯还说。[2]

---

〔1〕 转引自《博尔赫斯传》,第 395 页。

〔2〕《亚当是你的灰烬》,《夜晚的故事》(1977)。

《圆盘》来自欧几里得几何，但在这里却变成了《乌恩德尔》之类的寓言。流浪汉手里捏着一枚金币似的小圆盘。据说谁拥有这个小圆盘，谁就是国王。"我"起了贪念，趁流浪汉不备，抡起斧头朝他砍了下去。流浪汉死了，小圆盘在空中闪了闪就不见了。但这个象征命运或者王权的小圆盘是存在的，"我"至今仍在寻找……

《沙之书》像《巴别图书馆》，或者说是后者的一种变体：一部无有穷尽的"沙书"(就像《神的文字》中巫师梦出来的沙子)。因为是无有穷尽，所以它的象征也可能是无有穷尽。无限的书(连同无限的阅读、无限的创作)，无限的时间(无始无终、无偏无党)，无限的空间(无边无际)……

"举一反三，像传道士那样。"这或许就是博尔赫斯的秘诀。

20世纪70年代，博尔赫斯已经完全失明。他的一些诗作记叙了这一逐渐到来的事实。在1972年出版的文集《老虎的金黄》中，他写道：

他被逐出了缤纷的世界：
世人的面孔却并未改样，
眼前的街道遥远而朦胧，
昨天的苍穹不再深邃灿烂。
书籍流于记忆的模样，
而记忆则是忘却的一种形式，
保存的只是空洞的外形，
或者无非简单的标题。……(《盲人》)

或者：

……蓝色和红色一样迷离，
变成两个无用的字眼。
面前的镜子一片灰暗，
花园也只是黑暗中嗅到的
黑色玫瑰的幽香，朋友们呐，
如今的一切都以模糊混沌，
我能见到的只是连绵的梦境。(《盲人》)

或者，

我已无缘再见闪烁的星辰，
无缘再见而今神秘蓝天上飞翔的鸟，
无缘再见别人
用字母编排组合的书刊文章，
无缘再见我浑浊的眼睛
分辨轮廓庄重的大理石墙垣，
无缘再见已然隐身的玫瑰，
无缘再见已然消退的霞光的绚烂。
但是，《天方夜谭》依然在我的漫漫长夜，
展示着大海的壮阔和朝霞的璀璨；
我依然能听到诗人沃尔特·惠特曼
对月光下生灵的咏赞……（《关于失明》）

这样的诗歌博尔赫斯一连写了好几首。他吟咏他的无奈，他的认命，以及他因为失明而益发期待的生命的另一半。也就是在这个时候，日裔女生玛利亚·科达玛走近了他。当时，他已经完全丧失独立生活能力，就连阅读和写作也必须仰仗别人的帮助。母亲年事已高，而且早就自顾不暇。同他保持了三十年友谊的罗德里格斯·莫内加尔后来回忆说，有数十位朋友担任过博尔赫斯的书记员。他则养成了口授习惯。玛利亚·埃斯特·巴斯克斯详细地描述过他的口授方式："博尔赫斯的工作方式很奇特。他口授五六个词（通常是一篇散文或一首诗的开头，马上要求记录者读给他听。他的右手食指随着朗读声在左手背上划动，好像指点着无形的书页。每个词组要读上一遍、二遍、三遍、四遍……许多遍，直到他想出下一句，然后再口述五六个词。随后他要求将记下的所有词再读给他听。由于他口授时包括标点符号，所以必须连同标点读给他听。再次读出这些片断时，他的手指仍然随之移动，直至他想出下一个词组。我曾将一个五行字的片断读了不下十次。每次重读前，博尔赫斯总要道歉一番，因为他觉得自己给听写员造成了麻烦，并为此感到相当苦恼。结果是工作二三个小时后，才完成半页无须修改的稿子。"〔1〕

〔1〕 巴斯克斯：《博尔赫斯：印象·回忆·对话》，加拉加斯，1977年。转引自罗德里格斯《博尔赫斯传》，第413～414页。

事实上，《沙之书》之后，他不得不告别小说，重新折回到了诗歌和短文。至于后来零散出现的一些小说篇什，则多半是旧作。诗歌和短文也大都取自记忆或记忆的变奏。〔1〕 整个失明过程持续了十几年。也恰恰是在这十几年，他终于得到了国际国内的承认。

> 名气和失明一样，逐渐到来……50 年代初，内斯托·伊瓦拉和罗歇·凯卢瓦大胆地将我的作品译成法文，他们是我的第一批恩人。我想是他们的创举为我奠定了 1961 年的福门托奖。而在我的作品被译成法文之前，事实上我并不为人所知，无论在国外，还是在布宜诺斯艾利斯。福门托奖使我的作品一夜之间蘑菇般涌现在西方世界。〔2〕

---

〔1〕 博尔赫斯晚年的文字被陆续收入《深沉的玫瑰》(1975)、《铁皮》(1976)、《夜晚的故事》(1977)、《天数》(1981)、《图册》(1984)、《阴谋》(1985)等文集。

〔2〕 《自传》，第 142～143 页。虽说伊瓦拉介绍博尔赫斯在先(1944 年《法国文学》)，但真正起作用的是罗歇·凯卢瓦的翻译介绍和鼎力推荐。此外，凯卢瓦还是那一届福门托奖的评委。

论加西亚·马尔克斯

加夫列尔·加西亚·马尔克斯(Gabriel García Márquez 1927～)是当代拉丁美洲文学的代表。他出生于哥伦比亚共和国滨海小镇阿拉卡塔卡。1982年,"他的小说以丰富的想像编织了一个现实与幻想交相辉映的世界,反映了一个大陆的生命与矛盾",加西亚·马尔克斯被授予诺贝尔文学奖。

加西亚·马尔克斯迄今创作了五部长篇小说和多部中短篇小说集。其中长篇小说有《百年孤独》(1967)、《家长的没落》(1975)、《霍乱时期的爱情》(1984)、《迷宫中的将军》(1989)、《绑架轶事》(1996)。其他重要作品有中篇小说《没有人给他写信的上校》(1961)、《一件事先张扬的凶杀案》(1981)和《追忆忧伤娼妓》(2004)。

一

仓颉造字,夜有鬼哭。加西亚·马尔克斯的早期作品大都与死亡有关,它们是短篇小说《第三次无可奈何》(1947)、《图巴尔一卡因》(1948)、《夏娃与猫》(1948)、《死亡的另一根肋骨》(1949)、《有人糟蹋玫瑰》(1952),等等;另一类是"梦幻小说",主要有《三个梦游者的苦闷》(1949)、《蓝宝石般的眼睛》(1950)、《鹭鸶的夜晚》(1953),等等。

然而,它们都是幻想小说。《第三次无可奈何》是典型的幻想小说,其表征对象和手段都缘起"死亡"。从最表层的意义上看,它是超验的,写活尸的感觉。因为是活尸,他对一切都无可奈何。他"被穿上了寿衣","装进了黑色棺材"。他有感觉,他在"死亡中继续生长";他恐惧,他痛苦,直至被老鼠吞噬,被重新入殓、埋葬。

乍一看,小说有游戏成分。但加西亚·马尔克斯显然不是博尔赫斯,不为自娱而写作。他更像卡夫卡,甚至是对后者明目张胆的模仿,尽管后来发生了变化。这篇小说很可能与作者的三次遭遇有关:1. 离开阿拉卡塔卡;2. 离开父母;3. 离开外婆。

无奈的结果是孤独。说加西亚·马尔克斯是"孤独"作家,显然不无道理。一开始，他便和孤独结下了不解之缘。《第三次无可奈何》所昭示的孤独感不言自喻：死亡能不孤独吗？他的《图巴尔—卡因》、《夏娃与猫》（又译《夏娃在猫中》）、《死亡的另一根肋骨》、《有人糟蹋玫瑰》等，也都是借死亡以表现孤独的。

孤独和死亡一样，是忘却、是飘零。《图巴尔—卡因》中的主人公自杀后继续受到折磨，尽管这时的折磨已不再是物质的、生理的痛苦，而是纯精神的，它无始无终。

《夏娃与猫》把《圣经》里的那个撺掇亚当偷食禁果的女人塞进了猫肚里，教她生不如死。三千年过去了，她的灵魂一直悠来荡去，无有定踪。这种毫无归宿感的"存在"（比如附在猫身上，而猫本身也成了化石），岂不和作者的流离一脉相承？

《死亡的另一根肋骨》好像是《夏娃与猫》的续篇。夏娃是由亚当的一根肋骨变来的，但"死亡的另一根肋骨"却是一具正在腐烂发臭的尸体。不知是因为血脉相连还是感应使然，人物在兄弟的尸体上"看到了"自我，于是角色易位，"活人"感觉着死人的痛苦：肌体的腐败、灵魂的寂寞。

《有人糟蹋玫瑰》中那个"我"其实也是个亡灵，他寂寞难挨，经常偷人玫瑰，以装点自己的坟墓。小说用的是第一人称：

> 因为是周末，而且雨过天晴，我想替我的墓地搞一束玫瑰。玫瑰有红色的，也有白色的，是她用来供奉祭台或者编了花环出售的……
>
> ……她俨然还是40年前站在面前对我说话的那个女孩："进了木箱，怎么还瞪着眼睛？"
>
> 一点儿没变，仿佛时间停在了那个遥远的八月。那天下午，太太们把她带进了房间，指着我的尸体对她说："哭吧，就当是你的兄弟。"
>
> ……

于是，通过"死人"的眼睛，作品从那个遥远的下午开始叙述，直至：

> 有一天，这里的一切将会发生变化，因为我必须出门求援，告诉别人，住在这所破屋子里的卖花老妪已经寿终正寝，需要4个年轻力壮的男人将她抬上山去……对于她，那将是个开心的日子。她会知道，每个

周末爬上祭台、弄乱玫瑰的,并非无形的风。[1]

“孤独是一个永恒的主题”。多年以后,加西亚·马尔克斯如是说。

在青年加西亚·马尔克斯看来,波哥大(扩而言之是城市)就像巨大的墓穴(市民则是它贪婪的老鼠)。它吞噬了每一个人的“自我”,使之成为“另一个我”——“非我”。他曾经这么慨叹:“要是没有波哥大该有多好!”“要是永远没有人发现地球是圆的该有多好!”[2]

因为那样一来,他就能永远待在阿拉卡塔卡了。

因而,对青年加西亚·马尔克斯而言,他的孤独归根结底是“文明人的孤独”,是文明人离开根基,离开自然,进入都市的必然结果,是一种异己。

正因为如此,他和卡夫卡一拍即合。

正因为如此,他的这些作品带有鲜明的表现主义色彩。

20世纪初叶风行一时的表现主义及前后消长的种种现代主义思潮(也许只有未来主义是个例外)大多视城市为现代工业文明的产物,把它描绘成“吞食个性的恶章鱼、折磨灵魂的苦役营”。在这个畸形、扭曲、变形的世界里,人性怎能不畸形、不扭曲、不变形?加西亚·马尔克斯对故乡的怀念,对城市(亦即父亲意志)的悖谬心理,对失去行动、选择以至思维自由的机械生活的厌憎,很自然地使他同上述思潮产生共鸣。

然而,当他作为记者真正投身社会,当他从现代化大城市回到闭塞的阿拉卡塔卡,他的心一下子凉了:他自知他甚至不能像德累斯顿“桥社”的青年们那样从原始的农业社会寻求一点慰藉,哪怕是虚无缥缈、自欺欺人的精神寄托。他面前的哥伦比亚农村、他心目中的世外桃源变成了人间地狱。它是那样的孤独、凄凉和无法无天:正空前地实现着里维拉在《旋涡》中描述的“弱肉强食”的森林法则。男女老幼正在为获取最最基本的生存条件而苦苦挣扎。哪里有浪漫主义或者现代主义梦想的“恬静祥和”和“诗情画意”。这就在他内心产生了不可调和的矛盾。他一方面认为现代工业和科学进步使人离弃了自然,导致了人性和“自我”的沦丧;另一方面又深感故乡的孤独、贫穷和落后已经无以复加。在这样的社会、这样的时代,精神的解放和灵魂的充实只能是一种乌托邦。

---

〔1〕 加西亚·马尔克斯:《短篇小说集》,巴塞罗那:SEIX BARRAL,1983年版。

〔2〕 L.威廉斯:《马尔克斯的记者生活》,《拉丁美洲文学杂志》,华盛顿:1985年第25期(总),第119页。

于是，青年加西亚·马尔克斯的充满怀旧情调的“死亡之笔”动摇了。他的表演趋于深广。

于是，他创作了他的“梦幻系列”。

事实上，唯有这矛盾的心理、双重的孤独，才是20世纪四五十年代哥伦比亚甚至整个拉丁美洲年青一代的精神状态。

不是吗？20世纪伊始，拉丁美洲的浪漫主义运动虽已寿终正寝，但其“文明救国”的理想却远未销声匿迹。20世纪初风行一时的“科学家派”和形形色色的实证主义正是在它的基础上提出了响亮的“科学救国”、“引进文明”的改良主义理论。但是，两次世界大战和空前的经济危机，彻底粉碎了西方资本主义文明的神话。与此同时，拉美社会的畸形、病态发展，使拉丁美洲的理想主义和改良主义美梦成了泡影。拉丁美洲将何去何从？这是摆在所有拉丁美洲国家面前的一个最实际、最紧迫的问题。

历史的恶作剧使许多拉美国家选择了封建独裁。

“波哥大事件”之后，独裁者戈麦斯打着维持秩序的幌子，排斥异己，大开杀戒，使数万无辜惨遭杀戮、数千人双目失明。其中，最为残忍、惨烈的一幕是阉割政敌的后人（历史上称为“阉割事件”）。不久，戈麦斯攫取政权。他爬上“总统”宝座之后，就更加肆无忌惮。哥伦比亚陷入了白色恐怖。

加西亚·马尔克斯从个人的痛苦中挣脱出来，开始寻找表现群体孤独、民族恐惧的方式。

因此，《三个梦游者的苦闷》、《蓝宝石般的眼睛》和《鹭鸶的夜晚》显然不同于早期的“死亡的幻想”。它们的象征意义远远超出了个人的范畴，明显地指向了群体。它们的象征手法也发生了由内向外的变化，从而具备更大的张力。

老黑格尔曾经把象征视为“艺术的开始”。象征有形象的，也有抽象的，但是大凡象征都是含混的、暧昧的。就连狮子这样一个简单而又具体的形象，一旦成为象征，它的意义也难免模棱两可。它可以象征勇敢、威武，也可以象征凶猛、残暴；可以给人以力量，也可以给人以恐惧，因为二者都与狮子的主要特征相吻合。

但是，如上所述，加西亚·马尔克斯的这几篇小说的象征明显指向“外力”，极容易使人联想到白色恐怖。

《三个梦游者的苦闷》（注意：是三个，而不是一个）就把着眼点放在了“外力”上。那是一种莫名的力量，它伤害了一个人见人爱的女孩。那女孩从此失去了“某一器官”并在痛苦中渐渐死去。这是一种什么样的力量？作品并没点破。事故的“目击者”——三个梦游者也含糊其辞。一说是因为蟋蟀，是蟋蟀的叫声引诱了她，使她不慎坠楼；又说是因为有闯入者袭击了她，将她扔到了窗外。至此，作品笔锋一抖，转向了三个梦游者的苦闷：悲剧使她丧失了“女性的表情”。她将不可能成为家庭主妇，不可能生儿育女，“尽管他们多么盼望，有朝一日她的婴儿呱呱坠地……”

《鹭鸶的夜晚》看似荒诞不经，实则寓意鲜明，发人深省。人物似醉非醉，懵懵懂懂，却听到了鹭鸶的叫声（与其集中上篇的“蟋蟀”一脉相承）。后来，他莫名其妙地双目失明了。于是，漫漫长夜永无尽头。这种长夜难明的感觉（或者事实）逐渐上升为可怖的梦魇。

为什么失明？不知道。

为什么恐惧？也不知道。

这篇小说很容易让人联想到科塔萨尔的《动物寓言》（1951）的某些篇什。而且凑巧的是，科塔萨尔的那些小说也是在这个时期创作的。这种不谋而合的原因只能是：1. 影响源的近似；2. 社会（生存）环境的近似；3. 感觉的近似。

很明显，他俩的作品，无论内容形式，都有相似之处。

《蓝宝石般的眼睛》是加西亚·马尔克斯的所有早期作品中最含混、也最优美的一篇。梦还是小说的由头，但写得很随意，也很玄乎：一个人物“我”在梦中遇见另一个人物“她”，并对后者的“蓝宝石般的眼睛”着了迷。此后，“我”和“她”频繁幽会。这是小说的一个层面，也是小说的主要层面。另一个层面是：这个在梦中与她幽会的男人，梦醒时却什么也不记得了：

> “明天我一定能把你认出来，”我说，“只要在街上看到一个在墙壁上写‘蓝宝石般的眼睛’的女人，我就能认出那是你。”可她凄凉地一笑——无可奈何地一笑，说道：“可是一到白天你一定什么也不记得了”，说罢，她又双手伸向火烛，一道痛苦的阴影遮住了面庞：
>
> “你是唯一一个醒来时不记得梦境的男人。”〔1〕

乍一看，小说除了虚幻，似乎没有提供任何社会意义上的信息。但评论家安赫尔·拉玛却慧眼别具，作了这样的释读：“这是青年加西亚·马尔克

〔1〕《加西亚·马尔克斯中短篇小说集》，赵德明等译，上海译文出版社1982年版，第1～8页。

斯走向兼容并包的第一步。它的优点在于真正的信息是字里行间中支离破碎的东西，而迷惑读者的却是所谓的故事……”

总之，拉玛认为《蓝宝石般的眼睛》是加西亚·马尔克斯的“第一次融合”：既有博尔赫斯那样的形而上学的空灵，又有卡夫卡式的荒诞和加西亚·马尔克斯难以排解的孤独。

紧接着是马孔多的出现。一如福克纳的南方，它的出现标志着一个文学世界的诞生。加西亚·马尔克斯的《在马孔多观雨时的独白》（全称《伊萨贝尔在马孔多观雨时的独白》，下简称《独白》），发表于1955年，它很可能是《枯枝败叶》（1955）的一个副产品，同时似乎又和《蓝宝石般的眼睛》中的那些“关于死亡和梦幻”的短篇小说有一定的亲缘关系。或者可以说，这是一个介于《蓝宝石般的眼睛》和《枯枝败叶》之间的篇什：无论就其长度，还是内涵。

《独白》首次显示了加西亚·马尔克斯表现故乡阿拉卡塔卡的意图。在这个作品中，“马孔多”脱胎而出。它原本只是阿拉卡塔卡附近的一座农庄。作家用它取代阿拉卡塔卡并赋予它加勒比的神奇自然：经过旷日持久的干旱，马孔多水源枯竭，田坼地裂，但一场大雨又使它洪水泛滥，几成汪洋。

马孔多被泡在了水里。人们不能外出，完全失去了行动自由。但大雨依然下个不停。后来，大雨变成了淫雨，连绵不绝。渐渐地，人们忘掉了时间，忘掉了现实。伊萨贝尔的独白就是在这样的背景下展开的。

她的独白，与其说是独白，不如说是感觉甚至幻觉。

起初的感觉是腹部胀痛，像是喝多了水，后来就不得了，居然长出了东西。它会蠕动，有生命。后来，这场大雨一直下到了《百年孤独》，“下了四年十一个月零两天”。“……鱼儿可以从大门游进来，再从窗口游出去，在各个房间里游来游去。有天早晨，乌苏拉一觉醒来，感到她快要昏死过去了，就叫人用担架把她抬到安东尼奥·伊萨贝尔神父那儿去，可是圣索菲娅·德·拉·彼达发现，原来老太太的背上布满了蚂蟥。她就趁蚂蟥还没有把老太太的血吸干，把它们一条条地拍下来，扔在木炭里烧了。家里要开沟排水，把蜗牛和蛤蟆清除掉……”

可见，《百年孤独》的加西亚·马尔克斯（他的夸张、他的神奇）在《独白》中已现端倪。

然后是中篇小说《枯枝败叶》。就在他徘徊于幻想而不能自拔的时候，福克纳和吴尔夫帮助了他。

因为福克纳，他得以将祖孙三代的不同视角贯串起来。

因为吴尔夫,不同的人物找到了各不相同的自我。

> 至于惨死的波吕涅克斯的尸体,据说已经出了告示,不准任何公民收殓,不准为他掉泪,就让暴尸野外,不得安享哀荣,任凭俯冲而下的兀鹰吞噬他,饱餐一顿。听说,为了你我,或者说为了我,仁君克瑞翁命人四处张贴这份告示;把我弄到此地也无非是要宣示此令,做到人人皆知。此事可是非同小可,谁敢抗命不遵,就将死于乱石之下。

这是希腊悲剧《安提戈涅》中的一段。在《奥狄浦斯在科洛诺斯》中,索福克勒斯的悲剧女英雄安提戈涅对兄长波吕涅克斯许下诺言:为他举行葬礼;但是在《安提戈涅》中,由于波吕涅克斯侵犯故土、杀害同胞兄弟,新王克瑞翁命令将他暴尸荒野。面对命运的捉弄,安提戈涅以身试法。

在《枯枝败叶》中,加西亚·马尔克斯的英雄人物——上校答应医生:待他百年之后,为他举行葬礼。可是那医生生前积德甚少,民愤却大。他死后,神父拒绝替他祈祷,还禁止在公墓收殓和安葬他。然而,上校执意践诺,不惜违背民意,在一片抗议声中把医生装殓入棺,埋入公墓。小说以这一细节为契机,展示了三个人物(上校、上校的女儿和上校的外孙)的内心活动,并以此观照马孔多的沧桑沉浮。

由于作者采用了意识流手法,小说的"客观时间"只有几十分钟:从小外孙站在医生的尸体旁突然想上厕所而被他外公阻止,到他看到医生被装殓入棺(他实在憋不住了,要去厕所)。人物的主观时空却极具包容性,几乎涵盖了马孔多的全部历史。但历史被无限割裂,读者必须在眼花缭乱的意识(角度)的转换中揣摩不同的立场,编织、组合悲剧的前因后果。

作品的历史背景是20世纪初叶的哥伦比亚,舞台是热带小镇马孔多:

多年以前,马孔多还是个荒僻之地。为了逃避旷日持久的战乱,自由党领袖——上校带着妻子千里跋涉,辗转来到这里。当时,马孔多只有寥寥的几户人家,彼此都很关照,生活得非常安逸。然而,上校念念不忘过去并竭力保持文明的生活方式和宗教信仰。为了把对美好生活的渴求转变为现实,他带领全体村民含辛茹苦,建设家园,使马孔多日益繁荣昌盛。未几,竟成了方圆百里最兴旺、最幸福的村子。后来,"香蕉热"似一阵旋风席卷而来。马孔多顿时车水马龙,成了热闹的集镇。一夜之间,生活发生了翻天覆地的变化,马孔多抖擞起来,楼上楼下,电灯电话,钱多得花不完。但旋风少纵即逝,外国老板、香蕉大亨拍拍屁股走了,留下的尽是"枯枝败叶"。"在不到一年的时间里，香蕉公司就把浩劫以后的瓦砾、垃圾和各色枯枝败叶统统抛在了镇上……”“枯枝败叶”中有冒险家、江湖骗子、独身女郎，等等。他们仿佛自天而降，而且落地生根，比马孔多人还马孔多人。他们赚了钱，有了房子和情人；有的还混上了行政长官，并且获得了军衔。她们则吉卜赛人似的在镇里搭起了一座座帐篷、木屋，支起几张行军床，权做露水夫妻幽会的密室，但接着就在闹市建起了红灯区。喧宾夺主，“枯枝败叶”成了马孔多的主人。这时，马孔多迎来了两对重要人物：一对是拯救灵魂的神父，另一对是治病救人的大夫。先来的神父——人们见他骨瘦如柴，就给他起了个绰号：“瘦狗”——他和大夫都没有正式姓名，但“他俩的面部特征差不多，跟亲兄弟似的”。“瘦狗”神父“从不宣讲《福音书》，倒对《布里斯托年鉴》情有独钟”；大夫呢，喜食野草，即那种驴吃的青草。后来的神父和大夫则都有名有姓，神父叫安赫尔，大夫叫马丁。安赫尔神父成天睡眼惺忪，待在圣器室里打瞌睡，臃肿的肚皮上总是摊着一本发黄变质的《要理问答》；马丁大夫像个幽灵，若隐若现，他花言巧语、软磨硬泡，把上校的女儿骗到了手，然后一走了之，隐姓埋名达 9 年之久。

《枯枝败叶》以侦探小说的惯用手法，由无名大夫的猝死切入，造成悬念，随即笔锋一抖，开始了一连串内心独白。

大夫这个无情无义、狗彘不如的反英雄人物是典型的“枯枝败叶”。他凭着一封来历不明的介绍信，在上校家一住就是 8 年。他饱食终日，无所事事，看见女人就两眼放光。他勾引上校的印第安女佣梅梅，使她两次怀孕又两次强迫她堕胎。别人看不下去了，他只好带着梅梅离开上校家，搬出去住。然而，他和梅梅同居多年，却从未对她表示半点爱怜和体贴。有一天，梅梅突然失踪，流言飞语不胫而走，还出现了不少匿名帖子，说大夫怕梅梅报复，就杀了她。言之凿凿，使全镇的人怒不可遏。终于，愤怒的人们闯进大夫家中，掘地三尺，寻找梅梅的尸首。

在此之前，马孔多曾经遭到一伙武装匪徒的洗劫，不少居民受了伤。伤员和家属病急乱投医，纷纷向大夫求救。可他既不开门，也不搭理，没事人一般。人们眼睁睁地看着自己的亲人痛苦不堪、奄奄待毙，不禁义愤填膺。正在僵持之中，“瘦狗”神父替大夫解了围。他不但阻止人们破门而入、将大夫撕成碎片，而且用三寸不烂之舌劝退了愤怒的人群。可是，人们对大夫的无动于衷一直耿耿于怀，并扬言总有一天要纵火烧了他的房子，把他这个毫无同情心的败类烧成灰烬。他们甚至达成默契：有朝一日，要庆祝大夫孤独地死去并让他暴尸荒野。

大夫寡恩背德，终于成了过街老鼠，他惶惶不可终日。一连十年，他不敢夜间出门，遇到别人也总是不尴不尬、小心翼翼，生怕遭到暗算。十年间，他一直以草为食，偶尔拿梅梅采摘的瓜果改善生活。他没有喝过别人的一口水、吃过别人的一口饭。

现在他死了，而且是上吊死的。全镇人喜气洋洋，仿佛那是个期待已久的吉庆之日。

上校是最后一个得知大夫死讯的人。他在小说中以善良、倔强的形象出现。作为马孔多的元老，他的禀性与为人恰好与大夫形成对照，起着浪漫主义文学中的那种强烈的反衬作用。自从大夫拿奥雷良诺·布恩蒂亚上校(《百年孤独》中的人物)的介绍信踏进上校家的门槛那会儿起，就已是个举止荒诞、性格乖僻的人。上校预感到，此人将不会赢得马孔多人的好感，因此，他死后镇上将不会有人为他祈祷。他得去喂老鹰……但几年以后，他居然答应了大夫的请求：为他举行体面的葬礼。

大夫死后，上校的内心十分矛盾："自从我来到这里，什么事情没有经历过？正因为如此，我知道马孔多人什么事情都做得出来。虽说我上了年纪，为人正直，还是共和国的一名上校，而且腿脚不便，但人们完全可能不尊重我……然而，我这么做并不是为了自己，也不是为了让死者在九泉之下好好安息。当然更不是为了履行一个神圣的诺言……"

女儿的性情特别："我真不该带孩子到这里来。这对他不合适。我自己都三十的人了，面对这场面都很压抑……我们本来只是想为死者做一件好事，没想到遭到了全镇居民的仇恨……"

小外孙既好奇又恐惧："我以为死人都是戴着帽子的。原来满不是那么回事。死人光着脑袋，脸色铁青铁青的，脖子上还绕着一条围巾。嘴巴张着，紫黑紫黑的嘴唇包着黑迹斑斑、参差不齐的牙齿。舌头耷拉着，又肥又大，比脸色难看……死人还瞪着眼睛，眼球特别大，目光焦躁而又茫然……他像是刚刚吵过一架，怒气冲冲……"

《枯枝败叶》几乎没有可读性。它没有情节，甚至连一个圆满的结局都难以找到。除了必不可少的背景交代(如"千日战争"、1929年经济危机，等等)之外，几乎没有明确的故事。一切都模糊不清、模棱两可。这就难免使读者疑团满腹，不知所云。譬如，大夫为什么到马孔多来？从何而来？为什么这副德行？还有：为什么他和上校的第二个妻子阿黛莱达"似曾相识"？为什么上校单凭布恩蒂亚上校的一纸书信就要收留他？为什么他与"瘦狗"神父这么相像？为什么他要自缢？诸如此类，都没有答案。此外，梅梅的失踪，马丁的不辞而别，也是悬而未决的问题。还有，上校祖孙三代不顾犯了众怒，硬要替大夫举行葬礼，为了什么？又会如何？读者得不到任何答案。

显然，《枯枝败叶》是加西亚·马尔克斯又一次较为大胆的艺术尝试。他试图打破传统小说的叙事范式，通过上校祖孙三代的不同视角，东鳞西爪地表现马孔多以及马孔多人的不同心态。于是，传统小说的那种万能的叙述者不见了，人物（祖孙三代）的内心独白（因为是内心独白，所以才无所顾忌）代替了有头有尾、善始善终的故事情节。他们在有限的时间里有感而发，或点点滴滴，或浮想联翩，逐渐营造出一种可感的氛围。

也许，在当时的加西亚·马尔克斯看来，至为重要的既不是人物性格，也不是故事情节，而是意境，是气氛，是效果。

为此，他选择了压抑的“意识流”。祖孙三人毫不关联地“流去”：联想、回忆，带着各自的偏见和爱憎，从不同的侧面、不同的角度，赋予一切以不同价值和颜色。作品像一幅巨大的点彩主义图画，给读者留下了很大的阅读空间和想象余地。马孔多正是在角度的转换、颜色的变化之中一点点凸现出来的。

从它的诞生之日起，马孔多便注定要成为孤独的代名词：它是上校等人为逃避内战现实而共同兴建的一个安宁的、与世无争的“世外桃源”。其所以安宁和与世无争，就因为它孤独和与世隔绝。后来，“香蕉热”席卷而来，“世外桃源”毁于一旦。马孔多人被现代资本主义“文明”狠狠地“涮”了一通。过后，他们又被抛弃在世界的边缘，咀嚼那亘古不变的寂寞。更为可怕的是“文明”留下的欲望在继续膨胀。马孔多在沉沦，马孔多人在蜕变。女儿（颇似那个在马孔多观雨的伊莎贝尔）预感到飓风就要刮来，洪水就要袭来，马孔多末日在即：“箱笼里装着祖母的遗物，还有我爹我娘逃难时用来保护牲口的那顶帐篷。出于对死者的怀念（他们的尸骨再也找不到了），我们决定永远留在这里。离开战火之后，箱笼一直放在屋里。今天下午，只要那场飓风（它注定要把马孔多夷为平地并将蜥蜴出没的房子连同因为思念往事而变得沉默寡言的人们一扫而光）不刮起来，箱笼依然会放在那里，即便是等到我们送葬回来……”这种心理与自然、活人与死者、过去与现在、现实与预感的交织、混杂，在人物，尤其是女儿的内心达到了难解难分的地步。

从这个意义上讲，作品的含混性是富有审美价值的。诚如加西亚·马尔克斯后来（1963）所说的那样：“从《枯枝败叶》到《格兰德大妈的葬礼》，我的任务是寻找令人置信的形式和语言，使人相信一个令人难以置信的事实——我的阿拉卡塔卡。”[1]

事实上，《枯枝败叶》只不过是《百年孤独》的一个雏形，写法还比较稚嫩，模仿痕迹也很明显。多年以后，作家曾经这么表示：“对我来说，成为一个作家是一件异乎寻常的事情，因为论写作，我是个笨蛋。我必须无情地要求自己，才能用八小时写出半页；我和每个字摔跤搏斗，几乎总是它们获胜。但是我却那么顽强不屈，20 年来居然出版了四本小说。第五本我正在写，进度比前四本慢……”[2]

这里所说的第五本便是《百年孤独》。

在《百年孤独》诞生之前，加西亚·马尔克斯进行了一系列摆脱模仿的努力（或挣扎），《没人给他写信的上校》、《格兰德大妈的葬礼》和《恶时辰》便是见证，尽管在路易斯·哈斯看来，它们只不过是围绕马孔多而存在的一股子“散绳”。唯有《百年孤独》才让这股散绳拧成了伟大。

《百年孤独》无疑是加西亚·马尔克斯的集大成之作。在此，作家的笔触再一次从故乡阿拉卡塔卡伸出，既反映了这一个热带小镇“马孔多”的兴衰，同时也是对整个拉丁美洲历史和人类文明的象征性表现，可谓覆焘千容，包罗万象。

早在 20 世纪 70 年代之初，秘鲁著名作家巴尔加斯·略萨就以其敏锐的艺术直觉体察到了《百年孤独》的非凡的艺术概括力，认为它象征性地勾勒出了迄今为止人类历史的主要轨迹，从原始社会、奴隶社会、封建社会到资本主义和垄断资本主义社会。[3]

在原始社会时期，随着氏族的解体，男子在一夫一妻制的家庭中占了统治地位。部落或公社内部实行族外婚，禁止同一血缘亲族集团内部通婚；实行生产资料公有制，共同劳动，平均分配，没有剥削，也没有阶级。所以这个时期又叫原始共产主义社会。原始部落经常进行大规模的迁徙，原因很多。最常见的有战争和自然灾害等等，总之，是为了寻找更适合于生存的自然条件。如中国古代的周人迁徙（至周原），古希腊人迁徙（至巴尔干半岛），古代美洲的玛雅人、阿兹台克人也都有过大规模的部族迁徙。

《百年孤独》的马孔多诞生之前，何·阿·布恩蒂亚家和表妹乌苏拉家居住的地方，“几百年来两族的人都是杂配的”，因为他们生怕两族的血缘关

---

[1] 埃马努埃尔·卡尔巴略：《20 世纪拉美文学大家》，墨西哥，1986 年版，第 154 页。

[2] 《两百年的孤独——加西亚·马尔克斯创作谈》，朱景冬译，云南人民出版社 1997 年版，卷首。

[3] 巴尔加斯·略萨：《G. 加西亚·马尔克斯：弑神者的历史》，巴塞罗那，1971 年版。

系会使两族联姻丢脸地生出有尾巴的后代。但是,他俩因为比爱情更牢固的关系:“共同的良心责备”,打破了两族(其实是同族)不得通婚的约定俗成的禁忌,带着二十来户人家迁移到荒无人烟的马孔多。“何·阿·布恩蒂亚好像一个年轻的族长,经常告诉大家如何播种,如何教养子女,如何饲养家禽;他跟大伙儿一起劳动,为全村造福……”总之他是村里最有权威和事业心的人,“他指挥建筑的房屋,每家的主人到河边取水都同样方便;他合理设计的街道,每座住房白天最热的时候都得到同样的阳光。建村之后没几年,马孔多已经变成一个最整洁的村子,这是跟全村三百多个居民过去生活的其他一切村庄都不同的。它是一个真正幸福的村子……”体现了共同劳动、平均分配的原则。

“山中一日,世上千年”。马孔多创建后不久,神通广大、四海为家的吉卜赛人来到这里,驱散了马孔多的沉寂。他们带来了人类的“最新发明”,推动了马孔多社会生产力的发展。何·阿·布恩蒂亚对吉普赛人的金属产生了特别浓厚的兴趣。这种兴趣渐渐发展到狂热的地步。他对家人说:“即使你不害怕上帝,你也会害怕金属。”

人类历史上,正是因为生产力的不断发展,特别是随着金属工具的使用,才出现了剩余产品,出现了生产个体化和私有制,劳动产品由公有转变为私有。随着私有制的产生和扩展,使人剥削人成为可能,社会便因之分裂为奴隶主阶级、奴隶阶级和自由民。手工业作坊和商品交换也应运而生。

“这时,马孔多事业兴旺,布恩蒂亚家中一片忙碌,孩子们的照顾就降到次要地位。负责照拂他们的是古阿吉洛部族的一个印第安女人,她是和弟弟一块儿来到马孔多的……姐弟俩都是驯良、勤劳的人……”村庄很快变成了一个热闹的市镇,开设了手工业作坊,修建了永久性商道。新来的居民仍十分尊敬何·阿·布恩蒂亚,“甚至请他划分土地,没有征得他的同意,就不放下一块基石,也不砌上一道墙垣”。马孔多出现了三个不同的社会阶层:以布恩蒂亚家族为代表的“奴隶主”贵族阶层,主要由参加马孔多初建的家庭组成;以阿拉伯人、吉卜赛人等新迁来的居民为主要成分的“自由民”阶层,大都属于小手工业者、小店主或艺人以及处于社会最底层的“奴隶”阶层,多为土著印第安人,因为他们在马孔多所扮演的基本上是奴仆的角色。

岁月不居,光阴荏苒。何·阿·布恩蒂亚的两个儿子相继长大成人;乌苏拉家大业大,不断翻修住宅;马孔多兴旺发达,美名远扬。其时,“朝廷”派来了第一位镇长,教会派来了第一位神父。他们一见到马孔多居民无所顾忌的样子就感到惊慌,“因为这里的人们虽然安居乐业,却生活在罪孽之中:

他们仅仅服从自然规律，不给孩子们洗礼，不承认宗教节日”。为使马孔多人相信上帝的存在，尼康诺神父煞费了一番苦心：“协助尼康诺神父做弥撒的一个孩子，端来一杯浓稠、冒气的巧克力茶。神父一下子就把整杯饮料喝光了。然后，他从长袍袖子里掏出一块手帕，擦干嘴唇，往前伸出双手，闭上眼睛，接着就在地上升高了六英寸。证据是十分令人信服的。”马孔多于是有了一座教堂。

与此同时，小镇的阶级关系也发生了深刻的变化。以地主占有土地、残酷剥削农民为基础的社会制度——封建主义从“奴隶制社会”脱胎而出。何·阿·布恩蒂亚的长子何·阿卡蒂奥占有了周围最好的耕地。那些没有遭到他掠夺的农民(因为他不需要他们的土地)，就被迫向他交纳税款。

地主阶级就这样巧取豪夺、重利盘剥，依靠封建土地所有制和地租形式，来占有农民的剩余劳动。

然后便是自由党和保守党之间旷日持久的战争。自由党人“出于人道主义精神”，立志革命，为此，他们在何·阿·布恩蒂亚的次子奥雷良诺上校的领导下，发动了32次武装起义；保守党人则“直接从上帝那儿接受权力”，为了维护社会稳定、公共道德和宗教信仰，“当仁不让”。这场泣鬼神、惊天地的战争竟然是对充满戏剧性变化的英国资产阶级革命尤其是法国大革命的艺术夸张。

紧接着是兴建工厂和铺设铁路。马孔多居民被许多奇妙的发明弄得眼花缭乱，简直来不及表示惊讶。火车、汽车、轮船，电灯、电话、电影以及洪水般涌来的各色人等，使马孔多人成天处于极度兴奋状态。不久，跨国公司与法国艺妓、巴比伦舞女和西印度黑人等“枯枝败叶”就席卷了马孔多。

马孔多发生了如此巨大的变化，所有老资格居民都蓦然觉得同生于斯、长于斯的镇子格格不入了。外国人整天介花天酒地，钱多得花不了；红灯区一天天扩大，世界一天天缩小，仿佛上帝有意试验马孔多人惊愕的限度。终于，马孔多爆炸了。马孔多人罢工罢市，向外国老子举起了拳头。结果当然可以想见：独裁政府毫不手软，对马孔多人实行了惨绝人寰的血腥镇压，数千名手无寸铁的工人、农民倒在血泊之中。这是资本主义和垄断资本主义时代触目惊心的社会现实。

同时，数百年来美洲的风雨沧桑也在这里再现。

马孔多四周是一望无际的沼泽，再向外便是辽阔的海域。何·阿·布恩蒂亚初到马孔多时，这里“还是新开辟的，许多东西都叫不出名字，不得不用手指指点点”。何·阿·布恩蒂亚总以为这里布满了金子，他买了一块磁铁，异想天开地指望用它吸出地下的黄金白银。他拿着磁铁，念着吉卜赛人的咒语，“勘测了周围整个地区的一寸寸土地，甚至每一条河床”。

时过境迁，花西班牙古币里亚尔的马孔多居民成了这块土地的主人。他们“收养”土生土长的印第安人，款待远道而来的吉卜赛人，欢迎温文尔雅的意大利人，接纳精明强干的阿拉伯人……马孔多居民不断增多，法兰西艺妓、巴比伦女郎和成批舶来的西印度黑人以及腰缠万贯的香蕉大亨、衣衫褴褛的无业游民等纷至沓来的不速之客，使马孔多成为真正多种族聚集、混杂的五色缤纷的“世外桃源”。

拉丁美洲疯狂的历史在这里再现。

旷日持久的内战，永无休止的党派争端，帝国主义的残酷掠夺，专制统治的白色恐怖勾勒出了 20 多个国家的百年兴衰。

哥伦比亚疯狂的历史在这里再现。

狂暴的飓风、骄灼的阳光，“自由党”和“保守党”、“香蕉热”和美国佬，大罢工和大屠杀以及根深蒂固的孤独、落后等等，像一排排无情的巨浪，击打着加勒比海岸上这个以哥伦布的名字命名的国度。

当然，《百年孤独》也不容置疑地是写阿拉卡塔卡的，蕴涵着加西亚·马尔克斯童年的印象、少年的回忆、成年的思索。他说过：“我记得，我们住在阿拉卡塔卡时，我年纪还小，外祖父常带我去马戏团看单峰骆驼。一天，他对我说，我还没有见过冰呢(听人说，冰是马戏团的一件怪物)。于是他带我去了香蕉公司的储藏室，让人打开一个冻鲜鱼的冰柜，并叫我把手伸进去。《百年孤独》全书就始于这个细节。”〔1〕

马孔多何其清晰地展示了阿拉卡塔卡的历史变迁和文化混杂：它的印第安人和黑人，西班牙人和意大利人，阿拉伯人和吉卜赛人，勤劳的华人和“撅屁股当街拉屎的印度难民”以及混七杂八、弄不清自己血液是红是白的各色混血儿。无论你来自东方还是西方、是白人还是黑人，都能在这里闻到本民族的气息，找到本民族的影子。

与此同时，《百年孤独》又是写孤独的。虽然孤独作为一种现象、一种心境、一种表现对象，在浩如烟海的文学史上算不得稀奇，尤其是在“上帝死亡”、“理性泯灭”的 20 世纪，它几乎成了无处不在的世界性文学主题。但是，把它当做一个民族、一个国家甚而一片包括 20 多个国家的广袤土地的历史和现状来表述，恐怕就不再是常事了。而《百年孤独》展示在我们面前的正

---

〔1〕 加西亚·马尔克斯、门多萨：《番石榴飘香》，哥伦比亚，1982 年版，第 27 页。

是这样一种民族性、历史性和普遍性的顽疾：孤独。而它赖以表现这种孤独的主要手段是神话，是寓言以及由神话和寓言构筑的匪夷所思的魔幻。

众所周知，《百年孤独》有一位“相信一切寓言”的叙述者。他是马孔多人的化身，因而也是魔幻的化身。他不同于上帝般全知全能的传统叙述者，因为他只有在叙述“寓言”（亦即神奇抑或魔幻）时才有声有色，有板有眼，反之则无能为力矣。

这个叙述者是以作家的外祖母为蓝本的，或者就是他的外祖母。外祖母擅长圆梦，镇里的人有什么神奇的见闻或者突兀的梦境，都愿请她解释。她还是远近闻名的“故事大王”，讲起印第安神话或者别的稀奇古怪的传说来不动声色而且一概都用现在时，仿佛事情正在发生，人物就在眼前。

于是，马孔多犹如一个古老的神话，缘起于“猪尾儿”的传说。也就是说，何·阿·布恩蒂亚夫妇慑于这个可怕的传说，离乡背井、历尽千辛万苦创建了一个与世隔绝的村庄。在马孔多诞生之前，布恩蒂亚和乌苏拉的婚事一再遭到双方父母的反对。但最后年轻人的冲动战胜了老年人的理智，表兄妹不顾一切地结合了。可是，传说的阴影笼罩着他们。因为可怕的诅咒得到过应验：乌苏拉的婶婶和叔叔也是表兄妹，他俩无视预言的忠告，结果生下了一个儿子，一辈子都穿着肥大的灯笼裤，活到42岁还没结婚就流血而死，因为他生下来就长着一条螺旋形尾巴，尖端有一撮毛。这种名副其实的猪尾巴是他不愿让任何女人看见的，最终要了他的命。乌苏拉不想让悲剧重演。她知道丈夫是个有血性的男人，担心他在她熟睡的时候强迫她，所以，她在上床之前，都穿上母亲拿帆布缝制的衬裤，衬裤是用交叉皮带做成的，牢不可破。但时间长了，人们见乌苏拉总不怀孕，就奚落布恩蒂亚。“也许只有公鸡能帮你的忙了，”一天，有个叫普鲁登希奥的年轻人挖苦说。布恩蒂亚终于忍无可忍了。他拿标枪刺死了普鲁登希奥，然后气势汹汹地跑回家里，恰好碰见妻子在穿“防卫裤”，于是用带血的标枪对准她，命令道：“脱掉！”

为了避免预言一旦灵验的羞辱和普鲁登希奥阴魂的骚扰，布恩蒂亚带着身怀六甲的妻子，背井离乡，探寻渺无人烟的去处。他们与同行的几个探险者在漫无边际的沼泽地流浪了无数个月，竟没有遇见一个人。有一天晚上，何·阿·布恩蒂亚做了个梦，营地上仿佛矗立起一座热闹的小城，房屋的墙壁都是用晶莹夺目的透明材料砌成的。他打听这是什么城市，得到的回答是一个陌生但却异常响亮悦耳的声音：“马孔多。”

它无疑是神奇的化身、魔幻的化身。其所以神奇、魔幻，就因为它孤独、它落后。孤独使落后更落后，落后使孤独更孤独，这是一种恶性循环。“这一异乎寻常的现实中的各色人等，无论是诗人还是乞丐，乐师还是巫婆，战士还是宵小，都很少求助于想象。因为，对我们来说，最大的挑战是缺乏使生活变得令人可信的常规财富。朋友们，这就是我们孤独的症结所在。”加西亚·马尔克斯如是说。[1]

正是由于孤独，马孔多人把我们带进了神话的王国。它无论在空间还是时间概念上，都十分遥远。在那里什么都可能发生，于是一切神鬼之道都司空见惯地成了家常便饭。相反，吉卜赛人的磁铁使他们大为震惊。他们被它的“非凡的魔力”所慑服，幻想用它吸出地下的金子。吉卜赛人的冰块使他们着迷，被称为世界上最大的钻石，并指望用它——“凉得烫手的冰砖”建造房子。“当时马孔多热得像火炉，门闩和窗子都变了形；用冰砖盖房，可以使马孔多成为永远凉爽的城市”。吉卜赛人的照相机使马孔多人望而生畏，因为他们生怕自己的人像移到金属板上，就会消瘦。他们为意大利人的自动钢琴所倾倒，“恨不能打开来看一看究竟是什么魔鬼在里面歌唱”。美国人的火车被誉为旷世怪物，因为他们怎么也不能理解这个“安着轮子的厨房会拖着整整一座镇子到处流浪”。他们被可怕的汽笛声和扑哧扑哧的喷气声吓得不知所措。后来，随着香蕉热的蔓延，马孔多人被愈来愈多的奇异发明弄得眼花缭乱，“简直来不及表示惊讶”。他们望着明亮的电灯，整夜都不睡觉。还有电影，搞得马孔多人恼火至极，因为他们为之痛哭流涕的人物，在一部影片里死亡和埋葬了，却在另一部影片里活得挺好而且变成了阿拉伯人。“花了两分钱来跟人物共命运的观众，受不了这闻所未闻的欺骗，把电影院砸了个稀巴烂”。这是孤独的另一张面孔，与马孔多人的迷信相反相成。

正因为马孔多的孤独，时间停滞了。何·阿·布恩蒂亚几乎是在无谓的“发明”和“探索”中活活烂死的，就像他早就预见得那样。奥雷良诺上校身经百战，可是到了还是绝望地把自己关进了小作坊。他再不关心国家大事，只顾做他的小金鱼。消息传到乌苏拉耳里，她笑了。她那讲究实际的头脑简直无法理解上校的生意有什么意义，因为他把小金鱼换成金币，然后又把金币变成金鱼；卖得愈多，活儿就愈重……其实，上校感兴趣的不是生意，而是工作。把鳞片连接起来，一对小红宝石嵌入眼眶，精雕细刻地制作鱼身，一丝不苟地安装鱼尾，这些事情需要全神贯注。这样，他便没有一点空

---

〔1〕 加西亚·马尔克斯在诺贝尔文学奖受奖演说：《拉丁美洲的孤独》，1982年。

闲去想战争的意义或者战后的空虚了。首饰技术的精细程度要求他聚精会神，致使他在短时间内比在整个战争年代还衰老得快。由于长时间坐着干活，他驼背了；由于注意力过于集中，他弱视了，但换来的是灵魂的安宁。他明白，人生的秘诀不是别的，而是跟孤独签订体面的协议。自从他决定不再去卖金鱼，就每天只做 2 条，达到 25 条时，再拿它们在坩埚里熔化，然后重新开始。就这样，他做了毁，毁了做，以此消磨时光，最后像小鸡儿似的无声无息地死在了院子的犄角旮旯里。阿马兰塔和上校心有灵犀，她懂得哥哥制作小金鱼的意义并且学着他的样子跟死神签订了契约。“这死神没什么可怕，不过是个穿着蓝色衣服的女人，头发挺长，模样古怪，有点儿像帮助乌苏拉干厨房杂活时的皮拉·苔列娜”。阿马兰塔跟她一起缝寿衣，她日缝夜拆，就像荷马史诗中的佩涅罗佩。不过佩涅罗佩是为了拖延时间，等待丈夫，而阿马兰塔却是在打发日子，拥抱死亡。同样，雷贝卡也不可避免地染上了马孔多人的孤独症。阿卡蒂奥死后，她倒锁了房子，完全与世隔绝地度过了后半生。后来，奥雷良诺第二不断拆修门窗，他妻子忧心如焚，因为她知道丈夫准是接受了上校那反复营造的遗传。

一切都在周而复始，以至于最不经意世事变幻的乌苏拉也常常发出这样的慨叹：时间像是在画圈圈，又回到了开始的时候；或者世界像是在打转转，又回到了原来的地方。无论是马孔多还是布恩蒂亚家族，都像是部兜着圈子的玩具车，只要机器不遭损毁，就将永远循环往复。

《百年孤独》的叙事形式正是在构筑马孔多世界的孤独中产生的，具有鲜明的象征性和象形性，契合了《圣经》的天启式结构：

> 预言（禁忌）——逃避预言（因为违犯了禁忌）——预言应验（受到惩罚）。

作家将情节（历史）分割成若干部分，并让每一部分首尾相连，使之自成体系又不失与整体的联系。这些独立而又相互关联的情节片段以某一将来做端点，再从将来折回到过去：

> 多年以后，奥雷良诺上校面对行刑队，准会想起父亲带他去见识冰块的那个遥远的下午……”

这种既可以顾后，又能够瞻前的循环的叙事形式（同时也是时态和时序),最终织成的是一个封闭的圆圈:叙事者的着眼点从奥雷良诺上校面对行刑队陡然跳回到他年幼时第一次见识冰块的那个遥远的下午,以描述马孔多初建时的情景,然后又从马孔多跳回到"史前状态",再从"史前状态"回眸马孔多的兴建、兴盛直至奥雷良诺上校站在行刑队前回想起父亲带他去见识冰块的那个遥远的下午并由此派生出新的故事。这样,作品的每一个故事往往从终局开始,再由终局回到相应的过去和初始,然后再循序展开并最终构成首尾相连的圆圈。而且,常常是圆圈里面套圆圈,故事里面藏故事。举个例子:远在奥雷良诺上校面对行刑队之前,小说就已埋下伏笔:布恩蒂亚将举行一个盛大的舞会,叙述者从舞会刨根究底,一直追溯到意大利人皮埃特罗同雷贝卡及阿马兰塔的爱情纠葛,直至舞会真地举行;梅尔加德斯将第二次死亡,再折回去讲述他在世界各地的冒险经历直至他真的第二次死去;奥雷良诺将发动 32 次武装起义、跟 17 个姑娘生下 17 个儿子,直至这一切真地发生……这种环连环、环套环的叙事方式,恰似一个个封闭而又相互关联的套圈,形象地强化着马孔多的封闭与孤独。

在《百年孤独》的特殊时序中,马孔多既是现实(对于人物),又是过去(对于叙述者),也是将来(对于预言者梅尔加德斯),因而是过去、现在和将来三个时空并存并最终合为一体的完全《圣经》式的神话世界:最后,三个时态在小说终端打了个结,从而把所有的圆圈捏在了一起:

> 奥雷良诺·巴比伦一下呆住了,但不是由于惊讶和恐惧,而是因为在这个奇异的瞬间,他感觉到了最终破译梅尔加德斯密码的奥秘。他看到羊皮纸手稿的卷首上有那么一句题词,跟这个家族的兴衰完全相符:
>
> "家族中的第一个人将被绑在树上,家族中的最后一个人将被蚂蚁吃掉。"
>
> ……此时,《圣经》所说的那种飓风变成了猛烈的龙卷风,扬起尘土和垃圾,将马孔多团团围住。为了避免把时间浪费在他熟知的事情上,奥雷良诺·巴比伦赶紧把羊皮纸手稿翻过 11 页去,开始翻译和他本人有关的那几首诗。就像望着一面会说话的镜子,他看到了自己的命运。他又跳过几页去,竭力想弄清楚自己的死亡日期和死亡情况。可是还没有译到最后一行,他就明白自己已经不能跨出房间半步了,因为按照羊皮纸手稿的预言,就在奥雷良诺·巴比伦破译羊皮纸手稿的最后瞬间,马孔多这个镜子似的(或者蜃景似的)城镇,将被飓风从地面上一扫

而光，将从人们的记忆中彻底抹掉，羊皮纸手稿所记载的一切将永远不会重现，遭受百年孤独的家族，注定不会在大地上第二次出现了。

这样，小说从预言的将来到遥远的过去又回到将来的现实，构成封闭的天启式环形结构，一切孤独的形态（含义）便都在其中了。

与这种封闭（不是传统意义上有头有尾的封闭形式）结构协调一致的是佩涅罗佩式反复营造和时钟似的周而复始。就说后者吧，布恩蒂亚的子孙接二连三地降生，竟统统被赋予了一成不变的名字：男性不是奥雷良诺就是阿卡蒂奥，女性不是阿马兰塔就是雷麦黛丝。在漫长的家族历史中，同样的名字不断重复，使得乌苏拉作出了她觉得准确无误的结论："所有奥雷良诺都很孤僻，但有敏锐的头脑；而所有阿卡蒂奥都有胆量，但冲动的结果必是毁灭。"有其父必有其子，父子、祖孙不仅名字相同、外貌相似，而且连禀性、命运、语言都如出一辙。而作品的20部分正好与阿兹台克太阳历的月份及玛雅人的20制进位相对应。这多少暗示着拉丁美洲乃至人类历史新一轮曙光的到来。因为，创建一个与旧一轮抗衡的乌托邦为时不晚，"命中注定处于百年孤独的世家终将获得并永远享有出现在世上的第二次机会"，加西亚·马尔克斯如是说。

何况这般始终轮回、前后呼应、周而复始、循环往返的局面，能不同变迁的外部世界适成强烈的反差？

于是，一本正经的戏仿（结构）被轻而易举地解构了。

二

虽然加西亚·马尔克斯是位在世的当代作家，但有关评论却浩如烟海。这一方面体现了他在当代世界文坛的地位，另一方面则是其作品繁复、淆杂的表征。他模仿过卡夫卡（Franz Kafka）、福克纳（William Faulkner）、海明威（Ernest Hemingway）等现代作家，与索福克勒斯（Sophocles）、塞万提斯（Cervantes）、巴尔扎克（Balzac）等古典作家有剪不断的亲缘与渊源。拉什迪（S. Rushdie）称他是"创造奇迹的天使"，[1]富恩特斯（C. Fuentes）说他的小说是"拉丁美洲的《圣经》"[2]。无数评论家对他誉不绝口，尊之为魔幻现

〔1〕 Rushdie S: "*Angel Gabriel*", Gabriel García Márquez: *Testimoniso de su vida y ensayos sobre su obra*, Juan Gustavo Cobo (ed.), Bogotá, Siglo del Hombre Ed., 1992, p. 318.

〔2〕 Fuentes C: "Gabriel García Márquez", Gabriel García Márquez: Testimoniso de su vida y ensayos sobre su obra, p. 13.

实主义大师；而他却一直以现实主义作家自居，谓“每一句话都有案可稽”[1]。

于是，矛盾出现了。

(一)最初的批评

最早评论加西亚·马尔克斯的是他的朋友兼同事罗哈斯(H. Rojas)。其时，他俩同在《宇宙报》工作。当前者把中篇小说《枯枝败叶》[2]的初稿交给后者时，后者作出了高度的评价：

> 加西亚·马尔克斯正在对他的长篇小说《我们割了饲草》(即将问世)作最后的修改。本人有幸先睹为快并深信这是迄今为止哥伦比亚作家作出的最大努力。它必将为我们的当代小说掀开崭新的一页……[3]

其中的溢美之词遭到了另一位朋友——古斯塔沃·伊巴拉(G. Ibarra)的反诘。伊巴拉在仔细读完书稿之后，得出了完全相反的结论。而且，出乎加西亚·马尔克斯意料的是，他在小说中看到了索福克勒斯的影子，认为《我们割了饲草》与《安提戈涅》如出一辙。然而，作家当时一门心思系在欧美现当代小说上，根本无视古希腊文学的存在。风气使然，同时代作家几乎都是厚今薄古之辈，视古典如无何有之乡。

幸好，加西亚·马尔克斯在矢口否认的同时，潜心阅读了希腊悲剧。他惊讶地发现，他与索福克勒斯虽无任何瓜葛，精神气韵却惊人的相似。他不明白其中的奥妙，于是开始刨根究底，并从此把视阈扩展至整个西方文学。

1965年，正当加西亚·马尔克斯躲在墨西哥家中潜心创作《百年孤独》的时候，智利评论家路易斯·哈斯(Luis Harss)以非凡的洞识力锁定了他。哈斯的目的很简单：为当代拉丁美洲最伟大的十个小说家树碑立传。由于范围太小，他的标准也便近乎苛刻。选定的作家有：危地马拉作家阿斯图里亚斯(M. A. Asturias)、古巴作家卡彭铁尔(A. Carpentier)、阿根廷作家博尔赫斯(J. L. Borges)和科塔萨尔(J. Cortázar)、墨西哥作家鲁尔福(J.

---

[1] 在加西亚·马尔克斯和西班牙语读者看来是长篇，初名为《我们割了饲草》，1955年正式出版时易名为《枯枝败叶》。

[2] García Márquez: "*La creación artística en América Latina y Caribe*", Uno más uno, Mexico, 4 de agosto de 1984.

[3] Rojas: "*El regreso del viejo amigo*", El Universal, Cartagena, 15 de mayo de 1949.

Rulfo)和富恩特斯(C. Fuentes)、乌拉圭作家奥内蒂(J. C. Onetti)、巴西作家吉马朗埃斯·罗萨(J. Guimarães Rosa)、巴拉圭作家罗阿·巴斯托斯(A. Roa Bastos)和秘鲁作家巴尔加斯·略萨(M. Vargas Llosa)。哈斯置加西亚·马尔克斯于上述作家之间并对他进行了不同凡响的解读。这足以使加西亚·马尔克斯感到汗颜,因为在这些人当中,只有他名不见经传。其他 9 位无不声名显赫。卡彭铁尔和阿斯图里亚斯是魔幻现实主义鼻祖,后者还于 1967 年获得了诺贝尔文学奖;博尔赫斯和科塔萨尔早已被欧美读者定于一尊;鲁尔福虽然作品不多,却含金量极高,是当今世界以少胜多的典范;奥内蒂发表了 7 部长篇小说,是乌拉圭文坛当之无愧的泰山北斗;吉马朗埃斯·罗萨是公认的巴西现代小说之父;富恩特斯和巴尔加斯·略萨虽然年轻,却少年得志,前者有《最明净的地区》和《阿尔特米奥·克鲁斯之死》,后者则是《城市与狗》和《绿房子》两部巨著的作者。正因如此,哈斯对加西亚·马尔克斯不无保留,论述也多少有点儿语焉不详。他这样评价后者:

> 加夫列尔·加西亚·马尔克斯是一股散绳(这也是文章的标题—— 引者注),他知道,“文学的关键是语言”。因此,他竭力寻求语言的“纯净”与准确。《没有人给他写信的上校》自始至终体现了这种追求……他是如何实现这种追求的呢? 这的确是一个谜,一个难以究诘的问题。也许他继承了哥伦比亚的某种传统。[1]

哈斯还大量援引加西亚·马尔克斯本人的话,说“他否定了这种推测”,说:“他的风格与哥伦比亚文学传统毫无关系,因为它来自于一位普通的老人:他的外婆。”“老太太天资过人,‘她就是这么言说的’。时至今日,他依然能够听到一个遥远的声音,它激活着他童年的记忆。它来自魔幻的世界……马孔多。”[2]

后来,“像外婆那样叙述”成了加西亚·马尔克斯的口头禅,同时也成了无数批评家言说魔幻的“关键词”和切入点。现在看来,这句话至少包含了两层意思:1. 回到童年,像孩童那样相信一切;2. 返璞归真,像古典作家那样重视故事情节。但是,除了语言,哈斯当时几乎无话可说。好在翌年出版的《百年孤独》证明了哈斯的选择。

---

〔1〕 Harss L:*Los nostros*, *Buenos Aires*, Ed. Sudamericana, 1966, pp. 381-419.

〔2〕 Harss L:*Los nostros*, *Buenos Aires*, Ed. Sudamericana, 1966, pp. 381-419.

然而，和《百年孤独》的诞生过程一样，开始的评价并不一致。时任南美出版社《第一版》周刊主编的阿根廷作家马丁内斯(T. E. Martínez)回忆说："那是1967年秋末。几个月前，南美出版社文学部主任弗朗西斯科·波鲁阿(F. Porrúa)收到了一部来自墨西哥的书稿。书稿不分章节，只有一些明显的空白。且不说纸张和邮包何等简陋，关键还在于作者头上高悬着两个沉重的判决：其一是西班牙巴拉尔出版社的断然拒绝，理由是作品没有市场；其二是大作家吉列尔莫·德·托雷(Guillermo de Torre)的批评，他曾告诫书稿的作者放弃写作。"他还说，"我们这儿很少有人听说过他，更没有人见到过他。所能找到的有关材料也只有路易斯·哈斯的《我们的作家》"。[1]不过，传记作家萨尔迪瓦尔(D. Saldivar)在《加夫列尔·加西亚·马尔克斯：回归本源》中否定了马丁内斯的说法，他说早在1966年，南美出版社就通过哈斯与加西亚·马尔克斯取得了联系。萨尔迪瓦尔言之凿凿，称波鲁阿曾有意出版《没有人给他写信的上校》，结果被加西亚·马尔克斯婉言谢绝了(另说南美出版社对他的"老一套"不感兴趣)；二人于是达成协议：等待下一部，亦即《百年孤独》。萨尔迪瓦尔甚至断定作家通过经纪人卡门·巴尔塞尔(Carmen Balcells)"接受了南美出版社的预付金——五百美圆"[2]。

无论过程如何，重要的是《百年孤独》犹如一颗横空出世的明星，一旦诞生便举世瞩目、好评如潮。首先是出版商获得滚滚红利，其次是"魔幻现实主义"论者的欢呼雀跃。

(二)《百年孤独》：是幻想？是现实？

早在《百年孤独》诞生之前，拉美评论界就已围绕"魔幻现实主义"展开讨论。一般认为"魔幻现实主义"一词最初见诸德国艺术批评家弗兰兹·罗(F. Roh)的《魔幻现实主义·后期表现主义·当前欧洲绘画的若干问题》[3]。此外，意大利未来主义作家马西莫·邦腾佩利(M. Bontempelli)也曾偶用"魔幻现实主义"作为未来主义的代名词。第一位应用这一术语的拉丁美洲作家是乌斯拉尔·彼特里(A. Uslar-Pietri)。他在论述20世纪40年代委内瑞拉文学时说："……占主导地位的是把人看做现实状态和生活细

---

〔1〕 Martínez TE："*El día en que empezó todo*"，Testimonio de su vida y ensayos sobre su obra，pp. 23-27.

〔2〕 Saldivar D：*García Márquez*：*El viaje a la semilla*，Madrid，Alfaguara，1997，pp. 432-458.

〔3〕 Roh F：*Realismo mágico*，*post expresionismo*，*problemas de la pintura europea más reciente*，Madrid，Revista del Occdente，1927.

节的神奇之所在并使他具有永恒的魅力。这意味着对现实进行诗化或否定。由于缺乏别的名字，姑且称之为魔幻现实主义。”[1]

作为拉美文学专有名词的“魔幻现实主义”产生于1954年。是年，全美文学教授协会在纽约召开年会。会议期间，哥斯达黎加旅美学者安赫尔·弗洛雷斯(Angel Flores)教授作了题为《西班牙语美洲小说中的魔幻现实主义》[2]的讲演，认为按时代、题材界定西班牙语美洲文学的小说是一种缺乏想象力的表现，因而迫切要求用“魔幻现实主义”命名富有幻想色彩和现代意识的新人新作。翌年，美国《西班牙语文学》杂志全文刊登了弗洛雷斯教授的这篇文章。从此，“魔幻现实主义”一词在拉丁美洲流行起来。弗洛雷斯之所以迫不及待地起用“魔幻现实主义”这一术语，无非要对当时已然“炸”开的拉丁美洲(尤其是西班牙语美洲小说)进行一次分门别类。他果敢地选择博尔赫斯做“魔幻现实主义大师”并指认后者与比奥伊·卡萨雷斯夫妇合作的《幻想文学集萃》(1940)为“魔幻现实主义宣言”，并为之配备了响当当的鼻祖：卡夫卡(理由是博尔赫斯翻译了卡夫卡的作品)。这样一来，魔幻现实主义便理所当然地成了当代西班牙语美洲幻想小说的代名词。

然而，智利作家兼评论家费尔南多·阿莱格里亚(Fernando Alegría)对“魔幻现实主义”进行了完全不同的界定。他从卡彭铁尔和阿斯图里亚斯切入，给弗洛雷斯的定义来了个一百八十度大转弯。[3] 阿莱格里亚以卡彭铁尔的现身说法为依据，用“魔幻现实主义”指涉那些表现美洲神奇的作家作品。在卡彭铁尔看来，“神奇是现实突变的产物，是对现实的特殊表现和非凡的、别出心裁的阐释与夸大……但这种神奇的产生首先需要一种信仰。无神论者是不能用神的奇迹治病的，不是堂吉诃德也不会全心全意的进入《阿马迪斯·德·高拉》和《白骑士蒂朗特》的世界”[4]。同样，阿斯图里亚斯界定美洲“魔幻现实”的砝码也是山区印第安人或印欧混血人种的奇特“信仰”。他说：“简而言之，魔幻现实是这样的：一个印第安人或混血儿，居住在偏僻的山村，叙述他如何看见一朵彩云或一块巨石变成一个人或一个巨人……所有这些都不外是村人常有的幻觉，谁听了都觉得荒唐可笑、不能

---

[1] Uslar-Pietri: *Letras y hombres de Venezuela*, Caracas, FCE, 1948, p. 3.

[2] Flores: "*Magical Realism in Spanish American Fiction*", Hispania, Vol. 38, New York, 1955, pp. 187-192.

[3] Alegría: "*Carpetier y el realismo mágico*", Revista de Humanidades, New York, 1960, No. I.

[4] Carpentier: *El reino de este mundo*, México, Publicaciones Iberoamericanas, 1949, pp. 2-3.

相信。但是，一旦生活在他们中间，你就会意识到这些故事的分量。在那里，尤其是在宗教迷信盛行的地方，譬如印第安部落，人们对周围事物的感觉知觉能逐渐转化为现实。当然那不是看得见摸得着的现实，但它是存在的，是某种信仰的产物。"[1]

对"魔幻现实主义"的不同界定导致了加西亚·马尔克斯研究的不同向度。首先，不少评家如巴尔加斯·略萨[2]、安赫尔·拉马（Angel Rama）[3]、琴·弗朗科（Jean Franco）[4]等眷注加西亚·马尔克斯，尤其是《百年孤独》的"想象成分"，从而与弗洛雷斯殊途同归。巴尔加斯·略萨在其博士论文的基础上花了三年时间完成了这部长达六百多页的专著。专著由两大部分组成。第一部分为《真正的现实》，第二部分为《虚幻的现实》。他认为《百年孤独》是一部将现实和幻想推向极致的"全小说"。[5] 他拿《百年孤独》比照人类历史，同时用"魔幻"、"神奇"、"神话"和"幻想"概括作品的艺术想象。其中，"魔幻"者除了吉卜赛人的"魔术"（首先是墨尔加德斯，他居然提前一百年写下了马孔多的命运，其次是磁铁、冰块之类），还有皮拉尔的扑克牌"巫术"或毛里西奥的黄蝴蝶、何塞·阿卡迪奥的火药味等等。"神奇"者则首推尼科拉尔神甫，他居然用巧克力水使自己离开地面、悬浮空中；然后是弗朗西斯科大人，他曾经两次战胜魔鬼；还有就是俏姑娘蕾梅迪奥斯，她最终披着床单离开地面、飞上了天空。巴尔加斯·略萨认为诸如此类的想象都与犹太—基督教文化有关。"神话"主要指加西亚·马尔克斯对前人的反讽和戏访，涉及卡彭铁尔、富恩特斯、科塔萨尔等。"幻想"则是指"纯粹的艺术想象"，如带尾巴的孩子、不胫而走的物体、四处蔓延的失眠症和健忘症，等等。[6]

其次，恩里克·安德森·因贝特（Enrique Anderson Inbert）[7]、麦克·亚当斯（A. J. Mac Adams）[8]、何塞·路易斯·桑切斯·费雷尔（J. L.

---

〔1〕 Lowrance:"*Conversaciones con Asturias*", El Nuevo Mundo, Paris, 1970, No. I.

〔2〕 Vargas Llosa:*García Márquez, historia de un deicidio*, Barcelona, Monte Avila Ed., 1971.

〔3〕 Rama:"*El puesto de García Márquez*", Eco, Bogotá, 1983, No. 255.

〔4〕 Franco:"*García Márquez y el Nóbel*", Areito, New York, 1983, No. 32.

〔5〕 Vargas Llosa:*García Márquez*, historia de un deicidio, pp. 479-615.

〔6〕 Anderson Inbert:*El realismo mágico y otros ensayos*, Caracas, Monte Avila Ed., 1976.

〔7〕 Mac Adams:*Modern Latin American Narratives: The Dreams of Reason*, Chicago, The University of Chicago Press, 1977.

〔8〕 Sánchez Ferrer:*El realismo mágico en la novela hispanoamericana*, Madrid, Anaya, 1990.

Sanchez Ferrer)[1]、胡利奥·奥尔特加(Julio Ortega)等将加西亚·马尔克斯与博尔赫斯相提并论并不加区分地置之于“魔幻现实主义”麾下。比如，奥尔特加在评述“魔幻现实主义”时，将博尔赫斯、鲁尔福、科塔萨尔、福恩特斯、巴尔加斯·略萨和加西亚·马尔克斯混为一谈，认为无论加西亚·马尔克斯还是博尔赫斯等人的作品，“都是建立在国际后现代主义一般场域”的“自身类像”。[2] 墨西哥评论家门顿(Seymour Menton)甚至把“魔幻现实主义”当做战后世界范围内的一个“幻想文学流派”来加以审视，[3]认为《百年孤独》的做法是把现实倒个个儿。他从作品首版封面上“孤独”的倒装“E”字切入，把加西亚·马尔克斯的“魔幻现实主义”定位在不同的“视角”上。他援引作家的话说：“只要你懂得审视，习常中绝对充满了神奇。日常生活中魔幻比比皆是，只不过人们早就习以为常、见多不怪了。”[4]

与此同时，另一些人如马尔克斯·罗德里格斯(A. Márquez Rodríguez)[5]、亚雷纳(A. Llarena)[6]等则执著于区别“魔幻现实主义”与“神奇现实”(或神奇现实主义)。马尔克斯·罗德里格斯从拉美作家所处的人文环境入手，认为加勒比因为有黑非洲人种的加入，其“艺术表征形式明显不同于内陆地区”[7]。

然而，大多数人倾向于视“魔幻现实主义”为一个不同于一般幻想文学的拉丁美洲现当代小说流派。其中胡安·巴罗索(Juan Barroso)[8]、维·布拉沃(V. Bravo)[9]等评论家在总结“魔幻现实主义”历史讨论的基础上，提出了更富有包容性的见解。巴罗索认为：“魔幻现实主义是题材问题……当题材是美洲现实时，作品必然会提供神奇现实。”[10]而布拉沃则认为二者(“魔幻现实主义”与“神奇现实主义”)无论同与不同，都不能改变这样一个

---

〔1〕〔2〕 Ortega:“*Postmodernism in Latin America*”, Postmodern Studies I, Rodopi, 1988. p. 25.

〔3〕 Menton S: *Historia verdadera del realismo mágico*, México, FCE., 1998.

〔4〕 同上，第 56 页。

〔5〕 Márquez Rodríguez: *El barooco y lo real maravilloso en la obra de Alejo Carpentier*, México, Siglo XXI, 1982.

〔6〕 Llarena: *El realismo mágico y lo real maravilloso: una cuestión de verosimilitud*, Maryland, Hispamerica, 1997.

〔7〕 Márquez Rodríguez, pp. 3-71.

〔8〕 Barroso:“*El realismo magico*” *y* “*lo real maravilloso*” en El reino de este mundo y El siglo de las luces, Maimi, Universal, 1977.

〔9〕 Bravo: *Magias y maravillas en el continente literario: para un deslinde del realismo mágico y lo real maravilloso*, Caracas, Casa de Bello, 1995.

〔10〕 Barroso, p. 65.

事实："对美洲人文自然的神秘与魔幻的本土性重构。"[1]

加西亚·马尔克斯不拘牵，他坚持说："我生长在加勒比，熟悉这里的每一个国家、每一个岛屿。也许正因为这样，我才如此深感力不从心。我感到无论怎么搜肠刮肚、苦思冥想，也写不出半点儿比现实更令人惊奇的东西。因此，我力所能及的只是用诗的鳌足有意无意地移植现实。仅此而已。在我拼写的每一部作品中，每一处描述都有事实依据，每一句话都有案可稽。"他列举加勒比和拉丁美洲的种种神奇，以说明其言不虚。他甚至时常慨叹"现实是最伟大的作家"，"我们的现实向文学提出了一个十分严肃的问题，那就是为什么语言那么贫乏。"[2]不少评论家也支持加西亚·马尔克斯的说法，并进行了大量附议。何塞·费尔南多·布拉沃在《拉美当代小说中的神奇现实》中把拉丁美洲说得神乎其神，谓："这个神话般的大陆有着丰富而夸张的自然景观。"[3]

（三）当代国际批评视野中的《百年孤独》

作为"当代最重要的小说"[4]，《百年孤独》自然而然地被纳入了不同理论的批评视野。首先是围绕《百年孤独》与后现代主义的讨论。詹姆逊(Fredric Jameson)在其颇有争议的《关于电影中的魔幻现实主义》中谈到了加西亚·马尔克斯等人的魔幻现实主义，认为魔幻现实的"后现代本质""并不是一种随着背景而改变的现实主义。它本身已经存在，是一种具有魔幻或梦幻效果的现实"。这表面上看来与他后来发表的《后现代主义，或晚期资本主义的文化逻辑》形成了矛盾。但詹姆逊从卡彭铁尔和加西亚·马尔克斯的叙事方式和现身说法整合出"魔幻现实主义"等于当今拉美"现实主义"的观点，从而认为《百年孤独》等拉美当代小说提供了"一种新的叙事模式"，它作为后现代主义（电影消费主义文化）的反动，或可成为取代"后现代主义叙事逻辑的形式之一"[5]。另一方面，萨莫拉(L. P. Zamora)在《鬼魅现身：美洲当代小说的魔幻现实主义》一书中把"魔幻现实主义"定位于对反西方现代性的"深度批判"。她在《百年孤独》等"魔幻现实主义"小说的鬼魅世界中找到了解构西方现代性的方式：鬼魅的出现"预示着魔幻现实主义的

---

〔1〕 Bravo, p. 221.

〔2〕 García Márquez: *Uno más uno*, 4 de agosto de 1984.

〔3〕 J. F. Bravo: *Lo real maravilloso: en la narrativa latinoamericana actual*, Lima, Ed. UNIFE, 1984, p. 20.

〔4〕 Jorge Amado: "*Dos palabras sobre Gabo*", Gabriel García Márquez: Testimonio, p. 1.

〔5〕 F. Jameson: "*On Magic Realism in Film*", Critical Inquiry, Chicago, p. 311.

基本认知——知识的局限”[1]。这是因为:1. 鬼的世界处于生和死、现在和过去、灵魂和肉体、时间和空间之间,它与西方现代文明“预知一切、控制一切”的定向完全对立;2. 鬼的出现否定了现代性关于自主意识和自我实现的心理学假定;3. 鬼的出现扰乱了现代性的线性历史基础;4. 鬼是一种隐喻,存在于不确定“之间”。有鉴于此,萨莫拉认为“魔幻现实主义”是一种典型的后现代主义,“因为它拒绝二元论和技术理性、现代性和物质主义”[2]。同类批评还有很多,其中比较重要的有迪安·欧文(Dean Irvine)的《后殖民主义,后现代主义与〈百年孤独〉中的魔幻现实主义》[3]、阿罗克·巴亚(Alok Bhalla)的《加西亚·马尔克斯与拉丁美洲》[4]等。

其次是有关的后殖民理论。最早比较系统地将加西亚·马尔克斯等“魔幻现实主义”作家同后殖民理论联系在一起的当推斯利蒙(Stephen Slemon)。他从“魔幻现实主义”这个“矛盾修辞”中引申出现实主义和幻象主义两个概念,进而得出“魔幻现实主义”是将两种完全对立的叙事模式融合在一起的话语体系。这种话语体系具有鲜明的“后殖民特质”,它至少表现为以下三个层次:1. 地域的寓言;2. 重构的历史;3. 界限的消解。一如马孔多之对于整个美洲,第一个层次意在“通过局部接近(后殖民文化的)整体”;第二个层次是“通过历史的透视和隐喻方式书写殖民地文化和后殖民地文化”;第三个层次则侧重于“模糊边缘和中心的距离”。[5] 但贝克(Suzanne Baker)对此不以为然。他基于后殖民书写所蕴涵的反殖民主义倾向,认为《百年孤独》等“魔幻现实主义”作品提供了诠释(印欧)“双重认同”和“双重历史”的可能性。[6] 其他重要后殖民批评有杜里克斯(J. P. Durix)的《模仿、类型和后殖民话语:解构魔幻现实主义》[7]、埃斯科托(Julio

---

〔1〕 Zamora:“*Ghostly Presenes*:*Magical Realism in Contemporary Fiction of the Americas*”, Mattoid, Geelong 48, 1994, pp. 119-149.

〔2〕 Zamora:“*Ghostly Presenes*:*Magical Realism in Contemporary Fiction of the Americas*”, Mattoid, Geelong 48, 1994, pp. 119-149.

〔3〕 Irvine:“*Postcolonialism, Postmodernism, and Magic Realism in ‘Cien anōs de soledad’*”, Ariel, Charlottetown, 1998, pp. 53-80.

〔4〕 Bhalla:*Garcia Marquez and Latin America*, New York, Envoy, 1987.

〔5〕 Slemon:“*Magic Realism as Postcolonial Discourse*”, Canadian Literature116, Manitoba, 1988, pp. 9-24.

〔6〕 Baker:“*Binarisms and Duality*:*Magic Realism and Postcolonialsm*”, SPAN36, Buena Vista, 1991, pp. 84-85.

〔7〕 Durix:*Mimesis, Genres and Post－colonial Discourse*:*Deconstructing Magic Realism*, New York, Macmillan, 1998.

Escoto)的《回述魔幻现实主义》[1]等。

也有不少学者反对用后现代主义或后殖民主义之类的“模糊”概念评说“魔幻现实主义”。如米诺罗(W. D. Mignolo)曾于1997年发表题为《后殖民:殖民遗产和后殖民理论》的论文,[2]对有关后殖民批评提出异议,认为与其说“魔幻现实主义”是后殖民文学,毋宁说它是“反殖民文学”。萨尔迪瓦尔则干脆用“后现代现实主义”取代后现代主义和后殖民批评,意在使《百年孤独》摆脱西方批评模式。[3]

与此同时,一些学者仍坚持用后现代主义或后殖民理论释读《百年孤独》,如林达·赫琴在《百年孤独》等“魔幻现实主义”小说中读出了“更强的批判火焰”和“本土化”、“反中心”(包括西方中心主义和拉美集权)、“不妥协”的显著特点。但更多学者已经倾向于放弃后现代主义和后殖民理论,以便将焦点集中到更为具体的内容和形式上来。www. themodernworld/gabo/ 以及 www. en. wikipedia/wiki/gabriel_garcia_marquez/ 等网站曾就《百年孤独》组织讨论并发布了大量文章,其中不乏女权主义批评、叙事学批评等。

诸如此类,不一而足。它们不仅意味着加西亚·马尔克斯研究已经成为一个国际课题,而且标志着它正在向深度和广度发展。

---

〔1〕 Escoto:“*Cuenta regresiva al realismo mágico*”, Revista de Estudios Hispánicos, Washington, 1981.

〔2〕 Mignolo:“*Razón postcolonial: herencias coloniales y teorías postcoloniales*”, Postmodernidad y Postcolonialidad, Frankfurt, p. 51.

〔3〕 Saldivar:“*Postmodern realism*”, *The Columbia histry of the American novel*, New York, 1991.

阿连德的本色与杂色

“哦,你对爱的艺术一无所知吗?那么,就来读读这些诗篇吧!读过并且了悟个中奥妙,你就可以去向爱神报到了。艺术的作用有那么大吗?是的,通过艺术,我们可以使船儿插上翅膀;通过艺术,我们可以使车马奔驰如飞。爱情也不例外,它也应当有艺术来引导。我曾被维纳斯女神指定为善爱的导师……”这是古罗马诗仙、大鼻子奥维德在《爱经》中的一番自夸。而他所说的维纳斯,亦即古希腊神话中的爱神一美神阿佛洛狄特。

且说奥维德因为此书或关涉此书的种种纠葛,被罗马当局流放到多瑙河畔一个叫托米的偏僻、寒冷的地方,罪名是“诲淫”和“淫乱”。据说,他是西方第一位流亡诗人。因为是第一位,而且是大诗人,奥维德于是成了后世流亡文人的鼻祖。文学“爆炸”时期的许多拉美作家,从卡彭铁尔、阿斯图里亚斯到科塔萨尔、马尔克斯或者略萨,都有过流亡经历。科塔萨尔曾不无自嘲地以现代奥维德自居,谓流亡是独裁者们无意间颁发给拉美作家的一笔奖学金。智利女作家伊莎贝尔·阿连德(1942~)当有同感。1973年智利军人发动政变,伊莎贝尔·阿连德的伯父萨尔瓦多·阿连德总统以身殉职。伊莎贝尔·阿连德被迫亡命国外,是年31岁。

一

1942年,伊莎贝尔·阿连德出生在智利的一个显赫世家。虽然父亲消失时,她年近3岁,但她并没有因此而受到任何伤害。她是在伯父和母亲的照拂下长大成人的。话说时任外交官的父亲托马斯·阿连德因性丑闻突然失踪,但伯父却征途坦荡,而且母亲很快替她找了一个继父。同时,和加西亚·马尔克斯一样,她也有一个神秘的外祖母和一个倔强的外祖父。这为她日后成为“穿裙子的加西亚·马尔克斯”奠定了基础。她的阅读兴趣来自于母亲一脉的奇异故事和继父拉蒙赠送的一套《莎士比亚全集》。由于拉蒙也是位外交官,伊莎贝尔从小跟随他和母亲游历了欧洲和美洲。为了尽早自立,她中学毕业后便走上了社会,在圣地亚哥新闻界摸爬滚打。记者生涯使她获得了敏锐的目光和疾恶如仇的品格。无论政治斗争多么复杂，她始终不渝地站在伯父一边。1970 年，伯父作为人民阵线的总统候选人在大选中获胜，但反动势力不甘失败，不仅在经济上破坏捣乱，而且采取各种恐怖手段制造社会恐慌。阿连德总统对此毫不畏惧，他一方面推行政治民主，一方面大胆实施经济改革。1973 年 9 月 13 日，智利军方在美国政府的支持下悍然发动军事政变，用炮火强迫阿连德交出政权。阿连德视死如归，直至以身殉职。这是促使伊莎贝尔创作的《幽灵之家》(1982)的第一动因。

而立之年，适值魔幻现实主义和马尔克斯的《百年孤独》风靡全球，阿连德决定效仿马尔克斯：放弃新闻工作，投入文学创作。她的第一部小说《幽灵之家》(1982)便是在这样的背景下产生的。作者称《幽灵之家》是"写给决定绝食自杀的 99 岁老外公的一封长信"，以埃斯特万·特鲁埃瓦家族的兴衰为中心，展示了拉丁美洲某国半个多世纪的社会变迁，表现了某些人物的孤独与魔幻(详细分析请参阅《魔幻现实主义》一文)。

作品跌宕起伏，以现代小说少有的大起大落、大喜大悲、大是大非、大善大恶展示了一个家族乃至一个国家的命运。而有关评论经常指认的魔幻现实主义特点，在这部小说中其实已经大大缩水。换言之，在阿连德笔下，魔幻是一种点缀，仅仅集中在克拉腊和老佩德罗·加西亚两个人物身上。除此，小说便再无魔幻可言。

用阿连德的话说："有一个马孔多，就会有第二个马孔多；有一个布恩蒂亚家族，就会有第二个布恩蒂亚家族：我的家族。"但事实上伊萨贝尔·阿连德的家族已经不是布恩蒂亚家族。因为魔幻是布恩蒂亚家族的标记，或者反过来说，后者是拉丁美洲集体无意识的载体；而阿连德笔下的特鲁埃瓦家族却是魔幻蜕变的结果：摆脱魔幻，回到现实。

细读《幽灵之家》，它显然已经不是魔幻现实主义作品，而是一部十分复杂的多维小说。套用马克思"莎士比亚化"的说法，以情节的生动性和内容的丰富性誉之，当不为过。

无论如何，《幽灵之家》的成功使伊莎贝尔信心倍增。两年后，她发表了第二部长篇小说《爱情与阴影》(1984)。这是一部内涵丰富的惊悚小说，或可印证笔者的观点。作品取材于皮诺切特军事专制时代的一桩桩令人发指的真实事件。作者事后宣称，小说的主要素材来自 1978 年智利隆根地区的一起重要发现：有人在一座被军警关闭的废矿中发现了 15 具尸体。他们被查证是独裁政府秘密处死的民主斗士。消息传来，作者义愤填膺，1973 年的惨剧在她眼前一幕幕地重现。经过周密调查，她终于发现，在独裁肆虐的拉丁美洲，这样的惨剧天天都在发生。她认为自己有责任将这一切公之于世，哪怕粉身碎骨。

小说伪托一个叫埃潘海利娜的姑娘因为有特异功能而被军警逮捕逼供并秘密处决。热爱并相信她为“圣女”的乡民四处寻找她的踪迹。在女记者伊内斯的帮助下，人们冲破禁令，进入矿山，但出现在他们眼前的不是一具、而是无数具失踪者的尸体。于是，举国震惊，舆论哗然。这时，穷凶极恶的军人政权对伊内斯狠下毒手。她遇刺受伤。最后，初愈的伊内斯和未婚夫古斯塔沃双双逃出国境，开始流亡生涯。

之后，《夏娃·月亮》(1987)保持了已有的风格，写一名叫夏娃·月亮的风尘女子和游击队员一道营救遇难战友的故事。但进入20世纪90年代以后，伊莎贝尔明显转向。其中的《无限计划》(1991)便是她侨居美国之后的一次新的尝试：苏格兰一犹太家族开着大篷车在美国宣讲《圣经·旧约》中“无限计划”。“无限计划”是一个预言。但美国的文化不相信古老的预言，而是以其巨大的生命力融化了这个家族。家族子孙的经历不仅见证了现代文明的多义和矛盾，而且多少反映了伊莎贝尔在美国的遭遇。

1994年，她的传记体小说《保拉》发表。作品记叙了她亲生女儿保拉的短暂的一生，是作者在女儿的病榻前完成的。作品哀婉凄恻，感人至深。近年来，她又相继发表了感官回忆录《阿佛洛狄特》(1997)和长篇小说《命运的女儿》(1999)。后者写一个智利姑娘在美国的遭遇。故事发生在19世纪。受美国梦的蛊惑，世界各地的淘金者纷纷踏上星条旗覆盖的土地。小说的女主人公是个弃婴，长大后爱上了一个不负责任的男人。男人不辞而别，她却痴心不改。一天，她终于女扮男装，走上寻找情人的不归之路。先是在一船狂热的淘金者中颠簸，继而与小偷、妓女、醉鬼和流浪汉为伍，以至于梦醒梦灭、不得不开始新的生活。最后，她在一个中国医生的指引下，一步步走向了神秘。作为此书的尾声，《褪色的照片》(2000)是写“第三代”拉美裔移民的。这就很有美国少数族裔作家的味道。它在作者的“鹰和美洲豹”三部曲(《怪兽之城》[2002]、《金龙王国》[2003]和《矮人森林》[2004])以及《佐罗：一个传奇的开始》(2005)和16世纪“命运的女儿”伊内斯《我的心肝》(2006)中演化为一系列冒险的神秘或神秘的冒险。

她的这种转向也许是受了20世纪90年代意识形态(或意识形态淡化)以及美国少数族裔文学和英美新传奇文学的影响，但归根结底却是她杂色品性的一种炫示。

二

瓦格纳对其弟子说："不要摹仿，尤其不要摹仿我。"阿连德当深谙此理。因此，与其说她模仿马尔克斯，毋宁说她摆脱了魔幻现实主义。首先，《幽灵之家》是一部充满政治寓意和浪漫情怀的现实主义小说。它所影射的皮诺切特则是在超理性的利益驱使下发动政变的，毫无魔幻可言。诚如卡彭铁尔在反独裁小说《方法根源》(1974)中所说的那样："如今的独裁者已非昔日草莽可比，他们饱读诗书，表面上温文尔雅……"(《作家的理由》，1976年，第114页)其次，从《爱情与阴影》到《夏娃·月亮》系列，就连权作点缀的魔幻也被她扬弃了。

阿连德常说，旅行和旅途见闻是她文学创作的不竭的源泉。她从小浪迹萍踪，到过许多地方，而她身上流淌的又是拉美文化的驳杂血液。出生于近乎中世纪的保守之乡，尔后走过了多半个缤纷世界；40岁前一直想变成男人，40岁后又奔向了女权主义；漂泊四方使她乡思如织，但扪心自问却是个世界公民。总之，没有任何主义可以涵括阿连德的作品。尤其是她的后期作品，因为它们是如此杂色纷呈；而这种杂色，也许正是她的本色。比如《阿佛洛狄特》，它与其说是关于春膳的，毋宁说是指向狂欢的：跨国资本主义时代多元文化和相对主义的狂欢。从远古到现代，从西方到东方，海阔天空，包罗万象，却仿佛处处指向一个性字。它用一个个貌似正经的春膳菜谱和一则则似是而非的艳情故事，把读者"骗"个晕乎。

记得《金瓶梅》开篇有词："丈夫只手把吴钩，欲斩万人头。如何铁石，打成心性，却为花柔？请看项籍并刘季，一似使人愁。只因撞着，虞姬戚氏，豪杰都休。"这就是所谓的英雄难过美人关吧。自古英雄尚且如此，何况市井小人乎？话说西门庆菽麦不知、丁字不识，但却混个丑态皮相，一生骄奢淫逸，终不免精极而亡。历代文人对其中之淫多有贬抑，若非它"于世情……诚极洞达……并写两面"(鲁迅《中国小说史略》)，恐将永远难逃禁毁厄运。然而，世情多变，大明隆庆至万历年间的"太平盛世"早已重复多次。古来温饱而思淫欲，且一晃时光水样儿流到了今天。性解放的旗帜何啻这边独飘。

先是西方后来居上，然后是深受天主教文化浸染的拉丁美洲。20世纪90年代，秘鲁作家略萨率先抛出一本淫书，称为《情爱笔记》(实系《性爱笔记》，1997)，紧接着便是阿连德的这部《阿佛洛狄特》。但是，别以为她迂回曲折、广征博引只为区区一个性字。

众所周知，东方人在这上面做文章的历史远比西方悠久。单就东方最有影响的印度、中国和阿拉伯三大文化(或者还有希伯来和波斯)而言,手法和向度虽各不相同,却同样传自久远。总体说来,印度人比较精神(有Ananga Ranga为证),中国人比较物质(如《黄帝内经》和《金瓶梅》等),阿拉伯世界则比较神秘(如阿拉伯"淫乐")。中国人最物质,其结果却是最保守,以至于孟圣人所说的性,到近现代只剩下一个食字了。相形之下,西方"性学"起始迟缓,但发展神速,以至于大有君临一切之势。

如果说字面上看不出略萨对东方文化也有多少了解,那么《阿佛洛狄特》却足以证明阿连德不仅深谙西方和拉美关于性(或色)与食的诸多说法,而且对包括中国在内的东方性文化有相当的了解。用她的话说,记者出身,钩沉索隐是她的本事。她写道:土耳其浴可以帮助女性保持妩媚,印度和中国则用食物保证后宫的繁荣。但是,御厨常因炖出的燕窝汤未能在皇帝身上达成预期效果而丢却脑袋。用罢夜膳,吞下药丸,并由值班太医用金针扎过穴道,枕中书翻阅停当,因为有上千妃子在等着他临幸,尽管即使在最好的情形下,每人每年至多也只能得到一次宠幸。她还列举了许许多多五花八门的催情壮阳菜谱和调情助性情景,但归根结底,炫耀的却是她的诘问和怀疑。她借人物之口说出一番朴素的道理,谓:"刻意寻找秘方或者求新求变的心态,其实皆始于丧失最简单的品尝番茄天然滋味的能力,肇始于我们没有能力在感官的世界里自然地生存。"

多么朴素的道理!然而,真理总是最朴素的。情和性本来是人类最自然而然地给予和诉求,所有的色、香、味,其实都只在我们最自然的感官接受、最朴素的感情分际,当然还有年龄、身心等自然因素的介入。

借用曹雪芹老先生的话说:"假作真时真亦假,无为有处有还无。"阿连德正是用她的诘问和怀疑把自己"一本正经制作"的古今东西(包括富含印第安传统的拉美,或者尤其是拉美)的春膳全席和感官大考就这么轻而易举地给解构了。但问题是她并不止于解构,因为她相信自己的野蘑菇汤和诸如此类的家传秘方在这方面远胜于任何"灵丹妙药",可谓"万无一失"。于是,真真假假,假假真真,似是而非,似非而是,全凭读者甄辨、取舍。

凡此种种多少说明了她的蜕变:政治色彩在她晚近创作中的日渐淡化以及驳杂而幽忧的想象、广博而智性的游戏的冉冉升腾。然而,"闲阅遗书思惘然,谁知天道有循环"。一如我当年追问略萨:她这只花蝴蝶还会重新回到过去,完成二度蜕变吗?

新世纪西语小说管窥

历史的回归永远不是简单的重复。就像一个人不能两次踏进同一条河流，当今西班牙语文学早已是多重混杂的产物。就小说而言，当今西班牙语小说对情节的重视也许只不过是矫枉过正之后的一种回摆。

一

由于意识形态等诸多方面的原因，西班牙作家没有赶上“二战”以后席卷西方的解构风潮，结果倒是轻装上阵，在自己这块相对的处女地上勾勒出一道独特的风景线。这就是说，相对于其他西方作家而言，西班牙作家少了一些理论包袱；同时，经过近半个世纪的闭关自守，西班牙对于世界、世界对于西班牙都相对陌生了，于是彼此多了一些新鲜与好奇。

然而，西班牙小说回归情节的道路并非一蹴而就。20 世纪 70 年代，随着佛朗哥的寿终正寝，西班牙的历史翻开了崭新的一页。首先，西班牙王室和政府对历史问题既往不咎，几乎使西班牙一夜之间“走向了未来”；其次，由于历史、文化、语言等方面的渊源和经济、贸易、旅游等方面的联系，西班牙迅速融入欧洲大家庭并全方位地与世界接轨。相形之下，邻国葡萄牙却显得步履维艰。明证之一是萨拉马戈因为文学创作和政治信仰而受到了教会与政府的非难，结果却在西班牙受到了保护。

进入 20 世纪 80 年代以后，西班牙在经济高速发展的同时，文学事业也蓬勃发展。文学史家把 20 世纪最后二十几年的西班牙文学粗分为两个时期：第一个时期为“解禁”时期，其中的主力军是 70 年代末至 80 年代末的“复出的一代”和“崛起的一代”（单是这些名词，就不难使人联想到刚刚摆脱文字狱的 80 年代的中国文坛：一大批老作家被摘掉帽子，从监狱和牛棚回到自己业已生疏的工作岗位；一大批年轻文人左右逢源，脱颖而出）。

所谓“复出的一代”是指成名于佛朗哥时代的作家，他们不同程度地受到独裁政权的迫害，有些几乎在监狱里度过了半生。其中的代表人物有塞拉（1989 年诺贝尔文学奖获得者）、德利维斯和托伦特·巴耶斯特尔，他们分别于1996、1993和1985年获得塞万提斯奖。此外,流亡归来的圣德尔、阿拉亚、罗萨·恰塞尔、圣普隆、费尔南德斯·桑托斯和玛利亚·希罗内利亚等迅速加入了他们的行列。这些作家的特点是生活积累丰厚,对现实有很强的责任感。尤其是那些出生于四五十年代的年富力强的小说家,如戈伊蒂索洛、贝内特和马尔塞等,起到了承上启下的作用;戈伊蒂索洛同时把笔触伸向了(佛朗哥时代的)两个禁区:性和同性恋问题;贝内特用侦探小说的形式及普鲁斯特式的长句子,把开放的西班牙社会描绘得犹如迷宫一般;马尔塞几乎是前两位的有意无意的综合,即把性和敏感的政治捏在了一起。

"崛起的一代"涵盖面更广,像我们的"寻根派"和"先锋派",至今难有定论。盖因他们实力相当而且一个个既多产又畅销,国内国外声誉极隆。关于这一批作家,可以列出一长串名字:佩雷斯·雷维尔特、里奥斯、米利亚斯、玛利亚·盖尔本苏、玛利亚·梅里诺、洛佩、蓬波、马里亚斯、甘达拉、门多萨、莫利纳·福伊克斯、巴斯克斯·蒙特阿尔班、费雷罗、莫伊克斯、阿桑科特、穆纽斯·莫利纳、马德里及女作家涂斯盖茨、费尔南德斯·古巴斯、加西亚·莫拉雷斯、蒙特罗等。他们作品的可读性明显增强。

20世纪90年代,西班牙文学继续繁荣。六七十年代出生的青年开始登上舞台,其回归情节的倾向更加明显,这直接推动了西班牙小说市场的繁荣兴旺。顺便说一句,文学的繁荣促进了影视业的发展。八九十年代西班牙电影之所以成功,首先是因为它拥有一片丰饶的文学土壤。就像我们的第五代导演的成功,当首先归功于"寻根文学";绍拉、阿尔莫多瓦等著名导演的出现,也无不受惠于当代西班牙小说。

以上种种,对于中国读者来说,基本上还如无何有之乡。然而,他们对于我们或许比任何一种文学更具有借鉴意义。因为他们的前面也曾是一片文化沙漠,他们的面前也曾有一个陌生了的世界。与此同时,西班牙的开放几乎是在一夜之间完成,中间伴随着社会形态、价值观念、生活方式的颠覆与重构。相比之下,我们的改革可以说是一种渐进。尽管西班牙与世界(其实主要是欧美)接轨有着传统和语言方面的优势,但从百姓承受的角度看,惊人的变速足以将这些优势消解殆尽。20多年来,西班牙人的惊喜与惶恐、欢乐与痛苦、希望与绝望在几代作家的笔下淋淋漓漓地展现出来。这对于同处在变数中的国人来说,应当说是弥足珍贵、不可多得的参照系。

至于情节,女作家罗莎·蒙特罗曾经一言以蔽之,说:"回到小说本身,也即回到故事，回到讲故事的乐趣。”[1]此话若在六七十年代，肯定会受到许多人的讥嘲，甚至会被认为是对“纯文学”的“大不敬”；但在小说惨淡经营的当下，却足以博得许多人的赞同。然而，问题是好故事难得，把故事讲好、讲圆就更不容易。曾几何时，“布老虎丛书”许下诺言，要以重金购买好看的爱情小说。也许这里面有商业炒作的成分，也许这原本就是出版家的一厢情愿。至于后话嘛，不说也罢。而罗莎·蒙特罗就不同了，她好歹接二连三地写出了一系列好看的小说。其中最近的一部叫做《地狱中心》(2002)，小说一开始就抛出悬念，然后层层递进，但最终给出的却是一个“太虚幻境”。作品写一个女记者一早起来接到一个莫名其妙的骚扰电话，然后就惶惶不可终日，以至于开始了一段惊心动魄的逃亡。现实的危机和现代人脆弱的心灵在这部丝丝入扣的小说中步步推演，直至最终包袱抖开：读者发现原来主人公所遭遇的一切都是她堂吉诃德式的想象。

老作家佩雷斯·雷维尔特的小说一直以晦涩难懂著称，但近年来他也改变路数，已出版多部以情节见长的长篇小说。例如2002年出版的《南方的女王》，写一个名叫特雷莎的女子阴差阳错地混入了大毒枭的队伍，从而引出了一连串匪夷所思的故事。

中年作家米利亚斯曾以富有理论色彩的小说闻名遐迩，但近年也开始在情节上做起文章来。他的新作《劳拉与胡利奥》(2006)几乎可以说是现代版《罗密欧与朱丽叶》，所不同的是以某种令人啼笑皆非的网络虚拟性取代了莎士比亚的悲剧色彩。

上述作品当然都是反映现实问题的。风气使然，反映历史问题的小说同样愈来愈关注情节。比如年轻作家哈维埃尔·塞卡斯·梅纳，他的小说基本上是在用一种“不加修饰”的平和姿态给读者讲故事。比如《萨拉米斯士兵》(2000)虽然属于历史小说，以西班牙内战为背景，但故事生动，情节曲折，三年来仅西班牙国内就销售了数十万册，年前还被搬上了银幕(同名电影先后获戛纳电影节特别奖和奥斯卡最佳外语片提名)。小说写某报刊记者从作家桑切斯·费尔洛西奥口中得知后者的父亲马萨斯在1939年的一次遭遇。当时，内战已近尾声，长枪党人在德意法西斯的支持下打败了共和党人。共和党人决定在逃往法国之前枪毙在押的50名长枪党人。马萨斯趁乱逃脱，被几个穷追不舍的共和党人捕获。然而，其中一个共和党人居然放过了这个已经到手的猎物。尘埃落定以后，死里逃生的马萨斯入阁佛朗哥政

[1] 罗莎·蒙特罗：《在过去，在将来》，《回声》，巴塞罗那，2003年第一期，第35页。

府，他知恩图报，千方百计地保护这几个共和党人。现在轮到记者（也即叙述者）穷追不舍了。他不能理解这种亦敌亦友的心境。于是，他逐个采访了所有证人，唯独找不到那个释放马萨斯的英雄。为了让故事有一个完满的结局，他只好听信一位作家的忠告："故事永远比事实更真实"，并杜撰了一个尾声——那个士兵跨越西法边境，参加法国抵抗运动并随诺曼底登陆的盟军攻打德国。战争结束后，他隐姓埋名，在法国的一所疗养院里安度晚年。

在2006年布鲁塞尔举行的"世界文学节"上，有十位作家摘得近十年最畅销作家桂冠。在这十位作家中，西班牙作家居然占了五位，他们是玛蒂尔德·阿森西、鲁伊斯·萨丰、胡利娅·纳瓦罗、哈维埃尔·谢拉和伊尔德丰索·法尔康内斯。至于他们的作品能否进入文学史家的视阈，则另当别论。

总而言之，西班牙小说正全面回归情节，其对于真实和虚构的理解几乎回到了塞万提斯时代。

二

拉美当代小说虽然在20世纪五六十年代取得了辉煌，但各种探索至今没有停止。回归情节或可说是其最新趋势之一。众所周知，20世纪70年代，尤其是进入80年代以后，随着聂鲁达、鲁尔福、阿斯图里亚斯、卡彭铁尔、博尔赫斯、科塔萨尔等文豪、泰斗的相继去世，拉美文坛开始显得青黄不接。此间，硕果仅存者也是力不从心，回天乏术（虽不能说加西亚·马尔克斯、巴尔加斯·略萨、富恩特斯、英方特等江郎才尽，然他们的创作节奏已明显减缓，作品也远不如从前厚重）。然而，进入90年代以后，拉美文坛迅速复苏。一方面，老作家如富恩特斯、巴尔加斯·略萨等重整旗鼓，明显放弃了先前的意识形态承诺。富恩特斯接连发表了三部作品，其中长篇爱情小说《水晶疆界》（1997）以及《与劳拉·迪亚斯在一起的时光》（1999）受到普遍好评，被立即译成英、法、德、意等主要文字。和富恩特斯一样，巴尔加斯·略萨近年也有多部力作问世，他的长篇小说《情爱笔记》（1997）被认为是1990年代最具影响的虚构类小说之一。小说主要分三个层次：人物堂里戈贝托的性爱笔记，堂里戈贝托与妻子、情人的情爱、性爱关系，堂里戈贝托的儿子与继母的关系以及他充满矛盾的心理活动。由于在作家的前一部小说《继母颂》中，这些人物"已然出现"（孩子因敌视继母而竭尽手段，最终导致继母与父亲分手），这部小说就兀自多了一些所指：孩子长大了，对漂亮的继母产生了好感。这样一来，事情顿时变得复杂起来。作者认为这是让自己回到另一个青年时代、让小说“回到另一种本来面目”的勇敢尝试。[1]卡夫雷拉·英方特是古巴流亡作家，近年来同样佳作叠出。1996年发表《我的极端音乐》，1997年出版《她曾是个民歌手》，今年又有新作问世。巴拉圭老作家巴斯托斯也是笔耕不辍，佳作不断。

此外，西班牙语美洲作家的政治色彩明显淡化，社会参与意识和代言意识明显消减。受此影响，爱情小说层出不穷。阿古斯丁的《好人的爱情》、巴斯托斯的《苏夫人》、埃斯基韦尔的《爱情法则》、马斯特雷特的《爱之恶》、巴尔加斯·略萨的《情爱笔记》、卡夫雷拉·英方特的《昨日星辰》、富恩特斯的《迪娅娜或孤独的狩猎者》等等，都是1990年代末拉美和欧洲图书市场看好的长篇小说。

最近几年，情况就更加明朗了。老作家富恩特斯接连有两部情节小说面世。一部是2001年的《伊内斯的直觉》，一部是2003年的《鹰椅》。前者(192页)写一个男人和一个女人一生当中的三次邂逅。两人的第一次邂逅是在1940年的伦敦，当时希特勒的飞机正在轰炸这座城市。他们的邂逅当然充满了偶然和惊险，但冥冥之中把他们联系在一起的却是美好的音乐。女主人公天籁似的嗓音使男主人公久久不能忘怀，但是战争的硝烟和地位的悬殊使男主人公不得不放弃非分之想。多年以后，他们久别重逢，这时男主人公因为思念女主人公而在一个二流乐队担任指挥；女主人公则已然登上事业的巅峰，在乐坛上红得发紫。两人的差距依然存在。最后，到了1967年，摇滚乐横扫世界乐坛，男主人公如鱼得水，红极一时。这时，歌剧光景不再，歌剧女王也已人老珠黄。三次邂逅，三种情感。男女主人公的爱情真可谓一波三折。富恩特斯在接受媒体采访时，明确表示要让人类最本真的情感在时间和空间的缝隙中迸发出最自然朴素、美丽动人的火花。

小说已经完全放弃了《最明净的地区》或者《阿尔特米奥·克鲁斯之死》的那种雄心勃勃的所谓多视角、多层次、多声部式的全景观描写，一切都围绕着一个既简单又复杂的爱情故事展开，充满了偶然和必然、意料之外和情理之中。

富恩特斯的另一部小说《鹰椅》，表现的是他熟稔的权力主题，但情节也相当扣人心弦。所谓鹰椅，用我们的话说也就是龙椅。富恩特斯在这部篇幅有限(384页)的小说中钩织了一个错综复杂的权力网，充斥其中的除了司空见惯的钩心斗角、尔虞我诈，还有企图挣脱阴谋和交易的神圣爱情。小说

---

〔1〕 巴尔加斯·略萨：《回到自己需要勇气》，《文学之友》，墨西哥城，1997年第三期，第7页。

的情节使我联想到二月河和眼下比比皆是的清宫戏，只不过富恩特斯把政治比成游乐场中最惊险、刺激的过山车，而鹰椅便是其中那个人人觊觎的“头等舱”。他对墨西哥的社会现实可以说是相当悲观。

同样，近年入选人文社“年度最佳外国小说”的拉美小说大都具有动人的情节。其中《蜂王飞翔》(2002)是一部相当出色的政治小说。恰恰是因为情节的因素，而今的政治小说已非20世纪70年代反独裁小说。阿根廷作家托马斯·埃洛伊在这部不足20万字的小说中讲述了一个骇人听闻的权力故事。小说主人公卡马戈是《布宜诺斯艾利斯日报》的老板。由于他经营有方，该报在阿根廷独占鳌头。他以此为阵地，成了阿根廷的“社会良心”和“捍卫民主的英雄”。他在报社内部却独断专营，比独裁还独裁：一方面他敢于冒天下之大不韪，把第一家族的专断腐败公之于众，从而直接导致总统下台；另一方面，他在自己的“王国”内部专横跋扈，干了许多令人发指的勾当。比如，他发现曾经有恩于他的情人不够听话，便命人对她施暴；最后为了销赃灭口，他甚至亲手杀害了她。正所谓世事乖谬，人间正道未必总是善恶分明，因此作者有理由下一着险棋：一个反寡头的英雄原来自己也是一个寡头。

在当下西班牙语文坛，类似作品还有很多。如果说上一代拉美作家的使命是创造一部美洲的《圣经》，那么年青一代的目标似乎“降低”了许多，因为他们心心念念的似乎只是恢复小说的“本来面目”。而西班牙作家是世界文学盛宴的晚到者，几乎已经没有肆意发挥的余地；因此，回归情节也许不失为一种明智的选择。

这里面有物极而反的必然，也有小说重新找回读者的诉求。

随笔

论爱情

如果说人生是一抹风景，那么爱情一定是它的鲜花、阳光和雨露。爱之于人生，犹如阳光雨露之于自然万物，不可或缺。如是，爱情不仅是人类生活的一个基本内容，而且构成了人类心理和生理活动的最大宇宙，蕴涵着奇妙的时空精华。因此，在一定程度上，是它成就了人类，而不是相反；或者二者相辅相成，是一种平行统一。作为人类的一个永恒的主题，它像奇妙的万花筒，变幻出无数形态，令人叹为观止。不同时代、不同社会、不同阶级和民族的文人骚客更为我们留下了数不胜数的爱情故事。打开中外文学的历史，各种各样的爱情形态就会呈现在我们面前：有典雅的，也有粗俗的；有欢喜的，也有悲惨的；有哀艳凄恻的，也有发聋振聩的；有灰姑娘式的，也有柏拉图式的；有排山倒海可歌可泣的，也有空灵飘逸如诗如画的，总之是气象万千、难以尽述。

然而，人类也有不相信爱情的，比如哲学家培根说爱情是骗人的把戏。他说爱情在舞台上是主题，但在人生中是惑人的魔鬼或复仇的女神。孔子也不太相信爱情（至少是一般意义上的男女恋情），谓“惟女子与小人为难养也”。同理，尼采说哲学让女人滚开。这位狂人甚至告诫所有男人：“你去女人那儿吗？别忘了带你的鞭子。”当然这些都是极端的例子。

至于“婚姻是爱情的坟墓”之类，则似乎有些道理，但又失之于笼统。听说还有现代科学依据，谓人类的爱情（或谓热恋）只能持续 28 天。这倒恰好与“蜜月”的时间相吻合。而事实上，多年夫妻成兄妹，朝朝暮暮，长相厮守，冷却了热情，增长了亲情；休戚与共，耳鬓厮磨，少了些好奇，多了些相似，能不成兄妹？朱颜绿鬓、新婚燕尔，容或不信；老夫老妻，则当如是观、如是感。举案齐眉或平平淡淡，同甘共苦或终其一生，或者像乔叟笔下的朵丽根与阿浮拉格斯那样以忠贞为目的，都是婚姻形式。总之，婚姻不排斥阶段性、层次性，它取决于夫妻关系和双方身心。

一

就相对客观的类型而论，司汤达认为爱情有如下几种：

1. 激情之爱：它缺乏理智，来如潮，去似风，且往往以悲剧告终。

2. 趣味之爱：它以某种或某些趣味为媒介，虽无急风暴雨般的热忱，却能天长地久、细水长流，或谓举案齐眉、相敬如宾。

3. 肉体之爱：毋庸讳言，它基于肉欲，能否称之为爱情，则见仁见智。

4. 虚荣之爱：顾名思义，它是一种建立在名利基础之上的爱情，一旦名利消失，爱情也就荡然无存了。于是，海誓尚存，却不免同床异梦；或者山盟犹在，转眼已是劳燕分飞。

然而，爱情是说不尽的。如上类型实际上包含着无数种可能，其形态完全可以是发散式，甚至是几何式的。都说身体的快感是雷同的，但心理的因素却千差万别。问题是，性不仅仅是生理的需要，或者说，生理的需要只是最最低级的一种需要，性适用于所有动物。所不同的是人类有思维，有情感。思维（包括认知方式、价值判断和审美取向等等）和情感（或爱）的维度与深度却大不一样。再说，以高级动物自诩的人类，总不至于将自己混同于一般动物吧？作为社会的动物，社会的复杂性势必影响人的身心。于是，心理不可能不对生理产生作用。还有时间和地点、年龄和性别所导致的种种差异。举个例子，在司汤达看来，从爱到不爱，需要经过七个阶段，即惊叹、幸福、希冀、爱情、结晶（第一个孩子）、怀疑、分手（或者第二个结晶），而且他认为从第一阶段到第二阶段至少需要一年时间。哈哈！老先生地下有知，该如何评说当下的五花八门的一夜情或闪电式婚姻呢？

至于两性的不同，则早有生理学家和心理学家进行过探究、界定与验证。一般说来，男人热得快，也凉得快，于是就有了许多负心汉；女人热得慢，当然冷得也慢，于是便出了很多涂山女。男人用下半身做事，不满足于一个女人；女人用上半身说话，化出了无数贞女烈妇。男人可以将性和情分开，而女人却相对性情合一；或者男人因性而情，女人因情而性（传统的、通俗的说法是：男人结婚为了上床，女人上床为了结婚）。诸如此类，不一而足。最近笔者听到这么一种说法，谓男女之情，犹如季节错位：男人迅速入夏，而女人却在冬季徘徊；当女人好不容易由冬至春、由春至夏，男人则已经秋而入冬矣。类似情状，除了生理原因，当是心理、文化因素起了决定作用。比如道统对女性的影响与压迫，这在东方、在中国尤甚（以至于生出了“三纲五常”、“三从四德”）。

然而，凡事都是相对的，也都有例外，不能一概而论。也许只有两种说法是比较普世恒定的。一种是指热恋的盲目状态。罗兰说：“爱情是一种宗教。”希腊人谓爱神被疯神戳瞎了双眼，宙斯罚疯神给爱神带路，从此，爱神和疯神结下了不解之缘，于是便有了爱情等于疯子加瞎子这样的说法。

另一种是爱情的身心要求。所谓的纯精神之恋或纯肉体之爱都是不完整的。因此，性和情，或谓外表的吸引和志趣的投合，缺一不可。这也是恩格斯的爱情观。至于某些变态行为、变态心理，[1]当不在本文探究之列。

二

从21世纪的时空高度，我们或可重新探究和界定爱情的不同类型，是谓悲剧型、喜剧型、错乱型、同性恋、多元型，等等。

（一）悲剧型

老托尔斯泰的名言是："幸福的家庭都是相似的，不幸的家庭各有各的不幸。"其实这里的家庭，主要是指婚姻、爱情。换言之，幸福的爱情是相似的，不幸的爱情各有各的不幸。然而，何为不幸爱情？古来定义多多，但归料包堆，不外乎如下几种：

1. 一见钟情。比如传说中的吕布对貂蝉，或者宝玉与黛玉，皆因情窦初开，并有感于对方的一表人才以及言谈举止、学识风度等，从而一见倾心，非他不嫁，非伊莫娶。这在异性交往的审美过程中所产生的强大生理效应往往超越理智的制约。但一见钟情能否带来天长地久，却是另一回事。相反，由于它缺乏理性基础，演化成悲剧也在情理之中。

2. 见异思迁。比如戏文里说的陈世美，此翁因贪图荣华而抛妻灭子；又比如司马相如，因贪图富贵（但司马光却另有信言，谓相如品德超群，且援引其言——"家累千金，坐不垂堂"——为其正名），辜负了卓文君。凡此种种，或许又多少应了"七年之痒"一类的说法。

3. 红杏出墙。比如老托尔斯泰的安娜，福楼拜和克拉林的爱玛。她们突破丈夫（或世故，或猥琐，或严厉，或鄙陋的家庭）的樊篱，愤而寻找浪漫爱情，结果却是不幸。但她们无怨无悔，视死如归。

4. 欲爱不能。比如梁山伯与祝英台、罗密欧和朱丽叶，两对恋人因家庭相阻，最终阴差阳错，酿成悲剧；或史托姆《茵梦湖》中的遗憾与感伤，欧·亨利式的"爱的牺牲"，甚至形形色色的殉情故事，均在此列。总之，此类哀惋动人的故事不胜枚举。笔者儿时与沈园为邻，故而对其中故事，尤其是陆游

---

[1] 这里所谓的变态，并不只指乱伦一类。自古以来，乱伦为人类所不齿。无论从伦理还是遗传进化的角度看，乱伦都是一种罪孽。但现实生活中此类丑事时有发生，以至于古今中外的文学名著对此也多有涉及。而弗洛伊德虽然从心理学的角度为某些乱伦觅来借口（如母子、父女，从俄狄浦斯情节到伊莱克托拉情节），但无论如何其悲剧色彩毋庸讳言。除此而外，人与某些动物的关系也被一些人称之为"爱情"。据说毒品和酒精常常扮演变态或错乱型"爱情"的帮凶。

与唐婉及其《钗头凤》等脍炙人口的千古绝唱尤感哀矜。

5. 天灾人祸。比如霸王与虞姬，或者卡梅隆《泰坦尼克号》中的男女主人公。他们的爱情之所以感天动地，多少也是因为其浓重的悲剧色彩。

6. 肉欲横流。比如一切违反一时一地道统或习俗的情爱性爱，像《十日谭》里的教士、《肉蒲团》里的和尚。

7. 革命爱情。比如为崇高的革命理想而不惜牺牲爱情乃至生命的那些可歌可泣的故事，像古来的贞女烈士一族和红色经典一脉。裴多菲有诗为证："生命诚可贵，爱情价更高，若为自由故，两者皆可抛。"

8. 单相思。比如扬·聂鲁达笔下的玛丽，这在现实生活中比比皆是。

9. 占有欲。比如格·格林笔下的若瑟芬，为了"永远占有"，竟不择手段，控制所爱之人。这在日常生活中并不罕见，而西方普遍传诵的卡门的故事（如梅里美的《嘉尔曼》）则或许是对诸如此类的一种反动。

10. 老少情。比如塞万提斯笔下的莱昂德罗和伊萨贝拉、左拉笔下的夏布尔和埃斯塔尔、纳博科夫笔下的汉伯特与洛丽塔，等等。年龄太过悬殊，一老一小，这爱情当然就要大打折扣，乃至它们在这些大作家的笔下无不以悲剧告终，等等。

（二）喜剧型

事实上，真正的喜剧型爱情是不多见的，而且大多具有悲喜剧特征。传统文艺中的那些有情人终成眷属大抵属于这一类。比如：

1.阴差阳错。喜剧式爱情中的阴差阳错往往更富有戏剧性，像《上错花轿嫁对郎》一类传说或生活中诸多相濡以沫、破镜重圆的患难夫妻。

2.不爱江山爱美人。像温莎公爵，健康英俊，一反英国王室历代王储体弱多病之相。但也许正因为如此，他傲视宫廷礼仪，爱上了比自己年长的辛普森夫人，并为她放弃王位，去过只羡鸳鸯不羡仙的逍遥生活。

3.天仙配。在所有爱情故事中，天仙配或田螺姑娘之类的传说可谓最具喜剧色彩。这类传奇之所以古今中外长盛不衰，就是因为它符合人类"当了大官欲为王，做了皇帝想成仙"，或者"看了南山看北山，一山更比一山好"的贪婪；也符合人类乘物游心、耽于幻想的基本特征。

4.灰姑娘摇身变公主。灰姑娘的故事妇孺皆知，从现实生活到文学艺术，古今中外的灰姑娘已然形成了一个连绵不绝、人数众多的庞大家族。奇怪的是中国文人更乐于演绎灰小子的故事：从四大传奇到众多戏曲、小说，热衷于先假设一个窈窕淑女，再有君子好逑。这个君子必得以小子登场（盖因命途多舛，乃至落魄潦倒）。那淑女非但闭月羞花沉鱼落雁，而且宅心仁厚，视富贵如粪土，置礼数于不顾。而最终的最终是小子原来出身名门，皆因忠良受害抑或天妒英才，致使家道中落。诸如此类，不一而足。因此，结果仍不失为门当户对，文人墨客甚至还要画蛇添足地补上父母之命、媒妁之言，乃至皇帝赐婚，等等。

（三）同性恋

同性恋古来有之，中国古代所谓的“断袖”、“优浪”指的就是它。从班固的《汉书》到现代医学、生理学、基因学，有关著述如汗牛充栋，无可尽述，也毋庸赘述。同时，同性恋也是文学艺术的重要表现对象之一。尤其是在当代，随着基因研究的逐渐深化和舆论的日益宽容，一些西方国家如西班牙已经允许同性恋者结婚。此外，《断背山》之类的“同志”电影、“同志”小说也堂而皇之地登堂入室，几可与所有大雅分庭抗礼、争雄媲美。然而，无神论者无法用神的“奇迹”治病，不是“同志”就很难理解“同志式”的爱情。

（四）多元型

所谓多元，无非指一方或双方不满足于一个配偶（或曰伴侣）。它与古来凡夫俗子的三妻四妾和帝王贵胄的三宫六院同源，但形式却大为翻新，完全不可同日而语。西方自文艺复兴以降，每一次人性解放都不同程度地伴随着性解放。文艺复兴是一次，浪漫主义是一次，1960 年代至今是第三次。性解放与传统的爱情观、道德观大相径庭。但人性使然，“吃着碗里的，盯着锅里的”乃是家常便饭、司空见惯。然而，相对而言，多元型爱情（或谓反爱情）乃是新鲜事物。有鉴于此，笔者不妨拾人笔慧，多写几句。

前面说过，温莎公爵因美人而放弃王位，其所以如此也许恰恰是因为他率性由真。同理，一般人等寻花滥情，也是因为生性于此而又自控不逮。《金瓶梅》开篇有词：“丈夫只手把吴钩，欲斩万人头。如何铁石，打成心性，却为花柔？请看项籍并刘季，一似使人愁。只因撞着，虞姬戚氏，豪杰都休。”这就是所谓的英雄难过美人关。自古英雄尚且如此，何况市井小人乎？话说西门庆菽麦不知、丁字不识，却混个丑态皮相，一生骄奢淫逸，终不免精极而亡。历代文人对其中之淫多有贬抑，若非它“于世情……诚极洞达……并写两面”（鲁迅《中国小说史略》），恐将永远难逃禁毁厄运。然而，世情多变，大明隆庆至万历年间的“太平盛世”早已重复多次。事实上，古来温饱而思淫欲，而且一晃时光水样儿流到了当今盛世。性解放之帜何啻西边独飘。且说南美作家巴尔加斯·略萨于 20 世纪末抛出两本性爱小说（实为姐妹篇），一本叫做《继母颂》（1988），另一本称为《情爱笔记》（1997）。其中的主人公利戈贝托，乃保险公司职员，小市民是也。所不同的是他饱读诗书，性情特别。小说的“主线”其实是个幌子：利戈贝托因容不得太太—儿子（继母—儿子）间的暧昧关系（其中也有儿子的故意捣乱），将她逐出家门，却兀自陷入了更大的痛苦。于是，儿子以他不失天真的机敏穿针引线，使父亲和继母破镜重圆。小说通篇讲述的是利戈贝托“空巢”期间的想入非非。在此，思念和饥渴共存，嫉妒和纵欲并举。谓予不信，姑且罗列一二：他首先想到（记录）的是妻子由于青睐一个动物爱好者，最终不免跟猫们有染；继而是跟她的女佣上床；跟一个海盗在狂欢晚会上做爱；跟一个在事故中被阉割了的摩托车赛手；跟一个法学权威；跟一位大使夫人；跟一个墨西哥妓女……而那个墨西哥妓女“险些咬掉了我的耳朵”，等等。若非主人公（利戈贝托）这个“我”始终都“身临其境”，读者很容易误以为所有这些故事都是正在（或曾经）发生的“糗事”。这些“糗事”令妻子“兴奋不已”；“我”则感同身受，免不了借此自虐。与此同时，儿子的性意识逐渐形成，“青春期”提前来临；他对继母的感情由恨至爱。虽然，作者广征博引，以期从美学的高度重构性爱文化，并对《花花公子》之类的“动物性”书刊大加贬伐；但总体而言，《情爱笔记》和《继母颂》仍应归入性小说范畴，尽管它们用“纯粹的想象”取代了“行为的描写”。其实，凡书无所谓想象与行为，只是角度（说法、写法）不同而已。同时，别以为他的迂回曲折和广征博引可以抵消一个淫字。写法不同而已。比如，东方在淫字或者性字上做文章的历史远比西方悠久，方法自然也有所不同。单就东方最有影响的印度、中国和阿拉伯三大文化板块而言，手法和向度即各不相同。总体说，印度比较精神（有 Ananga Ranga 为证），中国比较物质（有《黄帝内经》为证），阿拉伯世界则比较神秘（有某些“淫乐”或“淫舞”为证）。当然写法的不同来自看法的殊异。中国最物质，其结果却是最保守，以至于孟亚圣人所说的性，到近现代只剩大大的一个食字了。相形之下，西方“性学”起始迟缓，但发达神速，以至于区区的一个性字即可君临一切。且不说那些成人书店（除了赤裸裸，还是赤裸裸），就是弗洛伊德，也足以令人瞠目。但正所谓风水轮流转，转眼看看我们自己，一变竟又是“绝活”：没有了神秘，没有了精神，只有“西门圊”（圊作厕解）。于是，那边开始有人从头呼唤精神，有了《廊桥遗梦》，有了《泰坦尼克号》……而这边呢？包二奶遍地开花，身体写作一发而不可收。这是题外话。鉴于从字面上看不出巴尔加斯·略萨对东方文化有几多了解，我们姑且认为他所从出的“显然”是西方文化，而《情爱笔记》（姑妄称之）也许就是那种西方式的物极而反：从“行为”回到“想象”？再说马尔克斯，他在《霍乱时期的爱情》中集古往今来的男女关系和千姿百态的爱情纠葛于一身，真实地、细致地、形象地展示了富有的关系，贫贱的关系，合法的关系、非法的关系，崇高的关系、庸俗的关系，隐秘的关系、公开的关系，暧昧的关系、放荡的关系，伟大的关系、卑鄙的关系，纯洁的关系、肮脏的关系，自私的关系、无私的关系，幸福的关系、悲惨的关系，持久的关系、“露水”的关系，尔虞我诈的关系、罗曼蒂克的关系；表现了忠贞不渝的爱、昙花一现的爱、逢场作戏的爱、一见钟情的爱，大胆的爱、怯懦的爱、和谐的爱、矛盾的爱、理智的爱、精神的爱、肉欲的爱、激情的爱、青年的爱、老年的爱、夫妻的爱、婚外的爱；反映了爱情的年龄特性、心理特性、生理特性、情感特性；描写了爱的阴谋、爱的嫉妒、爱的疾病、爱的希望、爱的绝望……总而言之，它是一部充满渴望、欢乐、兴奋、挫折、叹息、悲哀和悬念的关于爱情的爱情小说。诚然，形形色色的爱情故事又无不打上了时代的、社会的、阶级的和民族的烙印。《霍乱时期的爱情》，顾名思义，亦即病态社会的爱情。流亡者阿莫乌尔深受专制制度的迫害，无论在法律上还是生理上都失去了正常人的爱的权利，因而他和一个出身卑贱的女人选择了秘密恋爱的路数。他们同是被排斥在爱情大门之外的可怜人，但他们恰恰又充满了对爱情的憧憬。因此，他们的秘密是侥幸获得的，也是必然要获得的，他们以此嘲弄了专制制度和社会偏见。而且正因为是隐秘的，他们的爱情才具有一定的超然意蕴，才显得神秘和美妙，以至克服了生理的障碍，同时又获得了爱的精神愉悦。作者对他们的爱采取了同情的态度。他们的爱情完全建立在平等的、互尊的基础上，双方都只想付出，不思索取。最后，当阿莫乌尔自感体力不支、来日无多，便悄悄地服毒自尽了。而那个心甘情愿地将青春年华献给了他的无名女人，决定为他终生守寡并感到同他有了这段爱情，也就死而无憾了。罗伦索、阿里萨和阿里萨的母亲是加西亚·马尔克斯这部小说的三个重要人物。他们本来都不同程度的是封建等级制婚姻的牺牲品，但反过来又都成了它的帮凶。这是一种恶性循环。罗伦索是个凡夫俗子，但他的婚姻却是纯洁、真挚、温柔的爱的结晶。他赢得了贵族小姐的淳朴无瑕的感情，使她冲破了阶级、社会门第的樊篱，在家庭和爱情两者之间作出了果敢的抉择。但是，婚后不久，他便随波逐流，成了封建等级制的帮凶，企图借女儿的婚姻跻身上流社会。他明明懂得爱情是不能由地位和物质来决定的，可是面对女儿的婚事，他全然无视感情的因素，百般阻挠、横加干涉。阿里萨俨然步了罗伦索的后尘。他曾经是个入世不深的小职员，他对费尔米娜的爱情是从一见倾心的初恋开始的。初恋总是纯净的、热烈的、终生难忘的。它的纯净是因为它少有杂质，常常还是纤尘不染；因为它很理想，常常只是一种想入非非，还保持着虚幻的灵致，世俗的考虑和利害关系还没有来得及将它扭曲。何况，它又因为是第一次而特别的深刻：当一个成人回顾自己一生的时候，早年的初恋往往仍能强烈地撩拨他的心弦。费尔米娜当初爱阿里萨就具有初恋的所有特质。她爱他，却并非他富有，后来抛弃他亦非他贫穷。然而，他失恋以后却认定那是因为人情势利的缘故，竟不顾一切地挣钱致富，以改变自己的社会地位，并且不惜用纵欲的方式对过去的情人施行报复。阿里萨的母亲是典型的封建婚姻制的牺牲品。她年轻时同样有过天真烂漫的憧憬，但最后却被无情地抛弃了，甚至无权让孩子袭用父亲的姓氏。她强咽泪水，默默地把阿里萨抚养成人。但是既被人害，就想以同样的方法害人。她四处奔走，还低三下四地求人，竭力促使儿子发财，认为只要有钱，就什么都有了。外在的决定内在的，表面的决定本质的。这是一种严酷的异化。作品极其自然地道出了阶级社会中封建婚姻关系是怎样得以因袭、延续的。"财富，财富，第三还是财富，——不是社会的财富，而是这个微不足道的单个的个人的财富，这就是文明时代唯一的、具有决定意义的目的。"(《马克思恩格斯选集》)爱情和婚姻当然也不例外，它不可避免地沾满了铜臭。乌尔比诺与上述人物不同，是个复杂的对象。他虽然出身名门但却并非纨绔子弟，他勤奋好学，热衷于公益事业，控制了本地的霍乱；同时他高傲自负，爱慕虚荣，得到了最漂亮的姑娘。在婚姻问题上，他既有贵族的傲慢，又无门阀之见；既相信金钱的力量，又崇尚骑士风度，且不无爱情的火种。费尔米娜同他结婚则完全是赌气。她并不爱他，更不是为了金钱和地位。他心里也明白，"他并不爱她。他娶她是因为他喜欢她那股傲劲儿，喜欢她的严肃，喜欢她的美貌，同时也是因为他的一点虚荣心"。她不像上流社会的千金小姐娇生惯养还专爱争风吃醋。"当她第一次吻他的时候，他确信，要建立深厚的爱情是毫无问题的"。但事实上，她"只是在尽妻子的义务"。一旦醒悟，他便开始沉溺于婚外恋了。在乌尔比诺身上，并存着骑士之爱的遗风和一夫一妻制外衣掩盖下的"占有"意识。根据恩格斯的《家庭、私有制和国家的起源》的论述，自从私有制和阶级出现，男女之间的关系便是粗暴的和不平等的。奴隶社会、封建社会不待说；在资本主义社会，在资产阶级人道主义、人性论的思想体系中，赤裸裸的自由竞争、弱肉强食不仅丝毫没有减弱，而且变得更加顺理成章了。乌尔比诺之所以还有那么一点"高贵的品德"、"文明的风度"和"典雅的谈吐"纯粹是因为他和费尔米娜在法律上是平等的。然而他获得费尔米娜恰恰不是由于他的骑士风度，而归根结蒂是他的财产、他的地位和影响，尽管她本人主观上对这些"毫不在意"。阿里萨一方面嫉妒、仇恨甚至诅咒乌尔比诺医生，另一方面又千方百计地效仿他。他在进行积极的财富积累的同时，肆无忌惮地玩弄女性，而且财富的递增和情场的成就适成正比。50年间，他先后“征服”了622个女人，同其中的621个发生了关系。其中有情窦未开的少女，也有风韵荡存的徐娘；有有夫之妇，也有风流寡妇；有贵族小姐，也有乡野村姑……这惊人的数目当然是加西亚·马尔克斯惯用的象征性夸张。既是象征，它必然有所指，有所喻。只消翻开拉丁美洲的历史，就不能不为这一夫一妻制外衣掩盖下的一夫多妻制的事实所震惊。且不说多少西班牙殖民时期的编年史家记录了西班牙人对印第安妇女触目惊心的生杀予夺，即便是在20世纪，派克斯、福斯特等著名学者不也对拉丁美洲盛行的封建“初夜权”作了大量的揭露吗？盖因拉丁美洲资本主义不发达，封建残余势力却嚣张依旧，广大妇女远未摆脱夫权主义的枷锁。这便是为什么费尔米娜对丈夫的不忠和放荡只能默默忍受，而阿里萨的一个情妇不慎被她丈夫觉察即遭灭顶之灾的根本原因。与此同时，这落后的拉丁美洲又偏偏受到了西方“性解放”潮流的影响。于是传统加现代，阿里萨遂可以对玩弄异性、淫邪纵欲津津乐道。他得出结论：一要有钱，二要会骗；但最主要的还是有钱。端的有钱能使鬼推磨！但是，就像小说的题词所说的那样，“这些地方日新月异，它们已经有了戴王冠的仙女”。费尔米娜便是这样一个一尘不染的仙女。她是爱情的化身。她所要求恋人的正是恩格斯所说的“体态的美丽、亲密的交往、融洽的旨趣”（《马克思恩格斯选集》）。她年轻时拒绝阿里萨是因为他缺乏体态的美丽，50多年后阿里萨再次向她求爱时，她被他“矢志不渝”的爱情所感动，战胜了生理的障碍（虽说年龄掩盖了他的丑，但同时也已使她变得太老），投入了他的怀抱，发生了“最亲密的关系”，而且生平第一次感到了幸福。相比之下，阿里萨却显得那么庸俗，竟毫不脸红地表白他的“童贞”，自鸣得意地陶醉于他的“胜利”。这确是加西亚·马尔克斯画龙点睛的一笔，令人回味无穷。尽管事实上有多少男人就有多少女人。而且，随着时代的发展，两性的差异正在逐渐缩小。总而言之，《霍乱时期的爱情》是一部反爱情的爱情小说，至少是反传统的爱情小说。其结构和解构意图均十分明显。同时，它在细节描写和氛围渲染方面更接近于传统现实主义作品（这也是20世纪80年代世界文学的一种相当普遍的回归趋势）。但其结构形式却不同凡响：打破传统爱情小说以情节取胜和以纵向叙述为主的格局，采用“串珠式”结构形式，在阿里萨和费尔米娜的爱情主线上挂满了各种各样的“爱”的果实。在阿里萨50多年的纵欲生活中，出现了一张张各具特色的“爱”的面孔。它们呼之即来，挥之即去，却毫不脸谱化。从阶级性、社会性而言，他有过地位不同的女人。在他刚刚失恋且又一贫如洗的时候，他遇到过都德笔下的萨芙那样的浪漫太太。她满足了他的欲望，并从他那里买到了消磨时光和驱散孤寂的药方。在他财运亨通的时候，他勾引了许多莫里哀笔下的玛杜丽娜(《唐璜》)那样天真烂漫的少女，"征服"了不少巴尔扎克笔下的那种为了金钱贱行辱身且欲壑难填的妇女。从社会性、民族性来看，他蹂躏过多情的黑人妇女，欺骗过自由不羁的混血姑娘；有时煞费苦心，有时则轻而易举，但结果都不外乎发泄一通性欲。就像拉丁美洲的种族混杂一样，加西亚·马尔克斯面对的是一个文明与野蛮、现代与原始并存的社会，男女之间"最亲密的关系"常常不是"体态的美丽、亲密的交往、融洽的旨趣"的结合，而是肉欲：动物本能使然。从人物性格及心理特征的角度看，阿里萨的众多猎物中有哀婉型，也有奔放型；有玩世不恭者，也有对爱情忠贞不贰，为他生儿育女、默默牺牲青春的，当然这种牺牲丝毫不是理想化的、充满浪漫主义情调和骑士风度的牺牲，而是被迫的和充满悲剧色彩的无谓牺牲。虽然作者对阿里萨淫荡的心理和生理状态进行了细致入微的描写，却从未将自己降低到人物的水平。他的笔调带有明显的讽刺色彩，从而形象地展示了拉丁美洲这个文明与野蛮、现代与原始、森林法则与骑士风度、拜金主义与乌托邦精神并存的社会的各种各样的性与爱的关系。

别以为这些都只是文人骚客闲来无事的妄想与胡诌。笔者有幸识得一人，他的名字我不想提起。此公素来风流，寻花问柳是他的专长和嗜好(却自诩"爱情猎手")。他年纪不大，却已然"收藏"、"积攒"了数以百计的各色"情人"(却美其名曰"爱情标本")，从六旬老妪到未成年少女，从黑姑娘到金发女，从体重两百磅的肥硕妇到弱不禁风的排骨女，从有夫之妇到风流寡妇，从白领名媛到蓝领女工，总之已经积攒了好几百个。这种公鸡式或公猪式(如莫泊桑笔下莫兰式)的滥情方式比古来"采花大盗"或"唐璜"有过之而无不及。诸如此类的所谓"爱情"指数，也只有在现代社会才有可能抵达。但结果的结果是性病泛滥，艾滋成灾。于是笔者不禁要问：这还是爱情吗？

当然不是。盖因爱情是一种境界。也许，只有物质极其丰富、人性充分解放、人格健全完满的共产主义时代，爱情才能达到真正身心合一、无适无莫的境界。完美、永恒，赦免了原罪的伊甸园……然而，无论过去还是现在(以及可以预见的未来)，爱情犹如道德，其底线完全因时而异、因人而异，几可无限延展。

因此，正所谓"彼亦一是非，此亦一是非"，关键的关键依然是：此时此地，你身如何、你心何如？

论友情

"没有永远的朋友，只有永远的利益"。当然，这是一种极端的说法。而事实却要复杂得多，盖因友情犹如爱情、道德，乃至真、善、美等等，是抽象的概念。既然是抽象的，就必定是相对的、因人而异的，不可一概而论。也正因为如此，古往今来，人们不停地从各自的角度谈论友情。笔者不妨概述一二，以飨读者。

一

首先，友情是一种爱。虽然它不是爱情，却具有与爱情同等价值的无私与崇高。用康德的话说，爱不是一种责任。言下之意，它是一种自然而然的给予。无论是精神的还是物质的，无论是雪中送炭还是锦上添花，有给予才有友谊。所谓自然而然，是指这种给予不仅不图回报，而且在一定程度上还远离了渴望。柏拉图认为渴望本身就会使人远离渴望的对象，这是有道理的。其次，诸如美好的爱情、友谊、幸福等往往是可遇而不可求的。这就像父母爱一个孩子，是一种本能。但是，如果他们一心只想着养儿防老，那么这爱也就要大打折扣了。反之亦然，因为一旦有待价而沽或等价交换之嫌，爱也就不成其为给予，至少不成其为无私的、自然而然的给予了。亚里士多德在论述友情时，有过类似论述。他说友情是幸福的重要条件，但这个条件必须是高尚的，"因为它是爱，而不是被爱"。这就是说，它给予而不索取。于是他总结说，爱是一切友情的美德。再次，"爱，而后为所欲为"。这是圣·奥古斯丁的名言。因为有爱，欲和为、知和行就能完美统一。

有鉴于此，友情又必须具备以下条件：

（一）真诚

真诚既是爱的先决条件，也是爱的必然结果。然而，何为真诚？真诚即心口一致、知行一致。当然，真诚不等于真实。这就是说，真诚和忠诚一样，它好比宗教信仰，是信以为真，是矢志不渝，而其信奉或倾心的对象却不一定是真实存在的、看得见摸得着的。从这个意义上说，真诚需要某种虔诚，它甚至不排斥谎言(当然是善意的谎言)和谬误。这听起来有点像悖论。蒙田的意见是:真诚即"不要撒谎"。他还说,真诚的规则是"所言必是所思"。这就把真诚与真实等同起来了。当然,所谓善意的谎言不包括一般意义上的谎言。用亚里士多德的话说,真诚反对信口开河、夸夸其谈的胡说八道。因为一旦你在朋友面前胡说八道,那么即便不是居心叵测,至少也是不怀好意或别有所图。因此,真诚的对立面应该是虚伪(即伪善)。正是在这样的定义上,康德说出了他的看法。他说谎言永远是一种错误,一种罪过,故而永远可耻。同样,谬误是客观的,与真理相对立。但真诚是主观的,而且它以爱为前提,因此不排斥可能的谬误和善意的谎言。真理(或真实)却是客观的,是不以人的意志为转移的。总而言之,真诚首先是对主体而言:不违背自己的爱心或友情。举个例子,辛德勒帮助无数犹太人逃脱集中营,但他对德国纳粹却说了谎。类似例子多多,在生活中更比比皆是。反之,就是萨特所说的"对自己撒谎"。因此,真诚只能与诚实、诚恳,尤其是善良为伍,同时不对自己的爱心撒谎。

(二)善良

培根说善良是一切精神和道德品格之首。雨果说善良是历史的稀有之珠,善良高于伟大。然而,什么是善良?一般意义上的人道以及基督教的博爱、佛教的慈悲和儒家的仁爱等等,都是以善良为基准的,却并不等于善良。当然,善良也是一种爱,它和真诚一样,既是爱的前提,也是爱的结果。换言之,它和恶毒相对立,既是先天的,也是后天的,但主要是后天的。先天的最好证据是亲情中隐含的善良和爱心。虎毒不食子,动物尚有爱的本能,何况人类?但人性的许多弱点也是天生的。这是由人的"动物性"所决定的。但无论性善性恶,都不能解释人在特定社会环境中面对特定事物、特定对象所体现的或善或恶。因此,古今中外的性善论或性恶论,既善又恶论或不善不恶论,都是抽象的。唯有马克思主义的人性论才切合实际。马克思从社会人的角度分析人的复杂性,从而有效地诠释了人性的复杂和多变。这恰恰是与社会的复杂和多变相对应的。因此,善良是相对的。但这种相对性并不排斥客观性。用最为简单、客观而抽象的话语说,善良是包容、谦逊、慷慨、怜悯等美德的集合体,它像沙漠里的一股清泉,纯洁、无毒。

(三)宽容

"大肚能容,容天下难容之事;开口便笑,笑世间可笑之人。"这是人们赐予弥勒佛的一副对联。然而,我们所说的宽容,是指这样一种美德:法律和道德允许范围内的包容。老子曰:"天下皆知美之为美,斯恶矣;皆知善之为善，斯不善矣。”宽容是因为有不可宽容之事的存在，一如民主之对于集中、自由之对于纪律。同样，它不是消极地容忍，一如民主不是软弱地退让。它是积极的、主动的包容，既包括怜悯和理解，也包括仁慈和谦逊。

（四）谦逊

谦逊也是一种美德。谦受益，满招损。毛泽东说：“虚心使人进步，骄傲使人落后。”蒙田则认为谦逊是一种智慧。但这里所说的谦逊，主要是指礼貌（也包括善意的谎言）。它和诚实一样，针对的是自己的良心，而非客观事实。因此，斯宾诺莎认为谦逊是一种情感，一种心态（他进而认为谦逊是懦弱的表现，真正的智者——比如圣人——不需要它。但是，他同时又认为谦逊利大于弊，因为人非圣贤，只有明白自己的渺小、浅陋——能力和知识的有限性——才能不断进步）。这种心态与傲慢相对立（后者可以拒人于千里之外，显然是友情的大敌）。用康德的话说，它是无损主体尊严的一种自我降格。这就将它同“自卑”和一切奴颜媚骨、阿谀逢迎区别开来了。圣·奥古斯丁把谦逊与慈悲联系在一起，谓“哪里有谦逊，哪里就有慈悲”。这是因为谦逊和宽容一样，是需要以爱为前提（当然也是结果）的。骄傲的基础往往是自大。谁能指望一个自我膨胀的灵魂会关心别人、同情别人呢？自我占据了一切空间，别人便只能是敌人，而非朋友。因此，谦逊是压制自我膨胀的努力：将自我降格。

（五）慷慨

慷慨是对给予的一种界定和细化，和吝啬相对立。慷慨的目的不是为了友情，便是为了和睦（或团结）。把你有而别人没有或需要的东西送给别人，当然是一种美德。但这种赠送必须是心甘情愿的。在蒙田看来，真正的慷慨就是除爱情之外的无私给予。但慷慨的另一层含义是基于同情和怜悯的捐献。鉴于第三世界的赤贫和饥荒以及西方国家的贫富差别，20世纪60年代在发达国家流行过一句口号，叫做“消除饥饿，争取和平”。这个意义上的慷慨不符合友情的规则，因为它在给予的同时，多少也是为了保全自己。我们曾经崇尚的“自奉甚俭，待人慷慨”的古道热肠则可能比较“中庸”，它完全可以介乎友情和施舍之间——既可指向无私的给予，也可实现具有一般慈善和自保性质的捐赠。但无论如何，慷慨都是一种美德。我记得，小时候但凡家里来人，奶奶都会杀鸡宰鸭，忙个不亦乐乎，恨不能掏心掏肺来招待客人。时移世易，现在少有这等好客的人了。同时，我的故乡绍兴流行这样一种说法，谓：“城里人下乡，家家户户杀鸡杀鸭；乡下人进城，打个招呼没啥没啥。”这是很形象的一种说法，见证了城乡差别。个中滋味，我等经历过洋插队的人也能体悟一二。曾几何时，我们穷得叮当响，却恨不得勒紧裤腰带去招待或馈赠洋人。而洋人呢，每每一个书签或一个钥匙链就把你打发了。呜呼！

此外，笛卡儿认为慷慨是自我认识的最高范畴。古希腊哲学对美德有两种相反的见解。伊壁鸠鲁派认为快乐（包括享乐）是最大美德，斯多葛派却认为最大的美德是仁善。然而，花园派和画廊派通过慷慨将两者联系在了一起，认为慷慨即道德之快乐。

（六）怜悯

怜悯即同情，或谓同情的最高级别。出于自尊，一般人都不愿成为怜悯的对象，故而怜悯的名声并不好。那么就说说同情吧。同情是一种品德，是最大程度的在情感上分担他人的悲伤与不幸。它同幸灾乐祸、冷酷无情相对立。佛教的慈悲、儒家的仁爱以及基督教、伊斯兰教等几乎所有宗教都具有同情和怜悯的含义。唯有斯多葛派（直至斯宾诺莎和尼采）不相信同情。他们认为智者看破一切，因而不需要同情心。斯宾诺莎甚至认为扶贫和赈灾都应该由政府去承担，个人的同情不能真正解决问题。此话并非完全没有道理，却因此而抹杀了同情的作用。何况同情不仅限于人类，它同样可以扩展至人与动物的关系。人作为强者，同情弱者是必要的。这也是叔本华的同情观。叔本华援引卢梭的话，认为没同情便是不人道。谓“人人生而平等”的卢梭把同情看做唯一的自然美德（自然感情）。这一点倒是从婴儿对周围哭声的反应就能看得出来。

（七）感恩

最后是感恩。知恩图报，乃君子之道。它和给予不图回报一样，是美德，也是友情的重要催化剂和润滑液。给予者不图回报，但受者却不能理所当然地来者不拒。无论得到的是雪中之炭还是锦上之花，受者均应心怀感激之情。这也是一种礼尚往来，至少是精神层面上的礼尚往来。

（八）节制

以上种种，都离不开节制，亦即度。凡事都有个度。意大利有句名谚：“过分善良，等于愚蠢。”同理，过分宽容、谦逊和慷慨也都是愚蠢。《东郭先生和狼》也许是最形象，也最能说明问题的一个寓言。过分的宽容，说轻了是不负责任，说重了是助纣为虐。此外，过分的谦逊是虚伪，过分的慷慨是溺爱。此外，友情和爱情一样，需要互动。一味地我行我素，犹如爱情中的单恋，只是一厢情愿。“滴水之恩，当涌泉相报”；受人之恩而无动于衷，则是白眼狼的作为。

二

凡此种种依然是抽象的。换言之,友情以如上诸多美德为前提,而这些美德同时又都是友情的果实。既然如此,它几乎可让一切利益(和一切与美德背道而驰的东西)滚开。当然,这是理想境界。下面让我们来看看古人是如何希冀、界定和描述这种理想境界的吧。

(一)管鲍之交

话说春秋时期有两位政治家,一位叫管仲,另一位叫鲍叔牙。二人一来二往,成了莫逆之交。管仲家境清贫,而鲍叔牙却很富有。为了帮助好友,鲍叔牙出资做生意,赚了钱就三七开,朋友七,自己三。每次管仲官场失意,鲍叔牙也总是尽力安慰,说错不在管仲,而是别人嫉贤妒能、有眼无珠。有一次,管仲参军作战,却临阵脱逃。别人都嘲笑他,唯有鲍叔牙知道他的心事,说他是牵挂家中老母呢;"万事孝为先",保全性命有什么错呢?后来齐桓公当了国王,管仲因支持公子纠罹罪,被囚禁起来。这时,刚做丞相的鲍叔牙向齐桓公力谏,说管仲才是真正的相才。管仲得以获释并果真当了丞相。从此,二人辅佐国王,使齐国兴旺发达、称雄诸侯。鲍叔牙死后,管仲肝胆俱裂,谓"生我者父母,知我者叔牙"。

司马迁对管鲍之交(此外还有蔺相如廉颇之交等)给予了高度评价。如今管鲍虽已远逝,但人们对马克思和恩格斯的故事一定还记忆犹新。事实上,此类故事多多,所不同的只是程度。相形之下,俞伯牙和钟子期的故事就可遇而不可求了。是谓知音难觅。

(二)知音难觅

"高山流水,知音难觅。"且说《吕氏春秋》中有这么一段千古绝唱:俞伯牙自小酷爱音乐,并随师傅遍游名山大川,终于从自然造化中悟出了音乐的真谛,故其琴声如高山流水,美不胜收。然而,他却暗自嗟叹,叹天下无人能识天籁。有一年,伯牙乘船出使楚国,路遇风浪。好不易等到雨后天晴,他琴兴大发,接连弹奏了好几支曲子。忽然,他发现岸边站着一个樵夫,名唤子期。此人一路倾听琴声,竟然入了迷。伯牙大为惊讶,问曰:"您可知我所奏何曲?"对方答曰:"先生奏的是孔子赞赏颜回的曲谱。只可惜琴弦断了,没有奏完。"伯牙立即请樵夫上了船,两人把酒论琴,相见恨晚,遂拜为兄弟。伯牙与子期切磋良久,方依依惜别,约定第二年中秋再会。谁料想物是人非,天妒英才。是年,子期病故。伯牙悲痛欲绝,在子期墓前悲奏一曲,随即将心爱的瑶琴摔个粉碎。唯一的知音既已逝去,还要这瑶琴何用?

虽然此类故事在现实生活中可遇而不可求，但在文学作品中却屡见不鲜，金庸的《笑傲江湖》便有类似的描写。

（三）桃园结义

历史上，刘、关、张三人"义为君臣"，"恩若兄弟"。《三国志》就曾记叙关羽亡命奔涿郡与刘备、张飞聚首起事的史实，并记述了刘、关、张"寝则同床，恩若兄弟"的亲密关系。关羽羁留曹营之时，曹操对其恩宠有加，却始终无法打动关羽。俗话说"饿死事小，守节事大"，守义也是守节。关羽发誓与刘备"同生共死"。面对吴、蜀的荆州之争，刘、关、张的友情更是彰显无已。是谓"同心协力，救困扶危；上报国家，下安黎庶"。然而，所谓的"桃园结义"，却是艺术虚构。中华民族素来崇礼尚义。而刘、关、张的友情可以说是发乎情、至乎礼的典范。他们人前是君臣，人后是兄弟，不纵不骄，恰到好处，体现了我们先人的道德准则。《礼记》有"义者，宜也"之说；韩愈的《原道》谓"行而宜之曰义"。这就是说，义泛指一切道德如诚信、正义、勇敢、善良，等等。

（四）酒肉朋友

较之桃园结义，《水浒》中的一百单八将更像是一群酒肉朋友。说他们"路见不平一声吼，该出手时就出手"是好的，而更多的情况是"自来无事多生事，本为禳灾却惹灾"。尤其是在历代文人着墨较多的武松、李逵、鲁智深等人身上，更体现了"生死之交一碗酒，你有我有全都有"的绿林思想。而李逵之流不管三七二十一轮起板斧就砍的那种以暴制暴、以恶惩恶的做法，显然是前法制时代的产物。只为一个义字，便杀得尸横遍野、血流成河，而且乐此不疲。然而，诸如此类的侠义之道并非中国独有，西方的骑士道在欧洲封建割据时代也曾兴盛一时。这多少反映了封建社会一般人等（因法制和正义的阙如而寄希望于英雄豪杰）对某种侠义精神的需要与崇尚。而塞万提斯的《堂吉诃德》恰恰是对这种侠义精神的反诘。

都说"少不读《水浒》"。少年气盛，极易被这类故事感染。我记得小时候就很受它们的影响。此外，由于大量阅读《隋唐演义》、《说岳全传》、《七侠五义》和耳熟能详的红色经典（后者在崇尚革命之余对于忠诚、勇敢又别有一番善诱），我等难免效仿。适值"文化大革命"，于是为朋友风风火火、两肋插刀也是常有的事。

（五）君子之交

"士为知己者死，女为悦已者容。"这无疑是一种极端的说法，反映了男权时代和前法制社会的普遍崇尚。另一种说法是"君子之交淡如水"。既然知音难觅，不如君子不党。在中国传统文化中，这两种思想均深入人心。尤其是对于从事精神劳动的文人士子，友情更是弥足珍贵。理想的朋友不仅是交流思想、切磋技艺的对象，甚至是心之所托、魂之所依。且说春秋时期有一贤士，姓左名伯桃，年近四旬，自幼父母双亡，虽经寒窗苦读，得怀济世之才，却因诸侯不仁，无意于官场仕途。有一天，他偶然听说楚元王慕仁尚义，遍求贤士，便去投奔。时值严冬，左伯桃走了一程，难免饥寒交逼，幸好路见一户人家，里面住着一名书生，姓羊名角哀。此人也是双亲全无，平素只好读书，且常怀救国救民之心。二人稍事寒暄，便觉相见恨晚，乃结为金兰。伯桃年长角哀五岁，角哀拜伯桃为兄。角哀学富五车、一表人才，决定与伯桃一同投奔楚国。二人即日起程，晓行夜宿，不幸路遇风雪。伯桃一病不起，趁角哀不备脱掉衣服，堆在一旁。角哀见状大惊。伯桃逼迫角哀穿上衣服、带上干粮独自离开。角哀自是不肯。伯桃恳求再三，说："我自知天命已尽；再则，若你我皆亡于此，白骨谁埋？"角哀决计不走。伯桃又说："贤弟少壮，更兼胸中之学，我所不及，若见楚君，前途无可限量。我死何足道哉！"角哀以为不然，说："若兄饿死桑中，弟独取功名，此大不义也。"言讫，但见伯桃神色乃变，四肢厥冷，口不能言，已是奄奄一息，却仍挥手令去。角哀无可奈何，遂拜别伯桃："不肖弟此去，但得微名，必当厚葬兄台。"伯桃点头以答，角哀号泣而去。伯桃死于桑中。角哀到了楚国，由上大夫裴仲荐于元王，上陈十策，皆切。元王大喜，拜羊角哀中大夫，赐黄金百两、绸缎百匹。角哀流涕再拜，并将左伯桃饥寒至死一事奏知。元王闻其言，大为伤感，追封伯桃为中大夫，准角哀领车骑随同前去敕葬。角哀找到伯桃死尸，顶礼厚葬自不待言。巧的是荆轲因刺秦王不中被害，弃尸野外，高渐离盗其尸，乃葬于伯桃墓旁。荆轲阴魂不散，致使伯桃之灵不得安宁。一天夜里，伯桃被逼无奈，遂托梦给角哀。次日，角哀修道表章，上谢楚君，说当初伯桃为他冻死荒野，今日他阴间有难，为弟的不能袖手旁观。他恳请楚王命人将他和伯桃合葬。言讫，角哀拔剑自刎。楚王允奏，并赐以哀荣。是夜，雷电交加，风雨大作。第二天，荆轲墓四裂坍塌，墓边松柏皆连根拔起。

这当然是文人骚客乘兴敷衍的一段传奇，尤其是后半部分，美则美矣，却犹如街谈巷议，不足为信(类似的传说中较有名的还有元伯与巨卿之交，它同样见诸《今古奇观》)。相形之下，倒是庄周和惠子的传说应了一个"淡"字，且有《庄子》为凭，故而较为可信。话说庄子与惠子虽然从未谋面，却神交已久。最著名的一段是二人关于小鱼的争论。庄子说，小鱼悠闲自得。惠子却反唇相讥，说："你不是小鱼，怎么知道小鱼的快乐？"庄子立即反击说:“你不是我,又如何得知我不知道鱼的快乐?”惠子又说:“我不是你,固然不知道你知不知道,但依此类推,你不是鱼,又怎么知道鱼的快乐?”庄子回说:“是你在问我怎么知道鱼的快乐,说明你已然知道我知道了鱼的快乐……”诸如此类,不一而足。这里蕴涵着形而上的思辨,乃至诡辩。后来,惠子死了,庄子更有神来之笔以示哀悼。他说有个楚国郢人,鼻尖上沾了一滴污泥,请石匠替他削掉。石匠挥动斧头,用力劈过去,将泥点去除,却丝毫没有伤到那个郢人。这件事传开了。元君找来石匠,想见识一下。石匠说,我之所以有那般手艺,完全是因为郢人。现在郢人死了,我的手艺也荒废了。庄子言下之意是,除了惠子,他再也没有辩论的对手了。而这里所谓的对手,实乃知己,或许是最高境界、心有灵犀的知己。默契也罢,交锋也罢,此等神交犹如人与自我,几乎可以融为一体。

此外,如主仆之谊(像堂吉诃德与桑丘·潘沙)、君臣之谊(像刘备与孔明、唐太宗李世民与魏征)、异性之谊(或谓红颜知己)、同窗之谊、同乡之谊、同事之谊、师生之谊、袍泽之谊等等,加上形形色色的生死交、鸡黍交、忘年交、总角交(发小)、竹马交、手帕交等等,简直不胜枚举。虽然形式和程度不同,但它们大都指向友情,或深或浅或多或少。其中异性之谊(红颜知己)往往最难界定,因为它游移于爱情和友情之间,或者是由爱情转化而来,常常透着些许神秘色彩,乃至欲爱不能的哀艳与无奈。同样,帮会兄弟或哥们义气也很难界定。歃血为盟,指天起誓,令人迁思水泊梁山。再说帮会如洪门弟兄,没有一个不知道“三把半香”的。“三把半香”指的是手指,小指是第一把香,无名指是第二把香,三指是第三把香,食指和大指接连而成的圈代表圆结,食指和三个指头成为平行便只有半截(故而只能算半炷香)。这三把半香分别指向四个传说。第一把献给羊角哀和左伯桃,叫做仁义香。第二把献给刘、关、张,叫做忠义香。第三把献给梁山泊一百单八将,叫做侠义香。另有半把献给秦叔宝和单雄信,叫做有仁无义香。

然而,这些故事(且不论其真实程度)都只是历史的产物。它们和许许多多神话传说一样,成了永远的怀念。盖因现代文明崇尚理性和法律,疏虞友情和侠义。无论是18世纪以来的理性主义还是20世纪的虚无主义,本质上都是排斥友情和侠义的。理性、法律和个人主义、虚无主义剥夺了友情和侠义赖以存在的土壤和条件。而网络则变本加厉,彻底消解了人与人真诚相处(交流)的基础。人与人的传统关系被严重异化,乃至虚化。以素有人心晴雨表之称的文学为例。它的主观空间恰好呈现令人困惑的悖论式发展态势。一方面,文学(包括作家)的客观空间愈来愈大(从歌之蹈之的狭小区域逐渐扩展至整个世界),但其主观空间却愈来愈小。比如文学(尤其是人物)的视野从广阔的外在世界逐步萎缩到了内心深处。也就是说,荷马时代的海陆空间逐步变成了卡夫卡式的心理城堡。而今,互联网的虚拟空间又迅速取代了这个心理城堡,从而使人与人的交流变得更加困难。每个人都在自话自说,从而形成了众声喧哗的狂欢景象。表面上人言啧啧,但其实谁也听不见谁。身处高分贝噪音之中,无论你如何扯着嗓门喊叫,也无法使别人听到。此外,现代生活一方面使世界变成了地球村,但另一方面人与人的关系愈来愈冷淡和漠然。生活愈来愈依附于物质,而非他者。竞争取代了互助。这在农牧社会即前工业时代是不可想象的。人与人的关系发生了质变。

“他人就是我的敌人”,这是萨特的箴言。如是,传统意义上的友情(或谓对友情的崇尚)正一步步地离我们远去。应该说,这是一种进步,但也是一种遗憾。

然而,鲁迅说“人心很古”。传说之所以成为传说,恰恰也是因为它是稀罕的、可贵的。因此,友情始终存在,程度不同而已;友情古来稀罕,可遇而不可求。

论童心

《天方夜谭》中有这么一则故事，说开罗有个富翁，他仗义疏财，以至于千金散尽，只剩祖上留下的一座房子，从而不得不靠打工度日。有一天，他干活回来，躺在自家后院的无花果树下睡着了。于是，他做了个梦，一个人衔着金币对他说："你的好运在波斯的一个叫伊斯法汗的地方。"第二天清晨，他便义无反顾地踏上了寻找好运的旅程。他经受了一系列磨难，终于到达了伊斯法汗。不巧的是天色已晚，而且遇到了战斗。战斗是在一伙类似于四十大盗的强人与警察之间进行的。最后警察大获全胜，却错把开罗人当做强盗给抓了起来。在例行的审讯过程中，开罗人讲述了自己的来历。队长听完后开怀大笑，随即也对他讲了自己的梦。他说："愚蠢的人啊，我多次梦见开罗有一栋房子，房子后面有一棵无花果树，无花果树的下面有一眼喷泉，喷泉的下面有一个宝藏，可是我从来没有因为这个梦而朝你的老家跨出一步。"说罢，队长释放了开罗人。开罗人回到家里，且果真在自家后院的喷泉下找到了宝藏。

博尔赫斯认为这个故事完美无缺，因此他几乎逐字逐句地复述了这个故事并赐名《双梦记》。另一个作家，那个刚刚来过中国的巴西作家科埃略不仅复述而且演绎了这个故事。后者在《牧羊少年奇幻之旅》（又译《炼金术士》）这部小说中写了一个牧羊少年的一次奇幻的旅行（或谓探险）。旅行因梦而起，因为他梦见埃及金字塔附近有一处宝藏。少年决定赴埃及寻找。为此，他穿越撒哈拉沙漠，历尽千辛万苦和艰难险阻，最终来到埃及。当然他什么也没有找到。但此时此刻，他需要的已经不是宝藏，而是一种类似于禅悟的惊醒：他的宝藏就在他心灵下榻的地方。这也是炼金术士的忠告。然而，小说的故事并没有至此打住，它也要因梦而止。于是，故事里出现了一伙强盗。领头的一个听罢少年的梦，也讲了一个同样或者相反的梦：他曾两次梦见在少年出发的地点找到了宝藏。最后，少年回到了家乡，在强盗头子两次梦见的地方找到了宝藏。

我之所以说科埃略演绎了《双梦记》，是因为他用主人公旅途的艰辛所蕴涵的一个巨大而明确的观念把这个故事变成了“宏大叙事”。这个观念便是人类永恒的寻梦，换言之，人类必须超越自身才能获得成功、回到自己。所谓“宝藏就在身边，上帝就在心中”便是这个道理。

尽管科埃略的这部小说因为在短短的十余年时间里发行了上千万册而业已成为世纪之交仅次于《魔戒》和《哈利·波特》的一个奇迹，但我却认为它远不及博尔赫斯的复述（尽管后者因为有抄袭剽窃之嫌而不得不从实招来，即在再版的时候注明来历）。

什么原因，后面再说。

第二个故事来自《大藏经》，话说佛祖释迦牟尼的母亲摩耶夫人，在她入床的当天夜里梦见一头六牙大象闯进了她的肚子。占梦的巫师对她说，她的儿子了不得，不仅要统治世界、使法轮常转，而且还要把轮回的秘诀传授给世人。净饭王，也就是佛祖的父亲听说后坐立不安，立即将夫人打入密宫。29年后，佛祖终于结束了与世隔绝的幽闭生活，第一次外出巡游。第一天，他遇见了一位驼背老人，车夫告诉他说谁都有那么一天。第二天，他见到一个病人，车夫又告诉他说谁都有那么一天。第三天，他见到一具棺材，车夫还是告诉他，谁都有那么一天。最后，他见到了一个无欲无求四大皆空的僧人，便追随而去，终于大彻大悟，在菩提树下修炼成佛。

这个美妙的故事与古希腊神话《俄狄浦斯》如出一辙。多数教派把它视为象征生老病死的寓言。唯有大乘宗解释不同。大乘宗认为人生本来就是一场梦；既然是梦，肉身的神看到仙身的神为他指点迷津当不在话下。这样一来，多数教派的“宏大叙事”被轻而易举地消解了。

这是对同一个道理的反证，说明了大乘宗的高明。

现在回过头去看《天方夜谭》，我们发现它的寻梦之旅只是一个过门儿，基本上是一笔带过，而在科埃略却成了中心的中心。也就是说，科埃略把故事演变成了意义的载体（尽管《双梦记》已然蕴涵了这层意义）。当然，这并没有错，用我们的话说叫做“文以载道”。但它大大地削弱了故事的天真与纯净，用我们的另一句话说是科埃略不够“大言希声”。

同样，大乘宗更多地把佛陀的故事保存在梦幻的层面上，一如索福克勒斯把俄狄浦斯的故事保存在预言的层面上，从而避免了太多哲学的、理性的干预。净饭王为了避免儿子超越自己并反过来统治自己，遂将他打入密宫，而这最终又恰恰导致了儿子看破红尘、成为佛祖。俄狄浦斯的父亲因为恐惧弑父娶母的预言而将俄狄浦斯远远地发配他乡，结果恰好阴差阳错地使预言得到了应验。这其中来自埃及的司芬克斯之谜又恰好对应了佛陀故事中的那个关于生老病死的寓言：开始四只脚，后来两只脚，最后三只脚。索福克勒斯的高明就在于他和大乘宗一样，并不把注意力放在有关人生寓言的理性思考上。

我现在要说的是文学还是应该适当地回归童心、回归愉悦，把说教让给道德家、哲学让给哲学家。

我所说的这个童心从远的说是神话母题，从近的说是一种尽力摆脱了世俗束缚的相对纯粹的审美活动，从而对某些宏大的理论保持警惕。文学最紧要、最可贵的也许就在于保持住这颗纯洁的童心，并使之充满愉悦。老百姓讲故事的时候，无论是志怪，还是言情，最关注的常常是故事的愉悦性。也就是说：好听与否，却很少用宏大的理论去框定它们。

我们的四大传奇当中，除了《莺莺传》（据说元人的《西厢记》即据此改编）被认为是元稹手笔之外，其他三大传奇（《花木兰》、《天仙配》和《白蛇传》）基本上都由老百姓口口相传，却没有经过所谓文学高手的刀砍斧劈。而且只要我们稍加留神，就会发现，这些传奇（除却《莺莺传》）在初始阶段往往更富有艺术魅力，也更经得起阅读的考验。比如《花木兰》，以后的所有改变，终不及六朝《木兰谣》富有魅力。而《天仙配》目前所知的最早版本是东晋志怪集《搜神记》中的文字。唐人虽然加上了"路遇"、"还债"、"诀别"之类的细节，却并没有从本质上对它进行改变。宋朝苏小妹之婿秦观的《鹊桥仙》则只是一声意味深长的慨叹："两情若是久长时，又岂在朝朝暮暮。"直到近现代，由于加上了阶级斗争和反封建礼教、争婚姻自由之类的宏大叙事，才使《天仙配》走向了大起伏和大团圆，从而极大地消解了原先的天真。而中国文学当中最缺乏的也许便是这一份天真。这经常使我想起马克思说过的一句话，他老人家在谈到古代希腊和古代中国的时候曾经把希腊比成正常的儿童，却认为中国是早熟的儿童。

也许正因为这份早熟，我们很早就放弃了神话思维，即便不断地有一些美好的传说和想象，也总会很快地被赋予理性主义和功利主义的浓重色彩。先秦以降，由于儒家文化的甚嚣尘上，我们便很少再产生真正意义上的天真。儒家文化常常使我们过早地把天真扼杀在摇篮之中。

正因为缺乏了这份天真，后来的《天仙配》都不如《搜神记》令人赏心悦目。至于《白蛇传》，冯梦龙的《白娘子永镇雷峰塔》（《警世通言》第二十八回）虽然是迄今为止发现的最早的文字记录，但它保留了民间传说的基本特色。故事从断桥相遇到许仙心生疑窦到请法海施法将白娘子镇于雷峰塔下，具有难得的传奇色彩与悲悯色彩。明代以后相当一个时期虽然增添了

"盗仙草"、"水漫金山"之类,但总体上并没有破坏《白蛇传》的单纯的传奇与悲悯。这是就三大传奇的审美功能而言,每一种改编(指的是真正意义上的改编)几乎都是一种退化,一种画蛇添足。

相比之下,唯有《莺莺传》大不如后来的《西厢记》。《莺莺传》由于张生的始乱终弃,最后还搬出正人君子的道德、举出纣王和幽王的典故来反污女子是祸水,从而大大地削弱了故事的震撼力。我始终怀疑《莺莺传》真的如元稹所说是根据友人的经历敷衍而成,也怀疑后人的所谓元稹自传说之类,我总觉得《莺莺传》和其他三大传奇一样,来自民间传说,只不过太多地掺入了个人成见罢了。其所以这么斗胆猜度,是因为元稹的诗文集中一直没有这篇传奇,而最早收入此作的是《太平广记》(北宋李昉等编),时隔几个朝代、几个世纪。推算编者也是猜测。至于宋人王性之的"夫子之道"说(也就是那个德行凉薄的张生乃元稹本人),则更嫌牵强。当然,我们暂时还没有确切的证据来说明这一点而已。《西厢记》(王实甫)不同,它是一个美好的爱情故事,也更接近民间传说。故事的焦点是老夫人和一对真心相爱的恋人之间的矛盾冲突。此外,老夫人的棒打鸳鸯和红娘的全心撮合,又造成了强大的反衬,从而增加了故事的戏剧性。

诸如此类,归结起来却只有两点需要强调:

一是神话,它蕴涵着一切文学母题;二是传说,它承载着老百姓朴实的审美欲求。这两点又可以合二为一,归结为艺术的童心。

神话与童心的关系毋庸讳言,马克思关于神话是人类孩童时期的艺术创作一说众所周知;此外,我们不要忘记马克思在谈到希腊神话时,还说它是西方艺术创造的武库。后来的神话—原型批评与这一说法如出一辙。在原型批评家弗莱看来,文学叙述是"一种重复出现的象征交际活动",或者说是"一种仪式"。这种文学等于仪式的观念来自人类学家弗雷泽的《金枝》(1980)。用荣格的话说则是原型在"集体无意识"中的转换生成。总之,神话被认为是一切文学作品的铸范典模,是一切伟大作品的基本故事。

作为老百姓的心理经验,民间传说在很大程度上保存了神话的鲜活基因。正因为如此,神话、传说和童心有着天然的联系。或者说,童心是人类经验的原始宝鉴,因而也更符合作为形象思维的艺术创造。

当然,我这里所说的童心是广义的童心、艺术的童心。它不那么世故,也不会事事抽象。但是,中国因为功利的儒文化而历来不太关注童心,包括一般意义上的童心和艺术的童心。这二者也许本来就是相辅相成的。在西方,无论有意无意,这种艺术的童心却处处受到保护。即便是在现实主义风行的19世纪，当巴尔扎克们为把文学变成社会历史的忠实记录(或因追求逼真)而热衷于建筑师似的设计写作蓝图的时候，人们也没有忘记肯定塞万提斯那种孩童般的随心所欲。而今更是如此，在2003年由诺贝尔基金会发起的一次调查中，代表150多个国家的著名作家居然有半数以上把有史以来最佳文学作品的选票投给了《堂吉诃德》。而《堂吉诃德》又绝对不像塞万提斯自诩的那样仅仅是一部反骑士小说。反骑士道固然代表了教权和王权的意志，但瘦的骑士与胖的农民之间的理想主义与功利主义的斗争，难道不是塞万提斯对时代的一种诘问与怀疑吗？他寄予瘦的骑士以所有的同情与怜悯，而瘦的骑士又何尝不是一个时代的儿童呢。

我由此联想到曹雪芹的《红楼梦》。几乎所有人都在为它的缺损而遗憾。高鹗们更是补来补去，乐此不疲。但我们何尝不可以反过来想一想，曹雪芹既然批阅十载、增删五次，故意删掉一些章回、使之圆而未圆也未可知。我们不妨试想，那个关于石头的神话、那个关于所有女性人物命运的梦，不是已经太圆、太理性、太完满了吗？石头的神话已经预言了宝玉的命运，而那个太虚幻景的梦又给出了每一个女性的生命轨迹。

与神话和梦幻相对应的是宝玉的童心。或者换一种角度说，童心是宝玉生命轨迹的体现。宝玉从“无材可去补苍天”的顽石到被一僧一道点化为“枉入红尘若许年”的蠢物，是命中注定不能“世事洞明皆学问，人情练达即文章”的。他这个蠢或可对堂吉诃德的疯，总之是不合时宜。这种不合时宜仿佛童心之于充满智慧的市侩和功利、高明的欺骗和虚伪的世界那样。而这种不合时宜在《红楼梦》中又恰好与空灵、无为的释道相吻合，进而对抗强大的、无处不在的皇皇儒教。

和《堂吉诃德》这么一比，我们就会发现，蠢、呆、疯、癫、梦、幻之类的词儿其实自始至终伴随着宝玉。何况，一如浮士德之与魔鬼，宝玉与释道早有契约；而“满纸荒唐言，一把辛酸泪；都云作者痴，谁解其中味”中的那个痴字，更是意味深长。假如《红楼梦》的作者无论有意无意却是要将宝玉羁留于童心(在一定程度上与梦与幻、与疯与癫、与释与道相对应)，那么我们关于《红楼梦》也许并非缺损的假设也就完全有可能成立。

此外，值得一提的是，和《堂吉诃德》一样，《红楼梦》开篇用的也是民间传说的叙事方式：时间、地点、人物皆隐。《堂吉诃德》所谓“不久以前，有位绅士住在拉·曼恰的一个村上，村名我不想提了……据称他姓吉哈达，又称他是吉沙达，说法不一，推考起来，大概是吉哈那”，恰好与《红楼梦》从女娲补天遗下顽石到后来又不知过了几世几劫“只取其情理”而“不拘于朝代年纪”，并“将真事隐去”的说法如出一辙。

下面让我们回到童心的美学意义上来。

文艺家施克洛夫斯基说过：“艺术知识所以存在，就是为使人恢复对生活的感觉，就是为使人感受事物，使石头显示出石头的质感。艺术的目的是要人感觉到事物，而不仅仅知道事物。艺术的技巧就是使对象陌生，使形式变得困难，增加感觉的难度和时间的长度，因为感觉过程本身就是审美目的，必须设法延长。艺术是体验对象的艺术构成的一种方式，而对象本身并不重要。”[1]施克洛夫斯基突出了“感觉”在艺术中的位置，并由此衍生出关于陌生化或奇异化的一段经典论述。其实所谓陌生化，指的就是我们对事物的第一感觉。而这种感觉的最佳来源或许就是童心。它能使见多不怪的成人恢复特殊的敏感，从而“少见多怪”地使对象陌生并赋有艺术的魅力、艺术的激情。借用博尔赫斯援引的一句话说，就是“天下并无新奇”，或者“一切新奇只是因为忘却”。这是先知所罗门的一句话的两种说法，是博尔赫斯从培根那里借来暗示童心的可贵和易忘的（《永生》，《阿莱夫》1949）。

然而，随着岁月的流逝、年轮的增长，童年的记忆、童年的感觉总要逐渐远去，直至消逝。于是，我们无可奈何，更确切地说是无知无觉地实现了拉康曾经启示的那种悲剧：任由语言、文化、社会的秩序抹去人（其实是孩子）的本色，阻断人（其实是孩子）的自由发展，并最终使自己成为“非人”。但反过来看，假如没有语言、文化、社会的秩序，人也就不成其为人了。这显然是一对矛盾，一个怪圈：一方面，人需要在这一个环境中长大，但长大成人后他（她）又会失去很多东西，其中就有对故事的热衷；另一方面，人需要语言、文化、社会的规范，但这些规范及规范所派生的为父为子、为夫为妻以及公私君臣、道德伦理和形形色色的难违之约、难却之情又往往使人丧失自由发展的可能。

因此，人无论如何都不能留住自己、留住童年。这的确是一种遗憾。但庆幸的是人创造了文学艺术。毕竟，文学艺术可以留住童心——用艺术的天真、艺术的幻想。

换言之，正因为人类无法回到自己的童年、恢复童年的敏感，作家、艺术家才不得不通过想象使人使己感受事物，“使石头显示出石头的质感”。曹雪芹曾经借助于刘姥姥的“第一感觉”写出了钟的质感：“刘姥姥只听见咯当

---

〔1〕 施克洛夫斯基：《作为技巧的艺术》。转引自张隆溪《二十世纪西方文论述评》，三联书店，1986年版，第75~76页。

咯当的响声，大有似乎打箩柜筛面的一般，不免东瞧西望的。忽见堂屋中柱子上挂着一个匣子，底下又坠着一个秤砣般一物，却不住的乱幌。刘姥姥心中想着：'这是什么爱物儿？有甚用呢？'正呆时，只听得当的一声，又若金钟铜磬一般，不防倒唬的一展眼。接着又是一连八九下。"[1]我曾经长期研究加西亚·马尔克斯，尝试过社会学和历史学的批评方法，也从神话—原型批评的角度分析过他的《百年孤独》(1967)，并有感于他给出的种种状态：原始、封建、现代甚至后现代以及《圣经》般的震撼力和天启式建构。这些都是大得不能再大的理性抽象与概括。但真正鲜活地留存于脑际的往往既不是这些抽象与概括，也不是干结(跳跃)的情节和雷同(重复)的人物，而是孩童般神奇的"第一感觉"。比如冰块，"箱中只有一块透明的东西，上面有无数枚细针，帐篷里暗淡的光线照耀在细针上，折射出五彩的星星。何塞·阿卡迪奥·布恩迪亚知道孩子们等待着他的解释，就不自然地嘟囔道：'这是世界上最大的钻石。''不，'吉卜赛巨人纠正说，'这是冰块。'何塞·阿卡迪奥·布恩迪亚听不懂。他把手伸向那块东西，可巨人阻止他说：'要摸，得先付五块钱。'何塞·阿卡迪奥·布恩迪亚付了钱，把手放在冰块上搁了几分钟。由于摸到了那东西的神秘，他既害怕又兴奋。他不知该如何解释这奇妙的感觉，于是又付了十块钱，让两个儿子去体验。何塞·阿卡迪奥不敢，奥雷良诺朝前迈了一步，但刚把手放上去就缩了回来。'这东西烫着呢。'他吓得大叫起来。""当时马孔多热得像火炉，门闩和窗子都变了形；用冰砖盖房，可以使马孔多成为永远凉爽的城市。"[2]

这何其形象地给出了冰的第一感觉，而这种感觉又令人服膺地给出了孤独的质感。

诸如此类，在伟大的作家、艺术家手下屡试不爽。

当然并非所有作家、艺术家都敬惜童年、珍视童心。唯有那些具有洞察力的人才明白艺术与童年、与童心的原始关系：借助想象挽留、恢复、弹拨读者也许早已麻木沉睡的"第一感觉"。

这种"第一感觉"当然不是真正意义上的童年记忆，而是一种艺术再造。比如，我们成年人无法忆起孩提时代第一次遭遇事物的感觉，但是我们可以通过想象或实验看到幼儿第一次看见镜子的激动。

---

〔1〕《红楼梦》，上卷，人民文学出版社 1982 年版，第 100 页。

〔2〕《百年孤独》，南美出版社 1967 年版。译文参考云南人民出版社 1993 年版吴健恒译本，第 16 页。

也许,对文学的崇敬或眷恋使我们从小便无意识地有一种留住童年的本能(有时甚至是朦胧的极意)。这种童年既包括遥远的恶作剧与或真或假的恶作剧念头,当然也包括善良而真诚的憧憬与抱负。但童年少纵即逝,我们使童年留驻或留住童年的目的也就多半随着生活的变迁而永远地付之阙如了。

从这个意义上说,作家、艺术家是幸运的,以文学艺术为欣赏对象、研究对象的我们也是幸运的。

论想象

《第三次浪潮》的作者阿尔温·托夫勒说过一句曾经让国人心潮澎湃、夜不能寐的话。他说:“信息时代让穷国和富国站在同一起跑线上。”而今,二十年过去了,这句被我们引用过无数次的名言正在被岁月磨蚀。一方面,因为事实部分地证明了他的预言;另一方面,因为事实并不完全如他所言。如今它只能让我想起一个遥远的寓言。这是一个充满东方智慧的中国寓言,叫做《农夫献宝》。

话说从前有个农夫,因为家境贫寒,每年都穿着单薄衣衫艰难过冬。到了春天,他下地干活,和煦的阳光照在身上,顿感浑身舒展、惬意万分。于是他回到家里,对妻子说:“太阳晒在身上真是暖和极了,而这还没有人知道呢。我们赶快把这个消息告诉国王,一定会得到他的重赏。”

这个寓言出自《列子·杨朱》,说的是宋国农夫坐井观天,想不到这世上有的是御寒保暖的高楼大厦和裘皮丝袄。然而,信息社会,地球成村,或许再边缘、再不济的穷人也不会像宋国农夫那样坐井观天、管窥蠡测了。

但这只是问题的一个方面。另一个方面是,想象总是与知识相伴而生的,且变之有常,否则便是不着边际的痴人说梦。至于爱因斯坦断言“想象比知识更重要”,则是因为他认为知识是有限的,而想象却可以无限延伸。换言之,知识是基础,想象是目的;知识好比躯体,想象犹如翅膀。因为有了想象,知识才能飞翔、才能升华。

一　想象的内涵外延

当人类的前肢离开地面的时候,一种被称为思维(思想)的东西逐渐代替了一般动物的灵敏,并成为人类赖以区别一切动物的根本。对此,马克思有过一段经典论述:“蜜蜂建筑蜂房的本领使人间的许多建筑师感到惭愧。但是,最蹩脚的建筑师从一开始就比最灵巧的蜜蜂高明的地方,是他在用蜂蜡建筑蜂房以前,已经在自己的头脑中把它建成了。"[1]而建筑师头脑中的那个蜂房,是思维的产物,更是想象的产物。词典把思维界定为人在表象、概念基础上所进行的分析、综合、判断、推理等认识活动的过程。而想象一般被界定为人的心理过程,甚至被非常机械地界定为人在知觉材料基础上经过新的配合而创造出新形象的心理过程。

也罢。但必须补充的是,想象这种在知觉材料基础上经过新的配合而创造出新形象的心理过程(或可细分为联想、想象和幻想等不同层次),并非历来受到重视,相关研究也少之又少。这首先是因为人类自我认识的历史并不悠久,其次是想象本身的无限性导致了界定的困顿。弗洛伊德对人类潜意识尤其是"力必多"的研究还不到一百年,且局限于人类的性生理和性心理本能的无意识或潜意识形态,而对知觉以上的"意识形态"却涉及甚少。哲学则历来将主要目标锁定在人的世界观上。作为人类自然知识和社会知识的概括和总结,哲学的根本问题始终是思维和存在、精神和物质的关系问题。认为物质和存在是第一性的被称为唯物主义,反之则是唯心主义。正是基于这一点,哲学对人类思维的界定也常常从一般认知规律(即感性认识和理性认识,或者形象思维和抽象思维)出发的。而作为人类思维(精神)的一部分(《不列颠百科全书》对思维的界定是:对由体内引起的内在刺激或由环境引起的外在刺激作出的内隐的符号性反应。依照内在和外在影响的相对强度,可分为表现性思维和逻辑性思维。想象当属于前者),想象一直未能从思维(精神)与存在(物质)的宏观研究中剥离出来,成为一个相对独立的对象并得到应有的关注和重视。

现在说到想象,人们普遍想到的往往是科学,而对远去的神话却相对漠然了。不错,科学想象(或称幻想)作为人类想象的一种,虽自古有之,却是近现代才真正兴旺发达起来并日益得到肯定和重视的。随着中世纪的终结和人文及科学精神的确立,科学想象从15世纪至今,一直是人们津津乐道的话题。哥伦布基于当时的航海技术和地理发现,大胆地提出了从大西洋出发、进行环球航行的想法。这个被许多欧洲时人称为"疯子思想"的想法,成就了美洲大陆的发现和"全球化"的第一个浪潮。之后,哥白尼提出了"太阳中心说"并很快为伽利略所确认。但在当时,它却被认为是"异端邪说"。到了18～19世纪,随着现代工业的崛起,世人的眼界不断拓宽,想象力也得到了前所未有的释放。许多愚人节的"笑话"转眼变成了现实。比如科学家西

〔1〕 马克思:《资本论》,人民出版社1975年版,第202页。

蒙·纽科姆认为任何机械和动力形态都不可能把人带上天空，但不久就有莱特兄弟发明了飞机。到20世纪，科学技术更是一日千里。卡耐基学院院长万尼瓦尔·布什刚对杜鲁门说原子弹不可能爆炸，飞行员保罗·蒂贝茨就用它使广岛变成了一片废墟。于是，1968年法国学生提出了一个划时代的著名口号："现实主义就是对不可能的尝试！"

而今，随着电子技术的飞速发展，"无限不会缩小，但有限却在不断膨胀"成了时鲜妙论。时代仿佛正在使一切成为可能。用未来学家丹尼尔·贝尔的话说，"未来是现在的期待"。真有些"人有多大胆，地有多大产"味道！有诗为证：

我们要等
把猴子等成达尔文
把人类等成机器人……
我们还要等
把历史等成索斯比
把现实等成电子门
把世界等成实验室
把天使等成克隆人……

——佚名：《我们要等……》

不是吗？拿身边的电脑为例，从鲜为人知到286、386、486、586再到奔腾一、二、三、四、五……正所谓"旧时王谢堂前燕，飞入寻常百姓家"，而且燕来燕往，了无尽头。总之，物质文明的无情淘汰机制的"刺激"（这是在人们的基本物质要求得到满足之后当代经济学中出现频率最高的一个词汇）既给我们的生活带来了方便，但同时也给我们的生活带来了困惑。于是，常有人问："究竟哪里是个头？"

历史、现实和未来的回答都只有一个：没有头！永远没有！

短短二十年，计算机的速度从当初的每秒数十万次到如今的每秒数十万亿次，我们这些刚刚只有一件"电器"（手电筒）的人们，就一步登天，在没有国界的"信息高速公路"上尽情遨游了。还有，纳米、克隆等许许多多闻所未闻的"天方夜谭"正接二连三地降临。人类正在结束生物的自然进化过程而大踏步地迈入控制进化过程。许多未来学家眼中标志着"第四次浪潮"的"生物时代"即将来临。

这岂不印证了事物发展的几何速率。所谓一张白纸对折 60 次，其高可抵阿波罗小行星；试想，人类走出蒙昧至少花去了几万年；而农业社会只花去了几千年；工业社会就更短，只用了几百年；信息社会从开始到今天也不过短短几十年。那么几年以后呢？世界将会怎样？比尔·盖茨早就说过："人们总是低估十年以后的科技水平。"

总之，随着科学技术的发展，科学想象受到了普遍推崇。尤其是在西方，经过三百多年的工业革命，科技创新早已蔚然成风，科学想象的有效机制也已逐步形成。至少，现代未来学便是在这样的基础上应运而生的。作为一门显学，未来学几乎是科学想象的一种学院化过程。它起始于 20 世纪 60 年代，其主要标志是 1966 年在华盛顿创立的世界未来研究协会。顾名思义，这个协会和一切历史学研究相反，它一直致力于预测人类社会的明天以及大到浩渺宇宙、小至纳米技术的相关课题的近期、中期和远期发展。目前这个协会已拥有分会一百多个，遍布全球各个角落。一大批未来学家聚集在它的麾下，而他们的声音分贝正愈来愈大、愈来愈多地影响着人类知行。小到我们每一个个人，大到一个国家甚至整个世界，都很难无视他们的存在。且不说托夫勒(《第三次浪潮》)、尼格洛庞蒂(《数字化生存》)等未来学家的预测使人们的想象力一再膨胀，比尔·盖茨等"一线人物"也以"未来之路"等"现身说法"为人类想象的翅膀增添了羽毛。拿美国为例，1993 年美国政府迅速改变思维，相对放弃了象征着基础研究的高性能电子对撞机的研究(这种轻科学而重技术的做法被霍根归结为《科学的终结》，其是或非另当别论)，并将"信息高速公路"确立为国家战略目标。除了冷战结束等政治因素以外，未来学家们、盖茨们的想象在此起了不可低估的作用。如今，每当白宫面临重大抉择之际，负责安全事务的官员总会邀请包括重要未来学家在内的各方专家对前途进行预测。新千年伊始，应邀到白宫讨论美国未来安全问题的 20 名专家和未来学家就曾将能源危机认定为未来 20 年美国可能面临的最大威胁。这就不能不使人联想到刚刚结束的伊拉克战争。此外，稍前有联合国大学未来学家在千年之交发布的人类最大挑战中，有几项很快得到了验证：因种族冲突而导致的恐怖主义的威胁，为争夺能源而导致的局部战争的威胁，新的或卷土重来的疾病和病毒的威胁，等等。

诸如此类，无论宏观微观、正面反面，有没有"泡沫"成分？有。但它们更多的不是"大魔咒"之类的无稽之谈或"小行星撞击地球"之类的杞人忧天，而是以现实和历史经验为基础的科学或泛科学想象。比如能源问题，其所以能够预测，完全是因为 20 世纪 70 年代的石油危机和伊拉克战争之前中东的实际政治格局。

他（她）在太空曰：来者如斯乎！因此，等待肯定不是一种积极的态度。

二 想象的现实基础

再回到《农夫献宝》这个古老的寓言上来，我们不难证明，人的想象是受环境和知识制约的。这也是唯物主义的基本原理。举个身边的例子吧：前不久，刚刚不幸失事的“哥伦比亚号”航天飞机曾首次搭载一名中国小学生的实验项目——“蚕在太空吐丝结茧”。这是一个富有想象力的设计，受到国内外专家学者的赞扬。它除了探讨太空失重环境对蚕卵、幼蚕和成蚕的发育影响以及通过太空环境改善蚕丝质量的可能性，还显示了科学想象与文化传统的关系。

这是我国小学生在国际创造性思维活动中的光彩的一笔。其所以光彩是因为我们的学生虽有在国际数理化奥林匹克比赛中蟾宫折桂如囊中探物的美好记录，却很少在创造性思维或想象力角逐中取得优异成绩。美国心理学教授盖泽尔有言：“学校本应是赏识和培养创造性才能的场所，然而事实却不是如此。”[1]美国尚且如此，何况应试教育的我们。

学生缺乏创造力、想象力，当然可以归咎于应试的教育体制，而且相关高论颇多，但更重要的原因恐怕还得到历史当中去找。众所周知，我国是个相对轻视想象力的民族，这与我们中华民族的历史文化有关。不少历史学家和神话学者都曾明确指出，中国神话想象的相对不发达与中华民族的“早熟”有直接关系（它使中华民族过早地离开了“童年”、放弃了“童心”）。作为具有几千年耕作历史的农业民族，中华民族历来崇尚“男耕女织”、“自力更生”，因此相对稳定、自足的“桃花源”式的小农生活被绝大多数人当做理想境界。正因为如此，“世界上没有第二个民族像中华民族这么喜爱耕作”[2]。而农业民族往往依恋土地，必定追求安定、不尚冒险。由此形成的安稳、和平的性格使中华民族大大有别于游牧民族和域外商人。这种性格的可贵之处自不待言，但它的弱点也是显而易见的：不利于开拓进取，当然也不利于想象力的发展。此外，农业社会孕育的封建制度在中国经历了无比漫长的岁月，强大的封建集权势力利用极端功利的儒家思想过早地抑制了民族的神圣好奇心。就拿最基本的衣食住行为例，除食之外，历朝历代都

〔1〕 盖泽尔：《创造力和人类发展》，《国际教育百科全书》，贵州教育出版社，1990年版，第496页。

〔2〕 柏杨：《中国人史纲》，中国友谊出版社，2001年版，第21～50页。

有规定。皇家穿什么、官吏穿什么、老百姓穿什么，从颜色到面料几乎都有明文规定。住更是如此。官宅不仅一律不得好似或高似皇宫，还得按主人职位高低相应改变档次。依此类推，民宅更是不得高于或好于官宅。此外，从构造设计到材料运用都有详细的规定。这就导致了繁杂的建筑法规，它们在不厌其烦地规定各类房舍的高度、面积、材料和颜色的同时，也限制了建筑风格的变化。据柏杨先生考证，鸦片战争前夕，清政府还下令禁止过人们在北京等地建造二层民居，并以"仿效洋人"等罪名惩办违规人等。〔1〕行更是等级分明。王公贵胄乘什么车，平民百姓坐什么轿都不能越轨分毫。凡此种种，无不是对想象力的压制与摧残。唯独食是千家万户关起门来完成的，因而也最能体现中华民族的想象力，从而使中华文化背上了"饮食文化"的"美名"。

反过来看，中华民族最开放的时代，也往往是最兴旺、最富有想象力和创造力的时代。像历史上的先秦、汉、唐及明清的某些时期。这些时代或时期也往往是民族融合、风云际会的多元时期。

再说儒家文化，不论它对于中华民族或中华民族的悠久文化的延续有过怎样的贡献，其压制想象力的事实却是无法否定的。它关于等级秩序、伦理道德的那一套牢不可破的学说像宗教，甚至比宗教更吓唬人。被它挟制的中国文化人，本该义无反顾地担当起思想先锋的中国文化人，历朝历代大都自觉不自觉地放逐了自由思想的权利。而普通百姓囿于礼数墨守成规的故事更是所在皆是。所谓"形而上者谓之道，形而下者谓之器"，中国文化重道不重器的历史也很悠久。早在先秦时期，庄子就写过这样一位老汉，"曰：吾闻之吾师，有机械者必有机事，有机事者必有机心。机心存于胸中，则纯白不备；纯白不备，则神生不定；神生不定者，道之所不载也。"(《庄子·天地》)就这样，老汉拒绝了"桔槔浇灌"的想法。

而人类历史上许许多多的想象(发明)，恰恰与机械器物有关。与之毫无关联的唯有神话，而神话又早早地被打入了另册。"梦蝶"之类的小说则是不登大雅之堂的倡优之术。于是，几乎只有诗歌是唯一的想象载体，却常常还要受到载道思想的束缚。到了现代，小说虽然得到了"平反"，但文学又总体上紧缩功能而成了政治的工具。这时，中国文学几乎完全丧失了对未来的兴趣和想象。20 世纪 70 年代以降，想象的各种禁区被逐渐打破，中华民族迎来了空前的机遇。信息时代，穷国和富国即便不能站在同一起跑线

---

〔1〕 柏杨：《中国人史纲》，中国友谊出版社 2001 年版，第 21～50 页。

上，至少也能够站在同一想象空间。但是，想象不可能一蹴而就。普希金说过，“真正的想象需要天才的认知”。除了历史的包袱，还有现实的制约。著名教育家鲁道夫·史丹勒博士则把想象分为记忆性想象和创造性想象，而应试教育给孩子的只能是前者。同样，他创立的沃道夫教育法一直否认电视对培养孩子的创造性想象有任何积极意义，认为做游戏、听故事和读书才能提供给孩子以创造性想象的空间。就说书吧，它在现代孩子眼中的重要性正在可悲地减弱。但事实上它仍将是人类获取创造性想象的主要渠道。这是由文字的特殊性所规定的。非文盲和文盲在音像制品面前几乎没有区别。沉溺于音像制品而不注重文字训练、不注重抽象艺术尤其是文学等高品位艺术作品的阅读与观赏，将无法提高人们的思维和想象能力。拿文字而言，其接受(想象)空间远远大于影视之类的具象艺术。打个比方，“漂亮”这么一个简单的概念，用于某个文学人物，就可以产生无限的张力，根据时代、民族、个人审美标准之异而易；而表现于具象艺术，却只能是费雯丽或梦露或别的什么影星，这也就等于把本质抽象的概念限制在具体的直观的和一成不变的形象上，不给受者以想象的余地。

总之，应试教育和现代文明催生的电视垃圾一方面满足了人们的急功近利的快餐要求，另一方面则以其求同伐异、压抑想象的“标准答案”、“同一形象”把人们的想象空间缩小到了最低限度。它们不知断送了多少少年天才。因此，废黜统一考试、重新唤回阅读，势在必行！

三　想象的美学架构

前面说过，中国文化的特殊性导致了国人对想象的相对漠视。在欧洲，想象也不是一直受到青睐的。最早明确提出想象并给予尊重的是但丁，之后是 16 世纪的一些作家和理论家。而想象真正得到重视是在进入 18 世纪之后，尤其是到了浪漫主义时期，文艺创作及文艺学空前地把想象凸现出来甚至夸大它的作用，将它剥离于理智，并拿它与理智分庭抗礼(参见《〈外国理论家作家论形象思维〉前言》，中国社会科学出版社，1979 年版)。但是，除了诗人作家的一腔热血，真正把想象作为对象的“想象理论”却始终未能产生。

鉴于理论的阙如，本文不得不套用欧美“幻想美学”对想象进行必要的观照。我们知道，想象的一边是联想，另一边是幻想。而幻想和现实是一切文本的两个基本端极，也是文学赖以存在的两个支点。然而，人们对于二者往往有所侧重，有所偏废，古今中外，概莫能外。

以文学为例，由于人类文明的建构是以人本（“人事”）取代神本（“天道”）为前提、以现实的理性战胜想象的神话为基础的，因此作为人类文明重要组成部分的文学非原生形态便不可避免地被赋予了极功利的实用主义倾向。“文以载道”、“理性模拟”，几千年中外文学流变几乎都是以现实为唯一指向和出发点的。

正因为如此，文学幻想（在很多时候是想象的同义词）除了偶尔被18～19世纪的一些美学家或作家提及，始终未能作为一种相对独立的审美对象而受到重视。但不能改变的事实是，不论东方西方，幻想都是文学的起源。远自神话传说，近至科幻小说，幻想构筑的一座座高楼大厦蔚为大观，有目共睹。在我国，幻想小说贯乎古今。它的产生先于写实小说几百乃至上千年。鲁迅在追究小说起源时说过：“考小说之名，最古是见于庄子所说的‘饰小说以干县令’。”“至于现在一班研究文学史者，却多认小说起源于神话。因为原始民族，穴居野处，见天地万物，变化不常——如风、雨、地震等——有非人力所可捉摸抵抗，很为惊怪，以为必有个主宰万物者在，因之拟名为神；并想像神的生活，动作……这便成功了‘神话’。从神话演进，故事渐近于人性，出现的大抵是‘半神’，如说古来建大功的英雄，其才能在凡人以上，由于天授的就是。”〔1〕于是便有了传说。再后来，由于巫术、宗教迷信的兴盛，又有了志怪、传奇、神魔等内容的故事，而写实主义小说，即鲁迅所说的“讲史”、“说话”则要到宋朝方始产生。

欧洲小说的产生和发展也经历了类似的过程：由神话传说到传奇志怪，写实主义小说如文艺复兴初期的流浪汉小说和市民小说也是很晚才有的。

但迄今为止，还很少有人系统论述过幻想小说的源流变迁，更谈不上对它进行较为全面的审美把握。鲁迅先生在其《中国小说史略》和《中国小说的历史的变迁》中，虽明确指出了幻想在中国文学的悠久传统和重要地位，分析了神话传说、志怪传奇、神魔小说产生、兴盛的历史原因和现实意义等等，然终究未及对幻想本身作更多的审美分析。而在西方，对幻想文学或文学幻想的系统考察则是20世纪60年代才开始的。

顺便说一句，当今西方社会对宗教的重视，除了寄托对“彼岸世界”的“无知”和恐惧，除了在共有的道德体系和文化传统中维护社会稳定，应该还有对先民想象力的尊重乃至崇拜。因为17世纪以降，科学对宗教的批判从

---

〔1〕《鲁迅全集》第九卷，人民文学出版社1981年版，第301页，第302页。省略号系引者所加。

未停止，洛克、伏尔泰和休谟、狄德罗和霍尔巴哈、费尔巴哈和马克思，尤其是马克思对宗教的批判早已深入人心。但这并不影响知识界对宗教的尊重尤其是对宗教文本如《圣经》的研究和推崇。

回到“幻想美学”，法国学者罗歇·凯卢瓦在《幻想文学选编》中给幻想下了这样一个定义：“异常在习常中突现。”[1]基于这一定义，凯卢瓦对自古以来的幻想文学进行了梳理和分类：

1. 有关天神，如神话；2. 有关地狱，如《神曲》；3. 有关魔鬼，如《浮士德》；4. 有关灵魂，如《哈姆雷特》；5. 有关幽灵，如王尔德的《坎特伯雷的幽灵》；6. 有关女鬼，如中国志怪小说；7. 有关巫术，如纪伯伦的作品；8. 有关死亡，如爱伦·坡的作品；9. 有关吸血鬼，如霍夫曼的作品；10. 有关生命物体，如梅里美的《伊尔的美神》；11. 有关看不见、摸不着的存在物，如莫泊桑的《奥尔拉》；12. 有关物体的神秘移位或消失，如《天方夜谭》。

此外还有关于不存在物质、不明外来物或时间停滞、倒退或超前（如威尔斯的《时间机器》）和外星人的科幻小说和模糊现实—梦境界限的其他幻想小说，等等。

其实，它们归根结底只有两类：一类是基于集体无意识或神话母题的志怪，另一类是文人对所掌握知识和现实状态的艺术发挥或面壁虚造。后一类中相对理性的一面孕育了科幻作品，而相对感性的一面成就了其他幻想文学。在此，我们姑且暂时忘记自古以来对文学的现实主义界定（如载道、模拟、反映、再现、镜子等等），且看看人们对同一事物的别样认知：泰戈尔认为真正的文学“是点燃未来的万家灯火”；维多夫罗说诗歌是“让小鸟在彩虹上筑巢”；王尔德更极端，居然说“文学即撒谎”。诸如此类，不一而足。因为文学除了反映、再现，也完全可以天马行空，观古今于须臾，抚四海于瞬间，所谓心游万仞，精骛八极；无所不能，无所不及。

再回到“幻想美学”上来，凯卢瓦的同行路易斯·沃克斯却认为“幻想没有定义”，“也不可能有定义”，因为它取决于特定环境及人们对特定事物的不同认知。[2] 这其实也是一种定义。然而，无论是凯卢瓦还是沃克斯，都有些让人摸不着头脑。若相信前者，就得先弄清楚何为“习常”、何为“异

---

〔1〕 凯卢瓦：《幻想文学选编》，法国伽利马，1966 年版，第 12 页。
〔2〕 沃克斯：《奇怪的诱惑》，法国 PUF 出版社，1965 年版，第 2 页。

常”，而这两个概念恰似现实与幻想，既空泛又模糊，根本难以界定；若相信后者，那么也就等于陷入类似于鸡和蛋的悖论：幻想的定义取决于某地某人对某些具体事物的认同。换言之，在沃克斯看来，任何文学作品都可能具有幻想品质，关键在于受众立场。

另一位研究家是托多罗夫，他在这个问题上表现得非常明智。他首先对“众所周知”的幻想文本进行了三六九等的区别和大刀阔斧的砍伐，以避免直接给幻想下什么定义：神奇——怪诞——幻想。[1]

在他看来，神奇是不可理喻的，比如初民因为无知而产生的自然崇拜和神话传说。怪诞是可以理解的（至少是在科学发达的今天），如梦境。幻想同样不可理喻（而且其不可理喻性与人们的认知水平无关），如超现实。

这同样不失为是一种定义。

表面上看，托多罗夫似乎把我们带进了死胡同，因为完全不可理喻的“超现实”是不存在的。从现代心理学的角度看，托氏规定的幻想——超现实（他把它定格在卡佐特、莫泊桑等人的一些作品），也并不是完全不可理喻的。所谓“幻由心生”，幻想归根结底是依赖于存在而存在的精神现象。就像人不能拽着自己的小辫离开地面一样，幻想最终不可能脱离现实，因此也终究不可能没有解释、无法理解。

但是，就因为幻想与现实的这种剪不断、理还乱的关系，20 世纪 60 年代的欧洲“幻想美学”在诸如此类的诠释中宣告流产。倒是南美作家博尔赫斯抓住了关键并使问题得以“迎刃而解”，尽管其方法是形而上学的。博尔赫斯受我们老祖宗（庄周）的启发，把现实解释为幻想，认为它和所有梦境一样，是一种生命游戏，可能按照一定规律运行，也可能毫无规律。正是从这一观念出发，博尔赫斯对传统进行颠覆，即通过彻底消解现实与幻想的界限，建立了“幻想美学”并将其推及一系列子主题和子题材，比如生命与死亡、物质与精神、历史与神学、原因与结果，等等。这些主题和题材不断循环，不断重复，一方面因为它们无法穷尽，另一方面因为它们无不相生相克、难分难解。援引老子的话说，这叫做：“天下皆知美之为美，斯恶矣；皆知善之为善，斯不善矣。有无相生，难易相成，长短相形，高下相倾，音声相和，前后相随。”（《老子·道经》）正是事物的这种辩证关系，提供了想象的无限可能性。

而幻想（想象）之为美，也许就在于它“是点燃未来的万家灯火”，或者可

---

[1] 托多罗夫：《幻想文学导言》，法国 SEUIL 出版社，1970 年版，第 109 页。

以“让小鸟在彩虹上筑巢”，或者博尔赫斯常常援引的柯尔律治玄想：当你在梦中抵达天堂并收到一朵鲜花作为凭证，假如梦醒时鲜花就在手中，又会怎样？于是，乘物游心，心灵的光艳、神奇和神秘的扩展被认为是美。这种美不仅能够激起受众的好奇心，把人类的审美理想推向极致，而且形式上较之相对理性并受制于历史淘汰性的科学幻想更近似于人类的童心（神话），因而也更恒久耐时。

与此同时，马克思主义则始终认为美是变化的，受时代社会的制约。而今，当速度和变化日益成为时代社会本质特征的时候，当地球村里的人类愈来愈不满足于过去和现在的时候，美兴许更应该与盖茨或者尼格洛庞蒂等人的创造性想象画上等号。尼格洛庞蒂说：“预测未来的最好方法是把它创造出来。”那么我们也尽可以套用 20 世纪 20 年代未来主义的一句名言：“一艘巡洋舰胜过一个文艺复兴博物馆”，而认为“一艘未来的载人飞船和一座过去的凡尔赛宫同样美丽”。

这便是文学想象（及一切形而上学）与一般科学想象（及一切技术创新）的区别，但它们无疑都是必要的，构成一对强劲的羽翼，功利非功利地平衡着人类的知行，显示着人类的另一种也许是最高层次的生命力。

民族性与世界性[1]

话说从前有个年轻人，住在偏僻山村。他心血来潮，决定到外面的世界游历一番。几年以后，年轻人不再年轻，风尘仆仆、行囊空空地回到故里。左邻右舍不免议论，说他何苦来着。他不苟且，笑问道："你们说我家门前的歪脖子树上有什么？"众人回说："没什么呀……"行者于是又问："对面山上呢？"众人曰："树呗。"行者说："我却看到了许多。"这个叫做《行者》的寓言，说的是"读万卷书，行万里路"一类的道理。行者看到的"许多"有情有意，意味深长，其中当不乏审美的和认知的纬度。

诗人奥克塔维奥·帕斯有句名言，谓"只有浪子才谈得上回头"。这当然是极而言之，但含义大致雷同。笔者之所以绕而行之，是因为民族性和世界性实在有点像蛋和鸡，常常莫衷一是。盖因无论是民族性还是世界性，原本都是相对的。无论"为体"还是"为用"，也都因时而异，取决于具体问题。具体到文学，由于文字的不同、语境的殊异，这个问题似乎应该已经比较明确，但实际情况却大谬不然。20世纪80年代，随着现代派思潮的涌入，文坛曾就民族性和世界性发生争论。结果当然是不了了之。世纪之交，随着"经济全球化"浪潮的汹涌，文学界、文化界再次发起相关的讨论。末了的末了大概是"民族的就是世界的"或者"越是民族的就越是世界的"云云，总之，诸如此类的笼统说法占了上风。而事实上这等于什么也没有说。试问：何谓"民族的"？过去的相对好说，祖宗留下的便是民族的。关键是现在、是当下，民族性却相当复杂。如何传承、如何扬弃、如何去粗取精、如何古为今用，都牵涉甚广。把封建的、腐朽的全拿来当做宝贝（美其名曰"传统文化"、"非物质遗产"等等）不可取，反过来把孩子和洗澡水甚至澡盆一起扔掉当然更不可取。此外，退回数百上千年：如果不承认曹雪芹是满汉文化、南北文化融合的产物，那么就没有《红楼梦》这部我们现在视为民族经典的巨著；如果没有魏晋至隋唐佛教等西域文化的大量传入，中华文化传统也不会是今

[1] 原副标题为《从拉美文学看民族意识的历史内涵与现实维度》。

天这个样子。从某种意义上说，优秀的民族意识当是从善如流，优秀的民族传统当是兼收并蓄，否则类似融合和引入便不可设想。

这是问题的一个方面，另一方面是外来的也并不一定有用和有益。近年来在文化界、文学界尘嚣甚上、纷纷攘攘的某些宏大理论如后主义、后理论及环境主义、文化身份等等，就并不完全适合我们的实际。就说环境吧，我们当然应该保护，因为这是我们的家园，也是子孙后代的家园。但面对某些极端的环境保护主义理论，我们又不能不保持足够的警惕。当同胞的生存面临危机，当还有人连最基本的物质要求仍得不到满足的时候，人和一棵树或一只鸟，孰轻孰重便不言而喻。作为发展中国家，生存权、发展权应该是首当其冲的。用作家加西亚·马尔克斯的话说，当贫穷国家的人民正数以万计地死于饥饿的时候，发达国家中有些人却在为一棵树苗或一只虫子的存活而惴惴不安、如丧考妣。总之，那样的绿色只能是强国的、有钱人的和平。从这个意义上说，发展中国家只有发展才是硬道理；对我们而言，则只有科学发展观才是符合实际的战略思想。权衡利弊，把握轻重缓急；有守有为，努力进退中绳；因为关键的关键是大多数人和每一个人的利益关系。也就是说，科学发展的前提始终是人：以人为本；人的需要、人的全面发展既是出发点，也是目的。当然，无论进化是自然的还是可控的，都不可以成为肆意破坏生态环境的借口。

同样，文化身份认同对于民族意识的形成至关重要。但文化身份既是历史的，因而也是现实的；既是变化的，因而也是相对的。这里虽不排除知识分子及文学、文化工作者的作用，但似乎更取决于广大人民群众的政治选择。遥远的例子往往更能说明问题：西方学者一直热衷于谈论美洲印第安人的文化身份问题并由此推导出保护文化生态的诸多理论，仿佛印第安人命该继续过刀耕火种、茹毛饮血、巫不巫、人不人、鬼不鬼的生活。然而，印第安人的真实呼声却始终被忽略不计。笔者曾多次访问墨西哥恰帕斯的印第安部落，包括被认为是最原始、纯真的恰穆拉部落并有感于他们的贫穷和无助。这些位于山区的部落，时至今日，除了个别酋长或少数人拥有电视机、半导体收音机等现代生活用品和较为体面的房舍外，全体居民基本生活在原始状态。然而，正是在这样一个原始的地方，几年前竟萌发了现代化诉求：要求改变生存环境、改善生活条件的骚乱（起义），以至于政府不得不派兵震慑。这就是说，文化身份问题更多是知识分子的理论诉求和一厢情愿，而非完全契合某些边缘族类的生存实际。对印第安人来说，生活的基本需求才是最大的真实、最大的真理。然而，不少西方人站在过来人的立场上看问题，对印第安人的态度似乎也有一定的道理，因为文明并没有使他们更加幸福。

拿拉丁美洲文学而言，虽然早在数十年前便已经就诸如此类的问题展开过如火如荼的争论，但时至今日仍未有令人满意的结论。这种矛盾性和相对性（而非文化相对主义）就得到了雄辩的证明。

一　民族性与世界性

回顾20世纪30年代前后拉丁美洲文坛的那次论争，当有助于我们理解这个令人困惑的矛盾。最初的争论来自较为宽泛的价值取向及文化建构问题。围绕继承与借鉴、传统与创新、民族性与世界性等一系列重大课题，墨西哥及拉丁美洲文人的认识并不一致。

其实，认知上的不同和做法上的差异一直存在。从现代主义到先锋时期，墨西哥及拉美文学的任何一次骚动，都伴随着对继承与借鉴、传统与创新、民族性与世界性等诸多复杂甚至矛盾关系的思考以及对由此演绎的不同路数的取舍。但是，第二次世界大战的爆发使处于文化前锋地位的欧洲艺术家失去了重心，世界文化的中心开始由欧洲向相对稳定的美洲转移——美国取得了它在经济、政治甚至文化上的“霸权”地位，拉丁美洲也由于前面所说的各种原因而颇具活力。面对战火纷飞的欧洲与世界，一些拉美文人甚至不无幸灾乐祸地认为“美洲文明的时代”已经来临。

然而，何为美洲文明？人们的看法不尽一致。

在理论上，墨西哥作家巴斯康塞洛斯（1882～1959）在《宇宙种族》（1925）中所阐释的观点得到了相当一部分拉丁美洲文人的推崇。他声称：“墨西哥及拉丁美洲种族（宇宙种族——引者注）的显著特点是她的多元性。这种多元性一方面决定了她的无比广阔的宇宙主义精神，她对荷马、柏拉图、维吉尔、莎士比亚或塞万提斯和歌德等的从之如流、如数家珍；另一方面也造成了她的松散性与离心力……”

巴斯康塞洛斯认为扬长避短的唯一途径是文化教育，以建立并强化民族意识。早在墨西哥革命时期，他便力谏马德罗重视文化教育。马德罗遇害后，他只好流亡国外，等待时机。卡兰萨执政时期，他应召回国，终于得以大展宏图。先是出任墨西哥国立自治大学校长，不久即被任命为公共教育部长而且得到了国家预算17%的费用。

在作家马里亚诺·阿苏埃拉看来，巴斯康塞洛斯既是个革命者，又是位了不起的思想家和文人，更是一部不可多得的“小说”。巴斯康塞洛斯毕业于墨西哥国立自治大学法律系，但他的志向是当一名教育家和诗人。从荷马到卢那察尔斯基，从圣奥古斯丁到泰戈尔，从内查瓦科约特尔到马克思，他可谓学富五车。担任教育部长伊始，他便到各州游说，散布教育至上的思想并帮助贫困地区兴办学校、改善偏远地区的办学条件。与此同时，他开始遍游拉美各国，邀请米斯特拉尔、阿斯图里亚斯、聂鲁达等访墨，以实现共同振兴“宇宙种族”的梦想。

他力图创造一种民族心理，一种基于多种族、多民族融合的“宇宙精神”，具有开阔的视野，开阔的胸怀和无与伦比的创造力。在奥夫雷贡执政时期，巴斯康塞洛斯更是如鱼得水。教育部的预算得到了增加，他着手实施中小学义务教育和大规模的成人扫盲运动。

巴斯康塞洛斯的教育计划包罗万象。在文学艺术方面，他主张艺术家们走出书斋、课堂与画室，到民众中去，为民众创造永恒的、具有宇宙主义精神的作品。在他的倡导下，壁画运动席卷全国，文化艺术刊物雨后春笋般地增生。以壁画大师里韦拉、西盖罗斯、奥罗斯科等为首的墨西哥文学艺术家联合会发表了具有明显的平民主义色彩的严正声明：“我们的艺术精神是最健康、最有希望的艺术精神，它植根于我们极其广泛的民族传统……我们力图抛弃阳春白雪和贵族心态、小布尔乔雅情调和逃避主义，颂扬集体主义和美洲主义，消灭少数人垄断并强加给大多数人的资产阶级美学观念，因为后者只会消解民族凝聚力、涣散民族意志……”〔1〕

显而易见，巴斯康塞洛斯的“宇宙种族”说包含着一种模糊的“美洲中心主义”意念。对他而言，墨西哥的民族性与世界性是可以画等号的。由于她的种族构成，她的文化混杂和政治环境（对一切先进思潮兼收并蓄、来者不拒），墨西哥（扩而言之也是整个拉丁美洲）是一个名副其实的世界性国家。所以，她的艺术表现最能得到世界的认同。巴斯康塞洛斯常常拿墨西哥壁画的成功以及它在全世界人民心灵中激起的震撼、引起的共鸣，来说明“宇宙种族”的巨大的创作潜能。他认为激进的本土主义思潮不是真正的民族主义，认为某些土著主义作家对民族主义的理解有很大的片面性，认为因循守旧、抱残守缺、闭目塞听是懦弱的表现，认为一味地纠缠历史、沉湎过去、不敢正视未来、不愿向世界敞开胸襟是极其危险的。

反之，本土主义者（又称地域主义或地区主义，尽管他们之间存在着很大的差异）更关注社会现实，试图通过文学艺术暴露社会不公、改变社会面

---

〔1〕何·克·奥罗斯科：《自传》，墨西哥，1970年版。

貌。他们，如雷布埃尔塔斯、蒙西瓦伊斯等，批评巴斯康塞洛斯的“宇宙种族”是掩盖矛盾的神话。“宇宙种族”只是有关人口构成的一种说法，并不能真正解释墨西哥及拉丁美洲错综复杂的民族特性。雷布埃尔塔斯坚信民族性即阶级性，因而并非一成不变。当拉丁美洲尚处在种族要翻身、人民要革命、国家要独立的关键时刻，当千百万印第安人、黑人和其他有色人种尚处在水深火热之中，当广大劳动人民尚在被压迫、被剥削的渊薮中挣扎的时候（“没有自由，没有人格，没有一切”[1]），何谈“宇宙种族”？在他们看来，巴斯康塞洛斯的所谓民族性，包含着很大的欺骗性，因为在拉丁美洲，占统治地位的一直是西方文化。在他们看来，真正的民族性乃是印第安人的血泪、黑人奴隶的呐喊和广大劳苦大众的汗水。在他们看来，印第安人的草鞋、黑人奴隶的裸背、工人农民的麻布斗篷远比“哗众取宠”的壁画和矫揉造作的形式主义更具民族性，因而也更能引起世界人民的关注与认同。这些看法颇使人联想几年前中国文坛关于民族性、世界性的争论。前卫作家把走向世界、与世界接轨的希望寄托在赶潮即借鉴外来文化的基点上，而乡土作家却认为最土的也是最民族的，最民族的也是最世界的。乡土作家刘绍棠现身说法，讲述他 20 世纪 80 年代初在莫斯科红场的经历：第一次去，他穿了一身西装，当然没有引起什么人的注意；第二次偶然换了一套中山装，结果招来了很多人的围观。[2]“寻根派”与中国电影“第五代”也许正是基于类似的认知与了悟，结果也颇受洋人的关注。当然，“寻根文学”、“第五代电影”和乡土文学大相径庭，不能同日而语。二者在扬与弃、取与去等诸多方面有天渊之别。所必须指出的是，别人的兴趣未必都是认同，也许只是好奇；而别人好奇的也许恰恰是你的“洋相”，而非民族或民族文化的优秀传统。因此对别人的兴趣应当一分为二。

终于，巴斯康塞洛斯的不乏乌托邦色彩的“宇宙种族”思想由于前卫艺术家们的支持而逐步演化成了美好的梦想。他从大处着眼，确有掩盖阶级矛盾、回避现实问题的倾向；而本土主义者恰恰抓住了这个薄弱环节，对他进行了“清算”。

虽然，20 世纪三四十年代风行于拉丁美洲的宇宙主义思潮很大程度上便是受了他的影响；不过，当宇宙主义作为一种泛美思潮流行起来的时候，“美洲文明”的含义也发生了变化。

---

〔1〕 雷布埃尔塔斯：《仙人掌》，《墨西哥人》，墨西哥，1938 年第 3 期。

〔2〕 据 1986 年刘绍棠在中国社会科学院外国文学研究所的一次讲演。

较狭隘的民族主义(土著主义[1]是其在文化领域表现)和愈来愈受先锋派惯性驱使的宇宙主义分道扬镳:前者着眼于美洲印第安文化,把印第安文化当做"美洲文明"的主要基石;后者鉴于美洲文化的多元性而力主放眼世界、来者不拒地实行"拿来主义"。

二　土著主义和宇宙主义

土著主义是拉丁美洲文化寻根运动的重要组成部分,标志着19世纪独立革命后拉丁美洲人民的又一次觉醒。

谁都知道,美洲曾经是美洲印第安人的世界。印第安人用他们的勤劳和智慧创造了辉煌灿烂、令同时代欧洲人折服的古代美洲文明。然而,在西班牙、葡萄牙和英法殖民统治时期,这一古老文明惨遭蹂躏,几乎被完全湮没。就文学而言,丰富的古印第安神话传说作为一个整体,不仅是古代美洲印第安人难以再造的艺术典模,而且表现了古代印第安人认识世界、征服自然的方式。正像马克思所说的那样:"任何神话都是用想象和借助想象以征服自然力、支配自然力,把自然力形象化;因而,随着这些自然力的实际上被征服,神也就消失了。"在今天,神话被看做是一种难以取代的文学遗产,有审美价值和艺术感发的作用。马克思曾经强调,古代希腊神话"仍能够给我们以艺术享受,而且就某方面说还是一种规范和高不可及的范本",它们对于欧洲艺术不只是"武库",而且还是它的"土壤"[2]。所以在欧洲,古希腊神话对后世文学艺术乃至整个社会意识形态领域的影响都极为深广、持久。从荷马时代到乔伊斯的20世纪,无数艺术巨匠从神话中汲取营养,产生灵感。在我国,神话和古代文化对于后来的文学艺术,无论是诗歌、戏剧、小说还是造型艺术也都有深远的、广泛的和持久的影响。然而,在美洲,在长达数百年的殖民地统治时期,古印第安文化遭到了严重破坏;神话传说被当做"异端邪说",受到普遍禁止和摧残。后来的黑人文化就更是如此。从巴罗克主义到新古典主义和自然主义,拉丁美洲作家大都以继承西方文学遗产、追随西方文学流派和模仿西方文学技巧为荣,对古印第安文化和黑人文化则不屑一顾。独立战争后,拉丁美洲虽已从欧洲宗主国的统治下解放出来,

---

〔1〕 土著主义其实也是本土主义或地域主义的一个概念(或者进化了的概念)。由于在墨西哥基本上没有产生像《旋涡》(1924)、《堂娜芭芭拉》(1929)和《堂塞孔多松布拉》(1926)那样的典型的"地域主义小说",本文将不再对地域主义详加阐述。有关情况请见拙著《拉美当代小说流派》,社会科学文献出版社,1995年版,第一章。

〔2〕 马克思:《〈政治经济学批判〉导言》,人民出版社,1971年版,第34页。

但却仍然不能顺利地发展独立的政治、经济和文化。帝国主义对它的控制、掠夺和渗透从未停止。在19世纪乃至20世纪初叶的拉丁美洲，占统治地位的仍是西方文化。第一次世界大战以后，尤其是第二次世界大战的爆发，西方文化开始受到普遍怀疑。反对西方列强的民族解放运动汹涌澎湃。三四十年代席卷拉丁美洲的文化寻根运动便是新的民族独立运动在意识形态领域的一次革命。于是，在许多人眼里，夸乌特莫克、图帕克·阿马鲁等土著英雄成了拉丁美洲民族精神的象征。他们的事迹在强化"拉丁美洲民族意识"的爱国主义教育中产生了威力。不言而喻，使拉丁美洲从根本上区别于西方世界的印第安文化在现实斗争中具有特殊意义。这也是当时产生土著主义运动的主要原因。在印第安人聚居的墨西哥、秘鲁和中美洲，一些旨在维护土著利益、弘扬土著文化的协会、中心应运而生。

1940年，墨西哥民族民主运动的杰出领导人拉萨罗·卡德纳斯总统在实行石油国有化的同时，主持召开了第一届美洲土著主义大会，并创立了第一个国家级土著主义中心，以便协调和促进方兴未艾的土著主义运动。

在文学方面，围绕着土著主义问题，出现了两个令人瞩目的现象：一是古印第安文学的发掘整理〔1〕，二是土著主义小说的再度崛起。

前面说过，早在浪漫主义时期，就曾流行过"土著主义"。当然那是一种关于印第安人的理想化表演，是针对欧洲现代文明悲剧而言的美化了的原始与落后。而20世纪三四十年代(个别地区甚至更早)的土著主义却是剥去了伪装的赤裸裸的真实。厄瓜多尔作家豪尔赫·伊卡萨的《瓦西蓬戈》(1934)、秘鲁作家西罗·阿莱格里亚的《金蛇》(1935)和《广漠的世界》(1941)以及墨西哥女作家罗莎里奥·卡斯特利亚诺斯的集大成之作《巴龙·伽南》(1957)等等不仅是色彩暗淡、格调阴郁的印第安村社的风俗画，也是揭发帝国主义和统治阶级暴行的控诉状。这些作品没有跌宕起伏的故事情节，也很少有性格描写——它们的人物是类型化和群体化的，是整个印第安民族以及与之相对立的外部世界——由于它们把种族和阶级的双重压迫暴露得过分真实、直接，曾招来非议。不少人贬毁这些小说是不合格的小说，因为它们过分强调逼真、追求社会效应而忽视了审美价值。然而，小说总还是小说。无论土著主义小说的价值取向如何，作为拉丁美洲特定的社会环境和历史时期的艺术表现，它们不但具有很高的认识意义，而且不无审

---

〔1〕 绝大部分古印第安文学经典都是在20世纪三四十年代陆续破译并整理出版的。其中最主要的有玛雅神话《波波尔乌》、《契兰巴兰之书》，等等。

美价值。

宇宙主义作为先锋派思潮的集成与整合(同时启开了拉丁美洲文学多元化发展的闸门)并非有意轻视印第安文化,但仍把侧重点放在了借鉴西方及外来文化之上。

阿方索·雷耶斯有句名言:“拉丁美洲是世界筵席的迟到者,但她必将成世界的晚到的筵席。”20世纪三四十年代,拉丁美洲作家已经具备走向世界的自信与能力,而且找到了一条适合于自己的发展道路:整合。

人们常说,文学的历史像河水,有低谷旋涡,也有高峰浪尖;有奔流直泻,也有迂回曲折。20世纪初叶无疑是世界文学的一个特殊时期,充满了火药味儿。思潮更迭,流派消长,可谓史无前例。这是一个探索的时代、创新的时代,可为的和不可为的、偏激的和极端的,都一股脑儿地端了出来,的确有些令人眼花缭乱,无所适从。但是,随着第二次世界大战的爆发,先锋派思潮迅速消退。这时,一直处于“边缘”和“近邻”地位的拉丁美洲作家的赶潮也随之冷却,他们开始审视和反省自己。于是,由巴斯康塞洛斯提出的“宇宙种族”思想迅速转换生成一种包容性极强的整合精神。在这种整合精神的驱使下,拉美作家博采众家,取其所长。于是,拉丁美洲文学由多源而走向多元的繁荣时代迅速来临,文学“爆炸”始现端倪。

是的,拉丁美洲文学“爆炸”时期的重要流派、思潮无不发轫于三四十年代。在墨西哥,阿方索·雷耶斯作为这个时期拉丁美洲“最完备的文人”和宇宙主义思想家,对墨西哥文学的发展产生了重要作用,尽管他自己始终没有创作出鸿篇巨制。他的散文和诗作打破了狭隘民族主义思想的禁锢,明确提出了“艺术无疆界”和“立足本土,放眼世界”的思想。

阿方索·雷耶斯(1889～1959)出生于北方城市蒙特雷,16岁开始文学创作。少年时代与安东尼奥·卡索、恩里盖斯·乌雷尼亚、巴斯康塞洛斯等人过从甚密,是墨西哥青年诗社“雅典诗社”的创始人之一。1914至1924年赴马德里留学,其间与西班牙、法国、意大利诗人建立了广泛联系。回国后一度从事外交工作,并先后出使西班牙、巴西、阿根廷等国。20世纪30年代中期开始筹建墨西哥学院,1939年出任该院首任院长。

雷耶斯把毕生精力奉献给了拉丁美洲文化的建设事业。作为“宇宙主义”的积极倡导者,他涉猎了几乎所有人文学科的经典作品。从荷马史诗到乔伊斯,经他翻译介绍的文学作品更是不计其数。在一篇回忆中,他援引恩里盖斯·乌雷尼亚的话说:“我们像饥婴一样扑向所有读物……甚至被(实证主义)认为是垃圾的东西,如柏拉图、康德、叔本华和尼采……我们还发现了柏格森、詹姆斯和克罗齐。在文学方面，我们不再满足于法兰西。我们满腔热情地重新认识古希腊诗人，煞有介事地对英语作家指手画脚，毫无顾忌地对西班牙文学传统品头论足……”[1]

在文学创作方面，雷耶斯留下了大量散文、诗歌：散文涉及哲学、历史、文学、语言、人类学、政治经济学等多种学科，表现了百科全书式的渊博；诗作别开生面，是俱收并容、广阔无垠的“宇宙主义”精神的有力见证。

20世纪20年代伊始，他便这样吟道：

我们徒劳无功地创造自己，
因为它总是使人想起别人。
……
我们像现代文明的流浪汉，
——来自四面八方；
我的灵魂，无可救药的混血儿。
你走向何方？

人们只听那世代相传的古老故事，
历史的叙述者也总在奶娘的嘴里寻找诗艺。
……

——《足迹》(1922)

后来，他将诗艺与渊博结合，突现了墨西哥及拉美文化的多元与混杂：

变色龙从不忌讳不同的天空，
每个早晨都披上朝霞的颜色。

如果它只爱惜最初的肤色，
它就会选择矿工的职业。

(我想说)它的变化如此这般，
以至于《红与黑》的斯汤达望尘莫及。

[1] 《昨天》，墨西哥，1941年。

然而它被主教的紫光所震慑
(决定换一种颜色和职业),

于是紫色和金黄交相辉映,
连牛顿也难以表现。

这种金色的紫光也是希梅内斯的颜色,
或许还经常出现在斗牛士的身上。

还有几根青筋,几瓣银灰,
就像尤利西斯之海翻腾、交融的水。——(《一副嘴脸》)

在博尔赫斯看来,雷耶斯是20世纪西班牙语世界"最了不起的诗人、学者",完全可以创作出《尤利西斯》那样的划时代巨制。然而,雷耶斯的作品大都短小精悍。雷耶斯之所以没有能够创作出鸿篇巨制,完全是因为他充当了墨西哥与拉美各国、拉美与世界各国作家之间的桥梁。他以文会友,一方面尽可能多地把世界介绍给拉丁美洲;另一方面大肆宣传拉丁美洲作家,甘愿做拉丁美洲作家走向世界的铺路石。一大批风华正茂的墨西哥作家、诗人接受了雷耶斯的"宇宙主义"思想。昔日门庭各异的先锋派诗人如塔勃拉达、马布莱斯和"当代派"诗人几乎全都不约而同地汇集到广阔无垠、几可包罗万象的"宇宙主义"的大旗之下。墨西哥文坛的多元化格局开始形成。

曾经参加过墨西哥青年诗社的胡利奥·托里(1889～?)不无自嘲地把"宇宙主义"作家比成"虔诚的蚂蚁"。在一首题为《人道的嘉奖》的寓言中,托里又把"宇宙主义"作家比成无书不读、厚积薄发的谦卑之人:"宇宙主义"者们的确都是些广采博收的主,像蜜蜂一样。有人甚至认为他们读书读得太多。[1] 总之,宇宙主义诗人纷纷"出走",遨游于世界文化的广阔天地。奥克塔维奥·帕斯的"浪子回头"说便源于此。他说:"出走是返回的前提,只有浪子才谈得上回头。"

与此同时,阿根廷的"宇宙主义"者继承"马丁菲耶罗主义"者们的热忱,

---

〔1〕 弗里德里克·卡茨等:《剑桥拉丁美洲史》(莱斯利·贝瑟尔主编),社会科学文献出版社,第五卷。

呼吁人们走向世界，呼吸新鲜空气，“用新的目光、新的感觉审视一切”（这样，阳光下必将重新充满新鲜事物）。“宇宙主义”在阿根廷的代表人物博尔赫斯还自告奋勇地从诗坛过渡到地域主义、民族主义“负隅顽抗”的小说界，创作了短篇小说集《世界丑闻》（1935），信誓旦旦地要用想象的“大宇宙”取代现实的“小世界”。

博尔赫斯以书为本，在图书馆里终其一生。他的特别在于不断寻找和汲取人类文化中一切形而上学因素，同时在《面前的月亮》（1925）、《小径分岔的花园》（1941）等诗歌、小说中加以表现，因此他是对人类形而上认知的再认知，既有德国式的思辨，也有英国式的幽默，甚至还有东方的神秘。他对文学的看法和歌德关于“世界文学”的乌托邦理想有异曲同工之妙，即世界是一本书，是由全世界的作家共同创作的一本书。

但是，新兴的无产阶级作家批评巴斯康塞洛斯的“宇宙种族”论是掩盖阶级矛盾和种族矛盾的神话。类似思想源出马克思。在马克思那里，“世界文学”乃是一种无奈的趋同，是资本主义“世界市场网”（类似于现在所说的“全球化”）的可怕的产物。

与此同时，土著主义文学蓬勃崛起。土著主义的最大成就似乎并非在于创作了那些真正描写了印第安人的悲惨遭遇的作品（土著主义作家笔下的拉丁美洲，无论是《瓦西蓬戈》还是《广漠的世界》，都充满了血腥），而在于重新发现古代印第安文化并确立了它在美洲文化中至高无上的地位。

这场争论虽然早在20世纪中叶就已偃旗息鼓，但问题却远未解决。20世纪中叶，拉丁美洲文学全面炸开，魔幻现实主义轰动世界，而民族性和世界性、土著主义和宇宙主义犹如当代拉美文学的两大染色体，依然矛盾地交织在一起。

如今，随着加勒比文学的兴起，后殖民批评成为显学。于是围绕加勒比人的文化身份问题，土著主义和宇宙主义之争再度兴起。前者以布莱斯维特为代表，表现出一种与欧洲文学传统决裂的强烈的本土意识；[1]后者以沃尔科特为主帅，认为真正的美洲文学传统应该是“从惠特曼到聂鲁达的新世界的伟大诗人”而不是那种认为阳光下了无新鲜事物的犬儒主义或狭隘的民族主义。[2]

---

〔1〕 转引自 Donnell, Alison et al. (eds.), *The Routledge Reader in Caribbean Literature*, London and New York, Routledge Publishing Campany, 1996, p. 283.

〔2〕 Walcott, Derek, *What the Twilight Says*, New York, Farrarm Straus & Giroux, 1998, p. 37.

跨国资本主义时代的文学与文化

众所周知，文学作为时代人心的晴雨表，既是个人的生活体验，也是社会意识形态的反映。因此，文学观念的嬗变既是文化观念演变的重要表征，常常也是后者的催化剂。而当今世界文学的多元化趋势，则无疑是后工业时代世界文化多元化趋势的必然产物。无论美国政府如何致力于维系单边主义，多元文化(包括多元政治)的态势已经不可逆转。用最简要的方式说，世界文化正在向没有中心的狂欢演变，而这又恰恰助长了文化相对主义，从而极大地消解了某些传统意义上的民族主义。因此，多元化其实也是一把双刃剑，它在否定单边主义和霸权主义的同时，指向了否定价值标准的民族性和认识真理的客观性，淡化、冲击甚至颠覆着有碍跨国资本主义发展的文化传统和意识形态。同时，正因为多元，当今世界的文艺思潮及文学创作纷繁复杂，很不容易条分缕析。

一　多元文化的由来或后工业时代的文化

首先，后工业时代这一概念最早是由美国学者丹尼尔·贝尔(Daniel Bell)于1973年提出的，他在《后工业社会的来临》(*The Coming of Post-Industrial Society*)一书中认为美国已经进入后工业时代。在他看来，后工业社会的主要特征首先是服务型、资本型经济取代生产型经济，其次是控制技术、信息技术的飞速发展。此外，在贝尔看来，迄今为止人类社会的发展过程主要有前工业社会、工业社会和后工业社会三个阶段构成。这些观点不久即演变成轰动一时的所谓“大趋势”(约翰·奈斯比特：Megatrends: *Ten New Directions Transforming Our Lives*，1982)或“第三次浪潮”(阿尔温·托夫勒：*The Third Wave*，1984年)。此外，贝尔早在20世纪60年代就开始主张淡化意识形态，认为和意识形态对峙犹如传统殖民方式，正明显阻碍生产力的发展(1960：《意识形态的终结》，*The End of Ideology*)。即便白宫并未从一开始就接受贝尔的意见，但是到了20世纪80年代，美国政府明显开始两条腿走路，即在保持军事和经济压力的同时，有意放松了对意识形态的控制，为冷战时期乃至1960年代的内部对峙（如在越南战争、代沟、学潮等问题上对抗）和1970年代的反共政策蒙上了面纱。这在一定程度上为后现代主义的风行创造了条件。因为多数后现代主义者至少一度是以反对西方制度或西方文化传统为初衷的。1990年代初，随着冷战的结束，美国政府全面接受了贝尔们的思想，在“淡化”意识形态、加强跨国资本运作的同时，开始实施“信息高速公路”战略。当时日本正沾沾自喜地发展传真机。然而，以互联网为核心的信息技术一日千里，不仅迅速淘汰了传真机，而且创造了一个又一个的利润奇迹并使世界变成了名副其实的“地球村”。

与此同时，法国学者利奥塔（Jean-Francois Lyotard）于1979年发表了《后现代状态》（*The Postmodern Condition*：*A Report on Knowledge*）一书。他从认识的多元性切入，夸大了认识的相对性，并由此阐述了后工业时代文化的无中心、无主潮特征，从而引发了后现代主义热潮。拿西方文化而言，从古代的神话传说、歌谣史诗到近代的人文主义、浪漫主义、现实主义、自然主义和现代主义，每个时代都有特定的文学或文化主潮（用我们的话说是主旋律）。而后现代文化的特征恰恰是多元并存，在利奥塔看来，无所谓谁主谁次、谁中心谁边缘。于是，到了1980年代，法国学者德里达（Jacques Derrida）、雅克·拉康（Jacques Lacan）、福柯（Michel Foucault）和美国耶鲁学派的德曼（Paul de Man）、米勒（J. Hillis Miller）、布鲁姆（Harold Bloom）和哈特曼（Geoffrey Hartman）等几乎同时对以理性主义为核心的传统认知方式发起了解构攻势。于是解构主义（Deconstruction）大行其道。解构主义也称后结构主义（Post-structuralism），它是针对结构主义而言的，是对结构主义的扬弃。因此，要了解解构主义必须先了解结构主义。

（一）结构主义

1. 结构主义作为一种社会思潮，是紧接在“存在主义”之后并作为其对立面出现的。由于这一流派的特点是注重方法学（符号学方法），因此，索绪尔（Course of General Linguistics）的学说便成了结构主义的主要源头之一。20世纪初，索绪尔在日内瓦大学开设了普通语言学课程，提出并创立了符号学原理，从而改变了以句法亦即语法为核心的传统语言学。索绪尔从符号（sign）切入，认为人类的所有语言都是由一系列二元结构组成的。故后称结构主义。符号首先由能指（significant）和所指（significance）构成，二者之间虽然没有必然联系，却是约定俗成的……比方说马，即便汉字马的象形性和意象的马有必然关联，但作为声音的“Ma”却完全是任意的，和意象的马、实际的马毫无关系。又比如树（Shu）这个能指，在这个人的意象中可能是一棵或一片松树，在另一个人的意象中却完全可能是一棵或一行白杨。这中间确实存在着巨大的差异，因此索绪尔又列出了一系列历时与共时、言语与语言等二元因素，以说明符号系统的结构形式。

2. 结构主义诸派　它们有些是直接从索绪尔那里派生出来的，是对索绪尔理论的发展；有的则和索绪尔不谋而合、殊途同归，或互有影响。俄苏形式主义、英美新批评和法国叙事学被认为是结构主义中最重要的几个流派。它们的共同特点是疏离作者，回避讨论作家意图，进而强调文本的独立性和客观性。比如，20 世纪 20 年代苏联文艺学家普罗普（Vladimir Propp）从俄国民间文学入手，对故事进行了结构分析，列出了 31 种结构形式。此外，什克洛夫斯基（Viktor Borisovich Shklovsky）对内容决定形式的说法进行了批判，认为所谓内容其实只不过是一堆素材，因此文学的关键是编织这些素材的形式。他由此提出的“陌生化”（defamiliarization）原理提升了形式对于诗、对于文学性的决定作用。他们的理论很快受到了列维－斯特劳斯（Claude Levi－Strauss）等人的重视，后者进而创立了结构主义的文学人类学。与此同时，荣格（Carl Gustav Jung）把精神分析引向了结构主义，认为人类的许多精神活动其实始终没有脱离神话原型，并在弗洛伊德的潜意识理论基础上提出了“集体无意识”的概念。在他看来，“集体无意识”先于个人无意识或潜意识，而后者则是对前者的一种特殊表现。这两位又对 1950 年代（弗莱 Northrop Frye）的神话－原型批评产生了影响。神话－原型批评把许多现代经典归结为神话－原型的再现。比如《圣经》对于犹太－基督教文明的许多作品，以及《尤利西斯》对于希腊神话，卡夫卡的作品对于罗马神话等等，总之，许多重要作品都只是神话原型的重复出现。英美新批评生发于 20 世纪三四十年代，得名于美国学者兰塞姆（John Crowe Ransom）1941 年出版的《新批评》（*The New Criticism*）。这部文集赞扬 T. S. 艾略特等人的批评见解和以文本分析为主的批评方法，从而扬弃了以作家意图为轴心的传统实证主义或印象主义批评方法。新批评派别众多，但基本的倾向是把作品看成独立的、客观的象征物，是自给自足的有机体；同时认为文学本质上是一种特殊的语言形式，批评的任务是对作品的文字进行分析，探究各个部分之间的相互作用和隐秘的关系。叙事学（Narratology）肇始于 20 世纪五六十年代。1968 年，法国学者罗兰·巴特发表了题为《作者之死》（*The Death of Author*）的论文，这很大程度上和尼采于 19 世纪末提出的“上帝死了”及“重估一切价值”的怀疑主义思想一脉相承。翌年，罗兰·巴特的弟子托多罗夫（Tzvetan Todorov）正式提出了叙事学的概念。叙事学完全无视作者的存在，甚至把作者和作品完全割裂开来，进行纯客观的文本分析，从而把注意力完全局限于文本结构或叙事结构。

（二）解构主义

解构主义的主要代表是德里达。德里达的解构理论内容冗杂，而且经常自相矛盾，因此至今难有明确公认的解释。但是，反逻各斯中心论无疑是他解构理论的中心环节。前面说过，索绪尔的符号学原理强调二元并立，而二元并立又是以能指即物质的声音意象（acoustic image）为基础的。在西方传统逻各斯中，从柏拉图开始便十分重视声音意象。逻各斯并非逻辑，而是指真理或者真理的声音。在柏拉图及其弟子看来，真理源于逻各斯（Logos），即真理的声音，或上帝之言；这在黑格尔那里又成了绝对理念。这种逻各斯主义甚至认为世上万物的存在都与逻各斯密切相关。因此，适时地、很好地掌握语言才能自然而然地成为事物乃至真理的代言人。换言之，逻各斯主义认为，言语与意义及真理之间有一种自然、内在的关系。这种联系被索绪尔局部否定（或颠倒），尽管他依然承认二者的约定俗成关系。德里达却从能指和所指之间的任意关系切入，攻其一点，不及其余地对传统逻各斯主义进行了彻底解构。他在德国学者海德格尔（Martin Heidegger）的基础上，从根本上否定了言语或者语音和真理的关系并继而瓦解一切二元对立。我们知道，整个西方的形而上学传统，从柏拉图的“三种世界”到笛卡儿的“我思故我在”，再到黑格尔的“绝对理念”，无一不是以自我意识为基准的。二元对立或并存则是它的直接派生物，比如自然/文化，男人/女人，灵魂/肉体，意识/无意识，真理/谬误，先进/落后，自由/禁锢，开明/蒙昧，西方/东方，主体/他者，主人/奴隶以及所指/能指，文字/言语等等。前者往往优于后者，是更高层次上的存在。也就是说，它们代表了逻各斯中心主义，因而也是确立两者关系的基准。而德里达正是从最基本的能指和所指的任意性入手，全盘否定了这些二元关系的确定性。需要说明的是，早在德里达之前，弗洛伊德已经在心理学领域瓦解了意识对无意识的优势，并形而上学地把无意识推到了前所未有的高度。接受美学也在一定程度上夸大了读者对于文本意义的重要性。于是，在德里达那里，一切文本包括现实世界都成了永无休止的符号推延、互文游戏。没有中心，没有定论，甚至没有意义。

与此同时，心理学家拉康（Jacques Lacan）的解构理论直接呼应了德里达的思想。可以说，他俩是一对绝妙的互文关系：拉康的解构观主要体现在他对于语言与心理学关系的经典分析，其关键在于否定理性对语言的主导作用，而认定无意识才是符号的内在结构。在拉康看来，整个符号系统早在我们出生之前即已存在，当我们学习语言时，这个潜在的系统便逐渐将其整个结构与秩序强加给我们。在他看来，能指与所指之间横亘着一个庞大复杂的文化语言体系，并无情地践踏并改变了能指和所指之间的对应关系。拉康还进一步阐发了弗洛伊德的释梦理论，把无意识称做潜在的符号系统。这种符号先验论否定了能指抵达所指（即真正含义）的可能性，甚至认为人之所以变成非人也是因为强加的、先验的符号系统。但他忘了最重要的一点：倘使没有了符号系统（无论是实际的还是潜在的），人才真的是非人。狼孩的发现其实早就证明了这一点，马克思主义关于劳动创造人的观点也从另一个侧面证明了这一点。劳动技能本身不能遗传，但劳动使人逐渐改变的肌体和大脑却是可以遗传的。

总之，由于这些理论的出台，解构、消解、模糊、不确定这样一些概念开始大行其道，从而否定了认识和真理的客观性，并把相对性绝对化了。

这是就后现代主义思潮中影响最大、流布最广的解构主义而言。它虽然大都从语言出发，却影响了几乎所有人文及社会学科。由于后现代主义普遍否定真理的客观性，并把认识的相对性绝对化了，因此相互之间虽有联系，却并无公认权威或中心。我们通常只能在与现代主义文学及文化思想的比较中，粗略地概括后现代主义思潮的基本特征。

其次，除了前面已经谈到的解构主义或后结构主义，后现代女权主义、新历史主义、后殖民主义等等，也是“后主义”当中比较有影响的，它们的基本取向也是强调消解中心或无中心论。

现在所谓的女权主义或后现代主义的女权主义已经不是妇女争取平等权利的代名词了，是后现代主义形而上学大合唱中的一个声部，后现代主义思想家福柯的性学则几乎是后现代女权主义的思想源泉。福柯是一位怀疑主义哲学家，是西方怀疑主义哲学传统在20世纪的重要继承人。他主张放弃用传统认识论方法去证明理性或科学，并对现存的一切秩序性、合理性和真理性提出质疑。他指出：“我所分析的一切就是为了否定关于人类存在方式的普遍适用的必然性观念。我的分析旨在揭示出现存制度的人为性质，揭示出我们还拥有多少自由的空间，还能对现存的一切作哪些改变。”此外，拉康和德里达也是后现代女权主义理论高度重视和大量引证的思想家。概括地说，后现代女权主义理论主要有以下特征：1. 否定所有宏大理论（grand theories），有些极端理论甚至反对任何二元思维（dualism），例如男与女、你与我、好与坏、高与低、白人与黑人、美国与俄国、富人与穷人等等。2. 主张消解一切话语霸权，提倡无中心论。德里达曾断言：文本之外，一切皆无(There is nothing outside the text)。他试图用话语理论去否定现实；福柯则认为权力是由话语创造的，然后反过来占有话语，进而认为一切真理都是相对的。3. 反对惩戒凝视(disciplinary gaze)。福柯认为社会通过话语来定义何为正常、何为反常；通过标准化过程来要求人对规范的遵从。他采用环形监狱作为“凝视”的意象，说人人都处于社会的凝视之下，不可越轨并自我规范。女权主义借用福柯的思想，否定现存话语体系进而认为女性化妆整容等等都是惩戒凝视的结果。

新历史主义(New Historicism)诞生于20世纪七八十年代，海登·怀特(Hayden White)是其重要代表人物，他的代表作是1978年发表的《元历史》(*Metahistory*)。所谓“元历史”也即关于历史的历史。海登·怀特认为必须将历史理解为一种话语，一堆语言“素材”，因而必须借助于叙述结构的深层分析才能阅读。他进而强调历史的深层叙述结构是“诗性的”，是充满虚构和想象加工的。怀特完全将历史和文学混为一谈，从而瓦解了历史真实性。他认为人不可能找到“历史”，历史只不过是人们关于历史的一种说法。此后，这种虚无主义的新历史主义在西方蔓延开来，以至于视一切历史、一切文本为符号，因而都是不确定的。类似理论实际上在20世纪60年代的接受美学中已经露出端倪。接受美学是“作者死亡”后针对文本理论提出来的，它首先抓住过去文学理论所忽视的一个基本事实，即文学作品是为读者阅读而创作的，它的价值也只有在阅读过程中才能表现出来。其次，读者的接受不是被动的，而是主动的，具有推动文学创作的功能。因此，不能只把文学简单地设想为作家、作品如何对读者发生影响；还应该看到，在实际过程中，是读者创造了作家、影响了作家。这和古来所谓先有儿子后有父亲的形而上学观点一脉相承。此外，接受美学认为文学阅读是人类各种活动中的一种，和其他活动一样，就其结构而言，主要由作为审美对象的文学作品和作为主体的读者组成。后者决定前者的价值。同理，后者的特殊性决定前者的潜在功能。不仅“一千个读者就有一千个哈姆雷特”(歌德语)，而且同一个读者对同一部作品的阅读也会因为时间地点情绪等等的不同而得出不同的解释。当然，接受美学也把文学或其他文本的接受活动区分为社会和个人两类形态。一类是出版社、书店、图书馆、学校等等，另一类才是个人阅读。二者常常互为因果，互相影响。接受美学的许多观点被西方马克思主义者所接受，从而派生出了一些大众文化(影视、媒体、网络)批判。

后殖民主义理论的代表人物是巴勒斯坦裔美国学者萨义德(Edward

Said)。他于1978年以《东方学》(*Orientalism*)一书一举成名并被誉为后殖民主义理论的奠基人。他从中东问题入手,探讨了帝国主义是如何以话语为介质构想出所谓的东方世界的。在他看来,西方人的文化与地理认知把东方视为异者或他者;因此,许多西方作家笔下的东方都是充满神秘文化、丰富资源的客体,西方人既可以在那里驰骋其浪漫的想象,又可以实行侵略和掠夺。萨义德称此为"东方主义"。1993年,美国学者亨廷顿(Samuel P. Huntington)发表《文明的冲突》(*The Clash of Civilizations*)。他片面强调东西方文化,尤其是西方文明和伊斯兰文明之间的差异,从而回避了矛盾的关键因素:利益并由此产生的不同立场。几乎在同一时间,萨义德发表了《文化与帝国主义》(*Culture and Imperialism*)。后者把视野扩展到了中东以外的其他前殖民地,并通过对简·奥斯汀、加缪和康拉德等英法作家的解读,揭示了西方文学与帝国主义的关系:即一方面通过叙事来建立殖民地文化经验;另一方面,殖民地国家的人民又借助有关解放、启蒙的叙事方式来反抗帝国主义。在他看来,"西方/东方"这一典型的二元对立仍是帝国主义用来建构其话语体系、话语霸权的主要符号,只不过控制这一符号的帝国已从欧洲转至美国。同时,萨义德一再强调后殖民时代的文化混杂性与多元性,这种混杂性和多元势必导致个人身份的不确定性。由此,学术界对他究竟是巴勒斯坦民族主义,还是后现代解构主义的一个声部,一直莫衷一是。

事实上,第二次世界大战以后,随着民族解放运动的高涨,传统殖民方式已经难以为继,而业已完成资本的地区垄断和国家垄断的帝国主义正以跨国公司的形式,即所谓"全球化"对第三世界实施渗透和掠夺。因此,前面的这些理论大都朝着有利于跨国资本主义的方向发展:模糊意识形态,消解民族性。这些思潮首先于20世纪80年代对苏联东欧产生了影响:导致了文化思想的多元,意识形态的淡化以及随之出现的新思维等等。1990年代以来,网络技术的迅猛发展所带来的虚拟文化又对上述"后主义"起到了推波助澜的作用,或者从某种意义上说,美国1990年代实施信息高速公路战略多少包含着贝尔等人对于世界发展态势的估量。像"人权高于主权"以及亨廷顿的文化冲突论等等,只有在资本完成了地区垄断和国家垄断并实行国际垄断的情况下才可能提出。总之,由于"后主义"的喧嚷和以互联网为标志的信息技术的飞速发展,世界变成了众声喧哗的自慰式狂欢。其中的极端个人主义、极端虚无主义、极端相对主义模糊蒙蔽了不少人的视阈。

此外,后现代主义又是相对于现代主义的一种思潮,它建立在对现代主义及现代化的反思和批判基础之上。现代主义的主要特征是:1. 认为真理是可以认识的；2. 认为现实是可以表现的，并致力于探索各种形式。后现代主义的主要特征则表现为：1. 真理是不存在或不确定的；2. 认识是破碎的、变化的，难以捉摸、难以表现的。由于后现代主义没有统一的定义，也没有完整的理论体系，一般的理解只能建立在其主要倾向上，比如它们大都是虚无的、极端的和否定性的，并且普遍具有非中心化、反正统性，和强调不确定性、非连续性和多元性的特征。也正是根据后现代主义的一般性倾向，罗斯诺(Pauline Marie Rosenau)教授把有关思潮或学者分为怀疑论后现代主义和肯定性后现代主义(也有人倾向于用解构性后现代主义和建设性后现代主义)。一般而言，怀疑论和解构性的后现代主义是反现代化的；肯定论和建设性的后现代主义是贝尔式后工业社会理论的组成部分。

二　多元文化的并存或价值取向的认同

文学是特殊的意识形态，不完全受制于生产力和社会发展水平。而且文学大都来自作家的个体劳动，所面对的也是作为个体的读者，因此是一种个人化的审美和认知活动，取决于一时一地的作家、读者的个人理智与情感、修养与好恶。但另一方面，无论多么特殊，文学又毕竟是一种意识形态，终究是时代、社会及个人存在的反映。从历史的角度看，世界文学(从最初的神话传说到歌谣或诗，从悲剧、喜剧、悲喜剧到小说)体裁的盛衰或消长印证了这一点；以个案论，也没有哪个作家或读者可以拽着自己的小辫离开地面。但是，文学的个性体现却是逐渐实现的(由集体经验或集体无意识向个性或个人主义转化)。在西方，在古希腊文学当中，个性隐含甚至完全淹没在集体性中。从古希腊神话传说到荷马史诗乃至希腊悲剧，文学所彰显的是一种集体意识。个人的善恶、是非等价值判断是基本看不见的。神话传说不必说，在荷马史诗中，雅典人和特洛伊人之间并不存在谁是谁非问题。帕里斯带走了海伦，阿伽门农发动战争，但无论是帕里斯还是阿伽门农，都是大英雄，基本没有谁对谁错、谁好谁坏、正义和非正义的问题。在古希腊悲剧中，比如三大悲剧作家笔下，个性和价值观也都是深藏不露的，甚至是依稀难辨的。如果有什么错，那也是命运使然。俄狄浦斯没有错，他的父亲母亲也没有错，他们是命该如此，而一切逃脱命运的企图最终都成为实现命运的条件。因此，当时关注的焦点是情节。

古罗马时期，尤其是在以基督教文化为核心的善恶观确立之后，西方取得了相对统一的世界观，而这种世界观几乎贯串了整个中世纪。作家的个性和价值取向一直要到人文主义的兴起才开始凸现出来。是谓“人文主义的现实主义”。到了浪漫主义时期，作家的个性得到了空前的张扬，甚至开始出现了主题先行、观念大于情节的倾向。

与此同时，文学主观空间恰好呈现令人困惑的悖论式发展态势。一方面，文学（包括作家）的客观空间愈来愈大（从歌之蹈之的狭小区域逐渐扩展至整个世界），但其主观空间却愈来愈小。比如文学（尤其是人物）的视野从广阔的外在世界逐步萎缩到了内心深处。也就是说，荷马时代的海陆空间逐步变成了卡夫卡式的心理城堡。而今，互联网的虚拟空间又迅速取代了这个心理城堡，从而使人与人的交流变得更加困难。每个人都在自话自说，从而形成了众声喧哗的狂欢景象。表面上人言啧啧，但实际呢？谁也听不见谁。身处高分贝噪音之中，无论你如何扯着嗓门喊叫，也无法使别人听到。此外，现代生活一方面使世界变成了地球村，但另一方面人与人的关系愈来愈冷漠。生活愈来愈依附于物质，而非他者。竞争取代了互助。这在农牧社会即前工业时代是不可想象的。人与人的关系发生了质变。

总之，后现代主义的怀疑和解构明显具有类似的悲观主义，甚至虚无主义倾向。这就在学理上造成了跨国资本主义时代全球化背景下的文化及文学的多元性和发散态势。

然而，后现代主义留下的虚无状态其实只是在形而上学范畴。前面说过，跨国公司实在得很。20 世纪 90 年代中期，后现代主义的解构风潮很快实现了自我解构。于是终结论大行其道。于是，历史的终结、理论的终结、文学的终结之说甚嚣尘上。几年前，我国学者也提出了“后现代主义之后”的说法。2003 年，詹姆逊应我所的邀请，在学术报告厅作了题为“当前时代的倒退”的演讲，谓全世界都在反思，而目前最需要的也正是回到现代主义甚至更早。大家知道，后现代主义在我国的始作俑者正是这位詹姆逊先生，他于 1985 年在北京大学所作的《后现代主义与文化理论》系列讲座事实上已经将后现代主义传入中国，但当时我国的广大知识分子尚未从现代派的喧哗中摆脱出来，因此詹姆逊的讲座并未发生实质效应，倒是十年以后外国文学所在南京召开的“传统与创新”研讨会实际上变成了后现代主义宣讲会。从此，后现代主义在中国一发而不可收。而这时后现代主义在西方恰好走到了末路。

最近，外国文学所有关同人认为当下的理论萧条与寥落导致了反思的兴起。而这种反思多为“批评之批评”。这种情况显然已经不同于前几年提出的后现代主义之后。当时普遍认为后现代主义之后除了多元景观，在批评界占主导地位的依然是女权主义和后殖民主义。而事实上，正如前面所说，这些都只是后现代主义狂欢的参与者。此外还应当包括文化批评和大众消费批评（大量的西方马克思主义者均参与其中）。在这个意义上，倒是亨廷顿的文明冲突论显得有点背时。它更像冷战时期的产物。而萨义德的东方主义实际上却指向西方与东方这种二元对立的。

当然还有生态批评。顺便说一下，西方生态批评对生态保护起到了积极作用，这毋庸讳言。但极端的环境保护主义就未必具有普世效应了。

前面是就文学及文化理论而言。在文学创作方面，情况就更加复杂了。从目前可以了解的情况看，当今西方文学已很难说什么是主导倾向。如果有的话，那也是市场效应说了算。当然，在这种空前多元的狂欢中，过去所谓的纯文学和通俗文学的界限已经非常模糊。即便是那些坚持现实主义传统的作家或所谓的纯文学，也不再排斥畅销的因素和市场的召唤。用桑塔格的话说，“不是所有的作家都想成为畅销作家，但没有作家和艺术家不在内心希望读者和同行的认可”。如是，桑塔格的长篇小说《火山情人》曾多次进入美国某些畅销书排行榜，它与其说是一部典型的后现代主义小说，毋宁说是一部拥有几乎所有畅销因素的畅销书。前几天刚刚获得诺贝尔奖的多丽丝·莱辛的作品也是如此。而同时桑塔格、莱辛又都是美英颇具政治敏锐性和批判精神的女作家。但是，以近年英美文学的情况而论，真正畅销的也许只有罗琳和丹·勃朗等极少数几位。成为市场、媒体、大众关注的中心，除了大众文化、大众消费取向对文学创作和传播的影响，也还有后现代主义解构风潮（包括解构经典）所留下的后遗症。在2006年举行的布鲁塞尔文学博览会评选的近年十大“最卖座”作家中（前几位几乎都是英美作家，他们是凯瑟琳·罗琳、丹布朗、斯蒂芬·金、肯·福利特和汤姆·克兰西），却没有一位是诺贝尔文学奖获得者，但若上推二三十年，称得上畅销书的往往是《百年孤独》之类。比如《百年孤独》，1982～1983年的销量是2000万册，这还不包括中国的印数。再回想一下20世纪80年代的中国文坛，哪一部文学作品不是动辄几十万的印数？可相对而言，当时毕竟是读者多，作品少。现在的情况恰好相反。根据美国学者协会在50所大学的抽样调查，在最近的100年间，人们的阅读兴趣正直线下滑。

正因为如此，真正的畅销书愈来愈少。其中罗琳的《哈利·波特》算是一部。而恰恰是这本倾倒无数读者（不仅仅是小读者）的文学作品，前不久被《纽约时报·书评周刊》的几位评论家评为20世纪“最糟作品”之首，《麦田里的守望者》名列第七。反过来看，恰恰也是《纽约时报·书评周刊》的一篇署名文章最早赞扬了《哈利·波特》，说它是一部“令人惊喜”的好作品。同样，丹·布朗的《达·芬奇密码》一面世就好评如潮，被认为是继《哈利·波特》之后再受关注的作品。它集惊险小说、历史小说等多重特点于一身，在密码学、数学、宗教、艺术等诸多方面提供了大量引人入胜的细节，同时悬疑丛生、高潮迭起。但这部作品同时也引起了一些人的不屑，认为它哗众取宠，无非成人版的《哈利·波特》。但这并不能阻止它风行全球，其同名电影更是一周创下了2亿多美元的超高票房。而书中展示的现代人的迷惘和轻信、麻木和恐惧更是所在皆是。和人类的进化一样，文艺从相对自然的形态走向了控制形态，即资本控制形态。酒香不怕巷子深和小投入大产出的时代一去不复返了。

这世界就是这么矛盾、这么莫衷一是。同理，英国伯明翰大学的文化研究所在2002年6月27日已被正式撤销，被一些人说成是“多元文化的终结”，而事实上世界正在进入前所未有的跨国狂欢时代：不同声部、不同色彩聚集在一起，不分主次，不分你我，或者你中有我、我中有你。近年来我国的文学创作不也是如此吗？老的、新的、土的、洋的、虚构的、写实的杂然纷呈。尤其是近年兴起的网络文学和博客写作，更是五花八门、令人目眩。由此，与英国最具盛名的布克(Booker)奖并列，新近又出现了博克奖(Blooker)，以奖掖方兴未艾的网络文学。

其次，代表本土利益的第三世界作家并没有真正参与到这个跨国公司时代的狂欢当中。那些所谓的后殖民作家，虽然生长在前殖民地国家，但他们的文化素养和价值判断未必有悖于西方前宗主国的意识形态。像近年来获得诺贝尔奖的加勒比作家沃尔科特、奈保尔和南非作家库切，与其说是殖民主义的批判者，不如说是地域文化的叛逆者。沃尔科特甚至热衷于谈论多元文化、说那些具有强烈本土意识的作家是犬儒主义和狭隘民族主义者。

这往往会使我们联想到歌德关于世界文学的说法。在歌德看来，世界文学的远景正是你中有我、我中有你，各民族文学并存交流的美好的、和谐的图景。而歌德恰恰是在读了《好逑传》、《花笺记》、《玉娇梨》等清代小说或者还有印度的《萨恭达罗》等之后大受启发的，认为人类感情的相同之情远远超过了异国之理。然而，马克思不相信这种盲目的乐观主义态度。马克思在《资本论》中预见和描绘过垄断资本主义，谓“各国人民日益被卷入世界市场网，从而资本主义制度日益具有国际的性质”。如今，事实证明了马克思的预见，而且这个世界市场网的利益流向并不均等。它主要表现为：1. 所谓“全球化”，实质上是“美国化”或“西方化”，形式上则是“跨国公司化”。据我院有关方面统计，20世纪八九十年代，美国和少数几个发达国家占全球直接投资流出额的80%以上，利润的90%以上。2. 发达国家劳动和资源密集型产业向发展中国家转移，而且这些产业往往高耗低效、不利环境保护和持续发展。3. 发达国家经济向高新科技和资本密集型产业升级，发展中国家对发达国家的依附愈来愈严重。4. 资本带来的不仅是经济利益，还有文化思想，包括意识形态和价值观。凡此种种，难免使第三世界陷入两难境地。逆之，意味着失去发展机会；顺之，则可能被“化”。

可见，全球化和多元文化并不意味着平等。它仅仅是文化思想领域的一种狂欢景象，很容易让人麻痹，以为这世界真的已经自由甚至大同了。而这种可能的麻痹对谁最有利呢？当然是跨国资本。

从这个意义上说，全球化和多元性其实也是一个悖论，说穿了是跨国资本主义的一元论。而整个后现代主义针对传统二元论（如男与女、善与恶、是与非、美与丑、西方和东方等等）的解构风潮恰恰顺应了跨国资本的全球化扩张：不分你我，没有中心。于是，网络文化推波助澜，使世界在极端的文化相对主义和个人主义狂欢面前愈来愈莫衷一是。于是，我们很难再用传统的方式界定文学，回答文学是什么这个古老而又常新的问题。借用昆德拉关于小说的说法，我或可称当下的文学观是关乎自我的询问与回答。这就回到了哲学的千古命题：我是谁？从哪里来？到哪里去？只不过哲学的这个根本问题原本是指向集体经验的，而今却愈来愈局限于纯粹的个人主义或个性化表演了。

以上所说的只是当代文学或文化景象的小小一斑。与此同时，无论是理论界还是创作界，多数人始终孜孜于拥抱现实、拥抱现实主义传统。再说生活是最现实的；跨国公司在全世界取得的业绩和利润也是实实在在的，一点都不虚幻。皮尔·盖茨们才不管那些玄而又玄的理论呢，尽管这些理论无论初衷如何客观上却不同程度地帮了他们的忙：消解传统意义上的民族性或民族主义。

面对这种情况，我们该怎么办？是听之顺之、随波逐流呢，还是厚古薄今地逆历史潮流而动？我想最好的办法莫过于学习马克思。马克思明知道资本主义是人类社会的必然产物，但他并不因此而放弃站在代表未来社会发展要求的大多数人的立场上批判资本主义的不合理和非人道。存在的并非都是合理的，我想这应该是人文学者的一个起码的共识。

小说

张姨

一

她叫晓花，一直都叫晓花，从未想到会有别的名讳在等待着她。

晓花，林家夫妇的掌上明珠，蘸着露水，朝阳在她晶莹欲滴的脸上绽开笑颜，光灿灿的胳膊上见不到一丝蚊叮虫咬的痕迹。她上过私塾念过书做过梁祝梦想学卓文君。可是大人们说了男欢女爱、太过脂香粉浓、有违伦常的传奇故事看了倒也罢了，断不可当真去学；况且世道不好，到处兵荒马乱的……

晓花不拘牵，她不能因为别人的信口开河故弄玄虚而白白白了少年头。她尽量积攒零钞碎票，琢磨着有朝一日女扮男装，去周游世界。直至有一天，荷枪实弹的部队开进了林家镇，她才幡然悟到：天下还不太平。

“小日本不早败了吗？”她这么问一位姓张的将军。

张将军看上去文质彬彬，像是员儒将，回说：“可不？”

“那为什么？”

张将军耸耸肩。

张将军成了林家的座上客。每逢节假日，镇上的人就会看到他骑着高头大马朝林家大院走去。他总是先和林老爷议论国事，再和林太太寒暄一番，尔后才轮到和晓花打个招呼，而且总是当着老爷太太的面。晓花对他有戒意。“安知他是避嫌还是别有蹊跷。”她想。但是，他俩的婚事被很快确定了下来。

“我不！”这是晓花最初的反应。

“什么话？男大当婚，女大当嫁；父母之命，媒妁之言，由不得你。”

“你爹说得对。什么都可以由着你，唯独婚姻大事得听我们的。”

“一切都可以听任摆布，唯独婚姻大事得由自己做主。”晓花心想。

“再说人家张将军年轻有为仪表堂堂，哪一点不好？”她爹补充说。

“这不是好不好的问题。”晓花心想，“没有比较，怎么谈得上好与不好？”

究竟是因为什么，她也说不清楚。也许是受人摆布的不甘，也许是某种不祥的预感，也许她的梦还没有做完。

但事已至此，宛然木已成舟，晓花怎么拗得过。幸好张将军安之若素并竭力保持男女别途，即使不经意与晓花单独碰到了一起，也会触电似的把身子缩回去，唯恐不及而做出有违礼数的事来。晓花真希望他俩永远相安无事，永远保持适当的距离。

然而，淫雨霏霏，春天格外短暂，转眼就是那个燥热的夏季。

婚礼就要举行，晓花像往常一样给八哥喂食。她把蛋黄米粒儿放在手心里，让八哥一粒粒地啄食。八哥会记住她淡淡的惆怅。"小八哥，多吃点，以后还不知道谁来喂你呢……"说着说着，她就流下了眼泪。随后她去了井边，用吊桶熟练地吊起半桶水来，自己拿手心兜一口吮了，再兜给八哥喝。

参加婚礼的亲朋好友陆续到来，晓花站在父母身边接受他们的祝福。人愈来愈多，堂上坐不下了，有的就进了偏室和天井。左邻右舍也来祝贺，连镇里有名的"小菜花"也来凑热闹。她打扮得格外媚艳，每一个手指都戴上了金玉。"婊子！"晓花不禁在心里骂道。她不能忍受的是"小菜花"居然送来了一对景泰蓝鸳鸯。"不定是哪个肮脏嫖客的东西，居然拿来玷污良家闺女的婚礼。"晓花这么想，也这么跟母亲说，"如果你们不把她给我轰出去，我就不拜堂。"母亲知道女儿的脾气，但她是过来人，更懂得大喜之日须避讳的道理。你得罪了别人，别人就会诅咒你，这是很不吉利的。母女俩正僵持不下，这边已有勤务兵来报："张将军到！"

话音刚落，张将军已经下马进了朱门。勤务兵立即转过身去把头戴大红花的骏马牵进了院子。新郎还是一身戎装。非常时期，何况是行伍出身，他的装束并未引起宾朋的异议。只有"小菜花"迎上去没话找话空发议论："哦哟，新郎官怎么不打扮打扮？"说罢就挤眉弄眼摆着浪步扭到晓花跟前。"晓花呀，你真有福气啊。这可是千里挑一的好男人哪……"晓花生怕她说出不堪入耳的秽话来脏了耳朵，一个大步从母亲身边走到父亲一边去了。新郎在接受亲戚朋友的祝福。这时，一阵马蹄声自远而近在林家大门戛然止住。一个副官模样的军人疾步跑了进来。他在新郎面前驻足立正后，随即把一份电报交到了后者手里。新郎皱起了眉头，宾客们面面相觑。司仪正待走上前去问个究竟，新郎堆起笑脸，从容地对他说："我去去就来。"

新郎把副官叫到门口，在他耳边嘀咕了几句，朝他挥挥手："快去办！"

副官向他敬个礼，旋即策马扬鞭而去。

新郎回到了堂前。人群恢复了常态。

司仪掏出怀表，瞧了瞧，转身朝林老爷讨个示意。林老爷朝司仪点点头而后示意老伴到右边就座。

时辰已到，司仪抬起双手。人群停止喧哗并有序地朝两边排开。

“张将军林小姐结婚典礼开始，奏……乐……”

鼓乐喧天。结婚典礼循序渐进，一拜天地，二拜高堂，夫妻对拜，进入洞房……自古道，人生快乐莫过于洞房花烛夜金榜题名时。

宾客们依次入席，为新郎新娘频频举杯，唯独“小菜花”神色哀伤。酒过三巡，新郎携新娘告辞。“小菜花”站起身来，款款将他们送入内庭。

然而，晓花没能像别的新娘那样进入洞房。婚礼既毕，新郎就带着晓花离开林家镇，驾车直奔省城而去。这是预先商量好的。将军在省城营造了一幢迷宫般的新房，它正喜气洋洋地期待着新人们的来临。

汽车在公路上奔驰着。夜色由淡而浓地从东边铺张开来，染黑了世界。两道光柱像利刃刺破夜幕，不断向前推进。突然，车灯熄灭了。汽车在公路旁徐徐停住。

万籁俱寂，月色初上，有只蟋蟀或者别的昆虫在吱吱鸣叫。“晓花……”

“……”

“晓花……”

“怎么啦？车子坏了吗？”

“不是……”

“那是为什么？”

“晓花……我等你等得太久了……”

“……别，别这样……荒郊野岭的……”

“我等不得了……我们已经是夫妻了……”

“不，不……”

晓花本能地挣扎着。男人饥渴的双手在她身上拼命地穿梭。她一边奋力将他推开，一边打开车门。

公路向前向后漫无边际地延伸。她一边往前走，一边把松开的衣扣一粒粒地扣上。他欲下车追赶，但很快又缩了回去。她在前面行走，他开着车在后面缓缓跟随。

“上来吧，还远着呢。”

“……你欺侮人！”

“对不起……”

“……”

她永远不知道自己为什么拒绝。按理说，他们的结合也称得上是门当户对珠联璧合，别人连羡慕都来不及。她回想起“小菜花”嫉妒忧伤的眼神和那对晦气的鸳鸯，又不禁在心底里骂了一句“婊子”。

东方开始发白。城市的轮廓愈来愈清晰。

二

一夜之间，林晓花变成了张太太，跟做梦一样。

仆从们一早伫立在新楼外恭候主人的到来。

张太太刚下汽车，就被前呼后拥地请进了她的新家。但见门阑之内，奎壁之间，花木葱茏，曲径交错。端的是一座中西合璧的城中之城。

张将军不得不支开众人，亲自领着新娘前前后后察看一番。主楼是西式建筑，堂皇富丽；前廊后厦和围墙庭院却是清一色中国景物。楼下客厅里摆放着一套明朝红木家具，左右两边的墙壁上分别悬挂着桃荷菊梅四幅轴画，正中是猛虎回眸图和“长啸声声震山谷”、“回眸眈眈露君风”一副对联。图是家传珍宝，出自唐伯虎之手；对联却是张将军的杰作。

张太太此刻无心观赏这些。一夜的旅行或者身份的变化已经把她折腾得精疲力竭，她只想躺下来好好休息。卧室装修得既温馨又高雅，粉白色的地毯衬托着精雕细刻古色古香的深红色大床。她还是生平第一次感到床的巨大魔力。她奋力甩掉高跟鞋，一屁股坐到了床上。这时，一个巨大的镜框映入了她的眼帘，那是丈夫的毕业照，上有黄埔××期一行小字。她几乎来不及细看是第几期就瘫软了下去。

张将军关上房门，脱去外衣。张太太警觉地翻身坐了起来。

“别紧张，我只是换件衬衣……”

望着无可奈何的丈夫，张太太动了恻隐之心。

“对不起……人家怕嘛，再说身上不方便……”

“别说了，我明白。只是部队要开拔……”

“什么时候？”

“明天。”

“你是说‘明天’？”

“对。晚了会延误军机。”

“那……什么时候回来？”

“不知道。也许几天，也许……”他停顿一下，说，“十天半月。”

“不去前线吧？”

"不去。"

"那会去哪里?"

"军机不可泄露。"他神秘而又狡黠地做了个鬼脸。

她被逗得扑哧一笑,但马上敛起笑容站起来,一步一顿地挪到他身边。"早点回来。"

"唔。"

"发誓不去前线。"

"我发誓。晓花,我……"

张太太拿手捂住丈夫那微微颤抖的嘴唇,张将军顺势捧住太太的纤手狂吻起来。张太太张皇地抽回了手。她望着神情颓然的丈夫,轻言柔语地说了声"少安毋躁"。

"瞧你,大汗淋漓的样子……洗个澡吧……"

张将军乖乖地进了洗漱间,打开了水龙头。"晓花,帮我找件衬衣,还有短裤。"

张太太打开壁橱,挑了一件衬衣,又在一个巨大的抽屉里找到了一叠短裤。她随便拿了一条,转身朝洗漱间走去。

张将军赤条条一丝不挂地在淋浴器下闭目冲洗,张太太见状后倒退两步。她吓得心惊肉跳,不知如何是好。她毕竟只有十六岁,除了自己的父亲和老师,还没有来得及和任何男人接触,更不用说是观看男人的裸体。"怎么办?"她方寸已乱,急得直想哭,"妈呀,我该怎么办呢?"她想象不出那些只有在洞房花烛之夜方知丈夫模样的女子是如何面对男人的,更想象不出被陌生男人揭开盖头的恐惧会是怎样的一种恐惧。

"晓花,衬衫找到了吗?"丈夫的叫声使她打了个寒战。她壮着胆子把衬衫和短裤扔进洗漱间,撞上门,倒吸了一口冷气。洗漱间传出了丈夫哼哼唧唧的歌声,张太太恐惧地爬上床去,用被子蒙住身体,盼望着一切早点过去。

张将军洗完澡出来,发现妻子已经睡着,便蹑手蹑脚地走到床边。他一面用浴巾使劲揉搓头发,一面轻轻地揭开被头,深情而又贪婪地审视着水豆腐一般鲜嫩的年轻女人。

"真是个孩子。"他望着和衣躺着的她,感慨地自言自语。

她不停地做着深呼吸,竭力抑制内心的惶恐。丈夫呼吸急促,轻轻地吻她的额头、眼帘、两颊和嘴唇,然后把手悄悄地伸进她的被窝……

张太太翻个身,不经意甩手打了丈夫一巴掌。她继续佯睡,他得寸进尺。她想她不会成为一个好妻子,而他却决意成为一个好丈夫。她不明白,

“小菜花”怎么就这么喜欢男人；他懂得她需要时间，需要诱导。她担心自己生来不会做妻子，否则怎么这么恐惧、这么不知所以；他怜惜她的年少，她的美貌，她的单纯，她的娇憨，她的高贵，她的傲慢，甚至她的拒绝……

不知什么时候，他开始迷迷糊糊地睡去。就在似醒非醒之际，“小菜花”闯了进来。她大呼小叫，声嘶力竭：“我警告过你，她是没用的雏。现在明白了吧。你需要在行的女人，真正的女人……”

“闭嘴，婊子！你会把她吵醒的。”

“吵醒了又怎么样？她有什么了不起。”

“闭嘴。我警告你，要么你闭嘴，要么我让你闭嘴：永远闭嘴。”

“你不会这么不通情理。你需要我。不是吗？来吧，亲爱的。瞧，我哪儿不如她？……”

“你真是不知羞耻。”

“是吗？那你呢，少将先生？”

“你再胡说我就毙了你。”

“毙了我谁来安慰你和你的小宝贝。我敢保证，她不爱你的小宝贝。哦……可怜的小宝贝……”

张太太再一次欠了欠身，证实丈夫已经真地睡着。她庆幸地嘘了口气，轻轻地掀掉被子，想把它盖在丈夫身上。她发现丈夫睡得正香，嘴唇在轻轻地蠕动。他畅胸露怀，仰天躺着，身体平坦得像广场，且只穿着一条薄薄的短裤。两腿之间，短裤被什么浑圆坚硬的东西高高地顶起。一种前所未有的羞涩感在她心中升腾起来。她迅速闭上眼睛，但男人两腿之间的那件可怕的东西噩梦般地压抑着她。她渴望了解它，但又惧怕了解它。正是这种与生俱来的矛盾心态促使她一次又一次地欠起身来窥视他的两腿之间。她发现了它的悸动，揣摩着它的形态……

他哼了一声，然后就是一阵抽搐，使她大吃一惊。她不禁再次窥视他的两腿之间。随着阵阵跳动，那柄高耸的圆柱喷射出大量透明的黏液，浸透了丈夫的短裤。她瞪大眼睛，注视着它的形态在因为浸湿而变得透明的短裤下怪谲地显现出来，尔后逐步瘫软。她也瘫软下去，并很快进入了梦乡。

张太太一觉醒来，发现丈夫已不在身边。太阳嬉皮笑脸甚至于有点厚颜无耻地在窗台外张望着。这时，她发现自己被裸露了。她羞涩难挡地扯被子捂脸。她记不清自己是怎样被扒光衣服的。于是她开始回忆她的丈夫，然而丈夫的面目是那样的若即若离飘忽不定以至于在梦幻般地远去。她把头伸出被窝，以闪电般的迅捷抓起床边的内衣和外衣就在被窝里穿了起来。

她坐起身来，细细地打量着房子，也打量着自己。她发现镜子里的自己还是原来的样子，只是头发有些乱，眼圈有些黑。她又重新钻进了被窝，竭力回想究竟是怎样被裸露的。她想不起来，满脑子皆是梦醒后的无如。

她下了床，忽然感到这房子仿佛已经空寂无人。一种莫名的恐惧迅速蔓延开来，她慌忙打开房门。“有人吗?”

“太太，您醒啦?”管家从楼下三步并作两步迎了上来，“太太，您整整睡了一天一夜。先生吩咐别叫醒您，怕惊着您……”

“先……生呢?”

“先生回部队了，他吩咐我好好照顾您。太太，您饿了吧，想吃点什么?”

“随便……”

管家把早饭或者晚餐送到了卧房。

走了太阳，来了月亮，又是晚上。林老爷和林太太辗转反侧夜不能寐。他们的大喜日子仿佛就在昨天，可一转眼女儿都出嫁了。林老爷唉声叹气，像是割了心头肉。林太太担心女儿像娘。“这可怎么得了?”她在心底里祈求菩萨保佑，“保佑咱孩子少受那份罪……”

林老爷娶林太太也是明媒正娶。虽说他俩不是指腹为亲，但婚事却是自小定下的。只可惜两家路途遥远，并无一般“娃娃亲”青梅竹马两小无猜的童蒙之宜。他们从小是“夫妻”，可是谁也没有见过谁，直到未来的林老爷揭开未来孩子她妈的红头盖。也许是饥渴战胜了腼腆，新郎一心只想拥着新娘款衣上床，可新娘却一味地遮遮掩掩扭扭捏捏。新郎实在憋不住了，就自个儿褪去了裤子，明晃晃地站在新娘面前。“阿弥陀佛。”新娘被他的不知廉耻闹得无地自容。她下意识地瞟了一眼男人的两腿之间，顿时被那多余的雕塑般的癫狂和怪谲所震慑。她在心底里叫一声“菩萨保佑”，就再也想不到别的慰藉。他拼命地扒她的衣服，她拼命地挣扎反抗。很久很久之后，他已经被自己的亢奋弄得筋疲力尽，可她还在不停地抗拒。日子一天天地过去，男人的欲望在一天天地膨胀，终于有一天他狮吼虎跃般地扑向了他的女人。女人被一种潜意识的顺从所控制，居然没有反抗，任丈夫饿狼似的将她扒个精光。她默默地忍受着，从内心深处发出来自远古的撕心裂肺的低吟。她咬紧牙关，承受了六次重复。她不明白为什么男人需要这样。“阿弥陀佛，大慈大悲救苦救难的观世音菩萨!”

忍受的结果是十月怀胎。但是不幸的是他们的第一个孩子竟难产死了。产妇命大，昏睡了两天后活了过来。从此以后，女人再不许男人碰她，不管他怎么嗷嗷叫，也不管他怎么下流地光着躯干在卧房里整夜整夜地打转转或是野兽似的拿自己出气。她像哪一本小说里的女主人那样整夜整夜地穿着最结实的衣服睡觉，以防不测。但久而久之，丈夫的热情开始消退。渐渐地，他不再光着身子睡觉，而且"自虐"的频率减弱了。慢慢地，她开始放松警惕，把心思集中到了治家立业上来。每天晚上，他们盘算着第二天该做的事情，哪块地该买，哪块地该种什么。活计太多，忙不过来，佃户和长工在不断增加。虽说男人有文化，女人也粗通文墨，但事业在一天天扩大，以至于不得不请了账房，雇了管家。不觉光阴荏苒，岁月不居。早过而立的林老爷开始担心后嗣问题。"不孝有三，无后为大"。这回，他心平气和地跟夫人商量，希望她成全。林太太也是通情达理之人，当然不好拒绝，再说与其让丈夫纳妾，还不如自己豁出来的好。但求他身下留情……

日子一天天地过着，男人一天天地盼着，女人一天天地挨着。

果然是苍天不负有心人，林老爷终于在不惑之年喜得一女。

正像书里说的戏里唱的一样，人逢喜事精神爽，且林家皆是开通之人，自从得了这个宝贝女儿便是宾朋络绎、笑声不绝。

女儿在父母的掌上膝下一天天长大，眼看就到了上学读书的年龄。林老爷从绍兴请来了教书先生。这教书先生姓黄，是林太太的本家，早先在上海做蚕丝生意，后来世道不太平，就放弃买卖回老家办私塾去了。他接到林老爷的信，就兼程赶了来。他一面上课，教孩子及孩子的陪读念《三字经》和《百家姓》、《女儿经》和《千字文》，还有四书五经、唐诗宋词；一面帮助林家做蚕丝买卖，自然是如鱼得水。

晓花对先生敬畏之极，盖因他不苟言笑且信望极隆。都说绍兴师爷墨水多，可她想象不出如此干瘪的先生肚里能盛几升墨水。"傻孩子，墨水多是说他上知天文下通地理，是文魁星下凡。"她娘这么对她解释。

"那他是不是知道很多很多故事？"

"那是自然。娘给你讲的《蕉帕记》呀，《白蛇传》呀……"

"《梁祝》呀，《碧玉簪》呀……"

"对对对，大都是从你先生舅舅那儿听来的。"

"不是跟社戏学的吗？"

"也跟社戏学，但当时娘小，看不太懂。可先生舅舅懂，他还看了很多很多的书。"

晓花爱听故事，就壮着胆子去找"先生舅舅"。可"先生舅舅"说小孩子应该专心于圣贤正道，不好迷恋稗官野史戏文杂剧。

做先生的大概都会演戏。晓花永远弄不清先生说好或不好是否真的想说好或不好。唯有他手中的板子实实在在。

但晓花从未挨过板子。挨板子的总是那些陪读。当然，她也很聪明，知道先生打别人常常是为了杀鸡给猴看，以儆效尤。

林家的家业不断增长，村里几乎所有穷人都成了佃农、长工或仆人。林老爷捐了个镇长的头衔，于是林家村变成了林家镇，成了名副其实的世外桃源。林老爷和林太太像浪漫主义小说里描写的善男信女，他们既不失主人身份，却又对乡亲们客客气气；遇到红白喜事就慷慨解囊，见了孩子则抚爱一番。

然而好景不长，日本鬼子快打过来了。起先只不过是募捐增多了，后来就不得了。有一阵子，林家大院驻满了伤兵。这些伤兵不好惹，虽说挡不住小日本，可他们毕竟付出了血汗，是有功之臣。林老爷没辙，他是又陪笑脸又哈腰，终究抵不住他们吃喝嫖赌抽样样拿手。不出月半，林家的库仓就底朝了天。时值清明时节，青黄不接。伤兵见林家镇再没油水可捞，就跟着逃难的百姓撤走了。林家镇一下子万户萧疏，好不凄凉。幸亏林太太有心计，背着老公积攒了一些私房钱，否则也得要饭。

林老爷病倒了。林太太无微不至地照顾他，孩子和其他家事就交给了黄先生。一天夜里，和着月色皎洁，林太太端来热水替丈夫擦身，擦着擦着竟浑身燥热起来，心跳得厉害，以至于放肆地脱掉上衣，露出一对白皙耀银的玉乳。成亲这么多年，林老爷还是头一次有机会这么细致地欣赏他的女人，正想奋勇一番，却自有一种心有余而力不足的颓唐从他藏而不露的心间不可抑制地扩散开来。他不由自主地叹一口气。林太太若有所悟地穿上内衣。“男人真的是深不可测！”

抗战还在继续，不少逃难的老乡走投无路，又回到了林家镇。桑叶老了，米贩子来来回回早已把林太太的积蓄刮得精光，上百口人全靠地里青一片黄一片有一搭没一搭的庄稼了。林家镇倍感日慢夜长。

夏粮歉收是明摆着的。大病初愈的林老爷亲临田头组织双夏。林太太收拾好家里的细软，随时准备带着女儿逃回娘家。日本人得寸进尺，已经占了北平，过了黄河，随时都可能打来。

晓花还不谙世事，问她娘：“什么是日本鬼子呀”，“他们为什么要打中国呀”，“什么叫抓壮丁呀”，“省城在哪里呀”，“沦陷是什么呀”……

问着问着，她就出落成大姑娘了。于是梦想代替了问题。

黄先生愈来愈郁郁寡欢。他常常望着天空叹息，不然就拿三七二十一块骨牌分西南东南西北三组没完没了地占卜。他口中念念有词:“三兆,三梦,卜不过三。”然后闭着眼睛以西南三,东南六,西北十二,依次摆好骨牌。晓花肃然而又调皮地站在一旁观望,望着老师煞有介事地睁开左眼后再睁开右眼,嘟囔出一大堆令人费解的“偶偶偶中平,奇奇奇中平,偶奇奇中下,奇偶偶下下,偶奇偶中平,偶偶奇中上,奇奇偶平平,奇偶奇上上”之类的话。

晓花记得这是八卦,也记得多年以前她和先生之间的一次对话:

“是伏羲演八卦的那个八卦吗?”

“是的。”

“八卦不是有八种卦象吗? 您怎么只有三种呢?”

“八卦玄妙无比,变化无穷。它最初是—和--的三重组合,但后来就有了周人的六重组合和由此演化的八八六十四种卦象……”

虽说先生的预卜一再灵验:他说“龙角东陷”,倭寇果然打了进来;他说“雄鸡低头”,父亲也果然大病了一场;然而晓花天性豁朗,对先生的戏法总是将信将疑。她曾经这么问他:“您知道我长大了是什么样吗?”还有,“长大了一定要许婚吗?”

他一概回说:“那是自然。”

林家百废待兴。

男人主外,女人主内,林老爷三天两头往省城跑,十天半月不回家;林太太事无巨细都跟黄先生商量,对他言听计从。

“晓花,你出去,我要和先生舅舅商量事情。”林太太总想把她支开。

这时,先生就会对晓花说:“晓花,到我房间随便拿本书看。”

晓花要的就是先生这一句话。“哎。”她几乎来不及答应就上了西楼。先生房里摆满了书。每当听到学富五车才高八斗之类的套话,她想到的首先就是先生的这间书房兼卧室。这里有道德文章真经正史,也有先生常说不好迷恋的传奇故事。人都是有好奇心的,晓花心心念念的恰恰是后者。书太多,一时看不过来,她会任意取一本小说或杂剧,回到自己的房间,点上灯,没日没夜地阅读。这种状况一直持续到黄先生寿终正寝。

先生既非垂垂老矣也没有病入膏肓,可有一天突然托人买回一只八哥来送给晓花并对她说:“告诉你妈,我怕是活不过子时了。”

林太太一时手足无措,竟自个儿跑到六里以外的县城订了一口上等棺材。待她回得家来,黄先生已经直挺挺地躺在了偏屋的门板上。林老爷坐在堂上巴嗒巴嗒地抽水烟,林太太朝他瞪了一眼就哇地一声趴在了黄先生的尸体上。

末了，她全然不顾林老爷的意旨，命人做了七昼夜罗天大醮，追荐亡魂。

晓花被眼前的一切搞懵了。

三

张将军一去不回。

辽沈战役以后，解放军长驱直入，势如破竹。北平解放了，南京解放了，上海也解放了。紧接着就是土改。

张太太得知林老爷被枪毙的消息后，急匆匆回家奔丧。

林太太坐在大门口，头上蒙着一块白布，显得十分苍老。因为是下雨天，雾一样的绵绵细雨无声地下着。张太太叫了一声“妈”，就再也说不出话来。母女俩彼此拉着手，怔怔地站在门口。一年不见，如隔千秋，母女俩百感交集。人们进进出出，压根儿没有注意她们的存在。

林家镇再也不是林家的天下，林家大院成了人民政府的乡公所。

“就像是个梦。”林太太翻来覆去就是这句话。张太太怕她想不开，当时就想带着她打道回城。可林太太说什么也不肯离开林家镇。张太太只好留下来陪她。

院子被隔成了两半，天井、前堂、后院和东偏房成了乡政府。八哥在前堂叫着“小姐”。张太太一激灵，朝前堂望了一眼：“是我的八哥。”她迟疑片刻，忽然壮起胆来闯将进去。原本并不注意她母女存在的人们警觉地围了上来。

“还我八哥！”张太太的嗓门有点颤抖，但语气很坚决。

“谁是你八哥？”

“就是它。”

“它呀，没收了。”

“为什么？”

“什么为什么？”

一个被称为同志的人走过来向众人挥了挥手，众人会意地散去。他绕着张太太转了一圈，点一支烟，神情自若地对她说：“怎么称呼你呢？林小姐还是张太太？随便？好吧。请听我说，现在解放了，一切属于人民，包括一草一木、一针一线……”

“可这是我们林家的……”

那人抬了抬手，阻止她继续往下说：“你说这是你们林家的，这地，这房子。可你们又是怎样得来的呢？林家镇这么多贫苦百姓，日夜辛劳，怎么就上无片瓦下无寸土呢？你想过没有？这是特权，是剥削的结果。假如你没有一个当过县长的爷爷，没有一个当过财政厅长的外公，怎么可能有这么多房子？假如你们不剥削别人，又怎么会有这么多土地？你说这公平吗？”

张太太被问得哑口无言，悻悻然退出了前堂。

“你的八哥！”

张太太住脚。

“还给你，呒。”

“小姐小姐小姐……”

张太太毫无表情地回到了母亲身边，头也没回。不知怎的，那八哥竟使她想起了“小菜花”来。“都怪那婊子！”

“‘小菜花’跟部队走了。”林太太好像知道女儿的心思。

“那对鸳鸯呢？”

“他拿走了。”

“谁拿走了？”

“张将军。张将军拿走了，他拿走了……”林太太翻来覆去说个没完。

张太太不明白，丈夫要那对倒霉的鸳鸯做什么。

林太太精神恍惚，张太太心事重重。母女俩被安置在西偏房，这儿是张太太儿时念书的地方，楼上住过先生。当天夜里，林太太在神龛前烧香拜佛，忽然回过头来叫了一声“老爷”。

张太太一惊，赶快上前扶住母亲。

“我老糊涂了，总觉得你父亲还活着。昨天晚上我明明看见他来过这里，可转眼就不见了。”

“这是幻觉，会好的。”

一个月过去了，林太太还是噩梦缠身。好心人劝张太太请钟馗捉鬼。张太太不信邪，可转而一想，“宁可信其有，不可信其无”，便自己找来笔墨纸砚，抄了一篇《钟馗驱傩文》：

亲主岁领十万，
熊罴爪硬，钢头银额，
魂身总着豹皮，
尽使朱砂染赤，
咸称我是钟馗，
取捉江游浪鬼。

张太太承担了照顾母亲的任务。可怜她从小娇生惯养，哪会做什么家务，不是把菜烧焦了，就是饭没有煮熟。母亲终日懵懵懂懂，既不过问，也不挑剔。

终于有一天，老太太倒下了，一病不起。弥留之际，一直认知不清的林太太居然想起了黄先生，道出了一段刻骨铭心相爱不能的恋情。

待张太太料理了母亲的后事身心交瘁地回到城里，她已经不是太太而是张姨。

“叫张……叫张姨。”管家挺着大肚子对三岁的女儿说。

张姨目瞪口呆。

“张……姨……好。”

张姨无言以对。

管家把张姨让进楼去。楼房已经被糟蹋得面目全非。果然是宠则欺严则离，小人难养。张姨正这么想，楼上下来了一位彪形大汉。

“这是姬主任。”管家忙不迭上前介绍。

“我来猜猜，这就是此楼的原主人林晓花吧？”

“……”张姨先是一愣，不知该如何对答。

“是吧？”那人追问了一句。

张姨这才本能地点点头。她不明白，他怎么会知道林晓花这个连她自己都感到陌生的名字。

“告诉你吧，这房子被没收啦……”他瞟了一眼年轻水灵吹弹得破的前主人，“考虑到你还年轻，没有做过对不起人民的事情，暂时还让你住在这里。不过你可不再是什么太太，她也不再是什么管家。你们是邻居。噢，过两天还有一家要搬进来……”

后面的话张姨再也听不见了。她晃悠了一下。管家急忙上前搀扶。

正像姬主任所说的那样，两天后又有一家人家搬进楼来。轰轰烈烈的基本建设开始了，好好的一幢楼被一分为三。两边的围墙被推倒了，车库变成了厨房，花园里盖起了厕所。“这是什么世道？”张姨已经晕头转向，她终于尝到了百无聊赖生不如死的滋味。她想到了出家，想到了死，唯独没有想到怎么像常人那样自食其力、好好地活下去。她长时间地面对镜子，寝食俱废，直到两眼昏花看朱成碧。仿佛就要懵然入梦，那位同志的话突然在她耳边回荡起来：“是啊，为什么别人上无片瓦下无寸土？”

“太太，你已经两三天不吃东西了，这样下去可怎么得了？”

张姨睁开眼睛，望着愁容满面的自己，殊有隔世之感。

“可怜的……”

两行泪珠从张姨的眼角滚到了两鬓。

“想哭你就放声哭吧，别憋在心里。”

已经不是管家的管家腆着肚子，轻轻地抚摩已经不是主人的主人。

新搬来的孩子在失去围墙的院子里嬉戏。

坐吃山空，张姨眼看就要揭不开锅。

“过两天我就要生了，月子里怕是自顾不暇了。”不是管家的管家双手捧着肚子说，“我们家老头替您在钢厂附近的寄售商店找了份差事，不知道合适不合适。总得活下去。姬主任说了，您不是坏人，政府不会为难您的。”

“真是好人哪！”不是主人的主人感激地点了点头。

几天以后，张姨上班了，成了新中国的一名售货员。

不是管家的管家生了一个大胖小子，这孩子一落地就有眼泪，连接生婆都觉得纳闷。毕竟是张姨见多识广，说这是婴儿发育健全的标志。况且人生来一张苦脸，草头是毛发眉睫，十字是眼睛鼻梁，张口就哭，哭则有泪。

上班是南来北往的顾客，下班就到隔壁照顾产妇，张姨开始品尝活着的愉悦。她仿佛又回到了童蒙时代和别的孩子一起摇头晃脑地背《三字经》的岁月。

不觉昼夜交替，岁月荏苒。隔壁的小男孩开始咿呀学语，蹒跚学步。有时他会调皮地抓张姨一把，揪着她的朱唇不放；有时还会尿她一身，气得她做着哭相直跺脚。他似乎懂得张姨的心思，看到她一副哭相会咯咯笑个不停。

有一天，男孩光着屁股跑去对张姨说：“张姨，我要和你睡觉。”

“那好啊！”张姨毫不犹豫地答应了他的要求。

于是，张姨的床上有了一个孩子。

“张姨，您怎么老是一个人？”

“怎么是一个人呢？”

“不是吗？”

“不是啊。我有你啊。”

“可是……”

“别可是不是了。你张姨命苦。”

“什么是命苦啊？”

“命苦就是八字不好，懂吗？”

男孩摇摇头，说不懂。

转眼来了三年"自然"灾害。男孩家的一谷橱荞麦面儿（其实多半是粗糠，是他母亲预备着养鸡的）派上了用场，吃得全家人患便秘，每每七八天屙不出屎来，轮流上医务室解决问题。男孩的姐姐肿得像气泡，后来又染上了脑膜炎，就不声不响、泡影似的没了。张姨变卖所有，总算保全了自己和男孩。男孩父母庆幸儿子去了张姨那里。

虽说两家门连着门，还在同一屋檐下，但张姨天天吃大蒜，也强迫男孩吃，说大蒜能让人远离魔鬼，还能预防脑膜炎。男孩从未享受骑在父亲肩上逛街或者趴在慈母膝下承欢的快乐，如今却成了张姨的宠儿。

可是有一天男孩长大了，不但懂得什么叫命苦，而且懂得害羞了。他除了悄悄地观察她、欣赏她，再不愿或者不敢和她同床共衾了。

男孩的母亲感到奇怪了：

"你怎么搬回来睡啦？是张姨不要你了吗？下了逐客令？"

男孩唔唔地敷衍着。

"你张姨这辈子不容易，成分不好，还有个逃跑的国民党丈夫。嗨，作孽哟。好好的一个闺女，怎么这么命苦？"

"您不是一直在给她找对象吗？"

"小孩子别瞎说。"

"我都听见了。什么××成分不好，××人品不好，××年纪太大……你们怎么不先问问张姨？真是瞎操心。"

"你这孩子怎么这么说话？我们也是为她好。"

"可人家有丈夫。"

"那是国民党，政府不承认。"

"可她承认。"

"你怎么知道？是她说的？"

"是我猜的。"

"我猜她是高不成低不就。嗨，难哪！"

男孩在紧挨着张姨这边的谷橱上铺了床被褥。

是夜，男孩的母亲抱着一条新翻的被子来到男孩身边：

"天气凉了，一条被子会感冒的。你瞧你，屁股都露出来了……这墙上怎么长出一个洞来？"

"噢，是我不小心撞的。"男孩搪塞着。

"撞哪儿啦？要不要紧？"

“不是撞哪儿啦。嗨，您甭管了。”

“这孩子，愈来愈不懂规矩了，怪不得张姨不要你。”

张姨发现洗澡间的墙壁上有个洞，也是在男孩离开的当天夜里。她下班回家，按例买了点小菜，恰巧碰上了放学回家欲避不能的男孩。

“张姨。”男孩腼腆地叫了一声。

“今天张姨换白班，下班早，回去给你做点好吃的。”

“不了，张姨，我已经搬回去了……”

“为什么?”

“不为什么。”

“那? 噢，是不喜欢张姨啦?”

“不不不……我……”

“好了，别解释了，随你便吧。走，回家去。”

男孩默默地走着，头也不抬。

“这孩子，今天是怎么啦?”看他一副大姑娘怕见生人的样子，张姨忍俊不禁。

当她发现浴池的墙壁上长出一个窟窿时，立刻联想到了男孩的一反常态。“原来是做了亏心事……”可她转而一想，“怎么冷不丁出来一个洞呢?”

她百思不得其解，直至那天夜里，一束微弱的光柱从隔壁射到了浴池的挡水布上。她好奇地凑近窟窿，朝隔壁瞄了一眼，恰好看到男孩在手淫。她本能地缩了回来，差一点摔倒在浴池里。“怎么会这样……怎么会这样?”她赶紧穿上浴衣，半天手足无措。

先是茫然，然后是羞涩，继后便是恐慌，最后竟产生了莫名的忧伤。张姨呆呆地坐在浴池边上，望着那炷光束，想起了她的新婚之夜。令她不安的是那冤家丈夫正不时地变做男孩，直到近乎麻木的手不期然而然地打开了龙头，让水哗啦一下喷了下来。水汽迅速升腾，给来自隔壁的光束增添了一层梦幻色彩。突然，光束消失了。

张姨开始洗澡，但她始终羞怯地逃避着那眼窟窿。

她再次听到了自己陌生的名字，灾难似乎又升了一级(或者是她径自在地狱里降了一层)。学校出现了大字报，街道也动作起来。一天夜里，已经不是主任的姬主任带着一帮人冲进张姨家里翻箱倒柜，折腾开了。张姨缩在旮旯里瑟瑟发抖。“林晓花，老实交代你的罪行!”

男孩闻讯跑来。面对暴风骤雨般的革命行动和脸色刷白的张姨，他乱了方寸，木鸡般地站在张姨身边，眼睁睁看着那些造反派翻了箱柜又掀床。

折腾了几个小时之后，造反派带着胜利果实扬长而去。屋子里剩下了怒目圆睁的男孩和泪流满面的张姨。男孩不知该怎样安慰张姨，便跑回家去找母亲。

母亲正在和姬主任说话，父亲在一旁听着。

“你说过，她是好人。怎么这会儿又成了阶级敌人?”

“革命形势发生了变化。你们以后要多加小心，防止阶级敌人破坏捣乱。”

“捣你妈的×!”男孩实在憋不住了，捏紧拳头，咬牙切齿地冲着他吼。

“小孩子不许骂人!”父亲厉声喝道，末了又补充一句，“当心老天发怒!”

姬主任见势怏怏离去。

此后，街道主任三番五次来找张姨谈话。“真是癞蛤蟆想吃天鹅肉”。男孩敏感地维护着张姨。有一天，父亲远远地看见姬主任朝这边走来，就赶忙吩咐孩子：“快收拾作业，到张姨家做去。”

“哎。”男孩会心地朝父亲笑笑，就飞也似地拿起书包跑了。

姬主任吃不到天鹅肉说天鹅肉臭。张姨的“问题”被公开化了。于是，大字报铺天盖地，贴满了街道两边的门墙。端的是众议成林无翼而飞，千夫所指无疾而毙。张姨百喙莫辩，准备对自己做永远的了结。

与此同时，张姨收到了生平第一封情书。她熟悉对方的笔迹。太熟悉了，无论怎么变化，都不会认错。她是看着他长大的，就连他的名字也是她手把手教会他的。情书，或者还称不上什么情书，一封封地塞进了门。它们透着稚气，溢着真诚，不知怎么就给了她活下去的勇气。

渐渐地，她已经习惯于接受他的祝愿，他的爱意。有一天收不到他的来信就手足无措。不论她走到哪里，尤其是当她艰难地面对成千上万疯狂的拳头，他的身影就会浮现在她的脑海。瞧那些揭发她的造反派被石子儿击中，或者广场上的“太阳灯”突然熄灭，她就会由衷地感激他。她知道那都是他的杰作，他就在身边。

斗争在继续，但她早已经麻木。她唯一敏感的是浴池上面的那个望孔，那炷光束。她一如既往，每天洗一次澡，并开始尝试着去面对它。起初是侧身，然后缓缓旋转躯体，宛如舞台上的模特。她揣测着隔壁男孩的心情，脑子里却是一片空白。“不就是好奇吗?”她想。于是，面对他的杰作她无拘无束地脱掉上衣，落落大方地褪去裤裙，而后突然拧开水龙头。随着哗哗的水声，来自隔壁的光炷会自动消失。她知道这里面的秘密，却不愿戳穿它。她说不清这是为什么，但她愈来愈大方，愈来愈具有表演欲。她不再躲躲闪闪，她把完整的自己呈现给了那个窟窿。是爱情？是欲望？是报恩？是奉献？她不知道。她不知道，也不想去知道。

每次洗完澡，她都会对着镜子自我观察一番，看看自己是否已经衰老。结果是令人满意的。虽不敢说青春长驻，可她的确还是那么年轻，那么漂亮，那么风姿绰约，那么楚楚动人。乳峰还是那么挺拔，双肩还是那么圆润，胳膊还是那么秀长，腹部还是那么平坦。

张姨展示着她的美丽，通过望孔证明着自己；男孩窥探着神秘，通过张姨了解了异性。一切都是那么合情合理。

形势千变万化，世界日新月异。早已不是主任的主任被打倒了。人们从会议到会议，从运动到运动，仿佛只要口号呼得响，就会感动上帝，从天上掉下馅饼来。张姨漂到了历史洪流之外，生活回到了她的身边。她的嘴角重新绽放出迷人的微笑。

四

终于是离别的季节。

男孩走了，说是去“插队落户”。

一种从未有过的失落感困扰着张姨。微笑再一次从她的嘴边消失。她恋恋不舍地用白布堵塞了浴池上的望孔，再挂上一张油布。她大哭了一场，然后从镜子后面取出珍藏多年的观音大士。这是母亲的遗物，是她老人家临终时传请给她的。“都说这尊身金面慈的泥菩萨能保众生安乐，哼！”她一气之下将泥菩萨摔个粉碎，但过后又懊悔不迭，竟跪在地上，用发抖的双手将碎片一瓣一瓣地捧起来放在床上，然后慌忙找来糨糊。只可惜她手忙脚乱实在难于将泥菩萨恢复原状。“也罢！”她终于豁出去了，一把把抓起碎菩萨，用旧衣服包好，连夜下楼来，将它埋在了葡萄架下。

埋佛的忐忑使她莫名其妙地想起了“小菜花”。经过 20 余年的风风雨雨，她终于明白，自己错就错在没亲手埋了那对晦气的鸳鸯。

不知过了多久，早已经不是男孩的男孩回来了。他躲在张姨家里复习，准备高考。

又不知过了多久，台湾来信了。信封上明晃晃地写着那个令她心惊胆战的名字——林晓花。但这回仿佛是否极泰来，尽管这否极泰来仿佛来晚了一点。

都说度尽劫波相逢一笑，海峡两岸当重归于好。

于是，现在既有人管她叫“林女士”，也有人管她叫“张太太”，甚至还有人管她叫“林妈妈”或者“大姥姥”。只有那早已不是孩子的男孩一如既往地唤着“张姨”。

然而，她已经无所谓了，哪怕别人拿她去做小说的素材。

雪儿

一　我爹

记得吗，我爹是外科医生。我娘说他是上第郎中。我不认识他。

我爹出生的时候天下着大雪，所以他喜欢雪。我出生的时候，恰好也是下雪天，所以他毫不犹豫地给我起名叫雪儿。可是，我刚落地，我娘又生了我妹。我们是孪生姐妹。于是我爹又给她起名叫小雪。世道不好，我爹又忙，很少和我们在一起，也弄不清谁是姐姐谁是妹妹。

“干脆，都叫雪儿。”他说。

“那怎么行?”

我娘在我头上扎根红头绳，在妹妹头上扎根绿头绳。这样一来，姐妹俩谁大谁小就一目了然了。她这么想。可我爹不这么看。他说，假如不小心弄乱了头绳，那么他将永远分不清谁是姐姐谁是妹妹了。我娘笑他呆：“自己的娃，闭着眼睛都分得清。”

那年小日本来犯，天下大乱。爹说国家兴亡，匹夫有责，想去当兵。

“你一介儒生，连枪都端不动，怎么上前方打仗?”我娘阻拦说。

“缇萦救流，任踦卫国；精卫填海，鹦鹉灭火；我堂堂七尺男儿怎能坐视倭寇逞凶?”

他撇下我们走了。我娘含辛茹苦，拉扯着我们姐妹。但一年以后，我爹回来了。

“娘希茳，光知道撤!”他气得不得了。

别人说他是逃兵，我娘不信，只有她知道他是个血性男儿。他天不怕地不怕，刚肠疾恶，敢作敢为，尽管长得眉清目秀、温文尔雅，生来一副书生相。

我爹小时候，院子里草木繁茂，难免招引蜥蜴毒蛇安家落户。弟兄们大都怕蛇，我爹不，每次捉迷藏，他总是最后一个被找到。有一次，他躲在草丛里，亲眼目睹了两条蟒蛇的亲热过程。它们像麻花似的拧在一起，翻滚着，发出轻微的呼哧声，全然不顾他的存在。另一次，他藏在厨房的柴堆里，身上被芒刺扎得火辣辣的疼痛不止，还有一条蜥蜴在他身上爬来爬去。他正要离开，不想他大哥，也就是我大伯跑来了。他只好强忍着，一动不动。大伯环顾四下，见屋里没人，就褪下裤子撒起尿来，小便淅淅沥沥地落到我爹身上。伤口钻心般地疼痛起来，可他忍住了，第二天，身上出现了星星点点的小疙瘩。

“可能是植物过敏。”他想。

“幸亏尿能消毒，不然早肿起来了。”大伯讥笑说。

我爹火了，他大吼一声，扑上去，把高出他一头的大伯撞倒在地。弟兄俩扭做一团，直到大人将他们扯开。

当时的家规是很严的。“同室操戈，手足相残，必须受到惩罚。”我爷爷这么说也这么做。于是，鼻青脸肿的弟兄俩在孔夫子面前下跪，反省自己。大伯拗不过我爹，总是先去认错。这样一来，我爹就变本加厉地倔强起来。

知道吗，我爷爷也是个性格倔强的家伙，孩子认了错仍不依不饶。他表面上夸奖大伯明事理，懂得忍让，可心里却在骂他窝囊废。我爹遗传了他的个性，自然就最受他的宠爱。但做父亲的总希望所有的孩子都有出息，故而不偏不倚，让哥儿俩一起到院子里拔草，以便他们有机会交流感情，尽快言归于好。这一招可真灵。我爹喜欢院子里的一草一木，天天都得绕着枣树转上几圈，可以说是风雨无阻，冬夏不辍。大伯恰好相反，他性灵特别，除了偶尔陪弟弟妹妹捉一会儿迷藏，几乎整天不出书房，端的是两耳不闻窗外事，一心只读圣贤书，久而久之不免有点儿四体不勤、五谷不分。而且胆小之极，他怕蛇，怕蚂蚁，还怕毛毛虫。然而，家长的命令必须执行，否则又要挨板子。一贯都在悔过自新的大伯常这么左右为难。

我爹心慈面软，这就动了恻隐之心。他搬来一块石头，让大哥站在上面。“站好了，不许下来”。

他像孙悟空保护唐三藏那样，拿木棒在他大哥周围深深地画一个圆。这回轮到他撒尿了。他褪掉裤子，把尿准确地撒在圆圈里，这样小虫和蚂蚁就不会爬到石头上去。遇到刮风下雨，他还会脱下外衣给大哥披上，然后抡开双手拔掉交叉小径上肆意蔓延的野草。任务完成后，他会挽起裤腿爬上树去。枣树上有个老鸹窝。老鸹窝有年头了，愈来愈大，除了他，弟兄几个没人敢碰。有时，老鸹在窝里孵卵，它会啄人；有时，蟒蛇盘踞其内，吞噬着老鸹蛋，我爹敢拿树枝儿逗它，使它不停地吐芯子。蟒蛇发出轻微的嗞嗞声，我爹以迅雷不及掩耳之势抓住它的脖子，将它高高地举起。突然，蟒蛇缠住了胳膊。他大呼救命，作惊恐状。其实真正惊恐的是大伯。“救命啊，救命!”

一笑释前嫌,大伯的惊慌失措引得全家人前仰后合乐不可支。

我爹的童蒙时期差不多是在大伯娶亲的那年结束的。虽然大伯只比我爹长四岁,却承担着传宗接代的重任。当时中国还封建,“不孝有三,无后为大”,可见有无子息关系重大。婚事从说亲到迎娶到最终择日圆房,总共只用了两个月时间,而大伯却由此告别了随地小便的童蒙时期。这使得我爹对人生以及婚姻产生了新的看法。他替老大悲哀,但是没等他弄清楚悲从何来哀缘何生,自己也已经不知不觉地告别了童年。

最初的征兆来自于羞涩。据说洋人的经书里有个伊甸园,那里的男女赤身露体不羞不臊。我想那肯定是因为他们还小,还不懂得害臊,后来长大了,加上别人(据说是蛇)在旁边点拨引诱,他们才赧然发现原来自己竟一丝不挂。

我爹从小外柔内刚性气不凡。大伯娶亲那年他才十二岁,夏天还光着腚子满世界跑。仲夏一过,气温骤升,不穿还嫌热!然而新媳妇一登门,大哥就追着替他穿裤子。“你大嫂出身名门,可谓雅人深致,别具闺阁风范,哪见得你厮这般不知羞耻?”

什么羞耻不羞耻。我爹还是我行我素,纵使大伯愀然不悦。幸好那嫂嫂知书达理,不与计较。她懂得调教顽童“必须晓之以理动之以情”。

有一天早晨,我爹打着赤膊从他嫂嫂门前走过。嫂嫂蹑着小脚追上去说:“二叔等一等,天气太热,不如让为嫂的替你脱了裤衩。”

我爹被激红了脸,从此不再光腚子打赤膊。

知道吗,后来他去了上海,在一所洋学堂念书。洋学堂里有一座洋澡堂。洋人们裹一点遮羞布就急着往下跳。我爹不,他几乎是全副武装——穿着长衫下的水。洋人们讥笑他,问他是不是束了胸裹了脚的。我爹气疯了,竟大打出手,结果被巡捕房抓了起来。好在我爷爷有钱有势,洋大人没有太为难;再说实际吃亏的还是我爹。他寡不敌众,被打得鼻青脸肿,而洋人却一个个毫发无损。交完赎金,付了“伤残”洋人的医疗费和抚恤金,我爹也就平安无事了。

但对他来说,事情并没有就此结束。这倒不是因为自己受辱,所以耿耿于怀,而是情不自禁地要替千万万同胞打抱不平。想洋人一个个趾高气扬欢天喜地,乃是因为他们天体无损,而我皇皇中华千万万同胞皆因女人的一双小脚伤了元气。于是,他下定决心,也得找一个天体无损的大足姑娘做老婆。可叹偌大的一个中国,又有几个同代女子不是棱骨突出双足变形?他不禁要诅咒千古罪人李后主，诅咒那些穷奢极欲的帝王将相和一切视巾帼为玩物的膏粱子弟。

“什么莲纤三寸，什么足不出户，扯淡！”后来，他常对人说，“男人想奴役女人，结果是害了自己。希伯来人说上帝同时创造了一个男人、一个女人。男人叫亚当，女人叫丽丽。二人相安无事，直至亚当要求他的女人‘恪守妇道’，而丽丽不甘屈居人下，使得亚当大为恼怒。上帝偏袒亚当，不仅把要求享有同等权利的丽丽逐出了伊甸园，还用亚当的肋骨创造了另一个女人——夏娃。夏娃对亚当百依百顺，但最终却使他痛失乐园，还连累子孙永永远远生活在‘原罪’的阴影之下。中国男人重蹈亚当的覆辙，使自己的女人在代复一代的杨柳腰肢莲花步中愈来愈弱不禁风，最后自食恶果，使自己及自己的后代蜕化得跟小脚女人一样猥琐羸弱。”

说到这里，我爹就会想起《外国道人》的故事来，记得吗？那是一个花花道人，路过一个奢靡之地，窃一个女人藏在嘴里。晚上，他吐出女人来取乐，女人以牙还牙，待道人事毕而寝，也作术吐出人来，趁道人酣睡之机尽情嬉戏……我爹认为这才是公平的，他还说四大传奇脂粉气极浓，很可能出自女子之手。他欣赏那样的女子，那样的爱情，哪怕最后以悲剧告终。书上的事儿有时还真够蹊跷，我爹竟大海捞针似的碰上了他意中的女子——我的娘。我娘受命运的安排，读了很多书，竟对《鸣虫漫录》中智女善男的爱情婚姻心向往之。

二　我娘

你知道的，我娘出生在巫觋人家，从小跟随我姥爷姥姥闯荡江湖。现代社会，巫术衰微了，不时兴了，我姥爷姥姥还有我娘做了游方郎中，四海为家。森磊告诉我，几百年前，西方国家屠杀巫觋，往往都是打着文明的幌子，或者冠冕堂皇地诬蔑他们与魔鬼有染。其实，主要还是因为巫觋既要替天行道，又要保护生灵：一方面为人驱邪招魂，求子接生；另一方面又不能不急人所难，替人避孕堕胎。当然，也怪有些巫师不争气，身无长物却装神弄鬼欺蒙百姓。但我姥姥、我娘不同。她们都不缠脚且知书达理，这在中国本身又是弥天大罪。我娘说她从小女扮男装。姑娘家，大脚大手不好看，也就不惹人馋；且世道太乱，走村穿寨，难免遇到歹人，要是裹了一双小脚，可怎么得了。姥姥也经常穿一身长衫马褂，涂一脸油灰黄蜡。后来，小日本打到江南，我娘抱着我四处逃难，也是这副扮相。

记得吗，我告诉过你，我娘遇到我爹也是前生有缘。

当时，我爹在洋学堂里学了洋医之后仍念念不忘自己的老祖宗，时常在一家叫乐善堂的中药铺子出出没没，说那里是博大精深的中华医学宝库。乐善堂老板的闺女也对他情有独钟。

大城市的小女子见多识广，何况药店生意好，缺少帮手，那闺女整天忙前忙后，遇的生人多了，索性也就不去回避，竟忘了男女别途。你知道，旧时女子多读《天雨花》、《再生缘》或者《女四书》之类三纲五常、三从四德充斥的道德文章，可乐善堂的小姐却尽读些《西厢记》、《红楼梦》、《泣红亭》或者《孟姜女》、《白蛇传》、《牛郎织女》和《梁山伯与祝英台》之类的男欢女爱之作。

我爹或许是受了洋人的蛊惑，并不在乎女子新潮，唯一遗憾的倒是她那对莲钩般不盈一掌的小脚。对了，那闺女姓李，出落得杏晕双回，秋波撩人，腰肢婀娜，莲步轻盈，且身上总有股若兰似菊、非兰非菊的馨香，嫣然一笑，使人神摇意夺。我爹和她鱼雁来往，无有虚日，天长日久，竟亦有缱绻之意。照理说，我爹和她称得上是门当户对珠联璧合，可他就是风流蕴藉而不越雷池半步。李小姐急了，说："我也算入得厨房，出得厅堂，哪点儿不合你的心意？"

可我爹总是笑而不答。

她以为他迁延不决是有难言之隐，竟出招先结后娶先斩后奏，殊不知我爹是个唯美主义者，且这会儿正把注意力集中在一双脚上：玉趾玲珑秀美，脚底红润柔嫩，脚跟光滑细腻，脚踝灿白瘦削，脚背冰清玉洁，不大不小，不长不短，素丝不染，雪藕雕就……

瞧，我也会咬文嚼字了。

这下可难住了他。

我娘说这是一种怪癖，一种病。"遇不见我怎么办？难道你会打一辈子光棍？"

我爹说："会！"

他探赜索隐，潜心研究过汉族女人的小脚、满族男人的发辫，得出的结论是"骄奢淫逸"，也就是吃饱了撑的。我说也是，像我娘这样走四方的人是无论如何不会拿布帛束缚自己的。忙都忙不过来，怎么有心思矫情？不过风气使然，矫情变成了自然，就像眼下的年轻人留指甲（幸好没留趾甲，否则真担心没那鞋穿）、纹蛾眉，侃起大山来不烦覼缕。

虽然民国了，但浮华相尚，不知还要生出什么矫情来呢。

矫情与否先不去管它，反正我爹决心已定。

老天不负有心人。终于是那个淫雨霏霏的春天，我爹正在和李小姐臧否“红楼”人物，乐善堂迎来了一对不同凡响的母女。那母亲四十来岁，看上去娴静贤淑、姿容周正，用舌尖刚刚濡湿的嘴唇在微微地颤抖，嘴角挂着一丝淡淡的忧伤。她就是我姥姥秦氏。在她身后，我娘秋波粼粼，香腮似染，酥胸高耸，娉婷欲仙。我爹一眼看中了她的一双大脚。我娘对他也是顾盼流连，有一种神交已久的感觉。李小姐见状后先是一愣，随即站起身来和母女俩寒暄一番：“这是我二姨，这是我表妹，这是……我朋友。”

李小姐一手拉着姨妈，一手拉着表妹，把她们介绍给我爹。我爹在女人面前一向安之若素，心静如一泓秋水，这时却心潮逐浪，支支吾吾唧唧哝哝，嗫嚅半天说不出一句话来。打那一刻起，我爹就决定非我娘不娶，我娘也是非我爹不嫁。他俩从此情致缠绵，矢志不摇，后来更是心心相印弥深弥坚。

李小姐醋意大发，讥诮我爹有眼无珠，竟会青睐一双大脚。我爹反唇相讥：“女人怎么不缠手呢？难道大手不难看吗？”李小姐明白他弦外有音，从此精神倦怠，花容消损。

由于姥爷的溘逝，我娘刚刚还是愁肠百结，珠泪万顷，可见到我爹后立刻雨过天晴。她羞中藏情，嗔中蕴娇，萦转的秋波如怨似艾如诉似泣。在爹看来，娘的每一寸肌肤都充满了磁性，低颦浅笑或嗔或娇都是美。

一把钥匙开一把锁。爱情有多美，只有相爱的人知道，任何比喻都是拙劣的。自从我娘觉察到爹的目光里柔情似水，蜜意四溢，就再也镇守不住涣散飞扬的灵魂。两人一日不见如隔三秋，但每次见面，我娘总是娇滴滴腮上桃色，我爹也是吞吞吐吐仿佛舌头打了死结。前一天夜里想好的喁喁情话变成了无言的诉说。他们总是呆呆地坐在幽雅恬静的院子里倾听清风吹拂或者小鸟啁啭。

李小姐一气之下离家出走，不小心就明珠暗投，堕入了藏垢纳污的罪恶渊薮。

李小姐的失踪使姨姥爷一病不起，也给我爹我娘的爱情蒙上了阴影。虽然我娘极希望尽快结束颠沛流离和寄人篱下的生活，趴在我爹身上好好地歇息歇息，但心地善良的她又怎么忍心眼睁睁地看着表姐在罪恶的渊薮中愈陷愈深、愈走愈远。宁可自己香消玉殒，也要挽救她表姐。我娘再一次女扮男装，悄悄地离开了乐善堂。

听村里的老人说，我娘武艺精湛，气功了得，飞檐走壁越涧穿林如履平地。她是晚上离开乐善堂的。是夜天黑，黑似墨斗。萤火虫似的路灯在如烟似雾的阴雨中虚伫神愫，我娘穿街过巷直奔四马路而去。

有个叫李大头的药店伙计在那里见过表姐。

“我就挺纳闷，这么晚了，小姐到那旮旯干啥呢？她坐在洋车上，还朝我瞥了一眼。我正要上前打招呼，可洋车跑快了，一溜烟儿不见了……”伙计操着东北口音对我娘说。

“先别惊动别人，尤其不要告诉我姨夫。”我娘嘱咐那伙计。

都说国运如强弩之末日趋式微，唯有四马路红红火火蒸蒸日上。毕竟烟花勾栏之地，到处是不惜贱行辱身的青楼女子、穿针引线的老鸨小K和游手好闲的王孙公子。我娘说他们一个个都像是杀人越货贩毒走私之辈，哪里有怜香惜玉的柔情弱骨；更谈不上有什么救越西施、兴汉貂蝉。依她看，什么范蠡、王允、裴兴奴或白居易，都是文人骚客用溢美之词包装出来的。

我娘在四马路上徘徊了好几天，连李小姐的影子都没见到。“得想个法子。”她这么对自己说。可是除了挨家挨户地探察询问，还能有啥法子？

先是小心翼翼地寻访“书寓”。我娘凭借她阔绰的扮相和高超的轻功叩开了几乎所有高级妓院的香门，发现那里的姑娘的确一个个能歌善舞美妙绝伦，值得公子王孙量珠聘娶。“可惜了，太可惜了！”我娘为她们叹惋了一辈子。

继而是名目繁多的“长三”、“堂子”。

我娘的不辞而别，使我爹我姥姥焦急万分。我爹登报求人四处奔走，打听我娘和李小姐的下落。可叹上海太大，加上东北沦陷后大批难民涌入，城市早已是纷纷攘攘人多为患，找一两个不想被找到的人无异于大海捞针。

时间一天天地过去，我娘和李小姐依然是音信杳无。

我爹什么地方都找遍了，什么可能都想遍了，唯独没有料到长三堂子。我娘却在会乐里一家唤作“云香寓”的妓院里找到了李小姐。我娘女扮男装，自然眉清目秀，姿容出众；顾盼生辉，貌赛潘安。鸨母把我娘当成了阔少爷、财神爷，对她卑躬屈膝竭尽阿谀奉承之能事。

我娘骗得了别人，却骗不了李小姐。她一眼看出了庐山真面目，便无有好气：“哟，我还道是谁呢，原来是公子啊，几日不见，出落得越发俊美了。”

一番雅谑奚落更使得鸨母以为来了条大鱼，赶紧左呼右嚷里里外外地张罗开了。

我娘说李小姐沦落红尘一半是赌气，一半是无奈。她离开乐善堂去找一位姓单的老主顾。那人四十开外，鳏居多年，看上去心慈面善，且早有续弦之意。鉴于他对乐善堂一直很关照，对自己更是竭力逢迎百般体恤，李小姐几乎毫不犹豫地投入了他的怀抱。殊不知人心隔肚皮，知人知面难知心，李小姐自投罗网，当天晚上就被那厮用药麻醉后送进了会乐里。

事情就这么简单，根本没有书里说的戏里唱的那般跌宕起伏曲折离奇。

李小姐见了我娘是又惊又喜又气又恼，免不了一会儿嗔一会儿娇一会儿哭一会儿笑。我娘生怕鸨母生疑，慌忙取出钱来打发。鸨母见我娘气宇不凡、出手大方，而且与小姐吵吵闹闹，想必是旧日相好，不禁心花怒放。

"还不快去催厨房准备上好酒宴款待客人。"鸨母喜笑颜开地吩咐丫鬟。

就这样，我娘暂且在李小姐那儿住了下来，一是为了保护李小姐不受凌辱，二是要设法帮助她尽快脱离"乐籍"。

你知道，在大上海，除了洋人，就数两院（妓院、法院）厉害。自从她被姓单的糟蹋后卖到会乐里的那一天起，李小姐就已经万念俱灰，几天来罢吃罢睡觅死觅活，闹得"云香寓"不得安宁。我娘出现时，她已经憔悴消瘦得不像样子。

我娘知道她的心病，也知道她报仇心切，就因势利导："你这么死了太不应该也太不值得。一边是喜欢你的人在满世界找你，一边是坑害你的人还逍遥法外，而你就这么不明不白地死了，怎么能够瞑目？"

我娘想象着我爹因为先后失去两位红颜知己而失魂落魄的样子，添油加醋信口雌黄，直说得天花乱坠。

虽然李小姐对我娘将信将疑，但看看周围那么多红颜姐妹哪个不是年不及笄尚未字人就失足至此饮恨终身；再想想自己终究是大仇未报；何况我娘如此信誓旦旦言之凿凿，谁听了都会动容，也便打消了轻生的念头。她终于开始了解和正视我娘，以为应该化干戈为玉帛，好好相处。但是愈相处她愈觉得我娘难得，竟渐渐地对自己的所作所为懊悔不已。然而，一失足成千古恨，她想象得出乐籍除名后的艰难，也知道她将终身背上辱没祖宗玷污清白的罪名。但李小姐天性倔强傲慢，断不肯轻易在人前示弱。

就像你说的，人生的许多转折往往在一念之间完成。李小姐和我娘在"云香寓"做了十几天"露水夫妻"，竟变得比亲姐妹还亲三分。为了让李小姐尽快回心转意，我娘半夜三更溜出去，悄悄潜入我爹的会馆，把他带到了"云香寓"。

顺便说一句，"云香寓"虽说名气比不上那些"书寓"或者年代久远的"秦云"、"香河"，但里面的上等姑娘却也大都有头有脸。据说上等的居"阁"，一个个姿容窈窕精通文墨；中等的住"轩"，一个个能歌善舞训练有素；下等的才是近乎"野鸡"的"租房"。"居阁"例不陪宿，除非宾主交情匪浅有了默契。

我娘领着我爹直奔李小姐的"画舫"阁而去，门卫和使唤丫头都已熟识我娘，无一上前阻拦。

李小姐见是我爹，顿时心似刀绞，禁不住涕泪纵横。我爹也被这一意想不到的重逢搞得晕头转向，一时不知所措。待他们从悲怆和愣怔中摆脱出来，我娘早已消失得无影无踪。房门倒锁着，丫鬟被支开了，“画舫阁”究竟发生了什么，只有我爹和李小姐知道。

前面说过，我娘出现之前，我爹和李小姐有过一段互通情愫的日子。我娘原本就有歉疚之意，经过这场风波，她更是如坐针毡，一心只想成全他们。我想，这是我娘一生中所犯的唯一大错。

人生什么都可以谦让，唯独爱情不能。我娘离开会乐里后大病了一场。待姨姥爷和我爹把李小姐从会乐里赎出来，我娘早已是肝肠寸断容颜消损。

至于以后的故事，我娘一直闪烁其词，给我的印象是她俩都深爱着我爹，但我爹却似乎只爱我娘一个人。但我娘宁愿一个人默默承受失恋的痛苦。不管发生了什么，不管他如何解释，我娘总是竭力压抑腾腾欲喷的心灵之火，装出一副冰霜冷面，拒他于千里之外。他们僵持了很长一段时间。

李小姐为促成我爹我娘的婚事，想尽了办法，直到有一天含悲忍痛，用姓单的用过的那种蒙汗药麻醉了我爹我娘，让他们成了“事实夫妻”。

我爹我娘不得不匆匆举行婚礼。我想我可能就是这个既成事实的产物。但后来发生的事情，又使我常常怀疑自己的身世。尤其是现在，当我重新回想这个不是故事的故事时，总觉得我娘对我隐瞒了些什么。比如对我们的失散，又比如对李小姐、我爹还有我孪生妹妹的下落，她好像总是讳莫如深，而且这种讳莫如深好像又仿佛包含着许许多多的难言之隐。

总之，后来的事情愈来愈模糊不清。我娘只说是日本人打来了，我爷爷一家老小未雨绸缪，先逃了一步，算是保全了多半家产。不久，战火蔓延到上海，乐善堂被炸弹摧毁，成了一片火海。姨姥爷和姥姥葬身火海。我爹我娘把李小姐接到会馆里，不久又带着我们四个女流之辈逃到了内地。战火弥漫，日本人杀人杀红了眼，我爹实在憋不下去了，就又去了前线。至于我爹怎么带着李小姐和体弱多病的妹妹乘船去了国外，我只听我娘含糊其词地对我说，抗战一结束，老百姓欢天喜地，满以为有太平日子过了，不想又打起内战来。我爹寒了心，决定带着我们漂洋过海投奔我爷爷去。我和妹妹还小，几乎没有记忆。我们先到上海，再从上海坐船去香港。出发的那天气候反常，刚刚还是红日高照，可转眼就下起了蒙蒙细雨。我娘领着我，李小姐领着我妹妹，码头上人声鼎沸，而且大家都撑着雨伞，结果就失散了。

可我隐约记得，当时码头上人山人海是真，但天气很好，并没有下雨打伞。我爹一手一只箱子走在最前面，紧跟着他的是李小姐和病中的妹妹。我和我娘离他们愈来愈远。我记得我急得直想哭。最后一幕好像是轮船倏地离岸，有人掉到了水里，我爹和李小姐他们在甲板上拼命地向我们招手。我甚至还隐隐约约地记得那船徐徐远去，不时地鸣着汽笛，仿佛在有意掩盖船上船下生离死别的悲号。

我爹他们走后，我娘就带着我四处流浪。起初，我还时常念着他们，但久而久之竟慢慢地淡忘了。偶尔，我和我娘想起他们来，就会像谈论戏文那样谈论他们。

“要是我爹知道我在哪里就好了。”

“你妹妹一定和你长得一般高了……”

“我猜妹妹背着书包上学了。”

“你也该上学，我们得尽快安顿下来。”

“为什么不留在上海呢？”

“干吗留在上海？”

“等我爹、我妹妹还有李姨他们回来呀。我们走了，他们就找不到了。”

“……”

“我爹找呀找呀，像何文秀那样……”

“……”

“他们怎么还不回来啊？”

“……”

“我爹会不会忘了我们呢？”

“你问我，我问谁去呀？”

“李姨不想报仇了吗？”

“她手无缚鸡之力，怎么报仇？”

“我帮她。”

“你帮她，你才多大？”

“等我长大了，有了本事。”

“娘早就替她报仇雪恨了。”

“……要是妹妹不喜欢乡下怎么办呢？”

“……”

我永远不明白娘的心思，不明白她干吗放着大城市不住，要把我带到这穷乡僻壤来受苦受难。

“这儿是我娘家。”娘这么对我说。

“那爹的娘家在哪里?”

“娘不清楚。”

“他没有带您去看过吗?”

“没有。爹为了娶娘惹恼了爷爷。”

“爷爷不喜欢我们吗?”

“他不认识我们。”

“那是为什么?”

“别问了,你还小,不会明白的。”

就这样,我带着满脑子的疑惑来到这个被世界遗忘的角落。安顿下来后,我娘每天带着我翻山越岭到十几里外的小镇去上学。娘人缘极好口碑极佳,方圆几十里,都知道她的医德品行。

开始的日子过得比较顺畅。延医疗疾的人从四面八方赶来,常把我家门口堵得水泄不通。为了给我创造一个良好的学习环境,娘把我送到了干姥爷家里。

干姥爷是晚清秀才,满嘴之乎者也。他早年在衙门做事,终因世道不平而看破仕途弃官归田了。听说姥爷姥姥救过他的命,他也曾跟随我姥爷姥姥学习招魂祛病之术,后来姥爷姥姥去了外地,他就留在家乡钻研医术,创办私塾,积德行善,造福乡里。

人是会移情的。很快,我就把所有的思念抛到了脑后,将一门心思系在干姥爷身上,跟他读书习字。干姥爷不愧是秀才,满腹经纶,出口成章,为人处世更是有口皆碑。他终身独居,无儿无女,一贯乐善好施,晚年手脚不便了,就把我当成唯一的依托,说要把学问全传给我。

他说将相子弟多死于权,膏粱子弟多卒于钱。古今中外,概莫能外。唯有手艺能代代相传。

“荒年饿不死手艺人。”他常这么说。

“什么是手艺呀?”有一天我这么问他。

“手艺就是本事。熟读诗书是最大的本事。古人云,书中自有黄金屋,书中自有颜如玉。”

可我却在一本书上看到过这样的说法:枪杆子出政权,秤杆子挑天下,百无一用是书生。当然,良商之子多毙于钱,良臣之子多卒与权,良医之子多死于病,良巫之子多丧于鬼;或者,积金银,恐儿孙未必能守;打江山,恐儿孙未必能保;留诗书,恐儿孙未必能读;传手艺,恐儿孙未必能持之类的说法更是所在皆是。谅世间永无绝对的好或者不好。干姥爷无非优中取其大,劣中取其小罢了。

干姥爷姓李，而且十分推崇李克。我想他一定是李克的后代，或者是衔着李克名言出生的，否则怎么会一天到晚把“居则视其所亲，富则视其所与，达则视其所举”和“穷视其不为，贫视其不取”挂在嘴上。

“断不可与宵小为伍。”他还说。

“谁是宵小啊？”我问。

“商人、媒婆之类。”他说。

这些至理名言对我似乎毫无用处，因为我是注定不能成为圣人的。

就在我夜以继日地潜心于《十三经》、《二十四史》和《本草纲目》的时候，我娘被“正法”了，罪名是装神弄鬼草菅人命。

噩耗传来，我顿时觉得天旋地转，眼前一片漆黑。

干姥爷也病倒了，临终托人将我送回这山沟沟，还给地方政府写了封万言书。万言书的内容我不清楚，但他的临终嘱咐我至今记忆犹新。他说：“孩子，世道早变了。你娘替人堕胎不计其数，乃是罪大恶极死有余辜。你要审时度势好自为之。我给政府写了信，谅他们不至于为难你。你带上我这箱书放心去吧。但愿它能帮你安身立命。”

欠债还钱，杀人偿命。我想我娘一定是杀过人的，至少是杀了李小姐的仇人。可坏人也不该杀吗？

我回到家里，但见物是人非，心中好不凄凉。

三　我

自从我决定把自己关在楼上不下来，就开始没完没了地数床顶上的小龙。五十六条。我娘说这是她出生的地方，她是看着这些龙长大的；可村里的老人却说她根本不是姥爷姥姥的亲生女儿，而是从隔壁古铁蛋家过继来的。我想别人肯定是弄错了，再说我娘想出生在哪里就出生在哪里，别人管不着。为此，我也作出决定：我是在这张大木床上降生的。并尽力这么想去：我娘成亲后，带着我爹回到这里，生了我们姐妹。后来日本人打来了，我们到处逃难，可以说是九死一生……

“你再不吃东西会饿死的。”

死是什么东西？说吧说吧，反正我不听。

“这孩子，怎么这么犟？”

小时候的事情谁也不知道。别人说什么就是什么。我没有别人，所以就自己说了算。过去渐渐远去，一切都已模糊。只有这张床，一直陪伴着我，看得见摸得着，像是与生俱来的。

“她要是再不吃，就掰开嘴巴灌。”

人们不耐烦了。“好心变成了驴肝肺。”古铁蛋最起劲，吹胡子瞪眼还不住地跺脚。我最烦他了，难道他不知道吗。“老不死的，”我用心咒他，“不得好死！”

“再不吃就灌。”

这是他的声音。紧接着是一阵驴叫似的咳嗽。我连眼睛都懒得睁。我不想看到这些爱管闲事的乡巴佬。干姥爷说过，前恭后倨，小人难养。眼前尽是小人。娘在的时候，他们可客气啦。

“再不吃就灌……”

古铁蛋缓过劲儿来了，又在威胁我。我闭着眼睛也能看到他涨红的脸上那副高傲的鄙夷。我不想再见到他，不想见到任何人。待他们下楼去，我就关上房门。

我正在这么想，他们就全都走了，留下了假惺惺的同情：一碗小米粥。

既然有良心，怎不救救我娘？

后来，当我从昏死中醒来的时候，身边站满了“白衣天使”。

再后来，我被送到县城的一所卫生学校进修西医。

在学校里，我常常梦见我娘，但惊醒后总是冷雨凄风四顾惘然。学校是准军事管制，学生来自五湖四海，年长的已经做了父母；年幼的，比如我，却乳臭未干，不谙世事。在校两年，我不但学业大有长进，而且明白了不少革命道理，懂得国民党是怎么怎么的不好，共产党是如何如何的伟大。

两年时间一晃而过。我终于可以回家服务乡井了。

乡僻之地，千年不易。村里的人习惯了我娘那样的巫医，根本不接受洋玩意儿。再说西药太贵，村民们都很穷，连饭都吃不饱，根本买不起。因此，我一到家，就陷入了两难境地：既不能抱残守缺步娘后尘，也不能守株待兔坐以待毙。还是干姥爷的那箱破书救了我。我似乎梦见过这些千疮百孔变黄发霉的线装书，它们很像李时珍的《本草纲目》，不同的是这些“祖传秘方”不但夹满了干草树叶，而且标着它们的产时产地，一目了然。

认识你之前，尤其是结婚以前，我的生活平平淡淡，无非家长里短婆婆妈妈，不然就是谁难产死了；谁被蛇咬了，抢救及时捡了条命；谁从崖上摔下来九死一生；谁病入膏肓，实在没得治了……顺的时候说你是为人民服务，治病救人，而且还是“中西结合”；不顺的时候就说你搞封建迷信。好在惯性使然或者病急乱投医，最不济的时候都有人找上门来。

凡此种种没多大意思，反正你不会感兴趣。倒是古铁蛋那老家伙什么闲事都要管，你顺的时候他会来“拾掇拾掇”，你背的时候他也忘不了拉你一把。我的事他就更不能等闲。“寡儿孤女，没人管咋行？”

我和铁柱的婚事就是他包办的。我想，他就是干姥爷所说的宵小。他年轻时当过铁匠，做过生意，现在又成了媒人……

当时我才18岁，根本就是稀里糊涂，既没有书中女子的寻死觅活大惊小怪，也没有一般姑娘出嫁时的推三阻四扭捏作态，只是心里怪怪的，像翻倒了五味瓶。

人与人端的是不同，婚姻与夫妻也端的是两回事。说是结婚嫁人，可我却一门没出二门没进，只是被人打扮了一番坐在自己的床上等新郎到来。反正在自己家里，用不着害怕；加上柱子不是生人，我也就更没有一般新娘的惶恐与不安。

柱子是个老实人，这我早就知道，只是没想到他会老实得不敢碰我。于是我们床下是君子，上了床还是君子，且必得闭灯熄火以掩羞涩，一连数月没有沾染半点。后来知道他不能，我如释重负，每夜问安道别相敬如宾。但日子久了总有点于心不忍，就问他年纪轻轻的怎么会呢。

他也说：“是啊，怎么会能？”

我努力过，想帮助他，便用牛鞭和玄驹熬汤，再加上几滴鲜红鲜红的经血给他喝；或者藏一碗盐水在床下。按说这些都是很灵的，可以驱邪扶正。当然，你肯定会说是迷信。迷信也罢，科学也罢，反正没有害处。你不是说拿破仑也很迷信的吗？每次出征都带橄榄叶，滑铁卢败北就是因为他忘了带橄榄叶。

然而，这些对柱子毫无用处。岁月催人老，却也不能三十几岁就把他磨损得跟枯树一般苍老、干茄一样颓萎。

既然未果，我也便心安理得了。虽然有些残忍，但又有什么办法呢。

四　你

你来了，又走了，虽然偶尔也会“牵肠挂肚黯然神伤”，但不会想到亭亭如盖的大樟树下我日复一日月复一月年复一年地用眼泪浇灌着我们的记忆。记得吗，你走的时候，大樟树枯萎了，是我用泪水激活了它。我猜它也是有灵性的，把我俩的情分看得真切。记得吗，我们第一次相遇，它就是见证。那天你们刚来，它以它的庇荫表达了我的欢迎。你拿目光环顾着，搜寻着，表面上好像在做毫无目标地浏览，但实际上却是在找人。突然，我们四目相对，两心怦然。

你走了，我把自己完完全全地禁锢起来，不跟任何人来往，不许任何人触碰。我必须把记忆停留在我们最后一次结合。它不能被别的东西污染。为了避免同病人发生生理上的接触，我戴上了手套和口罩。我知道旁人怎么看我，也知道多嘴多舌的村妇像小鸟唧唧喳喳地在背后议论什么。

“她是怎么了？”

“从前不是这样的……”

“听说是……”

人们总在猜疑，总在期待着别人对自己的知行作出解释。然而，这有什么好解释的？说我偷男人，养汉子？说我想你，想得要发疯？再说，他们懂吗？于是，我又看到了人们鄙夷的目光中常常闪烁的那种无谓的担忧和廉价的同情。

记得吗，你我第一次单独接触的那个傍晚，我说你来啦，你说是的。我们像一对久别重逢的恋人或者业已生疏的夫妻。我请你进屋坐坐；你说不了，以后有的是机会。我生平头一回感到时间这么快又这么慢，这么长又这么短。我不知道对你说些什么，只觉得浑身上下燥热燥热的。据说这种感觉只有怀春的少女才有，快乐得教人肉麻。那天晚上或者第一次见面我大概已经想入非非了，因为我有预感。知道吗，巫觋和常人不同，具有未卜先知的本领。尽管世道变了，巫觋被打倒了，但它改变不了我们辉煌的过去。这话只能对你说说，别人不会理解。你知道，很久很久以前，是我们统治着这个世界。那时候世上还没有语言，万物也没有命名，因为言说是我们的秘密武器，只有我们懂得。我们用它禳解世界。离开我们，人们就无法交流，不能生活。你想象不出当时我们有多忙，白天要张罗天下人的衣食住行，夜间要和天上的星星对话。我们知道上帝有几条胳膊几条腿，也知道魔鬼有几只眼睛几张嘴；知道人是怎么做出来的，也知道为什么会有风雪雷电云雨山水。我们能彼此看到一句句咒语从对方的唇齿间蹦跳出来，飘飘洒洒摇摇晃晃地朝四面八方走去，愈来愈远，愈来愈大，仿佛你们《天方夜谭》里的魔鬼。当然，我们的咒语是善意的。它们能使空气变稠，白云发酵。于是天空肿胀起来，几乎伸手可及。闪电像火龙一样，在倒悬的水池里穿梭往返。这时会下雨。我们懂得如何招徕蚁群，如何从蚂蟥或者蜥蜴的断尾知道宇宙的情况……一切都在我们的掌握之中，没有贫富，没有生死，就连时间的概念也还没有产生。天和地、上帝和魔鬼、男人和女人以及世界万物是密不可分的同一体。后来，我们一不小心把语言泄露了出去，人们才渐渐地把自己与别人区分了开来。然后他们还区分了一切也懂得了一切，于是就有了你我，有了名字，有了战争，有了时间……

有了语言，也就有了一切。

记得吗，你在破庙里讲了那么多男男女女的故事，我都听了。但我的故事你没有听。当时我们有更重要的事情要做。记得吗，有一次你病了。其实你没有病，只是喝多了。你知道，酒也是我们发明的，早先只用来祭祀神明，也就是说通过它来和鬼神交谈，后来被人窃去做了自我陶醉的法宝。你那次就是酒喝多了，浑身烫得像火炭，我能做的就是帮助你摆脱鬼神的纠缠，让你排泄出汗。你记得吗，我们成功了。我们第一次相爱就爱得那么完美。我觉得我什么都有了，所有的不幸都得到了补偿，这一生再无缺憾。我们变换着姿势，不断地重新开始，陶醉在无有终极的终极享乐之中。无比的愉悦使五官进入麻木状态，只留下两颗赤裸裸的心灵在自由地碰撞、抚摩和融合。你包容了我，我包容了你，没有时间，没有空间，回到终极，回到本原。我想，鱼儿潜入水里，鸟儿飞往空中，就是这种滋味。

我说要是时间也能用什么东西装起来就好了，我们把我们在一起的日日夜夜都装在那里，这样就不怕分离了。你说这话听起来耳熟，好像在哪儿听过。傻瓜，这世上什么话没人说过？

你走了，带走了我的灵魂，留下的只是一个躯壳、一具行尸走肉，且不像时下日益开放的女人，可以轻描淡写地用“不就那么回事吗”抹掉任何印痕。

因为你，我的身子涂满了幸福，不需要任何别的男人，也无法容纳别的男人。我每时每刻感觉着你的存在，从每一个你抚摩过的发梢到每一个你吮吸过的脚趾。我感觉得到你的气息、你的肌肤、你的涎沫和精液。只消闭一闭眼，我就能得到完完全全的你，看到你的微笑，听到你的吭哧和你时不时吐出的一两句既教人难堪又令人亢奋的傻话。夜幕降临，我会用我的每一个细微的毛孔、每一寸洁白的皮肉去捕捉你的身躯、你的灵魂，占有你蓬勃向上的生命……直至梦幻将我们融为一体。这时，自会有什么从我俩分离出来，不知羞耻地看着我俩从现在回到原始，把男人女人的区分忘得干干净净。

你走了，我知道你不是那种始乱终弃的男人，但是我说过，你会得到许多爱情，尽管你永远不会结婚。

我知道你很忙，所以只来过一封信。

记得吗，你说，你有太多的事情要做，不会为婚姻那样的琐事浪费时间。你还说，你会为我牵肠挂肚黯然神伤，你的灵魂将始终附着在我的身上。我何尝不是如此。世道变了，人们不断地从自己的角度禳解世界，按照自己的需要改变世界。十年河东，十年河西。糟就糟在你既不能入世随时，也不能超脱剃度。

记得吗，你们住过的破庙是打光了菩萨的。现在菩萨又回来了，当然还是泥塑木雕，再打并不费事。问题是不知从哪儿冒出来这些个和尚，招徕得香火熏天，村里老老小小都去顶礼膜拜，尤其是那些少男少妇求子心切，恨不能再造几座庙宇。

森磊在一天天地长大，小学已经毕业，会看小说，还会提“什么是性”那样令人局促不安的问题。我只好用大人们惯用的伎俩，对他说，这个问题太复杂，三言两语说不清；或者待日后请干爹跟你解释。你应该给他写信才是。记得吗，连他的名字都是你给起的。至于他的模样，村里还有说三道四的呢：“这孩子，怎么一丁点也不像柱子？”

“这事有点蹊跷。”

“听说……”

如人饮水，冷暖自知。这事只有我心里明白。我还知道他与谁酷肖。

我知道你很忙，所以再没来信。但是你对我说过的每一句话都还余音缭绕。

你说，你心里有我，无论走到哪里。我信。我打心眼里希望你走。留在这里，跟我们这样的人厮守在一起没有出息。我也时常教导森磊，教他不许恋家，走得愈远愈好。好男儿志在四方。瞧这儿，能走的都走了，留下的不是老弱病残孤儿寡母，就是“打老K”、“筑长城”的行家里手。都说靠自觉，不用管，管人的人自己也是一个个的上午像包公，中午像关公，晚上像济公。不少田地荒在那儿没人种，连你们辛辛苦苦挑出来的那块“大寨田”也成了杂草丛生的乱坟茔。能不教人心疼？

柱子在乡办企业做事，平素不常回家，即便回家，也像哑巴似的，不是噤若寒蝉就是没话可说，对我还是一如既往的床上床下两君子。有一阵子工厂要转产，正停工待料呢，他就重操旧业，在菌场种蘑菇。可是，一位张姓的地主少爷从台湾回来，要修祖坟，又让菌场挪窝。听说那人可威风了，当过将军，因为找不着爹娘的遗骸，就愣在菌场——他家的旧址上筑起了两座大得不能再大的空坟。他的那些远得不着边的亲戚也抖擞起来，承包了大片大片的良田。有人戏说“还乡团”又回来了。咱不说违反政策的话，可看看眼前这势头，这凄凉，真跟电影里红军走了差不多。

时间过得太快，你打道回城仿佛就在昨天。记得吗，行李还是我替你收拾的呢。我知道你不需要，而且生怕别人说闲话，我却不在乎。关键的时候好像总是女人比男人有勇气。后来听嫁出去的人回来说，你如愿以偿，上了大学。再后来，《小芳》流行了。我爱这支歌。我觉得那小芳不是别人，就是我。可惜她是个“姑娘”。其实，你知道的，认识你之前，我也是姑娘，尽管表面上已经不是姑娘。

一晃森磊也考上了大学。托你的福。

都说森磊这孩子特别，尤其名字特别。金木水火土五行，他一人占了三行(如果用柱子的姓)。过去是最讲究名讳的。森磊说了，现在有一种什么学，好像是语言学，认为名讳是私有制的产物，名讳的复杂程度又跟每个民族的封建传统有关。封建体制愈完备，这个国家民族的名讳就愈复杂。据说西洋人在这方面要简单得多，根本不分堂表，名字也不讲究，甚至于老子和小子可以同名。这个我不懂，我只知道和所有语言一样，名讳也是由我们巫觋发明的，原本是十分讲究的，不像现在，一会儿高昂得像政治口号，一会儿又经济得不成体统。

森磊这名字好。听起来响亮，看上去敦实。这要谢你。

因为有森磊，我忘不了你，你也忘不了我。

你说得对，雁留声，豹留皮，人留名；人对于遗忘，有一种本能的恐惧，因为它是死亡的兄弟。人们许许多多的疯狂似乎都和这种恐惧有关。莫名其妙的战争与爱情，匪夷所思的冒险与牺牲以及源远流长的巫术与文艺，或多或少蕴藏着避免今天留住明天或者拿今天换明天的梦想。

我算明白了，那么多穷困落魄的书生食不果腹衣不蔽体干吗还要写故事、做文章。

听说你也在写。可惜我看不到了。

我一天不如一天，想是来日无多。可你还是老样子：留着小平头，穿着运动衫……我是那么的稀罕你，惦念你、留恋你。

你能把我写进书里去吗？要是你能，我也就真的死而无憾了。

凯西

荔枝很性感。

乍听此言，很不是滋味。而且这种不是滋味的滋味极易滞留，拂不去，撵不走，久而久之便发酵变质矣。

一

头一回听她说荔枝性感，是在校门口的水果摊上。

当时你们刚认识。她说她来自北欧，却分明有着南欧女郎的清秀。虽非西方古典文学作品中描写的那种金发碧眼、貌似天仙者，却也画中人似的冰肌雪肤、仪态万方。她拿并不标准的北京话问小贩："这个是什么？"

"这个是荔枝。"小贩说。

"它能吃？"

"那还用说。"小贩热情回答。

"好吃吗？"

"味道好极了。"

不知是这句广告词还是小贩的殷勤使洋妞起了疑心。她捋了捋棕色长发，并犹疑地望了望周围。

"是挺好吃的。"你很和善地对她说。

"那就要一点儿吧。"她朝你笑笑，仿佛为你而买。

"称好点。别坑人家老外。"你对小贩说。

"那当然。咱做买卖，童叟无欺，放心了您呐。"

她又冲你笑笑，像个老朋友。人家老外就这点好，甭管什么人，见面就熟，而且落落大方，丝毫没有那种授受不亲却又工于心计的忸怩。

"请。吃一点。"她说。

"谢谢。您留着自己吃吧。我们常吃的。"你不知道自己为什么要打肿脸充胖子。

"我不知道怎么吃法。您能教教我吗？"她是正经的。

“这很简单。先把外壳剥掉，然后放进嘴里。重要的是别把核吃了。”

不知怎么着，她竟咯咯咯笑个不停。你以为是自己一本正经地解释把她给逗乐了。可后来你明白：其实不然。

“这东西很性感。”她冷不丁来了这么一句。

你没有防备，嗖地涨红了脸。

然而，她说荔枝性感的时候，似乎很不经意。

“关于荔枝的故事是很多的。听说过唐明皇李隆基和他的贵妃杨玉环吗？”

她摇摇头。

“相传杨玉环倾国倾城，美艳无比。唐明皇为了表示对她的倾慕之情，特命快骑数百接力而行马不停蹄地从万里之遥的福建采来新鲜荔枝送给贵妃。”你用流利的英语说。

“真浪漫！”

“是啊，从此以后，荔枝就有了特殊的象征意义。”

她若有所思。

“老师，您是教什么的？”她突然发问。

“我吗？经济。不过我的兴趣是文学。”

“真的？我也喜欢文学，而且我正在写一本小说。”

“是吗？这太好了。”

“您写小说吗？”

“偶尔写一点，写得不好。无非那些郎才女貌男追女跑寻寻觅觅躲躲闪闪卿卿我我猥猥琐琐之类。反正没人看……”

“您不是有很多学生吗？”

“他们啊？他们忒务正业了，没工夫看小说。不像从前那些，有政治热情，还喜欢文艺什么的。今非昔比喽……”你突然想到了小乔，想到了苏月姐妹的争论，不禁两眼汪起泪水，“我真想写一个人，可惜条件不允许。她是那么正直，那么灿烂，因而又那么短暂，像流星……在我的心灵和创作中留下了巨大的空白。她也是学经济的……可惜了。”

“不能要求所有优秀的人都爱文学，再说真喜欢文学就该去文学系……”

“是啊，喜欢文学的该去文学系。可文学系都快关门大吉喽……”你后一句说得太轻，她根本听不见。

“那您怎么到了经济系呢？”

“咳，说来话长。不知是被谁乱点了鸳鸯谱，结果就以‘童养媳’的形式嫁到了经济系。”

“为什么不调一下？”她用英语问你。

“谈何容易。我国重学历，不重兴趣。所以嫁鸡随鸡嫁狗随狗，只能从一而终了。”她瞪大两眼，似乎不太明白，于是你又用英语解释了一遍。

“您英语说得真好。”她仿佛这才发现你们几乎一直在用英语交谈，“我可以跟您交个朋友吗？”

她见你迟疑了一下，便又用英语追问了一句：“可以吗？”

“当然可以。不胜荣幸。”

你们不约而同地伸出手来。她握住你的手，目光充满了喜悦。你这才发现，她的眼睛是蓝的，尽管不是那种深不可测的大海的湛蓝。她的蓝像天空，比大海更透彻，也更深广。望着像太阳一样放射的目光和势欲翳蔽这目光的长长的睫毛，你看到了达·芬奇用几何学原理描绘的图景：

> 从眉毛到唇与颏的结合部，再从这个结合部到颌的后角，再从那儿到耳朵上缘接近太阳穴处，有个正方形，它的一边之长等于头高的一半。而且颧骨的凹部位于鼻尖到颌后部的正中。
>
> 眼梢到耳朵的距离等于耳朵的长度，换言之，即头高的三分之一。发际到颔部的距离等于耳朵的三倍，亦即鼻子的三倍。颏部到鼻尖，发线到眉梢的距离等于耳高。
>
> 双眼之间的距离等于一眼之宽。颏部到发际的距离等于一手之长，鼻子等于拇指之长。双眼位于颅顶和颏之中间。

“您在想什么？”她问。

“噢，我在想画。”

“您画画吗？”她又问。

“喔，不会。我在想达·芬奇的画，还有他的几何学。”

她会心地笑了。“老师，认识您很高兴。我叫凯西，住在留学生楼501号。这是我的电话。”

她递给你一张小纸片，然后微笑着望你的眼睛。你觉得有点窘迫。你微微地低下头，目光不期然地落到她的胸部，于是更加觉得有点不尴不尬，手心沁出了冷汗。

适值盛夏，透过她薄如蝉翼的上衣，几乎可以清晰地窥见她文胸上细微的图案。你知道，文胸后面是一对丰润坚挺的玉乳，岚气蒸腾，馨香逼人。

你不禁春心荡漾，如浴爱河。

她笑而不语，老师似的居高临下、俯视学生。

“你真漂亮。”你鼓起勇气，以攻为守。

“谢谢……老师，您……”

她好像被你突如其来的赞扬所迷惑，一时乱了方寸。这一招真灵。

以后你会明白，所谓西方人开放，完全是相对而论。其实，无论同性恋俱乐部如何充斥，天体会员如何招摇，多数西方人还是洁身自爱，很在乎“社会形象”的，不但会害羞脸红，而且……

二

第二次和凯西见面是在留学生楼。当时，她正从楼上下来。

“老师，我正要去找您。”她乐呵呵地迎上来说。

“这就巧了。我也正要找您。”

“那好吧，到我房间去。”

“不了，随便找个地方。”

“哦，怕别人说闲话。”

“那倒不是。”

“惧内？”

你不急于正面回答，而是带着她缓缓地朝校门口走去。“您也许不明白，在这儿，夫妻可以天地相对，唇齿相依，却常常不能心心相印。所谓貌合神离是也。当然，现在好多了，年轻人比你们还你们。”

你答非所问，闪烁其词，语焉不详。

“这东西真性感。”她瞅着水果摊上的荔枝自言自语地说，好像并不在意你做何回答。

这使你产生了一种错觉：西方女人就是这么轻佻、开放。于是，萦绕在心头的那股不是滋味的滋味开始膨胀。

“您找我有什么事？”你问。

“请您做我的辅导老师。您找我有何贵干？”

“噢，一言难尽。”

她瞪大眼睛，做了个鬼脸。

“我们找个小酒吧，边喝边聊。好吗？”

“好啊，我到中国以后，还从来没有去过小酒吧。”

在一爿小酒吧的僻静一隅坐下后，凯西要了一杯干白，你要了一杯威士忌。你不胜酒力，平素又很少碰酒，所以半杯落肚，就口若悬河地吹嘘开了。你从时下“感情深，一口闷；感情浅，抿一抿”的顺口溜和种种猜拳行令之道上溯到唐尧虞舜的“千钟”、秦皇武帝的“行舟酒池”以及曹操的“当歌”、李白的“斗酒赋诗”，等等。

她全神贯注，心醉神迷。

你晕乎乎，麻乎乎，飘飘然不知所以。

你说过去中国人是很豪放的。大碗喝酒，大块吃肉，房中术也很不错。“嗨，俱往矣。”你叹口气接着说，“现在只剩下春宫画喽。男人不是骑瞎马乱奔突，就是用想象占有姿色；女人不是一味地对性欲讳莫如深，便是恨不得被绑架、被俘虏、被强奸……”

“老师，我们不说这些行吗？”她直截了当地阻止你借酒装疯。

你顿时乱了阵脚。花了整一个晚上想出来的话题和语境一下子分崩离析。她似乎懂得你的心思或者看出了你的用意，就笑笑说：“我们又何尝不是如此。多数人不是没有情调，缺乏美感；就是毫无激情，像了却一桩公事或者完成一份作业那么索然寡味。”

“是吗？这怎么可能呢？……你结婚了吗？”你问。

“结过。”她答。

“现在呢？”你又问。

她没有回答，而是神秘地笑了笑。

这时，沉默是免不了的。

为了打破沉默，你示意招待添两份小菜。酒吧的小菜都是预先备好的，随要随给。你不停地替凯西搛菜，自己却没有吃。凯西瞪大眼睛摇摇头，意思是你为什么不吃。于是你随便夹了点什么放在自己盘里，然后正色问道：“凯西小姐，您找我到底有何贵干？”

“请您辅导呀。还有请您看看这个。”她用力咽下食物后，一边回答，一边从挎包里取出一叠手稿。

“你的小说？”

“是啊。请多多指教。”

“不敢当。我一定好好拜读。”

“关键是保守秘密，别弄丢了。”

“为什么不复印一份留底？”你随便翻了一下，又看了看最后的页码，177。没有标题，也不分章节。

"尚未命名?"你问。

"没有。我想《罗莎和她的女友》可以算一个。您看了再说,千万保密。"

"没问题。放心吧? 对了,您怎么选择到中国来学文学?"

"这不是一两句话可以说得清楚的。以后您会明白。"

"至于那么玄乎吗?"你想。

"从最最简要的意义上说,我喜欢中国文化,它一边是空灵得不能再空灵的老庄,一边是务实得不能再务实的孔孟……我想……"她好像知道你在想什么,说了,但又在关键处戛然打住了。她聪明地拨转话题:"现在请您告诉我,您找我到底有什么事?"

"噢,事情是这样的:我有个朋友在一家纺织厂当厂长,想开拓国际市场。碍于没有门路,托我找人帮忙。不知道您……"

"您算是找对人了。我认识不少商人。您真有眼力。"

"我这叫病急乱投医。歪打正着。歪打正着。"

酒吧到了打烊的时间,可四下里仍是箸缠杯晃。

"很多人就是这么拿国家的钱醉生梦死的。"你告诉凯西。

"为什么拿国家的钱?"

"这您就不懂了。我告诉您,中国的财富好比一块大蛋糕,谁挨得近,谁就随便吃,吃饱、吃撑都无所谓;离远点儿的,就恐怕连味儿都闻不着喽。"

"那谁决定谁挨得近、谁离得远呢?"

"这不是哪一个人。这有历史的原因、社会体制的原因,也有个人的原因。就像悲剧的产生,总是由社会历史等客观原因和人物本身的悲剧性格两方面决定的。"

"那您属于哪一种?"

"这个问题还是留待您自己来慢慢回答比较好。"

说罢,你付了款尽地主之谊,带着几分醉意,和凯西一起回到校门口。

月出皎兮,佼人僚兮,舒窈纠兮,劳心悄兮。

望着一轮明月,你吟起了《诗经·陈风·月出》中的佳句。凯西听不懂,这使你幡然感到:也许自己又回到了语言(包括想象)的抚爱比爱情或者行动更为重要的年龄。

三

因为有凯西从中斡旋,生意很快启动。木棒出样货,田宇提供配额,校方筹集启动资金。三个月后,一大批优质棉布装船起运。

等待到货付款。生意告一段落。

你开始翻阅凯西的小说。这是部非常奇特的作品。粗略地说，它不像小说，倒像是一篇小说笔记，一部"开始的小说"。

当罗莎的朋友苏姗发现她男人在明晃晃的卧室里藤萝似的和别的男人拥在一起时，两眼一黑。于是世界一片昏暗、阴森，像个幽灵。她转身就走，一言不发，并漫无目标地在大街上奔跑起来。

虽说同性恋在小说、电影里被当做"自然现象"，生活中也经常有人津津乐道，但正常人很难理解。苏姗万万没有想到多年来与自己朝夕相处的伴侣会有这种被中国人称之为"分桃"的"优浪"倾向。回想恋爱时节，他被认为是最有汉子气的男生。他身材伟岸，动作笨拙，豪爽得有点粗鲁。没有哪个女生对他熟视无睹。她们总觉得男人文气了没劲，甚至在背地里挖苦那些娘娘腔，说他们干一辈子也抵不到他一个晚上。话虽这么说，但动真格的只有她一个。

都说初恋是美好的。但苏姗的初恋不是。

她初尝的禁果没有甜蜜，只有苦涩。

当她第一次真真切切地看到她男人凸现在自己面前的时候，自然没有想到他会是这样对她进行本质开采的。但是她忍住了，什么也没有说，她以为男人尤其是性欲强的男人都需要这样，甚至傻乎乎地以为这样才能表现男人的根本、男人的野性。

现在她终于明白，交合是动物的本能，可能只是肉体的；而接吻才既是肉体的，也是精神的。所以，妓女可以出卖肉体，却通常不事亲吻。他也从不和她接吻。她痛感自己扮演了一个与自己极不相称的角色。

她心烦意乱，恶心得脑袋发蒙，两眼发胀。她再也不能回家了，再也不想见到他。于是她想起了老同学罗莎。

罗莎一直单身，住在一幢法国梧桐掩映的小楼里，潜心写作，像个离群索居的修女。小楼是父亲留给罗莎和她哥哥的。哥哥是个四海为家的浪子，长年在外做生意。

罗莎早知女友的男人有同性恋倾向，却不予捅破。如今，既然当局者自己走出了迷津，她能不乐得做个好人？"吵架了？"

"……"苏姗没有回答。

"男人最不是东西。我们女人比他们进化多了。"

"……"苏姗嗫嚅半天没说出一句话来。

“好吧，我欢迎你回到女人这儿来。”

罗莎正在写一部幻想小说。批评界对它寄予厚望。据说她的创作确实很有长进。苏姗为她高兴，玩笑说：“写我的时候别忘了通知一声。得让我知道我的归宿。听说写作都要打腹稿的，别把我打得太差喽。对了，你现在是什么派？现代派还是后现代派？”

罗莎告诉苏姗：“真正的作家、艺术家自古以来就只有两种：一种是突破型的，其性格常常有些变态，如偏执狂什么的；另一种是整合型的，他们往往理性多于感性，喜欢面面俱到，四平八稳。一般说来，前者的作品尖锐、怪诞，后者的作品雄浑、殷实。”

“那你属于哪一种？”

“我嘛，在二者之间……你知道吗，作家最怕给自己定位，所以我宁可什么都不是，也不愿意自己给自己贴标签……当然，别人可不依。你非驴非马，人家就说你是骡子，哪怕你跟骡子毫无关系……”

罗莎说起写作来，总是滔滔不绝，驴、马、骡，越说越玄乎。

苏姗出于礼貌但同时又极不礼貌地附和着，有一搭没一搭。

罗莎见苏姗心不在焉，就拨回话锋：“用莫里哀的话说，丈夫不忠，罪在太太……或者相反？是不是他移情别恋了？”

苏姗还是没有回答。

“你倒是说话呀。”

“斗嘴怄气，总行了吧？”苏姗没好气地说，“反正我得在这里住一段时间。”

“这没问题。我早就表示欢迎了。”

听到这话，泪水从苏姗的双眼夺眶而出。

“哦，泪水，是透明的画，无声的歌……亲爱的。”罗莎从一旁抽两张纸巾，替女友擦去泪珠。然后接着说：“一忽儿剑拔弩张，一忽儿偃旗息鼓，跟小孩子过家家一样；要不就别多聚少，魂牵梦绕或者一朝相思远，离后不相识。这夫妻有啥意思？不是贻误生命吗？”

“你别说了，烦死人了！”苏姗抗议道。

“好了，好了。我看你也累了。我给你按摩一下怎么样？”没等苏姗首肯，罗莎便兀自动作起来。她挽起袖子，翘着莲花指，从头部开始，轻轻地往下抚摩、按摩。苏姗不知道女友竟有这么一手，来不及反应，就浑身瘫软下来，成了一汪清水。

从此以后，罗莎天天替她按摩，苏姗也不推却。日子一久，没有女友的推拿抚摩，苏姗就睡不着，吃不香。

有一天，苏姗下班回来，求罗莎替她按摩。罗莎说，天气热，会出汗的。说着就脱掉了上衣，明晃晃地裸露出一对玉雕般的丰乳。苏姗当然不在意，但又本能地用欣赏的目光打量着悬挂在女友乳峰上的两枚金饰。

“什么时候穿的？”她问罗莎。

“刚刚。好看吗？”

“不难受吗？”

罗莎摇摇头，并双手捧住自己的乳房，轻轻地抚摩着。很快，乳峰充血，乳房益发坚挺。

苏姗把目光移开，说：“献媚！”

罗莎放声大笑。笑声使她浑身抖动，秀发和胸部发出波浪。苏姗觉得她美极了，仿佛浑身都有戏，浑身都痒痒。

“别这么看我。人家还是处女呢。”罗莎半嗔半娇地说。

“谁看你啦？还不是自我欣赏？”苏姗反唇相讥。

“反正你是第一个看我裸体的人。”

苏姗被逗恼了，从椅子上腾地站起来，伸手就要扒女友的裙子。

“教你撒赖！我教你撒赖！”

“我不敢了。我不敢了。”罗莎拼命求饶。

从小，罗莎就怕苏姗“动武”。苏姗不但比她高出半头，而且性格爽直，颇有点男孩气质。小时候，不论罗莎遇到什么麻烦，苏姗都能挺身而出。念中学时，她们分开了，当时罗莎还大哭了一场。

罗莎被苏姗胳肢得直不起腰来。“好了，我投降。”

罗莎从苏姗的手中挣扎出来，解开腰带，褪下裙子。她没有穿内裤。

面对一丝不挂的女友，苏姗突然感到非常窘迫，男人的勾当迅速掠过她的脑海。然而，她并没有感到恶心。她和女友一起长大，知道她有“哗众取宠”的习惯。也许这是艺术家的习性，也许她在演戏，是一片好心。好让别人忘掉痛苦……

可是女友含情脉脉的目光又使她打了个寒战。

“你怎么啦？”这是她唯一能说的话。

“没什么。让你看看我身上的饰物。”罗莎指指肚脐上的金环。

“那也用不着脱光了呀？”

“还有这儿呢。”

顺着女友的手指，苏姗看到剃去了密匝匝的阴毛后裸露出的阴阜和一枚闪亮的金环。金环扣在阴唇下方，恰好把阴道口锁住。

苏姗瞪大了双眼，不知如何是好。

“同性恋！太可惜了！”

你不禁扼腕感叹。

据史料记载，我国同性恋的历史非常悠久，几乎跟我们的历史一样，源起远古。据说，早在商周时期，就有同性恋流行，男同志为“断袖”或“分桃”，女同志则被称为“磨镜”或“对食”。这从《国风》中可见一斑。稍后的《战国策》又记载了安陵、龙阳两个人物。司马迁的《史记》和班固的《汉书》以及后来的《宋书》和《南史》也都有涉及。拿皇宫而论，高帝（与籍孺）、惠帝（与闳孺）、文帝（与邓通）、武帝（与韩嫣）、元帝（与石显）、成帝（与张放）、哀帝（与董贤）等都有同性恋嫌疑，却很少听说有皇后“优浪”者。民间也是如此。

虽然，同性恋自古有之，而且其人数大有上升趋势，但漂亮的女人反性，总教人觉得惋惜。

然而，你兴趣所在，并非同性恋问题，而是凯西和她的小说。你怀疑凯西可能就是她笔下的罗莎。但这只是刹那间的一个念头。你觉得这想法太荒唐。自传色彩太浓是缺乏想象力的表现；而把人物和作者混为一谈，不仅牵涉到想象力，可能还关系到智商。

这么一来，你不得不放弃对凯西的猜疑，因为你不想成为白痴。

然而，关乎风格，你不能不说过分的自由是一种败笔。凯西让苏姗的男人变成同性恋倒也罢了（无巧不成书。任何文学作品总是要通过“巧合”来展开的），偏偏又让她的女友（也许还是唯一的女友）也成了同性恋。这样的巧合与其说是小说情节或氛围、人物性格或命运的要求，倒不如说是作者的自娱意识使然。米兰·昆德拉会说：在塞万提斯时代，写小说是件十分惬意的事情。《堂吉诃德》完全是自由意志使然。拉伯雷、狄德罗、斯特恩的作品都是如此。他们随心所欲，即兴发挥。但自从有了巴尔扎克，一切都变了：复杂而严谨的写作风气迅速形成。小说家必须在正式动笔之前，不断地描画、计算、编排，以至列出详细的写作提纲，每一段写多少字都有规定。

如此看来，凯西的小说像《堂吉诃德》，是随意的、夸张的……但你马上又否定了这种不成比例的对比。她怎么能跟塞万提斯相提并论？

四

罗莎不由得一阵心跳。她怔怔地、呆呆地矗立在苏姗面前，满脸绯红，闪亮水灵的眼睛释放出异样的光芒。

真是安危相易，祸福相生。苏姗决定以夷治夷，以毒攻毒。她用半嬉闹半认真的腔调对女友说："咱们脱衣上床睡觉做爱吧。"

罗莎先是一愣。苏姗以为得计，正在得意，罗莎怯怯地说："我已经脱了。"声音极柔和、极迷人。

"那就麻烦你穿上！"苏姗命令道。

罗莎果然紧张而又缓慢地去拾地上的衣服。

苏姗见状格格大笑。

罗莎乘机跑过去搂住女友的脖子，半真半假地吻她的面颊和嘴唇。苏姗没有反应。她不知作何反应。父母早已离异，且各自建立了新的家庭。现在她没有亲人，没有朋友。罗莎不光是她的知交，甚至还是她唯一的亲人。以前她疼她，爱她，呵护她，眼下却不知怎么地生出了怜悯之心。她望着她多情、美丽的脸庞和无与伦比的优雅体态，双手酥软地垂了下来。罗莎用手指和舌尖在女友的脸上、脖子上和肩膀上轻轻点划着。呼吸愈来愈急促，但动作依然和谐而舒缓。

"别碰我的嘴……"苏姗恳求说，可心里却在想，"怎么会这样？"

罗莎会意地点点头，急切地吻女友的耳垂。苏姗本能地震颤了一下。罗莎把舌尖从耳垂移到耳屏，然后悄声对女友说："我爱你。"

苏姗不知女友的话会演绎或者演化成什么。

"我一生中从来没有带着这种感情对任何人说过这三个多余得有点傻气但似乎又必不可少的字。"罗莎喃喃地，像是诉说，又像是呜咽。

"别说了。"苏姗觉得好肉麻。

罗莎乖乖地闭上嘴，一个劲儿在女友的肩膀上亲吻、吮嘬。她还小心翼翼地扒开女友的上衣，解开她的文胸，用舌尖挑逗地撩拨她的乳峰。苏姗清楚地感觉到自己的乳峰在充血，心跳得厉害。她闭上眼睛，想象着对方是个温柔、清秀的男子。

罗莎用舌尖和牙齿轻轻地松开女友的衣衫，然后娴熟地解开腰带。她抑制着浑身上下旷日持久的渴望，在女友腹部反复耕耘，不放过半寸肌肤。女友酥胸高耸，腹部却平坦得像少男少女。

罗莎渐渐放纵起来。她轻轻地拉着女友的手，把她带到地毯上。

女友紧闭双眼，一动不动。

“亲爱的……”罗莎刚要开口便闭上了嘴，她示意女友坐下来，然后不慌不忙地褪了她的裙裤和长袜。她跪在地上，猫着腰，像品尝陈年美酒似的吻了女友玉雕般的脚趾，然后循次渐进，吻她的髁、她的腿……

苏姗从未被这般品尝。她虽然被动得很不是滋味，却不得不把女友的行为解读为最温存、最缠绵的爱。她让绷得铁紧的两腿缓缓地叉开，然后悠然地紧闭双眼，任女友将涎沫融入她那浓荫翳蔽的地方。

罗莎先是浮光掠影、浅尝辄止地用舌尖摸索了一番，随后就趴在女友身上狂吻起来。暴风骤雨，惊涛骇浪，排山倒海，一派汪洋恣肆。

苏姗被折腾得直喘气，她万万没有想到像罗莎这样一个文弱女子居然蕴藏着这么大的热忱、激情和能量。

这时，罗莎的节奏缓和了下来。她趴在女友的两腿之间，用嘴唇和舌尖轻轻地亲吻、撩逗和吮嘬她勃起的阴蒂。

苏姗发出阵阵颤栗，她获得了有生以来少有的或者可以说是最大的快感。她觉得自己在雾化，在升腾，在飘荡。她呻吟，她狂叫。然后抱头呜咽，泪水婆婆娑娑地流淌下来。

罗莎紧紧地把她搂在怀里。

她们揣着完全不同的心境依偎在一起。

文艺发展到今天，已经无奇不有。孰好孰坏，也是仁者见仁，智者见智，难有统一标准。维纳斯是美，罗丹的《老妓女》也是美；巴尔扎克是美，卡夫卡也是美；贝多芬是美，邓丽君也是美；《蒙娜・丽莎》是美，《格尔尼卡》也是美；《1900 年》是美，《星球大战》也是美……加上时代的因素、民族的因素、个人的因素，哪里是尽头？哪里有定论？

在我国，由于社会处在前所未有的转型期，十二亿人摸着石头过河，价值观在分崩离析中等待着艰难的重塑。加上政策鼓励一部分人先富起来，而致富的途径归根结底又分明少得可怜：占有较多的剩余价值？投机取巧、贪赃枉法？

都说分配不公，道器错位。

都说世道浇漓，人心不古……

（说到“人心不古”，你就会想起鲁迅。这也是一种条件反射，因为鲁迅说“人心很古”。然而，假如他老人家活到今天，又会怎样？）

总之，价值体系的瓦解和贫富不均导致了形形色色的阵痛、失衡和文艺的形形色色的“物化”、“私化”，还有鬼才知道的什么化。

然而，无论如何，作为文学艺术基本指向的崇高和理想总还是要的，作为文人最低存在价值的原则性和正义感也总还是要的。像凯西这样真实、这样“私化”可批判乎？

你不置可否，因为你情愿她的那一套不是真的。

你几乎相信她这是在做一种游戏，在“逗你玩”。

五

罗莎从此以后对苏姗亲上加亲。

从早到晚，罗莎总是围着女友转，循循善诱是自然，处处体贴关怀更是不在话下。无论女友一颦一笑，都牵动着她的芳心。真可谓苏姗皱眉，她心跳；苏姗露齿，她先笑。

然而，苏姗的心情一天比一天矛盾，一天比一天沉重。巨大的阴影笼罩在她的心头。

罗莎是个细心人，见女友一天比一天消瘦，心如刀绞。她向女友保证，没有得到明确的暗示，决不擅自寻开心干坏事。苏姗总算嘘了口气。

她俩除了一个一如既往地替另一个按摩、抚摩，另一个偶尔投桃报李替对方搓背、捶腰，倒是相安无事。

日子过得飞快。转眼到了第二年冬天。

罗莎的哥哥突然从美洲归来。他行色匆忙，交给罗莎一份手稿、一大笔现金和两张信用卡后，就神不知鬼不觉地销声匿迹了。

“你哥哥怪神秘的。”苏姗这么对女友说。

“他以前不是这样的。”

“是不是出什么事了？”

“我也不知道。反正他让我马上离开这里，走得越远越好。喏，这是他留下的。”罗莎指了指书柜上的手稿继续说，“说是很重要，无论如何不能遗失的。”

“那你怎么可以放在书架上？”

“我想最显眼的地方也是最保险的地方。反正这家里只有你我二人，不碍事。再说我们得马上离开。”

“我们？”

“是的。”

“要是我不愿意呢？”

“你不会。”

“你这么有把握？”

“那当然。我们谁也离不开谁。”

“你……”苏姗欲言却止。她知道，她已经离不开她的女友，尽管嘴上不会承认。她需要罗莎，罗莎给予她的不仅仅是爱。自从离开父母，她从未有过归宿感、稳定感。只有和罗莎在一起，她才再一次感受到了踏实。这是一种类似乎到家的感觉。

好奇心作祟，苏姗当天夜里就想教唆罗莎拆开信封，偷看神秘的手稿。罗莎说不。于是苏姗等女友睡着后独自悄悄地下了楼……

“好像是罗莎的笔迹。”苏姗很是纳闷。

她翻到最后一页：177，只有页码，没有署名。

手稿只有177页，既无标题，也不分章节，几乎一气呵成，像一份绝密文件，又像是一部侦探小说。姑且当它是一部侦探小说。

这样读来比较轻松。

然而，侦探小说是什么？

侦探小说也是一种游戏。是游戏就有规则。而且，规则愈严格，游戏就愈是游戏。与一般游戏者（比如棋手）不同的是，小说家自己给自己制造规则。因此，当他自由发挥时，他的规则比他的自由更伟大。

六

苏姗正待细细翻阅，电话铃响了，使她大吃一惊。她急忙将手稿塞进信封，放回原处。

楼上响起了罗莎的脚步声。罗莎接到了一个神秘人物的电话。那人在电话里威胁罗莎，教她乖乖地说出她哥哥的下落。罗莎立即搁下电话，匆匆跑下楼来。

“你愿不愿意跟我走？”她问女友。

“……”女友迟疑一下说，“好吧。”

“那我们现在就出发。”

“去哪里？”

“待会儿你就知道了。”

“这房子怎么办？我们的东西怎么办？”

“都不要了，逃命要紧。”

她们拿了手稿、信用卡、现金和各自的护照，来到机场。然而，当日国际航班中只有去马德里的有空位。于是，她们购票登上了前往这座南欧名城的飞机。

天气晴朗，万里无云。

飞机在空中缓慢地移动。望着地面上蚂蚁般爬行的车辆和星星点点的房屋、水塘，罗莎浮想联翩。

罗莎很小就失去了双亲。她几乎已经记不清父母的模样。他们飞机失事猝然离开人间时，她只有七岁。因此，她完全是在哥哥的照拂下长大的。哥哥比她整整大十岁，当时正就读于牛津大学预科班。由于父母都是工薪阶层，收入微薄，除了那幢正在分期付款的法式小楼，几乎没有留下任何遗产。为维持生计，哥哥被迫辍学，先在本国打工，后因年龄等问题多次失业。他一气之下从北欧跑到了南欧。在南欧期间，他几乎亦步亦趋地步了西班牙作家巴罗哈笔下的人物——曼努埃尔的后尘。他当过旅馆招待。那是一家类似老式客栈的廉价小店，老板是个醉鬼，俾昼作夜，生意废弛。他除了喝酒打发时光，便是拿顾客消遣。有一次，他把一位顾客的毛衣悄悄地挂在仙人掌上。顾客拿回去一穿，浑身瘙痒，叫苦不迭。可是天理昭彰，报应不爽，老板娘为了替那位顾客拔刺，一不小心就半嗔半喜地以身相许了。此事被昼夜孜孜忙碌的伙计撞见了。老板娘花钱消灾，打发了所有伙计。

罗莎的哥哥把钱全都寄回了家，自己却饿着肚子在大街上转悠了好几天。最后他只好再次屈高就下，到一家杂货店谋生。杂货店老板庸庸懒懒、脏不可耐。罗莎的哥哥不但承担了店里的几乎所有活计，而且还要替老板、老板娘买菜做饭。

杂货店周围尽是些唉声叹气、穷困潦倒的老人，嗜酒如命、脾气暴躁的妇女。唯独老板娘是个衣着体面、举止文雅的美人儿。她体谅罗莎的哥哥，经常偷偷地帮他一把。

“跟我们这些衣衫褴褛、目不识丁、浮头肿脸、傻里傻气的人打交道真是难为了你。”有一天她居然这么对他说。

他被她的这番话所感动，对她直言不讳：“我不会永远降志辱身。总有一天我会出人头地，成为逸民。我倒是觉得可惜了您了。”

老板娘被他的话深深地打动，不禁悲从中来。

老板娘是个体态优美的娴静女子，平素沉默寡言且很少出门。而有关她的身世，却传说颇多，罗莎的哥哥也耳闻一些。据说她之所以下嫁至此，完全是因为她那“不要脸”的姐姐。由于父母在内战中丧生，姐姐成了她唯一的亲人。在姐姐出嫁之前，她二人一直相依为命，艰难度日。后来，姐姐嫁给了这爿杂货店的主人，并给一个比她小不了多少的男孩当继母。当时杂货店生意不错，她成天忙里忙外，无有暇日。不知不觉中，男孩已经长大成人。有一天，他乘父亲外出办货不在家，喝醉酒强奸了继母。此后他一而再再而三地在继母身上动脑筋，直至东窗事发，被逐出家门。几天以后，那小子酒疯发作，提刀闯进父亲的卧室，一刀砍死了梦中的继母，然后放血自尽。

另一个版本更玄乎，说是老板发现儿子与继母有染后，逼迫太太将妹妹赔偿给他。太太不肯，于是招来杀身之祸。

还有一种说法是，太太为了掩人耳目，把事情摆平，不惜将妹妹灌醉，用美人计逼老公就范。最后，妹妹，也就是现在的老板娘为了报仇，下毒结果了姐姐，还附带杀死了姐姐的情人。

老板却说是前妻做了亏心事，跟不争气的儿子一起畏罪自杀了。

不知是出于怜悯还是爱情，老板娘把一生的积蓄统统交给了罗莎的哥哥。“我早已看破红尘，心如止水。”她对小伙子说，“可你还年轻，不能在这里浪费生命。”

多年以后，罗莎的哥哥发了迹。当他回去寻找好心的老板娘时，她已经连同那家杂货铺梦境似的消失了。

“他究竟怎么了？是不是遇到麻烦了？”女友问罗莎。

“我也不知道。”罗莎说。

“总得问个清楚。不然我死不瞑目。”

“闭嘴。谁教你去死啦？”

“可是……”

“别担心，亲爱的，我哥哥会和我们取得联系的。”

“怎么和我们联系？连我们自己都不知道要去哪里。”

“相信我，他有办法。”

“什么办法？”

“你还记得我们十五岁那年在加州旅行吗？他不就在好莱坞找到了我们？”

“那是巧合。”

“我可不相信巧合，尽管我是个作家。”

"你想想，我们并没有告诉他确切的行动路线，他怎么可能找到我们？"

"你指过去，还是现在？"

"无论过去现在。"

"你别忘了，我们有他的手机号码。"

"你不是说他不许我们用电话吗？"

"万不得已还得用。你说呢？"

"……"女友无奈地耸了耸肩。

罗莎也调皮地朝她伸了伸舌头，然后接着说："就当是一次冒险吧。"

七

接下去是有关罗莎及其女友的冒险经历。

罗莎和她的女友刚下飞机，就遇到了麻烦。有人尾随。

为了摆脱跟踪，她们爬上了一辆启动中的货车。

"也不知道这车往哪里开。"罗莎嘟囔着。

"管它呢。甩了那个混蛋再说。"女友安慰她。

可罗莎还是满脸愁容。女友拍拍她的肩膀，罗莎顺势依偎到对方怀里。幸好货车驶向了马德里市区。

"瞧，那是欧洲门。"罗莎指着两幢相对而立的斜楼说，"再往前就是毕加索广场。"罗莎显然有些兴奋。

"瞧你，跟孩子似的。"女友见笼罩在罗莎脸上的阴云忽然间荡然无存，禁不住给了她一拳。罗莎莞尔而笑。

然而，她们很快发现高兴得太早了。

"那个人又追来了。瞧，那辆黄色出租车。他以为化了装，我们就认不出来了。"罗莎努努嘴说，"看见了吗？"

女友这才发现了出租车司机旁边的那个戴墨镜的家伙。

这时，货车拐了个弯，驶进了一片居民区。出租车仍穷追不舍。

"怎么办？"罗莎焦急地问。

"你说怎么办？"

"干吗那么凶嘛？"

"瞧你兄妹俩，都干了些什么？"

"这可不怪我，要怪就去怪我哥。嗨，真可惜，车子不走欧洲门。"

"你还有心思走欧洲门?"

女友话音刚落,那个戴墨镜的家伙举起了枪。罗莎奋力扑上去,把女友压在身下。

"你干吗?"女友对突如其来的罗莎作出了本能的反应。

"你没见他拿着枪吗?"

女友轻轻地推开罗莎,探头望了望后面的出租车。

"他果然拿着枪。"女友感到情况不妙。

"怎么办?"

"又问我怎么办。你说怎么办? 等死!"

罗莎委屈地垂下了头。

"对不起。"女友柔声说,"要不是你救我,也许……"

罗莎赶紧用手堵住女友的嘴。女友莞然而笑。她轻轻地移开罗莎的手,接着说:"得想个办法。"

"什么办法?"

"你不是作家吗?"

"人家害怕得灵魂都快要出壳了,哪里还想得出什么办法来? 再说,你知道我是现实主义作家。记得吗? 我哥总说我缺乏想象。好像不知道我心静似一泓秋水,生活也平淡得像一潭死水似的……

"可他说,正因为生活平淡,才需要艺术家们富有想象的劳动。话是这么说,说来容易,做来难。事到如今,什么没人想过、没人写过、没人做过? 对不对? 连我都能倒背如流了。"

"就是嘛。"

"你扯到哪儿去了? 快打住吧。都什么时候了?"

女友稍事停顿后继续说:"等车子拐弯的时候,跳车逃吧。"

"会摔死的。"罗莎胆怯地说。

"胆小鬼!"女友叹口气说。

"她也有一筹莫展的时候。"罗莎在心里窃笑。尔后,她灵机一动,说:"有办法了。"

"什么办法?"

"你看那边。那辆黑色福特。对。把它勾过来。"

"干吗? 还有心开玩笑!"女友大惑不解。

"不是开玩笑。拿出你的魅力来,把他们勾引过来。只要他们一上钩,跟踪我们的人就下不了手了。"

女友想想挺有道理。

“不错啊。到底是作家,想象力丰富。”

罗莎得意地扭了扭身子。

于是,女友开始朝福特车上的小伙子挤眉弄眼。

那两个小伙子看见两个蛮有气质的姑娘趴在敞篷货车上,本来就觉得奇怪,已在后面跟了好一段路,这时被罗莎的女友这么一撩,快乐得吹起了口哨。他们紧跟着货车,把黄色出租车挤到了后面。

“瞧,阴谋得逞,他们上钩了。”罗莎开心地搂住女友的脖子。

不久,货车在一排厂房前停下。罗莎和女友赶紧跳了下来。

这时,福特车已经驶近。罗莎和女友跑过去拦截。

“朋友们,帮帮忙,后面有人追我们。”女友对那两个小伙子说。

“快上来。”小伙子们急忙替她们开门。

罗莎和女友上了车。开车的小伙子一踩油门,福特发出一声尖叫,飞也似的跑了起来。

小伙子们一边打量罗莎和她的女友,一边你一句我一句地问开了:“你们是法国人吧?”

“来旅游的?”

“第一次来西班牙?”

“喜欢西班牙吗?”

“你们惹麻烦了?”

她们一概点头。

“谁在追你们?”

罗莎望了望女友。女友开口说:“一个小流氓。”

“我以为是警察。”开车的那个说,“既然是小流氓,就用不着担心。瞧我们的。”

“千万别惹他,他有枪。”罗莎怕他们鲁莽。

“对,小心点,他有枪。”女友强调说。

小伙子们面面相觑。“那也不用怕。我马上就把他甩掉。”开车的坚持说,但音调降了一个八度。

他们虽然人高马大,却满脸稚气,看上去像中学生,充其量是刚刚跨进大学门槛的毛孩子。

“我叫胡安。”开车的自我介绍说。

“我叫佩德罗。”另一个说。

“我叫露露。她叫素素，是我朋友。”罗莎抢着说，同时朝瞪大了眼睛的女友挤了挤眼。

“你们住哪儿？”

“住亲王饭店。”罗莎回答道，同时又朝女友挤了挤眼。佩德罗在反光镜里看到了她们的表情，转过头来笑笑说：“那家饭店不错，就在王宫旁边……”

“那家伙已经被我甩掉了。”胡安打断同伴的话说，“再有十分钟，我就可以把你们送到。”

抵达饭店后，“露露”把西班牙朋友请到大厅的长沙发上小憩，自己则带着女友朝柜台走去。望着她们的倩影，两个初出茅庐的小伙子以为冒险的机会来了。他们常听大人们议论外国女郎如何风流浪漫，如何成群结队地来西班牙寻找传说中的唐璜。可是，他们知道，近期公布的有关调查表明，西班牙男人在欧美十五国“理想情人”中的位置，已经从前三名滑到了倒数第二。当然，西班牙男人，包括胡安和佩德罗对这种人为的调查评比很不以为然。他们相信自己好得不能再好了。

面对天赐良机，胡安和佩德罗早已心花怒放，跃跃欲试。

“你喜欢哪一个？”佩德罗问胡安。

“我全喜欢。”胡安觉得这么漂亮的姑娘，就是一百个也不嫌多。

“你倒是多多益善。想独吞啊？”

为了表现得成熟一点，自然一点，也公平一点，他们通过类似于抽签抓阄的办法决定：胡安跟“露露”，佩德罗跟“素素”。

“然后倒个个儿，换一换，怎么样？”胡安对佩德罗说。

“这……”佩德罗有点犹豫。

“虽说她俩都很漂亮，可一个文雅，一个潇洒，恰好属于美的两种不同类型。你不想都试试？就这么定了。”

然而，胡安运气不佳，他兴致勃勃地跟随“露露”进了房间，来不及施展魅力，就（用他自己的话说是“一不留神”）被“露露”用加了安眠药的白兰地给摆平了。他的朋友佩德罗倒是时来运转，一进房门，就由着“素素”抚爱了一番。

“露露”见胡安睡得正香，就跑去敲隔壁女友的房门。“素素”正爱得起劲，哪有心思理会。好在佩德罗比较老实，也比较胆小（因此，无论好事坏事，总是落在胡安后面），听见有人敲门，就本能地摆脱了女伴。他神色慌张地打开房门。

"素素"怨怨艾艾地瞪了女友一眼,然后懒洋洋地倒在了床上。

女友歉疚地说了个"对不起",正待转身,佩德罗开口问道:"我朋友呢?"

"噢,他在洗澡。他请您下楼去把车子停好。这是钥匙。"

佩德罗回头望了望"素素",接过钥匙下楼去了。

这时,"素素"房间的电话铃响了。"素素"拿起话筒,朝女友瞥了一眼。"是那个家伙?"

"是。""素素"搁下电话后紧张极了,连问"怎么办"。

"逃吧。""露露"说。

"他们怎么办?"

"顾不得这么多了。"

"露露"说罢便拉着女友出了房间。她们来到"露露"房间,取了包,从楼梯逃之夭夭了。

她们从西班牙逃窜到葡萄牙,又在葡萄牙流窜了整一月,然后买通一个从事走私生意的摩纳哥人偷渡到北非。但是,那个戴墨镜的家伙也奇迹般地跟踪到了那里。她们于是又从北非偷渡到意大利,可以说是险象环生。她们一次次化险为夷,死里逃生。

危难见真心,罗莎和女友的感情步步加深。

然而,每到关键时刻,她总还能感觉到对方并不真正地、自然而然地把她俩的关系当做一种不可或缺的正常行为,一种无法替代的正当欲求。果然有那么一天,女友语重心长地问罗莎:"你为什么不交个男朋友试试?"

"是啊,为什么不?"罗莎感慨地想。

后来,罗莎和女友终于甩掉尾巴,到北美与罗莎的哥哥会合。

再后来,罗莎和女友闯到了中国。说这样一来,就连上帝也找不到她们的下落了。

在中国,女友再三规劝、诱导和敦促罗莎去尝试着爱一个男人。经过一系列富于戏剧性的遭遇之后,她认识了一位热衷于文学的经济学家。

小说发展到这步田地,就再也分不清现实和幻想的界线了。

"冬冬,拿打火机来。"你想抽根烟,好好地抽一根烟。

"举起手来!"儿子用"手枪"顶着你。

你从儿子手里夺过"手枪",看了看,然后若有所悟地"叭"一枪点燃烟。

八

两天后，在凯西的单人宿舍，你们有了一次推心置腹的交流。

"喜欢我的小说吗?"凯西问。

"喜欢，可我还没有读完。毕竟是手稿，加之我的英语水平，读起来总有点费劲。不过快了，已近尾声。"

于是你们从小说说到生活。

她说她很寂寞。

你说你很孤独。

她说她活得太平淡。

你说你过得太坎坷。有"老三届"顺口溜为证：

> 美好童年赤膊饿肚，十七八岁插队落户，
> 二十七八公私两误，三十七八刚刚上路，
> 四十七八下岗无数，五十七八纷纷入土。

她不懂，于是你们又从生活回到了文学。

"我的文学老师总说《金瓶梅》太过，可我却说矫枉难免过正，何况是在那么一个封建主义根深蒂固的社会里。您怎么看?"凯西问。

"我基本同意您的观点。"你说。

"我听说现在仍有人模仿《金瓶梅》，而且故意在性爱描写的处所留出了许多空白。干吗这样?"

"您问模仿还是空白?"

"空白。"

"以示删节。"

"干吗要删节?"

"因为迄今为止中国读者所能见到的《金瓶梅》，也不过是删节本而已。"

"所以仿作必得依法炮制?"

"我想非也。这正是时人的高明之处：这么一来，他就从模仿文学经典一下跨到了对现实社会这个大文本的讽刺性模拟了，尽管现在的中国已经不再是男人留辫子、抽大烟，女人裹小脚、守闺阁的时代了。因此，我认为空白乃此书精华之所在。"

随后是沉默。"当然，"你不想让沉默延续得太久，"我这么说并非完全

同意《金瓶梅》的写法，相反，我倒是觉得它用不着这么过正。老实说，那里面的很多描写有猥亵、溢丑的倾向，本人不敢恭维。我之所以褒扬它，只想说明一个更为宽泛的问题：民族的自信。足够健康的人，有起码审美能力的人，决不会陶醉于猥亵、变态和溢丑的描写。你们不是有《金瓶梅》甚至《玉娇李》、《平山冷燕》、《觉后禅》，也就是《肉蒲团》的全译本吗？据说还堂而皇之地上了书架。不也没把你们大家怎么样吗？至于那些……人，就是不看书，他们通常是不看书的，也照样那个。”

凯西一往情深地望着你的眼睛。

你对她多少有些猜忌，总是无意识地把她和小说里的罗莎搅和在一起，因此又是欲，又是慊；又是惋惜，又是好奇；犹犹豫豫心心念念惶惶惑惑恳恳切切。你忽然觉得自己又回到了尴尬的年代，想起了第一次失败的和成功约会，第一次盲目的和真诚的结合……你曾经那么的心慌又那么的好奇，那么的犹豫又那么的急切……你等待天诱其衷。

“我希望您把它看完。”她指指书稿恳切地说。

“现在？”

她点点头。

女主人公已经坠入爱河，和她的“老师”缠绵得难解难分。

“你继续往下读。”她轻轻地搂住“老师”的脖子说。

“老师”显得有点羞赧，有点谨饬。双方的差距是显而易见的。然而，正因为有差异，无法完全透视，这一切才充满了神秘。

她柔情蜜意地吻了“老师”，然后打开音响。是阿拉伯音乐。

“阿拉伯音乐跟荔枝一样性感。”她凑近“老师”的耳朵低声细语，就像是在撒娇、在亲吻。

于是投桃报李，礼尚往来。

只有成熟的男人才真正懂得爱情，因为他们既为自己也为别人。

于是高楼崩塌，黄河决堤。

她加大了音量。触摸灯由明转暗。

事情发生得太快，简直跟演戏一样。

“我听说中国正流行一句名言：男人拥有女人而后征服世界，女人征服男人而后拥有世界。其实”，她说，“思想的男人孤独，漂亮的女人寂寞：我们不需要世界，我们是互相需要。”

事到如今，你已经无话可说。

春天的故事[1]

我是个印第安人，生长在中美洲一个叫大山谷的小镇。镇里的人们祖祖辈辈靠山吃山。因此，在我离开小镇之前，世界就是门前的大山，生活也无非跟着父亲和两个兄长在山上跌打滚爬。

虽然每年春天都有城里人来收购人心果树胶，拿去做上等的口香糖；但他们总是来也匆匆，去也匆匆，从不和我们多说一句废话。可是，有一年，一个叫卡门的小姐改变了这种传统。

卡门小姐是我这辈子所见到的第一个城市女性。可是她并非树胶商。而是到山区来体验生活的演员。山里的孩子们像看马戏似地跟着她从镇南跑到镇北。我知道我早已经不是孩子，因此多少有些羞于见到陌生女士，尤其是像她这么漂亮的女士。我远远地看着她，更确切地说是窥视她跟镇里半遮半裸的妇女搭讪并不时地用一支硕大的钢笔做斯文的笔记。姑娘们乘机围观。于是，我恨自己是个男人。

树胶商到达大山谷的第二天，镇里照例办起了集市。家家户户在门前扯起一块大白布，再用鲜艳的颜色在上面写上树胶的品种和价格。中心广场的露天舞台照样举办一年一度的赛诗会，小伙子们总要借这个机会显示自己的才华并向心中的情人表白内心的渴望。为了不让卡门小姐失望，我使出了浑身的解数，居然得了个并列第一。可是，很快我就后悔了。因为应邀出席颁奖仪式的卡门小姐首先代表镇长给名列第三的瘸腿胡安发了奖，而且还很有风度地握了握瘸腿胡安的手(那是一只脏不可耐的手啊)。而给我和另一位获奖者颁奖的却是镇长本人和他的太太(一位身量肥硕的半老徐娘)。于是，我又恨自己得了第一，甚至恨自己不是瘸腿胡安。

卡门小姐在镇上待了四天，我就痴痴地睁着眼睛梦了她四天。我最大的遗憾是没能像瘸腿胡安那样厚着脸皮跟她握一握手。

---

〔1〕 这篇小说原名《卡门小姐》，是我伪托一个叫胡安·阿维拉的巴拿马印第安作家写下的，发表后被到处转载。我这么做，无非想借古来之法以验证当今我国读者的阅读取向，却毫无嘲弄之意。在此从实招来。

但是,生活是会发生奇迹的。有一年,国家土著中心派人来物色歌手,我居然被选中了。他们把我带到首都,安置在一所叫圣彼得罗的大学里。也许你不知道,在这之前我从未上过学。老师们对我的处境感到十分的尴尬。“一个赛诗会冠军怎么可能是文盲呢?”但事实就是如此。连我自己也不明白为什么会这样。难道我们祖祖辈辈不是这样过来的吗?用镇长的话说,吟诗是我们的本能。

无论情况如何,我不想再回到那个只凭本能生活的大山谷去了。因为本能告诉我,只要我不离开首都,早晚能见到卡门小姐,说不定还能有机会和她握一握手。毕竟我们认识,有一面之缘(其实何啻一面)。当然,除了偶尔在报刊或电视上看到卡门小姐,她的出现也只是一个了无着落的梦。

就这样,我在大学苦苦地坚持了一年,等待了一年,直至被告之学习期满准予结业。我想我什么也没有学到。唯一值得安慰的是懂得了世界的大小。一天,在另一个印第安人怂恿下,我终于走出了完全属于自己的那一步:花一千个子儿偷渡到墨西哥边境,再偷渡到北边的佛罗里达。

早听人说北边的娘们风骚。果不其然。到达那里的第三天,我就被一个叫南希的娘们给缠上了。她白天把我当佣人,当晚就要把我当情人。我扭头就跑,直觉得恶心。好在我天生运道不错,据说还很英俊,不久就又找到了差事。只是类似情况不断发生,害得我留也不是,走也不是,仿佛上帝有意拿我开玩笑,试探我对卡门小姐是否忠心。

既然这里不适合我,我不如早点打道回国。但我囊中空空,撺掇我到这里来的人又早已消失得无影无踪。于是,我天天在机场转悠,指望有试飞的航班让我免费搭乘。

有时,哪位旅客让我提个箱子什么的,赏我俩子儿填填肚子。这样,一晃我就在机场转悠了十几天。忽然有一天,卡门小姐天使似的降临在这个机场。她风尘仆仆,还是那么漂亮。虽然已有细细的皱纹从眼梢放射开来,身段似乎也略显丰满,但这使她更透着成熟,透着风韵。我一眼就认出了她,她也一眼认出了我。

“你怎么会在这里?”她和善地问道。“我……”我支吾了半晌,不知说什么才好。

“是转机吗?”她又问。“唔。”我点点头又摇摇头。

她似乎只注意到了我前面的表情,问是什么时间的飞机?

我只好将错就错,回说是明天。没想到她说:“我也是明天的飞机。”

为了避免不经意的露馅,我开始保持沉默。

“晚上准备在哪儿过?”这时她又问。我犹豫片刻,小声说不知道。

她看了看表,说时间还早,不如一起去吃点东西,然后找个地方住下。

我本能地点了点头。

我们一前一后出了机场,上了一辆大巴。这时,她忽然发现我没带行李。我即撒谎,说寄存了。她笑吟吟地说:“还是你聪明,瞧我背着这么个大包。”

我这才想起,男人得有绅士风度,于是赶忙抢过背包背在肩上。她一再表示感谢,说:“想不到你还这么绅士。”

我心里美滋滋的,甭说有多高兴。

接下来是下车、吃饭和找旅馆。统统由她付钱。有一次,我实在不好意思了,就推说钱包忘在旅行箱里了。

“谁付都一样。”她很慷慨地抢着支付了所有费用。

旅馆的前台小姐不时地在卡门小姐和我脸上瞥来瞥去,瞥得我心里发慌。这时,她回头对我说:“不如咱们合用一个房间吧,这样比较省钱。”

我以为自己的耳朵出了毛病,简直不敢相信。

“行吗?”她见我没有反应,又回过头来追问了一句。

我赶紧点了点头,过后就唰地涨红了脸。

好在她什么也没有发现,倒是前台小姐抿嘴笑了笑。

就这样,我俩住进了一个房间。房间里有两张床,卡门小姐问我喜欢哪一张:“靠窗这张,还是……”

我立即指了指窗边那张,因为当时我心跳得都快要窒息了。

卡门小姐于是让我把背包放在她的床上,然后对我说:“你先洗吧。”

我回了声“唉”,就顺从地进了洗漱间。我在洗漱间里呆呆地忙活,除了兴奋,脑袋里一片空白。不知过了多久,卡门小姐在外面轻轻地敲敲门。

“怎么啦? 睡着了吗?”

“没有,没有。我这就出来。”

她在门外咯咯地笑了起来。我不知道她在笑我还是笑电视里的什么人物。等我穿好衣服回到卧室,卡门小姐已经穿好睡衣埋进被窝了。她见我出来,连忙欠起身来,说:“我以为你在浴缸里睡着了呢。你瞧这电视里的丈夫,被妻子关在厕所里……真是有趣极了。”

她边说边起身朝洗漱间走去。我望望电视,又望望她的背影,心里七上八下,不知是什么滋味。我尽量把电视的音量调到最低,竖起耳朵倾听卡门小姐洗澡时传出的各种细小的声音。我还踮着脚,悄悄走到门口,透过针眼似的门缝朝里窥探。结果当然是什么也没有看见，倒被洗澡时突然哼曲的卡门小姐给吓了一大跳。我立刻溜回床边，猜想她或者听到了什么。心绪纷乱，胡思乱想，不能自已。

我直想得口干舌燥，随手拿起桌上的杯子，把里面好像是苏打水之类的液体喝个精光。

当我迷迷糊糊睁开眼睛的时候。卡门小姐已经穿好衣服化好妆，准备出发了。我不明白此前发生了什么，只知道脑袋沉沉的，浑身不舒服。

卡门小姐见我醒来，就咯咯地笑个不停。

我以为自己无意中做了什么不礼貌但分明又是处心积虑的事。

"睡得怎么样？"她笑着问道。

"不怎么样。"我一不小心叹息说。

"你偷吃了我的安眠药，"她笑得更欢了，"害得我一晚上没合眼。"

我又情不自禁地深叹了一口气。

"对不起，我应该事先告诉你的。"她边笑边内疚地说。

其实只有我自己知道我为什么叹息。

因为要回机场赶飞机，她到前台匆匆地结了账，然后又匆匆地带我坐上了机场大巴。临别，她像老朋友似的向我挥挥手，说："再见了，年轻人。"

就这样，我们彼此连一个指头都没有碰着。

我目送卡门小姐进了候机厅，既幸福又懊悔。

从此以后，我一直梦想再次遇见卡门小姐。我对那晚发生的一切守口如瓶、忠贞不贰，无论别的女人怎样挑衅，也无论瘸腿胡安如何以曾经握过卡门小姐的手而沾沾自喜。我默默地干活，然后憋足了劲儿参加一年一度的赛诗会。我用我的全部感情讴歌卡门小姐过人的美丽、超凡的演技（尽管我对她的表演艺术一无所知）。

然而，有一年树胶商带来了面目全非的卡门小姐。据说是车祸使她丧失了两条肋骨和一只眼睛。她面部抽搐，表情痴呆，跟随树胶商长途跋涉，只为见我一面。她感谢我对她的思念和赞美。我完全愣怔了。然后失望，甚至绝望地当众痛哭了一场。

这时，卡门小姐向我伸出手来，我却胆怯地把手缩了回去并绝情地扭头跑开了。

我最后一次见到卡门小姐是在两天之后。她容光焕发地再次来到我的面前。面对无颜以对的我，她一如既往的和颜悦色，问："我演得如何？"我这才回想起两天前的情景和人群里的那台倒霉的摄相机。

夏天的故事

人生在世，总会遭遇奇奇怪怪的故事、怪怪奇奇的事故。可我要说的这个故事或事故，绝对令最不轻信的人目瞪口呆。

事情发生在20年前，但也可以说是在昨天。

是晌午，天失响罄，万里无云。辽阔的海滩上除了几只觅食的鸥，尽是横七竖八的泳装男女。他们海豹似躺在沙滩上“洗”日光浴。我当时还年轻，对异性之类还保持着童贞的羞涩和好奇。因此，我穿了两条泳裤，里面的一条是紧绷着的，以免不期然的尴尬。我还戴着一副父亲留下的墨镜。这样窥视起来比较方便。其实，如此不堪的把戏并非独我一人为之。海滩上另有一些年龄相仿的男孩走来走去，与其说是来游泳，不如说是来参观人体展览的。

当然，下水是免不了的。我从小喜水，尤其喜欢到海里玩耍。而且，说来难以令人置信，我游泳的时候总是睁着眼睛，我是说即便潜到水下。我睁着眼睛在水下偷看别人不是秘密的秘密……文明起见，我就不一一细说了。反正不说你也知道。

我就这么游来游去，一晃游到了那天晌午。

说来也怪，晌午的太阳并不灼人，但人们拿浴巾盖住了身体。我半躺着，左手支撑着脑袋，右手本能地播弄着洁白如洗的沙子。我不再急于下水，因为海面上只有三三两两几个戏水的顽童。渐渐地，沙子淹没了我的躯体。我静静地待在那里，享受自然的抚爱，除了眯缝在墨镜背后的眼睛没闲着，别的几乎完全入静了，一如打坐的和尚。这样一来，世界便跟着入了静，像深秋孤寂的夤夜。

我迷迷糊糊地约莫躺了两个时辰。睡罢午觉的人们已经陆续下海。他们在浅滩上伸着懒腰，更像是一群无精打采的海豹。

忽然，随着一声鸥鸣，一个穿泳装的女孩飒飒爽爽地来到我的面前。我摘下墨镜，海滩顿时一片瑰丽。

她看上去十七八岁，但闪烁的目光又告诉我，她的实际年龄可能在你之下。那时的女孩还保守，十七八岁少有脱成这个样子的。她背着挎包，穿着泳装，而且还是紫蓝色的裸背泳装。“像外国女孩。”我当时就这么一闪念。可转而一想，居然联想到了动画中的仙女。比如那些被孙猴子戏弄的蟠桃仙子。

她笑吟吟地走过来，说：“帮我看一下挎包。”

她这么一说，就把洁白的挎包放在了我的身边。“老朋友似的。”我后来这么想，可当时却被定格在了灵魂出壳的空寂。

她放下挎包，就一溜小跑扎进了海里。

我被她迷住了。真的。打那一刻起，我就放弃了窥视别人的嗜好。

我目不转睛地注视着大海，在人头攒动的海面上寻找她的身影。老实说，我长这么大，还从未领略过这么光辉灿烂的身影。我学着她的样子微笑了一下，马上就自惭形秽起来。我正这么自惭形秽着，太阳慢慢西沉了。人们陆陆续续爬上岸来。我既胆怯又急切，等待着女孩的回来。

时间由快转慢，又由慢转快。天快要黑了，可女孩还是没有回来。我开始担心她的安危。我既想哭又想笑，独自一人，不知在岸边走了多少个来回，活像一只刚被关进笼子的孟加拉虎：一半是本能的希望，一半是无助的绝望。

女孩没有回来，而我的家人却奔丧似的冲我叫着喊着。

我失声痛哭起来，一副失魂落魄的样子。

在以后的日子里，在漫长的20年中，我一次又一次地回到那个女孩的海滩，一次又一次地刊登寻人启事。家人友邻都以为我疯了。

“他们才疯了呢。”我只有在心里回敬他们。

“可能是传说中的美人鱼吧。”有时我这么想，但又立刻否定了这种自欺欺人的神话。何况她有挎包，这挎包我一直视若珍宝。

我拿柔软、透明的真丝纱巾包裹着那只挎包，每天下午带着它到海边徘徊。晚上，当星星诡秘地乜斜着芸芸众生，我播弄着她或它的手表、她或它的浅紫色浴巾和一件同样颜色的连衣裙。

“美人鱼怎么会有手表呢？”我心问口，口问心。

手表很普通，却是瑞士产的。我听着清脆而又均匀的滴答声，居然想起了《最后一片叶子》之类的故事。于是，我不失时机地替它上满发条，仿佛那有力的滴答声就是女孩永不停息的心跳。只要手表滴答滴答地往前走着，女孩就当安然无恙。

说来也怪，这么一个女孩就这么突然不见了，从人间蒸发一般，无声无息的仿佛从不存在。既没人找寻;也没人提起,哪怕是偶尔的提起。

"也许她健忘,也许她悄悄上岸走了,也许她存心要与你开这么一个美丽得有点儿残酷的玩笑……"想惨了,我就这么聊以自慰。

渐渐的,挎包的白色被时间染成了奶黄,手表也失去了光泽,浴巾和连衣裙也褪尽了颜色。我却不想按部就班地结婚、生子,过常人的生活。

然而,20 年如一日,我每天都要到海边走一遭。开始是为了希望的等待,后来就成了绝望的惯纵。我没有完成学业,甚至没有恋爱、没有结婚,完全变成了"不食人间烟火的怪物"。但我的心是充实的,它被女孩占有着,满满当当的。我还由此生出了无数的幻想,这些幻想足以使最优秀的神话传说和童话寓言相形见绌……

前面说过,我是每天都要到海边走一圈的。不知不觉,一走就走到了昨天下午。

昨天下午,我早早地打了烊。顺便说一句,由于学业无成,我开了爿冷饮店。此店原是国营的,建在沙滩上,离女孩下海的地方仅二十来米,销售的也尽是大碗大碗的凉茶而已。后来政府开发旅游,海滩几经整治,以至于凉茶不见了,国企姓私了,海水变成了饺子汤。眼下满目的洋玩意儿,还有了霓虹灯和漂亮的洋妞做招待,但我的冷饮店还是和别的所有生意一样,被一而再再而三地挪向了远离海边的停车场。

我关了小店,习惯地拿起挎包,匆匆来到沙滩。

我慢慢地走近海水,无望地望着一望无际的海面。斜阳像淘气的孩子,在云翳后眨眨左眼,又眨眨右眼。忽然,沙滩上来个似曾相识的女孩。她若无其事地走来,笑吟吟地披着长发,脸上扑满了金灿灿的阳光。

见鬼,是她。就是她。果真是她。

她笑吟吟地走过来,和 20 年前一模一样。还是那件泳装,还是那个女孩:看上去十七八岁,但惊讶的目光又仿佛告诉你,她的实际年龄比当初下海的时候似乎还要小些。

我们四目相对,迸出的除了惊讶,似乎还绝对有梦、有诗。

太阳一面嬉皮笑脸地俯视着我这过早花白的头颅,一面淫荡地张开双臂拥抱着穿泳装的女孩。

为了掩饰自己的惊讶或复杂,我一动不动。她走近一个少年,把挎包交到他的手里。

"麻烦照看,我一会儿就上来。"说完,她连蹦带跳扎进了海里。

我早被眼前的一切弄得目瞪口呆,呆呆地站在沙滩上,眼睁睁地看着她拖着流连的长影渐渐远去，消失在茫茫大海之中。

许久之后，我终于缓过神来，嗫嚅着对少年说："你不该就这么放她走……"

"？……"那后生嘟哝了一声。

"嗨，"我叹了口气说，"等会儿你就明白啦。"

两个小时过去了，接着太阳也慵慵懒懒地下山了。沙滩上只留下了我和少年，还有许许多多支离破碎的脚印。

"别等了。"

"关你什么事？"

"以后你就明白了，"我用略带同情又不无讥嘲的口吻对那个看上去有些无动于衷抑或灵魂出壳的年轻人说。但是我心里明白，和眼前的情景一样，那20年前的少女既不是梦，也不是幻，她实际存在。于是，我仿佛看到了时间的影子。

秋天的故事

引子

浮生梦一场，世事云千变。

是夜，夜深深不静，他憋在女厕所里，竟憋出了许多过去。

一

初秋似夏，是谓秋老虎。天沉沉的，要下雨，但似乎又根本下不下来。空气闷热黏稠，让人汗流不止，整个儿洗桑拿浴一般。

可能是空调坏了。可能不是。心情使然。心烦意乱的时候容易出汗。汗珠从每一个毛孔渗出，变成饥渴的蛙卵，在额角、胸口、腋下……蠕动。

太渴了。

有人进来了。你吓了一大跳。你竖起耳朵，屏息凝神。随后是纷乱的人声，唧唧喳喳不绝于耳。

有人在敲门。你学着女人腔，连说“有人”。

过后，人群一阵风似的拥出了厕所。

隔壁的女孩在窃笑。这些孩子，真爱胡闹，都闹到厕所里来了！

隔壁的手机响了。于是，你用小偷的速度打开水箱。

少顷，又有人走进了厕所，还压低嗓音叫了声“卿卿”。你的脑袋嗡的一声，顿时天塌地陷。你有一种缺氧的感觉。你想站起来，但很快又坐了下去。你什么都想到了，唯独没料想自己的女儿就在隔壁。

你完全茫然了。而这茫然十万分地加重了你的口渴。你终于颤抖着拿手心儿兜了一口水。又兜了一口。好多了。你忽然想起了第一次吃冰棍。那个凉。那个甜。那个解渴。那个过瘾。

那年你13岁。父亲带你进城，说是去看姑姑。早知道有个姑姑在城里，可始终不曾谋面。城里是个遥远得不着边际的地方，有点像故事里的天宫地府。打记事起，你就梦想着有朝一日也能像父亲一样进一回城。当然，做梦的不只是你一个。每当父亲天方夜谭似的重复他进城冒险的经历，一家人就听戏般地憧憬着。

姑姑病危，传递消息的电报足足走了十多天。父亲读过一年私塾，认识那么几个字。他连猜带蒙看完电报就嘀咕开了：啥叫病危？说不定是死了。死了就说死了，干吗又说病危？于是，你对老人家进言道，既然是姑姑死了，进城奔丧是理所当然的。可父亲又说了，要是没死咋办？咱不是白跑一趟吗？正这么琢磨着，第二份电报就哐当一下把父亲摔在了门槛上。那电报只有两个字：速来。

于是，他老人家就搜肠刮肚、翻箱倒柜起来，嘴里剌剌不休：这五月天。这青黄不接。这个添乱。早不死晚不死……

母亲知道他为啥犯愁，说，不就是几个盘缠吗？

你说得轻巧？几个盘缠？把你卖了？

你这叫啥话？也像是做爹的说出来的？

咋的？

你说咋的？

父亲母亲就这样你一句我一句，针尖儿对麦芒。

你早就习惯这样的生活了。争吵算是好的，打架也是常有的事。这打打闹闹不知道给生活增添了多少声响、多少色彩。问题是声响和色彩解决不了问题。后来，姐姐开腔了。她卖卖卖卖了老半天才好不容易卖出个猪字来。姐姐有点结巴，这些年又开始懂得害羞了，所以不到万不得已是不会开口的。一旦开口，就是关键词儿。

眼看就要拳脚相向的父亲母亲面面相觑。

你乘机帮腔，说，是啊，卖猪做盘缠不就得了？

帮腔不要紧，父亲顿时把气儿煞到了你身上。老人家抡起胳膊，给了你一记响亮的耳光，末了骂道，卖猪卖猪，一个个败家子儿。过年咋办？

但最后他老人家还是乖乖地把猪卖了上路。

早知道这回进城少不了你。

处处大不如前的父亲再也不能挑着三百斤的粪担或者捧着大海碗在女人面前炫耀力气和胃口了。他明摆着是未老先衰。才多大年纪，他就抽缩得小老头似的，而且愈来愈怕出远门、怕走夜路。这倒不是因为怕死。他说了，咱活都不怕，还怕那个死？是啊，活都不怕，还怕那个死吗？

可他已经好久好久不敢独自一个人出远门了。他怕。究竟怕啥，谁都不知道，他也说不清。也许是怕鬼吧。

那年月冤鬼厉鬼多多，闹鬼的事儿时有发生。就说村北小癞子的母亲张王婆吧，大白天遇着了鬼，还是个吊死鬼，披头散发悬着一柄紫巍巍的大舌头。张王婆这辈子见多了，光自个的闺女就死了仨。但吊死鬼还是头一回碰到。只见它鬼轻鬼轻的，且走且停，时隐时现。想想前面就是乱坟岗，张王婆多少有点儿心虚。她收住脚对鬼说，你有话就说，有屁就放，别吃饱了撑地跟我捉迷藏。鬼皱着眉头没吭声。张王婆起了一身鸡皮疙瘩，说，你要是再不滚开，我就喊人啦。但话音没落她就后悔了。这前不巴村后不着店的，哪儿有个人影？都怪小癞子他爹没出息，连座像样的洋灰墓都盖不起，愣把闺女们一个个埋进了乱坟岗。眼下也只有请闺女们出来帮忙了。

招娣、领娣、来娣，快出来呀！娘叫你们哪！

乱坟岗那边除了一两声野狗的哭嚎和乌鸦的聒噪，依然是一片死寂。

鬼不慌不忙，说，你是张王氏吧？她们帮不了你。

张王婆的心里咯噔一下，一股寒气从发梢逼进脊梁。她眼也花了，腿也软了，无奈中望了望天。天阴沉沉的，同样的一副可怜相。

这太阳死哪儿去了？怪不得会遇着鬼，她想。

鬼见她没了主张，就讪笑起来。那笑声有点儿像鹤唳。

张王婆放下竹篮，犹豫着从里面取出三个荞麦馒头。得了，她说，看你也是个饿鬼，拿去吃吧。

那荞麦馒头上涂鸦似的写着招娣、领娣和来娣。鬼瞥一眼，哭了。张王婆从小到老只听见过鬼哭，那哭声颇似发情野狗的哀号；却未曾亲眼目睹。

那鬼果然一把眼泪一把鼻涕，哭个没完，而且眼泪鼻涕棉絮似地飘了一地。张王婆顿时动了恻隐之心。她下意识地掸了掸身上的鬼泪，没想到那鬼泪雪花冰碴儿似的透心凉。她一激灵想起了戏文里唱的窦娥冤，于是壮壮胆说，看样子，你是个冤鬼。说吧，有什么冤屈，说出来，我给你做主。那鬼还是一个劲儿地哭泣着。地上的泪花泡沫似的越积越多，像村里的棉花房（弹棉花的是个老光棍，大半辈子住在破庙里。棉絮飘得遍地都是。老光棍从不清理，时间一久，破庙变成了大棉球，里里外外雪花似的积得又茸又厚）。张王婆被鬼哭得心都碎了。那个凄厉，那个悲伤，是她这颗普通的心万万不能承受的。她突然记起了老光棍常说的一句话：鬼怕光，更怕尿。她于是褪下裤子做了那事儿。鬼乐了，说，看来你也是个实心眼。实话跟你说了吧，这玩意儿吓吓小鬼还可以，对我不管用。听鬼这么一说，张王婆可就慌了神。鬼这才和颜悦色地掏了心窝子：你别慌，我只想请你帮个忙。

张王婆纳了闷。你不是鬼吗？鬼找人说话是因为念旧，鬼找人帮忙可是要人命的。她斩钉截铁地说，我不干。

鬼摇摇头。

张王婆突发奇想，说，要不这样吧，咱村里有个老光棍，正愁找不到媳妇呢……

嗨，男人啊，没一个好东西，鬼说。

那你想把我咋样？张王婆急了，我可是上有老下有小，没工夫陪你。

鬼又哭开了。鬼边哭边说，我已经等了三年多。你是第一个来乱坟岗的。你不知道我有多寂寞。

别的鬼呢？

早逃走了。三年多没人理没人睬，谁受得了？

张王婆心想，活人都吃不饱，就了三年大食堂，哪来的闲儿祭死人？

鬼怔怔地望着她。

那你干吗不逃生？张王婆脱口问道。

我走不了啊，鬼说，因为我念着村里的好人。要不是他们，我这个外乡人，恐怕连骨头都不剩一根了。

噢，我记起来了，你就是三年前吊死在村口大树上的……他们不是把你安顿得很深很深的吗？

是啊。不然，早成狗屎了。

该死的老混蛋，忙活了一整天，还是让吊死鬼跑出来了。张王婆忍不住在心里把老癞子臭骂一顿。

一只野狗在远处岩脊上长嚎了一声。张王婆打个寒战，颤颤地说，看在我家老癞子、小癞子殓你葬你的分上，你就饶了我吧。

鬼愕然。它望着万分惆怅的张王婆，喃喃地说，只要你帮个忙，又不是要你割舍什么。

你不是鬼吗？

鬼也有难处啊。

张王婆木讷。

做鬼难啊。

那干吗？……

你说干吗寻死？一言难尽啊。想当初，我也算是个人物，风光得很。可俗话说祸福相倚黑白无常……

你别文绉绉的，我听不懂。

听不懂就算了，反正我是走投无路才离开城里到乡下来的。你看见那条河了吗？那天过河的时候，我差点儿淹死在里面。有个溺死鬼非拉我入伙不可。幸亏我水性好，活了下来。可结果又怎么样呢？还不是鬼使神差上了吊。整个过程都仿佛是冥冥当中预先规定好的。

鬼稍事停顿，像是在哀求，又像是在游离。最后，她恳切地说，我不想害你，只求你把我背过河去。

干吗？张王婆眼看着天色抹灰了，装得很不耐烦。

把我背过河去，我不会害你的。我只想回城看看。

你干吗不早说啊。张王婆二话没说，三下五除二脱掉长裤，把它们往地上一扔，就提着裤衩下了水。鬼感动极了。

第二天，村北的小癞子在乱坟岗上找到了被野狗撕破的那条粘满了花絮的裤子。老癞子断定是老光棍做的好事。不然，哪来的这许多花絮？

好心人怕出人命，就悄悄给老光棍通风报信：棉花张，老癞子端着猎枪跟你要人来了。你还不赶紧找个地方躲起来？

老光棍生性怯懦，早吓得屁滚尿流了。他没头苍蝇似的在破庙里转了一圈，结果却啥也没舍得拿，几乎光着腚子躲进了山里。

老光棍逃之夭夭被认为是做贼心虚。老癞子端着一杆生锈的猎枪，气势汹汹，骂骂咧咧。于是左一个婊子、右一个混蛋，叫骂声持续了三天三夜。人们暗暗祈祷，祈祷那叫骂声不要惊动了阎王老爷。

你替小癞子出了个馊主意，要他拿三毛钱来买。小癞子居然答应了。

那是张王婆失踪的第四天夜里，风高月黑。你带着小蹶子、小麻子和小哑巴替小癞子望风。小癞子拿火柴点着了棉花张的破庙。火苗从门楣燃起，迅速蔓延开来。你们欢呼雀跃，远远地望着火焰越来越旺、越来越高。很快，大火窜上了天。天空映红了，火星儿随着噼啪声四处飞溅。于是欢乐变成了恐惧。救火的铜锣拼了命似的在村口敲响，男女老少担水的担水、提桶的提桶，朝破庙蜂拥而来。

你丢了魂似的逃回家去。母亲正楼上楼下忙个不亦乐乎。她摸摸这，搬搬那，不知如何是好。你吓坏了，打着哆嗦，牙齿碰得咯嘣响。母亲见你回来了，瞪大了眼睛，不认得一般。突然，她一把抓住你的衣领吼道，你找死去了？她连拖带拉地把你拽到了院子里。

天空下太阳似的，院子里红光闪闪，火星飞舞。空气充满了焦糊味儿，仿佛随时都有燃烧的可能。母亲让你站着别动，自己又翻身进屋去了。不一会儿，她老人家抱着一床被子气喘吁吁地出来，嘴里嘀咕着：老不死的，不晓得死哪里去了。这时姐姐也出来了，她张着嘴巴半天说不出话来。你知道她想问啥，就有气无力地吐出个火字来。她顿时吓了个半死，紧跟着母亲搬东西去了。

大火还在肆虐。你以为整个村子,整个世界都烧着了。

好在那场大火没伤着人,只烧掉了半座破庙和棉花张的一头老母猪。都说那老母猪是老光棍从临村偷来的,正等着下猪崽替他发大财呢。还有说得更玄乎的,比如老光棍娶不起,就只好买只母猪当婆娘喽。

你和小的们后来常幻想,要是也能买只老母猪该有多好。

人和畜生厮混那是常有的事儿。村南的三秃子就好了一头老母牛。后来,老母牛生了头没毛的小牛犊,细看还真有点像三秃子。郝寡妇也是,自己都吃不饱,倒养了一条大黄狗。那大黄对她百依百顺,结果有一次跟她黏糊上了,掰也掰不开,还是她狠了狠心,拿剪刀咔嚓一下断了狗玩意。大黄当时就没了气儿。郝寡妇哭得死去活来,两天后还是你等扒开乱坟岗上的一个古墓穴将它下的葬。你和小的们忙活了大半天。事后,你们甚至趴在土垛上痛哭起来。想当初大黄几乎是你们的一员,白天上山拾柴火,晚上下地偷萝卜,从来少不了它。临村的狗们都不是它的对手,连野狗见了它也得夹尾巴。有一阵子,不是旱就是涝,连山上的白蒿都抢没了。食堂断了炊,村里的人实在饿得没辙,就用大黄去吊发情野狗的那个胃口,馋得那些母的们整夜整夜地嗷嗷叫。几个有猎枪的汉子躲在大树上等它们上钩,还真打中了两条瘦骨嶙峋的。全村人围着两口四尺锅大吃了一顿全狗煮萝卜。

还有野人。山后闹野人就像乱坟岗闹鬼一样恐怖。因此无论下流(下游)的鹰谷庄人还是你等刘庄好汉,从没人敢翻过大山到山后走一遭的。可那年头穷极了饿极了,竟也有不怕死的。他们扛着几杆破枪到山后捉野人,结果全都是有去无回、成了野人的美味佳肴。后来,实在挨不过去,就连胆子最小的人也豁出去了。他们异想天开,选了个傻里傻气的壮汉蝈蝈刘做诱饵,想引野人上钩。他们把蝈蝈刘打扮得花枝招展,一连好几天绑在山顶大树上等野人出来。蝈蝈刘又恨又怕,从早到晚大喊大叫,果真引来了一个蓬头垢面的小野人。小野人瞅着蝈蝈刘左看右看,还没来得及靠近,就中了埋伏。他被一枪打烂了脑袋。小野人一倒下,山这边的人就蜂拥而上,他们一边放了蝈蝈刘,一边把小野人装进麻袋。

小野人被拖下山来的那天傍晚,村里热闹得像赶集。你等围着小野人打转转,觉得他除了脑袋开花,别的跟自己没啥两样。小癞子甚至羡慕小野人毛多玩意儿大,说一准和你一样,是个领头的。当晚,大伙儿就用食堂的大灶把小野人给烹吃了。

午夜时分,又来了两个野人,他们在半山腰觅死觅活大吼大叫,闹得全村人六神不宁。第二天一早，人们举着猎枪前去捉拿时，发现他们已经双双跳崖自尽了。于是，人们毫不留情地剥去他们裹在身上的兽皮，然后煺毛开膛，炖而食之。味道好极了。

可惜大火把棉花张的猪烧成了焦炭，不然大伙儿又可以美餐一顿了。

救火的人正在为吃不到老母猪而惋惜，倒在河里捞着了张王婆的尸体。

张王婆的尸体气吹得一般，鼓胀得像头大海豚，连衣服都撑破了。披头散发的尸体直挺挺地横在河边临时搭架的草棚里，脚下燃着权做长明灯的松脂。小癞子和他的两个姐姐都没有哭。可能是因为张王婆死得太难看，也可能是因为张王婆死得太莫名其妙，以至于谁也生不出眼泪来了。老癞子坐在沙滩上抽土烟，那烟味儿和松脂味儿夹在一起，使人想起了刚刚扑灭的那场惊心动魄的大火。第二天，有人在张王婆的脖子上发现了一根细绳儿，这就引起了大伙儿的许多猜疑。

张王婆的脖子上怎么会有细绳儿的呢？难道是有人把她勒死后扔进河里的？人们议论纷纷，什么邪乎的话都说出来了。

最初的话题多半集中在棉花张和村里的鳏夫光棍身上，但后来还是吊死鬼的传说占了上风。因为老癞子实在听不下去了，说他认得那根绳子，是三年前那个吊死鬼用过的。谁都知道那是城里人常用的那种裤腰带，跟乡下人用的粗麻绳不可同日而语。但问题是吊死鬼咋又把张王婆弄到河里去了呢？于是有人想起了多年前的那个溺死鬼翠翠。

翠翠是蔫谷庄的，村里的瞎老太婆见她长得有鼻子有眼的，怜惜她，把她留在家里，说是要给她找婆家。消息一传开，全村的女人来了劲儿。鳏夫光棍更是远远地在相互戏言和你推我攘中骚动起来。

小的们挤在水泄不通的吴老太婆家里凑热闹。小麻子和小蹶子恨自己太小，没戏。你憋着一泡尿，挤出来方便。小哑巴以为你又有啥馊主意了，就跟着挤了出来。可就一泡尿的工夫，翠翠被人领走了。

晌午，全村闹忙起来。刘生根娶翠翠了。

小的们和村里的老光棍、老鳏夫一样，羡慕得不得了，就常在刘生根家门口学着瞎老太婆和翠翠的话，撒尿和泥过家家：

闺女啊，你叫啥来着？/楚翠翠。

是哪庄的？/蔫谷庄的。

今年贵庚多少啊？/十五了。

可学着学着就听到了哭声。生根欺负翠翠哪。

都说男人欺负女人，然后就会生娃。人们猜生根正欺负翠翠呢。后来听说那小子嫌老婆太瘦，不会生养；还听说翠翠早被人那个了；甚至听说翠翠原是幽闭了的，自然不会生养。幽闭这个词肯定是镇里的王先生说出来的，因为只有他说得出这样无人懂得的斯文话。小的们不懂啥叫幽闭，又不敢问。于是幽闭成了大伙儿的一个结，谁都拿它开下流得解不得的玩笑。

直到进了学堂，你才借助于《辞海》找到了这个词，但结果还是不甚了了。你猜想她只是太瘦，丧失了生育能力而已，和所谓的宫刑、割礼毫不相干。皆因她长得那个细皮嫩肉的美，而且不苟言笑，你还想象她可能是古代的哪位贞妇转世，不是贞妇至少也是烈女，当然不会跟刘生根那样没水准的人苟且。奇怪的是，瞎老太婆这么能掐会算，却居然没有想到这一点。

翠翠死后，大家才知道原来她就是从小卖给三十里外镇上有名的吴老太做使女的那个传奇人物。听说那个吴老太是出了名的骄奢淫逸，年轻那会儿仗着有钱养了好几个小子，专吃他们的。世道变了，她怕得要命，就打发那些人去了能去的地方，然后拿三十斤谷子收了翠翠做养女。翠翠是她晚年的唯一，白天寸步不离地伺候她买菜做饭诵经念佛，晚上同床共枕还因为隐秘处塞满了她的早餐而憋得满肚子疼痛。据说那是按照啥宫廷秘方制作滋阴果，日久天长，把个玉洁冰清水灵透亮的翠翠做干瘪了。但吴老太还是没能长生不老，满脸的皱纹也是山沟似的一道深似一道。当然，话又说回来了，老太太究竟活了多大岁数，怕是没人能说得清。反正她已经活了很久很久，而且最后是在毫无痛苦的睡眠中死去的。吴老太归西后翠翠连夜逃回了蔫谷庄。她爹她娘说宁可她饿死，也不想再见到她。丢人！

你想翠翠是无辜的。她准以为做使女的就该那样。可别人不那么看。她死后，大伙儿又添油加醋地把她说成了小妖精。小的们跟着瞎起哄，你听了却是另一番滋味。人言可畏啊。

翠翠投河自尽之前，世上没有任何征兆。之后也是。

那天，你山大王似的带着小的们在河里嬉戏。天气热，你们一个个没事儿就往水里钻。钻着钻着，你们就一头撞进了她的怀里。

那时节河水澄澈澄澈的，可以睁着眼睛在河底追逐。你们在小鱼旁游来游去，看着狡猾的泥鳅钻进沙土、懒散的水蛇在光洁的卵石边磨磨蹭蹭。

在水下睁着眼睛看事物，就像是拿着放大镜。翠翠膨胀的躯体胜过了水牛。那是你们有生以来头一回看到死人，她比所有传说中的僵尸厉鬼加在一起还要可怕。她飘动着散发，两眼瞪得跟鲜荔枝似的，从头到脚浑圆惨白，手指像嘣脆的萝卜。

在翠翠停尸沙滩准备安葬的那个晌午，娘家来人了。他们浩浩荡荡，全都披麻戴孝，手持猎枪。他们闯进刘家，不分青红皂白就拆桌子砸锅，还口口声声要刘生根抵命。生根早躲起来了。翠翠的娘家人就拿老刘头出气，把他打了个半死。眼看又要出人命了，街坊邻居劝的劝求的求，只差集体下跪了。可翠翠的娘家人还是不依不饶。生根在山上躲了两天，饿得实在受不了了，说横竖是个死，不如拼他个你死我活，但刚下山就被埋伏在村口的蔫谷庄人给擒住了。他们拳脚并使，将他痛打一顿，末了再用猎枪顶着他的后脑勺，逼他把翠翠背回家去。这可要了他的命。想他原本瘦小，一顿拳脚下来更是走路都打飘，哪里背得动那个庞然大物。生根的三妹最机灵，她哆哆嗦嗦地跟吓瘫了的老爹嘟哝几句，然后就悄悄溜出了村。她撑船越过沼泽地，请来了镇上的公安。

小哑巴从张王婆脖子上的那根绳子联想到了杀猪煺毛的情景。小蹶子说人肉一定很好吃，他说这话的时候还直咽口水。小麻子看尸体看得眼睛都直了，他说小癞子他娘活着的时候没这么白嫩、也没这么可人。

你知道小蹶子在想什么。他属于那种见了有点姿色的女人就要想入非非的男人。不过他实在无法相信小蹶子甚至会对尸体产生欲望。

你怕死人，但愈怕愈想看，愈看愈害怕。

蔫谷庄的娘家人逼着刘生根做了三天三夜的道场，翠翠的尸体就在刘家挺了三天三夜。人们进进出出，跟赶集似的。那个闹忙！

大家都相信死人是因为厉鬼偷抢了魂魄，所以做道场首先要招魂喊魄。你爹和扮成道士的村民在翠翠身边点燃松脂，再拿旧报纸剪出些许纸钱，然后一个个手持柴刀菜刀在地上拼命拍打。他们一边用刀面拍打地面，一边用权作米粒的砻糠往四处泼撒，口中念念有词：东边米，西边米，南边米，北边米，四面八方米。米落地，神人起，刀响一声魂魄齐。翠翠楚，楚翠翠，同年归来兮。请来九天玄女、王母六娘、洪山教主，追番翠翠归来兮。猫儿老鼠吓惊起，飞禽走兽吓惊起，风雨雷电吓惊起，天方地圆吓惊起，小姑小叔吓惊起，外婆外公吓惊起，童男童女吓惊起，老夫老妻吓惊起，善鬼恶鬼吓惊起，翠翠魂魄归来兮……道士们不厌其烦地喊了两天两夜，小的们就奉陪了两天两夜。据说这样可以让魂魄提前复归。准是为了接引看不见摸不着的魂魄，你想，你娘和几个要好的女人才不得不扮成接煞的巫婆，坐在沙滩上用石子排列八卦阵推算日期。到了第三天晌午，其中一个巫婆突然惊起说，它来了。于是，假道士们用临时借来的几面红旗指着不同的方向。这时，刘家人抬出一座纸扎的彩亭，跪请翠翠的魂魄归来。可是翠翠的娘家人不干了，说是刘家人在跟他们打马虎眼。依干支推算，他们断定翠翠的魂魄得二九一十八天才能来复。刘家人无奈，只好请假道士假巫婆继续喊魂接煞。全村人都累乏得不行了，只好轮班作业。

到了第四天，尸体开始腐烂，发出了闻所未闻的恶臭。小的们和蔫谷庄的孩子们成了好朋友，一个个扮成招魂伴魂的小鬼，捂着鼻子在沙滩上你追我攘跑来跑去，高兴得像过节。

公安实在看不下去了，对蔫谷庄的人说，你们东西也砸了，道场也做了，乡亲们都证明翠翠是遇着鬼了，跟刘生根没啥关系，现在她的魂魄该回来了，我看还是赶紧殓了吧。

蔫谷庄的人先是非亲眼看着刘家人厚葬了翠翠不可，但后来还是被挡不住的恶臭给赶跑了。

蔫谷庄的人一撤，刘生根就用草席包了翠翠，请四个年轻力壮的把她抬到了乱坟岗。从此往后，这乱坟岗就一直散发着翠翠的味道。

第二年，刘生根莫名其妙地害了不知叫啥病。那时节他中了邪似的想翠翠，结果有一天独自爬上山去给翠翠上坟。天晓得他在乱坟岗上干了些什么。反正回家之后就丢了魂。一命呜呼的那天正好是翠翠的周年。晌午，蔫谷庄的老老小小敲锣打鼓而来，那个浩荡！庄里的人正替刘家操办后事呢，见那架势、那阵容，无不胆战心惊。

的确，蔫谷庄的人原本就是来找茬的。有消息灵通人士透露，他们甚至打定了主意，非活埋了刘生根不可。没想到刘生根这一死，倒使他们进退两难了。后来老人们在一起商量，说既然他俩在世时没做成长久夫妻，不如让他们同葬一墓，也许来世可以凑对。蔫谷庄人居然同意了。在他们看来，让新鬼刘生根陪葬是件既体面又划算的事情。但事情总是越弄越复杂。首先是两庄的孩子成了朋友，再没往常不期然遭遇时的龇牙咧嘴。最后葬礼变成了婚礼，变成了节日。两庄人敲敲打打，浩浩荡荡，其热闹程度也许只有传说中超度项羽和虞姬的盛典可以媲美。

俗话说，百闻不如一见。翠翠的那个死相深深地印在了你的脑海里，使你对所有的死人及其鬼魂产生了敬畏之情。打那以后，你轻易不去乱坟岗，即使非去不可，也总要带上大黄和小的们。大黄每到乱坟岗就狂吠不止。老人们说，那是因为它见着鬼了。可你们并没有见着。老人们又说，狗有夜视眼，你们有吗？再说了，狗鼻子多灵！

宁可信其有，不可信其无；况且大黄真的是嗅觉灵敏、目光锐利，而且极通人性。问题是大黄一死，就再没人家养狗了，方圆十几里鬼静鬼静的。有一天，小哑巴突发奇想，他咿咿呀呀比画了老半天，意思说狗心是土做的，死狗躺在地上会自己活过来，偷偷溜走。于是，你想起了埋在土里的大黄，便和小哑巴一起去了乱坟岗。你们花了九牛二虎之力，好不易挖开埋葬大黄的土堆，结果却发现大黄不见了。小哑巴瞪大眼睛张大嘴巴哦个不停，意思是说，没错吧？你长了个心眼儿，问他咋知道狗心是土做的。他比画说是听说的。

谁说的？你问。

他比画说是他老爹。

啥时候？你又问。

他比画说是大清早。

是你亲耳听见的？你继续问。

小哑巴点点头。

你说，你老爹不是又聋又哑的哑巴吗？

他愣住了，满脸绯红。

你觉得这事有点蹊跷，还想问个究竟，可小哑巴不耐烦了。

在所有小的们中，小哑巴个性最强，同时也最耿直。小蹶子、小癞子和小麻子都是你强横地用拳头征服的，唯独小哑巴软硬不吃，是情不自禁。

小的们嚷嚷起来，非逼他说个究竟。可你不想使他为难，就点点头说，明白了。小哑巴最佩服你的就是这一点：明白得像个大人。其实你啥也不明白。

既然是大黄不见了，就得想法子去寻找，最后你对小的们这么说。

寻找大黄成了当务之急。你们分头找了好几家，结果都是一问三不知。

到寡妇家看看，小蹶子建议说。

自从没了大黄，郝寡妇一下子苍老了许多。听说大黄不见了，她先是以为你们要拿她开玩笑，后来发现你们特真诚，而且说得有板有眼的，就抽噎开了：这叫啥世道，鸡鸭猪牛羊吃个精光，连只狗也不放过。杀千刀的！

小麻子不知趣，嗫嚅说，拿我们开什么涮？不是你把它弄死的吗？

放屁！郝寡妇骂道。

你一边回想老光棍议论郝寡妇的那个眉飞色舞，一边示意小麻子赶紧打住。岂知郝寡妇抬手给了他一巴掌，清脆得没话说；然后操起扫帚便要扫射，吓得你们魂飞魄散、拔腿就跑。小麻子半边脸涨得通红，嘴巴一撇一撇的，像是在不住地嘟囔。

在郝寡妇那里讨了个没趣，大家耷拉着脑袋正溜达呢，老哑巴没声没响地追上来，拽了小哑巴就走。

小蹶子一跺脚，歪斜着身体哼了一声。

小麻子也哼哼唧唧，说，啥玩意儿。有啥了不起。贼眉鼠眼的。

小癞子突然想起一件事来，说昨晚他爹跟老哑巴和老光棍他们在一块儿嘀嘀咕咕，好像是在商量啥要紧的事儿。

会不会跟大黄有关？小麻子忽然这么问。

小癞子摇摇头，说，不知道。

你并没有吭声，但猜想小哑巴会知道你在想啥。你在想村里的男人除了在一块儿戏说男人女人，就是合伙儿商量打牙祭。说男人女人他们从来都是声大为快，用不着嘀嘀咕咕。所以肯定是合计打牙祭的事儿。可眼下方圆百里荒得连只耗子都见不到，哪儿来的牙祭打？难道是他们吃了大黄？你这么想着，竟计上心来，对小的们说，咱悄悄地盯住老哑巴。

老哑巴把小哑巴拽到村口咿咿唔唔手舞足蹈一番，就和他分道扬镳了。你们目送小哑巴哭丧着脸回了家，老哑巴却直奔棉花张的破庙而去。

果然，大黄成了盘中餐。十几个男人正围着一口大铁锅狼吞虎咽。

你们顿时惊呆了。大黄几乎是方圆唯一既有灵性又有情谊的生命了，而且救过全村人的命，他们咋咽得下去？

棉花张的嘴里塞满了狗肉，其他人也一样。他们就像是一群抢食尸体的饿狼。

有人怪自己吃得慢，说，早知这样，不如一个人单干。

别人恼了，说，你一个人能行吗？咱这么多人都没整死它。

那个人继续强词夺理，谁说的？最后不还是玩完了？

另一个说，还不是全靠我的那一剪刀？

棉花张突然哈哈大笑起来，说，你那还不是因为吃它的醋。

小哑巴的父亲老哑巴，绰号呆聋狗子，突然察觉了啥。他转过身来，瞪大眼睛啊啊开了。其他人警觉起来，纷纷朝门口张望。老哑巴乘机偷了一块狗肉揣在怀里。

你们撒腿便跑。

你们一口气跑到村口大树下，在树皮上刻下了一朵似是而非的棉花和许多个大叉叉，算是记下了这笔深仇大恨，紧接着就爬上树去捉迷藏。你们用衣裳蒙住一个人的眼睛，其他人在树枝上学猴子腾挪嬉戏，直至有人被他捉住，然后换一下角色重新开始。过去生活比较丰裕的时候，你们常拿家里的任何东西做赌注，小到一针一线，大到一猫一狗。有一次小癞子输惨了，说要拿自个儿下注，结果竟输给了小麻子。小麻子可能觉得像小癞子这样的人有点儿留之无用弃之可惜，竟异想天开，说，我要你娘。这下可把小癞子给气坏了，他像怒猴似的扑向对手，结果一脚踩空摔了下来，落得个鼻青脸肿。

然而小麻子是当真的，他以为赢家有权选择。

眼下家家户户没了自留地，一到黄昏就工人似的敲锣收工。磨了一天洋工的人们聚集在一起聊大天。女人月下说狐，男人吹灯谈鬼，昏天黑地，结果便是使单调变成复调的想入非非。小麻子这些年眼看着长成了大小孩，但凡有热闹就往里面凑，尤其是见了张王婆，不仅眼珠子滴溜转，还会想方设法往前挤。挤着挤着就会有人在一惊一乍中吹灯做鬼，于是男人女人乱作一团，啥事都可能发生。

每到这时，你们会逃之夭夭，唯独小麻子不拘牵。他会跟着别的男人女人浑水摸鱼。很快他便摸出了甜头和水准。

貌似寻欢的这种游戏往往以痛苦告终。第二天，不是东家老婆挨揍，就是西家媳妇被打。然后是东家老婆招了西家兄弟，西家媳妇供出东家公公，弄得鸡飞狗跳、人人自卫。

你渐渐向往起鬼魅世界来，觉得做鬼比做人好。鬼有诸多人所不及的好处，还有各家各户省吃俭用、偷东挖西悄悄供奉的食物。当然最重要的是鬼有神通。你想，你只有做了鬼，才能摆脱这一切。于是你幻想有朝一日到阎王老子那儿去报到的情景，还有翠翠……

这个有始无终的美梦，居然把你从乡下带到了城里。

二

女儿在隔壁，却并非为了如厕。她正在和几个女生窃窃私语。

你跟你爹揣了卖猪钱动身起程的那个早晨，小癞子他们照例在村口大树上捉迷藏。你用炫耀的口吻说要进城，小麻子顿时扒掉蒙在眼睛上的裤衩，从树上跳了下来。他把你叫到一边，说是有一个老大的秘密要告诉你。那是个难以置信的故事。他说是他杀死了小癞子他娘。

为啥？

为馒头，为她。

就为了两个馒头和一个大势已去的半老徐娘？你心想，值得吗？

他似乎看出了啥，说，本来只想要逗逗她，不想她当真了。

你一直认为小麻子在撒谎。自从那次赢了小癞子一把，他就噩梦缠身，时常梦见自己脱光了衣服和张王婆睡觉。虽说惊醒后免不了自我奋斗一番，以便使噩梦迅速转化为美梦，但怜香惜玉的情怀却与日俱增。嗨，一朵鲜花插在了牛粪上，当他不得不提到张王婆的时候，总这么说。

是我害了她，他抽噎起来。

一定是你噩梦做多了，昏了头，你安慰他说。

真的。是我。是我不好。我不该把做梦的事告诉棉花张的。

这跟棉花张有啥关系？你问。

谁说没关系？棉花张坏透了，说女人都喜欢那个，不信你试试。我说我不敢。他说他帮我。结果……

结果是没有结果。

你爹跑来了，催命似的嚷嚷着，说再不走就晚了。

你只好小大人似的同小麻子握了握手，然后朝猴子般远远望着你们的小癞子、小蹶子和小哑巴招招手，说："我会想你们的。"后来你想，你的那句"我会想你们的"似有一种生离死别的惨然；而小麻子所以把这么重要的事情告诉你一个人，则可能是因为已然把进城当成了上天。

当时，你还是个多愁善感的少年。在长达十几天的旅行中，你居然对身后的村子产生了莫名其妙的眷恋。但是那里的一切云障雾蔽似的模糊起来，透着神奇和阴郁：河面宽了，河水深了；青山高了，树林密了；女人漂亮了，而且大都透着一股子妖气；唯独小的们愈来愈小。他们哭丧着脸，在村口的大树上捉迷藏或者做"小孩抱公鸡——公鸡啄蜜蜂——蜜蜂叮猎人——猎人扛长枪——长枪打老虎——老虎吃小孩"之类毫无乐趣的游戏；因为芝麻绿豆般的小事吵架，为了一句似是而非的傻话动手，最后不欢而散。

为了尽量记住这身后的一切，你学会了没完没了地睁着眼睛做梦。在你少年的印象里，城里是可以随便做梦的地方或者它原本就是一个梦。首先，你总是把城里的姑娘和儿时熟识的花鬼狐仙联系在一起。在你看来，她们特神秘，也特漂亮，都像翠翠和吊死鬼，惨白惨白的，透着一股子妖气。

翠翠在三十里外镇生活了好几年。那里是准城里，你只是在孩提时代去过一次，啥也不记得了。对它的了解来自很多传说，其中就有关于翠翠和那个说她幽闭了的王先生的许多传说。你猜王先生一定鹤发童颜像个太上老君，不然怎么会知道翠翠的秘密。

而吊死鬼来自城里更是无可辩驳的事实。根据之一是她的那条裤带。

当然,她因为死亡而变得更加洁白的身体也证明她曾经是一个冰清玉洁、妩媚动人的女子。棉花张在众人面前夸耀说,他完全有胆量跟这么漂亮的死人睡觉。你爹不信,打赌说,要是棉花张敢把她背回家去睡一宿,殓葬的事儿就由他一个人包了。在一片哄然和嘲笑声中,棉花张居然真地背起了尸体。他费劲地回过头来说,这娘们真不轻,身上还有体温呢。

别人打趣说,没准儿还能活过来,正好给你当老婆。

棉花张好像真地动了心。他放下尸体,用力解开还勒在她脖子上的半根带子,然后小心翼翼地将她紫巍巍的舌头塞进嘴里。那尸体顿时换了一副面目:她安详地躺在地上,可人得像个仙女。男人们贪婪地看着她和棉花张,嫉妒得不得了,后悔先前咋就少了这点儿胆量和眼力。棉花张被突如其来的艳福乐昏了头,背起尸体就走,生怕被人抢了先。

村里的女人知道了,说老光棍欺侮死人不但自己会折寿,还可能连累别人,给整个村子带来不幸。她们纷纷奉劝自己的男人出面阻止。他们都乐得奉命,从来没有这么听话过。你们也跟了去,但半道上就被轰了回来。大人们说,吊死鬼专门欺侮小孩。

听说棉花张和村里的男人从吊死鬼的口袋里找到一张纸条,还在她的舌苔上看到了嚼烂的树叶。残汁流出来溢着兰香在破庙里飘荡了好几天。

至于那晚究竟发生了啥,你们一无所知。但结果是,老癞子成了殓葬吊死鬼的冤大头。他为了不让张王婆知道,背着她取走了家里的一袋荞麦面粉、四个鸭蛋和一条线毯。孩子们看在小癞子的分上,跟着从家里偷出了一些物件。有的还不期然地得到了父亲的帮助,比如你。小麻子的贡献则干脆是他爹老麻子的一个烟荷包和准备替老老麻子造坟的两袋400号洋灰。这样,殓葬无名尸最终成了全村男人义不容辞的活计。当然,由于女人们的干涉,无名尸并没能享受洋灰墓的优厚待遇,而是被埋在了乱坟岗。

实际上,乱坟岗的历史比村北的墓地要悠久得多。早在汉魏六朝时期,那里就已经是方圆百里有名的风水宝地。盖因它是一座金字塔型山峰,突兀地镶嵌在不知是什么山脉的南端。一条宽阔古老的河流在它的脚下打一个弯儿,自西南折向东南而去。山峰的正北层峦叠嶂,正南是河流及其对面没有生命迹象的一马平川和一望无际的沼泽与芦塘。芦塘的尽头就是三十里外镇和许许多多的城市。据说当初楚汉大战,霸王项羽败北,但并未自刭而葬谷城。手下将士为了保全他和虞姬,遂同他们互换装束并掩护出逃。后来,霸王和虞姬隐姓埋名,流落至此,成了蔫谷庄所有楚姓的源头。这样一来,霸王和虞姬双双安息在乱坟岗的秦砖汉瓦堆中是确凿无疑的。

你生长在乱坟岗西南角的一个自然村，村里多刘姓人家，故俗称刘庄；五里外的蔫谷庄则非常对称地坐落在东南角。蔫谷庄自古以来以楚姓为主，自称楚庄。两村素无交往。而且，为使自己的亲人死后不与来自蔫谷庄的鬼魂为伍，多年来就有一些人家在村北修起了牢不可破的坟墓。此外，乱坟岗的神秘与可怕在于传说中的霸王墓。虽说它查无实证，而且墓穴坍塌、白骨嶙峋，但墓壁上的彩画依然鲜活如新。

吊死鬼、翠翠和所有脸色苍白的城里姑娘都使你联想到传说中的虞姬。

姑姑也是个脸色惨白的女人，虽然实际年龄在五十岁以上，可看上去却比你姐还年轻。

姑姑见到你们的头一句话是，你们怎么来了？

奇怪，不是你叫我们速来的吗？你和爹都这么想，却谁也没有说出来。

我已经好了。阎王爷不要我。你们既然来了，就好好玩两天。不容易。我们有十几年没见面了吧？

你爹点点头，老实得像孙子。

我记得那年你二十七，怎么转眼就老迈成这样了？

乡下苦，你爹嗫嚅着，两眼很不自在地盯着姑姑的脚尖。

姑姑本能地看了看自己的脚尖，说，这孩子多大了？

虚岁十五了，你爹回说。

你怎么不说话？是哑巴吗？

不是，你爹又照实回答。

你依然一声不响地杵在一边。你看得出来，姑姑在心里骂你乡巴佬。

但是，让你始料不及的是她居然看中了你这个乡巴佬，说，一个人在城里孤苦伶仃的，就叫他留下来陪我吧。再说他也该上学读书。我们刘家就这么一棵独苗。

爹答应了。你猜他不敢不答应。

一个月后，你终于背着书包上学了，跟七八岁的孩子在一起，延续着本该结束的童年。

虽说你长得矮小，在一群七八岁的娃娃中间倒也不算扎眼，可同学们还是特别注意你，给你起了个绰号，叫大黑子。

姑姑除了让你做家务，平时很少答理你。你不明白她为啥只有一只大花猫却没有老公和儿女。你想她一定是郝寡妇一类的女人。有一天，你和余毛毛在放学回家的路上相遇，他神神秘秘地告诉你说，你姑姑是个坏女人。你听了不但没生气，反而觉得很高兴。这使他非常奇怪。他愣愣地看着你，半天说不说话来。后来，你们成了好朋友，尽管他比你整整多背了十年书包。

且说余毛毛比你多背了十年书包，但实际年龄却只大你两岁。一天，眼看就要升中学了，说要教你做一些城里人该做的事，他掏出一元二角钱来让你去买卫生带。你不知道啥叫卫生带。他说卫生带就是大口罩，就是城里人戴在嘴上的那种。你说，我见过，有时候我姑姑出门也戴那玩意儿。

他说，对了，对了，就是那玩意儿。

他怕你忘了，又在你手心里写了三个字。

你拿着他的钱跑到百货商店，到处打听卫生带。凡人听了都奇怪地窃笑。你以为他们觉得乡下人不配戴那玩意儿，原本就有几分不快，加上天气热、出汗多，浑身不自在。可你又是个犟脾气，心想，凭吗你们戴得，我戴不得？你转身出了那家百货商店，一溜小跑赶到市中心，照着余毛毛写在你手心里的三个字逐店找去，终于在一家杂货铺找到了那东西。你指指橱窗里的东西，对售货员说，我要这个。

售货员是个十七八岁的姑娘，她看看你，又看看卫生带，尴尬地笑了笑，问，是这个？

你回说，是的，卫生带。

她又怀疑地追问一句，是卫生带？

你肯定地点点头，说，是的，卫生带，大口罩。

姑娘忍俊不禁。

你急了，说，你到底卖不卖？

她笑得更欢了，招来了一群围观者。他们交头接耳，嬉皮笑脸。但最终你和姑娘还是一手交钱，一手交货，各得其所了。

这件事很快成了全校高年级学生的笑柄，但你却不知道有啥可笑。

姑姑听说了，把你劈头盖脸地痛骂一顿，末了还警告说，你毛病够多得了，不可以再跟毛毛这样的小坏蛋做朋友。

你当天就把姑姑的话告诉了余毛毛。余毛毛急了，说，你姑姑是个淫荡的女人。你不懂啥叫淫荡。他说，淫荡就是坏的意思。他怕我不信，竟信誓旦旦起来，说，不信你问你姑，她不是说我坏吗？你问她，我余毛毛淫荡不淫荡？她要说不，你就甭信。你当然没问。自打姑姑把你和你爹生生地拆开那一刻起，你就注定跟她有了隔阂。那天，你眼睁睁地看着你爹离去，心里涌动着多少不舍。你爹也是。虽说他老人家这辈子从未关心过你，你的存在与否似乎从来不在他老的视线之内，临走倒老泪横流地抽噎开了。可姑姑连一句挽留的话都没有。你默默地把爹送上公共汽车，他老人家趴在窗口不住地向你招手。你跟着汽车跑啊跑啊，直到它完全消失。你耷拉着脑袋在大街上苦涩地往回走，一次次不自觉地转过头去，巴望载着你爹的公共汽车会神奇地倒退到你的身边。可是没有。你气愤地踢着地上的石子，不想石子飞起来砸在了行人脸上。你只听见喔唷一声，一位女士捂着脸在不远处站住了。你不清楚发生了什么，但下意识地拔腿就跑。有人追了上来，你跑得更快了。当你跑回家时，姑姑像是良心发现，给你准备了一桶热水。不一会儿，好管闲事的几个城里人带着受伤的女士追到了家里。他们呜里哇啦大嚷一气。姑姑气急败坏，揪着你的头发就是一记响亮得回声四溢的巴掌，打得你两眼直冒泡。她还左一个没事找事的乡巴佬、右一个没事找事的坏孩子，骂得唾沫星子飞溅，压根儿没有理会那位女士。女士看不过去了，揉揉腮帮子说，孩子不懂事，教训两句也就可以了，用不着指桑骂槐大动肝火。姑姑朝她翻翻白眼，总算住了嘴。你这才拿余波偷瞄了那位女士一眼，只见她有鼻子有眼的毫无损伤。你真希望她的哪个腮帮子肿得大大的，破坏了美丽的对称。那女士好像看出了你的心思，假惺惺地摸摸你的脑袋，摇摇头，长叹一声后走了。姑姑顺着她和那些好管闲事的城里人的背影，看到了躲在门口偷觑的余毛毛。她顿时火从中来，转身又给了你一巴掌。余毛毛朝你做了个鬼脸，然后伸伸舌头溜走了。那是你第一次见到余毛毛。

余毛毛的首次出现并没有给你留下特别的印象，倒是那位女士的无奈的叹息和煞白成了你幻想的作料。在你的脑海里，她的形象模糊起来，仿佛正穿越思维的黑暗隧道，从此在走向彼在。渐渐地，你只能听到她因为你的无意和淘气而发出的那一声叹息，却再也无法回忆她的准确容貌。相反，翠翠和吊死鬼的形象愈来愈清晰、愈来愈与那位女士的相貌合而为一。

你再一次见到那位女士是在半年后的家长会上。那天姑姑破例参加，竟与之坐在了一起。女士认出了姑姑，假装很有风度地朝她笑笑。姑姑也想起来了，不尴不尬地点了点头。

你和同学们坐在教室的两边，看到姑姑和旁边的家长一胖一瘦形成了鲜明的对比，就忍不住多看了几眼。这一看不要紧，却一下拂去了覆盖记忆的尘埃。你想起来了。你发现她比半年前更白净、更漂亮，于是也更像翠翠和吊死鬼了。她语气温和、很有文化的样子，还一连向老师提了好几个建议。有同学拼命给她鼓掌，她也投桃报李朝他们微微地挤了挤眼睛。那表情妖冶极了。

余毛毛曾经拿她开玩笑，说，你们班那个小妖精的妈妈美极了。当时你只知道他说的小妖精是谁，却不知道她妈妈就是被你偶然用脚一石子击中的那位女士。余毛毛每次提到她都厚颜无耻，说，一个男人要能同时守着你姑姑这样的一个胖嘟嘟和小妖精妈妈这样的苗苗条，就好了。

余毛毛对姑姑多有不敬。这是一种令人费解的情感。你知道他当初逃学时经常躲在姑姑家里，目睹了姑姑的一些隐秘。他说，你姑姑滑得像凉粉，或者，你姑姑白得像雪人。你从他嘴里得知，姑夫去世后姑姑辞去公职，寡居在家；寂寞了，就随便拉人进来；最不济的时候，也还有他余毛毛在，或者小猫小狗陪着。这样，你就更有理由把她和郝寡妇联系在一起了。寡妇门前是非多嘛！

奇怪的是，余毛毛的故事虽然使你浑身不舒服，但同时又像吃了兴奋剂似的燎心燎肺。

你对世界改变看法，基本上就是从那个时候开始的。你除了一如既往地容忍姑姑，还变本加厉地学会了迁就女生。有一天，那个被余毛毛称为小妖精的女生在去操场的路上不小心踩了你一脚，你居然朝她笑了笑，丝毫不与介意。学校每天早上要做升旗仪式，你们拥到操场上行注目礼。在整个五分钟过程中，她目光滞呆、神色黯然。你以为她很内疚，就朝她多瞥了几下，结果被指挥鼓号队的音乐老师看见了。他恶狠狠地瞪了你好几眼。

偏偏之后又是音乐课，老师存心看你出洋相，点了名要你唱歌给大家听。你哪会唱歌啊？同学们无不跟着瞎起哄，你知道不唱是绝下不了台的，只好搜索枯肠，记起了你娘她们扮巫婆接煞时哼过的：

延客已曛黑，张灯启重门。暖汤濯我足，剪纸招我魂。

同学们哄堂大笑，说，这是什么啊？老实说，你也不知道自己唱的啥。老师听了，使劲儿皱了皱眉头，说，我怎么听着像小和尚念经啊。你支吾半天，告诉他是招魂曲。同学们笑得更欢了。可老师从牙缝里挤出来的两个字吓住了大家。他义正词严声色俱厉地说，迷信！老师紧接着把你从头到脚从脚到头淋淋漓漓地臭骂一通。你忍不住还了句淫荡。这还了得？他愤怒至极，一把揪住你的衣领，将你拽到了办公室。他先是当众数落一番，然后强迫你重复唱过的小曲儿。你哭着嗓门照办了。还是语文老师有学问，他蓦然想起了啥，说，这好像是杜子美的《彭衙行》。听说是杜甫的啥东西，老师们肃然起敬的目光唰的就扫射了过来。

刚升初三的余毛毛对你说，那个音乐老师是有名的色鬼，早晚得把小妖精的肚子给睡大罗。

你已经长成大小孩，个子当不在小麻子之下，但对余毛毛的话还常常似懂非懂一知半解。他装着很不情愿的样子似是而非地解释一番，而后总是极不耐烦地把皮球踢给你姑姑，说，问你姑姑。

久而久之，问你姑姑成了他的一句口头禅。每当夜幕降临，他总要找个借口不邀自来。假如遇到姑姑正在酒酣耳热之际，他也会讨杯酒喝，然后乘着酒兴、壮着酒胆与姑姑打情骂俏，或者意闲气逸地侃侃而谈、豪侠尚义地朗吟而起。姑姑在咯咯的佯笑中一再吩咐你干这干那。你忙里忙外，听到的片言只语多半是他俩的曾经。偶尔也能侧耳听到一点他们关于某某邻居、某某老师的不着边际的议论，但你绝插不上嘴。你没有他们的背景和语境。于是，你常想，他们和他们的故事咋就跟村里的鬼故事一个样儿呢？

余毛毛说着说着就说到了你姑夫。

姑姑敛起笑容，说，走了也好，省得吃杨树叶充饥。

余毛毛拍拍她的肩膀，颇有男子气地说，不也过来了？

你说得倒轻巧，忘了饿得嗷嗷叫、跑这儿来讨饭吃了？

那也是您需要啊。您忘了那个怕？没我作陪，您吃得下、睡得香吗？

后面的话实在不堪入耳。我推想当初姑姑也是搂着他才能入睡的。即便如此，她也还会半夜惊醒，嘟哝出些谵语梦呓。你猜姑夫的身世并不简单，不然咋会住这么大的宅子、娶姑姑这么一个母夜叉？有一天，趁姑姑不在家，你打开了一只藏着内衣的箱子，看到了几根似曾相识的裤带。这些裤带使你的思绪打了结。以前，你每天夜里替姑姑捂热被窝，然后侧眼看着姑姑把解下的裤子搭在床头上，心里总有些不祥的预感；这回猛然想起了吊死鬼，再把吊死鬼和姑夫的故事联系在一起，就兀自起了一身鸡皮疙瘩。

你好几晚合不上眼。夜阑人静，蟋蟀的鸣叫伴着姑姑的鼾声闹得你心烦意乱。偶尔，会有奇怪的声音从院子里传来，夹杂着芳草腐烂的馨香。

类似气味时常在姑姑家飘溢，气得姑姑左一声老鬼右一声老鬼地骂个没完。听余毛毛说，你姑夫一辈子吃素，是“食草动物”。为此，姑姑和他经常口角。余毛毛猴精猴精的，馋了就替姑姑买狗肉包子之类的东西吃，而且一买就是两斤三斤的，撑得姑姑直翻白眼。这时，他就主动替姑姑排忧解难，免得被姑夫发现了招来一通好骂。有一阵子，余毛毛从杂货店偷了一包无色无味的耗子药，每天往姑夫的素食里偷放几粒，只那么一粒，害得他老人家的肚子翻江倒海折腾个没完。姑姑知道是咋回事，在一旁窃笑。据说姑夫去世时已经瘦得皮包骨头。你想象得出，他跟村里的僵尸没啥两样：

头发胡子一把白，两只眼睛像空宅，
悠悠忽忽似个影，青面獠牙猜是谁？

可姑姑也好不了多少。你总觉得她像溺死鬼翠翠，而小妖精的妈妈就是来历不明的吊死鬼。至于那些鬼头鬼脑女里女气的男老师和花枝招展尖声尖气的女老师，则跟游荡在乱坟岗上的僵尸没啥区别。

姑姑那少有的洁白肥硕常使你想起徜徉河底的翠翠和挺尸沙滩的张王婆。每天夜里，你七分恐惧、三分好奇地伺候她宽衣上床。花猫在床上伸懒腰、打哈欠，姑姑也跟着伸懒腰、打哈欠。有一天，她懒洋洋地瞧瞧猫又瞧瞧你，说，瞧我养的这只没用的懒猫，连耗子都逮不住。说罢，她就拨转话锋：我估摸着你有十八了吧，该长大成人了，怎么一点儿动静也没有？

你不明白她说的是啥动静，你猜准是余毛毛有了动静。那小子正没完没了地看黄不拉几的小书，后来就满世界串联去了。

你读到十九岁就再也读不下去了。同学们笑你长得像李鬼。你也觉得自己奇丑无比，尤其是在那位娇小苍白的女老师面前回答明知故问的问题。

姑姑并不勉强。她对你的胃口和个子早已忍无可忍。于是，你被她安置在煤球厂当工人。这下子你更是一黑到底了。

天生的一个煤球，姑姑常这么说。

你在煤球厂一干就是好几年。有一天夜里，姑姑遭遇了红卫兵。一场审讯，吓得她屁滚尿流，卧在床上几天没性气儿。你既幸灾乐祸，心想也教你尝尝挨骂的滋味；又生怕她被吓出个好歹来一病不起，就假仁假义地顺口规劝了几句。她居然良心发现，说，你也老大不小了，该想想咋个活法了，难道你真的就一辈子做煤球工了？

"做煤球工咋的？"你觉得挺好，自己挣钱养活自己，腰杆子笔直，也省得有人说你是饭桶。别的有啥好想？再说，想那么多吗用？生活嘛，就像上了弦的表、挨了鞭的马，奔哪儿算哪儿。

前些年，让你背着书包去上学。干吗？不知道。因为别人都上学了。因为大人说了。因为这个世界上闲着许多老师。据说隔壁的余毛毛从小不肯念书，说全家人吃饭，凭吗他一个人上学。于是他的话成了笑柄。既上了学，就得做作业，就得挨训，就得遭遇考试。为几巴蛋的分数喜怒哀乐。后来"文化大革命"了，老师打倒了，学校关门了。甭说有多高兴。你李鬼不上学，他们大鬼小鬼男鬼女鬼也统统甭想再念书。

姑姑被红卫兵折腾得死去活来。开始是抄家。红卫兵翻箱倒柜，然后掘地三尺，金条没找到一根，却从后院的枯井里发现了一个黑洞。洞口很隐秘也很精致，令人迁思《地道战》。红卫兵举着火把，打着手电，喊着革命口号杀将进去。

姑姑绝对服从红卫兵的命令，把历史交代得一清二楚。她口口声声说丈夫跟别的女人私奔死在北边很远很远的沼泽地里了。那些信就是明证。

红卫兵的确在地洞里搜查出一筐黼黼如新的书信来。据说它们全是由一个姓卿的国民党太太写给他的。

你趁红卫兵一不留神，偷偷藏匿了几封。

红卫兵走后，姑姑让你念来听听。

“念啥?”你故意装傻。

“信啊。”

“吗信?”

“你甭给我装蒜。我都看见了。”

你这才真正佩服起姑姑来。被吓成那个样子，她居然连你偷信这样一个细节都不曾放过。

为了不至于让姑姑太难堪，你胡乱编出些不痛不痒的“情话”。比如，她说，近来你身体好吗？我身体挺好的。或者，你胃口怎么样？我最近胃口不大好。再或者，你老毛病又患了吗？

“什么老毛病?”姑姑会突然打断我。

“我也不知道。”

“信里没说?”

你撇着嘴巴摇摇头。

姑姑叹口气，喃喃地、怔怔地说：“连他患嘛病她也知道……”

姑姑不识字，让他把信原封不动地压在床头的箱子底下。在以后的日子里，你多次背着姑姑把信翻出来，仔仔细细、来来回回地看。奇怪的是，每次偷看姑父的情书，都会听到卖冰棍的吆喝声。

“可能是夏天来了。”你想。

比起从前，那吆喝声变得凄厉了。你于是想起了第一次吃冰棍。那是你进城后遇到的第一个不可思议。人声喧闹的车站上，除了播送革命的高音喇叭，就数卖冰棍的嗓门儿最响。望着大人小孩一个个争先恐后的样子，你问父亲啥叫冰棍。父亲眨眨眼，回说冰棍就是糖冰。

噢，原来是冰糖，听郝寡妇说起过。

不是冰糖，是糖冰。父亲不耐烦地纠正着。

咋会冒气儿呢？还裹着棉被……于是你又问。

父亲边用舌尖舔湿干裂的嘴唇，边在口袋里四处摸索。最后，他终于咬牙买了一根。

原来是甜冰啊？你咬一口说。

你以为是啥？父亲显然是在心疼他的五分钱。

六月天裹着棉被咋不化呢？

父亲瞪了瞪眼。

你猜，他也不明白。当时你想，这辈子要能做这制冰棍或者卖冰棍的行生，该有多好。

三

隔壁的女孩放肆起来，嗓音愈来愈响。

但你永远无法将卿卿和这些在娱乐中心讨夜生活的女孩联系在一起。你永远无法想象，也不愿想象。你不寒而栗。

恰好就在这个时候，又有几个女孩闯将进来。她们嘻嘻哈哈，轮流在那里方便。

“听说万克隆进了俺中心。你们听说了吗?”一个女孩这么问她的姐妹。

“他去了我的包房。”另一个说罢咯咯地笑个不停。

“你做梦去吧。倒贴人家也难呵。”

“我有那么丑吗?”

“不丑，黑了点儿。”

“你才黑呢。你黑，你黑……这儿黑……”

“有句外国谚语说，夜猫都黑……”

你想，其实肤色不是最重要的，关键是够不够细腻。

想当初煤厂领导心血来潮，号召大家学雷锋、送温暖。于是，你们兵分几路，整天介蹬着三轮车，穿街走巷，把煤球送到千家万户。在你“承包”的七十几家用户中，有九家是毫无劳动能力的“五保户”，一家是“黑五类”，其余的都是正常的干部、工人家庭。那家“黑五类”其实只有一个绰号“帅西施”的人：小妖精。因为是国民党遗小、反革命后代，她原本不在你的服务范围。可你念她是小学同学，长得又特别标致（连绰号也特别美，一切都特别美），所以你才不顾党的政策和策略，甘愿与之“同流合污”的。

你想，这世上除了掏大粪的，就数你等煤黑子最脏。你认识她，认识她的冰雪肌肤，就像她认识你，认识你的脏不忍睹，乃是命中注定。你想，哪家不用煤？用煤就得和你打交道。谁让领导规定你负责这个地段呢？当然，认识并不意味着什么。重要的是缘分。

你猜你们是有缘分的。除了你欠她的，你们的见面就很有缘分。那天她刚洗完澡,像图画里的杨贵妃,恰好和你浑身上下黑不溜秋煤渣掉掉的那个脏劲儿形成对照。头一回见到她,你就觉得有点儿自惭形秽,于是本能地抹了把脸,不料却惹得她咯咯笑个不停。你被她的笑声所淹没,满脸唰地热了;但随后又被她的笑声所感染,也傻笑了起来。

见你这么一笑,她便敛起笑容,转身进了屋子并随即取出一叠《人民日报》来。她小心翼翼地看了看面上的图画,确定没有问题后,把它们一张一张地摊在了墙角下。

"麻烦你放在这里。"她说。

"好咪。"你一边答应,一边本能地望了望另一个墙角,发现那里尚有一些煤球残留在报纸上。

她看出了你犹疑,和善地解释说:"我想比较一下,看看这个月是否可以多节省一点。"

你一边小心翼翼地在墙角下码煤球,一边用眼梢窥她。只见她转身取了肥皂,忙不迭地在天井里洗起手来。她洗了一遍又一遍,直把娇嫩的双手洗得红扑扑的,仿佛娃娃冬天里的小手。

她洗完手,却不急于擦干。她站在门槛上,张开十个指头,让水珠自由滴流。她顾盼盈盈,兴味盎然地看着你。你浑身充电一般,感到有使不尽的力气。你三下两下就解决了大半,却忽然在心里埋怨起自己来。你怨自己太麻利,十分钟干了半个多小时的活儿。你于是想放慢速度,但鉴于她的目光、她的微笑,又根本无法让自己变得迟缓。

活儿很快就干完了,你还破天荒地替她打扫了天井,可谓全心全意。

她一再表示感谢,但始终没能伸出手来和工人阶级的你打成一片。

也罢,你想,谁叫咱是煤黑子呢。

但握手的欲求逐渐发达起来,以至于最终变成了一种折磨。你总是提前许多天给她送煤。为了这个提前,你甚至不惜每次减少着她的定量。有一次,她发现了你的诡计,笑笑说:"少吃多餐,养生之道。"

你顿时涨红了脸。好在你太黑,这脸红不红她是断然看不出来的。

可是她看出来了。她甚至也有带电的冲动和赧然的瞬间。但每次产生这种感觉,都不是有感而发,而是一种纯纯粹粹的内心欲求、内心冲动。她庆幸时代变了,不至于像母亲以及母亲的母亲那样被革命派生生地赶进沼泽中去(说是为了替她们治疗洁癖)。

你想,那个把自己洗得一尘不染的吊死鬼或者就是她可怜的外婆。至于她的母亲,真不知又要引出多少鬼故事来……

后来你知道，为了不至于重蹈母亲或者外婆的覆辙，小妖精需要战胜自己，需要你的帮助。但无论事先怎么憋足了劲儿，她都无法与你点滴相碰，更不用说是灵肉相容。多少回，她说她看到的（或者说是想到的）首先不是你的眼睛或者嘴脸，而是所有可能想见的分泌物与残留物。她会联想无限地看到只有在显微镜下才可能看到的所有蠕动的和死去的细菌。她甚至从生物消化系统着眼，体察一切循环规律。有一回，她竟然看到了，或者想到了人体在坟墓的腐烂过程，而这个过程和你曾经亲眼目睹的惨景毫无二致：腐烂从腐化的内部开始，粗壮的肉虫像夏季田野的蚯蚓突然攻破坚硬的皮层，于是脓血四溢，腐肉坍塌……

她对你讲述这些的时候，汪汪的总是两眼衔泪。

你被她说得肉麻麻的，对自己说，别自以为从小在粪坑里泡大，这辈子再没什么脏的让你害怕。经她这么一看或者一说，你简直脏得可怜。想想认识她之前，你不仅从不刷牙，就连正儿八经的澡都没有洗过一个。

她急于投入你的怀抱是因为有人要乘反翻案之东风，拿她或她的历史、她的肉体做一篇崭新文章。那天傍晚，她关上大门，请你留下帮个忙。

"你喜欢我吗？"她正色问道。

"……"你被这突如其来的问题惊呆了，不知该如何回答。

"你不用想得太多。喜欢就说喜欢，不喜欢就说不喜欢，绝对不要违心，不要勉强。"

"可是，可是……"

"喜欢，还是不喜欢？"她强颜为笑。

她的苦涩使你一阵心酸，你就更加不知所措了。

"好吧，我不为难你了。喜欢，你就留下来帮我做件事；否则，就请回吧。"她站起来又坐下。

"我能帮你做点什么呢？"你问。

"跟我结婚。"她一字一顿，吐出四个字来。

你既惊讶又兴奋，浑身上下直冒冷汗。她二话没说，就转身脱光了衣服，再取出一根洁白的带子，请你把她捆绑在纤尘不染的大木床上。

虽说你庆幸离开煤厂之前刚洗过澡，但当你颤颤巍巍地接近她水豆腐样的躯体时，感到的却是汗颜。端的是高低自辨黑白分明。

"无论如何要帮我这个忙，否则我只有死路一条。"她于是咬一咬牙，命你用毛巾堵住她的嘴巴，用手帕蒙住她的眼睛。于是，你遵嘱把她预先就放在床头柜上的一块白毛巾塞进了她的嘴巴，再用一块白手绢蒙住了她的眼睛。

然后你就不知所措了。

你愣怔着，她就一个劲儿地用鼻子说话。起先你不知道她到底想要干啥，但瞅着瞅着就明白了她裸露着的可人身体究竟想要干啥了。

可是你不敢。虽然浑身的血液都在冒烟，但面对如此的美丽、如此的洁白、如此的如此，你反倒犹豫不决、勇气全无了。

不知相持了多久。也许天渐黑了，心渐木了。你忽然扑倒在她的身上。你窸窣敝赋，唯恐不及，全然置羞赧于不顾，置忠厚于度外。

之后，她就再没让你碰过。你认了，因为你欠她的。就算是梦醒，就算是还债。

之后，每当你不经意触及她洁白无瑕柔若无骨的躯体，都会想起那些泥巴女人的游戏。那时，你们在河边用淤泥各塑一个可心的女子，然后光着屁股玩那种游戏。但是玩着玩着你们忽然有了四两拨千斤的能耐。于是倒霉的就是那些稍有姿色的女孩了。在你们无耻的想象中，她们一个个被玷污得体无完肤。

之后，"煤黑子独占花魁女"成了一大新闻。那些原本纠缠不清的"革命派"就像虎头鲨闻到了血腥，益发变本加厉地纠缠不清了。他们甚至帮你找出了一个大名鼎鼎的岳丈和许许多多的海外关系。这在后来居然天上掉馅饼似的成全了你的一个美梦：发明一台造钱机。而这便是她的关系，她的资产。

四

"你们到底想干什么？"这分明是男人的声音。

"不知道？"这分明是卿卿的声音。

"不知道我就出去了。"

"你想得倒美。告诉你，甭跟我们来里格朗。"

"对，甭跟我们来里格朗。"

"这么说，我是被绑架了。"

"这可是你说的。"

"就算是吧。"

你的脑袋嗡的一声，顿时惊惶失措。你站起来，但很快又坐了下去。你什么都想到了，唯独没料想你的女儿被卷进了一起绑架案。而且被绑架的还是一个男孩，尽管他多少有点儿娘娘腔。

她们窃窃私语。之后是一阵骚动。

这时，有人蹑手蹑脚地走出了厕所。她压低嗓音说了声“外面没人”。

你感到头皮发紧，浑身酸痛不已。你想你应该豁出去拉女儿一把，哪怕有啥不堪的后果，哪怕背上流氓的罪名，哪怕进局子蹲监狱甚至……但女儿会怎么看？她承受得了这个打击吗？她受得了别人的冷眼和讥诮吗？她还会认你这个人所不齿不屑的父亲吗？哦，老天哦，怎么会这样？

也许是胡闹，年轻人的把戏。也许这就是新新人类，什么恶作剧都想得出来……

忽然，隔壁的女孩（当然还有卿卿）开门走了。她们嘻嘻哈哈，旁若无人。于是你成了丈二和尚。

你真不知道卿卿和这些男孩女孩深更半夜地在厕所里搞什么名堂。说他们胡搞吧，她们又好像并没有啥。说她们绑架了谁吧，被绑架者又怎么可能这么安之若素？

一定是年轻人的把戏。这么一想，你也就放心多了。

厕所愈来愈繁忙，而你却愈来愈茫然愈来愈饥肠辘辘，以至于随时都有虚脱的可能。但意志使然，你必须想明白一件事情。因为你有一种不祥的预感，它促使你如此连贯、如此清晰地回忆你的过去，仿佛要对自己这一生作一次决算。你无法控制自己的思绪，你觉得你从来没有这样认真地回忆过过去。你想你肯定是死到临头了。于是你想到了阎王，也许将死的人都要这样回忆一番，以此向阎王老爷汇报自己的功绩劣迹。你不明白为啥貌似漫长的生命原来竟是这般短暂。你几乎可以听到小哑巴的叽里呱啦啊啊啊，几乎可以看到小癞子的屁股蛋和所有小的们的那副可笑得令你汗颜的德性。但奇怪的是时间的脚步愈来愈急促、愈来愈遥远。记忆仿佛躲进沙丘的鸵鸟已经全然顾不得尾巴，就连俨然浮出水面的辉煌也在无情地淹没、远逝。也许辉煌和发迹原本属于你的亡妻，也许时间的脚步和阎王的召唤本来就是这般无情，反正你的思绪发生了跳跃：你必须明白一件事情——你此时此刻此生唯一不明白的这个阴差阳错、鬼使神差的夜晚。

你竭力回想起自己的许多所作所为所思所梦以及为了让女儿高兴而与当红明星万克隆签订的这次旋风式演唱会。你想给十八岁生日的女儿或者女儿的十八岁生日来点儿别出心裁：一个欧式惊喜……

你回到家里，支走了佣人和司机，然后拿起电话。

也许尚在课堂，也许正在路上，女儿始终没有开机。

你坐到沙发上，点燃一支邱吉尔式的哈瓦那雪茄，悠闲地打开电视。从

1到59，再从59到1，你反复浏览了所有的频道。

雪茄积着长长的烟灰。

你看了看表。已经是晚上六点，于是你有点坐立不安了。你站起身，掐灭烟，走到女儿的书房并从一只抽屉里翻捡出一个电话本来。你给楚楚和婷婷拨了电话。

一个没有开机，另一个一直忙音。

“会不会……”你想女儿很可能独自到她母亲的墓地去了。在过去的若干年里，她不是没有这么做过。只不过通常是在早晨，而不是傍晚。但今天特殊，因为是女儿的十八岁生日……“得出去找找。”你这么对自己说。于是，你顺手扔掉手机并从皮包里取出汽车钥匙，匆匆忙忙地驾车去了墓地。

墓地一片孤寂。

你开始有点儿心慌，回家途中又因为某个不着边际的闪念而激灵出尿来了。你摸了摸裤裆，发现剂量不小，这才知道老毛病又犯了。前些年因为太忙，也因为生活缺乏节制（这都怪石头，当然也怪自己意志薄弱），竟颇有些积劳成疾、集腋为裘地患上了要命的尿频症，尿急的天数恨不得待在便桶上永不起来。医生早就说过，你可得万分小心，否则……

不想不要紧，这一想事情似乎就真地变成了事情。你于是左顾右盼，只想找个厕所停车。可是七拐八拐，拐了好几条街也没有找着半间厕所。

“早知如此，还不如径直回家。”你急得直打哆嗦，于是就在一幢大楼前熄了火。你打开车门，不管三七二十一就往那既像大英博物馆又像凡尔赛宫的堂皇里面撞。

“别人准以为我喝醉了或者根本就是有病。”当与人擦肩而过甚至撞着了别人时，你有过这么一闪念。可是生理需要压倒了一切，你连一句道歉的话都没来得及说。

爬了几级台阶，转了几个回廊之后，你终于如愿以偿：找到了那个厕所。

你冲进厕所，又因为没有瞥见常见的小便池而冲向了那个命中注定的马桶。

你刚刚褪下裤子，或者刚刚开始释放（实际上早在回廊上奔跑的时候，你已然半褪着裤子），身后响起了天籁般清脆的笑声。有女孩走进了厕所，仿佛地冒天降一般。

你又是一激灵，而且差点儿激灵出魂来。

你本能地蹲下身子，永远地拉上了小门。

女孩子进进出出。

“这世界何曾有过这许多女孩?”你想。

“这叫做屡试不爽的因果报应,而且是现世的”。只有在这个时候,你才能想起30年前的那次恶作剧:余毛毛为了报复班主任,拿斗大的“男”“女”二字雇你去校园厕所张冠李戴。为此,余毛毛不惜倾囊,拿整整一年的压岁钱——贰元捌角做意思。余毛毛的班主任本来就高度近视,每次上厕所必先踮脚看个明白。那天似乎恰好多憋了一回儿,没踮脚就看清了那个“男”字,便毫不犹豫地闯将进去,殊不知这一脚跨进的是“另一个世界”。他刚进去不久,外面的世界已经被重新颠倒了过来。于是就有了一群女生的凄厉怪叫,也有了他连滚带爬地落荒而逃(盖因忙中出乱,弄掉了眼镜)以及他后来一而再再而三地检查和从思想根源到阶级根源的底朝天的一次次穷翻深挖……直至翻挖出梦中的情人:小妖精的母亲,一个有国民党和反革命双重背景的阶级敌人。革命群众把两个“狗男女”揪出来放在光天化日里“赤裸裸地暴晒”,连同他们的做梦和被梦的次数、方法及其一切细节。你的音乐老师吃不到葡萄说葡萄酸,一个劲儿地落井下石。这使你看到了罪孽的深重和人性的残酷。

“因果报应……因果……报应……”

冬天的故事

幻设一事,即有一事之偶同;

乔命一名,即有一名之巧合。

——李渔《闲情偶寄》

莎士比亚和塞万提斯同在1616年4月23日死去(更巧的是,莎翁还是在五十二年前的这一月这一天诞生的),这仿佛是上帝的旨意。后世的文人骚客说来说去是自然,拿它做上帝存在之显证的也不乏其人。1996年,联合国教科文组织还为此作出决定:每年4月23日为"世界图书和版权日"。然而,这两位不能同年同月同日生,但得同年同月同日死的世界文坛巨擘,有过的生命之旅又恰好相反。一个从几乎一无所有的农民的儿子一步步走向了辉煌:有了"家徽"(相当于绅士的头衔),置了地产(多达百余英亩);而另一个却从绅士的地位渐渐跌落,终不免穷愁潦倒,天体不全,亘古未有的创作才华得不到时人的赏识,呕心沥血写出的作品被视为夏炉冬扇。

类似偶合绝非绝无仅有。美国科学家霍尔和法国科学家赫鲁特同于1886年发明了提炼铝的技术,而且均生于1863年,又都死于1914年。

但上乘的巧合往往还得从伟大的汉字说起,比如"船"字,几乎涵盖了整个《圣经》故事:话说亚当和夏娃因误食禁果被逐出伊甸园后生儿育女,艰难度日。后来,他们的子孙繁衍生息,遍布四方。可是,这些人不听上帝的劝告,胡作非为,罪孽深重。上帝决定惩罚他们。结果就是人们常说的洪水。但是,在这之前,上帝把他的意志悄悄地告诉了挪亚,因为后者是个好人。挪亚于是急忙召集家人——四男四女共八口,凿造方舟。"船"字的形声恰好印证和契合了《圣经》中挪亚方舟的故事:一舟八口,"传"宗接代。

凡此种种,似乎只有小说家才想象得出来,而在生活中却比比皆是。盖因每个人的一生都充满了巧合,尽管它们往往都是一闪而过,像流星,几乎不能在他的意识上留下任何印记。

一

当木棒的父亲楚水富从东门外抱回那个叫做收音机的物件回到家里

时，长他三岁的新媳妇正倚在她娘的陪嫁——紫褐色沙发上佯睡。丈夫小心翼翼地把收音机搁在八仙桌上，踮着脚朝太太走去。

兵荒马乱，民不聊生；易子而食，析骸而爨。都什么时候了，还有心添置这等器物。她眯着眼，从睫毛缝里窥视着桌上的东西和丈夫那双尚呈抱势的胳膊。

“给你一个惊喜。”丈夫嘟囔着转过身去，摆弄起收音机来。

玩日废时，玩物丧志；纨绔子弟，怎能刓方就圆、与时消息？她禁不住叹一口气。丈夫扭头瞥了一眼。她急忙闭上眼睛，想象着男人得意之时喜形于色的那副嘴脸。若非家道中落，她是绝对不会下嫁到他们楚家来的。说是千里姻缘，还不是秉承母亲的意旨。什么六礼齐全，也只是多嘴媒婆口若悬河的唠叨、阴阳先生信口开河的胡诌。

先是纳采。纳采合生肖：白马犯青牛，羊鼠一日休，虎蛇如刀绞，鸡犬泪交流。属相有大忌，五行有生克：金生水，水生木，木生火，火生土，土生金；金克木，木克土，土克水，水克火，火克金。阴阳先生口中念念有词：天干甲乙为木，属东方，主春；丙丁为火，属南方，主夏；戊己为土，属中央，主四时之季；庚辛为金，属西方，主秋；壬癸为水，属北方，主冬。地支寅卯辰司春，为东方，属木；巳午未司夏，为南方，属火；申酉戌司秋，为西方，属金；亥子丑司冬，为北方，属水；辰戌丑未司四季，为四维，属土。一旦“金玉良缘”变成了“木石前盟”，他准会说：土多则金埋，火旺则金焦，木多则火恶，水多则木漂，金多则水浊；反之，水多沉金，木多水竭，火多木削，土多火晦，金多土衰；或者木坚金折，土重木断，水众土散，火炎水灼，金顽火灭。嘴唇两张皮，由他们翻来覆去。干支五行四时方位卜下来，总算是“八字相合”、“龙羊可配”、“门当户对”、“小定无忌”。

问名和纳采同时举行。

六月天，知了吱哑吱哑地叫个不停。花枝招展的媒婆不住地摇着扇子，汗水从脖子一个劲儿地往下淌，浸湿了绫罗；硕大无朋的乳房上下左右晃荡不止，乳壕在半湿半透的服饰下深不可测。媒婆顾不得许多，横说竖说，乱坠天花，直热得顶生紫烟底流汤。

“楚公子八字最好，又是书香门第，爹是师爷，爷爷当过秀才，太爷又是翰林又是进士……”

“废话，翰林就是从进士遴选的。”淑芬想。

“千金芳名……”

“叫淑芬。”

淑芬躲在屏风后窥探动静。阴阳先生和多嘴媒婆一唱一和，无论怎样，他们总有话说。

淑芬原本一肚子不快，推开虚掩的房门虽说也有那么一丝好奇在作祟，但多半还是恼得慌了憋不住要出来看个究竟。如今见媒婆这般光景，倒也觉得好笑，一时忘了所以，在一旁噗出声来。外边的人觉着有人在里面窃笑，都不约而同地拿目光往里面扫。

母亲提高嗓门，还左一声“未亡人”、右一声“未亡人”地唉声叹气，似乎在责怪或者掩饰女儿的鲁莽与不韪。

“黄太太，您就等着享清福吧，这样的女婿哪儿找去，要才有才，要貌有貌，令嫒和他是天公作合……”

“衰金见火必融，弱火遇水定灭……强金逢水，方挫其锋；大水遇木，方免泛滥；坚木得火，方化其顽；烈火见土，方止其焰；厚土获金，方不壅堆……”

淑芬不信邪，就连这套骗人把戏的来龙去脉也早就钩稽得一清二楚。什么六冲六害，五合五行，等等，她一概嗤之以鼻。

一只绿头苍蝇飞进来，在阴阳先生头上盘旋开了。淑芬这才发现他是个道士，面容清癯，拽一柄青拂，还真有那么一点仙风道骨，和妖媚肥硕的媒婆倒是天造地设的一对。淑芬想起戏里书里的道人术士和媒人说客，禁不住五体投地般佩服起文人戏子来。

那老道被苍蝇搅扰得不耐烦了，拿青拂拂来拂去。苍蝇飞到媒婆油光可鉴的脑袋上，距屏风约有五尺之遥。空气发出轻微的震荡。媒婆扭着笨重的头颅。淑芬闻到一股刺鼻的凡士林气味。苍蝇停在媒婆的大红发卡上，淑芬几乎看得见它在抹嘴踹腿。

交换名讳年庚就算订了婚。接下来是纳吉。

老百姓管纳吉叫小聘。男方送来了绸缎和首饰，黄太太答以文房四宝。慑于母亲的威严，这回淑芬未敢贸然行事。她独坐闺房，真想一辈子这么孑然一身形影相吊。古人云，道不同不相为谋。可她倒好，竟要嫁给一个从未谋面的男人。

“嗨，行了！”丈夫欢呼雀跃。收音机发出特有的嘎嘎声。

“留声机坏了，就买台收音机。这叫做旧的不去，新的不来。”丈夫见妻子欠身起来，益发眉开眼笑手舞足蹈，“留声机虽然坏了，可我不会因噎废食。瞧，稀罕的东西多着呢。听听，这里是小歌班……《十八里相送》，‘梁兄你花轿早来抬’……这儿是中央电台……”

播音员正在嗲声嗲气地报告“中央社”“每日新闻”。丈夫对这些报喜不报忧的所谓新闻早就毫无兴趣。“刚刚还说长江防线固若金汤，可转眼就被共产党打了个稀里哗啦。腐朽的东西怎能不稀里哗啦？看来统治者都是自己打倒自己的。古今中外，概莫能外”。

倒是新媳妇十分关心“每日战况”，撺掇丈夫早作主意。

为了让媳妇高兴，楚公子没有更换波段，只是将音量稍稍地降低了一点，以便减少扫兴的沙沙声。

乘媳妇还在聚精会神地听新闻，楚公子悄悄地坐到了沙发上。他故意紧挨着她，显得情意绸缪。新媳妇下意识地挪到一边。母亲仙逝未满三月。他们有言在先，儿女之情，床笫之欢，必得在六月服阕之后。而他们三个月前才结的婚，至今点滴未沾。

许多出人意表的事情就是从三个月前淑芬的大喜之日开始的。谁能想到，女儿的大喜之日竟是母亲的寿终之时。更没有人想象得到，失去亲人的悲痛会很快地被一种莫名的庆幸冲淡抵消。

自从母亲开始张罗这门亲事，淑芬就对她心存芥蒂。母女之间虽未发生口角，但共同语言愈来愈少。纳吉以后是纳征，大礼下财。男家盛饰仪仗将彩礼送到淑芬家时，那绿头苍蝇还在堂上。“死苍蝇，还不出去。”黄太太用扇子赶它不走，一不小心就吐出了个极不吉利的“死”字。她后悔得不得了，盯着梁上的过冬苍蝇直发愣。

冥冥之中有玄机。满屋子大红大紫，竟冷不丁地来了一只绿苍蝇。淑芬觉得很好玩，觉得自己跟这只大苍蝇有某种缘分甚至于默契，几乎可以用意念遥控它，让它在男家的仪仗队和吹鼓手的头上飞来飞去。

不知是出于什么心态，母亲和男家都希望尽快择定吉日良辰。于是，所谓的请期几乎和纳征齐头并举。

迎亲的那天，适逢共产党横渡长江，不少达官贵人携家带眷仓皇出逃。新媳妇平心静气地用目光对母亲说了声再见，就怏怏地上了花轿。彼此有隙，这会儿母女之间仿佛横亘着一条难以逾越的鸿沟。

小地方，信息不甚灵通，南京“陷落”几乎是个把星期以后才知道的。

“就为这，我也该买一台收音机。”丈夫还在替自己辩护。

然而，黄太太故世的消息当天夜里就传到了楚家，刚刚受过新人们拜谒的楚老爷子听说后狂咳几声，差点儿昏厥过去。新郎新娘刚入洞房。这是件多么棘手的事啊！老爷子活了七十多岁，还从未遇到过这么棘手的事情。

“生丧嫁娶，红白喜事，我们楚家从来都是照例办事。既然亲家母溘然归西，他们做晚辈的就该披麻戴孝。”

新郎新娘同时听到这突如其来的消息，但两人的心境迥然不同。新郎哀伤之余是不能及时享受人生之最大快乐的无奈叹惋，而新娘悲恸过后却是脱离险境的庆幸。既然老爷子发了话，新媳妇便更加理直气壮地要行大忌守大孝。于是，一般新娘洞房之夜花烛之遇的尴尬就自然而然地得到了避免。

到这份儿上，淑芬对母亲的满腔怨尤也就烟消云散，只觉得以前的怨艾有点儿不通情理，甚至还有点邪恶。

也许是因为不能及时行乐，也许是骨子里面还是个贪玩的浪荡公子，新郎拿新娘的陪嫁买了一大堆新鲜玩意儿。其中就有一台留声机。新买的尿瓶三天香，新郎一天到晚把玩不已，结果没几天就让它完成了历史使命。

眼下，国民党兵败如山倒，满世界乱作一团。新媳妇说话了，怪丈夫没有计算。丈夫说，历朝历代，打得江山的总是顺了民意的。他于是从秦汉唐宋一直说到金元明清和推翻满清的孙中山、领导北伐的蒋介石以及现如今共产均富的毛泽东。这些年眼看着世风日下家道中落，应该说他们是赶上了峰回路转的好时候。媳妇虽觉着丈夫言之有理，但转而又想，不论什么朝代，游手好闲不务正业总不是事儿。丈夫又说了，人利其璧，以璧为罪；家累千金，坐不垂堂。何况那些蝇营狗苟汲汲于名利者不也一个个呜呼哀哉了吗？话是这么说，可人活一世，不能不食人间烟火。“口口声声无为的道人尚炼丹作术，四大皆空的僧尼且诵经念佛，化缘也得看人脸色，何况我们？”

“我们怎么啦？”

“饮食男女，劳而后获，作而后乐。”

“宴尔新婚，不说这些。听说共产党在北边搞均富，等均了富再说吧。”

一等就是半年。共产党在北平举行开国大典，楚公子几乎边听广播边褪裤子，然后将媳妇按在床上，剥去了她身上的孝服。

“青天白日，干什么嘛？”

“青天白日到头了。”他顾不得媳妇反对，兀自颠鸾倒凤心急火燎地疯狂起来。

二

十月怀胎，一朝临盆。当木棒呱呱坠地的时候，已在外边落户的父亲一个劲儿地慨叹生命的神奇。

“早一天不是他，晚一天也不是他。”他觉得生命是世界上最奇妙、最不可思议的东西。

木棒的母亲觉得丈夫傻得可气，但细想想这话颇有道理。当初孝服未满，硬是被丈夫占了便宜。她为此大闹了一通。想想小时候父亲从南京回来，哪天不是高朋满座胜友如云，说媒提亲之人更是络绎不绝，但父亲总以女儿年幼为名婉言谢绝。至于母亲，挑千拣万，居然选中了这么个冤家；到了，她老人家又早不走晚不走，偏偏挨到女儿大喜的日子走。真是冤得很。过后，她重又穿上了孝服，直至六个月足满；丈夫自认理亏，在此期间再不敢惹她。

二十天后，木棒的母亲自知有了身孕，竟兀自春英撩拨，骚皮臊脸的整天价坐立不安。木棒的父亲倒好，在家里待腻了，又背着老爷子往花街柳巷里钻。这一钻不要紧，没想到钻出了祸来。虽说这年头拈花惹草的大有人在，可就数他倒霉，只几个来回便染上见不得也不齿于的病了。老爷子气得直吐血，说出了这样的孽障实在是家门不幸。好在他及时打发孙子去了外地，一来让他延医疗疾，二来教他顺便学点谋生之道。老爷子的嫡亲叔叔在外边办实业，眼下正缺帮手。

木棒降生的那天，适值朝鲜内战爆发。美国人一方面通过组建联合国军武装援助南朝鲜，另一方面命令其海军第七舰队开入台湾海峡。战火迅速蔓延到鸭绿江边，中国不能坐以待毙，苏联也不能坐视不管。眼看第三次世界大战一触即发，刚在“二白一黑”中吃了大亏的楚字号纱厂老板望着未满周岁的重孙给全家人训话：

“虽说我们楚家在生意上吃了亏，可毕竟还是人丁兴旺。谁没有个走麦城的时候？虽说世道变了，可谁也保不住不会变回去。”

“爹，莫谈国事。”

“咳，关起门来说说无妨。”

全家人不谋而合，把目光移向了木棒的父亲。

“水富不是外人。”老爷子咂一口水后接着说，“我和他爷爷是嫡亲叔侄，虽说……可我们毕竟是亲戚，知根知底。刚才说哪儿啦？”

“说保不住世道会变。”

“虽说保不住世道会变，可变了又怎么样？私办敌不过官办，胳膊扭不过大腿。还是学点手艺好。俗话说……”

“荒年饿不死手艺人。”长孙木林一面接口令似的接过了话头，一面用目光逗媳妇怀里的婴儿。

“木林说得对，荒年饿不死手艺人……”老爷子正要往下说，门外传来了惊天动地的口号声：

“抗美援朝！”

“保家卫国！”

“打倒美帝国主义！”

全家涌到门口看热闹，只有木林还留在气急败坏的老爷子身边。

“爷爷。”

“看样子我们楚家也只有你是明事理的。好自为之吧！”

老爷子躬着背垂着腰朝里屋走去。全家人不约而同地回过头来，望见木林摇着戏步，自吊嗓子自哼曲，偎着媳妇上了楼。

近年来战事频仍国无宁日，戏子出身的老爷子眼看着楚家的这些家当零落萧条下去，却回天乏术，竟百般地思念起老行当来。虽说戏子让人瞧不起，可走南闯北乐在其中，比开工厂做生意消停得多。眼下，孙子迷上了昆曲，看来是命中注定，要现世轮回罗。

三

孩提时期，木棒一直跟着母亲。父亲不得志，不常回家，即便回得家来，也是蓬头垢面慵慵懒懒的，不然就佯醉，学诗人临风嗟叹对月长吁。母亲小巧玲珑，绾着发髻的脑袋一丝不乱，和父亲的形象适成对照。有一阵子，父亲发了福，他腆着大肚子，仿佛有了身孕，常常独自望着一样样玩腻的物件发愣。母亲稔知其心境，从不嗔怪。寄人篱下仰人鼻息，不容易。

自木棒记事起，父亲一直保持着这种“诗人”风度。他教儿子背唐诗倒从不含糊，听到得意之处还摇头晃脑。这使母亲想起了她的私塾老师黄先生。黄先生有学问，且善解易象。若不是老夫子半途而废，她或者早成了谢道韫、李清照那样的才女名媛。现在倒好，像个涂山女，只知道“候人兮猗”。

木棒的父亲自知身无长物，十分克己，不仅深得纱厂主人的信任，而且同政府主管工业的吴同志打得火热。那吴同志是个二十几岁的老革命，古道热肠助人为乐，但苦于文化水平不高，和资本家打交道难免缩手缩脚，幸得楚水富这样既有文化又有觉悟的无产阶级帮衬，才顺利地通过了“三反”运动并在“五反”运动中表现出色。

然而，楚水富向吴同志报告楚字号纱厂漏税并不意味着他忘恩负义饥附饱扬。自古忠孝难两全，而他真心实意地盼望公产共富，只好大义灭亲。不过，倘无那一次桑中之约，或许他还要好好地权衡利弊，做一番思想斗争。

那是几天前的一个傍晚，他约吴同志到人民广场汇报工作。两人东拉西扯，竟不知不觉地缠绵起来，有种相见恨晚或者别的什么说不出的感觉。

然而，他们可以说是什么也没有发生。因为关键时刻，木棒的父亲良心发现，道出了实情。说他是有妇之夫，尽管实际上从未有过爱情。

“包办婚姻，害人哪。”吴同志表示同情。

“我百无聊赖……还惹了一身花柳病。”水富一激动，来了个言无不尽。

“什么花柳病？”

“就是偶尔被妓女沾染落下的病。”

这下可把吴同志气坏了。“我以为你穷苦出身，从小给资本家当长工，啊，根子正。居然，居然，啊。”

“对不起，可解放前到处是桑间濮上之音…… 单说上海就比巴黎伦敦还花……”

“那是资本主义国家。”吴同志斩钉截铁地打断说。

为弥补过失，他向她交代了楚字号纱厂偷税漏税的情况。

过后，他赶紧跑回楚家，做木林的工作。这家里数木林最开通。果然，木林认为共产党没有共楚家的产已宽宏大量，断不可顶风违法，因小失大。

由于楚字号纱厂主动补交漏税，得到了宽大处理。水富也因祸得福，被党组织确定为发展对象。

此后，水富在国家实行的加工订货、经销代销、统购包销、公私合营等一系列从低级到高级的国家资本主义改造过程中积极进取，把楚家人一步步地拉上了社会主义道路。

由于原料、市场等方面的限制，楚家不得不请求政府的支持，于是楚字号纱厂成了本地首批实行公私合营、“四马分肥”的工厂之一。水富的地位出乎意料地上升，以至于当上了经销部主任、副厂长，成天跑上跑下，忙得不亦乐乎。

在吴同志看来他是意气风发，但在楚家人眼里却愈来愈前恭后倨。

就在他入党的那一天，木棒和母亲搬来了。

四

童言无忌。木棒到父亲身边的第一天，就指着石头父子的鼻子，骂他们是资本家。

然而，石头引为自豪的是他生在十月，是和新中国同时诞生的。为这，木棒就没少憋气。可惜胎教一说还没时兴，人生只能从出生算起。

不知是未雨绸缪，还是心血来潮，石头的父亲携夫人入了昆剧团。他们每天早晨在院子里吊嗓子，吵得全家不得安宁。夫妻俩只好带着石头姐弟搬出去住。

石头的姐姐长得不算漂亮，但从小喜气得很，脸上长着两个小酒窝，不笑也像是在笑。有一天，邻居胡百赖跟木棒开玩笑，问他喜欢啥姑娘。孩子说楚玲。胡百赖掐着指算来说，喔，不错，老太爷会同意的。他让木棒先去谢过老太爷。孩子信以为真，跑到老太爷面前，说谢谢老太爷把玲姐姐许配给他。老太爷先是一愣，然后将计就计，问木棒为什么要娶玲姐姐。孩子说玲姐姐最漂亮。问他什么是漂亮，他答不出；漂亮在哪儿，他还是答不出。老太爷见他一脸稚气，就不再为难他。

"这样吧，教你爸爸妈妈抬花轿来。"

木棒满心喜欢地回到家里，死气白赖地要抬花轿迎亲，弄得他爹哭笑不得，只好答应。可是日期一拖再拖，以至幼小的心灵产生了灰色的犹疑：大人的话靠得住吗？他只得自己动手，追着玲姐要和她成亲。玲姐毕竟大几岁，羞得东躲西藏。后来，石头知道了，骂木棒臭不要脸，像是把他给骂醒了，再不提起，且见了玲姐就逃，未恐避之不及。他醒了，可大人们犯糊涂，一直拿他当笑柄。

转眼到了1957年9月，木棒和石头背着书包上学了。其时，楚字号纱厂已经不复存在，实行全行业公私合营以后，工厂全部由政府接管。楚家除个别人外，几乎全都退出来靠定息吃饭。到了三年自然灾害，那点定息还不够全家人撑肚子呢。再往后就是"文革"，楚家更是倒了大霉。当时，老太爷已经故世，一切罪过都落到了木林父母，也就是石头祖父母身上。从一大早听到毛主席是我们大救星的《东方红》到夜半三更从来就没有什么救世主的《国际歌》，夫妻俩被揪到这儿揪到那儿，吃尽了苦头。木棒的父亲也成了"走资派"，跟"牛鬼蛇神"一起靠边站。石头的父母识时务，以攻为守，成立了战斗队。他们折腾来折腾去，也不知道要折腾出个什么名堂来。

好在这些事有人记录，有人评说，无须再多费笔墨。这里只说木棒的故事，假如有什么遗漏，那就再也不会有人知晓了。

木棒一生中最有趣的事情莫过于收集"古董"。有这嗜好恐怕首先要归功于他爹。前面说过，他爹年轻时爱把玩个新鲜玩意儿，可这些新鲜玩意儿转眼就成了老古董，用不能用，吃不能吃，卖吧也只能算废铜烂铁。好在木棒部分地继承了他爹的嗜好，不能闲着，没钱买新玩意儿，弄点旧玩意儿把弄把弄也行。于是，除了留声机、收音机什么的，又增添了刚刚被生活淘汰出局的煤油灯啦，自鸣钟啦，还有后来的杆秤、算盘什么的。有一阵时兴"破四旧，立四新”，家家户户打坛子摔碗的。楚家家底厚实，光字画及老爷子保存下来的行头就烧了一天一夜。木棒和石头赶到时，楚家已是一片狼藉。然而，在清理战场的过程中，他们还是搞到了一些杯盘，甚至还发现了老太爷留下的“夜壶”。他们不知道那是啥玩意儿，就提它去见老师。老师说那是尿瓶，可他们还是不懂。也怪那尿瓶久置不用，竟没了半点儿臭气。

“算‘四旧’吗？”他们问。

“也算，也不算。”老师斟酌一下说，“关键要看哪儿来的？”

“从他家搜出来的。”

“这么说应该算。”

石头拿过去就想摔，却被木棒制止了。

“在你家算，到我家就不算了。对吗，老师？”

“他家是资本家，你家是什么成分？”

“工人阶级。”

“不，他撒谎。是走资派！”

“那也比资本家强。”

石头再没话说。于是木棒的收藏中又多了一件老古董。

五

“上山下乡”那会儿，木棒的父亲被“三结合”了，可是身体已经相当虚弱，不久就去世了。木棒被允许留在城里，准备“顶替”。眼看那些同学奔赴天南海北，木棒的心里塞满了苦涩。就在那时，他学会了对自己说：“没什么了不起，好歹都得活。”即便如此，他也还是剪不断思念之情，经常给老同学写信。

后来，老同学回城并考上了大学。石头也一起回到了城里，还带回一个乡下妹子。可不知怎么着，没多久石头老兄就出了事儿了，稀里糊涂地进了局子。他老婆一时想不开，投河自尽了，连尸体都没人帮他捞回来。石头的女儿当时才几岁，爷爷奶奶刚故世，姑姑推身体不好，没法带，只想请乡下姥姥家来接人。木棒怜她小，舍不得，就将她留在自己身边，教她识字，供她上学，像疼爱亲生闺女似的疼爱她。那孩子没了父母，乖巧得很，便把木棒当亲爹，整天爹长爹短地围着他转。木棒母亲白捡个孙女儿，更是乐不可支。

且说木棒与石头最大的不同是他从不眼高手低，想入非非。自从进了纺织厂，他就开始自习《纺织学》，没完没了地摆弄机器，里里外外地奔波求教。几载辛劳，栉风沐雨，竟成了技术骨干、劳动模范，直至后来承包工厂，当了一厂之长。

木棒当上厂长之后，跑原料找市场搞技术革新，忙里忙外，不可开交。一会儿棉纱紧俏了，他挟着洋酒洋烟四处求爹爹告奶奶；一会儿涤丝涨价了，工厂眼看就要停工待料，他勒紧裤腰带，几个月没领工资。后来洋货大量侵入，见别人一夜之间从手工进到了数控，他也是成天满脑子喷水机、喷雾机什么的。

“他娘的，”他开始骂街了，“更新换代太快。没等你换上新的，人家已经在准备更新的了。就跟电脑一样，刚刚还只是 286，紧接着就是 386、486 和奔腾 I、奔腾 II 了。教你永远跟在人家屁股后面跑。这以后入了关，还不知咋样呢。天知道哪儿是个头。”

“这就是市场经济，变着法子赚钱。就说人家小日本吧，先是高价把黑白电视机的流水线卖给咱，可转眼就大量地倾销彩电。后来他们有了高清晰度电视、数字电视，便又毫不吝啬地将普通彩电流水线‘让’给了我们。”老同学这么说，不知是劝慰还是火上浇油。

那老同学本来报的是文学专业，可不知怎么着阴差阳错入了经济系，经济理论一套一套的，可就是光说不练。

后来木棒提议和他优势互补联起手来做外贸，结果砸得很惨。

他开始怨天尤人。

就在这个时候，石头出狱了。

木棒一把鼻涕一把眼泪地把女儿还给了石头。从此以后心里空荡荡的，失去了笑容。

也是在这个时候，他产生了艺术灵感，认为要是人类真有灵魂，那它肯定就是哭和笑，就像古人所说的阴和阳。

还是在这个时候，他想他该娶媳妇生娃，便从床下拖出厚厚的一叠报纸来看征婚启事。他发现所有的征婚者都是“五官端正，身心健康”甚至“爱好文艺，仪态优雅”，简直都是人见人爱的窈窕淑女。“要是有玉照就好了，至少能一饱眼福。”他想。于是他记起了某电视台的电视鹊桥节目，稍后又从电视红娘忆起了形形色色的电脑“征婚”、电脑“黄色”。曾几何时，他还亲自下令辞退了技术科的小陆，就因为那小子利用工作之便偷看电脑“黄货”。据保卫科的老黄反映，那玩意儿“黄到家了”。

其实好奇之心人皆有之。想当初他自己不也……只是条件不允许而已。他后悔不该开除小陆，害得他一气之下成了不法之徒。当然坏事变好事，那小子从局子里出来后干上了个体，眼下正发得厉害。不像他和几乎所有国有企业的厂长经理，背负着沉重的包袱，进退维谷。

“与其死撑着，还不如趴下拉倒，让别人上，免得别人说你尸位素餐。”他深感自己早已心有余而力不足，终于向上级提出辞职。可上级说了，眼下这形势，换了谁都是回天乏力。辞呈被驳回，他木棒还得继续扛着这全厂老老小小几千口子。

然而，他已经心灰意懒。他说他糊里糊涂跟阿Q似的混了大半辈子，该有个女人了。因此他又勤于出差了，而且从来不坐飞机。上级和厂党委表扬他勤俭节约，他付之一笑。

每次出差，望着路边熙熙攘攘的行人车辆，他就尝试做个美梦缱绻一番。

有一回，他打的去车站。司机问他想听什么。这可是出乎意料的。他诚惶诚恐地回说“随便”。于是司机把一盘老掉牙的盒带塞进了单放机。“在希望的田野上……”“太响！彭丽媛的音频本来就高。”他这么想，却没有说出来。而今他们是上帝，做顾客的还是少说为佳。再则，面前的司机就算不错了，起码还征求过意见。“他妈的，又得堵。”司机仿佛是在对顾客说汽车为什么突然减速又仿佛是在自言自语。人群。肯定是在吵架。这年头似乎人人都窝着一团火，一碰便着。围观的人愈来愈多。说他们好奇吧，却又麻木得令人发指。听说当下有这种怪事：有孩子掉到了水里，不会游泳的家长急得又号啕又跺脚，求围观者救人，而围观者竟漫天要价。更有甚者，前两天一位记者骑车送他七岁的儿子去学校，好端端地在自行车道上走着，背后突然响起了奔丧似的喇叭声。他回头望了一眼，没理睬。本来嘛，自行车汽车应各行其道。再说自行车道很窄，若要让那汽车，骑车的人都得下来上人行道。可坐车的哪把骑车的放在眼里。说时迟那时快，一群汉子从汽车上跳将下来，截住那记者就是一顿不分青红皂白的拳打脚踢。那记者从地上挣扎起来与他们论理。这下更糟，拳脚加家伙，三下两下就永远地封住了他的嘴。据说当时围观者众多，那七岁的男孩跪在地上哀求大伙救救他爸，竟没有一个人肯站出来。

从心理学的角度看，围观不但是好奇心作祟，而且还是一种宣泄。文明社会，不但看拳击、球赛之类是一种宣泄，从而使人性中野蛮、好斗等阴暗面得以合法暴露；围观也是一种宣泄，尤其是当别人打得头破血流时，他们才看得过瘾。

汽车开动了。那帮家伙扬长而去。

汽车开动了。有一对青年男女在街角拥抱接吻。世道变了，大庭广众众目睽睽，居然……这算是进步呢还是倒退？他想羞涩应该是人类从野蛮走向文明的一种标志，但转念又想，谈了几年恋爱彼此不敢碰一下恐怕也太那个了。他不无遗憾地想起了他的第一次或唯一一次不像恋爱的恋爱。那还是很久以前的事情。当时他还在车间里当工人，对象是邻近杂货店废品收购部的职员。女孩长得眉清目秀，很讨人喜欢，只可惜父亲是资本家，成分不好。木棒爱收藏摆弄老古董，是废品收购部的常客。热心人以为他是冲着女孩子去的，就悄悄地撮合他们。久而久之，他们便不知不觉地成了朋友（用现在的话说是对象或恋人），几天不见就彼此想得慌，可见了面又不知说什么好。于是两个人一道收集各种各样的玩意儿，小到方寸邮票大到车床机器。小东西归她，大家伙归他，特大的就归厂里。那是个变神奇为腐朽的年代，他俩每天都有新的收获，每天都有新的发现，每天都有开心的笑声。别人都说他俩正在恋爱，可他们不懂。也许当时的恋爱就是这个样子，也许恋爱的他们就是这个德行。反正他们愿意在一起，在一起他们就快乐。一晃几年过去了。木棒接纳了石头的女儿，那女孩迎来了父亲的平反。有一天，女孩对木棒说她要出国了还可能上哈佛。木棒愣了。可转念一想，走了也好，他俩终究不是同路人。自从国家为她家落实政策，她就住进了城里数一数二的洋房。那房子，大得能住一车间人，干净得教他没地方落脚。她领他参观自己的卧室，他那尴尬劲儿就甭提了。幸好卧室里的陈设很特别，许多东西他从未见过。她明白他的好奇心，就一一介绍。这是耳机，听音乐的；这是遥控，管窗帘的；这是电子按摩器；那是美国发胶；那是法国香水；那是化妆盒，日本产的；那是指甲油……女孩走了；杂货店改成了时装店，皮尔·卡丹、真维丝、莎耐尔，琳琅满目。木棒心里空荡荡的，整天扎在厂里，借工作以排遣无边的孤寂。后来他当了厂长，个人问题就无限期地搁置了下来。老母亲为儿子的婚事操碎了心，厂里的好心人也不断牵线搭桥，可他总说工作太忙或者戏称自己早就跟工厂结了婚。后来，当他突然与车间女工于文娟举行闪电式婚礼的时候，人们都猜他是出于同情。因为那姑娘已经三十好几，是厂里有名的老大难。其实，真正了解他的人知道他是绝望到了顶点：那早已不是女孩的女孩在美国结婚了。虽然打击是意料中的，但他还是无法消受。后来，听说那女孩离婚结婚折腾了好几次。再后来，女孩来信了，说她一直眷恋着木棒，还说西方男人靠不住，不是变态就是神经质或者意志薄弱，而且跟动物差不多，教自由给惯的。可其时木棒病入膏肓，拿病历上的话说是“肝癌晚期，化疗无效”。据说木棒去世后那女孩痛心疾首，一把火烧掉了他俩收集的全部邮票，其中不乏“全国山河一片红”之类。

在列车车厢里，人们大都兴味盎然。盖因平时过得压抑，活得辛苦，旅行的人们大都松弛地保持一种相逢开口侃，过后不思量的关系。正因为彼此萍水相逢，毫无瓜葛，侃起大山来才随心所欲，无所顾忌。海阔凭鱼跃，天高任鸟飞，什么邪门的小道消息和奇闻逸事都能说，都能听。从细节毕现的某红星和某巨富睡觉，一夜二百万；到言之凿凿的基辛格说中餐再不改革，就要被世界潮流淘汰出局，万千话态，无奇不有。木棒对这些没有兴趣，他关心的是周围有没有可人的单身女子。为了给自己创造更多的机会，他宁愿放弃软卧坐硬卧。然而，艳遇可遇而不可求，他总是乘兴而去，败兴而归。

这一次似乎是时来运转。他刚踏进车站大门就遇着了一位漂亮姑娘。那姑娘背着旅行包，左手一瓶矿泉水，右手一顶太阳帽，一看就是外出旅游的大学生。她拿太阳帽当扇子，扇着她那红扑扑的脸蛋，向他打听去南京的候车室在哪里。

“我也去南京。”他尽量抑制住内心的骚动，“走，在那儿。”

“太好了。”她像遇到了老熟人似的，连谢谢都免说了。

“几车厢?”

“7车厢。你呢?”

“也是。”

“太巧了。几铺?”

“6下。”

“我是8中。”

“太遗憾了，不在一起。”他想。他们一道上了车，安置好行李物品。这时他发现正对着那姑娘的9中是位上了岁数的老太太，便主动要求和她换位置。老太太感激得不得了，说这回遇着了好人。那姑娘做着鬼脸在一旁窃笑。木棒顿时满脸绯红。姑娘为使他不至于太窘迫，把目光移到了窗外。“看着我的行李，我去去就来。”没等他反应过来，那姑娘已经跳下列车。不一会儿，姑娘捧着几块雪糕回来了。

“吃吧。”她剥开了其中一块，尝了尝说，“喔，味道好极了。”

列车已经徐徐开动。木棒机械得有点儿不知所措地接过了姑娘递给他的一块雪糕，笨拙地撕去包装。并非从未吃过雪糕，但这时他却不知该如何下口。下铺一胖一瘦，两个五十岁上下的中年旅客正在讲笑话。胖子说，有一位人事干部到某县了解妇女问题，回来向有关方面汇报：“我把那里的女同志统统都摸了一遍，还找了几位骨干搞了两天，最后和妇联主任弄了一宿，总算干出了点名堂。”瘦子说，有一次江门市某领导陪同南下视察的某领导及其夫人参观郊区。那老兄登上船头，诗兴勃发，操着乡音甩开了："站在 CHUANG 头望 JIAO QI，越望越美丽……"发现领导表情不对，他又拨转话锋，说："夫人下次再来看 GANG MEN，没有大 BIAN，必有小 BIAN。"

车厢里所有的听众都哄堂大笑。那姑娘"扑哧"一声，把一口雪糕吐在了手心里。

"对不起。"她不好意思地掏出一张纸来擦了擦手。

他朝她笑了笑，表示理解。

"这年头，自由多了，什么出格的玩笑都敢开。要是在'文化大革命'，全得打成反革命。"他说。

"有那么严重吗？"她似乎明知故问。

"你可不知道。当然啦，你怎么会知道呢，那时候你还没有出生呢。"他将计就计，"我猜你顶多二十。"

"问女孩子年龄可不礼貌哟。"

"我没有问，我在猜。"

"猜也不行。"

"这又是哪洲哪国的哪门子规定？"

"这是杨门规定，你不知道吧？"

"喔，杨门规定。这么说尊姓杨？"

"不错，免尊姓杨。你贵姓？"

"免贵姓楚。"

"醋坛子的醋还是楚霸王的楚？"

"看来你是地道的南方人，C—CH 不分，再往下问就要问出笑话来了。"

姑娘咯咯地笑个不停，人们不约而同地竖直耳朵投来目光，生怕错过了什么奇闻逸事。6 下的老太太耳聪目明，对大伙儿说姑娘 C—CH 不分。

木棒和杨小姐面面相觑。

午餐时间到了，杨小姐请木棒吃茶蛋；到了傍晚，木棒回请杨小姐到餐车吃醋鱼。两人又拿"醋"和"楚"开了一通玩笑。木棒请杨小姐喝酒，杨小姐说她酒精过敏。木棒于是大谈酒的好处，说酒和音乐是人类创造的两大奇迹；还说酒和音乐一样，有利于协调人的两大体系：动物神经体系和植物神经体系。说着说着，他已经三杯落肚，就益发"经络"、"穴位"地胡吹起来。杨小姐是学医的，乘机取笑了他一番。

"班门弄斧了。"木棒自知露馅，说，"不好意思。"

这样一来一回，两人反觉投机，竟各自敞开心扉，讲起了过去。据说恋爱的人最爱讲述自己的过去,而且切入口往往是那些遥远的恶作剧。木棒滔滔不绝,一直从尿床讲到了窃书。杨小姐也启开了她的话匣子,讲述她小时候如何偷看男生写给她姐姐的情书;如何拿仙人球"抚摩""色狼"的书包,让肉眼不易觉察的仙人球刺扎得他们嗷嗷直叫。

"你有男朋友吗?"木棒沉默了一会儿以后,突然发问。

"没意思。"杨小姐没有正面回答。木棒弄不清这"没意思"指的是交男朋友呢还是他的提问。

"你呢?有女朋友吗?"

"怎么说呢。像我这个年龄,要是在过去,足可以当爷爷或者外公了。不瞒你说,我还从来没有谈过恋爱呢。"

"真的?为什么?"

"说来话长。"木棒觉得说什么别人都难以理解,于是开始胡诌,"先是上学,然后是插队,然后是再上学……"

"那也不至于……当然,你看上去挺年轻。有三十吗?"

"你太恭维我了。"

"我说的是心里话。你继续说吧。"

"没什么可说的了。我一直读了上去。"他突然想起了录像片《漂亮的女人》里的一句台词,"所以……"

"所以耽误了终身大事。"

"差不多吧。"他觉得自己很了不起,会撒谎了。

他们陷入了沉默,一种后现代式的沉默,一种比语言更有说服力的沉默。

"去南京出差?"还是杨小姐打破了沉默太久的尴尬。

"是的。你呢?"

"我?上班。"

"在医院?"

"是的。"

"哪家医院?"

"人民医院。"

"什么科?"

"中医门诊。"

"我能去找你吗?比如说突然病了什么的。"

"别诅咒自己。难道没病就不能去找我吗?"

他们彼此留了电话。

时间过得飞快。木棒几乎一宿未眠，他望着隔壁铺上伸手可及的杨小姐，心旌摇曳，想入非非。凌晨，当他第三次小心翼翼地替杨小姐盖毛毯的时候，杨小姐醒了。她睁开惺忪睡眼朝他嫣然一笑，他顿时觉得一夜的未眠得到了报偿。

"你先走吧，单位有人来接我。路上小心点，喔？别忘了给我打电话。"临到站时，她两眼满衔着温情，一面伸过手去戳他的腰，一面悄声吩咐说。

再次见面是在医院里。木棒没有给她打电话，而是来了个突然袭击。这使她喜出望外。她在同事耳边嘀咕了几句，就兴高采烈地跟他走了。他们去了莫愁湖。

时近黄昏，莫愁湖冷冷清清的。他俩走着走着，就不知不觉地拉起了手来。爱的电流通过两只潮热的手传播着，升华着。忽然，她驻足问道：

"第一个问题：你是不是对稍有姿色的女孩都这样？"

"什么意思？"他愣了一下，但很快镇定下来，因为本能告诉他，姑娘已经爱上了他。她满脸绯红，秋波荡漾，简直是一幅浓墨重彩的春色画。

"回答不出来。好，第二个问题：你真的没结过婚？"

"结过，孩子都上了大学。还有什么问题？"

"没有了。你可不能骗我。我最怕受骗上当。"

"我保证。"看来她心有余悸，于是他郑重其事地举起手来说，"我发誓，小生若有半句谎话，即遭电击雷劈……"

"呸，呸，呸！谁叫你发这种毒誓来着？"她拿手掌堵住了他的嘴。他乘机捧住她的手狂吻起来。唾液浸湿了她的五指，于是他贪婪地一个个地吸吮起来。姑娘的警惕心动摇了、崩溃了，她像喝多了酒似的，浑身发软，不能自已。两颗蹦跳的心贴在了一起。星星可以作证，此时此刻，他们是世界上最幸福的一对：除了尽情地爱和尽情地接受爱，世界不再存在。

当他们从爱的醉态中清醒过来，东方已经发白。

"我们该去申请吉尼斯世界纪录。"她说。

"为什么？"

"在星星的注视下亲热了整整一夜。"

"不害臊。"他轻轻地在她脸上抚摩了一下。

第二天是周五，杨小姐给医院打了个电话，说她身体不适。医院准了她的假。

"自打参加工作到现在，我还从来没有请过假呢。都为你。"

“你不是刚刚旅游回来吗?”

“那是医院奖励的,不算。”

“这么说你还是个优秀工作者。”

“那当然。”

瞧她那天真烂漫的样子,木棒忘掉了一切苦恼。他们到鼓楼吃早点,到新街口看美国“大片”《真实的谎言》。他已经十几年没去电影院了,觉得一切都那么陌生。

“美国佬真能编!”杨小姐感慨地议论着,“上个月我还看了《泰坦尼克号》,跟真的似的……我们怎么就拍不出这样的片子呢?”

“这也算是一个问题?”

“就算是吧。”

“吭,让我好好想想。”他回忆着老同学的腔调说,“可能跟美国社会的经济文化水平和自由度有关,也就是说它有自由的意识形态和相适应的足够自由的市场经济基础。另外,好莱坞已经形成了自己的传统,跟巴西人踢足球似的。反正因素很多。不过我崇尚想象,我觉得美国片的最大特点是想象力丰富。不瞒你说,看完想象力丰富的电影,连我这个搞机械的人也会产生创作冲动。我常想,有朝一日我要写一部极富想象力的幻想小说。”

说到写小说,他又不能不为他那个执著得有点落伍的老同学深深地叹一口气。

“我发现你特有情趣。”杨小姐说,“跟你在一起我觉得很充实也很放松。”

木棒的虚荣心得到了极大的满足,他诚邀杨小姐到金陵饭店吃大餐,然后一起去玄武湖划船。在玄武湖他们碰上了杨小姐的同事。杨小姐躲避不及,就胡乱说木棒是她的表哥,偶然碰到的。那同事不知趣,一直跟着他们,没完没了地搬弄医院里的是非。木棒烦死了,却又不能发作。杨小姐倒是很冷静,耐心地听那人唠叨了个够,而后找了个借口,和木棒上了岸。

“你回宾馆好好休息,明天八点到宿舍来找我。”杨小姐对他说。

“那你呢?”

“我得回去找我同事。瞧,她一直盯着我们。我不能给这个长舌婆留下话柄。”

木棒回到宾馆后辗转反侧,又是一夜未眠。早晨,他精心打扮一番,而后直奔医院宿舍,殊不知等待他的竟是一场令他终身难忘的道德审判。

他兴冲冲地敲响杨小姐房门,不想开门的竟是个二十多岁的小伙子。

“进来吧，正等着你呢！”他没好气地说。

这时，木棒看见杨小姐木木地端坐在房间里，两眼含着泪水。

“怎么回事？”木棒这么问，但心里已经明白。

“怎么回事？我正要问你哪！”小伙子恶狠狠地瞪着木棒，拳头捏得紧紧的，十足的一个醋坛子。

“这就怪了。”

“你还他妈的别水仙不开花就装蒜。”

“哎，嘴巴干净一点。”

“什么干净点？”他于是就要和木棒的“老婆”有染，和木棒的母亲上床，还要强奸木棒的姥姥。

“你再放肆，我就不客气了。”木棒警告他说。

“你们别吵了。”杨小姐开了腔。随后她转向木棒，哽咽着说：“你走吧。”

木棒正要站起身来，可是小伙子一个箭步拦住了他。木棒看着杨小姐一脸的惆怅、歉疚与无奈，不知如何是好。他活这么大，还从来没有遇到过这么难堪的局面。面对一筹莫展的闯入者，小伙子连珠炮似的发起了进攻。木棒没理会他，他心里乱极了。小伙子转而大骂杨小姐水性杨花。木棒意欲张口，却又发现自己早已语无伦次。他明白自己所处的位置。他怨她，也怨自己；同时又不能不怜悯她，也不能不怜悯自己。不知过了多久，杨小姐站起身来替木棒开了门。

木棒走了，当天就离开了南京。但他很快又后悔得不得了，以至于一辈子都不能原谅自己这不负责任的一走。他发现自己是个十足的懦夫，没脸再见杨小姐。有什么呢，男欢女爱，两相情愿，碍着谁了？杨小姐既然没有结婚，就有选择的权利；即便结了婚，也还可以离。

后来，杨小姐写了一封热情洋溢的告别信。她检讨了自己的“不诚实”。然而，她说她并非水性杨花。存在于她和那小伙子之间的也非真正的爱情。她与其说是爱他，毋宁说是应付；他与其说是爱她，不如说是占有心作祟。她还说，虽然结果很惭愧，但她度过了一生中最最快乐的两天，她死而无憾。这说明杨小姐对他是真心的。至于她当时没有把自己的情况和盘托出，也是可以理解的；他也不全是真话。

当木棒疯也似的飞回南京时，杨小姐已经离开人民医院，不知去向了。木棒后悔不迭，但回头一想，自己还是幸运的。听说某单位一对夫妻，为了骗人钱财，串通了做“仙人跳”；一旦人家落了陷阱，就动刀动笔敲竹杠。

一年后，木棒怀着无人知晓的复杂心情结了婚，但婚后的他一直保持着童贞。开始，他认定之所以如此是因为对妻子没有爱情，只有同情；以为只要假以时日，有了爱情，也便有了欲望；有了欲望，也便有了能力。但后来就滋生了难言之隐。原来，男人不光放纵、挥霍不行，压抑和收藏也会使欲望和能力贬值。

也许是出于不甘，他拼力开发心灵空间。他幻想不久的将来就会有人造女人问世。她们和真人一样，唯一不同的是她们美貌绝伦，无可挑剔，因为她们的外貌、体型和情趣是根据不同的要求和审美标准制造的。不仅如此，她们青春长驻而且永远柔美温顺。只要把所希望的性格特征以及音容笑貌输入她们的大脑(实际上是电脑)，她们就会令人称心满意、乐不思蜀。

虽说他早已过了自己动手、用想象跟所有见到的姿色女性轮流做爱的季节，可想着想着，也会振奋起来，在电视或者光盘上寻寻觅觅并偷偷地自我奋斗一番。

想象真好。它孕育希望，拥有希望。

可是，木棒病倒了。都说是积劳成疾。朋友们想尽了办法，偏方、气功，什么都用上了，结果还是无济于事。

木棒不在乎。他感到了解脱，他无须再面对因为难以扭亏为盈而濒临倒闭的工厂和难逃下岗厄运的绝望的工人。因此，每当有人前去慰问，他总是轻描淡写地说："没什么了不起，早晚都得死。"或者指着《时间简史》之类大而无当的东西自我安慰："人固有一死。面对死亡，则人生的平平淡淡，简简单单或许远比隆隆重重，轰轰烈烈来得好。何况人之对于地球，地球之对于太阳，太阳之对于银河，银河之对于宇宙，宇宙之对于时间，都是微不足道的。正因为我这么想，所以也就比一般人平衡一些，超脱一些，从容一些。"

"真的，没什么了不起，早晚都得死。"他常这么说。

终于，木棒带着他的口头禅——"没什么了不起，早晚都得死"，从从容容地离开了人间。

他去的那天恰好是清明节，而且淫雨绵绵。都说气候反常，清明时节已很少下雨，路上行人也只为活着而欲断其魂，但木棒的死却似感动了上苍，也让许多铁心的人儿流下了眼泪。

后记

爱美之心，人皆有之。这几乎是古今中外难得的一种共识。但是，什么是美？美是客观的，还是主观的？如果是客观的，那么何以为美？如果是主观的，那么人的审美能力从何而来？是先天的，还是后天的？诸如此类，问题多多。经过20世纪形形色色美学思潮的洗礼以及当下“审美生活化”或“生活审美化”等等的喧扰，人们对于这些问题的回答更是五花八门，莫衷一是。于是，见仁见智，无奈之何！

于是，老庄有先见之明。老子谓“天下皆知美之为美，斯恶矣。皆知善之为善，斯不善矣”（《道德经》第二章）。庄子则避美善之谓而曰：“乘物以游心”（《庄子·人间世》“且夫乘物以游心，托不得已以养中”）；又曰：“游心于淡，合气于漠，顺物自然而无容私焉，而天下治矣”（《庄子·应帝王》）。此乃师法自然，无为而治之道。

既然美善暂且无法界定，那么就让我们安于游心吧。

游心是联想，是一种自然而然的游离，由甲至乙的思维迁徙。而在我国“兴、观、群、怨”等传统诗学理念中，作为此类游离的联想常居首位。

游心是游戏，却非肆意妄为、没有规矩。它需要你像孩子一样投入其中，体认真实。正如席勒在《美育书简》中所说的那样，只有当你充分是你的时候你才游戏。反之，只有当你游戏的时候你才完全是你。

游心是一剂良药，可以静心安神。俗话说：“世上本无事，庸人自扰之。”游心是一种休憩。所谓退一步海阔天空，忍一下风平浪静，游心使人平静。

写小说、看闲书、品茗赏艺、煮酒论道于我是一种游心，博览群书、触类旁通等问学之道亦不失为是一种游心；何况江山多娇、生活多彩，游泳、爬山，乃至散步亦然。若条件允许，远足、旅游，更好。因此，游心是随心所欲，心之所至，兴之所至。游心是随心而游，只要与人为善，心中有爱，做什么不行呢？圣奥古斯丁说过：“爱，尔后为所欲为。”

因此，游心并非无心，而是另有其心。乘物以游心，乃是以出世之态入世；一如王国维或鲁迅谓文学“无用”、“不用”乃是“无用之用”、“不用之用”。

在这个多元的时代，相对的时代，无心之游不仅是可怕的，甚至是难以为继的。然而，我心游去，想到了黎巴嫩诗人纪伯伦的说法。他说："昨天不过是今天的回忆，明天不过是今天的梦想。"此话用来涵括文学，也许最好不过。

首先，都说世界进入了读图时代或声像时代。是耶？非耶？答案见仁见智，难有定论。但事实不苟且。20世纪七八十年代以降，随着视听文化和网络文化的飞速发展，多数年轻人已经不屑于"干巴巴"的文字，而愈来愈热衷于声像艺术了。从出版的角度看，图文并茂似乎已经不啻一种时尚，而且是一种显规则：图与书殊途同归，反璞而真，是为图书。

总之，无论我们喜欢与否，图文时代已然是个不争的事实。于是，理论界为之哗然：一曰视听艺术乃至全信息、全感官形态是数字化时代的必由之路。它不同于以往的认知和审美方式，需要眼、耳甚至鼻、舌、身即更多观感地协同作战。二曰视听艺术对文字具有极大的消解性，故而也许会"钝化"我们的抽象能力，"挫掉"我们的思想锋芒，"填平"我们的文化深度。传统意义上的文盲与非文盲，其区别仅在于识字能力；而在视听艺术（比如电视）面前，二者的区别将大为缩小。

这是就国内的两种截然相反的观点而言。然而，国外理论界早有高论。文化批评家马尔库塞的《单向度人》认为，真正的艺术是拒绝艺术、抗议对象（客体）。换言之，艺术即超越；艺术之所以成为艺术，或艺术之所以有存在价值，是因为它拒绝现有的世界（包括自身的载体），从而为创造另一个世界（或载体）提供可能。正因为如此，它必定是反庸俗、反功利和反规则的。相反，费斯克的《理解大众文化》另有说词，谓大众（通俗）文化即日常生活之文化，其消费过程则是依靠文化经济自主性对意识形态霸权（包括话语霸权）进行抵抗的过程。由此说来，图文时代乃大众文化、大众消费时代的必然产物。

本人自问既不古板也不偏执，却容从实道来。

在我国古代，诗画不分家，图书亦不分家。二者孰因孰果不得而知，但相得益彰是不待言的。郑振铎先生早就探询过图与书的关系，说我们诵读一首好诗，是鲜不在心里引起一幅图画或一种音乐的。譬如读到"人迹板桥霜"，立刻便可在我们心里映出一条冬寒寂寥的村路、一道小溪、一座板桥来。那时，偶有行人经过，足迹便印在霜上。这是多么生动的一幅图画啊！类似范例不胜枚举。于是，古人高远雅致，往往画中题诗，或因诗得画，相辅相成，相得益彰。从另一个角度说，图的来源也一定早于文字。西班牙阿尔塔米拉山洞中的壁画已经有上万年的历史。而图书则最早可以追溯到埃及的《死书》，迄今也有三千多年的历史了。可惜我国古代的龟甲和竹帛不利于作画，因此图书是后来才有的，且早期图谱已完全失传。宋人郑樵对此颇有感喟。至于后世文人学士皆重文章而排斥图像，“图书”也就名存实亡而变为字书了。那些绣像则往往因为饰之于小说戏文而不登大雅之堂。图书的复归应该说是小说得到正名以后的事情。而今，随着照相技术、影视技术和网络技术的发展，图像以几何的速率进入了一个又一个崭新的时代，令人目不暇接。

然而，“新人文”丛书不仅适逢其时，而且妙处独得。此话得从2006年诺贝尔文学奖得主帕慕克说起。此翁在其代表作《我的名字叫红》中讲了一个令人感叹的故事。1590年，苏丹秘密下诏，命人制作一本亘古未有的伟大书籍，以颂扬他及他的帝国。四位当朝细密画家奉命集聚伊斯坦布尔，开始绘制这部旷世之作。此时，离家十二年之久的黑回到了故乡伊斯坦布尔，迎接他归来的除了爱情，还有接踵而至的谋杀案。一位细密画家失踪了，他被人杀死在一口井中；奉命为苏丹绘制抄本的长者也惨遭杀害。究竟谁是杀人凶手？苏丹下令追查，而线索很可能就藏在那幅未竟的画中。我之所以要援引这个故事，是因为它见证了一个图文时代的结束。是的，《我的名字叫红》见证了细密画时代的终结，因此它是一首洋溢着哀伤的挽歌：西方影响的侵入使那部“伟大的图书”付之阙如并最终导致了细密画时代的终结。然而，这个图文时代的到来，也许恰好相反：它的结果很可能如相当一部分人所担心的那样，使文字及人们对文字的感觉逐渐丧失。于是，有志于守护文字传统的人们不得不大声疾呼。但守护的最好方式也许是因势利导地传承经典。

文学经典可以说是世界文化的重要内核和人类认同的重要质介。因此，在后现代主义的“解构”风潮之后，重新回到经典、与它们为伍无疑是守护昨天的最佳途径。

因此，本集与其说是我的写作，毋宁说是守护昨日的写作之写作。

其次，世界文学已经进入“后浪潮”消退之后的休整期。这是一个极其多元、极其自由、极其相对的时代，一个危机与希望并存的时代，一个无所不能又无所适从的时代。文化消费从需求变成了刺激，一如进化由自然转向了控制。如此，文学不再仅仅是生活的表征，它同时也在日益显示出人为的倒茬。正所谓江山代有才人出，各领风骚数十天；时尚使然，文学愈来愈具有一般商品的色彩和气息。

诚然，人不可能拽着小辫离开地面，文学终究是时代的产物。无论“后浪潮”或“后之后”初衷如何，它们几乎无不指向或者契合跨国公司时代所谓“人权高于主权”的极端自由主义：以资本为前提，以利润为杠杆，淡化国界、不分你我（或者“你就是我的，我的不是你的”）。于是，混乱是免不了的。受《时代周刊》一部分书评家吹捧而风靡全球、行销数千万册的《哈里·波特》，在另一部分书评家们眼里竟是20世纪“十大最差作品”之首。与此同时，读者的热情跌入谷底。以不久前美国学者协会对40所大学所进行的抽样调查为例，20世纪大学生的文学爱好程度恰好呈现出可怕的直线下滑趋势：如果把1900年假定为100分，那么1914年第一次世界大战前是99分，1939年第二次世界大战前就降到了73分，然后依次为1964年越战前的69分，1993年海湾战争后的25分及后之后的自由落体式下降。

同时，无论后殖民文化认同、文化身份如何成为显学，也无法阻断跨国资本主义的弥漫方式。传统认知方式、价值判断和审美取向的阶段性、区域性、民族性和相对同一性正在消弭。这时，以互联网为基础的虚拟文化与之相辅相成。于是，相对性正在走向自己的反面：极端性，或谓极端相对主义。于是，绝对的相对性取代了相对的绝对性。这就是后现代，或后现代之后。

此外，科学技术一日千里，世界面貌恍若隔世，文学作品往往来不及进入受众视阈，便已“过时”。借用网上一些20世纪90代写手对韩寒、郭敬明等人的“敬称”，奈何书新人已老。端的是：昙花不过夜，辰星转瞬没；时尚非时尚，少儿老垂垂。我的这首即兴诗，或可概括个中残酷。能不令人欷歔慨叹?!

然而，正因为如此，追求和希望比任何时候更加可贵，也更为强烈。记得意大利作家卡尔维诺写过一本叫做《未来千年文学备忘录》的书，有人说他之所以写这本书是因为怕被后人遗忘。在这个“模糊”横行、“不确定”充斥的世界里，卡尔维诺的做法也许确实容易引起误解。然而，我却不以为然，我以为卡尔维诺之所以那么做的主要原因，是要守护一种传统。他说过：“在古代埃及人那里，确切是用一根羽毛作为象征的；羽毛作为秤盘上的砝码用以测量灵魂。”这听起来很像悖论，但实际上却非常富有象征意义。羽毛太轻了。在古代度量技术相对落后的情况下，它的重量无疑是可以同无画等号的，这就使得它和看不见摸不着的灵魂具有某种等同效应。但最最重要的一点是：无论羽毛还是灵魂，它们始终是存在的。这种确切性是不以人的意志为转移的。同理，无论后现代主义如何颠覆逻各斯中心主义，如何消解真理的客观性，文学就像那个只能用羽毛来等量的灵魂一样，始终具有存在的确切性和必要性。

举一反三，这是传道者的秘诀。人类的历史之舟终究要由精神和物质两翼组成。同时，用博尔赫斯的话说，一切新鲜都是因为忘却。这也是先知所罗门的名言。网络文化所呈现的虚无景象，终究也是人类源远流长的虚无主义、自由主义、个人主义和精神狂欢传统的反映。说到底，没什么新鲜的。换个角度说，你虚拟了，可跨国资本却实在得很！比如它憎恨一切民族主义。

不过话要说回来，文学原是虚构，因而不能与现实等值。但文学传统或传统文学的主要指向却一直是真。没有真，善和美甚至也无从谈起。用马克思的话说，英国现实主义作家"向世界揭示的政治和社会真理，比一切职业政客、政论家和道德家加在一起所揭示的还要多"。而恩格斯则认为，他从巴尔扎克那里学到的东西，要比从"当时所有职业的历史学家、经济学家和统计学家那里学到的全部东西还要多"。当然，文学的丰富性和现实性决定了它的复杂性和矛盾性。从某种意义上说，它是人类复杂本性、矛盾本质的体现。就拿貌似简单的"作家是人类灵魂工程师"这个命题来说，我们所能看到的竟也是一个复杂的悖论，就像科学是一个悖论一样。比方说，文学及其理想可以改造灵魂，从而影响世界；科学及其功用可以改造自然，从而反过来改造人类。但文学改造灵魂的前提和结果始终是人类的毛病、人性的弱点；同样，科学改造自然的前因和后果永远是自然的压迫、自然的报复。因此，无论文学还是科学，都是自相矛盾的，是人类矛盾本质的鲜明表征。文学的灵魂工程恰似空中楼阁，每每把现实和未来构筑在"过去"之上。于是，我们的问题是：既有今日，何言当初？用鲁迅的话说，"人心很古"。科学的前进方式好比西绪福斯神话，总是胜利意味着失败、结果意味着开始，没完没了。因此，我们的问题是：既然如此，何必这般？用恩格斯的话说是"我们对自然界的胜利"和"自然界的报复"。于是，征服的征服，报复的报复，循环往返，永无尽头。

惟其如此，人类也便更加需要文学、需要科学。这是一种无法抑制的循环。一如灵魂和肉体，文学和科学（或谓科技）始终是人类之为人类的矛盾的两极。

最后，勿谓守护美好的传统乃君子之道，就算是怀旧或为眷顾人性和人生悲喜冷暖，文学也终究是一种现实的需要。面对危机（无论是文学还是时代），希望之光也就更加明亮。在情感、认知和审美交流中"求其友声"、最大限度地寻找共鸣，也终究是阐扬人类智性、维系和平共处的需要。孔子曰："君子和而不同，小人同而不和。"（《论语》）完全沉浸在个人意志，或在网络虚拟天空下独步世界、无所顾忌，则终究有违人的本质属性。因为归根结底，人是社会的动物，需要基本的和谐与共识。正所谓没有自律，便没有自由；没有法制，便没有民主……社会生活实实在在，而文学作为精神产品，之所以在大到人类或特殊民族、小到家庭或特殊个人的交流中不可或缺，便是因为它的共鸣效应和情感纽带作用：可以兴，可以观，可以群，可以怨。从这个意义上说，只要人类还是社会的人类，还需要基本的群体生活、社会存在，还有民族国家之分，文学作为情感表现、精神交流的媒介，将依然发挥作用。“和而不同”当依然是文学经典生成的基本法则：从中国先民歌之蹈之到后现代之后，哪一个经典不是个人情感、个人心志与时代认知方式、价值判断和审美取向的和而不同的美妙结合？

而相聚本身就是和而不同的最好体现，是昨天的记忆和明天的梦想的最好见证。相聚在“新人文”丛书，相聚在字里行间，本身就是一种行为艺术。

正因为有诸如此类的游心和守望，相聚和不同，世界才够多彩。因此，我由衷地感谢丛书的始作俑者河南大学出版社马小泉、张云鹏、谢景和先生，由衷地感谢耿占春、汪剑钊、刘恪等以不同方式撺掇我加盟的诸位朋友。

如是，无论是“小桥流水人家”、“西风古道瘦马”，还是“千里扬州风物妍”、“车如流水马如龙”；或者青灯古风、陋室寒书还是五色五音、五味五感，人们尽可以各取所需。是为多元的时代、相对的时代、图文的时代。当然它也必定是分化的时代、删汰的时代、残酷的时代。信不信由你！

2009 年 3 月于北京